# 2023上海教育年鉴

SHANGHAI EDUCATIONAL YEARBOOK

上海市教育委员会 编

上海人民出版社

# 《2023上海教育年鉴》编委会

11月1日，上海交通大学张江科学园正式启用

# 上海教育概览

## （2022）

### 基础教育

|  |  |
|---|---|
| 中小学、幼儿园、特殊教育学校、专门学校总数 | 3308所 ↑ |
| 幼儿园 | 1708所 ↑ |
| 小学 | 671所 ↓ |
| 中学 | 888所 ↑ |
| 特殊教育学校 | 31所 |
| 专门学校 | 10所 ↓ |
| 中小学、幼儿园、特殊教育学校、专门学校在校学生总数 | 217.43万人 ↑ |
| 幼儿园在园幼儿数 | 53.40万人 ↓ |
| 小学在校学生数 | 91.70万人 ↑ |
| 普通初中在校学生数 | 52.44万人 ↑ |
| 普通高中在校学生数 | 19.29万人 ↑ |
| 特殊教育学校在校学生数 | 0.54万人 ↑ |
| 专门学校在校学生数 | 0.06万人 ↓ |
| 中小学、幼儿园、特殊教育学校、专门学校招生总数 | 57.61万人 |
| 幼儿园招生数 | 16.70万人 ↓ |
| 小学招生数 | 18.53万人 ↓ |
| 普通初中招生数 | 15.00万人 ↑ |
| 普通高中招生数 | 7.28万人 ↑ |
| 特殊教育学校招生数 | 0.08万人 |
| 专门学校入校学生数 | 0.02万人 |

### 中等职业教育

|  |  |
|---|---|
| 普通中等职业学校总数 | 75所 ↓ |
| 职业高中 | 23所 |
| 中等专业学校 | 46所 ↓ |
| 中等技工学校 | 6所 |
| 普通中等职业学校全日制在校学生总数 | 9.83万人 ↑ |
| 普通中等职业学校招生数 | 3.93万人 |
| 普通中等职业学校毕业生数 | 3.64万人 |

### 高等教育

|  |  |
|---|---|
| 普通高等学校总数 | 64所 |
| 普通高校本专科在校学生总数 | 55.48万人 ↑ |
| 普通本科在校学生数 | 41.63万人 ↑ |
| 高职高专在校学生数 | 13.58万人 ↓ |
| 研究生培养机构（不包括中科院在沪分院和煤炭院上海分院） | 49家 |
| 在读研究生总数（含全日制和非全日制） | 24.49万人 ↑ |
| 在读博士生数 | 5.13万人 ↑ |
| 在读硕士生数 | 19.36万人 ↑ |
| 研究生招生总数（含全日制和非全日制） | 7.97万人 ↓ |
| 博士生招生数 | 1.27万人 ↑ |
| 硕士生招生数 | 6.70万人 ↑ |
| 普通高等学校本专科招生总数 | 15.71万人 ↑ |
| 普通本科生招生数 | 11.06万人 ↑ |
| 专科生招生数 | 4.65万人 ↓ |
| 研究生毕业生总数 | 6.27万人 |
| 博士生毕业生数 | 0.75万人 ↑ |
| 硕士生毕业生数 | 5.52万人 ↑ |
| 普通高校本专科毕业生数 | 14.73万人 ↑ |

## 成人中等高等学历教育

|  |  |
|---|---|
| 成人中高等学历教育学校总数 | 18所 ↓ |
| 独立设置成人高校 | 12所 |
| 独立设置成人中等专业学校 | 6所 ↓ |
| 成人本专科在校学生总数 | 13.51万人 |
| 成人本科在校学生数 | 9.56万人 ↓ |
| 成人专科在校学生数 | 3.95万人 ↑ |
| 网络（开放）本专科在校学生数 | 14.47万人 ↓ |

## 非学历教育

|  |  |
|---|---|
| 职业技术培训机构 | 426所 ↓ |
| 职业技术培训机构结业生数 | 62.54万人次 ↓ |

## 中外合作办学

|  |  |
|---|---|
| 中外合作办学机构 | 33所 ↑ |
| 中外合作办学项目 | 128个 ↑ |
| 外籍人员子女学校 | 39所 |
| 外籍人员子女学校在读学生数 | 2.96万人 |
| 各普通高校来华留学生数 | 3.21万人 ↑ |

注：↑ 表示统计数据与上年相比有所增加，↓ 表示统计数据与上年相比有所减少。

## 教工队伍

|  |  |
|---|---|
| 基础教育教职工总数 | 24.26万人 ↑ |
| 幼儿园专任教师数 | 4.61万人 ↑ |
| 小学专任教师数 | 6.54万人 ↑ |
| 普通初中专任教师数 | 4.73万人 ↓ |
| 普通高中专任教师数 | 2.01万人 |
| 特殊教育专任教师数 | 0.16万人 ↑ |
| 专门学校专任教师数 | 0.03万人 ↑ |
| 普通中等职业学校教职工总数 | 1.10万人 |
| 普通中等职业学校专任教师数 | 0.78万人 |
| 普通高校教职工总数 | 8.75万人 ↑ |
| 普通高校专任教师数 | 5.04万人 ↑ |
| 本科院校专任教师数 | 4.28万人 ↓ |
| 高职高专院校专任教师数 | 0.49万人 ↓ |

## 教育经费

|  |  |
|---|---|
| 全市教育部门财政支出预算总额 | 1260.76亿元 ↑ |
| 市级教育部门财政支出预算总额 | 277.57亿元 ↑ |
| 区级教育部门财政支出预算总额 | 983.19亿元 ↑ |

12月24日，上海纽约大学学校整体搬迁至前滩校园工作计划开始

# P04学习贯彻党的二十大精神

图1 10月16日，上海教育系统以各种方式收看收听党的二十大开幕会

图2 10月27日，上海市教卫工作党委、市教委举办党的二十大精神融入学校思想政治理论课集体备课会

图3 10月29日，在“行走的党课”中深刻学习领会党的二十大精神，复旦大学 “红色巴士”研学实践专线首发

图4 11月3日，上海市教卫工作党委、市教委参加学习贯彻党的二十大精神中央宣讲团在教育系统宣讲报告会

图5 11月10日，以“深入学习宣传贯彻党的二十大精神，培养担当民族复兴大任的时代新人”为主题的上海高校辅导员主题班会展示活动决赛在东华大学举行

图1

图2

图3

图4

自信自强
守正创新
踔厉奋
勇毅前
百年寻路中国梦
以中国式现代化全面推进中华民族伟大复兴
学习宣传贯彻党的二十大精神理论宣讲
矢志忠诚
立德树人
敬业爱生
明理笃行

图5

图1　2月17日，2022年春季上海高校党政负责干部会议举行

图2　9月22日，市政府新闻办举行“奋进新征程 建功新时代”党委专题系列第三场新闻发布会，围绕“推动教卫事业高质量发展 引领创造高品质生活”主题，介绍上海教卫事业改革发展有关情况

图3　8月21日，2022第九届上海国际青少年科技博览会暨“明日科技之星”国际邀请赛开幕仪式在浦东新区青少年活动中心举行

图4　9月2日，2022世界人工智能大会开放教育和终身学习论坛在上海举办

图5　9月24日至10月31日，第十九届上海教育博览会在线上举行

图6　9月20日，教育部举行“教育这十年”“1+1”系列发布采访活动的第13场新闻发布会，介绍党的十八大以来教育国际合作交流的有关情况

图1

图2

2022年春季上海高校党政负责干部会议
2022年2月17日

2022 第九届上海 | 9th Shanghai
国际青少年科技博览会
暨"明日科技之星"国际邀请赛
International Youth Science and Technology Expo 2022
and "Science & Technology Stars of Tomorrow" Invitational Tournament
开幕
图3

王平
海市教育委员会主任
开放教育和终身学习论坛
The Open Education and Lifelong Learning Forum
AI引领开放教育和终身学习新时代
WAIC
图4

数字新时代
教育大未来
数字新时代
教育大未来
2022第十九届上海教育博览会
图5

"教育这十年"
新闻发布会
王平
童世骏
图6

# P08 基础教育

图1 2月22日，上海举行义务教育作业管理新闻通气会。上海从2022年起全面启动义务教育高质量校本作业体系建设

图2 2月24日，上海市中小学数字教学系统启动仪式举行

图3 5月15日，上海家长学校微信公众号、小程序正式上线

图4 8月31日，由上海市教育委员会、上海市公安局、上海市应急管理局、上海市消防救援总队联合主办，上海市疾病预防控制中心协办，上海教育电视台打造的《公共安全教育开学第一课》（第十季）在上海教育电视台播出

图5 9月21日，上海市“全国义务教育优质均衡发展区”创建工作推进会在普陀区政府召开

图6 11月23日，足球训练课程进校启动会暨足球“一条龙”布局建设推进会在上海市大同中学举行

图3

图1

图4

图2

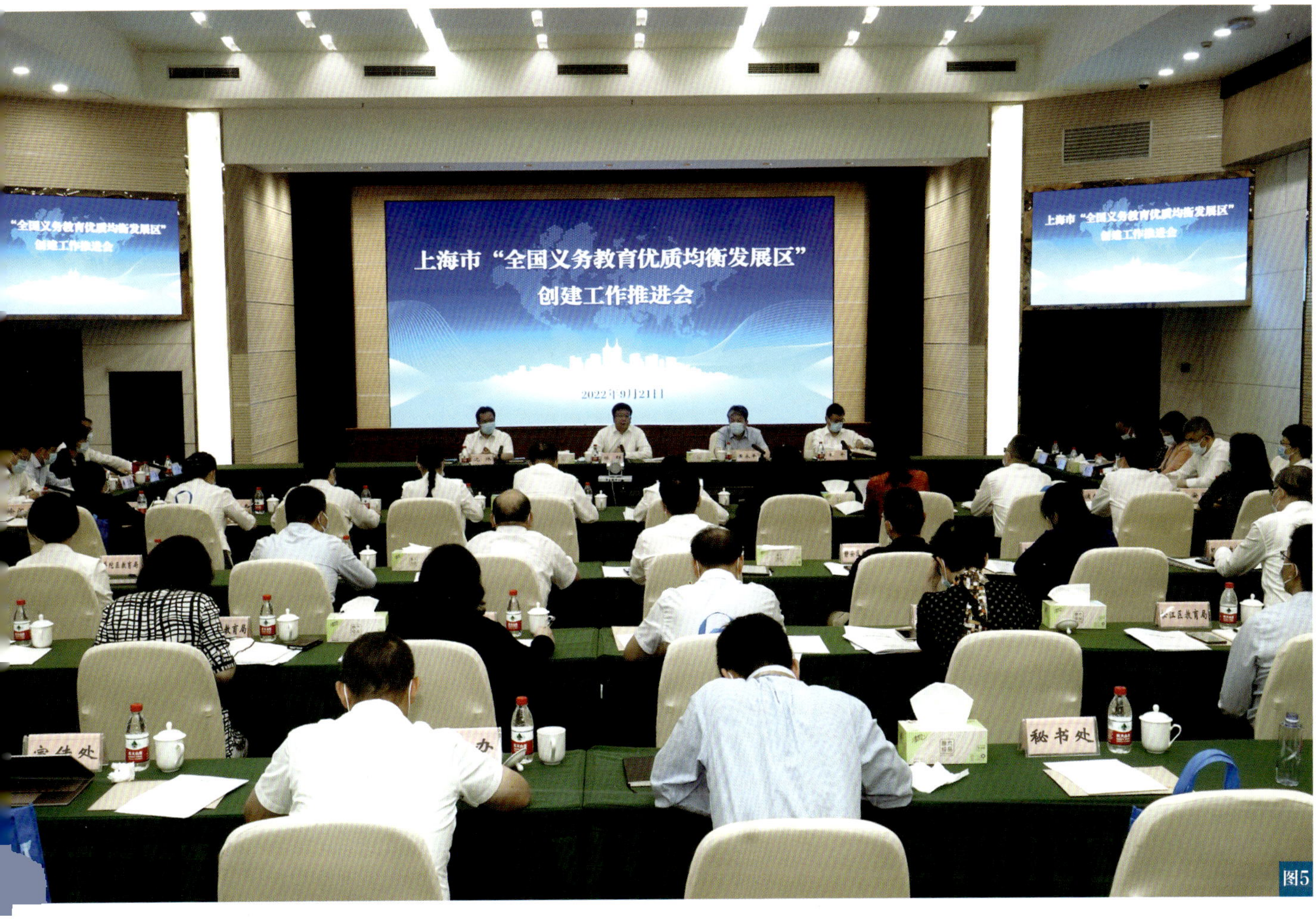

上海市“全国义务教育优质均衡发展区”创建工作推进会

图5

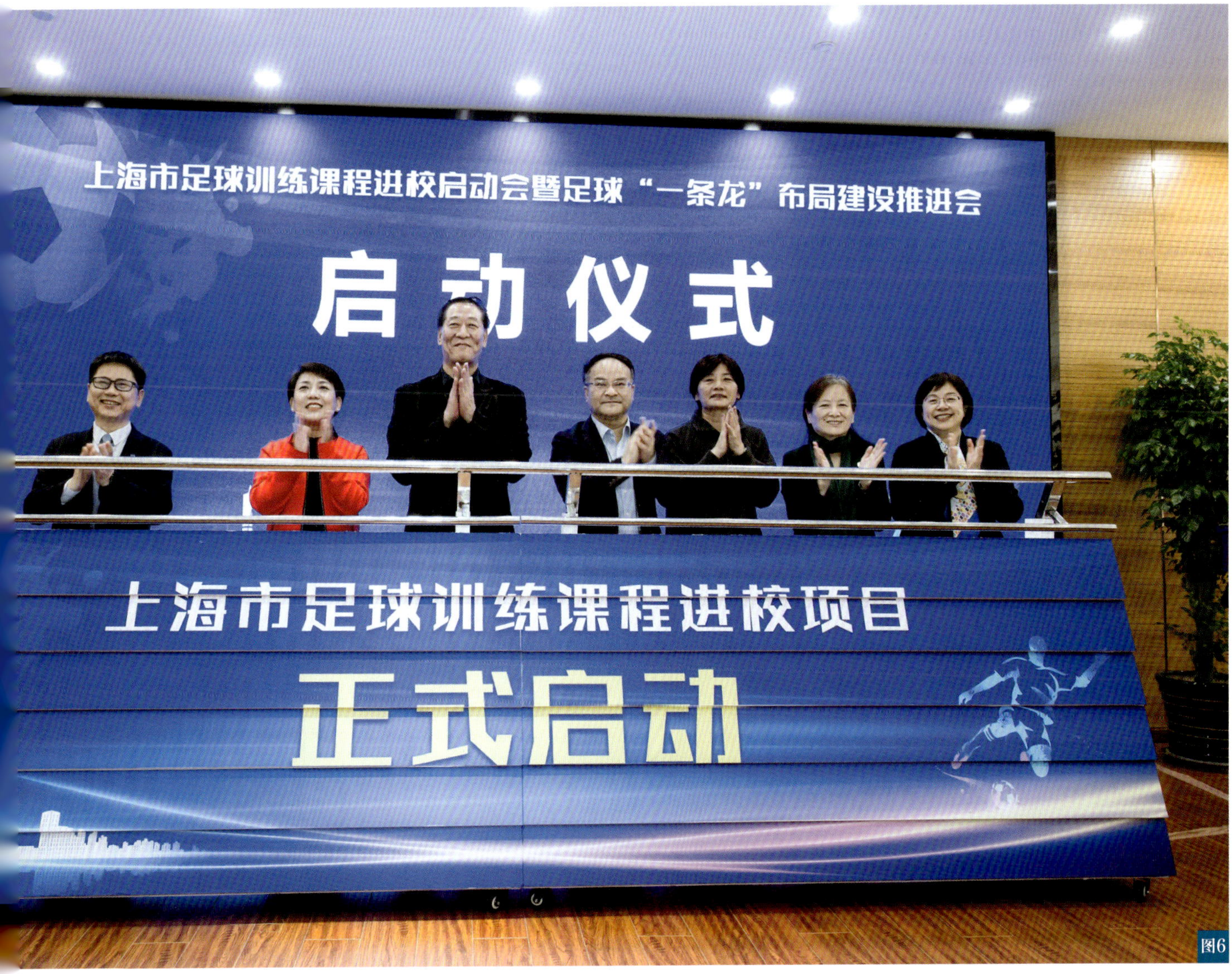

上海市足球训练课程进校启动会暨足球“一条龙”布局建设推进会

启动仪式

上海市足球训练课程进校项目

正式启动

图6

# P10 托幼教育

图1 11月23日，上海市十五届人大常委会第四十六次会议表决通过《上海市学前教育与托育服务条例》。央视《新闻1+1》播出新闻专题：上海立法，破解城市托育难题

图2 9月27日，“静安教育 友好江宁 升级典范”教育友好型社区在江宁路街道全面启动。图为全市首家在幼儿园内建立的嵌入式婴幼儿托育服务设施——南阳实验幼儿园内的社区宝宝屋

图1

图2

# 职业教育P11

图1　10月15日，上海市城市科技学校教师邵茹鹏获2022年世界技能大赛特别赛中国队首金

图2　8月26日，上海市教育委员会、金山区人民政府与上海健康医学院共建上海健康护理职业学院（暂名）合作签约仪式在金山区会议中心举行

图3　12月7日，上海市职业教育德育工作联盟成立大会在上海电子信息职业技术学院举行

图4　奥地利当地时间11月27日，上海第二工业大学学生朱珂获世界技能大赛特别赛货运代理项目金牌

图1

上海退役军人学院成立
上海退役军人学院

图1

图2

上海海洋大学“双一流”建设推进大
CONFERENCE ON PROMOTING “DOUBLE FIRST-CLASS” CONSTRUCTI
水产生态养殖中心 | 联合国粮食及农业组织
Center for Ecological Aquaculture | FAO
2022

ITA
KEEPING SPORT REAL
1952
SHANGHAI UNIVERSITY OF SPORT
#KEEPINGSPORTREAL
CHEN Peijie
Spencer Zhao

图3

上海音乐学院与安特卫普应用科学与艺术大学
合作备忘录签署仪式

图4

图1 1月11日，上海退役军人学院成立工作会议在上海师范大学举行

图2 11月5日，在联合国粮农组织水产生态养殖中心（CEA）揭牌仪式上，水产生物育种研究中心在上海海洋大学揭牌

图3 6月10日，上海体育大学与国际检查机构签约并共同宣布国际检查机构全球首个学术中心落户上海体育大学

图4 10月18日，上海音乐学院与比利时安特卫普应用科学与艺术大学合作备忘录签署仪式在上音歌剧院举行

图5 11月5日至10日，来自上海40所高校的3591名会期志愿者服务于第五届中国国际进口博览会现场

图6 11月30日，全国首个省级教师教育学院——上海市教师教育学院正式成立

图7 9月16日，世界设计之都大会科技时尚高峰论坛在黄浦滨江船舶馆举行

# P14科研

图1　9月，中科院空间新技术试验卫星上搭载、由同济大学负责主体研制的46.5nm极紫外太阳成像仪开机，成功获得首批太阳过渡区动态成像观测数据，并捕获到近期太阳上的一些活动现象

图2　11月15日，浦江科学大师讲坛开讲式暨首期讲坛在复旦大学相辉堂举行

图3　12月13日，上海硬X射线自由电子激光装置（SHINE）项目4号至5号工作井区间东线盾构顺利进洞，标志着该项目1号至5号工作井隧道全线贯通

46.5nm极紫外太阳成像仪

图1

浦江科学大师讲坛
SHANGHAI MASTER FORUM ON SCIENCE

浦江科学大师讲坛
SHANGHAI MASTER FORUM ON SCIENCE

图2

图3

## 编辑说明

一、《上海教育年鉴》是上海市教育委员会按年度编纂的记载上海教育改革和发展情况的专业性年鉴。它是上海各级教育行政部门、各级各类学校执行党和国家的教育法律法规与方针政策、做好教育工作的经验总结，是上海教育事业发展进程的真实记录。

二、编纂本年鉴是为教育管理决策、教育科学研究提供参考，为宣传交流上海教育改革与发展成就设立窗口，为关注和研究上海教育的相关单位与个人提供信息资料。

三、本年鉴的基本内容有："特载""各级各类教育""区域教育""高等学校""教育科研与考试、评估机构""教育电视与报刊""教育人物""大事记""法律　法规　规章　文件""教育统计"。

四、本年鉴为"类目—分目—条目"三级结构层次，以条目为主要载体。为便于检索，卷首设中英文目录，卷末有索引。索引分主题词索引、人名索引和串文图片索引。

五、本年鉴记述时限为2022年1月1日至12月31日，部分内容、数据涉及2022年前，个别资料延续到2023年3月。

六、本年鉴稿件由上海市教育委员会相关处室、直属单位，各区教育行政部门，各高等院校等有关单位提供。

# 目 录

## 特 载



## 各级各类教育

### 综合类

## 徐汇区

## 长宁区



## 静安区



## 普陀区

## 虹口区



## 杨浦区

## 浦东新区



## 金山区

## 松江区



## 青浦区



## 奉贤区

## 高等学校

## 上海交通大学



## 上海交通大学医学院



## 同济大学



## 华东理工大学

## 上海政法学院



## 上海商学院



## 上海公安学院



## 上海杉达学院

## 上海行健职业学院



## 上海城建职业学院



## 上海交通职业技术学院



## 上海海事职业技术学院



## 上海电子信息职业技术学院

## 教育科研与考试、评估机构

### 上海市教育科学研究院



### 上海市教育考试院



### 上海市教育评估院

## 教育电视与报刊

### 上海教育电视台



### 上海教育报刊总社

## 教育人物



## 大事记



## 法律 法规 规章 文件

## 教育统计

## 索　引

# Contents

## Special Articles



## Various Educations at Different Levels

### Miscellanies

## Xuhui District

## Changning District

## Hongkou District



## Yangpu District

## Minhang District

## Baoshan District



## Jiading District

## Pudong New District



## Jinshan District

## Songjiang District



## Qingpu District

## Fengxian District

## Chongming District



# Higher Educational Institutions

## Fudan University

## East China University of Science and Technology

## Shanghai Customs College



## Shanghai Civil Aviation College



## Shanghai University

## Shanghai University of Engineering Science



## Shanghai Maritime University

## Shanghai Ocean University



## Shanghai University of Traditional Chinese Medicine



## Shanghai Normal University

## Shanghai University of International Business and Economics



## East China University of Political Science and Law

## Shanghai University of Engineering Science



## Shanghai University of Electric Power



## Shanghai Institute of Technology



## Shanghai Tech University

## Shanghai University of Sport



## Shanghai Conservatory of Music



## Shanghai Theatre Academy

## Shanghai Jianqiao University



## Shanghai Xing Wei College

## Shanghai Institute of Visual Art



## Shanghai Lida University



## Xianda College of Economics & Humanities Shanghai International Studies University

## Shanghai Vocational College of Agriculture and Forestry



## Shanghai Donghai Vocational & Technical College



## Shanghai Industrial & Commercial Polytechnic

## Institutions of Scientific Research, Examination and Evaluation on Education

## Shanghai Municipal Educational Examinations Authority



## Shanghai Education Evaluation Institute

## Educational TV and Press

### Shanghai Education Television Station



### Shanghai Educational Press Group

## Educational Personage



## Chronicles of Events



## Laws, Rules, Regulations and Documents

## Educational Statistics

## Index

# 特　载

# Special Articles

# 以高质量党建引领发展中国特色一流水平基础教育发展的实践与思考

中共上海市教育卫生工作委员会书记　沈　炜

基础教育事关培养德智体美劳全面发展的社会主义建设者和接班人，事关国家发展、民族未来，是筑牢和稳固民族复兴根基的基础工程。党的十八大以来，以习近平同志为核心的党中央高度重视发展基础教育。习近平总书记深刻指出："基础教育在国民教育体系中处于基础性、先导性地位，必须把握好定位，全面贯彻落实党的教育方针，从多方面采取措施，努力把我国基础教育越办越好"。习近平总书记关于基础教育的系列重要论述和指示批示，为我们办好基础教育指明了前进方向。

上海深入贯彻习近平总书记关于教育的重要论述，始终把回答好"培养什么人、怎样培养人、为谁培养人"这一根本性问题作为办好基础教育首要任务，以全面落实中小学党组织领导的校长负责制为契机，把坚持和加强党的领导落实到中小学教育教学和学校管理的各领域各环节，着力以高质量党建引领发展中国特色一流水平的基础教育。

**一、以弘扬伟大建党精神引领上海新时代中小学党建**

我们始终注重依托和用好上海作为中国共产党的诞生地和初心始发地、马克思主义在中国早期传播的重要阵地、改革开放前沿阵地的资源优势，创新打造红色教育载体，用党的百年艰辛历程、巨大变化和辉煌成就激发共情共鸣，引导全体师生厚植爱党、爱国、爱社会主义的情怀，把党的全面领导的制度优势转化为保障和促进基础教育事业发展的强大动能。经过多年努力，上海基础教育整体水平位居全国前列并具有相应的国际影响，一定程度上已经成为我国基础教育开展国际合作交流的一张名片。

（一）把用活用好城市独特的红色资源作为重要载体。推动全市1540余所中小学全面实施四个"红色+"：一是以"红色+实景课堂"打造红色潮流地图。充分利用全市657处革命历史遗址遗迹、329个市区两级爱国主义教育基地等红色资源，遴选100个中小学生红色实践"打卡点"、100条红色教育研学实践线路、100门红色教育实景课堂，形成全市"处处可见、处处可感、处处可学"的"红色潮流地图"。二是以"红色+数字课堂"引导学生探寻红色历史足迹。综合运用VR、动漫等青少年喜闻乐见的载体形式，配套开发了红色教育资源包，动员文化系统力量制作了"寻访百年路　奋斗新征程"红色资源微视频《馆长说》，深度挖掘红色场馆的人文内涵和教育价值，推出"上海市大中小学校内外红色育人电子版图"，立体呈现全市红色历史、红色建筑、红色资源，引导学生厚植红色基因。三是以"红色+校史课堂"赓续红色精神血脉。支持推动全市中小学系统整理学校历史记忆，全面梳理学校历史、办学遗存、经典建筑、杰出校友、校歌校训等蕴含的育人价值，凸显在办学各个历史时期，党领导师生为争取民族独立、建设社会主义国家所进行的探索和努力，展示学校践行教育报国、科教兴国的奋斗过程和进取精神，并转化为形式活泼、体裁多样的传播载体。在此基础上，推动中小学校将红色故事和革命事迹打造成"红色校史"特色共享课程，推出了一批校史微课、校本跨学科思政微课，提升了育人实效。四是以"红色+主播课堂"扩大辐射效应。落实好书记第一责任人责任，要求中小学党组织书记带头当"主播"、讲党史，开展党组织书记讲党课集中展示活动。聘请老战士、老英模、老党员、老干部、老专家等当"主播"，进校园给"00后""10后"讲中国共产党历史，用身边的人和事教育引导学生，促进了教育过程“润物无声”。

（二）把党建与育人深度融合作为立德树人的重要渠道。注重把握基础教育发展的内在规律、学生群体的年龄阶段和认知规律，着眼促进学生德智体美劳全面发展，全方位推动党的领导贯穿中小学校办学治校全过程，着力在三个方面下功夫：一是在有机融入上下功夫。推动党史教育内容与“中国近现代史纲要”“道德与法治”等思政课必修课有机融合，使党的历史全面融入中小学历史、语文、地理等相关学科课程教学之中。二是在主题活动上下功夫。抓住中国共产党成立、新中国成立、改革开放、上海解放、浦东开发开放等重要节点，组织开展主题鲜明的专题教育活动，把鲜活丰富的党史内容融入各类活动，融入党日团日、主题班会、队会等主题教育活动中，潜移默化引导教育青少年。三是在实践体验上下功夫。组织中小学生实地参观全市红色场馆和革命教育基地，实地接受教育，引导学生抒发爱党爱国爱社会主义的真情实感。

（三）把构建条块结合的党建领导体制作为重要保障。上海把中小学校党建工作全面纳入到全市党建工作总体布局，形成了市委组织部牵头抓总、市教卫工作党委行业指导、各区区委全面负责、各区教育党工委具体组织实施的中小学校党建工作格局。市教卫工作党委建立领导班子成员分工联系各区教育部门工作制度，创设了“区教育党工委书记季度工作例会”交流平台，充分发挥上海市普教系统党建研究会平台作用，通过定期工作调研、交流和研讨，加强对全市中小学校党建工作的全面指导。各区区委通过规范组织隶属关系、建立工作规范标准、加强督促检查考核、强化分类指导等，形成了区教育党工委对区域内中小学校党建工作的全覆盖统一领导与指导。全市 16 个区全部建立了公办中小学“三重一大”议事决策规则和基本程序，全部建立了中小学党建逐级述职评议考核制度，全部推行了中小学党建督导制度，全面把党的组织设在年级组或教研组，促进了党建工作有效嵌入学校行政管理和教学业务最活跃的第一线，全市中小学校党组织的凝聚力、组织力、战斗力全面加强。同时，我们聚焦深化民办中小学校党建工作，相继出台《关于加强新时代上海民办中小学校党的建设工作的若干意见》及重点任务责任清单，织密建强党的组织体系，做到“哪里有党员、哪里就有党组织、哪里就有党组织和党员作用的充分发挥”，持续完善民办学校党建工作体系。

（四）把构建完善现代学校制度作为重要制度安排。在中小学全面推进并如期实现“一校一章程”，全面推进中小学治理体系和治理能力现代化。2010 年，出台《关于上海市中小学校实行校长负责制的若干意见》《关于进一步加强上海市民办中小学校党的建设的若干意见》，理顺学校党组织与其他治理主体的关系，保证学校党组织发挥政治核心作用的制度化、规范化；2020 年，率先启动中小学校党组织领导的校长负责制试点工作，在嘉定全区和普陀、金山等区的部分学校开展试点，强化党组织在学校的领导地位。各区均制定了党支部建设规范化考评标准，通过基层党组织标准化规范化建设，有力强化了基层党组织的战斗堡垒作用。同时，完善中小学校领导班子配备方式，在中小学校逐步推行党组织与行政领导班子成员双向进入、交叉任职，推进党组织书记、校长“一肩挑”，推进民办学校党组织负责人依照法定程序进入学校董（理）事会，为强化党组织在学校中的领导地位，发挥党组织作用提供了制度保障。

## 二、以推行中小学党组织领导的校长负责制全面贯彻新时代党的组织路线和教育方针

党的十八大以来，上海中小学校党建工作水平与质量不断提升，党组织和党员作用有效发挥，党在中小学校的凝聚力、组织力得到全面增强，为上海基础教育不断取得新进步提供了坚强组织保证。同时，面对新形势新要求，中小学党建工作也面临一些新挑战，概括起来是“三个不相匹配”：学校党组织的功能建设与加强党对学校工作的全面领导不相匹配；学校党建的工作质量与新时代人民群众对高质量教育的现实需求不相匹配；学校党组织、党员队伍的自身建设水平与成为“党在基层的坚强战斗堡垒”的政治地位不相匹配。落实到操作层面，主要表现在：中小学学校内部治理体系不够完善，党组织的领导作用尚未充分发挥；党建与中心工作尚未深度融合，学校党建与中心工作“两张皮”现象依然存在；基层党组织书记和党员队伍建设不足，专业发展通道等保障机制尚未完全建立；基层党组织创新意识和创新能力不强，客观上

制约了党组织战斗堡垒作用和党员先锋模范作用的发挥等。

今年1月，中办颁布《关于建立中小学校党组织领导的校长负责制的意见（试行）》，明确在中小学校建立党组织发挥领导作用的组织体系、制度体系和工作机制，这是有关中小学校管理体制的一次重大改革，对于加强党对教育工作全面领导、更好培养担当民族复兴大任时代新人具有重要意义。上海已经出台贯彻落实"1+2"文件（《实施意见》+中小学校党组织会议议事规则、校长办公会议议事规则），构建形成了推进全市中小学校领导体制调整的"四梁八柱"。接下来，我们将把稳妥推进中小学党组织领导的校长负责制作为一项重大政治任务，充分发挥中小学校党组织的领导作用，履行把方向、管大局、作决策、抓班子、带队伍、保落实的领导职责，切实支持和保证校长行使职权，指导推动中小学党组织把抓好学校党建工作作为办学治校基本功，用高质量党建引领学校高质量发展。

（一）推动党建重点任务落实落地。积极稳妥、稳慎有序推进中小学领导体制调整，规范开展党组织按期换届工作，力争用3年时间基本完成中小学校换届工作，选优配强党政班子成员。制定落实中小学校党建工作重点任务清单，明确当前和今后一个阶段中小学校党建工作安排。建立上海市中小学校党建工作指导委员会，加强对中小学党建工作的指导力度，鼓励督促各区加大对中小学校岗位职数、编制、职称等的配置力度。

（二）强化党务工作保障机制建设。针对学校党组织负责人和党员队伍建设安排，鼓励支持有条件的中小学校独立设置党务工作机构，增设专职党务干部。建立中小学校党务干部职称评定工作机制，鼓励引导各区结合实际建立中小学校党务干部激励机制。鼓励党委、总支建制的中小学校创新二级党支部架构，形成纵横交叉的党支部组织设置模式，持续激发党组织活力，促进党建和业务工作深度融合。

（三）促进党建工作更高质量发展。注重发挥基层党组织的战斗堡垒作用和党员的先锋模范作用，深入实施上海市中小学校党建工作质量提升工程，开展党组织"攀登"计划，创建一批上海市中小学校党建工作示范学校、特色学校，发挥引领带动作用；开展党员"先锋"计划，实施"伟大工程"示范党课建设，提升教育实效；开展党务工作者"红领"计划，创建一批"中小学校党组织书记工作室"，建立党务工作人员职务职称"双线"晋升办法和保障激励机制，提升党务队伍能力素质；开展党建工作"筑力"计划，打造中小学校党建工作培训基地，建设一批上海市中小学校示范性"党员活动室"，提升党建工作质量。

（四）优化完善党员发展工作机制。全面加强中小学校党员队伍建设，加强对优秀教师的政治引领和政治吸纳，把更多业务骨干培养成党员，把更多党员培养成业务骨干。推动市区两级组织部门在年度发展党员计划上加大对中小学校的倾斜力度，单列中小学校党员发展指标。同时，完善高中高校学生入党积极分子衔接培养机制，推动高校与高中学校合作开展学生党员接力培养，加强高中学生入党积极分子的日常思想引导，为他们建立培养考察卡，记录培养内容、考察鉴定，为学生考入大学后发展成为预备党员做好前期培养。

上海要以此次深化中小学党的领导体制调整作为契机，创新中小学党组织书记和校长的培养、选任与管理机制，更加科学设计党组织书记、校长成长发展路径；创新中小学领导班子配备机制，更加明确党组织书记、校长的设置方式和职责分工，培养学校党支部委员；创新中小学党的领导体制调整的保障机制，更加有力破解相应的机构、职数、编制等问题，畅通党务工作者职业发展通道。通过坚持和加强党对中小学校的全面领导，为加快发展同具有世界影响力的社会主义现代化国际大都市相匹配的一流基础教育提供坚强组织保证。

（原载《中国基础教育》2022年9月创刊号）

# 实现更高水平教育现代化，办人民满意的一流水平教育

上海市教育委员会主任　王　平

办好人民满意的教育，事关落实全心全意为人民服务根本宗旨，事关改革发展成果全面共享，事关国家和民族长远发展。党的十八大以来，习近平总书记围绕教育工作做出系列重要讲话和指示批示，形成了习近平总书记关于教育的重要论述，为办好人民满意的教育提供了根本遵循。上海坚决抓好贯彻落实，聚焦办好人民满意、一流水平教育，全面深化教育领域综合改革，推动上海教育整体发展水平站到新的历史起点上，已总体达成《中国教育现代化2035》确定的教育事业发展和人力资源开发主要指标，总体实现教育现代化目标初步达成，教育的优质资源供给力、对国家和区域发展贡献力、国际影响力和辐射服务能力显著提升。

十年实践让我们深切体会到，推进教育现代化需要在思想上、行动上、方法上践行六个方面理念：

*第一，推动教育现代化必须扎根中国大地，这是方向保证。*我国有独特历史、文化和国情，只能走自己的教育发展道路，办中国特色社会主义学校。上海始终坚持党对教育工作的全面领导，推行中小学校党组织领导的校长负责制，更好把革命传统、红色基因融入教育教学；完善高校党委领导下的校长负责制，有效破解院系党建"中梗阻"，建强教工和学生党支部，"双带头人"专任教师党支部书记配备率达到97.3%。始终坚持用好党的诞生地和初心始发地丰富的红色资源服务育人，建设全国首个高校中国共产党伟大建党精神研究中心，把伟大建党精神全面融入思政课教学。用活用好全市657处革命历史遗址遗迹、329个爱国主义教育基地等红色资源，打造主题鲜明、内容丰富、引人入胜的红色教育研学实践线路和红色教育实景课堂，厚植学生红色基因。始终坚持扎根中国大地借鉴国际经验，代表国家连续参加国际学生学业质量评价（PISA项目）和国际教师专业发展素养评价（TALIS调查），测评成绩居全球前列，展示了我国高水平基础教育。坚持"以我为主、填补空缺、补弱增强"，举办176个中外合作办学机构和项目，设立上海纽约大学、上海温哥华电影学院、上海洛桑酒店管理学院、上海国际时尚创意学院等一批高水平中外合作办学机构。面向国际推广上海数学教学模式，支持9所高校在14个国家开展海外办学，创设联合国教科文组织教师教育中心，引驻国际戏剧协会总部，设立联合国国际海事组织亚洲海事技术合作中心、WTO亚太培训中心等，为我国参与全球治理贡献上海智慧。

*第二，推动教育现代化必须强化主动担当，这是光荣使命。*上海作为我国改革开放前沿阵地，始终以担当全国教育改革探路者和试验田为己任，主动对接国家教育发展目标任务，着力在无缝衔接中精准定位上海教育改革着力点、贡献点，争做可移植的"苗圃"，不当供欣赏的"盆景"，持续增进改革溢出效应。十年来，上海勇担全国教改试点任务，相继承担教育综合改革、高考综合改革、"三全育人"综合改革等国家教育改革试点任务，探索形成的3岁以下婴幼儿托育服务、高考"两依据一参考"、高校"课程思政"、高校分类评价、培训市场综合治理机制等一批改革制度成果在全国推广辐射。坚决落实中央教育对口合作任务，以一城教育之力对口支援"七省二十地州市101个县市"，分类施策、重点攻坚，在开展经济帮扶、政策帮扶的同时更注重智力帮扶；在开展"输血"的同时更注重"造血"，圆满完成了中央交办任务。牵头推进长三角一体

化教育协同发展，构建了多层次立体化的基础教育协同机制，促进了职业教育和高等教育错位发展、优势互补和资源共享，扩大了在区域间学习成果互认、大学生校际流动与培养互认以及长三角地区教育人才招聘、培养与发展全过程协同联动，提升了以联合攻关核心关键技术为抓手的区域创新策源能力，打造了长三角教育领域科技创新共同体，推动“三省一市”朝着共建亚太地区教育新高地的目标不断迈进。

第三，推动教育现代化必须落实立德树人，这是根本任务。“培养什么人、怎样培养人、为谁培养人”始终是教育首要问题。十年来，上海以建设全国“三全育人”综合改革试点区为抓手，着力通过“三圈三全十育人”机制推动全员、全过程、全方位育人，取得扎实成效。主要做法是：在横向上，构建以学生为圆心，由内圈、中圈、外圈组成的育人同心圆，形成协同育人圈层效应。内圈聚焦课堂教学主渠道，以思政课为核心，以课程思政为抓手，推动所有课程都承载育人功能、所有教师都承担育人职责，实现全员育人；中圈聚焦第二课堂素质教育、第三课堂网络教育，把思想政治引领贯穿到学校课程、科研、实践、管理、组织、服务、文化、网络、心理、资助等 10 个学校教学科研和管理服务重点环节，使校内所有单位和全体教职员工都参与育人，加强从学生入学到毕业、从网下到网上的思想引领，实现全过程育人；外圈聚焦“开门办思政”，吸引各行各业骨干人才协同育人，用好社会资源服务育人，实现全方位育人。在纵向上，整合上海教育系统内外力量，强化属地联动，构建了大中小学一体化推进机制，通过推进大中小学思政课一体化建设、基础教育学区（集团）内思政育人资源共建共享等措施，促进了各学段思政教育和育人工作有机衔接。在辐射上，遴选和布局建设“三全育人”示范校、示范院系、共享基地、示范项目等，促进育人实践中的好经验、好做法，由点到面及时辐射推广。

第四，推动教育现代化必须守牢公平底线，这是根本前提。教育公平是社会公平的基石，推进教育起点公平、过程公平、结果公平是办好教育的底线。上海围绕落实“让每个孩子都能享有公平而有质量的教育”，促进义务教育办学条件均衡，实现学校建设、设备配置、信息化建设、教师配置与收入、生均经费等标准“五个统一”，优化了学生学习生活环境，对接了课程教学改革所需，发挥了校园设施设备育人功能，提升了学校管理效率。创新义务教育内涵发展机制，围绕办好每一所家门口的学校，重点建设了一批“不靠政策靠创新、不靠生源靠师资、不靠负担靠科学”的普通公办学校，遴选 128 所相对薄弱公办初中实施“强校工程”，补齐短板；加强城郊师资队伍建设，落实特级校长、特级教师、正高级教师向郊区薄弱校流动；围绕缩小校际办学差距，出台紧密型学区和集团建设实施方案，多措并举推动学区和集团内师资力量、课程教学、校本教研、学校管理等共建共享，实现优质教育资源跨校流动；围绕缩小区域差距，由中心城区优质品牌学校托管郊区薄弱学校，实现了学生成长、教师发展、教学质量、学校管理、文化建设等快速进步。强化教育公平热点难点问题改革攻坚，推行义务教育“公民同招”和民办学校“超额摇号”，“公民同招”全面覆盖九年义务教育，优化了义务教育整体生态；有力落实中央“双减”政策，作业设计与实施更加科学高效，100%义务教育学校建立作业管理和公示制度，落实学生在规定时间内完成作业等举措，参加课后服务的学生占 96.6%，义务教育阶段学科类培训机构数量由 3093 家压减至 265 家，压减了 91.4%；促进民办义务教育规范发展，把政府购买学位作为优化结构主要路径，形成公办学校、基金会办学（购买学位）学校和民办学校三类义务教育学校协同发展格局；平稳落实中考招生改革，把优质高中招生名额直接分配到每所不选择生源的初中学校，对促进义务教育优质均衡发展形成了牵引。学前三年毛入园率、义务教育和高中阶段教育毛入学率均接近 100%，近 90%学前幼儿接受普惠性学前教育，主要劳动年龄人口受过高等教育比例近 50%。

第五，推动教育现代化必须聚焦质量提升，这是永恒主题。过去十年，我国教育事业改革发展取得飞跃性进步，一条重要经验是始终把提高教育质量作为核心任务，贯穿改革发展和人才培养全过程。上海有各类普通学校 3432 所，大中小幼在校生 301.06 万人，教职工 33.42 万人，这一规模在国内外城市中首屈一指，推动如此体量教育赶超世界一流水平，任务艰巨。上海以建设教育综合改革国家试点区和创建教育综合改革国家示范区为抓手，推动改革不停步、发展不松劲，持续深化基础教育综合改革，实现了基础教育整体水平在全国处于领先位置并且具有相应的国际影响。着力建设国家产教融合型城市，实现职业教育学制纵向贯通、人才培养产教横向融通，更加紧密契合了产业发展所需。强化学习型社会和终身教育体系建设，作为全球“可持续发展教育”专题组协调城市，协同全球 100 余个城市开展实践探索，加入“全球学习型城市网络”，获评“联合国教科文组织学习型城市”，终身教育发展全国领先。抓住“双一流”建设契机，强化高等教育服务能力建设，15 所高校、64 个学科进入国家“双一流”建设行列，重点产业领域人才供给能力明显提升，高校毕业生就业率持续领先全国。一批教书育人典型不断涌现，于漪老师获全国基础教育领域唯一的“人民教育家”国家称号，吴蓉瑾老师被中宣部授予“时代楷模”称号。

第六，推动教育现代化必须提升服务能级，这是重大使命。推动教育现代化不能搞教育系统“小循环”“自循环”，必须主动融入国家战略和区域发展“大循环”，引导高校自身发展“小逻辑”服从经济社会发展“大逻辑”，服务高水平科技自立自强。高校牵头建设了 3 个国家重大科技基础设施、2 个集成攻关大平台、4 个国家前沿科学中心和 46 个国家级科研平台。上海高校获国家科技“三大奖”数占全市总数约 70%，占全国高校获奖数约 10%，年均获国家自然科学基金资助项目近 4000 项。依托高校布局上海数学中心、李政道研究所、费林加诺贝尔奖科学家联合研究中心等高水平科研基地，建设新一代集成电路技术集成攻关大平台、自主智能无人系统科学中心、免疫治疗创新研究院等重大创新平台，融入国家战略科技力量建设，创新策源作用持续彰显。同时，哲学社会科学构筑形成了新优势，依托上海高校优势学科和特色专业布局建设的一批新型智库，在服务国家和区域发展中发挥了积极的决策咨询作用，全国哲学社会科学学术重镇地位持续巩固。

新时代新征程，上海将坚定办好人民满意教育的目标，勇担全国教育改革探路者，推动教育事业发展和人力资源开发主要指标达到全球城市先进水平，加快发展同具有世界影响力的社会主义现代化国际大都市相匹配的一流教育。

（原载《教育家》2022 年 9 月刊第 4 期）

# 各级各类教育

# Various Educations at Different Levels

## 综 合 类

**【2022年上海教育概况】** 年内，开展以党史为重点的“四史”宣传教育活动，营造迎接党的二十大的良好氛围。发挥专家讲师团和“上海市大学生理论宣讲联盟”等的作用，开展宣讲活动，组织师生学习党的二十大精神。举办“党的二十大精神融入学校思想政治理论课集体备课会”。实施师生贯彻落实党的二十大精神专项行动。

研制《上海市“大思政课”综合改革试验区实施方案》《上海市“大思政课”综合改革试验区重点建设任务》，遴选首批“大思政课”建设整体试验区、重点试验区(高校)。联合市委宣传部印发《关于在上海高校思想政治理论课中进一步加强习近平新时代中国特色社会主义思想教育教学工作的通知》，指导各高校开好讲好“习近平新时代中国特色社会主义思想概论”课。指导中小学用好《习近平新时代中国特色社会主义思想读本》，开展优秀课例征集展示活动。打造多元网络云课堂，组织征集“大学书记校长大课堂”思政课资源。

实施上海高校思想政治理论课质量提升行动，面向全市高校遴选思政课“金课”、精彩教学案例等。开展习近平新时代中国特色社会主义思想大学习领航计划主题教育活动，建设“信仰之路”系列微课和馆校合作课程。支持“易班”建设“大学生思政课在线学习平台”和“大学生思政课实践成果展示平台”。启动马克思主义理论学科研究生人才培养登峰计划申报工作。

召开上海高校心理健康教育工作推进会，成立新一届上海学校心理健康教育专家指导委员会。指导各区、各校做好中小学生关心关爱指导工作。研制《关于进一步加强本市初高中(中职)毕业班毕业生心理健康教育的工作方案》。推动高校开设心理健康教育公共必修课，汇编并推广《上海生命教育推进与探索》《大学生心理健康优质课程》资源。组织“心理健康教育活动月”系列活动。在初中所有年级及小学、高中重点年级启动全员导师制。

组织开展《家庭教育促进法》学习宣传活动，推出《家庭教育促进法》普法宣传系列讲座和推文。出台《上海市中小幼家长学校建设标准》《上海市家庭教育指导大纲(修订)》，办好中小学、幼儿园家长学校。研制《上海市校外实践教育促进条例(草案)》，推进上海市初、高中学生综合素质评价社会实践工作。开展“新征程·新奇迹”——2022年上海市红色故事大赛(校园组)暨首届上海市校园红色文化传播志愿者展评活动。发布首批20个上海市“云上学校少年宫”共享视频课程，推出“5·18云端博物馆课堂”。

组织召开体育课改十周年回顾与发展论坛，开展优秀案例征集评选。举办普及与提高相结合的学校体育赛事活动，做好市级学生体育锦标赛、校园足球赛事等活动。实施学生体育素养评价工作，优化测试办法。推进学校体育“一条龙”人才培养布局建设，组织完成相关高中阶段优秀体育学生招收工作。强化师资场地保障，完善学校体育教师培训体系，推进学校体育场地向社会开放和社会体育场馆向社会公益开放，推动体育系统优秀教练员、退役运动员进校园。

印发《上海市学校美育发展“十四五规划”》。推进市级学生艺术团管理办法改革，完成2022年艺术骨干学生资格确认线上测评，完善学校艺术“一条龙”布局和项目建设工作。组织“青春放歌——学生新年音乐会”、首届校园戏剧节、国际艺术节校园行、全国第七届中小学生艺术节上海市活动、学校美育实践魅力系列奖项表彰工作。

实施劳动教育课程建设行动，制定《上海市中小学居家劳动实践手册》，支持普通高校和职业院校开发一批实践体验性劳动教育选修课程。遴选推广学校劳动实践特色项目，推动学校设计劳动教育岗位和活动。推进“百名劳模进校园”，开展第二届上海市“学生劳动教育宣传周”，启用上海市学生综合性劳动实践基地（光明花博邨）。丰富智慧教育平台劳动教育资源建设。

举办2022（第九届）上海国际青少年科技博览会（云端展会）暨“明日科技之星”国际邀请赛，来自中国、美国、澳大利亚等13个国家的青少年参与，冠名卫星于7月27日在酒泉卫星发射中心成功发射。加强青少年科学创新实践工作站建设。启动“未来科学家”培养计划。完成上海院士风采馆等53家学生（青少年）科创教育基地认定工作。开展上海市青少年科创教育经典导读活动，邀请叶叔华院士等科学家、教育家担任导读人。

开展“爱眼日”与春、秋两季宣传教育月的宣教工作。落实校（园）长陪餐制度，推进“明厨亮灶”建设，做好学校食品原材料溯源工作。形成《本市大学生医保转居保工作指引》，指导高校推行大学生医保并轨工作。指导学校开展传染病防控和新生入学体检、新时代校园爱国卫生运动等工作。开展“健康生活、幸福成长”健康教育主题活动、2022年上海市中小学与幼儿园卫生保健人员培训。

教育部和上海市政府联合印发《上海市全面深化教育领域综合改革方案》，对照方案分解形成89项任务，细化形成2022—2025年280条重点改革举措。推进浦东新区出台《浦东新区全面深化教育领域综合改革示范区建设方案（2021—2025年）》，指导其他各区编制完成教育综合改革示范项目工作实施方案。各区按照“5个必选＋2个自选＋X个特色”教育综合改革重点项目，以点带面深化区域教育领域综合改革。推进奉贤区开展中小学教师教学述评制度构建与试点、华东师大二附中开展拔尖创新人才早期培养研究、上海财经大学完善评价改革监测通报机制。完成2021年度各区、各高校教育评价改革典型案例评选。

优化年度义务教育招生政策，推行登记、验证“不见面”服务等便民措施，加强网上咨询服务。完成中招录取改革的首次全面落地，落实自主招生批次和名额分配综合评价批次的招生录取。调研初中理化实验操作考试系统建设情况，推动智能赋分功能优化升级。完成初中学生综合素质评价信息管理系统中招功能的研发和部署。优化高中学生综合素质评价信息管理系统相关功能，完成普通高中学生综合素质评价信息在春招校测、大专自主招生、“强基计划”、综合评价录取改革试点批次、秋季高考中的使用。完成春季考试招生、秋季高考与普通高校集中录取。完成专科层次依法自主招生、普通高校面向中等职业学校应届毕业生考试招生、硕士研究生考试招生、专升本、插班生考试招生工作。

出台全国首个《义务教育课后服务工作指南》。开展优秀课后服务工作方案评选。引进社会资源助力提升课后服务质量。张江高科实验小学家校共建高质量课后服务课程体系等被教育部作为典型案例向全国推广。

出台《上海市校外培训机构设立与管理实施办法》《上海市校外培训机构基本服务条件指引》和学科类、体育类、非学历文化知识等多个分类设置标准。针对培训机构恢复线下服务、预收费资金监管等重点事项，会同相关部门对16个区分批分次开展实地检查指导。印发《关于开展校外培训机构培训材料与从业人员专项排查行动的通知》，加强培训机构培训材料与从业人员管理。落实国家关于艺考培训机构管理要求，会同市公安局、市市场监管局开展专项治理行动。

《上海市学前教育与托育服务条例》经市十五届人大常委会第四十六次会议表决通过。发布《关于加强本市社区托育服务工作的指导意见》，在社区提供嵌入式、标准化的临时托、计时托服务。新增普惠性托育点79个，托班87个，托额1730个。推荐黄浦区、奉贤区、浦东新区、闵行区参评“全国婴幼儿照护服务示范城市”。指导黄浦区、奉贤区、浦东新区、闵行区、虹口区参评“上海市婴幼儿照护示范城市”。将科学育儿纳入一网通办“出生一件事”，升级“育之有道”App和“上海科学育儿指导”等平台。完成全市新建、改扩建30所幼儿园建设和五大新城13所幼儿园新开办工作，新增1.3万个公办幼儿园学位。开展优质园创建和评估。完成2022年上海市学前教育阶段适龄幼儿入园工作，首次实现入园信息登记和报名验证全程网办、一网通办。

优化评估方案，完成第二轮城乡携手共进计划项目中期评估工作。推动紧密型学区、集团建设，启动研制示范性学区和集团建设行动计划。开展第二批新优质学校成长认证，打造“新优质云讲堂”，启动研制新优质学校高质量引领计划。启动公办初中强校工程绩效评估。出台《关于深入推进本市幼小科学衔接工作的实施意见（试行）》。命名上海师范大学附属罗店中学等学校为上海市特色普通高中。开展浦东中学等学校的特色普通高中市级展示活动。推进闵行区、长宁区区域课程管理平台试点工作。推进高中国际课程试点工作，加强规范管理，落实年检工作。指导全市民族班办班中学做好各项工作。深化医教结合，完善特殊学生高中阶段升学评估机制，加强自闭症儿童教育研究和巡回指导。研制随班就读课程实施意见，启动随班就读学生综合素质评价研究，推进融合教育师训课程建设。承接教育部关于校园无障碍建设指南研制项目。

推进普通高中新课程新教材实施工作，开展市、区联合教研展示活动，组织常态化普通高中“双新”实施培训。围绕课程计划、德智体美劳等课程体系建设、单元教学设计等载体开展行动研究。完成第三轮上海市提升中小学（幼儿园）课程领导力行动研究项目结项评估。启动第四轮上海市提升中小学（幼儿园）课程领导力行动研究项目。修订《小学低年级主题式综合活动课程指导纲要（试行稿）》。完成首轮项目化学习实验，开展第二批市级项目化学习优秀项目案例评选。研制《基于区域特色的学校综合课程创造力培养教学指导手册》。探索推进拔尖创新人才早期识别、遴选、培养和基地建设工作。支持地产集团推进未来科创学校项目土地调规，支持相关单位开展学校培养方案和实验室建设方案等研制工作。

完成上海中侨职业技术大学新设专业审核，上海城建职业学院、上海电子信息职业技术学院申办本科院校前专业论证工作。制定《上海市推进高水平高职学校和专业群建设方案（2022—2024年）》，立项建设10所高水平高职学校与50个高水平专业群。上海交通职业技术学院、上海农林职业技术学院完成五年一贯制新型高职体制改革工作。上海科创职业技术学院、上海闵行职业技术学院、上海现代化工职业学院、上海建设管理职业技术学院获市政府批复设立，完成17个新专业备案工作。出台《推进上海职业学校优化专业布局结构的指导意见》。制定《关于进一步加强中高职贯通教育的通知》，建立健全中高职紧密联合体。

聚焦三大先导产业、六大产业集群，各职业院校与百度集团、奇安信集团、理想汽车、东湖集团等单位成立若干现代产业学院。完成2022年拟新增高职专业申报和评审工作，确定45个新增专业。推进“1＋X”证书制度，推进技能等级评价认定。依托职业院校“1＋X”证书制度试点专家委员会，先后核定三批证书考核费用。启动中国特色现代学徒制试点，联合龙头企业，立项飞机电子设备维修、生物制药技术、虚拟现实技术应用等15个中国特色现代学徒制试点。

15所高校64个学科入选第二轮“双一流”建设高校及建设学科名单。支持新增入选的上海科技大学加快推进“材料科学与工程”一流学科建设。指导上海体育学院推进国家兴奋剂检测上海实验室建设。印发《上海高校高峰学科建设管理办法》。完成能源科学与技术、飞行器力学与控制、智能教育3个新增IV类高峰学科建设布点工作。研究形成《关于新增布局III类高峰学科的工作方案》。组织上海高校66个高峰学科完成年度建设进展报告。健全完善高水平地方高校（以下简称“高地大”）建设全过程管理，出台《上海市高水平地方高校建设项目管理办法》，形成1套动态监测核心指标体系和相关工作机制。组建上海市高水平地方高校建设战略咨询专家委员会，开展1次全覆盖的年度专家咨询诊断。强化“高地大”项目动态监测结果应用，指导各建设高校推进“高地大”二期建设任务。

实施高校创新策源能力提升计划，完成相关科研基地动态调整，将上海科技大学2家上海市前沿科学研究基地和上海大学1家上海市协同创新中心纳入建设范围。完成对上海市前沿科学研究基地、上海市协同创新中心的评审工作。依托上海交通大学医学院和同济大学建设的2家上海市协同创新中心被认定为省部共建协同创新中心。推荐上海大学和上海科技大学等高校申报教育部重点实验室。

组织实施2022年上海高校分类评价，试行评价“大小年”制度。加强数据挖掘与归集，深化结果运用。探索新型高校评价办法。总结上海高校分类评价实践经验。

通过学位点动态调整，上海科技大学新增1个博士点，上海大学等高校新增12个硕士点。通过自主审核增列，复旦大学等高校新增11个博士点和7个硕士点。同济大学、华东师范大学、华东理工大学、上海科技大学通过开展工程硕博士培养试点，新增生物与医药、机械等5个博士专业学位点。上海应用技术大学通过博士授予单位核查，开展研究生招生、培养和学位授予工作。制定上海普通高等学校学士学位授权审核工作办法、本科层次职业学校学士学位授权审核工作办法，实施2022年新增学士学位授权审核。批准上海立达学院、上海中侨职业技术大学增列为学士学位授予单位，复旦大学等24所高校63个本科专业增列为学士学位授予专业。继续实施本科高校双学士学位复合型人才培养项目。支持首批66个博士硕士学位点开展培优建设。复旦大学等14所高校34个学科开展培育建设。制定《上海高校学位点培优培育专项经费管理办法(2021—2025年)》。上海高校获批185个国家级一流专业和186个省级一流专业。获批44个本科新专业，立项建设504门市级重点课程，认定344门市级一流本科课程。上海高校在第二届全国高校教师教学创新大赛上获一等奖3项、二等奖4项、三等奖5项。立项建设20个市级虚拟教研室。第八届“互联网+”大赛获12项金奖。复旦大学等5所高校入选国家级双创学院，华东理工大学等3所高校入选国家级双创实践基地。

研制《上海“急需高层次人才”培养自强计划实施方案》，遴选首批9家上海高校涉外法治人才教育培养基地建设。开展卓越工程师培养，研制《国家卓越工程师创新研究院(上海)实施方案》。教育部授牌上海成为国家卓越工程师创新研究院建设单位(全国共4家)。聚焦上海“3+6”新型产业体系，建设第二批12个市级重点现代产业学院。成立上海智慧新工科产教融合联盟(上海临港新工科产教融合研究院)。

开展上海高校本科毕业论文(设计)抽检。首轮抽检复旦大学、上海交通大学等38所高校1434个专业(点)。对接教育部抽检平台，组织2022年论文抽检。首次将成教论文纳入抽检，采取“双盲”形式评议。

出台《上海市属普通高等学校本科教育教学评估实施方案(2021—2025年)》，研究制定“十四五”期间上海21所市属高校审核评估计划，组织编制《上海高校新一轮审核评估工作指南》。完成上海高校2020—2021学年质量年报评议工作。组织复旦大学、上海交通大学等40所本科层次高校编制发布2021—2022学年本科教学质量报告，形成《上海普通高校本科教学质量分析报告(2021—2022学年)》。

组织市成教协会和相关高校继续教育、行业企业各方专家推进“双元制”职工继续教育试点工作。研制高校试点基地建设方案，启动高校试点基地遴选工作。举办高校、企业供需对接交流会。联合区、社区学院(校)等开发社区教育类7个主题107个微课视频。联合上海教育电视台，推出以“学智能应用　做智慧长者”为主题的24集系列课程。扩大实施“上海社区健康大学堂”项目。推出10本学习坊STEAM系列读本。推进学习型乡村建设，启动“乡村15分钟学习圈资源配送项目”。推出16条人文行走学习线路、71个学习点。建设市级体验基地12个，下设体验站点扩容至169个，体验项目1300余个，体验课程1600余门，体验活动近5000余场次。举办“智学新体验　慧享新生活”2022年上海市民终身学习体验基地嘉年华。

印发《关于进一步推进本市学习型组织建设工作的通知》，公布四类学习型组织创建指标，开展首批优秀学习型组织推荐工作。开展“品味书香·传递阅读力量”上海市民终身学习数字阅读活动。举办2022年第八届上海市民诗歌节活动。开展2022年东方亲子阅读推广项目。举办“学习贯彻二十大，终身学习向未来”上海市第十八届全民终身学习活动周。参与国际会议，宣传上海学习型社会建设经验。推进《成人学习与教育全球报告》(五)的翻译出版工作,完成社区可持续发展教育2.0版方案,出版《社区可持续发展教育:上海行动观察》中英文版。出版《中国终身教育研究》(第二辑),组织召开第十届终身教育上海论坛。

推动浦东新区等5个区和上海中医药大学、上海电力大学新建老年大学。启动第二批老年大学倍增计划建设申报工作。推动老年教育机构优质发展,开展2022年上海市街镇社区(老年)学校优质校建设评估工作。推进老年教育"三类学习点"建设。完成50门老年教育慕课课程建设,全年集中式开班480个,学习总人次超4万人次。开展全市老年教育教材(读本)和课程征集评选工作。加强超大城市发展背景下老年教育专题研究,完成《中国老年教育(2020)》和《上海老年教育2021》。

完善《上海民办教育促进条例(草案)》,研制《上海市营利性民办高校办学结余分配管理办法(试行)》等配套文件。完成加强学校党的建设、规范主体公参学校、调控民办在校生规模、规范民办学校名称、规范居住社区配套建设使用、规范民办义务教育学校财务工作6方面改革重点任务。做好教育类社会组织设立、变更、终止等前置审查工作。出台《上海市民办高等学校年度检查工作管理办法》,修订《非营利性/营利性民办高校年度检查指标体系》,完成2021年度民办高校年检工作。修订《上海市促进民办教育发展专项资金管理办法》,研制《上海市民办高校财务管理平台工作手册》,指导民办高校做好财务管理。

推进上海交通大学教育学院、上海师范大学学前教育学院和退役军人学院建设。落实师范类专业认证制度。举办师范院校教师智慧教学比赛和师范生教学基本功比赛。承办第三届全国中小学青年教师教学竞赛决赛。举办第五届上海高校青年教师教学竞赛暨第六届全国选拔赛。举办2022年暑期校园长培训、见习教师规范化培训基本功大赛,开展学前教育教师专业岗位培训。举办第一期上海市中青年校(园)长主题论坛。实施民办中小学优秀中青年教师团队发展计划项目,举办民办中小学校长高级研修班。推进于漪教育教学思想研究中心建设,举办首届于漪教育教学思想研究论坛。开展2022年全国教书育人楷模遴选推荐工作,组织2022年上海市"四有"好教师(教书育人楷模)学习宣传活动。

落实《上海市"十四五"职业院校教师培训工作实施方案》,开展区属和行业新高职校长(书记)培训,遴选推荐上海工艺美术职业学院等5所高校为国家级"双师型"教师培训基地。组织全市高校教师通过国家智慧教育平台参加教育部暑期研修活动,覆盖率近90%。开展市属公办高校新教师岗前培训工作。实施国外访学、国内访学等项目人选遴选工作。完成上海应用技术大学和上海对外经贸大学高水平地方高校创新团队评审和启动建设工作。研制《关于加强新时代上海民办高校教师队伍建设的实施意见》,持续实施民办高校"强师工程"项目和"民师计划"项目。

制定进一步加强上海市教育卫生系统人才队伍建设的有关办法,做好各级人才工程和人才计划的组织实施工作。实施高等教育人才揽蓄行动,举办高层次人才国情研修班,完善人才落户、购房、就医、子女入学等相关服务。开展2022年市属高校专业技术二级岗位聘任评审工作,修订专业技术二级岗位任职条件,建立优秀人才破格推荐机制。优化正高级教师评审工作,统筹推进正高级教师流动。出台《关于进一步优化本市中小学专业技术岗位设置管理的意见》。排摸2022届上海市生源公费师范生就业需求,做好应届公费师范生就业保障工作。组织开展首次教育事业管理研究高级职称评审。研制《上海市职业学校兼职教师管理办法》。制定全市职业教育"双师型"教师认定办法。试点《关于本市职业院校高技能人才评聘教师系列专业技术职称试行办法》。开展中等职业学校正高级讲师评审工作,实施职业院校育训结合激励计划。

依托UNESCO教师教育中心,开展"空中教研室"项目,引导英国数学教师学习"中国式的教师学习共同体"。接待荷兰、澳大利亚等3国驻华教育参赞到访。举办第十三届新加坡—上海基础教育圆桌会议。支持举办第七届"外教社杯"上海市高校学生跨文化能力大赛。依托中国—上海合作组织国际司法交流合作培训基地开展司法执法人才线上培训班。支持中阿改革发展研究中心举办"第三届中国—阿拉伯国家改革发展论坛”。支持上海应用技术大学为中老铁路建设发展培养本土化高级铁路技术人才、上海中医药大学传播推广中医药应用。线上举办“2022上海国际友好城市青少年夏令营”。与德国汉堡市教育部以及上海、汉堡两地的6所结对学校在线举行主题活动。

以在线形式举办“沪港大学联盟”“2022沪港澳学生夏令营”“沪港澳青少年文化行走”。开展对台湾地区教育交流项目和活动，推动开展港澳台地区学生暑期实习项目。

推进全国首个教育数字化转型试点区建设。组织开展第一批、第二批54所上海市教育信息化应用标杆培育校创建中期检查工作。发布《上海教育数字化转型“十四五”规划》，建设上海智慧教育平台。成立教育数字化转型标准委员会，印发《学校数字基座需求说明与建设标准》，鼓励学校基于数字基座，探索“标准化（基础应用）＋个性化（应用插件）”排列组合的应用模式。召开基础教育教学数字化转型工作启动会、培训会、推进会以及教学展示会，推进数字教学系统和“三个助手”升级。研制《上海市教育委员会关于深入推进基础教育数字化转型工作的通知》《上海市中小学教学数字化转型三年攻关行动方案（2022—2024学年）》。

整合全市各市属高校和公立高中、初中、小学、幼儿园的分散缴费渠道，接入“一网通办”总门户和“随申办”移动端。将义务教育阶段和幼儿园入学报名接入“一网通办”，全市有初中、小学阶段30万名学生，幼儿园阶段19万名适龄儿童实现入学报名全程网办。印发《上海市教育委员会关于开展基础教育阶段学生资助“免申即享”试点工作的通知》，在长宁、静安、普陀、宝山、金山等区开展基础教育阶段学生资助“免申即享”试点工作。

年内，上海高校毕业生21.34万人。至8月底，上海高校毕业生初次毕业去向落实率94.29％。全市32所本科高校校级立项大学生创新创业11148个（部属4119个、市属7029个），市级立项4757个（部属1675个、市属3082个），国家立项2040个（部属946个、市属1094个，择优推荐19个重点支持领域项目）。完成校级项目结题验收4086个（部属1377个、市属2709个），市级项目2294个（部属835个、市属1459个），国家级项目845个（部属406个、市属439个）。组织完成“国家级大学生创新创业训练计划”15周年荣誉推荐。

修订《上海市中小学幼儿园学生资助资金管理实施办法》《上海市普通高等学校学生资助资金管理实施办法》。督促高校加强学生资助机构建设，完善本校学生资助资金管理实施办法，严格工作制度。成立市、区、校三级学生资助工作领导小组、工作小组以及学生资助管理中心（部门），负责各级学生资助工作的管理和监督。加大财政、审计、纪检等部门对学生资助管理工作的专项监管力度。

印发《上海市教育督导问责实施细则（试行）》，指导各区规范机构设置，充实工作力量。出台《上海市人民政府教育督导委员会对区政府开展依法履行教育职责评价工作（2021—2025年）的实施意见》，开展区政府依法履行教育职责评价年度监测工作。编印《上海市区域学前教育普及普惠督导评估资料汇编》，开展年度监测，向各区政府精准反馈2022年学前教育普及普惠发展情况。对长宁区普及普惠指标达成情况进行网上初审和社会认可度调查，并开展省级实地督导评估工作。召开上海市创建工作推进会，实施年度监测，启动市、区、校三级监测平台试运行，建模分析跟踪监测数据。印发《上海市义务教育阶段“双减”督导2022年工作方案》。研制出台《上海市中小学幼儿园校（园）长任期结束综合督导评估实施方案（试行）》《上海市中小学幼儿园校（园）长任期结束综合督导评估试点工作实施方案》。印发《上海市中小学学生关爱工作主题性督导工作方案》。组织开展2022年小学学业质量“绿色指标”测试。加强国家义务教育质量监测结果运用，对2020年参测的黄浦、杨浦等6个区开展问题整改跟踪调研，组织开展结果应用优秀案例征集活动。开展2022年中职校专业质量监测工作。

研制平安学校建设工作方案，推进校园安全预警型、清单式管理。联合市委政法委、市公安局开展“护校安园”专项工作。完善各方力量共同参与的护学机制。开展安全生产和实验室安全等专项治理。会同市交警总队加大校车安全运行监管力度。印发《关于进一步加强本市未成年人学校保护工作的若干意见》，从健全工作机构、优化工作机制等7个方面，完善上海市未成年学生学校保护工作。推进预防中小学校园欺凌三年行动计划（2021—2023），对上海中小学生欺凌情况开展抽样调查。修订《中小学生欺凌防治指导手册》，基本完成小学、初中、高中、职校4个学龄段的欺凌防治读本开发工作。印发《上海市教育委员会关于开展未成年人学校保护相关试点工作的通知》。研制《上海市教育委员会关于印发〈上海市专门学校学生入（离）校评估办法（试行）〉的通知》。联合《现代教学》杂志编辑部开展“专门教育专栏”文章征集活动。

会同市高院等单位开展“春天的蒲公英——小法官网上行”“百校百讲普法行”等活动。会同市禁毒办联合印发《关于进一步加强本市学校毒品预防教育相关工作的意见》。会同市公安局组织开展中小学生防范电子烟危害宣传教育。组织开展中小学、幼儿园公共安全教育精品课程评选，开展春秋季安全教育周活动、第27个全国中小学安全教育日活动。组织录播公共安全教育开学第一课第九季和第十季电视公开课。制作播放民防教育、户外活动安全、心理安全专题教育片。在《上海教育》9月刊编发上海市中小学幼儿园公共安全教育专栏。推动落实大学生安全教育在线学习考试达标工作。

联合十部门开展第四届学生生态环保节活动，举办上海市青少年“双碳”方案提案大赛、全国第四届全国生态文明教育论坛。编撰《上海市基础教育学校绿化技术标准》。完成《上海市绿色低碳发展国民教育体系建设实施方案》《上海市高等学校绿色低碳循环行动计划》和《中小学建筑合理用能指南》调研工作。公布“上海市绿色学校”（第一批）名单，开展第二批“绿色学校”创建，57所高校、1328所中小学、55所中职校达到要求。开展高校排水与污水处理情况调查。常态化开展垃圾分类第三方测评，结合新学期、毕业季等时间节点开展垃圾分类宣传教育。开展“无废校园”创建、“关注森林活动”。

提高市属高校生均综合定额拨款标准，提高上海市特殊教育生均公用经费基本标准。强化经费投入保障力度，重点保障“双一流”建设等投入水平。出台《上海教育系统内部审计规定》，加大对关键领域、重点环节的审计监督力度。加强审计质量管理，完善审计项目全过程跟踪监督机制。强化审计结果运用，督促落实审计整改。开展高校腐败风险专项清理整顿及整改工作。加强全市中小学校法治工作，建设依法治校长效机制。启动依法治校指标纳入高校分类评价工作。健全校内规章制度制定发布机制。落实《教育部关于进一步加强高等学校法治工作的意见》。

推进教育东西部协作和对口支援云南等省的教育帮扶项目。签署《上海市教育委员会　三明市教育局共同推动革命老区教育高质量发展对口合作协议书》《上海市教育委员会　六安市教育局共同推动革命老区教育高质量发展对口合作协议书》。完成第二批“援藏援疆万名教师支教计划”281名教师支教任务。实施新一轮援疆教育人才和云南重点帮扶地区支教教师选派。组织开展云南等对口支援地区的20个培训班。推进高校银龄教师支援西部计划。

成立市课程教材建设委员会、市教材审查和评价委员会，下设10个专委会，构建形成全市教材管理的组织领导和专业支撑机制。召开市教材委员会扩大会议。组织开展出版社遴选确定各学科教材编制单位，指导编制单位组建各学科教材编写团队。研制《上海市义务教育五四学制非统编教材编制手册》，指导编制单位制定并完善教材编制方案和精准样章。

开展上海市12所高校语言文字规范化达标建设抽查工作。指导市语言文字水平测试中心、同济大学等相关高校举办乡村振兴重点帮扶县教师、“童语同音”计划民族地区学前教育教师等人群的语言文字在线培训。开发语言文字监测信息化系统。组织普通话水平测试和汉字应用水平测试。组织第四届中华经典诵写讲大赛上海赛区诵读、讲解、书写、篆刻系列比赛，并举办诗词讲解大赛上海赛区交流推进会、经典诵读大赛上海赛区交流展示活动。实施经典润乡土计划，开展“书法名家进校园”、中国诗词大会上海地区选手选拔、国际中文中华经典教案大赛等活动。　（张玉奇）

**【教育系统疫情防控】** 抓好校园常态化疫情防控，守住校园防疫阵地。在疫情防控期间，指导各高校积极发挥主动性，自我协调资源建立教育系统防疫和转运隔离闭环管理机制，组建市级和校级即时流调队伍，协调安徽、陕西等地派出医务力量建立高校核酸复核小分队和核酸检测设施。指导各区教育局和各学校落实校门管理、核酸采样检测、物资储备保供、隔离房源挖潜、人员健康管理、监督检查、应急处置与健康教育宣传等疫情防控各项措施。开发申生康信息平台和应急信息对接处置机制，数字化赋能人员精准分类管理。落实国务院联防联控机制、教育部和上海市疫情防控工作要求。优化完善督导检查长效机制，坚持综合督查与专业督查相结合、调研督查与实地暗访督查相结合、定期督查与不定期督查相结合、"回头看"督查与随机抽查相结合，健全完善全覆盖常态化"周自查""月督导""飞行检查"督查工作机制，固化市、区、校三级疫情防控检查工作做法，查缺补漏，举一反三，有效督促各区教育局和学校层层压实责任，筑牢校园疫情防控篱笆。有序落实学生返校复学。制定实施中小学有序复学工作方案，分类有序安排师生员工返校复学。开展校园环境消杀清洁行动，对全市所有学校实施科学规范消毒和静置通风。完成校园核酸采样点和检测力量布局，保障常态化疫情防控下持续复学。加强往返交通安全、师生健康管理以及应急处置准备。打造永不落幕的"空中课堂"。平稳开展中小学在线教育。出台《进一步做好疫情防控期间本市中小学在线教育工作的指导意见》，规范中小学在线教育工作。联合市经济信息化委、市大数据中心及电信企业等，共同做好中小学在线教育平台运行的技术保障，开展流量监测，服务在线教育平稳实施。开展中小学在线教育实施典型案例征集，推进各区提升在线教育质量。完成"空中课堂"升级工作，推出3.0版本新栏目"学科精要 名师点拨"，推进秋季学期视频课录制与播放工作。推进线上线下教育融合发展。优化建设涵盖小、初、高全学科全学段的视频课资源，聚焦教学重难点、高频高质量问题、复习备考需求等，推出"名师面对面·单元聚焦""名师面对面·答疑解惑""名师面对面·学科精要 名师点拨"等栏目。完成部分学科段课程学习任务单和课后练习建设工作，构建高质量教育资源体系，拓展教师研训资源。精细组织疫情防控下的各项考试工作。周密制定防疫组考方案和应急预案。加强考前隐患排查和风险化解，确保相关考生知悉本市中考、等级考、高考、研考等考试最新防疫要求。牢固树立底线思维，强化责任担当，切实保障广大考生和涉考人员的健康安全，按照严、慎、细的工作要求，统筹做好考务准备。在市卫生健康和疾控防疫专家的指导下，严格做好考试防疫、考试安全、考生服务等各项工作。加强合力保障各项考试顺利进行。精准分类考点考场，除设常规考点外，同时设置隔离考点、观察考点、应急考点和备用考点，研考期间为新冠病毒感染考生专门设置特殊考场，确保所有考生应考尽考。协调相关部门做好涉考师生的涉疫信息排摸工作，建立师生专用核酸采样和检测机制。

(施教伟)

**【出台家庭教育指导规范性文件】** 1月29日，市教委研制发布《上海市中小学幼儿园家长学校建设标准》，加强对全市中小学(含中职校)、幼儿园家长学校的规范管理。2月24日，市教委会同市妇联、市文明办修订《上海市0—18岁家庭教育指导内容大纲(试行)》，形成《上海市家庭教育指导大纲(修订)》，形成各阶段有机衔接、有序上升和全面系统的指导内容体系。 (孙　红)

**【启动"上海家长学校微信公众号"】** 5月15日，"上海家长学校微信公众号"启动仪式在云端举行。该公众号以需求为导向，按照学龄前、小学、初中、高中4个学段分层分类汇聚和开发家庭教育内容资源，建成集"学习、活动、服务、咨询、宣传"于一体的上海家庭教育新媒体学习平台。 (孙　红)

**【"新征程·新奇迹——2022年上海市红色故事大赛"暨首届"五个一百"红色文化传播志愿者活动】** 7—8月举行。由市委宣传部、市教卫工作党委、市教委、市委党史研究室等部门主办，市校外联办、钱学森图书馆、市教师教育学院、市学生德育发展中心、易班博雅网等单位承办。吸引近4000名大中小学生及教师参与。活动按照大学、高中、初中、小学、教师五大组别，评选出百名“红色文化传播志愿者”。参赛者们以首批红色文化传播志愿者身份在学校、社区、场馆开展红色故事宣讲活动，部分教师参赛者结合参赛经历利用红色场馆资源开发出百节“红色一课”。（陈　潇）

**【上海市学生综合性劳动实践基地（光明花博邨）启用仪式暨“庆丰收　惜粮食　爱劳动”主题实践活动展示】** 9月24日在崇明区光明花博邨举行相关活动，330人线下出席，超7000人线上参与，标志着上海首个学生综合性劳动实践基地启用。基地集学农实践、农业研创、职业规划三大功能，结合产业特色研发设置包括光明未来、农业生产劳动、传统工艺制作、体验与创意设计、新技术服务与应用、现代农业服务的六大类课程体系，实现涵盖农业劳作、加工制造、服务体验、创新实验的系统化生态劳动教育实践新样态，引导学生从小根植“劳动创造美好生活”的理念。（邹　竑）

**【第十届上海高校辅导员素质能力大赛】** 12月以线上线下相结合方式举办。初赛聚焦学生工作常见问题进行案例分析，旨在提升辅导员问题研判和处置能力。决赛通过以“学习宣传贯彻党的二十大精神，砥砺奋进新征程，培根铸魂育新人”为主题的理论宣讲展示，考察辅导员理论阐释能力。最终评选出一等奖3人、二等奖7人、三等奖10人和优胜奖10人。各高校组织全体辅导员在线观看决赛直播。（杨智勇）

**【“讲台上的新思想”2022年上海高校思政课教师教学大比武】** 11月12—20日，在复旦大学、上海交通大学、同济大学、华东师范大学、东华大学、上海工程技术大学、上海出版印刷高等专科学校分课程进行现场展示。由市教卫工作党委、市教委主办，上海高校思政课分教学指导委员会承办。分本科“习近平新时代中国特色社会主义思想概论”“马克思主义基本原理”“毛泽东思想和中国特色社会主义理论体系概论”“中国近现代史纲要”“思想道德与法治”、本专科“形势与政策”、高职高专思政课、研究生思政课8个组别，全市212名思政课教师现场参赛，评选出特等奖8人、一等奖16人、二等奖34人。（车　车）

**【高校研究生思想政治教育工作研讨会】** 11月25日在上海大学召开，以“红色基因传承与新时代研究生思想政治教育高质量发展”为主题。来自中国共产党第一次全国代表大会纪念馆、清华大学、复旦大学等全国近20所高校及红色场馆的代表进行主旨发言，从红色文化育人、导学育人、网络育人、科研育人、实践育人、典礼育人、组织育人、校馆协同育人等方面进行交流，并聚焦新时代研究生特点、研究生教育培养规律，研讨研究生思政工作中的新机遇、新挑战、新思路和新方法，为广大研究生思政工作者搭建交流合作平台。（杨智勇）

**【“大思政课”建设综合改革试验区建设】** 11月，教育部批复同意在上海设立以“大中小学思政课一体化建设”为主题的“大思政课”建设综合改革试验区。12月，遴选首批上海“大思政课”建设整体试验区4个、重点试验区5个、重点试验高校10所，遴选华东师大等10家单位组建上海市大中小学思政课一体化共同体，围绕“大思政课”建设综合改革任务，构建大中小学一体化、校内外一体化、知信行一体化的“大思政课”工作格局。（程宝伟）

**【第五届长三角地区中小学德育创新论坛】** 12月2日在青浦区举行。在苏浙皖沪三省一市教育厅（教委）指导下，由长三角地区中小学德育工作联盟主办，青浦区教育局承办。以“学思践悟二十大精神，立德为本育时代新人”为主题。与会者紧扣“一体化”和“高质量”进行交流研讨，形成“携手同行、顶层设计、典型示范、重点突破”的长三角中小学德育工作合作新局面。来自长三角地区三省一市21个城市（区）教育部门的有关领导、专家以及校长、教师代表等2万多人次齐聚云端，共话德育创新。（孙　红）

**【上海市课程思政示范项目建设】** 年内，市教卫工作党委、市教委面向职业教育、普通本科教育、研究生教育和继续教育，开展课程思政示范项目推荐遴选工作。经学校申报、材料评审、专家评议等环节，遴选出上海课程思政教学研究示范中心26个、示范课程507门，教学名师117人、课程示范团队325个。（车　车）

**【上海市职业教育德育工作联盟成立大会】** 12月7日，在上海电子信息职业技术学院举行。该联盟是在市教卫工作党委、市教委指导下，由上海职业院校发起成立，通过主题论坛、智库建设、学术交流、品牌项目、队伍发展、成果推介、实践基地等工作载体，探索符合职业教育特点的思想政治工作体系。（杨智勇）

**【首届上海市课程思政教学设计展示】** 12月15—20日，以"党的二十大精神进课堂"为主题，分社会科学、自然科学、研究生教育、职业院校、继续教育等组别在线上进行集中展示。由市教卫工作党委、市教委主办，市学生德育发展中心、复旦大学、上海交通大学、同济大学、华东师范大学、上海大学、上海出版印刷高等专科学校联合承办。经学校限额申报，全市228门课程参加，通过教学设计和现场说课展示2个环节的角逐，最终评选出150位获奖教师，其中特等奖30人、一等奖45人、二等奖75人。（车　车）

**【党的二十大精神融入学校思想政治理论课集体备课会】** 10月27日在上海教育报刊总社举办。全市各高校、市教师教育学院同步设线上分会场，高校思政课教师、辅导员代表以及中小学思政课骨干教师2000余人参会。教育部大中小学思政课一体化建设指导委员会、教育部高校思政课教学指导委员会，上海高校思政课教学指导委员会、马克思主义学院院长代表等专家，分别从高校各门思政课和中小学思政课角度进行领讲学习，就学习党的二十大精神内涵、重点难点把握、有机融入课程等方面提出了教学建议。全市统一备课结束后，各分会场结合学校情况和特点开展校内集体备课，交流学习党的二十大精神心得体会，围绕专家领讲内容开展教学研讨。（车　车）

**【加强大中小学心理健康教育课程建设】** 年内，印发《上海市教育委员会关于进一步加强高校心理健康教育工作的通知》，要求高校加强心理健康教育公共必修课建设，督促尚未达标的部分高校开展整改。市教委结合心理健康教育达标校复验工作，调研16个区所有中小学心理健康活动课开设等情况，指导、督促全市中小学各学段安排一个年级至少每两周开设1课时心理健康活动课。举办第九届上海市中小学、中等职业学校心理健康活动课程大赛、上海市高校第十一届移动微课程大赛、上海市大学生生命教育课程建设研讨会等。组织浦东新区、嘉定区和静安区开展中小学生涯教育展示活动。（朱仲敏）

**【全国教育评价改革试点市建设】** 年内，围绕落实《上海市深化新时代教育评价改革试点工作方案》，推进全国教育评价改革试点市建设。建立高级专业技术岗位结构比例动态调整机制。推行高校绩效工资动态申报制。试行评价"大小年"制度。推动"高校分类评价"申报国家级教学成果奖。建立本科毕业论文（设计）抽检制度。推进专业学位论文评价指标体系研制。推进人才称号回归学术性、荣誉性。构建长三角区域教育现代化监测评估机制。开展2022年长三角教育现代化监测评估数据采集和抽样调查。落实"党委政府履行教育工作职责试点""数据驱动的学生综合素质评价""体育素养测评""劳动清单制度"等试点任务。开展数据驱动的初高中综合素质评价工作。遴选54个案例作为年度教育评价改革典型案例。推进负面清单评估监测。建立上海教育综合评价改革监测推进机制。（翁颂震）

**【推进落实市委教育工作领导小组会议议决事项】** 2022年，市委教育工作领导小组会议审议决策的15个重大事项全面推进，完成《中共上海市委教育工作领导小组2022年工作要点》确定的目标任务。部市联合印发《上海市全面深化教育领域综合改革方案》，布局和备案各区新一轮"1+15"教育综合改革示范项目实施方案。出台高质量校本作业体系设计与实施指南、课后服务指南。针对学科类和非学科类校外培训分类施策，出台《上海市校外培训机构设立与管理实施办法》等。颁布全国首部地方条例《上海市学前教育与托育服务条例》，创新建设社区托"宝宝屋"。完成义务教育阶段招录，完成规范民办义务教育工作。新设并推进9所新型高职建设，出台《上海市深化产教融合协同育人行动计划(2021—2025年)》。启动学位点培优培育计划，分类支持114个培优培育项目。新增1所高校、7个学科进入"双一流"建设范围。启动"丘成桐数学班"等拔尖创新人才早期培养试点。实施高等教育人才揽蓄行动。成立全国首个省级教师教育学院(上海市教师教育学院)。加快上海洛桑酒店管理学院等高水平中外合作办学机构建设发展，推动联合国教科文组织教师教育中心、国际戏剧协会等发挥更大作用。落实市区两级"十四五"规划教育基建项目，完善校园安防体系。（孙 勇）

**【创建教育综合改革国家示范区】** 1月19日，中央教育工作领导小组第18次会议审议通过市教卫工作党委、市教委会同相关部门编制的《上海市全面深化教育领域综合改革方案》。将《方案》确定的改革任务分解形成89项重点项目，细化为2022—2025年落实的280条举措。采取"1+15"统筹布局分类推进，即支持浦东建设上海市教育综合改革示范区，印发《浦东新区教育综合改革方案(2021—2025年)》，其余15区按照全市整体布局实施示范项目建设。加强教育立法和制度标准建设，优化教育布局结构，落实学校办学自主权，实现政府管、学校办、多方评有机联动。在"五育"评价、考试评价、高校分类评价、高校科研成果评价等方面持续深化改革。打造"课程思政"和"学科德育"升级版，推进大中小学思政课一体化，推动体育、美育、劳动教育创新发展，推行中小学教师全员导师制，强化学生心理健康和生命安全教育。健全师德师风建设长效机制，实施高等教育人才揽蓄行动，建立市级统筹、区级调剂的教师编制动态调整机制，完善不同学段教师绩效工资动态平衡机制，建立高校教师薪酬多元化资金保障机制。构建从3岁以下托育到老年教育全生命周期高品质教育资源供给机制，建设托幼一体化体系，促进学前教育公益普惠、义务教育优质均衡、高中教育特色多样、高等教育特色一流、职业教育贯通融合、终身教育广泛灵活。紧扣国家产教融合型城市和国际科创中心建设，统筹高层次人才培养和高水平科技供给，形成"双一流"建设投入机制，提升创新策源能力，形成产学研协同创新长效机制。建设教育数字化转型试点区，聚焦构建教、学、考、评应用场景和"智慧校园""未来学校""翻转课堂"，打造更多一站式学习平台、定制式学习资源、沉浸式学习体验、伴随式学习服务。强化非英语重要语种培养布局，引进设立更多国际教育组织，创办更多中外合作高水平应用技术大学和办学项目，加强境外人才子女教育服务。（关 默）

**【提升高校科研能力】** 年内，上海高校获科技总经费259.33亿元，其中为社会企事业服务所得科技经费72.95亿元，占总经费的28.13%。发表论文105428篇；申请专利14324件，获专利授权12649件，专利拥有数58911件。上海高校获人文社科研究经费23.36亿元，其中政府投入14.12亿元、企业委托经费5.62亿元。开展各类研究课题27823项，其中基础研究15077项、应用研究12746项。

（姜冠成）

**【推进"双一流"建设】** 1月，教育部、财政部和国家发展改革委联合公布第二轮"双一流"建设高校及建设学科名单，上海15所高校、64个学科入选，比上一轮新增1所高校、7个学科。市教委推进高校加快"双一流"建设，指导进入第二轮"双一流"建设名单的市属高校修改完善建设方案。支持新入选的上海科技大学加快推进"材料科学与工程"一流学科建设。督促指导上海体育学院加快推进国家兴奋剂检测上海实验室建设。协助教育部在上海召开"双一流"建设的责任使命与路径调研座谈会。梳理总结上海推进"双一流"建设的有益做法和典型经验，研究分析建设存在的问题和瓶颈，形成调研报告报送教育部。研究形成《关于上海高校入选第二轮"双一流"建设高校及建设学科情况的专报》《关于上海高校在"2022软科中国最好学科"比较情况的专报》等报送市领导及市政府办公厅。

（贺伟伟）

【高校高峰高原学科建设】 年内，印发《上海高校高峰学科建设管理办法》，强化新一轮高峰学科建设管理。完成能源科学与技术、飞行器力学与控制、智能教育 3 个新增 IV 类高峰学科建设布点工作。引导地方高校做优特色学科，形成新增布局 III 类高峰学科工作方案。加强高峰学科建设跟踪观测，组织 66 个高峰学科梳理 2021 年度建设成效，形成总结报告。召开 20 余场高峰学科建设高校调研会，形成上海高校高峰学科建设进展调研报告。委托第三方机构设定一系列观测监控指标，实现对上海高校学科发展动态的有效监控，形成有关上海高校学科学术论文表现动态分析、2020 年上海高校高端论文简析、上海高校 ESI 学科排名分析等简报。 （贺伟伟）

【推进高校科技成果转移转化】 年内，支持 19 家高校技术转移中心内涵能力建设。与市知识产权局联合印发《高校知识产权运营中心建设方案》，支持 10 所高校建设高校知识产权运营中心，加强高校专利运营工作。市高校科技发展中心与上海市中小企业发展服务中心共同开展系列“千校万企”协同创新活动，组织上海交通大学、同济大学等高校与专精特新及小巨人企业交流创新需求。市科委、市教委共同推进 14 家国家大学科技园、4 家市级大学科技园建设，上海交通大学、同济大学获科技部、教育部批复成立未来产业科技园。支持上海交通大学、华东师范大学、闵行区联合推动“大零号湾”建设，联合印发《推进“大零号湾”科技创新策源功能区建设方案》。 （郑金聪）

【推进高校服务科创中心建设】 年内，支持上海教育系统推动落实上海科创中心重点任务，实施创新策源能力提升计划。完成相关科研基地动态调整，将部分培育建设的上海市前沿科学研究基地、上海市协同创新中心纳入建设序列。支持高校参与全国重点实验室重组，推进省部级科研基地建设，依托上海交通大学医学院和同济大学建设的 2 个上海市协同创新中心被认定为省部共建协同创新中心，上海电力大学获批教育部工程研究中心。推进联合创新计划，市教委、市经信委和中国重燃公司三方签署上海市重型燃气轮机领域联合创新计划框架合作协议。推进上海市商用航空发动机领域联合创新计划二期合作。 （郑金聪）

【儿童青少年综合防控近视】 在落实每周“三课二操二活动”基础上，继续实施小学阶段每天开设 1 节体育课，保证学生每天校内校外各 1 小时体育活动时间。推进中小学校开设 7—8 种运动项目，以“奔跑吧少年”为主题，组织青少年体育活动惠及近 10 万人次。落实“双减”政策，健全作业管理机制，减少学生近距离用眼时间。将体育、美育、劳动教育纳入学生校内课后服务体系，使学生有更多日间户外活动时间。落实学校每学期 2 次全覆盖视力监测和信息数据报送工作，做到数据规范、精准、及时报送，对学生和幼儿视力情况“底数清、情况明”。完成 2022 年全国儿童青少年近视防控试点区上海地区遴选推荐工作，推动杨浦、宝山等 6 个国家级儿童青少年近视防控试点区建设。开展上海市儿童青少年近视防控试点区和近视防控示范校遴选工作。重点加强幼儿园及小学阶段卫生保健人员的近视防控业务培训。 （姜兴文）

【全国第七届中小学生艺术展演上海市活动】 2 月 9 日，通过线上线下相结合形式开展。这是教育“双减”背景下第一次市级综合性学生艺术展赛，同时也是三年一度的全国展演地区选拔赛。全市 235 所学校（含中职）选送声乐、器乐、舞蹈、戏剧等 296 个表演节目，征集 214 件绘画、书法/篆刻及摄影类作品、217 篇美育案例及 116 个艺术实践工作坊项目参加市级展评。来自 16 个区的 1.1 万名学生参加市级展演活动。 （蒋萍芳）

【举办上海国际青少年科技博览会（云端展会）暨“明日科技之星”国际邀请赛】 8 月 21—31 日，市教委会同市科委举办 2022（第九届）上海国际青少年科技博览会（云端展会）暨“明日科技之星”国际邀请赛。青博会分在线展会、网络峰会和国际邀请赛 3 大板块，开设 6 大虚拟展区、8 场在线直播和近 500 个云端展位，来自澳大利亚、马来西亚、尼日利亚、新加坡、美国和中国等 12 个国家的青少年参

与，线上参加人数达 1200 万余人次。 （常华阳）

**【推动学校体育艺术“一条龙”人才培养布局建设】** 继续推进学校体育艺术“一条龙”布局建设工作，组织实施 2022 年上海市优秀体育学生、艺术骨干学生招收培养工作，并会同相关单位开展总结研讨与评估督导工作。全市 65 所体育“一条龙”高中申报超 350 个招生计划，近 700 人次报名，超 200 人录取；63 所艺术“一条龙”高中申报超 270 个招生计划，近 320 人次报名，超 100 人录取。 （时 多）

**【托幼工作】** 全市有幼儿园 1708 所，其中公办幼儿园 1052 所、民办幼儿园 654 所、中外合作办园 2 所。在园幼儿 53.36 万人，其中公办园幼儿 40.73 万人、民办园幼儿 12.63 万人。全市学前三年毛入园率 99％，公办园幼儿占比 76.28％，普惠性幼儿园（公办园和普惠性民办园）幼儿占比 93％。全市托育服务机构 1309 个，有近 5.8 万个托额，其中普惠性托育服务机构 863 个，占托育服务机构 66％；开设托班幼儿园占幼儿园近 60％，占托育服务机构近 80％。全市千人托位数（每千人口拥有 3 岁以下婴幼儿的托位数）约 2.3 个。 （托 育）

**【《上海市学前教育与托育服务条例》】** 11 月 23 日经上海市十五届人大常委会第四十八次会议表决通过，于 2023 年 1 月 1 日起实施。《条例》首创把学前教育与托育服务合并立法，体现上海学前教育与托育服务的实践和特点，聚焦解决发展中的实际问题，为维护学前儿童与 3 岁以下婴幼儿、相关从业人员以及幼儿园、托育机构等的合法权益，促进学前教育与托育服务健康发展提供法治保障。《条例》出台后，《解放日报》《文汇报》、上海电视台等数十家媒体作系列宣传报道，央视“新闻 1＋1 节目”进行专题报道。 （瞿佳杰）

**【开展社区托育“宝宝屋”建设】** 年内，市教委启动社区托育“宝宝屋”（沪语谐音“抱抱我”）试点建设工作，以“政府主导、安全普惠、属地管理、多方参与、就近就便”为原则，在社区提供嵌入式、标准化的临时托、计时托服务。至年底，静安、普陀、奉贤等 11 个区试点设置 32 个社区托育“宝宝屋”，提供近 3000 个托额。 （汤婷婷）

**【保育从业人员队伍建设】** 年内，开展首批“上海市保育带头人工作室”申报及建设工作，成立 27 家“上海市保育带头人工作室”，形成一批可复制、可推广、可操作的实践成果。培训对象覆盖行业管理者、师资队伍、托育机构负责人和一线从业人员，采用线上线下相结合的模式，累计完成 4857 人次培训。10 月 28—29 日，由市教委主导，市托幼协会主办的 2022 年上海市首届托幼行业职业技能大赛在上海开放大学举行。 （朱 霞）

**【新增 60 个普惠性托育点】** 2022 年，充分整合全市托育资源，以幼儿园开设托班为主，为 3 岁以下尤其是 2—3 岁儿童提供普惠性托育服务。截至 10 月底，全市 16 个区已完成托育点建设和入托登记工作，均为幼儿园开设托班，其中公办园 77 个、民办园 2 个，共计 79 个点位，提供 1730 个托额，提前、超额完成市委、市政府的全年工作任务。 （汤婷婷）

**【适龄幼儿入园】** 截至 9 月初，共有 15 万名左右的适龄幼儿入园。2022 年入园招生工作首次实现全程网上办理。“上海市适龄幼儿入园信息登记系统”及各区入园报名平台部署于“一网通办”网站和“随申办”App，适龄幼儿入园登记报名实现了“3 分钟填报、零材料提交”，家长为一个孩子进行入园报名的平均时长在 3—5 分钟，相关验证材料直接对接“一网通办”平台，不需要家长另外提供。 （张峥嵘）

**【开展教育督导】** 制订落实《上海市教育督导问责实施细则（试行）》，督促指导各区落实教育督导体制机制改革任务。提交《上海市人民政府 2021 年以来履行教育职责自评报告》，开展问题清单专项核查与整改。启动第四轮对区政府开展依法履行教育职责评价工作，开展评价年度监测。建立区域义务教育优质均衡监测制度，试运行市、区、校三级义务教育优质均衡发展监测平台。召开上海市“全国义务教育优质均衡发展区”创建工作推进会、上海市“全国学前教育普及普惠发展区”创建中期推进会。开展对各区政府落实“双减”工作专项督导。

研制出台《上海市中小学幼儿园校(园)长任期结束综合督导评估实施方案(试行)》《上海市中小学幼儿园校(园)长任期结束综合督导评估试点工作实施方案》,遴选徐汇区、虹口区、松江区为上海市首批校(园)长任期结束综合督导评估试点区。印发《上海市义务教育阶段“双减”督导2022年工作方案》,持续对义务教育学校“双减”落实情况进行全覆盖督查。组织全市责任督学开展秋季学期校园疫情防控督导检查工作。印发《上海市中小学学生关爱工作主题性督导工作方案》,督促学校关爱学生健康成长。

召开2021年初中学业质量“绿色指标”评价结果反馈讲评会,推进各区制定整改方案并指导学校整改。组织开展2022年小学学业质量“绿色指标”施测工作。对2020年参加国家义务教育质量监测的黄浦、杨浦、闵行、浦东、金山、松江6个区开展问题整改跟踪调研,开展义务教育质量监测结果应用优秀案例征集,邀请教育部基础教育质量监测中心专家解读2021年国务义务教育质量监测结果。开展2022年度中职校专业质量监测工作,召开长三角中职校专业质量监测经验交流会。

高校分类评价试行“小年”评价,减轻高校评价负担。研究新高职、上海开放大学等新型高校评价办法。“上海高校分类评价实践探索”获上海市教学成果奖(高等教育)特等奖,并申报国家级教学成果奖。出版专著《上海高校分类评价理论与实践》。开展2022年上海高校本科毕业论文(设计)抽检工作,督促指导高校对照抽检专家意见进行整改。探索本科教育教学审核评估新办法,研制《“十四五”期间上海市属普通高等学校本科教育教学审核评估计划》等制度。组织复旦大学、上海交通大学等40所本科层次高校编制发布2020—2021学年本科教学质量报告。启动“上海市高校教育质量监测”平台建设。

完成2022年督学资格人员培训,开设上海市首届新时代督学高级研修班。做好上海教育学会教育督导专业委员会换届准备工作。

(顾晴娜　赵雁鸿　王　娟　唐金良)

**【启动第四轮对区政府依法履行教育职责评价】** 启动年度监测工作,开展面向社会公众、教师、学生等的满意度调查,收集各区保障教育优先发展和推进年度重点工作的数据和报告。各区对本区2021年政府履行教育职责情况进行自评,对监测数据进行填报确认,反馈问题数据。对各区的监测数据进行校对、核验,并组织专家分析研判,形成年度监测报告及各区问题清单。完善区政府履行教育职责年度监测结果公示公报、通报机制。(顾晴娜)

**【建设本科教育质量督导评价体系】** 完成首轮本科毕业论文抽检,覆盖复旦大学、上海交通大学等38所高校1434个专业(点),重点监测112个毕业生少于5届的新专业、408个国家级一流本科专业点、论文管理问题较多的专业。启动第二轮本科毕业论文抽检工作,首次将成教论文和成人高校纳入抽检。制定上海高校审核评估工作指南,组建新一轮审核评估专家库。组织开展对上海健康医学院、上海兴伟学院接受教育部合格评估情况的调研指导。对华东政法大学、上海电机学院、上海海洋大学、上海政法大学、上海电力大学和上海立信会计金融学院6所高校开展上一轮审核评估整改督导复查。统筹开展质量年报编制发布、本科教学状态数据填报、质量年报评议等监测工作,引导高校建设教学质量常态监测机制。搭建“上海市高校教育质量监测”智慧平台,面向各高校提供自动生成教学质量数据报表等监测诊断服务,抽取本科教学核心数据,研究形成61个本科教学质量监控“常模”数据。将教育教学质量问题(风险点)等问题反馈学校,督导学校持续改进。(唐金良)

**【推进教育质量监测工作】** 9月19日,召开2021年度上海市初中“绿色指标”综合评价结果反馈讲评会,对16个区下发问题清单及整改督促函。11月24日,开展2022年度“绿色指标”综合评价工作,对全市977所小学四年级学生组织开展语文、数学、科学和艺术学科测试。探索国家义务教育质量监测结果有效应用机制，形成“梳理问题—找准对策—行动改进—督导跟踪”工作闭环。扩大中职专业质量监测范围，对中职8个专业46个学校4485名学生进行测试，其中4个专业同时进行理论和实践技能测试。建立各专业试题库，在中职校进行多轮试测。向各中职学校反馈监测报告，将监测结果与中职校内涵建设经费分配、专业评选认定等挂钩，督促学校加强整改。（赵雁鸿　王　娟）

**【创建全国义务教育优质均衡发展区】** 黄浦区、长宁区、普陀区、杨浦区、嘉定区、奉贤区自评达到国家指标要求，在通过市级督导评估后，正式提出国家认定申请。市、区、校三级监测平台试运行。新平台以全样本、多数据、相关联的形式建模分析监测数据。平台用户拓展到全市近1400所义务教育学校。（顾　薇）

**【创建全国学前教育普及普惠区】** 修订省级督导评估规程，新增专家网评环节，编制《关于县域学前教育普及普惠督导评估有关事项的补充通知》《上海市区域学前教育普及普惠督导评估资料汇编》。印发《2022年学前教育普及普惠发展年度监测情况市平台数据监测中发现的主要问题的函》。11月2—3日，对长宁区开展学前教育普及普惠省级实地督导评估。12月13日，召开市“全国学前教育普及普惠发展区”创建中期推进会。（赵雁鸿）

**【开展生态文明教育系列活动】** 6月，举办第四届学生生态环保节活动和第四届学生生态文明教育论坛，以“落实‘双碳’行动，共建绿色学校”为主题，多位专家围绕“双碳”话题作专题分享。8月，举办上海市青少年“双碳”方案提案大赛，鼓励青少年围绕垃圾分类、生物多样性、节能节水、循环经济、低碳生活等主题开展发明创造和实践调研，全市115所学校提交229份参赛作品，经线上初评、线下复评和决赛展示，评出特等奖8个、一等奖8个、二等奖8个、三等奖16个、优秀作品奖52个、优秀指导老师15人、优秀组织单位15个。开展新一轮生态文明教育课程教材编制工作，聚焦生物多样性、绿色新能源、保护水资源、气候变化、节能降碳等内容，供小学低年级、小学高年级、初中年级、高中年级4个年级段使用。发布“低碳足迹——学生版线上绿色护照”，遴选全市7所公园作为护照打卡点，帮助学生在游览观赏时增长节能环保知识。制作100余期《青未来FM》广播节目，聚焦绿色环保和校园安全两大板块，号召全社会青年人关注生态环境问题。（施丽君）

**【推进绿色学校创建工作】** 7月，启动上海市第二批“上海市绿色学校”创建。通过网上测评、实地走访、专家评议等方式，市教委评估绿色学校创建开展情况和实施效果，产生625所“上海市绿色学校”，其中高校57所、中小学513所、中职校55所。11月，绿色学校创建工作作为上海市宣传落实党的二十大精神优秀案例，在《解放日报》、上观新闻和上海教育公众号刊登宣传。12月，市教委开展绿色学校优秀典型案例征集工作，总结归纳出一批可复制、可推广的经验和模式，向全市宣传报道并推广。（施丽君）

**【上海市绿色低碳发展国民教育体系建设】** 8月，市教委启动《上海市绿色低碳发展国民教育体系建设实施方案》编制的调研和前期工作，会同市人民建议征集办在人民建议征集平台开展“绿色低碳发展国民教育体系建设　倾听您的建议”主题征集活动，收到市民相关建议49件。11月，市教委依据《国家教育部绿色低碳发展国民教育体系建设实施方案》的精神，结合上海地区实际和市民相关建议，编制《上海市绿色低碳发展国民教育体系建设实施方案》，并于2023年1月向社会公开发布。《实施方案》从课程教材建设、教师教育培训、高校思政工作体系等方面，把绿色低碳发展的理念融入国民教育体系各个层次和各个领域。（施丽君）

**【制止学校餐饮浪费】** 下发《关于开展基础教育学校食材集约配送和标准化食堂试点建设的实施意见》，试点推进学校标准化食堂建设，通过规范化管理平台、集约化配送平台、标准化服务平台建设，规范食品加工、烹饪、配送全过程。9月，启动食品安全专项督查，抽检32所高校食堂，对主副食品出入库、湿垃圾产生量、爱粮节粮宣传等开展重点检查。10月，与市粮食物资储备局共同举办2022年上海市世界粮食日和全国粮食安全宣传周，联合高校开展“保障粮食供给　端牢中国饭碗”主题活动，制作展播《米粒小学生的一天》宣传片，组织光盘送礼活动，提高师生反浪费责任意识。（施丽君）

**【高校生活垃圾分类】** 下发《关于进一步加强本市高校生活垃圾分类减量工作的通知》，督促加强生活垃圾分类工作。针对第三方测评情况，每月“一校一策”开具垃圾分类诊断书，提升高校生活垃圾分类管理水平。设计下发新版“垃圾分类”宣传海报，开展“垃圾分类青年讲师进校园”，评选15所高校27个“2020—2021年上海市高等学校垃圾分类示范点”创建案例。2022年生活垃圾分类实效综合评定62所高校，其中43所学校获优秀。完成《本市高校制止餐饮浪费工作成效评估和政策建议》《垃圾分类工作视域下的高校治理体系和治理能力建设研究》《生态文明视阈下高校垃圾分类课程体系建设研究》等项垃圾分类课题。

（施丽君）

**【高校消费帮扶】** 年内，指导高校继续依托高校食堂和教育超市2个平台，推进“云品入沪”、援疆“双线九进”以及“山西省校合作”等脱贫帮扶项目。指导上海高校后勤配货管理中心开展“扶贫农特产品高校行”系列活动，将帮扶产品带入上海校园。

（吴　巍）

**【推进上海市平安学校建设】** 年内，完善平安学校工作机制，落实校园安全主体责任，制定系统平安建设方案，出台《上海市中小学、幼儿园校内矛盾纠纷排查化解工作指南》。开展由督导检查、飞行检查和第三方问诊相结合的立体式安全检查，及时发现和消除校园安全隐患。优化平安学校运行制度，开展大走访大排查，加强校园保安力量配备，推进高校智慧安防体系建设和加装安全防护设施工作。推进实验室和生物安全专项治理，印发高校实验室安全管理《实施意见》和《指导意见》，制定25项具体政策。开展教育系统自建房和两改房专项整治、网络安全等专项治理工作。打造“公共安全开学第一课”品牌，组织大学生参加大学生安全在线学习和考试，举办上海市第七届大学生安全知识竞赛以及各类主题安全宣传活动。（尹　捷）

**【推进实验室安全监管】** 年内，组织专家对华东理工大学、上海理工大学及上海科技大学等高校开展实验室安全隐患实地检查，督促落实“学校、二级单位、实验室”三级联动安全管理责任，强化涉及危险化学品和生物安全的采购、保存、使用、处置全程管理。10月，召开全市高校实验室安全工作专题会议，启动首届上海高校“实验室安全月”活动，举办上海市第三届大学生实验室安全知识竞赛活动，约3万名大学生参赛。11月，启动上海市高校实验室安全攻坚示范奖补项目，鼓励实验室工作完成情况良好的高校，并带动其他高等学校推进实验室安全工作。（陈宇红）

**【推进大学生安全教育工作】** 发挥上海市大学生安全教育协作组专家团队作用，制定下发2022年秋季新生安全报道指南约20万份。加强与市公安、市消防救援总队等单位协同，4月开展国家安全知识在线学习活动，6月开展“识诈反诈”专家公开巡讲活动，9月开展新生安全教育月活动，11月开展消防安全宣传月主题活动，约50万名大学生参与。发挥大学生安全教育网络教学和标准化考试平台主渠道育人作用，2021级169503名上海大学生（含研究生）参加在线学习和考试，通过人数169008人，优秀人数54698人，本专科生考试总通过率95.96%。举办上海市第六届、第七届大学生安全知识竞赛、上海市第三届大学生实验室安全知识专项赛等系列品牌活动，约10万名大学生线上线下学习安全知识。（张宸卿）

**【开展宪法法治宣传教育】** 组织186万名学生参加“宪法卫士”活动，参与率全国第四，获教育部通报表扬。举办大学生法治辩论赛、中学生法律知识竞赛、“习近平法治思想”征文和图片展、上海市教育系统“国家宪法日”专题纪念活动等。在全国学生“学宪法　讲宪法”总决赛中，获演讲组二等奖2

个、知识竞赛组集体三等奖。法治副校长总结材料被教育部作为典型经验向全国发布。全年召开市级教育系统法治宣传平台会议2次，“反走私作品征集”“税法进课堂”“96110反诈伴我行”等各类市级青少年法宣活动16次，各类法治宣传活动报道被教育部转发20余篇，中小学《道德与法治》《思想政治》开课率保持100%。下发阐释习近平法治思想的权威读物8套，通过机关负责人出庭、旁听、讲评“三合一”等方式增强干部依法履职意识。开展系统执法轮训，新增执法干部15人。组织113名思政课教师参训法治名师“国培计划”。完成中小学法治校长培训。法治话剧《迷幻派对》上演。“全国普法工作联系点”落户上海。（陆海佳）

**【加强教育行政执法】** 年内，上线使用“上海市统一综合执法系统”，梳理执法案由90个，统一执法文书53份，初始化办案流程26个，入库法律法规39部。研制印发教育行政执法指导手册，分发至市区两级执法部门。召开教育系统“上海市统一综合执法系统”使用工作布置会暨培训会。按时完成教育系统市区两级行政执法单位行政行为数据统计，及时通过全面依法治市大平台完成填报工作。研制轻微违法行为依法不予处罚清单。会同市教育督导事务中心及法律顾问，组成研制团队，研制清单草案，线上线下同步征求意见，做好清单修改完善和印发工作。加强执法人员资格管理工作，组织举办执法人员年度培训，及时更新行政执法人员信息。组织开展行政执法案卷评查工作，针对高校撤销教师资格证行政处罚案件，评查重点聚焦执法全过程记录、重大执法决定法制审核、裁量基准使用和轻微违法行为依法不予处罚等。印发《2022年上海市教育收费专项检查工作方案》，开展教育收费专项检查。根据国务院督察组转办问题线索，进行规范收费退费核查并有效处置。（陈志新）

**【行政复议诉讼】** 年内，市教委处理被复议案件27件，其中未结案件3件。处理涉市教委行政纠纷案件42件，推动行政争议实质性化解10件。行政应诉案件15件。案件类型集中在“非上海生源应届毕业生因申办上海市户籍未获通过”。案由聚焦“百分百退工”“在校期间缴纳社保”等。（陈志新）

**【开展教育立法研究工作】** 年内，《上海市学前教育与托育服务条例》经上海市第十五届人大常委会第四十六次会议表决通过。同步推动《上海市终身教育促进条例》修订、《上海市校外实践教育促进条例》《上海市民办教育促进条例》的立法研制以及《上海市普通高等学校学生校外实习暂行规定》的废止。建设8家“上海教育立法咨询与服务研究基地”，跟踪做好基地项目质量保障和验收，开展教育法典化研究以及完善中小学校章程修订指导文本研制宣传和应用工作。遴选首批16家教育立法和教育重大政策制定基层联系点，让联系点直接参与中小学幼儿园章程修订指导文本的研制过程。（陈志新）

**【依法治校工作】** 年内，部署启动上海市市属高校新一轮章程修订工作，与市委编办联合研制上海市中小学及幼儿园章程修订指导文本。研究部署全国依法治校示范校创建工作，中小学按照教育部《创建指南（中小学）》启动创建。通过转发《教育部办公厅关于印发〈高等学校法治工作测评指标〉的通知》，指导各高校以评促建、以评促改，并将测评结果应用于分类评价和全国示范创建工作。夯实法治工作队伍建设。通过发挥公检法司等部门力量，实现“市—区—校”三级联动，推进上海法治副校长工作，确保全市中小学法治副校长聘任率100%。统筹中小学法治副校长、法治辅导员、法律顾问等各方力量，形成法治工作合力。督促高校落实专门机构负责法治工作，建立由法治工作机构人员、学校相关专家、外聘执业律师组成的法律顾问队伍，探索建立高校总法律顾问制度。（陈志新）

**【普通高校春季考试招生】** 1月8—10日举行，约4.78万名考生报名参加。全市设19个考区（16个区+3个后方基地单位），其中笔试设86个考点、2233个考场；外语听说测试设87个考点（含3个小语种考点）、250个考场。上海理工大学、上海海事大学等25所上海市试点院校参加春季招生，提供82个招生专业（均为院校的特色专业或应用型本科试点专业）、2627个招生计划。比上年增加招生

专业9个、招生计划101个。最终录取考生2720人，完成招生计划的103.54%。（支绍韬）

**【普通高校秋季考试招生】** 7月7—9日举行。全市设19个考区（含3个后方基地）、105个常规考点、2210个标准化考场，约5万名考生参加考试。全市另设1个市级隔离考点、1个市级观察考点，各区设立76个区级应急考点和备用考点。7月23日至8月27日，开展集中录取工作，录取考生约4.46万人。（支绍韬）

**【普通高校插班生、专升本招生】** 年内，批准复旦大学、上海交通大学等13所本科院校进行招收插班生工作试点，计划招生312人，报名6265人，实际录取266人。批准上海理工大学等21所本科院校参加"专升本"招生试点，计划招生9313人，报名约1.30万人，实际录取9000人。（支绍韬）

**【2022年上海市高校毕业生数】** 2022年上海高校毕业生总数为21.35万人，生源总量与2021年相比上升1.80万人。其中研究生毕业生6.44万人，上升0.81万人；本科毕业生9.93万人，上升0.50万人；专科毕业生（高职）4.98万人，上升0.49万人。（杨慧丽）

**【教育经费投入机制改革】** 研制市属高校生均综合定额标准调整方案，"小步快走"逐步调整生均经费标准。提高市特殊教育生均公用经费基本标准，从每生每年不低于7800元提高到10000元。完善生均拨款动态调整机制，适时调整义务教育生均公用经费基本标准和生均经费基本标准。加大重点领域投入力度，安排专项用于保障"双一流"建设，增量资金主要用于支持新获批博士学位授予单位并纳入地方高水平高校二期建设的高校、"双一流"建设配套、IV类高峰学科新增布点以及新增高校研究生学位点培优培育项目等。深化实施高校综合预算管理改革，探索在高校二级学院试点综合预算改革。（严文卿）

**【高水平地方高校二期建设工作】** 4月，印发《上海市高水平地方高校建设项目管理办法（2021—2025年）》。11月，印发《关于试行上海市高水平地方高校建设状况动态监测有关工作的通知》《关于试行上海市高水平地方高校建设状况动态监测有关工作的实施方案》《上海市高水平地方高校建设动态监测核心指标（试行）》《上海市高水平地方高校建设年度报告（填报模板）（试行）》，形成一套动态监测体系和工作机制。12月，印发《关于成立上海市高水平地方高校建设战略咨询专家委员会的通知》，聘请22位战略科学家、高等教育管理资深专家、行业领域专家组建"高地大"战略咨询专家委员会并对"高地大"建设情况开展年度诊断咨询，形成工作方案。（杨雁俊　闫　磊）

**【高校设置和学校布局调整】** 年内，修改完善《上海市高等学校设置"十四五"规划》，提请市政府报教育部备案。统筹推进上海市各类高校设置和布局结构调整，完成上海科创职业技术学院、上海闵行职业技术学院、上海现代化工职业学院、上海建设管理职业技术学院4所新型高职学校设置和备案工作。完成上海农林职业技术学院、上海交通职业技术学院五年一贯新型高职体制改革工作。统筹协调市教委、金山区政府、上海健康医学院三方签订共建上海健康护理职业学院（暂名）合作协议，建立工作机制，推进机构编制调整、校区规划建设、院校设置内涵条件建设等。完成上海市材料工程学校和上海市机械工业学校资源整合，合并组建新上海市材料工程学校。（蒋侯玲　杨雁俊）

**【基础教育基本建设】** "十四五"期间，上海市基础教育基本建设规划项目572个，征地面积约1022万平方米，总建筑面积约962万平方米。按学段划分，幼儿园243个、小学111个、初中89个、高中44个、完中19个、一贯制学校51个、其他学校15个。至年底，开工项目300个（含竣工项目92个）、施工项目208个、前期项目272个，总体开工比（含竣工）52.45%。组织推进实施上海市基础教育"高品质"校园建设专项工作，确保在2025年前每个区均能开工建设1—2个初高中学段具有示范引领意义的标杆项目。（王　娜）

**【教育系统不动产确权补证】** 年内，市教委会同市规划资源局、市住房城乡建设管理委和市房屋管理局联合开展上海市教育系统不动产权证确权补证工作。会同市住房城乡建设管理委，委托同济大学城市风险管理研究院编制上海市教育系统不动产权证确权补证《工程质量监督和消防安全评估工作导则》《房屋质量安全性检测技术细则》《房屋建筑消防安全评估细则》。开展区级教育系统不动产权证确权补证工作基础数据校准，进一步确保不动产权证基础数据的科学性和完整性，不动产权证拥有率显著提升。 （于子淼）

**【市级教育基本建设】** 年内，持续推进基建项目前期审批。华东政法大学长宁校区改扩建工程、上海城建职业学院宝山校区改扩建工程、上海体育大学杨浦校区长海路399号改扩建工程、上海对外经贸大学松江校区基本功能补缺工程、上海电力大学临港校区三期工程5个项目获项目建议书批复。上海旅游高等专科学校新建综合实训楼工程项目、上海大学宝山校区扩建四期工程项目、上海工程技术大学松江校区风雨操场项目、上海市青少年科创体验中心项目、上海立信会计金融学院浦东新校区（二期）项目、上海理工大学军工路1100号校区改扩建工程6个项目获可行性研究批复。上海立信会计金融学院浦东新校区一期西区项目获初步设计批复。协调推进复旦大学青浦校区、上海交通大学崇明校区选址建设方案论证工作。上海出版印刷高等专科学校奉贤校区一期工程（其余单体和室外总体）、上海电子信息职业技术学院四期、上海大学宝山校区扩建四期工程、上海工程技术大学松江校区风雨操场工程等一批基建项目和上海商学院漕宝路校区（上海洛桑酒店管理学院）、上海城建职业学院宝山校区、上海音乐学院淮海路校区整体提升等维修项目开工。编制形成《“十四五”市属公办高校基本建设造价标准》，提升市属公办高校硬件基础设施水平。 （张玲燕　顾士元）

**【教育数字化转型试点区建设】** 3月，发布《上海市教育数字化转型“十四五”规划》，指导长宁、徐汇、宝山3个教育数字化转型实验区建设；以长宁、徐汇、宝山、杨浦为试点，打造市、区、校三级教育数字基座，赋能各类教育应用发展。推进108所上海市教育信息化应用标杆培育校创建，开展第一批、第二批54所教育信息化应用标杆培育校创建中期检查。举办教育数字化转型实践创新案例交流展示活动，征集3000余个在线教学互动等方面的案例。 （刘　晨）

**【智慧教育平台建设】** 依托上海微校，建设上海智慧教育平台，并与国家智慧教育平台对接，推动全市大中小学生积极使用智慧教育平台。设计构建上海智慧教育平台四梁八柱，即以“基础教育、职业教育、高等教育、终身教育”为四梁，“资源供给图谱化、数据治理一体化、平台搭建基座化、运营运维生态化、教育教学常态化、管理流程数字化、数字素养普及化、安全保障系统化”为八柱。 （刘　晨）

**【升级“空中课堂”资源及服务】** 截至2022年底，集聚全市优质师资录制2万余节在线课程，打造全覆盖、全媒体、全终端、全免费的大规模在线教学场景。开设“海上名师坊”，搭建学生与特级教师、正高级教师等在线互动交流渠道，深化线上线下教育融合与创新。2020—2022年，上海微校“空中课堂”栏目累计点播量超2亿人次。上海微校“海上名师坊”累计21266位教师开通个人教师坊，形成17个名师基地团体坊。26491名学生在平台开展在线学习，累计使用1345472人次。 （刘　晨）

**【教师资格考试和认定】** 年内，中小学教师资格考试（上海考区）上下半年合并举行，其中笔试54985人报名，实际参加考试近40000人；面试20511人报名，实际参加考试约13800人。上海市高等学校教师资格考试上下半年合并举行，6523人报名，组考方式由全市统一组考调整为委托各考生所在单位组考，涉及98个组考单位和1个市级考点。上海市教师资格认定工作创新认定方式，实现全程线上办理，允许异地体检，采用邮寄方式发证，全年19824人申请，17769人通过认定获教师资格。 （毛俊峰）

**【开展教育事业管理研究高级职称评审】** 印发《上

海市教育事业管理研究人员职称评审办法》，研制评审细则，组建学科组专家库，面向上海市教育系统事业单位（学校除外）或其他企事业单位和社会组织中从事基础教育、职业教育、高等教育和终身教育等管理研究工作专业技术人员，组织开展首次教育事业管理研究高级职称评审工作。7家事业单位15名专技人员申报教育事业管理研究系列高级职称，最终12人获高级职称任职资格，其中研究员7人、副研究员5人。（毛俊峰）

**【上海市教学成果奖申报遴选】** 组织开展2022年上海市教学成果奖的遴选和表彰工作，成立上海市教学成果奖评选工作领导小组。按照申报成果类别成立基础教育、高等教育、职业教育三个教学成果奖工作小组，负责各领域成果申报推荐和具体评审组织工作。上海市教学成果奖基础教育遴选特等奖54项、一等奖120项、二等奖159项。高等教育遴选本科教育特等奖54项、一等奖180项、二等奖195项。研究生教育特等奖19项、一等奖33项、二等奖46项。成人教育特等奖1项、一等奖2项、二等奖2项。职业教育遴选特等奖22项、一等奖85项、二等奖108项。（钱晓航）

**【研制职业教育“双师型”教师认定标准和实施办法】** 年内，开展课题研究，梳理国内研究文献综述、国外职业教育师资综述、国内省市层面认定标准综述，结合上海市职业学校教师队伍建设实际，在对标教育部标准基础上完善形成《上海市职业教育“双师型”教师认定标准（初稿）》。“双师型”教师是指职业学校同时具备理论教学和实践教学能力的专业课教师。上海市中等职业学校、高等职业学校的专业课教师（含实习指导教师）可认定为上海市“双师型”教师；公共课教师、校内其他具有教师资格并实际承担教学任务人员、聘任校外兼职教师，可参照执行。“双师型”教师认定等级分初级、中级、高级三级。认定条件需同时满足师德师风、专业教学、专业实践3个部分。认定程序为教师个人申请、学校认定建档、市教委备案颁证、市教委抽查管理4个部分。（李文婷）

**【职业学校教师队伍建设】** 年内，市教委部署实施“素质提高计划”工作，投入央财专项资金开展10大类37项职业教育教师培训培养项目，培训培养教师2370人次。同时，投入地方财政资金支持9个市级项目，培训培养教师1491人次。经推荐遴选，上海交通大学、同济大学、华东师大、上海海事大学、上海商学院、上海第二工业大学、上海电子信息职业技术学院7所高校被教育部认定为国家级职业教育“双师型”教师培训基地。上海临港经济发展（集团）有限公司、上海飞机制造有限公司、上海申通地铁集团有限公司、上海医药（集团）有限公司、上海建工集团股份有限公司、上海商汤智能科技有限公司等6家企业被教育部、工业和信息化部、国务院国资委认定为第二批全国职业教育教师企业实践基地。（李文婷）

**【全国教书育人楷模和上海市“四有”好教师（教书育人楷模）推选】** 上海市开展2022年全国教书育人楷模候选人推荐和上海市“四有”好教师（教书育人楷模）学习宣传活动。各学校、各区教育局和相关主管部门推荐40名全国教书育人楷模候选人，104名上海市“四有”好教师（教书育人楷模）候选人。经专家评审、市教卫工作党委和市教委决策会议审议并公示，王新、朱素静、任忠鸣、江友华、杨钧、肖铭、张微微、谈莉莉、黄岳平、蒯知滑10名教师获2022年上海市“四有”好教师（教书育人楷模）称号，方邦江等15名教师获提名。经全国教书育人楷模推选委员会评选，上海市浦东新区特殊教育学校教师周美琴获2022年全国教书育人楷模称号（全国共12人）。（沈　燕）

**【国家乡村振兴重点帮扶县“组团式”帮扶教育人才选派】** 2022年4月，成立“组团式”帮扶工作组，开展上海市教育人才选派工作，支持云南、青海11个地州的28个县共40所高中阶段学校提升管理和教育教学水平。根据要求，教育人才帮扶团队由校长、中层管理人员和专任教师组成。本次“组团式”帮扶工作从12个区108所普通高中和中职校，共选派153名校长和教师。其中，校长40名，全部为高级职称，具有丰富的教学管理经验。2022年秋季学期，

中组部组织的调研报告评选中，上海 16 名校长撰写的调研报告获奖（全国共 77 名获奖）。　（孙韬韬）

**【开展教育审计】** 年内，市教委对上海电力大学等 11 家单位开展经济责任审计、对复旦大学附属中学等 5 家单位开展预算审计、对基础教育综合改革推进项目等 9 个项目开展专项审计调查、对上海中学新建项目开展竣工决算审计试点、对委属企业开展财务决算审计。发现审计问题 234 个，提出建议 225 条。配合审计署驻上海特派办开展“近三年义务教育情况专项审计调查”等。　（张　娅）

**【出台《上海市教育系统内部审计工作规定》】** 年内，市教卫工作党委、市教委组织牵头成立课题组，广泛调研、听取意见，出台《上海市教育系统内部审计工作规定》，确保审计工作有章可循、有法可依。（张　娅）

**【建立内审人员见习基地】** 年内，首次建立系统内部审计人员见习基地，探索形成上海经验。2 月，遴选上海交通大学、复旦大学、上海财经大学 3 所部属高校作为内审人员见习基地，并予以授牌。8 月，遴选 18 名教育系统见习内审人员，以带教审计项目的方式，提供全过程浸润式培养，充实系统内部审计队伍。　（张　娅）

**【预防未成年学生违法犯罪】** 推进《关于本市加强专门学校建设和专门教育工作的实施意见》研制工作。下发《上海市教育委员会关于印发〈上海市专门学校学生入（离）校评估办法（试行）〉的通知》，完成 9 个区 17 名学生入学评估。研制下发《中共上海市教育卫生工作委员会、上海市教育委员会关于进一步加强本市未成年人学校保护工作的若干意见》。推进未成年学生法治教育工作，会同市高院等单位开展“春天的蒲公英——小法官网上行”“百校百讲普法行”等活动，征集法治故事 1000 余篇，普法覆盖中小学生 10000 余人次。会同市禁毒办加强中小学毒品预防教育工作，研制下发《关于印发〈关于进一步加强本市学校毒品预防教育相关工作的意见〉的通知》，深化上海市学校毒品预防教育工作。　（张大飞）

**【预防中小学校园欺凌三年专项计划（2021—2023）推进工作】** 完成第二轮上海中小学生欺凌情况抽样调查，覆盖师生 16000 人次。专项培训全市各中小学教师 5000 余人次。基本完成小学低年级、小学高年级、初中、高中、中职 5 个不同学龄段或不同类别学校的欺凌防治读本开发工作。下发《上海市教育委员会关于开展未成年人学校保护相关试点工作的通知》，召开试点工作会议，在部分区和中小学分层分类开展未成年人学校保护和预防中小学校园欺凌试点工作。修订完成《中小学生欺凌防治指导手册》，将相关阶段性成果及时运用于基层学校工作实际。　（张大飞）

**【港澳台地区教育交流】** 年内，在上海就读的港澳台地区学生 12212 人，其中高校 2705 人、中小学幼儿园 9507 人。在上海市教育系统工作的港澳台教师 400 人，其中高校 179 人、中小学幼儿园 221 人。搭建“沪川港澳”姊妹校建设平台，拓展港澳地区与内地教育欠发达地区合作交流。推动崇明区城桥中学与上海台商子女学校等校开展教育交流。支持开展“澳门千师计划”“沪台学生在线才艺交流”“繁星实习计划”等品牌交流项目。以在线形式举办“2022 沪港澳学生夏令营”“港澳青少年文化行走”。支持东华大学开展“2022 沪台文创青年菁英领袖营”。推动在沪港澳台地区人士子女入园入学享受公民待遇、台籍教师与本校教师享受同等待遇等政策落地。推动复旦大学等高校医学相关课程纳入香港特区《医生注册条例》承认项目。举办港澳台地区毕业生专场招聘会，服务港澳台地区学生在沪就业。与市房屋管理局等部门联合开展“在沪就业港澳台地区高校毕业生安居保障”专项活动。
（陈　暤　李佳璐）

**【东西部教育扶贫协作和对口支援】** 年内，与对口支援、合作交流地区开展实地互访、调研、慰问 13 次，召开专题会议 6 次。与福建省三明市、安徽省六安市教育局签署教育合作协议并有序推进。完成中组部要求选派的 153 名教育人才组团援助云南38所高中、2所职校和2所青海果洛学校，选派37名教育人才组团帮扶西藏日喀则和青海果洛、西宁学校。完成来自对口支援地区的20个培训班，1247位教师、校长及教育管理人员来沪跟岗挂职及短期培训。深化沪喀、沪果、沪滇三大职教联盟建设，举办各类培训、讲座40余项，1000余人次参训，帮助完成5个新专业申报，以及10个实训基地、实验室建设，开展相关课题研究、规划、报告等10项。招收新疆、西藏学生5300余人，做好民族班工作和民族生思政工作。为对口地区2000余人次开展语言文字相关培训。市属高校面向支援地区招生2038人，资助贫困学生4973人次，推进高等教育产业帮扶，促进当地学校、政府、企业的产学研交流合作与各项成果转化。开展消费帮扶活动，推进"农校对接"，采购、销售对口地区农特产品。推进社会力量开展教育帮扶项目，助力乡村振兴。在中组部"组团式"帮扶调研报告评选中，上海16名校长撰写的调研报告获奖，其中特等奖1人、一等奖11人。上海戏剧学院《帮扶少数民族发展文化事业63年坚持培养西藏艺术人才》和上海海洋大学"打造大闸蟹特色产业助推延安黄龙经济发展"帮扶项目获评教育部"第五届省属高校精准帮扶典型项目"。　　（孙　健　韩崇虎）

**【月度督办重点工作】**　年内，梳理明确市教卫工作党委、市教委牵头的7项29条重点工作，按照工作任务时间节点进行月度督办。督办市委、市政府领导批示件138件，形成11期月度抄告、53期《市领导指示抄告单》。督办市教委主要领导批示件和重点关注的工作情况，督办线下办理基层请示153件，督办市教委文件、会议和督查检查考核情况、国务院第九次大督查整改等重点专项，落实上级部门重要决策部署。　　（何宏伟　韩崇虎）

**【教育信息报送】**　年内，报送61期《上海教育工作情况专报》、58期《上海教卫安全稳定专报》，及时准确报告有关工作落实情况。聚焦年度重点工作，编发中考和高考以及研究生招生考试工作日报10余期。聚焦上海市教育综合改革特色亮点，编发32期《上海教育工作简报》，其中《上海市着力培养集聚用好人才　助力建设世界重要人才中心和创新高地》等稿件被教育部单篇采用。　　（何宏伟　韩崇虎）

**【政务公开】**　年内，在"上海教育"网站新增主动公开政府信息361条，信息公开专栏访问量271.67万人次。在发展规划、课后服务信息、培训机构监管、招生考试等方面加强信息公开。运用文字、问答、图解、视频等形式，为学生和家长解读相关教育政策。全年受理政府信息公开申请131件，收到市政府依申请分办件15件，均在规定时间内答复完毕。组织召开"奋进新征程，建功新时代——推动教卫事业高质量发展，引领创造高品质生活"新闻发布会，展示十年来上海教育卫生事业改革发展成就。邀请2022年市教育考试院"暖心计划"服务对象参观高招集中录取现场，邀请公众代表列席市教委主任办公会2次，加强政策信息解读交流。借助第三方社会专业机构，对高校信息公开和区教育局政务公开工作开展独立专业测评。

（孙金磊　郑秀敏）

**【培训市场综合治理】**　2022年，会同相关部门出台"1＋1＋X"制度文件，即《上海市校外培训机构设立与管理实施办法》《上海市校外培训机构基本服务条件指引》《上海市学科类校外培训机构设置标准》《上海市体育类校外培训机构设置标准》《上海市非学历文化知识校外培训机构设置标准》等多个分类设置标准。明确"1＋3＋2"审批模式，即教育部门依法牵头审批、统一受理，文化和旅游、体育和科技等业务主管部门依照职责履行相关审批审核责任，市场监管和民政部门根据机构性质实施相应登记管理。推进培训机构预收费资金的银行托管机制建设，全面推广使用培训合同示范文本（2022年上海版）。试点实施学科类培训"综合监管'一件事'"，加大执法力量和专项检查力度，多角度、全方位筑牢校外培训治理网络，形成"全生命周期管理"。　　（秦婷婷）

# 基础教育

**【2022年概况】** 全市有中小学、特殊教育学校及专门学校1600所，其中小学671所、普通中学888所、特殊教育学校31所、专门学校10所。在校中小学学生164.03万人，其中小学生91.70万人、普通初中生52.44万人、普通高中生19.29万人、特殊教育学校(班)学生0.54万人、专门学校学生0.06万人。全市中小学专任教师13.47万人，其中小学6.54万人、普通初中4.73万人、普通高中2.01万人、特殊教育学校(班)0.16万人、专门学校0.03万人。

实施《上海市基础教育发展"十四五"规划》重点改革项目，推进《上海市基础教育综合改革国家实验区建设方案(2021—2025年)》，建立健全市区协同机制，遴选典型案例报送教育部，参加教育部基教综改实验区工作会并作经验交流。联合相关委办局出台《关于进一步促进本市义务教育学校建设的实施意见》，指导督促各区编制实施方案，推进实施新一轮义务教育学校校舍建设、教育装备配置、信息化环境建设、教师队伍配置、生均经费标准工作。指导督促落实《"十四五"新城教育资源布局规划建设方案》，完成年度重点任务，5个新城新开办17所中小学。

优化义务教育招生政策，推行登记、验证等"不见面"服务的8项便民措施。做好"双限"背景下民办义务教育招生风险研判防范，做到一区一案、一校一策。中招录取改革首次落地，自主招生综合测试改为线上，名额分配综合评价现场评价部分暂停，相应分数按满分计。开展初中理化实验操作考试赋分系统建设调研和系统优化推进。完成初中学生综合素质评价信息管理系统中招功能的研发和部署，优化高中学生综合素质评价信息管理系统相关功能和信息应用，完成本年度初、高中学生综合素质评价信息采集工作。

推进普通高中新课程新教材实施，做好教学指导支持，开展市、区联合教研展示。开展第一批"双新"实施研究和实践项目区、校的中期评估，完成第二批开题答辩以及第三批遴选工作。深化命题研究，开展命题质量评估。研制相关学科评价指导性文本，优化学业水平考试方案。落实普通高中统编三科教材，指导做好非统编教材及配套练习修订出版工作，落实地方课程教材、教辅插图排查整改工作。结合"双新"打造"永不落幕的空中课堂"，推出"名师面对面"的单元聚焦、答疑解惑、学科精要、名师点拨等栏目，完成10个学科段2930个课程学习任务单和课后练习建设工作。完成第三轮上海市提升中小学(幼儿园)课程领导力行动研究项目结项评估，启动第四轮行动研究项目。在全市小学启动实施主题式综合活动课程。推进义务教育项目化学习，遴选新一批实践校。总结提炼浦东新区、嘉定区基于区域特色的学校综合课程创造力研究和实践项目区域试点经验。探索拔尖创新人才早期培养工作，推进未来科创学校筹建工作。出台《上海市中小学教学数字化转型三年攻关行动方案(2022—2024学年)》，健全市区协作机制，在22个学科段，200多所市、区级试验校进行教学应用。研制并落实《上海智慧教育平台基础教育工作实施方案》。

完成第二轮城乡携手共进计划项目中期评估，启动研制示范性学区、集团建设行动计划，开展新优质学校成长认证，打造"新优质云讲堂"，研制新优质学校高质量引领计划。启动公办初中强校工程绩效评估，研制第二轮公办初中强校工程。出台《关于深入推进本市幼小科学衔接工作的实施意见(试行)》。启动上海市高中高质量发展调研。推进闵行、长宁区域课程管理平台试点工作。做好国际课程班工作，完成年度高中国际课程年检报告。落实《上海市特殊教育三年行动计划(2022—2024年)》，指导各区制定区域实施方案。完善特殊学生高中阶段升学评估机制，加强自闭症儿童教育研究和巡回指导。落实教育部特教教师教学基本功展示和融合教育优秀案例遴选，举行特教管理者培训班。指导做好2022年上海市民族班招生工作，评选民族班(校)市三好先进个人和集体。

出台全国首个《义务教育课后服务工作指南》《小学语文等学科段高质量校本作业体系设计与实施指南(试行)》，举办单元作业设计比赛。上海构建课后服务支持体系获评全国基础教育优秀工作案例，学校课后服务满意率居全国前列。深化与云南、新疆、青海、福建、安徽、甘肃、河南等地的对口支援合作，落实与相关地区中小幼学校结对共建工作。做好教育装备和图书馆工作，赴部分区开展年度基础教育装备管理工作评估。组织中小学生暑期读书活动。开展中小学生校服选用采购自查工作。（雷云鹤）

**【中招改革首次全面落地】** 年内，中招改革首次全面落地，分自主招生录取、名额分配综合评价录取、统一招生录取3个批次。其中，自主招生录取分为市实验性示范性高中、市特色普通高中自主招生，市级优秀体育学生、艺术骨干学生自主招生，国际课程班和中外合作办学高中自主招生、中职自主招生4个类别。名额分配综合评价录取，分配到区和学校，采用综合评价方式，总分由学业水平考试和综合考查分数合计构成，综合考查满分50分，其中40分由高中学校根据学生综合素质评价结果赋分、10分由高中学校进行现场综合评价后赋分。同时，做好特殊教育高中阶段学校招生工作，333名残疾学生被特殊教育高中阶段学校和中职特教班录取。（朱厚静　魏　倩）

**【中小学课程改革】** 推进“双新”实施研究与实践项目，开展第一批项目校、项目区中期评估，完成第二批开题论证和第三批遴选工作，完成第三轮课程领导力行动研究项目结项评估和第四轮项目校、项目区遴选工作。出台《关于深入推进本市幼小科学衔接工作的实施意见(试行)》。修订《上海市小学低年级主题式综合活动课程指导纲要(试行)》，在试点区、试点校的基础上，推广至全市常态实施。完成首轮义务教育项目化学习实验，总结项目化学习实验成果。启动上海义务教育劳动课程设计与研究项目，开展综合实践活动课程实施研究。统编三科教材，指导做好普通高中非统编教材及配套练习的修订、出版。推进上海市义务教育五四学制非统编教材编制工作，制定《上海市义务教育五四学制非统编教材编制工作方案》《教材编制手册》，研制《上海市义务教育课程实施办法(初稿)》。开展地方课程教材、教辅插图、课外读物的整改工作。（刘小龙　刘中正　金　松　赵佳然）

**【在线教育】** 优化、建设11300余节涵盖小、初、高全学科全学段的视频课资源。推出小学五年级语文、数学、英语3门学科“名师面对面·单元聚焦”和“名师面对面·答疑解惑”。面向毕业班学生，推出“名师面对面·学科精要　名师点拨”栏目。完成10个学科段2930个课程学习任务单和课后练习建设工作。“空中课堂”全年总访问量近11673万次，累计观看直播1244万次，观看回放点播21761万次。3月12日至6月，中小学全面启动在线教育，全市约152.3万名中小学生参加线上学习，通过22个网络平台开展教学互动。建立市、区、校三级课后教学反馈机制，实施在线辅导。组织实施在线教育教研指导，构建网络研修体系，开展线上备课、听课、巡课。建立在线教育期间的学校作业和考试监管机制，树立全面发展的质量观和科学的教育评价观。（刘小龙　赵佳然）

**【落实义务教育“双减”政策】** 1月，构建高质量校本作业体系，出台小学语文等8个学科段的高质量校本作业体系设计与实施指南，组织市、区、校专题培训与教研活动，解读指南并推进落实。严格在线教育期间作业管理，原则上在线教育期间作业量约为线下教学作业量的二分之一。组织开展2022年上海市中小学单元作业设计比赛，在小学英语等相关学科段评出一等奖16个、二等奖24个、三等奖

27个。组织小学英语等作业大赛经验总结交流会。建立教考关系背景下的高质量作业体系，被教育部作为典型案例在人民教育基教综改典型案例栏目推广。出台全国首个《义务教育课后服务工作指南》，为区、校全面提升课后服务质量提供指引和基本要求。推动区域引进优质非学科类培训机构，全资国企"小荧星"进校课后服务全覆盖16个区。开展优秀课后服务工作方案评选，收集各区推荐工作方案275个。上海构建义务教育课后服务支持体系被评为全国基础教育优秀工作案例。

（雷云鹤　周　冬）

**【推进基础教育教学数字化转型】**　依托上海微校建设上海市中小学数字教学系统，研发"备课助手""教学助手"与"作业辅导助手"。召开上海市基础教育教学数字化转型启动会，在宝山、杨浦等区的18所先行试验校开展小学四年级数学、英语学科的数字化转型应用实践。推动"三个助手"顺应线上居家教学模式，在试验区校中约有150个班级参与在线应用，涉及教师402人、学生近6000人。出台《上海市中小学教学数字化转型三年攻关行动方案（2022—2024学年）》，选择22个学科段，每个学科段选择1—2个年级推进应用。按照"市级开发标准与样例、区级建设资源、市级组织审核"的原则，各区众筹，边建边用，推进学科资源建设。确定杨浦、宝山、徐汇、静安、长宁5个区为整体试验区，全面推进教学数字化转型工作；其他11个区为学科试验区，重点推进部分学科的试点应用与专项应用。有85所市级先行试验校、近190所区级试验校，覆盖近1200个班级、2400位教师、50000个学生。

（龚　柳）

**【推进义务教育优质均衡发展】**　9月，市教委等七部门出台《关于进一步促进本市义务教育学校建设的实施意见》，推进新一轮义务教育学校校舍建设、教育装备配置、信息化环境建设、教师队伍配置、生均经费标准等工作，召开"新五项标准"重点任务部署会。优化评估方案，完成第二轮城乡携手共进计划项目中期评估。启动研制市示范性学区和集团创建行动计划，举办上海市紧密型学区、集团建设论坛。开展第二批5所新优质学校成长认证，打造"新优质云讲堂"，启动研制新优质学校高质量发展引领计划，举办新一批新优质备选项目校校长培训。形成公办初中强校工程绩效评估方案，开展"家门口好初中"系列宣传，举办公办初中强校论坛暨交流展示活动。

（周　冬）

**【推进普通高中特色多样发展】**　推进上海市特色普通高中创建工作，命名上海师大附属罗店中学、上海师大第二附属中学为（第六批）上海市特色普通高中。开展第七批市特色普通高中命名评估工作，华东理工大学附属闵行科技高级中学等5所学校提出评估申请。结合市特色普通高中创建项目实地考察，遴选浦东中学、中国中学举行市级特色普通高中创建展示活动。根据教育部安排，在"教育这十年"宣传活动中推介上海高中改革与发展经验，介绍上海加快推进高中教育从"分层发展"向"分层与分类相结合"的特色多样优质发展格局转变的历程。全市连续实施两轮"特色普通高中三年行动计划"，设立市、区两级90所特色涵盖15个门类的项目学校，评估命名17所市特色普通高中。实施上海市普通高中建设情况调研，在入校调研与问卷调研相结合基础上形成调研报告。（金　松）

**【出台《上海市特殊教育三年行动计划（2022—2024年）》】**　2022年9月，市政府办公厅转发市教委等八部门制订的《上海市特殊教育三年行动计划（2022—2024年）》，将发育迟缓儿童纳入学前特殊教育服务范围。义务教育阶段按需增设特殊教育学校（班），并根据残疾学生人数，按照年龄段合理设班，确保残疾学生就近就便优先入学。优化特殊中职学校专业设置，支持普通高中、普通中职学校接纳残疾学生随班就读。随班就读对象从义务教育阶段扩展为从学前到高中阶段。开展融合教育实践创新区、实践创新校建设。推进课程教学改革，规范送教上门课程与教学，研制义务教育阶段辅读学校学生综合能力评价指标，完善随班就读学生综合素质评价方案。深化医教结合，为残疾儿童建立数字化"一人一案"，依托自闭症儿童教育指导中心，加强巡回指导。随班就读义务教育阶段普通学校专职特教教师和资源教室配备率均达100%，中小学(幼儿园)主要教学用房100%配置无障碍厕所(厕位)，基础教育阶段学校主要教学楼均设置无障碍电梯。特殊教育生均公用经费基本标准从原先每生每年7800元提升至不低于10000元。

（魏　倩）

## 职业教育

**【2022年概况】**　推动上海中侨职业技术大学、上海城建职业学院、上海电子信息职业技术学院新设职业本科专业备案工作。立项建设上海电子信息职业技术学院、上海城建职业学院等10所高水平高职学校与智能制造专业群、健康养老服务专业群等50个高水平专业群。批复设立上海科创职业技术学校、上海闵行职业技术学院等4所新型高职，完成高分子材料智能制造技术、新能源汽车检测与维修技术等17个新专业备案工作。组织开展上海市优质中职培育学校的跟踪检查和过程监测、业务指导等工作。制定《上海市中等职业学校学生综合素质评价实施管理办法》等。颁布《推进上海职业学校优化专业布局结构的指导意见》，实施优化专业布局、规范专业设置、升级专业结构、完善标准体系、加强数据分析、健全调整机制6项措施。制定《关于进一步加强中高职贯通教育的通知》，以高职主牵引、专业为纽带的形式，建立健全25个中高职贯通紧密联合体，全年新增9个高本贯通点、20个中高贯通点、5个中本贯通点。动态调整贯通专业点，涉及上海交通职业技术学院、上海农林职业技术学院等6所高校27个中高职贯通专业点。各职业院校与百度集团、奇安信集团、理想汽车、东湖集团等成立多个现代产业学院。完成2022年拟新增高职专业申报和评审工作，确定婴幼儿托育服务与管理、通用航空器维修等45个新增高职专业。联合龙头企业，立项飞机电子设备维修、生物制药技术、虚拟现实技术应用等15个中国特色现代学徒制试点。

完成数字媒体技术应用等12个中职专业教学标准开发。颁布中高职贯通教育数学、英语、信息技术3门公共基础课课程标准。实施第一批22个中高职贯通专业教学标准，完成第二批10个中高职贯通专业教学标准开发。落实《上海市职业院校教材管理实施细则》，完善国家统编教材、国家规划教材、市级规划教材以及院校自编教材的教材体系，推进中职公共基础课统编教材使用。开展《上海市职业院校教材管理实施细则》培训，组织职业院校教材教辅排查整改。遴选并推荐48本高职教材、24本中职教材参评“十四五”首批职业教育国家规划教材。完成首批30本中职市级规划教材编写，启动第二批15本中职市级规划教材编写。完成首批15本世赛项目转化系列教材编写与出版。完成上海市职业教育教学成果奖评选工作，评出22个特等奖、85个一等奖和108个二等奖，并遴选出20个项目申报国家教学成果奖。制定《上海市中等职业学校教学管理规程》。发布《上海市教育委员会等八部门关于落实〈职业学校学生实习管理规定〉工作的通知》。指导职业本科开展办学条件达标。指导各区和中高职院校开展质量年度报告编制工作，编制上海市级中职、高职质量年度报告。推进全市中等职业学校诊断与改进工作，开展上海市商贸旅游学校、上海市高级技工学校等4所中职校现场复核工作。

在长三角一体化生态示范区探索中高职贯通人才培养模式，指导长三角电子信息职业教育集团建设，发展长三角区域电子信息示范性“职教人才成长带”。依托职业教育联盟，召开对口帮扶职教联盟工作会议，助力对口支援地区的学校规划、专业发展、课程教材、师资队伍等建设。推动与福建三明、安徽六安等红色革命老区的对口合作，推进合作院校教师到沪培训、赴企业实践、学习交流等。

（黄　蕾　马　骏）

**【职业院校布局调整】**　6月，市政府批复设立上海科创职业技术学院、上海闵行职业技术学院、上海现代化工职业学院和上海建设管理职业技术学院4所五年一贯制新型高职学校。上海农林职业技术学院和上海交通职业技术学院继续开展五年一贯制新型高职学校建设。上海城建职业学院和上海电子信息职业技术学院开展职业本科大学筹设工作。立项建设上海电子信息职业技术学院、上海城建职业学院等10所高水平高职学校。启动上一轮“双一流”高职验收工作，指导上海农林职业技术学院、上海出版印刷高等专科学校等7所学校开展项目自查工作。推动中职“双优”建设，完成上海市信息技术学校、上海市杨浦职业学校等13所学校集中汇报交流和评价工作。

（马　骏）

**【中等职业学校招生】**　年内，全市中职校录取学生4.3万人，普职比为63∶37。落实长三角示范区职教一体化招生，招收浙江嘉善和江苏吴江中高职贯通专业学生29人，向两地区输送学生6人。优化中本贯通人才培养结构，中本贯通志愿填报数由1个增加为2个。征求志愿由原来参加中考未录取考生扩大至参加特殊教育入学考试未录取考生。

（黄　蕾　谢　俊）

**【中等职业学校毕业生就业】**　年内，全市中等职业学校毕业生29533人，就业（含升学）学生28251人，就业率95.66%。其中，升入高一级学校就读21547人，占全部就业学生76.27%；直接就业毕业生6704人，占全部就业学生的23.73%。

（黄　蕾　谢　俊）

**【对口支援和民族教育工作】**　年内，上海职业教育依托沪喀、沪果、沪滇三大职教联盟、26个职教集团及相关职业院校，开展新疆喀什、青海果洛、西藏日喀则、云南等地的国家对口支援工作。其中，沪喀联盟在校新疆班学生943人，沪果联盟在校西藏班学生219人，沪滇联盟在校云南学生2253人。派出33人组成的援滇职教干部支教队伍。沪滇联盟接收大理3位教师到沪开展为期一个学期的学生工作管理跟岗学习。沪喀联盟举办喀什地区技工院校服装专业师资队伍培训班，来自该地区12县市技工院校23名教师参训。新疆2所学校58人，云南腾冲、怒江、丽江等6个地州21所学校128人报名参加上海市中等职业学校新进教师规范化培训（第八期）。上海工艺美术职业学院援疆工作小组建立喀什理工职业技术学院筹备组，牵头起草喀理工专业申报和专业人才培养方案等材料，首创“院包系”帮扶模式，完成6个学院和6个专业实训室的规划论证。上海市教育科学研究院牵头上海城建职业学院等多家职业院校开展《实现跨越式发展：上海精准帮扶喀什地区职业教育开展教学建设的创新与实践》项目研究，获2022年上海市教学成果奖（职业教育）特等奖。

（黄　蕾）

**【职业教育师资队伍建设】**　年内，组织开展第七期上海市中等职业学校新进教师规范化培训，结业169人；开展第八期新进教师规范化培训，安排24所学校46位导师带教460人；开展中职校教学管理规程、中职校骨干教师、中职信息化素质提升、职业院校教材管理等专项培训，参训学员1300余人次。面向全市70余所中职学校3000名教师，开展7门公共基础课程“双新”研修；组织10个教指委、20所高职院校112名教师赴8个市级教师企业实践基地开展为期3个月的市级高职教师企业实践。13个企业实践基地开展12个专业大类教师企业实践标准的运用，完成第四、五批会计，智能机器人，全媒体技术应用，物流，数控，计算机网络6个大类专业企业实践标准文本编制；推动836名来自生产一线的、具有丰富实践经验的特聘兼职教师进入职教课堂，其中个人459人、团队102个（377人）；立项25个中职名师培育工作室、8个高职名师工作室以及9个高职技能大师工作室。组织60个团队参加上海市中职教师（含思政课）教学能力比赛，12个团队参加全国职业院校教师教学能力比赛，获一等奖2个、二等奖4个、三等奖6个。遴选7名中职班主任老师参加全国职业院校中职班主任大赛，获

2枚金牌、3枚银牌、2枚铜牌。研制中职市级教师教学创新团队建设方案，组织立项36个中职市级教师教学创新团队。（黄　蕾　马　骏）

**【职业院校学生创新创业大赛】** 年内，上海城建职业学院等4所高职学院入选首批创新创业学院（含培育单位）建设，上海出版印刷高等专科学校等7所高职学院、职业本科入选首批创新创业教育实践基地（含培育单位）建设。启动第八届中国国际“互联网+”大学生创新创业大赛（上海赛区）职教赛道暨第三届上海市中职学生创新创业大赛、第十届上海高职高专大学生创新创业大赛，27所高职院校、50所中职校，15.43万人次参赛，初赛参赛项目4.28万个。决出金奖51个、银奖100个、铜奖300个、优胜奖474个。推荐18个金奖项目参加第八届中国国际“互联网+”大学生创新创业大赛全国决赛，8个项目获晋级国赛奖励名额，国家开放大学上海分部《巡智文化——基于数字文创的中华文化焕新破壁者》项目获全国金奖。（谢　俊）

**【职业教育专业内涵建设】** 年内，新增人工智能技术应用等先导产业类专业、智能制造装备技术等六大产业集群类专业及婴幼儿托育服务与管理、消防救援技术等紧缺民生行业类专业。立项建设智能制造专业群、健康养老服务专业群等50个高水平高职专业群以及应用电子技术、信息安全技术应用等30个中高职贯通项目和数字媒体技术、数据科学与大数据技术等6个中本贯通项目。其间，指导高职院校牵头，联合中职学校成立25个紧密联合体开展中高职贯通教育。（马　骏）

**【职业教育人才培养建设】** 年内，完成17个新专业备案工作，新增20个中高职贯通、5个中本贯通、9个高本贯通、31个五年一贯制专业。新增人工智能技术服务、生物制药技术、新媒体数字技术等50个专业点。推进13所优质中职培育校建设，立项10所高水平高职学校和50个高水平高职专业群。启动5个中本贯通专业点、27个中高职贯通专业点跟踪检查评估。开展8个中职专业质量监测。组织立项36个中职市级教师教学创新团队。启动第六批现代学徒制试点专业数18个，形成典型案例20个。分4个批次组织60余所院校（含本科、成人高校）、700余个专业点学生职业技能评价项目的专业论证。推进“1＋X”证书制度改革，完成68所职业院校、683个专业点“1＋X”证书试点项目遴选，汇编43个“1＋X”证书制度试点优秀案例。（黄　蕾　马　骏）

## 高等教育

**【2022年概况】** 年内，全市高等教育在校生107.95万人（含研究生、普通本专科生、成人本专科生、网络本专科生）。全市共有普通高等学校64所。普通高校教职工8.57万人（其中市属高校4.84万人），专任教师5.04万人（其中市属高校3.28万人）。研究生在校生24.49万人（含全日制和非全日制），普通高校本专科在校生55.48万人。招收研究生7.97万人（含全日制和非全日制），招收普通本专科学生15.71万人。

深化高等教育内涵发展。推动研究生教育结构优化和质量提升。经国务院学位委员会批准，2021年增列1个博士点和12个硕士点，经动态调整撤销1个硕士点；批准自主审核增列11个博士点和7个硕士点；批准增列5个专业学位博士点。根据《研究生教育学科专业目录（2022年）》开展学位点对应调整工作。批准2022年新增学士学位授予单位和专业名单。批准6所高校开展19个双学士学位复合型人才培养项目。深化高校学位点培优培育专项计划落地落实，启动专项年度质量监测与评价工作。推进研究生导师队伍能力建设。继续实施高校研究生导师指导能力提升计划，联合市经信委首次举办“产教融合　协同育人”主题培训班，举办学科导师工作坊和“育人传道”“产教育人”两场主题导师论坛，促进导师跨专业、跨校互动与交流。加强本科专业课程教材建设。进一步调整优化专业结构，申请获批44个本科专业，其中新增目录外新专业4个。撤销本科专业7个，新增第二学士学位专业12个。立项建设504门市级重点课程，认定344门市级一流本科课程。成立上海市普通高等学校教材建设专家委员会和教材审查评价委员会。促进高等学历继续教育规范发展。加强高等学历继续教育专业设置的统筹管理，加强高等学历继续教育教学点设置与建设的全程监管。加强高等学历继续教育评估专家的队伍建设，遴选推荐13位教育部高等继续教育专家委员会委员人选。完成《上海市2021年度高等继续教育发展报告》。

深化高等教育综合改革。推进本科教育教学改革。2022年“强基计划”四校招生647人，覆盖9个学科23个专业，6校36个基础学科拔尖基地招生1726人，覆盖14个学科52个专业。组织开展第二届上海市高校教师教学创新大赛。启动首届上海高校示范课堂教学展示活动。推动虚拟教研室试点建设。推进智慧教育高等教育平台试点改革，继续实施高等学校教育教学评价数字化转型项目。实施第二轮计算机专业课程教学评估，深度推进计算机教育教学改革创新发展。开展急需高层次人才培养。研制《上海“急需高层次人才”培养自强计划实施方案》，超常规布局一批急需学科专业，建成一批高层次人才培养基地，形成一批急需人才培养创新成果，培养和储备一批具备创造性解决复杂问题能力的高层次复合型人才。启动涉外法治人才培养，首批遴选9家上海高校涉外法治人才教育培养基地建设。开展卓越工程师专项人才培养，积极开展国家卓越工程师创新研究院（上海）筹备以及集成电路、生物医药、人工智能产教融合共同体筹建工作。

（卫　备）

**【“急需高层次人才”培养】** 研制《上海“急需高层次人才”培养自强计划实施方案》，提出聚焦重点学科领域、调整人才培养规模结构、创新人才培养模式等10项重点举措。启动涉外法治专项人才培养工作，首批遴选复旦大学、上海交通大学等10家上海高校涉外法治人才教育培养基地建设。启动卓越工程师专项人才培养工作，形成上海卓越工程师培养工作调研报告报教育部。教育部授牌上海成为国家卓越工程师创新研究院建设单位（全国4家）。开展国家卓越工程师创新研究院（上海）筹备以及集成电路、生物医药、人工智能产教融合共同体筹建工作。

（朱俏道）

**【新增博士、硕士、学士学位授权工作】** 上海市撤销中国医药工业研究总院的生物化工1个硕士点；上海大学等8所高校增列1个博士点和12个硕士点，复旦大学、上海交通大学、同济大学和华东师范大学4所高校增列11个博士点和7个硕士点，同济大学、华东师范大学、华东理工大学和上海科技大学4所高校增列生物与医药、机械等5个专业学位博士点；上海应用技术大学获批开展博士学位研究生的招生、培养和学位授予工作。至2022年底，上海有博士学位授予单位24家、硕士学位授予单位17家、博士学位授权点314个、硕士学位授权点579个，覆盖目录内89个学术学位一级学科和44个专业学位类别，以及目录外的2个交叉学科和7个专业学位类别。此外，上海立达学院、上海中侨职业技术大学增列为学士学位授予单位；复旦大学等24所高校63个本科专业增列为学士学位授予专业。至年底，上海市有学士学位授权高校41所，其中普通本科高校39所、开放大学1所、职业本科高校1所。批准复旦大学等6所高校开展“法学—经济学”等19个双学士学位复合型人才培养项目。至年底，复旦大学、上海交通大学、同济大学、华东师范大学、华东理工大学、东华大学、上海外国语大学、上海财经大学、上海大学、华东政法大学10所高校设立54个双学士学位项目。

（杨　雪）

**【高校学位点培优培育专项计划】** 年内，指导上海高校对首批列入建设范围的66个博士硕士培育学位点、14所博士硕士培育高校和34个博士培育建设学科，对照学位点合格评估标准和新增博士硕士学位授权基本条件，做好学位点合格评估和新增授权申请的准备。启动专项年度质量监测与评价工作，从监测结果看，114个培优培育专项均完成年度建设任务。同时，围绕学位点的统筹建设，对学位点从创建到逐渐成熟、再到形成核心竞争力的培育培优全过程以及学科建设在科技、教育、人才等方面的成果进行数据化呈现。（杨　雪）

**【高校一流本科建设】** 年内，上海申请获批44个本科专业，其中新增目录外专业4个，撤销本科专业7个，新增第二学士学位专业12个。立项建设504门市级重点课程，认定344门市级一流本科课程。成立上海市普通高等学校教材建设专家委员会和教材审查评价委员会，加强教材建设与管理。组织完成上海高校哲学社会科学部分相关教材摸底、教材教辅封面插图排查整改以及2021年两类教材排查整改工作。强基计划4校招生647人，覆盖9个学科23个专业；6校36个基础学科拔尖基地招生1726人，覆盖14个学科52个专业。复旦大学构建以高挑战度荣誉课程和FDUROP（复旦大学本科生学术研究资助计划）科研实践为支撑的基础学科人才培养新体系，上海交通大学打造“致远学院”基础学科人才培养特区，同济大学注重科教结合和实践育人，华东师范大学构筑“卓越学院”人才培养改革试验特区。启动首届上海高校示范课堂教学展示活动，复旦大学、上海交通大学等29所高校46门国家级一流本科课程或全国教创赛获奖课程参加。探索建设新型基层教学组织，推动虚拟教研室试点建设。至2022年底，同济大学、华东师范大学等17所上海高校入选51个国家级虚拟教研室。印发《上海智慧教育平台高等教育工作实施方案》。整合研究生教育、本科教育、高等学历继续教育和文教结合数字资源，形成课程资源、案例库、图文信息资源、特色专题4个板块，内容涵盖在线学习平台和在线课程资源、MBA和MPA教学案例库、高校图书馆和知识结构库等资源、导师培训资源、书记校长大讲堂资源等。组织高校参与“上海市大学生数字素养与技能综合评价”专项活动，实施“上海市新生计算机第一课”，加快推进高等教育数字化转型应用场景建设。10所市属高校、100门课程、20位评估员参与第二轮计算机专业课程教学评估。启动第二批市级重点现代产业学院建设，对集成电路、生物医药、人工智能、高端装备、新材料、新能源、数字经济、绿色低碳等领域予以重点支持。设立临港新片区产教融合办公室，围绕区域内重点产业、重大任务和紧缺人才需求，推动高校与区内行业企业开展各类产教融合协同育人项目。（赵丽霞）

**【高校创新创业教育】** 年内，同济大学、上海财经大学等27所高校成立创新创业教育专门机构（创业学院等），上海理工大学、上海师范大学等36所高校设置创新创业教育必修学分。推荐复旦大学、上海交通大学、同济大学、华东师范大学、上海财经大学立项建设国家级双创学院，华东理工大学、上海大学、上海理工大学立项建设国家级实践基地，并公布12个市级双创学院和12个市级实践基地。上海高校自建并上线的创新创业教育在线课程数累计达376门，选课超40万人次。高校自主编写创新创业教育类教材和案例库达150个。同济大学《“三链协同”的共生型创新创业教育生态系统建设与实践》、上海财经大学《融合型创新创业教育体系建构与实践》入选上海市教学成果特等奖。此外，上海理工大学、上海海洋大学等32所本科高校校级大学生创新创业训练计划项目立项11148个（部属4119个、市属7029个），市级立项4757个（部属1675个、市属3082个），国家立项2040个（部属946个、市属1094个，择优推荐19个重点支持领域项目）。完成校级项目结题验收4086个（部属1377个、市属2709个），市级项目2294个（部属835个、市属1459个），国家级项目845个（部属406个、市属439个）。推荐市属高校4篇学术论文、4个改革成果项目和1个创业推介项目参加全国年会。在第八届“互联网+”全国总决赛上，上海高校获金奖12项、银奖17项、铜奖80项。上海交通大学在国际参赛项目上取得突破，获6项总决赛金奖。（赵丽霞）

**【高校合作办学】** 参与西南片高校联合办学本科高校19所。辅修专业在读学生4805人,其中跨校修读1858人;授予辅修专业学士学位1549人,其中跨校826人;颁发辅修专业证书477人,其中跨校282人。参与东北片高校联合办学本科高校15所。2022年,开设法学、金融学等6个辅修专业,开设辅修课程41门,辅修在读学生1441人次;招收6个辅修专业新生796人;辅修结业学生615人,获学士学位证书学生53人。松江大学园区联合办学本科高校7所。开设金融学、新闻学、法学等24个跨校辅修专业(方向),开设242门辅修专业课程,辅修注册在读学生2736人;招收新生1808人;授予辅修学士学位976人,颁发辅修专业证书276人。参与临港区域高校合作办学本科高校5所。举办临港新片区教育发展联盟工作交流会议暨区域"大思政课"综合实验区建设研讨会,启动上海临港新片区"大思政课"综合实验区建设。 (赵丽霞)

**【高校研究生导师队伍能力建设】** 年内,上海继续实施高校研究生导师指导能力提升计划。建立研究生培养单位全覆盖的市、校二级新聘研究生导师培训机制。组织4期市级任职培训,213名新聘的研究生导师优秀代表以及9位高校研究生教育管理干部参加。联合市经信委首次举办"产教融合协同育人"主题培训班,来自全市19所研究生培养单位的30名集成电路相关学科导师、61名人工智能相关学科导师、43名生物医药相关学科导师参加。开设化学工程与技术、外国语言文学、应用经济学、法律、艺术、工商管理6个学科和专业的导师工作坊,面向在岗导师,结合各学科专业特色开展研修讨论。3300余名研究生导师在线上参加研修,近800名研究生导师通过回放开展研修。举办"育人传道""产教育人"2场主题导师论坛,促进导师跨专业、跨校互动与交流。96名新聘导师代表分享"新时代如何做好一名导师"的见解和经验。三大先导产业学科领域124名导师,就产学研合作中的经验及思考作交流。 (吴庆全)

**【规范高等学历继续教育】** 4月,完成上海高等学历继续教育新增专业申报评审工作,华东理工大学、上海理工大学、上海师范大学等18所高校申请增设40个招生专业,其中12个"优秀"专业和17个"良好"专业同意新增备案。5—8月,发布《关于开展高等学历继续教育校外教学点设置与管理情况梳理排查和整改工作的通知》《关于做好2022年高校学历继续教育教学点信息维护工作的通知》。相关高校维护上海高等学历继续教育教学点819个;正常站点备案235个,其中校内教学点77个、校外教学点158个。外省市高校在上海开设的教学点缩减到3个。网络教育或现代远程教育的校外教学点已全部申报停止招生。10月,完成教育部高等继续教育专家委员会委员人选上海市的推荐工作。在6个推荐领域中,13位候选人均选了2个领域,涉及"宏观政策咨询"4位、"学历继续教育"5位、"非学历教育"5位、"数字化建设"4位、"资历框架与学分银行建设"3位和"质量保障"5位。此外,为筹建国家终身教育智慧教育平台征集并审核推荐222项终身教育数字化学习资源,为筹建上海高等教育智慧教育平台搭建完成高等学历继续教育课程资源库。组织专家组研制上海高校校外教学点"检查评估指标体系",在全国起到引领示范作用。 (马 兰)

## 民办教育

**【深化民办义务教育规范】** 3月,市委办公厅、市政府办公厅印发《上海市深化民办义务教育规范工作方案》。完成加强学校党的建设、规范主体公参学校、调控民办在校生规模、规范民办学校名称、规范居住社区配套建设使用、规范民办义务教育学校财务工作6个方面改革重点任务。完成规范使用公办事业编制、规范招生入学行为、落实国家课程方案、加强年检工作、核查民办义务教育学校基本办学条件、开展举办者资质和资金来源审查等工作。全市基本形成公办学校、基金会办学(购买学位)、民办学校三类学校协调发展的义务教育办学格局。（季秋瑜）

**【民办高校财务管理】** 出台《关于进一步做好民办高等学校财务管理工作的通知》,从加强制度建设、规范财务管理、保护法人财产、加强监督管理4个方面对民办高校财务管理提出要求。组织民办高校分管校领导、财务管理人员进行培训,提高民办高校财务管理业务水平,规范民办高校财务管理工作。优化民办高校财务监管平台,研制《民办高校财务监管平台工作手册》,明确学校财务管理事项和工作流程,加强对民办高校的财务监管。通过年检、专项检查和监督等方式,加强对民办高校财务工作的事中事后监管。制定民办高校年检管理办法、年检指标体系等文件,将民办高校财务管理情况作为重要检查指标和内容,督促学校规范财务行为。研制民办高校财务管理指标,组建专家队伍,对全市民办高校开展全覆盖财务检查。加强民办学校信息公开和信用档案建设工作,将学校财务管理情况作为公开内容。（季秋瑜）

**【开展民办高校年检】** 9月,制定《上海市民办高等学校年度检查工作管理办法》。《办法》分五章20条,对上海市民办高等学校开展年度检查工作进行全面规范,明确适用范围、部门联动、检查内容、检查程序、结论应用、监管责任、组织保障等内容。修订《上海市非营利性/营利性民办高校年度检查指标体系》,完善年检系统,加强数据对接,组织专家开展民办高校2022年年度检查。加强年检结果运用,确保年检结果、问题整改与资源配置挂钩。（季秋瑜）

**【实施民办中小学中青年优秀教师团队发展计划项目】** 7月,印发《上海市教育委员会关于做好第四期上海市民办中小学中青年优秀教师团队发展计划项目申报工作的通知》。经各民办中小学申报、各区教育局遴选推荐、专家评审,20个团队入选第四期教师团队发展计划项目。9月和12月,委托市教师教育学院组织专家分别开展第二期和第三期的中期考核,其中第二期18个团队通过中期考核、2个团队需整改;第三期20个团队均通过中期考核。至年底,18个团队完成市级展示活动。

（霍煜馨）

## 终身教育

**【2022年概况】** 10月,会同市民政局、市老龄办开展老年数字教育进社区行动,做到全市社区(居村委)全覆盖。推出专题学习资源库,上线48门课程、441个精品资源,涵盖八大生活门类。聚焦适需实用,支持各区结合区域特色开展形式多样进社区活动。推进年度学习型社会监测和终身教育专项督导,编制完善终身教育专项督导指标体系和工作文件,完成7个基层市民终身学习监测研究基地建设。开展终身教育促进条例立法修订相关工作。推进学习型组织建设,征集并发布上海学习型组织标识,形成四类学习型组织创建指标,开展首批优秀学习型组织推荐工作。举办上海市第十八届全

民终身学习活动周，190 万人次参与。持续开展上海市民终身学习数字阅读、市民诗歌节活动，面向全国征集 10 万首作品，东方亲子网络阅读量突破 10 万人次。推进终身教育国际合作，拓展终身教育前沿研究，对接第七届全球成人教育大会，宣传上海学习型社会建设经验。

开展高校非学历继续教育专项督查，推动高等继续教育规范发展。保障 2022 年度自学考试组考工作，完成复旦大学、上海大学等 17 所主考高校 52 个专业规范修订，批准 2 个自学考试新专业，制定专业评估指标体系 1.0 版。推进"双元制"职工继续教育，面向上海市 16 家行业企业、10 多所普通高校和上海开放大学开展需求调研，拟定高校试点基地建设方案，启动高校试点基地遴选。联合各区社区学院(校)等开发社区教育类 7 个主题 107 个微课视频，吸引 4 万多人次参与在线学习。社区教育实验项目立项 135 个，结项验收 109 个。举行 25 场健康直播讲座，制作 10 集名医微课。推出 10 本学习坊 STEAM 系列读本。认定 16 个第三批上海学习型乡村、31 个第五批试点村。新增 16 条市民终身学习人文行走线路，市级体验基地下设体验站点扩容至 169 个、体验项目 1300 余个，参与市民达 200 余万人次。全年开展老年教育专兼职教师培训超过 5000 人次、社区教育管理干部专题培训近 4000 人次。做好 6 万多名社区教育志愿者管理工作，培育志愿服务品牌项目 18 个。

推进老年大学"倍增计划"，新增 5 所区级老年大学和 2 所高校老年大学，开展建设评估并认定 37 所上海市街镇社区(老年)学校优质校。新增居村委示范学习点 80 个、老年教育社会学习点 40 个，申报养教结合优秀学习点 15 个、养教结合学习点(含日托)15 个、养教结合标准化学习点 14 个。加强老年教育支持服务体系建设，以 12 个中心为支撑，推动老年教育提质增效。全年培育五星级团队 100 个、一星级老年学习团队 1925 个，完成二星至四星级 4051 个学习团队的晋级。"金色学堂"最高日收视用户数达 92 万，创收视新高。完成 50 门老年教育慕课课程建设，全年集中式开班 480 个，学习总人次超 4 万。开展全市老年教育教材(读本)和课程的征集评选工作，评选出 30 本优秀教材(读本)并向全市推介。 (韩保磊)

**【实施高校非学历继续教育专项督查】** 2 月，市教委印发《关于进一步做好普通高等学校举办非学历教育工作的通知》。组建上海市普通高校非学历教育规范整治工作组，对市属普通高校开展非学历教育领域专项督查和规范整治。对 47 所承担非学历教育任务市属高校规范整治和自查整改落实情况开展书面审核，并对 9 所普通高校(公办本科院校 4 所、公办高职高专 2 所、民办高校 3 所)开展入校核查和专题调研。 (黄　峰)

**【开展老年数字教育进社区专项行动】** 年内，市教委会同市民政局、市老龄办，建立跨部门协调机制，发挥全市社区学院、老年大学、社区(老年)学校近万名专兼职教师，5 万多名助学志愿者的作用，实现老年数字教育在全市社区(居村委)全覆盖。行动依托"上海学习网"，推出专题学习资源库，上线 49 门课程、441 个精品资源，涵盖 8 大生活门类，同时开发配套老年智学仿真系统，帮助属地老年人克服畏惧数字生活和数字学习的观念，提升老年人数字学习能力。 (韩保磊)

**【推进学习型组织建设】** 年内，市教委会同相关单位健全新一轮学习型组织建设的工作机制。下发《关于进一步推进本市学习型组织建设工作的通知》，公布学习型机关(事业单位)、学习型企事业单位、学习型社区和学习型家庭等建设标准。发布《关于试点开展上海市优秀学习型组织推荐工作的通知》，开展优秀学习型组织试点推荐工作，产生首批优秀学习型组织 66 个，其中优秀学习型机关(事业单位)19 个、优秀学习型企事业单位 19 个、优秀学习型社区 9 个、优秀学习型家庭 19 个。建设上海市优秀学习型组织建设信息化平台，为优秀学习型组织提供线上展示空间；开展上海市学习型组织标识征集活动，宣传学习型组织和学习型社会建设的理念和内涵。 (姚　岚)

**【推进市民终身学习账户建设】** 学分银行作为市民终身学习账户的建设及管理平台，在“一网通办”中设专门入口，并有二维码标识“申学码”作为个人终身学习账户制度的专用通道，其主要功能包括上传个人终身学习成果、查询个人终身学习档案、展示和应用各类学习成果、为部分学习成果进行官方验证等。2022年，学分银行建立各类终身学习成果认证的质量保障体系，逐步明确行业证书、高校非学历培训、企业培训、社会场馆学习项目等学习成果的准入标准；建立基于大数据分析框架的数据标签体系；建立鼓励市民参与终身学习的积分转换和存储制度，构建市民终身学习激励机制。（姚 岚）

**【推进高等教育自学考试】** 年内，原计划4月举行的上海市高等教育自学考试至10月举行。考试涉及主考高校17所，开考本专科专业52个，开考课程461门(其中全国统考课程237门、市级统考课程224门)。考试设26个考区(17所普通高校、6个区和3所业余大学)、36个考点、5794个考场，有53647名考生报名参加147861科次考试。2次考试向全国31个省市提供83门次全国统考课程试卷清样。全年受理信访和学历协查证明、成绩证明181份。全年审核并办理免考1082人次，办理毕业2757人(其中本科生2176人、专科生581人)。

（黄 峰）

## 教材和语言文字管理

**【国家通用语言文字推广普及表彰推荐】** 年内，上海市语委、市教委组建国家通用语言文字推广普及候选先进集体和先进个人推荐工作小组，印发《关于开展国家通用语言文字推广普及先进集体和先进个人评选推荐工作的通知》。经基层推荐、基层公示、征求意见、专家遴选等流程，形成拟推荐对象名单，上报教育部表彰领导小组办公室。根据教育部表彰领导小组初审反馈意见，市教委对拟推荐对象名单进行网上公示，经相关程序，根据《教育部 国家语委关于表彰国家通用语言文字推广普及先进集体和先进个人的决定》，浦东新区语言文字工作委员会办公室等4个先进集体和郁琼蕊等9名先进个人获表彰。（马晓华）

**【完善市级教材管理组织架构】** 3月，市教材委员会成立市课程教材建设委员会、市教材审查和评价委员会，分别负责教材建设和教材审核评价工作。6月，市课程教材建设委员会、市教材审查和评价委员会召开第一次全体会议，研究成立市中小学课程教材建设专家委员会、市职业院校教材建设专家委员会、市普通高等学校教材建设专家委员会等10个专家委员会，基本形成全市教材管理组织领导和专业支撑机制。（何 慧）

**【开展中华经典诵写讲活动】** 4月，举办以“经典筑梦向未来”为主题的第四届中华经典诵写讲大赛上海赛区比赛，诵读、讲解、书写、篆刻4个赛项727件作品进入全国比赛。9月，举办诗词讲解大赛上海赛区交流推进会、经典诵读大赛上海赛区交流展示活动。10月，举办“书法名家进校园”活动。11月，举办中国诗词大会上海地区选手选拔活动。

（马晓华）

## 对外合作与交流

**【国际交流与合作】** 7月18—31日线上举办"2022上海国际友好城市青少年夏令营"，来自泰国清迈、埃及亚历山大等16个国家17个城市140余名外国学生在线参加。与德国汉堡、新西兰达尼丁9所结对学校在线举行主题活动。举办第十三届新加坡—上海基础教育圆桌会议，两地20余名校长在线分享教育管理经验。支持举办第七届"外教社杯"上海市高校学生跨文化能力大赛，推动中外青少年学生之间的文化交流。鼓励上中东校等6所中小学申报第七批中美"千校携手"计划。首次举办中英科学素养发展圆桌论坛，拓展人文对话渠道。主动对接中国联合国教科文组织全国委员会，遴选备选选址，提供优质在地化配套支持方案，争取联合国教科文组织一类中心落户上海。

（陈　暤）

**【国际学生教育与国际中文教育】** 年内，上海42所高校有注册国际学生32116人，来自187个国家和地区，其中81%为长期生。实施来华留学提质增效工程，开展来华留学优秀案例评选，做好国际学生英语授课课程与专业建设工作，发布2021年来华留学英语授课示范性课程名单，印发《上海高校国际学生招生工作指南》。举办线上"上海暑期学校"，开办21个班，614人参与。举办线上"一带一路"项目，开办19个班，1075人参与。发挥"留学上海"多语种平台的作用，做好对外宣传和教育交流。与教育部中外语言合作交流中心合作建立地方协作机制。发挥高校办学主体和区域联盟作用，定期召开上海国际中文教育工作联盟交流会。协助教育部、外交部完成对孔子学院和阳光学校外派教师的推荐、选派、延期和政审等工作。至年底，上海市院校在海外的国际中文教育机构有43所孔子学院（含汉语中心）和5所独立孔子课堂。　（葛静怡）

**【中外合作办学】** 年内，全市有中外合作办学机构33个、项目125个，其中学历教育机构和项目145个（研究生层次34个，本科层次65个，专科层次33个，中职、高中层次13个）、非学历教育13个（含学前教育2个）。2个中外合作办学机构和1个中外合作办学项目扩招学生195人。此外，市教委与东华大学、英国皇家艺术学院签署《关于上海中英艺术大学的合作意向备忘录》；支持同济大学与德国应用科学大学国际合作联合会签署《同济大学与德国应用科学大学国际合作联合会关于在临港新片区新办一所应用型大学的合作意向书》。

（栾雪莲　李佳璐）

**【外籍人员子女学校】** 至年底，全市39所外籍人员子女学校在校总人数29637人，其中幼儿园幼儿4205人、小学生12235人、初中生7194人、高中生5568人、补习中心学生435人。服务"五个新城""三区一带"等重点城市建设区域战略，引导质量高、品牌好的外籍人员子女学校设点布局，以新标准对外籍人员子女学校发展进行迭代更新。

（栾雪莲　李佳璐）

# 区域教育
# Education in Districts

# 黄 浦 区

**【2022年概况】** 有各级各类教育机构130家，包括：中学33所，其中高级中学9所、完全中学6所、初级中学14所（含民办3所）、九年一贯制学校3所（含民办1所）、十二年一贯制学校1所（民办）；小学27所，幼儿园44所（含民办16所），特殊教育学校4所，职业教育学校5所（其中非教育部门办3所）；其他教育机构17所，其中教育学院1所，业余大学1所，公办早教机构2所。全区普教系统在校学生62503人，其中高中生10422人、初中生16092人、小学生22822人、职校生6325人、托幼机构幼儿9245人、特殊教育学校学生297人。全区教职员工8669人，其中专任教师6610人。有特级校长15人、正高级教师52人、高级教师1135人。

通过“红色思政”教育品牌建设，打造“锋语者”高中生思政社团联盟、“传薪者”少先队红色研学联盟纵向梯队。以“喜迎二十大”为主题，推出“师说理论宣讲菜单3.0版”优质课。挖掘黄浦红色资源建强未成年人“红色学习圈”，馆校合作推出4场“红色场馆进校园”活动。与区文明办合作推动“复兴少年宫”建设，加强“文文明明幸福行”“零零岛”网络少年宫、《黄浦区学生社会实践护照》线上德育平台建设，牵头区文明办、绿化市容局开展全区青少年系列“喜迎二十大、永远跟党走、奋进新征程”主题教育实践活动。

发布《黄浦区青少年创新英才培育登峰计划》，启动黄浦区青少年创新英才科学院学科（创新）基地。市级哲社项目《推进创新教育育人方式变革的区域探索》开题。完成《2021年黄浦区学生创新素养调研报告》。编制区域学科创新教育三类课程目录。推进各学段学校创新教育项目实施，印发《创新教育情报专辑》，试运行黄浦区创新教育学习实践平台。优化区域“全面＋特色”教育质量管理评价体系，探索“五育融合”过程性和成长性评价，试点“教师述评”制度以及基于绿色指标测评与国家义务教育质量检测的教育质量改进行动。格致中学“以综合素质评价撬动育人方式变革”、卢湾一中心小学“以信息技术赋能构建‘五育融合’新模式”获上海市教育评价改革优秀案例。制订《黄浦区教育综合改革示范项目实施方案（2022—2025年）》《黄浦区深入推进教育综合改革示范项目实施方案》。召开新一轮教育综合改革黄浦区“5＋2＋X”（5个必选项目、2个自选项目、X个特色项目）示范项目启动会，成立“黄浦区教育综合改革示范项目实施方案编制工作项目组”。

制定高中阶段学校招生录取办法和高中阶段学校招生计划，促进高中学校研究和建立客观公正的综合评价体系，探索建立初中学业水平考试与综合素质评价相结合的多元招生录取机制。聚焦高质量有特色深化课程教材创新实践，迭代升级低年级主题式综合活动课程，实施一年级入学适应教育，召开第五届小学教学节。完成上海市第一轮义务教育项目化学习三年行动计划的阶段目标，开展黄浦区项目化学习特色课程图谱构建研究，推进学校特色课程的共建共享。完善新课程新教材实施背景下的教研制度建设，举办“双新”推进展示周，上海外国语大学附属大境中学、卢湾高级中学、市八中学3所学校成为第二批市级“双新”实施项目学校。指导学校探索基于学科核心素养的教学策略和评价方式，以“课程”为抓手，提升学校课程领导力。举办“植根于学校课程积淀的项目化学习”“学习技术赋能，教育教学提质”等论坛。系统谋划推进“五项管理”“双减”政策。落实作业管理“公示＋备案”“基础＋选择”“总量控制＋质量跟踪”三大机制，通过对1200名学生抽样调查，全区义务教育学段作业量明显减少。坚持需求导向、服务暖心，实施分时段、有侧重的课后服务模式，引入校外优质课程和师资，制定课后服务经费的配套文件和相关激励措施。深化课堂教学变革，构建适合学生发展的课程体系，形成“高质量目标＋个性化发展”相结合的育人体系。

坚持严审批与促转型“两手抓”，引导培训市场业态调整，联合卫健委、市场监管、消防等部门开展专项检查，实现减量转型目标和日常安全运行。在区委政法委牵头下，协调各部门稳妥处置培训机构非正常停业，做好学员、家长、员工接待工作。区义务教育阶段学科类培训线下机构已从“双减”实施前的120家压减至8家，压减率93.33％。

坚持“一条主线、三个层面、六项任务”以及“一区五校”模式，推进教育数字化转型。重点推进黄浦教育数字基座建设，调研制定初步规划和框架方案。完成国家级“基于教学改革、融合信息技术的新型教与学模式实验区”项目建设方案和采购需求编制，统筹推进各基层单位黄浦区信息化实验区课题工作。学前教育阶段重点围绕“幼儿健康常态监测”进行常态应用。小学阶段进一步扩大“三个助手”和“小学数学学习过程诊断管理区级平台”的试点范围。中学阶段探索线上线下混融教学、信息化赋能日常教育教学的新路径。职业教育领域加快提升教师的信息素养，终身教育领域推进六大“智慧学习场景”建设。组织参加以“数字新时代教育大未来”为主题的2022上海教育博览会（线上）。《面向数字化转型的名师学习指导》入选教育部2021年度信息技术与教育教学深度融合示范案例，黄浦区作为代表在国家级信息化教学实验区专题活动大会进行交流。完成幼教招生系统“一网通办”应用体系接入和功能优化开发，推进区级全学段网络缴费系统规划建设。

积极创建全国婴幼儿照护服务示范城市。扎实推进实事项目、民心工程，新增2个普惠性托育服务点，推出区早教平台“托育服务随心查”。与区卫健委启动新一轮“教养医结合”合作备忘录签约，探索教养医结合的创新实践。推进上海市学前教育“三大指南”首批试点推进区建设，实施优质园争创计划。开展黄浦区幼儿发展优先行动研究项目，举办首届黄浦区保育技能大赛。深化公民结对“一对一”精准化带教机制，支持民办园依法规范特色发展，落实普惠性民办托幼机构经费扶持政策。

入选全国首批义务教育优质均衡先行创建区。制订《2022年春季学期中小学在线教学工作要点》《中小学在线教学指导意见》，小学阶段形成在线教学经验、案例52篇，凝练31种做法与策略。支持市八初级中学参与市级新优质学校认证，继续推进公办初中强校工程。组织区级紧密型学区集团认定，深化教育集团紧密型内涵式特色化发展。上海交通大学附属黄浦实验中学和小学挂牌。制定并实施《黄浦区民办义务教育规范工作方案》，指导立达中学和明珠中学完成举办者变更及学校理事会、监事会重组。加强校本教材和校园读物管理。促进普通高中特色多样发展，形成学校特色课程。部分高中学校在创新人才培养、科技赋能教学、工科素养培育、经济人文融合发展、艺术创意设计等方面的特色发展路径日趋成熟。

推进“1＋X”证书制度试点、现代学徒制改革试点工作。组织相关专业学生参加全国职业院校技能大赛。指导学生参加世界技能大赛全国选拔赛。2所中职校以教师信息技术2.0校本培训为途径，推进“互联网＋”课堂教学改革，开展线上职业体验活动。加强中职校与高等职业教育优质资源衔接，做好中本、中高贯通专业试点申报工作。推动校企在人才培养上全方位深度融合，开展教师下企业实践，对接区域行业龙头企业创新创业资源，提升创新创业人才培养能力。制定《黄浦区特教三年行动计划（2022—2024年）》，从特殊学生居家学习方案制定、关心关爱行动、学校教学教研三方面强化对特殊学生的关心关爱工作。落实研训一体，分层分类开展师训和教研活动，完善普通学校职初教师特教通识培训、专职特教教师培训、华东师大岗位证书培训体系，开展针对特教学校教师的专业教学研讨活动。社区学院及5个社区教育中心、老年大学通过“上海终身学习云视课堂”“钉钉课堂”“学在黄浦”等平台，开设推送70余门在线课程，参与市民达30000人次。组织开展7场线上家庭教育宣传、指导活动，参与市民约15000人次。推进市、区两级街镇社区(老年)学校优质校建设,培育"一街一品"品牌项目。推进老年教育智慧化场景建设,推出《黄浦区老年数字教育进社区行动方案》。举办黄浦区全民终身学习活动周开幕式,开发黄浦特色人文行走品牌项目,完善市民终身学习需求与能力监测中心建设。海派文化体验基地拓展 2 个体验点,开展体验项目 30 余个、体验活动 100 余场,服务市民 100000 余人;人文行走活动开展约 30 场,参与市民 10000 余人次。 (董 昊)

**【中小学在线教学工作推进会】** 3 月 24 日在线上召开。会上,区教研室解读《黄浦区中小学在线教学指导意见》。格致中学、卢湾高级中学、敬业初级中学、上海师范大学附属卢湾实验小学分别介绍不同在线教学平台的教学实践,分享各校在教学成效、平台使用、设备保障、师生交互等方面的探索经验。会议要求,相关部门要继续收集在线教学中的问题和需求,并通过"推门听课"、巡课指导,逐步优化线上教研机制。 (蓝 晔)

**【上海市第十中学与香港圣伯多禄中学缔结姊妹校签约仪式】** 6 月 17 日,在两地以视频连线形式举行。会上,上海市第十中学校长与香港圣伯多禄中学校长分别就学校情况、合作基础、交流展望等方面进行交流。 (蓝 晔)

**【教育部科技司领导到黄浦区卢湾一中心小学调研】** 9 月 1 日,教育部科学技术与信息化司司长等到上海市黄浦区卢湾一中心小学调研信息化教育教学工作,听取学校概况介绍和关于数字孪生校园

9 月 1 日,教育部领导到黄浦区卢湾一中心小学调研

的汇报,实地察看"云手表"和"云笔"应用场景,了解智慧图书馆、少儿军事课程、少儿服饰设计等课程情况,肯定学校实践,并强调要运用好教育信息化、数字化的手段,积极探索小学生创新能力的培养。 (寿钰婷)

**【"喜迎二十大 致敬劳动者"——"劳模进校园"主题教育活动】** 9 月 15 日在蓬莱路第二小学举行。6 位全国、上海市劳模到校园见证"劳模工作室"落户该校。活动期间,劳模与小朋友交流,向学校赠送 5 架寓意工匠精神的飞机模型。学校向劳模介绍特色课程"蓬莱小镇",并展示学生创作的手写手绘书。 (寿钰婷)

**【举行第五届小学教学节】** 11 月 9 日,由市教委基教处指导,市教科院普教所、上海学习素养课程研究所、黄浦区教育局主办,黄浦区教育学院、教育学会教育管理专委会协办的"植根于学校课程积淀的项目化学习——2022 年度上海市义务教育项目化学习三年行动计划市级专题研讨与展示活动暨上海普教科研 40 年系列学术活动"在上海交通大学附属黄浦实验小学举行。同时,以"新课程新技术新教学"为主题的 2022 黄浦区教育学术月暨第五届黄浦区小学教学节开幕。上海市项目化学习各实践校以及黄浦区各小学、九年一贯制、特殊学校校长等通过线上直播参加。活动通过播放数字故事《创智学习快乐成长》,呈现各校立足实践、创生高质量课程生态的探索;黄浦区第一中心小学、上海师范大学附属卢湾实验小学等 6 所学校分别进行项目化学习特色做法交流及项目化学习成果展示。 (寿钰婷)

**【黄浦区教育数字化转型论坛暨在线教学总结活动】** 11 月 28 日在区教育学院召开,并采取线上线下同步直播方式进行。以数字赋能创新实践为主题。活动中,格致中学、大同中学、卢湾高级中学、上海市实验小学、黄浦区卢湾一中心小学 5 所学校进行交流,区教育学院监测与信息中心作黄浦区 2022 年教育信息化推进工作总结,还举行 2022 年区教育信息化推进工作教师代表颁奖仪式。 (蓝 晔)

【接受全国婴幼儿照护服务示范城市省级评审】 9月9日，黄浦区迎接全国婴幼儿照护服务示范城市省级评审。黄浦区介绍“可获得”的普惠性托育服务、“整链式”的医教家结合格局等黄浦区在婴幼儿照护服务工作中的特色与经验。荷花池幼儿园园长通过现场连线展示幼儿园托幼一体化实践情况，评审组专家与黄浦区参会人员进行互动交流。 （黄 俊）

【“幼有善育，黄浦在行动”主题研修活动】 11月15日在线上举行。由黄浦区教育学院学前教研室、黄浦区早期教育指导中心联合组织。活动特邀市教委教研室幼教教研员作“幼儿发展优先理念下托班环境创设行与思”专题报告。全区幼儿园托班教师及保教主任，早教中心、分中心全体教师，全区托育机构负责人、育婴员等在线学习。 （寿钰婷）

【落实《上海市特殊教育三年行动计划(2022—2024年)》研讨会】 11月15日，在华东师范大学附属卢湾辅读实验学校召开。会议邀请市听障指导中心、市特教研究所专家对新一轮特教三年行动计划的起草说明、政策依据、可行性及风险评估情况进行咨询论证，并听取区特教指导中心、区教育学院和各特教学校的意见建议。 （寿钰婷）

【举办亲子阅读讲座】 11月26日，上海市黄浦区早期教育指导中心特邀上海教育电视台“一起来成长”制片人、主持人进行在线互动讲座。讲座分“亲子阅读，读什么”“亲子阅读是亲子陪伴吗”“亲子阅读怎么读”3个篇章。区早期教育指导中心、分中心的早教教师以及婴幼儿家长700余人次收看。

（黄 俊）

【商贸旅游学校与上海音乐学院附属黄浦比乐中学合作协议】 9月27日，在商贸旅游学校签订。两校在共享资源的基础上，全面实施素质教育，着力提升学生的学习能力、实践能力、创新能力和社会适应能力，打造创新型、实用型的高素质复合型人才。 （罗小燕）

【黄浦区学习型社会建设推进大会暨黄浦区全民终身学习活动周开幕式】 11月8日，在思南文学之家举行。会议为10个街道社区学校校长颁发聘书、为获2021年度终身教育学习的先进集体和个人颁奖；推出星光智慧学堂、戏曲智慧坊、遇见魅力瑞金智慧学习体验区、西门智域老城厢博物馆、豫智慧生态学习体验空间、茶课堂等老年教育六大智慧学习场景；为黄浦区思南露天博物馆·时光弄堂、汪怡记红色茶馆、南翔馒头店南翔小当家、童涵春堂中药博物馆中华小药师等新增“市民学习基地及海派体验点”授牌。

（罗小燕）

【2022黄浦职教集团年会暨黄浦职教论坛】 12月9日，在中华职业学校举行。会上，为2021年全国职业院校技能大赛教学能力比赛获奖者、2021年人社部“全国技术能手”称号获得者和2022年先施职教奖获得者代表颁奖；区教育局作题为“赓续传承，固本强基，改革发展，提质增效”的工作报告。论坛嘉宾从各自角度，分享成功经验以及对职业教育未来的展望。

（罗小燕）

【第十三届新加坡—上海基础教育圆桌会议】 3月11日，在上海市大同中学召开。由上海市教委、新加坡教育部主办，黄浦区教育局、新加坡教育部学校司北区承办，并得到上海市外办、新加坡驻沪领事馆的支持。新加坡育德中学校长、依布拉欣小学校长、后港中学校长展示新加坡创新育人教学实践的经验。上海市大同中学校长、上海市卢湾中学校长、上海师范大学附属卢湾实验小学校长就创新素养培育的课程、“无边界”教育理念、“融合创新课程”及课程评价方式的创新与细化展开交流。

（董 昊）

3月11日，第十三届新加坡—上海基础教育圆桌会议在上海市大同中学召开

**【区庆祝第38个教师节座谈会】** 9月5日，在区政府召开。座谈会以视频形式向全区各基层学校和教育单位同步直播。会上，发布“黄浦区教师队伍建设五大计划”；新一轮区名师工作室导师获颁聘书；发布黄浦区青少年创新英才培育登峰计划，启动黄浦区青少年创新英才科学院学科（创新）基地。（董 昊）

**【区政府教育督导委员会2022年工作会议】** 9月29日，在区政府召开。区教育局就2021年黄浦区教育督导年度工作和国家义务教育优质均衡发展区申报情况作专题汇报。区发展改革委、区财政局、区人社局、区规划资源局就如何有效履行政府部门职责，推动教育发展作交流发言。（董 昊）

**【黄浦区新一轮教师队伍建设启动大会】** 10月20日，在黄浦区教育学院召开。大会由启动式和微论坛两个环节组成。先由市、区领导向新一轮区骨干教师和学科带头人代表颁发荣誉证书，以数字故事形式呈现黄浦区三年来优秀教师队伍培养的成果。在微论坛环节，大同中学、格致中学等6所学校老师围绕“聚焦‘双新’落实‘双减’优化育人方式”从不同视角分享校本化探索和经验。（董 昊）

**【上海普教科研40年系列学术活动黄浦专场】** 12月8日，在黄浦区教育学院举行。学术活动以“铸魂立德　融合育人——以科学研究助力思政‘五项行动’”为主题。黄浦区教育局从规划部署、支持保障、交流共享等方面对黄浦区思政科研攻关项目作整体介绍。（董 昊）

## 附：区教育局驻地及负责人

（2022年1—12月）

区委分管领导：王玉峰
区政府分管领导：袁 园

区教育工作党委书记：陈 亮
副书记：郭金华、胡 宏（1月到任，9月离任）、严 奕

区教育局局长：郭金华
副局长：杨 燕、吴 刚、余维永、严 奕（1月到任，10月离任）

地址：延安东路300号
邮编：200001
电话：33134800-21509

# 徐 汇 区

**【2022年概况】** 有各级各类教育机构204家，其中中学42所、小学44所、幼儿园99所、特殊教育学校2所、职业教育学校9所、专门学校1所，其他教育机构10所。全区学生13.33万人，其中普通中学生46899人、小学生51320人、幼儿园（托儿所）幼儿22741人、特殊学校学生341人、职业高中学生1857人、中专学校学生10108人。全区有教职员工1.52万人，其中专任教师1.08万人。专任教师中，有特级教师31人，特级校长16人，正高级教师47人。

全区符合条件3—6岁适龄儿童入园率100%，义务教育阶段入学率100%，高中阶段入学率98%。社会多元主体举办老年大学2所，社区学校13所，居委学习点和养老机构学习点321个，“汇e学”云校总校开设精品直播课程36门、462节，讲座30个；各分校开发特色直播课167门、2346节，讲座89个。

推进幼儿园提质升等工程，5所幼儿园申报一

级园、3所幼儿园申报示范园，发挥示范园带教作用，重点推进望德等8所公办园的内涵建设。建成11个公办托幼一体园，新增380个托额，完成托班人员培训、课程方案制定、招生方案制定、招生录取以及区、市普惠性托育点验收等系列工作。

优化集团化办学、紧密型学区建设方案，研制《徐汇区紧密型中学教育集团创建实施方案》，创建南模、位育教育集团等首批紧密型中学教育集团。深入实施强校工程，开展年度工作交流，推广典型经验。加快新一轮特色普通高中创建，支持和指导紫竹园中学接受市级复评，中国中学进入上海市特色普通高中创建展示阶段。

培育区属信息管理学校优质中职校，在年度评审中保持A档成绩，申报市级、国家级优质专业。深化产教融合、校企合作，依托区职校集团，研制《2022年产教融合型城市建设试点任务清单》，确立8项年度任务并按计划完成。

创建田林、枫林街道社区（老年）学校。打造“一街一品”，华泾镇社区（老年）学校基于特色课程培育的学习项目《老年智学珠心算》获评全国2022年“终身学习品牌项目”。完善“汇e学”徐汇终身教育云校建设，项目获评教育部全国社区教育创新实践项目。

在幼儿园设立9个学前特教点、2个学前特教班，落实高中阶段特殊职业教育招生，保障残疾儿童与学生入园、入学权利。制定区新三年行动计划，发展融合教育，义务教育段专职教师配备率65％、独立资源教室配置率64.1％。与签约医院完成特殊学生健康体检、运动障碍评估、精细化评估等合作项目，确保“一生一档”全覆盖。

健全义务教育“双减”长效机制，指导学校加强作业管理。落实课后服务全覆盖，提升课后服务工作成效。持续压减义务教育学科类培训机构，优化信用监管信息化平台，做好日常检查、专项排查、资金监管、规范引导等工作。落实民办学校购买学位工作，“一校一案”指导学校做好招生工作，完善管理机制、治理结构、财务监管等制度。

建立“双新”推进专项研究项目组，推进学科基地建设。协调区域各高中学校落实“双新”课程，开发并实施48门区级线上线下混合的教师研修课程，开展“三位一体、四元协同”院校联动的线上线下融合研修活动620多次，开展各类培训200多次、“双新”专题培训137场，全方位实施市、区二级合作项目及60多个院校合作项目的研究。聚焦“双新”改革，开发市、区、校三级课程14门、209门、340门，形成研修案例342篇。获2022年上海市基础教育教学成果奖17项，其中特等奖3项、一等奖7项、二等奖7项。制定区项目化学习三年行动计划2022年度推进方案，举办2022年度市级成果展示活动3场，在第三届“学习素养・项目化学习”全国案例征集与评选活动中，徐汇区教育局获优秀组织奖，教师个人案例获特等奖2项、一等奖5项、二等奖5项、三等奖13项。

加快南部职校项目建设，启动复旦附中徐汇分校建设。南站8号地块规划初中新建项目完成立项，北杨人工智能小镇规划小学新建项目完成施工招投标并取得施工许可证，位育中学和田林中学体育综合楼项目竣工验收。完成全区65所公办学校空调安装和52所学校电扩容工作，实现区域公办中小学空调全覆盖。

加快创建上海市教育数字化转型实验区，完成区—校两级数字基座门户搭建，教育数字基座上线，首批34所学校开通试用。加大教育应用场景建设力度，推动“教育直通车”升级建设，上线“汇入学、汇兴趣、汇锻炼”等7大教育服务版块，深化课堂转型应用场景建设。推进智慧课堂建设。完成信息化标杆培育校展示工作。推进国家中小学智慧教育平台和市区空中课堂资源建设。

推进《习近平新时代中国特色社会主义思想学生读本》进课堂，打磨22节“习近平新时代中国特色社会主义思想三进工作优秀教学课例”。依托青少年活动中心，推进“缤纷汇五育”项目，“五育”空中大课堂全年推出480余节课，点击人数逾70万人次。丰富校外教育活动，形成4个方向10门校外劳动教育课程。构建“五育融合”的校外活动育人体系，全年线上线下开展100余项青少年竞赛、活动，6万余名青少年参与。组织开展“2022年上海市学生信息素养提升实践活动”，36人获市级奖项，18人获全国奖项。

通过“双随机、一公开”加大对校外培训机构违法违规行为的查处力度，联合区市场监督管理局专项检查10家机构，22人次。全年检查培训机构558家次，出动1033人次。向区市场监督管理局移交违法线索8件，协助调查5件，共同查处区域内无证办学、虚假招生广告等违法违规行为，实现行业主管部门行业监管与市场监管部门综合执法的有效衔接。

完成徐汇区教育系统安全专项整治三年行动工作，组建检查组227个、开展检查1341次、检查学校（校区）1732所，排查隐患1287处，整改完成1269处，整改完成率98.52%。落实校园安全常态化监管，开展各类校园安全检查166次，督促整改隐患121处。完成102所中小学和幼儿园联动式燃气报警装置建设、81所幼儿园校门人脸识别闸机系统升级、幼儿园室内监控全覆盖等系列工作。落实食品安全现场检查、网上监督和视频监管。下发近9万份中小学生寒假消防宣传手册，组织开展各类安全教育活动。

开展师德全员大培训、全员导师制的校本培训、学科育德全员大培训、区级中小学思想政治课教师全员培训。研制《2022徐汇区青年教师培养与发展项目推进方案》《徐汇区职初期教师培养与发展纲要》，组织开展见习教师浸润式培训、第四批新基地校培训以及第六期名师工作室、第七期优秀教师高研班项目。依托优秀干部培训班、校长高研班、名校长工作室等机制，打造高层次校长队伍，举办第35期中青年后备干部培训班，分类组织9个中层干部培训班。（郝秀芳）

**【学习型城区建设实地监测工作会议】** 1月13日，在徐汇区政府召开。会上，区教育局作徐汇区学习型城区建设工作报告，上海市学习型社会建设服务指导中心副主任介绍调研工作有关情况，各委办局相关负责人与专家团队互动交流。会后，相关领导和专家团队实地走访调研徐汇区社会学习点——上海市气象局气象博物馆。（陆文姬）

**【法治副校长教研组挂牌仪式】** 3月1日，在徐汇区人民检察院举行。年内，徐汇区法治副校长教研组制定教研备课制度，根据各单位工作特色和学校法治需求，设置特色化法治教育课程。同时，教研组创新法治教育形式，协助学校完善法治规章制度。（王　晨）

**【规范民办义务教育发展】** 3月，区教育局制定《徐汇区深化民办义务教育规范工作方案》和《徐汇区深化民办义务教育规范工作风险防控工作方案》，指导学校结合实际制定实施“一校一案”。加强民办义务教育学校党建工作，确保学校党组织负责人或者代表进入学校决策机构和监督机构。稳妥推进上海市西南位育中学、上海市西南模范中学等5所民办学校的举办者变更为徐汇区教育基金会。停止审批新的民办义务教育学校，通过购买西南位育中学、西南模范中学等6所学校义务教育学位的方式，逐步调减区民办义务教育规模。（俞海燕）

**【汇心成长坊系列心理微课堂】** 3—6月在线上开展。区心理健康教育辅导中心组织优秀教师，面向学生和家长制作27节系列课程，送教至各学校并在“徐汇教育”微信公众号推送。微课内容涵盖情绪调节、学习辅导、时间管理、亲子沟通、电子产品使用、伙伴网络社交、隔离期心理调适及生命教育、返校复学准备等。全区86所中小学学生、家长、教师22万5千多人次参与。（何雪泉）

**【第二届长三角青少年人工智能挑战赛】** 7—11月以线上线下相结合的方式举办。11月13日，总决赛暨颁奖会在徐汇区青少年活动中心举行，线上观看直播人数80多万人次。大赛吸引区内38所中小学、200多名学生参与。在主赛道板块中的算法擂台——元宇宙中的我、无人驾驶——能源开发挑战两大项目以及嘉年华板块中的无限飞跃、大挑战、开发者、展示会和绘画等比赛项目中，徐汇学生获一等奖44项、二等奖57项、三等奖124项、入围奖2项，获奖总数位列全市第一。（王　晨）

**【在第八届中国国际“互联网$^{+}$”大学生创新创业大赛获好成绩】** 7月，区特教部组织师生参加第八届中国国际“互联网+”大学生创新创业大赛暨上海开放大学第三届学生创新创业大赛。在校赛环节，“壹可无障碍”项目获职教赛道一等奖，“手手讲故事”“携手职业咨询中心——国内首家面向听障群体的职业咨询机构”2个项目获红旅赛道二等奖，“沙鼠兼职——中国首个残疾人就业兼职App”项目获红旅赛道鼓励奖。在市赛中，“壹可无障碍”项目获职教赛道银奖，“手手讲故事”和“携手职业咨询中心”2个项目获优胜奖。（廖　佳）

**【2项课题获2022年度全国教育科学规划课题立项】** 8月，全国教育科学规划领导小组公布全国教育科学“十四五”规划2022年度课题立项名单，徐汇区2项课题获立项。其中，南洋模范中学李啸瑜承担的“基于多元判据融合的高中生发展指导研究”获国家一般课题立项，是全市各区立项课题中唯一一项国家一般课题。建襄小学陈静承担的“社会情感学习理论视域下小学生心理韧性培育的校本研究”获教育部重点课题立项。（杨姣平）

**【区教育系统第四届“特教奖”评选】** 9月9日至12月9日举行。以“融合教育理念推广　融合人文环境创设”为主题，通过初评和复评，评选出“特教奖”8人、“特教奖提名奖”4人。获奖教师涵盖学前到高等教育的各个学段，其中普通教育教师占1/3，突出徐汇教育“人人都是融合教育工作者”的特色。（张　萍）

**【老年数字教育进社区】** 10月，由区教育局牵头，与区民政局、区老龄工作委员会办公室以及区社区学院、区域各类老年教育组织机构联合组织实施徐汇区老年数字教育进社区行动。活动遴选一批优质、特色智慧助老学习资源，形成11个类别的学习资源，集成市级课程资源37000节、区级课程资源5200节；累计配送全区各个街镇的宣传折页册20000份、海报500份；开展系列智慧助老专项活动240场；成立14个智慧助老学习团队；形成350个智慧助老学习点。活动全覆盖307个居村委，累计参与学习人数近5万人次。（高晓晓）

**【中小学校(园)长任期结束综合督导评估试点区】** 10月，经上海市政府教育督导委员会办公室及上海市教育督导事务中心批准设立。区教育督导事务中心聚焦工作推进实施中的重点、难点问题进行相关课题的实践研究，制定任期结束综合督导评估工作的区级相关方案、指标和制度。（奚云斐）

**【德育提升实训基地启动仪式】** 10月21日，在徐汇区滨江党群服务中心举行。仪式上，上海市新时代中小学德育管理机制研究和实践实训基地主持人、上海市中小学德育管理干部“德育领导力”提升实训基地主持人代表基地导师发言，青浦一中党总支书记、华阴小学副校长代表基地学员发言。两个基地学员同上开学第一课——微党课“深入学习贯彻党的二十大关于德育工作的重要论述”。（王　晨）

**【云录播项目建设】** 区教育局云录播项目组按计划开展区域项目推进工作，完成《徐汇区教育局云录播项目团队工作职责》(试行稿)与《徐汇区教育局云录播项目培训方案》(试行稿)的编制。11月，完成“徐汇区教育局云录播项目团队工作职责方案解读”与“徐汇区教育局云录播项目设备操作技能培训”2场培训，培训对象为所有已建设校的分管领导与设备管理员。同时，区校舍基建管理站对云录播三期建设校进行设备验收。项目组实地走访南模中学、机关建国、徐汇实验3所学校进行调研，按一校一方案形式给予指导建议，并跟踪调研后续使用情况。（王　卿）

**【寻访最美班主任和她(他)的学校(徐汇专场)活动】** 11月17日，在徐汇区光启小学举行。活动分《各美其美　彰显个性》《美美与共　携手共进》《立场嬗变　教育取向》3个乐章，展示最美班主任的爱心和魅力、智慧与才华。（王　晨）

**【上海位育教育集团成立仪式】** 11月18日，在上海市位育中学举行。位育中学与中国中学、位育初级中学、民办位育中学、徐汇区教育学院附属中学、位育实验学校、龙苑中学等学校共同成立位育教育集团。依托紧密型集团内部资源统筹调配的优势，探索创新人才早期培养体系，建立起“选苗、育苗、壮苗、出苗”具有集团校特色的特质学生培育体系模型，包括建立特色课程的培养体系、生涯规划指导体系、形成学科导师的师资体系、打造育人空间的场景再造及品牌打造的宣传体系。（朱国诚）

**【上海市中小学教学数字化转型暨“三个助手”徐汇试验区展示活动】** 12月14日，在徐汇区求知小学举行。作为上海市第二批基础教育数字化转型整体试验区，求知小学、汇师小学等8所市级先行试验校承担小学语文、小学自然，初中语文、初中英语、初中物理，高中数学、高中英语7门实验学科的推进工作。活动中，求知小学以小学数学学科为样例举行试验区市级展示活动。（桑　嫣）

12月14日，上海市中小学教学数字化转型暨“三个助手”徐汇试验区展示活动在徐汇区求知小学举行

**【新一轮特殊教育三年行动计划】** 12月15日，徐汇区教育局会同区委区政府八部门联合下发《徐汇区特殊教育三年行动计划(2022—2024年)》。明确“十四五”期间区域特殊教育发展的目标任务、主要措施和组织保障，重点将“健全教育体系”“深化课程改革”“推进医教结合”“完善支持网络”“加强队伍建设”“健全管理机制”作为落实工作的6大举措。（鲍　洁）

**【项目化学习市级成果展示】** 12月15日，在徐汇区康健外国语实验小学举行。成果展示包括校长报告、课例展示和案例交流，从学校的顶层设计到课堂的具体实施再到课后的专题研讨，展示康外实小4+1课程的内涵与深度。17所项目化学习市区两级实验校还就不同学科进行了4场成果汇报，分享在新课标背景下，基于4门学科的核心素养的培育，项目化学习课堂的典型样态与设计路径。（鲍　洁）

**【徐汇区第十七届学习节】** 12月20日，在徐汇滨江党群服务中心开幕。以“学习贯彻二十大　终身学习向未来”为主题。开幕式分为仪式、情景演绎、人文行走3个篇章，在全市首次推出终身教育人文行走数字地图——“汇地图—徐汇区终身教育人文行走数字地图”。“礼赞新时代，滨江微行走”首次同步进行听障人士手语云直播活动，让全民参与式、无障碍体验的终身学习人文行走体验活动成为可能。学习节期间，区相关委办局、社区学院、13个街镇，以线上线下融合的方式，开展240余场学习活动。（韩　雯）

## 附：区教育局驻地及负责人

（2022年1—12月）

区委分管领导：沈　权
区政府分管领导：王志华

区教育工作党委书记：姚黎红
副书记：王　彤、陈嘉凌

区教育局局长：王　彤
副局长：李文萱(8月离任)、钱佩红、周　刚、林　琛、梁　斌、施　敏、奚云斐(8月到任)

地址：漕溪北路366号3号楼7楼
邮编：200030
电话：64872222

## 长 宁 区

**【2022年概况】** 有各级各类教育机构106家，包括中学26所(含民办中学3所)，其中高级中学5所、完全中学3所、初级中学14所、十二年一贯制2所、九年一贯制学校2所；小学23所(含民办小学2所)；幼儿园38所(含民办幼儿园6所)，托幼管理中心1所(15个办学点)；特殊教育学校3所，工读学校1所，中等职业学校1所，业余大学(社区学院)1所；少年宫1所、少年科技指导站1所及其他教育单位11家。全区在校学生57317人，其中中学生19922人、小学生22746人、幼儿园(包括托儿所)幼儿10755人、特殊教育学生305人、中等职业学生1537人、区业余大学学生2052人、在读外籍学生345人。适龄幼儿入园率100%、高中阶段新生入学率99.13%。全区教职员工7339人，其中专任教师5379人。

启动新一轮教育综合改革，形成《长宁区教育综合改革示范项目实施方案(2022—2025年)》，实施8个示范项目。聚焦童趣活动，各幼儿园所初步形成富有童趣的课程实施方案。聚焦家校社共育计划，开元小学家校社活动案例《一起向未来》接受上海教育电视台采访，复旦小学案例《探索家委会"1+3"模式，促进学校优质发展》获市依法治校创建成果二等奖。聚焦数字化转型背景下的作业研究，制定实施《长宁区数字化转型区本"智慧作业"编制与修订推进方案(六、七年级数学)》，实现数学学科全覆盖。聚焦学校特色多样发展，全区公办高中市"双新"项目校比例达50%，华东政法大学附属中学被选为市第二批"双新"实施与实践项目校。新增大数据技术应用专业，与42家企业建立战略合作关系，联合开展市级"现代学徒制"试点4个。制定实施《长宁区特殊教育三年行动计划(2022—2024年)》。建设"优质外教线上教学资源融媒学习平台"，7所中小学试点开设国际理解教育特色拓展课程。创设20家"终身学习云视课堂微空间"，16个申报项目获市社区教育实验项目立项。制定实施《长宁区深化民办义务教育规范工作方案》，完成主体公参民办学校规范工作。

推进教育数字化转型，完成基座系统功能模块本地化部署，全区106个教育单位全部开通校级数字基座，相关数据全部接入基座。完成《长宁区教育数字基座建设与服务规范》，形成18份标准化文件。推进长宁实验小学、法华镇路第三小学、天山二中、娄山中学、华东政法大学附属中学5所区级教育数字基座样板校建设。申报第一批"央馆人工智能课程"规模化应用试点区，获中国教育技术协会"人工智能助力教育数字化转型案例"优秀组织奖等示范性项目及案例。召开"走向卓越"教师教学素养评比总结表彰会暨教师科研素养评比(2022)启动会，制定实施《长宁区"走向卓越"教师教育科研素养评比活动实施方案(2022年)》。耀中外籍人员子女学校获批成为全国首个面向全国招收外籍人员子女学校。复旦中学依托复旦大学深化哲学教育基地建设。华东师大附属天山学校依托华东师范大学推动生命科学素养特色校建设。上海市第三女子中学依托上海交通大学成立"钱学森"实验班。

推进全员导师制，2795名中小学教职工成为学生的导师。开展以迎接和贯彻落实党的二十大为主题的学生活动，在暑期"2022年市红色故事大赛(校园组)暨首届市校园红色文化志愿者展评活动"中，延安中学和现代职校获优秀组织奖，9位学生分获高中组二、三等奖与优胜奖，愚园路第一小学学生获小学组一等奖。推进区域体育特色项目，协同区体育局共同推进第二批“一条龙”项目在学校布局。推进区域艺术“一条龙”项目布局，引入刘海粟美术馆等艺术资源开设艺术场馆教育课程，做强戏剧、民乐、舞蹈、书画和围棋5个名师工作室。劳动教育自主开发“劳动打卡小程序”，被纳入市劳动教育宣传周。区劳技中心的资源公告、清单方案、案例集锦和开元小学的清单方案被选送到教育部国家智慧教育平台。科技教育完成与中科院上海硅酸盐研究所共建学生芯片实验室基建工作。

借助教育数字化转型优势，整合区内优质师资开展41期“名师讲堂”，讲解中高考重难点知识。“线上名师讲座助力学子备考”“天山二中在线教学实践”“利用基座开展在线评测”等在人民网、新华网、中国教育新闻网、中国教育报客户端等主流媒体上刊载。探索运用信息技术手段优化作业管理，长宁作业管理平台入选教育部作业管理典型案例，初中分层作业经验材料被教育部“‘双减’改革各地动态”采用。丰富课后服务形式和内容，形成“作业辅导、社团活动、延时服务”三段式服务模式，义务教育阶段学生参加校内课后服务比例达到95%。实施学龄前儿童善育工程，推进托幼一体工作，新增5所公办幼儿园开设托班，托幼一体占比增长至41%。根据线上“不见面”办理的要求，优化招生线上操作便民措施。

新华社区C040201单元J1A-02地块新建学校项目开工。虹桥路2206号改扩建项目完成一期教学楼改扩建工程，二期新建体育综合楼项目施工。完成现代职业技术学校(华阳路校区)、天山第一小学光伏建设试点项目，实现并网发电目标。

深化义务教育优质均衡发展，被教育部确定为“全国义务教育优质均衡先行创建区”，关键性数据指标已全部达标，4项面积类关键性指标通过市级审核。通过全国学前教育普及普惠区省级督导，学前三年毛入园率100%，普惠性幼儿园覆盖率89.29%，公办园在园幼儿占比89.29%。联合区检察院、区法院、区公安分局、区司法局开展中小学法治副校长、校外法治辅导员管理和聘任工作。制定实施《长宁区教育系统开展法治宣传教育的第八个五年规划(2021—2025年)》。规范培训市场秩序，义务教育阶段学科类线上培训机构实现压减80%、线下机构压减95%。加强对校外培训机构的资金监管和风险管控，23家学科类培训机构中，完成银行预收费监管账户开设19家、承诺后端收费4家。开展市“一网通办——学生家庭经济困难申请系统”试点工作，在8所学校推广学生资助“免申即享”。 (戴　泓)

**【区科技教育获多项成果和奖项】** 1月，延安中学等5所学校被评为市级科技教育特色示范校，建青实验学校DI&OM社团等5个社团获评市学生科技创新团。在2021DI上海青少年创新思维即时表演家庭挑战活动中，区少科站获一等奖、复旦初中获二等奖。6月，长宁区学生在市第三十七届青少年科技创新大赛中获470个奖项，其中一等奖45项，初中和小学各有1项成果推送全国。12月，6名学生在市第二十届百万青少年争创“明日科技之星”评选活动中被评为“明日科技之星”。(戴　泓)

**【区教育数字化转型推进工作会议】** 1月21日，在教育信息中心召开。长宁区作为上海市首个教育数字化转型实验区，以长宁3320数字战略为引领，推进教育数字化转型专项行动，通过数字基座的建设实现全区教育人员、数据应用、软硬件资源的智联、数联、物联。 (戴　泓)

**【“促发展、保安全”大走访、大排查工作】** 1月，在区教育系统开展。安全排查采取学校自查和区教育局督查暗访相结合的方式，了解学校发展和安全建议，察看校园安全重点区域；排查消防和食品安全、危险化学品、校外培训市场、校门治安岗、网络机房等方面的安全隐患，做到校园安全隐患早发现、早排除。 (戴　泓)

**【学校德育工作线上交流会】** 3月28日召开。复旦中学、延安初级中学、天山第一小学等5所学校分别从教研培训、家校沟通、文体活动、学生心理健康等方面，分享线上教学期间德育工作的探索和成效。会议指出，要关爱师生的身心健康、加强家庭教育指导、做好封闭管理期间的宣传和沟通。

（戴　泓）

**【家庭教育宣传周活动】** 5月14日启动。由区教育局会同区妇联、区精神文明办和区检察院联合举办。华东师范大学课程与教学研究所教授作题为“孩子成长的关键年龄与关键教育”首场宣传周专题讲座，1300余名教师和家长在线参与。活动期间，区检察院梳理出10条家长在家庭教育中“应知应守”的法语。 （戴　泓）

**【“走向卓越”教师教学素养评比总结表彰暨教师科研素养评比启动大会】** 6月9日，通过区级教育数字基座在线召开。会议对2021年“课堂教学素养”评比活动中获一等奖52人、二等奖65人、三等奖108人以及“学科命题素养”评比活动中获一等奖14人、二等奖21人、三等奖35人进行表彰。31家单位获评课堂教学素养优秀组织奖，21家单位获评学科命题素养优秀组织奖。同时，启动2022年“教师科研素养评比”并解读活动方案。 （戴　泓）

**【青少年禁毒海报设计大赛决赛评审】** 7月26日在市阳光社区青少年事务中心长宁工作站举行。由区禁毒办、区教育局和团区委联合举办。近百名参赛青少年选手及各街镇的青少年事务社工线上观摩。大赛征集到112幅禁毒海报作品，其中15幅作品入选决赛。决赛现场，入围选手通过TED演讲和评委问答，围绕禁毒主题阐述海报设计理念，最终评选出一等奖3人、二等奖5人和三等奖7人。 （戴　泓）

**【入选市社会主义法治文化品牌命名名单】** 7月，第三批市社会主义法治文化品牌阵地和品牌活动命名名单公布。华东政法大学附属中学“尚法创新实验室”、区教育局和区司法局共同主办的“明德尚法杯”青少年法治品牌活动入选。“尚法创新实验室”于2009年建立，其“模拟庭审、模拟立法、模拟听证和模校管理”已成为区域法治品牌。“明德尚法杯”活动开展10年来，聚焦校园焦点、社会热点，举办法治书画、校园“立法”、知识竞赛等活动，让法治文化走进校园。 （戴　泓）

**【教育综合改革示范项目实施推进专家咨询会】** 8月5日，在区教育学院举行。会上，区教育局作《长宁区教育综合改革示范项目实施方案（2022—2025年）（征求意见稿）》解读，延安中学和区少年科技指导站作交流发言。专家们在肯定方案的同时提出形成区域特色的创新举措、体现人民城市理念、服务区域经济社会发展和加强工作保障等建议。 （戴　泓）

8月5日，教育综合改革示范项目实施推进专家咨询会在长宁区教育学院举行

**【教育部科学技术与信息化司调研长宁教育数字化转型】** 9月1日，教育部科学技术与信息化司调研组实地参观上海市娄山中学利用教育数字基座搭建的健康打卡等应用，观看上海市娄山中学学生参加五育活动视频，了解学校通过数字基座汇总学生五育成长的数据、形成五育综合评价的做法以及智慧体育和AI英语听说课堂等教学应用。（戴　泓）

**【市政府教育督导办公室调研长宁区“学前教育普及普惠区”创建工作】** 9月23日，市政府教育督导办公室专题调研长宁区“学前教育普及普惠区”创建工作。区教育局及区督导室汇报学前教育普及普惠指标达标情况及改进思路。参加调研的专家结合平台数据，解答创建工作中遇到的疑难。

（戴　泓）

**【学校人工智能普及与竞赛活动——机器人线上赛及线上答辩会】** 11月13日，在区教育信息中心举行。来自全区21所中小学校近160名学生和40名指导教师参加。活动设机甲大师对抗赛、人形机器人全能挑战赛、无人机任务挑战赛等10个项目，采取线上线下融合形式进行，展现学生信息化知识和技能学习的成效。130名学生在竞赛中获奖，25名教师获评“优秀指导教师”。（戴　泓）

**【青海省果洛州甘德县教育系统人才能力提升研修班开班仪式】** 11月21日，在长宁现代教育培训中心举办。培训班为期1个月，采用远程直播形式，培训对象是青海果洛甘德县中小学校全体任课教师、班主任和教研团队，学习内容包括义务教育新课标解读、以数字基座赋能活力教育、新时期班主任建设、实验室安全教育等。（戴　泓）

**【区“活力少年”中华武术进校园暨阳光体育大联赛武术比赛】** 11月23日，在长宁区开幕。比赛设武术集体项目和武术拳、十步拳、三路长拳等个人项目，全区35所中小学校、627名学生参赛。

（戴　泓）

**【《聚焦“五个有活力”，实现教育高品质——上海市长宁区教育综合改革示范项目实施方案（2022—2025年）》】** 12月6日编制完成。《实施方案》由总体要求、改革项目、工作保障3个部分组成，附有《长宁区教育综合改革发展指标（2022—2025年）》，对接市教委教育综合改革要求，助力建设长宁国际精品城区，打造“活力教育”特色品牌。（戴　泓）

## 附：区教育局驻地及负责人

（2022年1—12月）

区委分管领导：纪晓鹏
区政府分管领导：陆　浩（2月离任）、陈　颖（2月到任）

区教育工作党委书记：陈新华
副书记：熊秋菊

区教育局局长：熊秋菊
副局长：宋晓岚、鱼东彪、沈　懿、张李华、夏晓娟（3月到任）

地址：长宁路599号
邮编：200050
电话：22050725

# 静　安　区

**【2022年概况】** 有各级各类教育机构167家，其中高级中学9所、完全中学8所、初级中学23所、九年一贯制学校7所、小学43所、幼儿园58所、中职校2所、区属高职校1所、业余大学1所、特殊教育学校2所，其他教育单位13家。全区在校学生100384人，其中高中生12483人、初中生28077人、小学生38100人、幼儿园幼儿19862人、职校学生1862人。全区在职教职员工11744人，其中教师10347人，在职上海市特级教师38人。

“十四五”科研项目《激活学生创造力：发达城区教学深度变革的实践性循证研究》获批教育部课题。5个项目获2022年上海市教学成果奖特等奖。举办由中国教育学会主办、面向全国召开的教学成果推广应用示范区中期汇报活动。打造全市首个社区托育“宝宝屋”并开设5家“宝宝屋”。建立覆盖全区幼儿园与小学的幼小衔接研究共同体。新增风华初级中学教育集团、大宁国际小学教育集团。“静安教育·友好江宁·升级典范”教育友好型社区启动。“上海市培明中学”更名为“上海市静安区协和双语培明学校”。“上海市育群中学”更名为“上海市静安区风华初级中学南校”。举办以“激活创造力　开启新变革”为主题的“静安教育学术季·第七季”。

深化以党史学习教育为重点的“四史”宣传教育活动，开展“从小学党史，永远跟党走”静安区中小学生纪念“二个百年”主题教育活动，启动“弘扬城市精神　争当时代新人”静安区中小学生主题教育实践活动。举行“伟大的斗争精神”——静安区青少年纪念中共二大召开和首部党章通过100周年主题展示活动。启动“三全育人”高标准实践项目建设。推进《习近平新时代中国特色社会主义思想学生读本》一校一案建设，开展“静安区中小学思政建设在路上”主题研讨活动。开展新一轮高中学段德育工作局长、校长双向述职交流工作。组织“自主守护更健康　家校携手向未来”中小学心理健康教育活动月系列活动。深化中小学全员导师制内涵建设。加强家、校、社共建的实效性研究。

推进学校体育“一条龙”育人体系建设，全面开展体育素养评价，开展“学生运动等级技能测试”试点工作。开展中小幼近视防控工作。加强中小学食品安全工作。开展医教结合工作，做好新冠疫情防控工作。静安区阳曲路小学、市西初级中学等14所学校创建上海市绿色学校。开展2022上海市第十七届青少年科技节静安活动暨2022静安区青少年科技节。推进学校艺术“一条龙”人才培养体系建设，开展学生艺术节等活动，推送线上“五育”课堂，促进区艺术团和艺术联盟建设。

启动职初教师胜任力发展专项行动，研究启动5—15年教龄教师的“515工程”实施方案。7名校长（书记）获评上海市特级校长（书记）称号。上海市市西中学党委书记获评上海市“四有好老师（教书育人楷模）”提名奖。

举办静安区纪念“4·23”世界读书日活动。开办优质终身学习项目16个，涵盖艺术修养、健康科普、劳动教育等方面，覆盖白领、老年人、学生等人群。举办静安区“全民终身学习周”活动。开展静安区“人文行走”活动。　（万翰杰）

**【“静安教育学术季·第六季”闭幕式】**　3月2日，在静安区教育局大礼堂举行。现场，区教育局发布面向“强基”创新拔尖人才培养专项行动、静安区高中基于学科核心素养的学习活动设计与实施专项行动、静安区素养导向的“新题创生”专项行动、“十四五”静安教师发展系列专项行动4项区域教育教学项目。“静安教育学术季·第六季”为期97天，采用线上线下融合方式，举办2场区域主题论坛、19场区级活动、43场学校自主活动，涵盖区域学业质量检测、全员导师制、“双减”、高中“双新”“双选”实施等主题。　（万翰杰）

**【区中小学心理健康教育活动月推进会】**　4月21日，在线上举行。以“关注学生心理自助互助，指导家长优化亲子互动”为目标，结合上海市心理健康教育活动月，开展各项心理健康教育云端活动。整合区中小学生心理健康教育发展中心、区家庭教育指导中心、区教育学院德育室资源，提供《居家学习期间心理健康教育指南》等专业指导。各中小学结合学生的年段特点和发展需要，通过心理课、班团队课、讲座、团体辅导、社团活动、宣传互动等平台，开展丰富多样的活动。　（万翰杰）

**【基础教育国家级优秀教学成果推广应用第九期研讨交流活动】**　5月13日，在线上举行。由中国教育学会主办，静安区教育局、静安区教育学院承办。第九期交流分享团队为上海市静安区。来自全国60个推广应用示范区、74项成果持有方、部分省级教育学会代表等数千人参加。　（万翰杰）

**【2022年静安区家庭教育宣传周暨学校特色项目线上交流会】**　5月28日召开。会上，宣布2022年静安区家庭教育宣传周学校特色项目获奖名单，6所中小学、幼儿园获一等奖，10所中小学、幼儿园获二等奖，15所中小学、幼儿园获三等奖。大宁国际第二幼儿园、一师附小、风华初级中学教育集团、上海戏剧学院附属中学作工作汇报。

（万翰杰）

**【2022年静安区学生体质健康工作推进会】**　9月8日，在线上线下同时举行。2021年静安区中小学

生体质健康综合评价的优秀率 26.1%，优良率 64.1%，及格率 98.8%，均高于全市平均水平。其中体质健康综合评价，肺活量、50 米跑、坐立体前屈、一分钟跳绳、一分钟仰卧起坐评价等高于全市平均水平。（万翰杰）

**【区中小学“从小学党史　永远跟党走”系列活动——“家书亲子情　同盼二十大”开学第一课活动】** 9 月 9 日举行。活动主会场设在区教育局，分会场设在静安区第四中心小学。通过直播互动形式与中共二大会址纪念馆实现 3 个场域的实时交互，展现学生及教育工作者的生活和工作情景。全区各中小学德育干部约 1000 人参加。（万翰杰）

**【区教育局启动职初教师(2—5 年)胜任力发展专项行动】** 9 月 21 日启动。推出《静安区职初教师(2—5 年)胜任力发展 TBL 任务式学习手册(1.0 版)》，发挥教师、学校与区域三方协同作用，提升职初教师的岗位认同力、树人育德力、教学执行力、学习研究力、协作沟通力五大能力。（万翰杰）

**【率先建成全国首批社区托育“宝宝屋”】** 9 月 27 日，静安区教育局与江宁路街道率先建成首批 3 个嵌入式、标准化的社区托育点——“宝宝屋”，为 0 至 3 岁婴幼儿家庭提供就近就便的临时托、计时托服务。形成嵌入式打造的建设标准；由区早教中心、托育中心共同组建资源指导教师队伍；区教育局牵头卫生、公安、消防等部门，形成社区“宝宝屋”运营监管机制。“宝宝屋”实践入选央视新闻频道“新时代新征程新伟业”专栏首期全国 4 个先进典型之一。（万翰杰）

9 月 27 日，静安区教育局与江宁路街道率先建成首批 3 个社区托育“宝宝屋”。图为江宁路街道“宝宝屋”

**【首创“三段式”服务样态】** 静安区首创“三段式”服务样态，为 3 万余名学生提供免费优质课后服务，被教育部确定为义务教育创新举措和典型经验。在此基础上，静安区江宁路街道与区教育局共同合作、试点探索，推出社区合作新课表。50 多位名教师、名教练提供近 20 门课后服务课程。全年送课达 2000 余学时，8 万余人次学生受益。（万翰杰）

**【老年数字教育进社区行动】** 9 月开展。由区教育局组织。以“畅享数字时代　拥抱智慧生活”为主题。行动依托社区教育、老年教育队伍，汇聚优质数字化学习资源，安排 100 余场次的社区“智慧助老”服务活动，在全区 265 个居委就近向老年人提供数字教育课程、资源。（万翰杰）

**【“静安教育学术季·第七季”开幕式暨“十四五”规划教育部重点课题开题会】** 11 月 24 日，在静安区教育局大礼堂举行。以“激活创造力　开启新变革”为主题，包含主题论坛、区级活动和校级活动三大部分。开幕式以静安区承担的全国教育科学“十四五”规划教育部重点课题《激活学生创造力：发达城区教学深度变革的实践性循证研究》开题报告会为主要内容。（万翰杰）

**【区全民终身学习活动周开幕式暨人文行走主题活动启动仪式】** 11 月 30 日，在静安区党建服务中心直播大厅举行。以“拥抱数字时代，乐享智慧学习”为主题。现场，发布《静安区老年人跨越“数字鸿沟”标准指南(1.0 版)》，为 4 个街镇的上海市街镇社区(老年)学校优质校授牌，表彰静安区获评 2022 年上海市“终身学习品牌项目”“百姓学习之星”的先进单位和个人。同时，启动 2022 年静安区人文行走主题活动，发布“品质文化　活力时空”人文行走线路。区文化馆、上海展览中心、美琪大戏院、元利当铺旧址博物馆、区少年儿童图书馆 5 个场馆获上海市民

终身学习人文行走学习点授牌。（万翰杰）

**【“与现实同频、与实践同行——静安区落实思政一体化建设在路上”主题展示活动】** 12月13日，通过线下线上方式举行。各中小学德育教导和思政教师等在现场出席。活动期间，进行课程展示、专家点评、“新思想家园”主题论坛，举行了静安区中小学思政一体化建设校外实践基地揭幕暨红色巡讲大课堂讲师团成立仪式。（万翰杰）

**【上海市中小学生涯教育推进会静安专场活动】** 12月21日在线上举行。由上海学生心理健康教育发展中心和静安区教育局主办，静安区教育学院、静安区中小学生心理健康教育发展中心、上海市第一中学联合承办。静安区教育学院作“五育并举助生涯　生命创造向未来”主旨报告，展示静安区多所学校制作的项目数字故事。同时，举办“五育并举背景下的生涯教育”圆桌论坛，发布静安区中小学生涯教育行动纲领，启动静安区生涯教育优质项目孵化工程。（万翰杰）

## 附：区教育局驻地及负责人

（2022年1—12月）

区委分管领导：王益群
区政府分管领导：龙婉丽

区教育工作党委书记：胥燕红
副书记：顾　炜

区教育局局长：陈宇卿（3月到任）
副局长：徐剑宏、孙　忠、邱中宁、陈永华

地址：和田路195号
邮编：200070
电话：56630990

# 普　陀　区

**【2022年概况】** 有各级各类教育机构166家，其中中学49所（含民办中学5所），包括高中4所、完中7所、初中12所，十二年一贯制2所，九年一贯制学校24所；小学24所（含民办1所）；幼儿园82所（含民办22所）；特殊教育学校2所、专门学校1所、中等职业技术学校1所、业余大学1所、区教育学院1所、其他教育单位5家。全区在校学生105628人，其中高中生9195人、初中生26924人、小学生44339人、幼儿园幼儿23211人、特殊教育学校学生676人、中职校学生1283人。全区教职工11273人（在编10107人），其中专任教师8776，高级教师1121人。

普陀区教育局获评上海市“人民满意的公务员集体”。普陀区被教育部确定为2021年度网络学习空间应用普及活动优秀区域，晋元高级中学为网络学习空间应用普及活动优秀学校。普陀区获评市普通高中新课程新教材实施研究与实践项目区。8所学校获评市普通高中新课程新教材实施研究与实践项目校。4所学校获评2022年全国国防教育示范校，2所学校获市中华优秀传统文化传承暨“我是非遗传习人”金奖。12所学校获上海市教学成果奖，其中3所学校获市基础教育教学成果特等奖。1人获市“四有”好教师（教书育人楷模）提名奖。1人获评全国优秀少先队辅导员。18人获评正高级教师。16人在“2022年上海市中小学中青年教师教学技能比赛”中获奖。曹杨二中案例获评教育部国防教育典型案例。武宁路小学案例获评2022年新时代上海学校教师思想政治和师德师风建设优秀工作案例。曹杨职业技术学校1个项目获第八届中国国际"互联网+"大学生创新创业大赛上海赛区金奖,1个项目获第二届全国技能大赛上海市选拔赛金牌。普陀区市民"悦书房"项目获评教育部第三批"智慧助老优质教育培训项目"和上海市"终身学习品牌项目"。

开展"从一大走向二十大"爱国主义教育系列主题实践活动,1个项目获评"上海市未成年人暑期工作优秀活动项目"。深化"普陀大学堂",推进"生涯学堂",建设小初高衔接的生涯教育课程。以"一条龙"人才培养机制为主线,推进区域体育、艺术、科创课程改革,10所高中的17个项目首次完成体育特长生招生,区域中小学艺术"一条龙"项目布局进一步优化。组织学生参加各级各类科创比赛、体育赛事,3人获市"明日科技之星"、20人获市青少年科技创新大赛一等奖。推进曹杨二中劳动教育实践中心和学校校园小农场建设。举办"淬炼劳动品格,彰显育人价值"上海市"两纲"教育现场会普陀专场,推广普陀劳动教育经验成效。编制危机应对处置操作指南,加大心理危机预防知识宣传普及。推进家庭教育指导,开展"普陀家长润心学堂"、月末"家长沙龙"等活动,强化家校共育。

推进全国学前教育普及普惠区和全国义务教育优质均衡区创建。落实"幼有善育"民心工程,新增10个普惠性托育点。首批10个社区托育点"宝宝屋"启用。推进互联网+科学育儿服务体系建设,线上免费科学育儿指导服务区域全覆盖。加强学前教育普及普惠,20家小区配套幼儿园全部认定为普惠性幼儿园,普及普惠率超95%。新增2所市示范性幼儿园,全区市一级以上优质园比例78%,居全市第一。恒德小学更名为新普陀小学西校,成为新普陀小学教育集团成员校。武宁中学并入同济二附中。做深做实区域紧密型学区集团。推进新一轮新优质项目学校建设和成长认证。加快高中"新课程新教材"建设,开展优秀案例市级评审。推进"适合教育"课题研究,开展阶段性成果展示。优化拔尖创新人才早期培养,探索构建资优生发现、选拔、培养新机制。推进产教融合校企合作,开展第二批5家产教融合校企合作基地评审。开展"老年数字教育进社区"专项行动,真如镇街道社区学校被市教委评估为上海市街镇社区(老年)学校优质校。举办普陀区第十八届全民终身学习活动周。

架构区域教育综合改革"5+2+1"(5个必选项目:"三全育人"高标准实践项目、深化体教融合推进学校体育改革项目、劳动教育综合育人项目、普通高中新课程新教材实践创新项目、教师队伍建设改革项目。2个自选项目:义务教育紧密型学区和集团建设项目、优质托幼资源建设项目。1个区域特色项目:以零距离理念优化市民终身学习服务体系的建设项目)示范项目体系。指导学校形成具有校本特色的作业管理制度,发布350门"普陀区课后服务优质课程项目资源清单"。巩固培训机构压减成果,完成7所高中学科类培训机构"营转非"工作。督促区域文化类教育培训机构设立预收费专用账户,对大额资金进行审批监管,进一步规范收费行为。抓住寒暑假等关键节点加强宣传引导、监督检查。推进课程教学评价改革,深化"双新"视域下高中课堂教学变革实践,开展指向高阶思维培养的跨学科学习活动设计研究,推进幼小衔接、小初衔接项目研究。初中学业质量绿色指标监测成效获市教委肯定,作为唯一代表在全市交流经验。稳妥实施新中考政策,强化初中学生综合素质评价结果在高中阶段招生的运用。将民办义务教育在校生规模占比控制在5%,规范民办学校办学,形成公办义务教育、基金会办学、民办义务教育三类义务教育学校协同发展的新格局。启动2022年沪港澳青少年文化行走项目,接待32名澳门教师跟岗培训。首次选派12名干部教师前往云南省昆明市东川区和昭通市巧家县、鲁甸县开展"组团式"教育帮扶。加快国家级信息化教学实验区建设,获评信息化教学全国典型案例5个、市级案例33个。推进数字教材应用研究与成果辐射。

开展首届"师德师风建设月"系列活动。专项整治中小学有偿补课和教师违规收受礼品礼金问题。分层分类开展"十四五"教师全员培训和专项培训。持续推进"763人才攀升计划",加强骨干教师队伍建设。与区人社局、财政局等4部门联合制定教育高层次人才引进和管理使用办法及实施细则。启动“新时代普陀教育‘未来之星’”争创活动。完善教师人事管理制度和配套政策，招聘437名教师、14名教辅人员。优化教师引进、培养、流动机制，统筹协调区内教师带编流动管理。

加快教育资源空间发展规划研究，推进“一带三圈三集群”（沿苏州河优质教育资源带，“两泉一川”优质教育资源圈、“一轴一心”优质教育资源圈、“桃浦智创城”优质教育资源圈的空间布局，优质学前教育群、义务教育新优质特色学校群、优质高中学校群的教育高质量发展集群）建设。推进“十四五”教育项目，万里城实验幼儿园万泉路分园启用，小红帆幼儿园（分园）等项目加快建设，华东师大二附中普陀校区、中福会托儿所普陀分部等项目开工。提前完成确权补证年度目标，产证拥有率达92.76%，居全市首位。强化校园公共卫生体系建设，开展青少年近视防控主题教育、“明厨亮灶”工程和“一校一医”评估试点工作。深化“一网通办”，在随申办开发学生开学健康监测等4个项目。全面推行兼职法治副校长工作，为每所中小学（中职校）配备至少1名法治副校长，为8所市示范幼儿园各配备1名法治副园长，开展“法治进校园”等教育。实施基层单位安全生产绩效考核方案，压实主体责任。规范信访处理，12345市民热线响应率、办结率100%。强化教育督导法定职能，开展预防近视、体质健康、“双减”等主题性督导。

（严　瑱　李雪君）

**【市学习型城区建设监测专家组到普陀区调研】** 1月11日，上海市学习型城区建设监测专家组到普陀区开展学习型城区建设监测调研。专家组听取普陀区“携手零距离，人人学无忧”的工作报告，走访普陀区同心家园长征新城片区，对普陀区整合资源、发挥网格化综合服务管理片区优势、创新学习型城区服务方式等工作给予肯定。

（严　瑱　李雪君）

**【出台《普陀区教育系统高层次人才引进和管理办法》】** 6月20日，区教育局与人社局、财政局、房管局、卫健委联合制定印发《普陀区教育系统高层次人才引进和管理办法》，明确适用对象、激励保障项目、使用管理、附则4部分内容，具体从高层次人才引进、培育、延聘和优化服务保障4个方面为区教育系统高层次人才选用育留提供机制保障。该办法自2022年6月24日起实施，有效期三年。

（严　瑱　李雪君）

**【发布《普陀区关于建立中小学校党组织领导的校长负责制的实施方案（试行）》】** 6月30日，普陀区在全市率先发布《普陀区关于建立中小学校党组织领导的校长负责制的实施方案（试行）》。7月1日，在普陀区教育系统庆祝中国共产党成立101周年座谈会上，区教育局解读该方案，并就推进该项工作进行全面部署。 （严　瑱　李雪君）

**【上海市“全国义务教育优质均衡发展区”创建工作推进会】** 9月21日，在普陀区政府举行。会上，普陀区作区域创建工作经验交流，介绍了同级督政的相关经验。 （严　瑱　李雪君）

9月21日，上海市“全国义务教育优质均衡发展区”创建工作推进会在普陀区政府举行

**【与上海外国语大学合作办学】** 9月21日，普陀区教育局与上海外国语大学合作办学签约仪式在上海外国语大学尚阳外国语学校举行。普陀区委、区政府和上海外国语大学领导就续办上海外国语大学尚阳外国语学校签署办学协议。11月17日，普陀区教育局与上海外国语大学合作办学签约仪式在上海外国语大学附属普陀实验学校举行，双方负责人就合作举办上海外国语大学附属普陀实验学校签署办学协议，在教师教育、课程教学改革等方面深化合作，共同推进区域基础教育

高质量发展。（严　瑱　李雪君）

**【"从一大走向二十大"普陀区未成年人主题教育实践活动推进会】** 10月11日，在普陀区青少年教育活动中心举行。推进会以"喜迎二十大　强国新征程"为主题，由区委宣传部、区教育局、团区委、区少工委共同主办。推进会启动并发布"从一大走向二十大"普陀区未成年人主题教育实践活动"1+1"（1份"信仰的力量"探究式学习清单、1支"星火筑梦"党的二十大精神宣讲队）项目，为市、区中小学生（中职生）新时代好少年、"从一大走向二十大"系列活动师生优秀作品和优秀项目颁奖。（严　瑱　李雪君）

**【2022年上海市老年数字教育进社区行动启动推进会】** 11月1日，在普陀区社区学院举行。由市教委、市民政局、市老龄委共同主办。各区、街镇社区学院（校）等机构老年教育工作者通过直播在线观看。会议部署2022年上海市老年数字教育进社区行动，明确行动内容、工作要求。

（严　瑱　李雪君）

**【2022年上海与香港特区、澳门特区青少年文化行走活动启动仪式】** 11月25日，在普陀区青少年教育活动中心举行。活动以"行走半马苏河　颂歌美好生活"为主题，推动上海与香港特区、澳门特区的教育合作交流。（严　瑱　李雪君）

**【普陀区与上海音乐学院战略合作框架协议签约仪式】** 11月25日，在普陀区政府举行。普陀区和上海音乐学院签署合作办学框架协议。根据协议，双方将进一步推动区、校融合发展。（严　瑱　李雪君）

**【区首批社区托育点"宝宝屋"挂牌仪式】** 11月25日，在曹杨·武宁党群服务中心举行。

（严　瑱　李雪君）

11月25日，普陀区首批社区托育点"宝宝屋"挂牌仪式在曹杨·武宁党群服务中心举行

**【同济二附中20周年校庆开幕式暨党的二十大精神进课堂同济"大思政课"一体化论坛】** 12月17日，在同济二附中举行。以"同舟奋楫二十载　理工创新育英才"为主题。开幕式上举行"同济大学大中小学思政课一体化工作联盟"揭牌仪式，并举办"中国式现代化"学段思政课说课论坛，展示普陀"党的二十大精神进课堂"育人实效。

（严　瑱　李雪君）

## 附：区教育局驻地及负责人

（2022年1—12月）

区委分管领导：周　艳
区政府分管领导：王　珏

区教育工作党委书记：胡　俊
副书记：唐晓燕（11月离任）、赵　平（11月到任）、钱　俊

区教育局局长：唐晓燕
副局长：瞿志军、周志清、包玉全、陆　杰（3月到任）

地址：大渡河路1668号2号楼15、16楼
邮编：200333
电话：52564588

# 虹 口 区

【2022年概况】 有各级各类教育机构152家，其中中学35所(民办5所)、小学30所(民办4所)、幼儿园50所(民办10所、部门办2所)、托儿所及托育机构21所，职业学校2所、中等职业技术学校3所，非学历教育学校2所，工读学校1所、特殊教育学校1所，其他教育单位7所。在校学生61566人，其中公办学校学生49491人。教职工8672人，其中专任教师6903人。有特级校长、书记15人，特级教师25人(含外省市引进3人)、正高级教师45人。

区教育局被列为市申报教育部大中小学思政课建设共同体成员单位之一，虹口区思政课建设案例被《人民教育》杂志引用。虹口区教育学院的《区域红色文化场馆资源课程建设与实施的研究》获上海学校德育"德尚"系列项目优秀研究成果一等奖；虹口区教育工作党委的《全面从严治党"四责协同"向基层延伸的机制研究——以虹口教育系统为例》获上海市普教系统研究会第十七届党建优秀论文一等奖。上海市复兴高级中学、华东师大第一附属中学2所学校入选"上海市中小学校党建工作'示范学校'培育创建单位"，上海市江湾初级中学、上海市长青学校、虹口区第四中心小学、虹口区体育幼儿园4所学校入选"上海市中小学校党建工作'特色学校'培育创建单位"。

按照"一校一策""一生一案"原则，筹划部署线上教学工作。全区68所中小学约47000名学生和4000名教师参与在线教学。设计推出"'六个一'(一次深入学习、一份精细设计、一次精心研磨、一次精准实践、一次深度反思、一份优质案例)教育活动新设计·做好线上教学'心建议'""保障在线教学期间学生心理健康12345工作法"。

推进中小学校党组织领导的校长负责制试点工作，在各学段选取党建工作基础较为过硬的不同类型和规模的3所高中、2所初中、4所小学和1所九年一贯制学校，围绕学校章程、议事决策机制、班子沟通协调机制、民主管理监督机制等制度体系和管理机制的"破"与"立"先行探索。

完成全区9所民办义务教育学校关于主体公参、要素公参、品牌公参和加强党建、变更举办者等规范工作，确保招生和办学工作平稳有序。

拓宽课后服务供给渠道，全区义务教育学校实现课后服务全覆盖，中小学学生参与课后服务比例98%，教师参与比例89%。"双减"工作学生总体满意度98.51%，家长总体满意度98.57%。加强校外培训机构监管，区义务教育阶段学科类培训机构总数压减至5家，压减率93.5%。

推进"彩虹计划"等教育综改项目，开展区"德育为先，五育融合"五年行动计划。深化紧密型学区集团建设，新增2所初中"强校工程"，启动新一轮"高中教育质量提升"项目。创建市婴幼儿照护服务示范区，探索社区"宝宝屋"建设。

区政府与市教委、同济大学签署合作共建协议。紧扣以北外滩为核心的教育资源布局优化，引进上海中学国际部等优质品牌，开展合作共建。开工启动117街坊新建学校(澄衷高级、澄衷初级)、76街坊新建学校等项目。打造"学在南湖"职业教育品牌，10月，南湖高职携手东湖集团成立第一个产业学院。

启动实施40余个信息化项目，深化打造区"数字虹教"云平台，汇集26个应用，2000余条共享资源。组织信息化专家入校(在线)指导30余次，开展"实验区主题研讨沙龙""数字化教学汇报展示周"等活动。

新增10所托幼一体化幼儿园，其中9所为普惠性托育点。指导托幼一体化幼儿园做好托班一日活动安排等工作，全区街道普惠性托育点100%全覆盖。

启动新一轮培养工程，干部“五梯队”（名校长培养梯队、骨干校长培养梯队、校级正职培养梯队、校级后备干部培养梯队、优秀青年干部培养梯队）培养对象211人，教师“五层级”（学科高地理事长、学科培训基地主持人、学科带头人、骨干教师、教学能手）培养人才1443人。区委办发布《虹教系统优秀人才激励办法（试行）》，设立教育人才专项扶持资金。推进教师“柔性流动”，2021学年义务教育学校交流轮岗教师176人，其中骨干教师41人，占交流教师比例23.3%。加大高层次人才引进力度，优化教师队伍结构，2022年招聘录用教师188人，其中研究生学历占比49.5%，招录海外留学人员8人。制定《虹教系统人才走访慰问工作办法》，健全完善党委和基层党组织联系服务人才工作机制。

新选派21名校级领导、骨干教师赴云南、青海对口地区支教。安排云南、青海33名骨干教师及干部来沪培训。与三明市三县签订合作共建协议。开展消费扶贫，采购对口地区农产品。开展支援互助，捐赠青海果洛防疫物资，捐赠云南文山州教育现代化、信息化建设专项资金。设立“华虹澄”筑梦助学金，云南省马关县第一中学40名家庭困难、品学兼优的高三学生获资助。

制定完善《中共虹口区教育工作委员会议事决策规则（试行）》等5项制度，规范党委会、局长办公会、“三重一大”等议事决策机制。出台《虹教机关事业干部成长发展新评价导向暨履职留痕工作机制》，树立“向实干者、创新者、联动者倾斜”的选人用人导向，打造学习指导服务型机关。（万萱亭）

**【合作共建同济大学虹口基础教育集团签约仪式】** 6月16日，在线上举行。区校双方签署《上海市虹口区人民政府　同济大学合作共建同济大学虹口基础教育集团协议书》，并为同济大学虹口基础教育集团揭牌。（万萱亭）

**【虹口“国家级信息化教学实验区”主题研讨沙龙】** 7月28日，在虹口区教育信息中心举行。以“聚焦数字化　构筑新生态”为主题。由学校分组发言、组内专家点评、自由讨论、专家综合点评、领导讲话等环节组成。华东师大专家团队、虹口区9所实验校及1所市教育数字化转型“三个助手”项目实验校领导和项目负责人等近100人出席。

（万萱亭）

7月28日，虹口“国家级信息化教学实验区”主题研讨沙龙在虹口区教育信息中心举行

**【区庆祝第38个教师节座谈会】** 9月7日，在虹口区政府举行。区领导向全区广大人民教师和教育工作者致以节日问候，宣读虹口区庆祝第38个教师节表彰决定，教师代表作交流发言。区教育系统书记、校长、教师代表等近100人参加。（万萱亭）

**【召开中小学校党组织领导的校长负责制工作推进座谈会】** 10月12日，虹口区教育工作党委组织召开中小学校党组织领导的校长负责制工作推进座谈会。虹教系统首批实施学校党政负责人约20人参加会议。会上，首批实施学校代表先后交流工作推进情况，并就重点难点问题进行研讨。

（万萱亭）

**【区教育系统新一轮人才梯队建设启动大会】** 11月25日，在区青少年活动中心举行。会上，虹口教育系统干部和教师人才领导小组办公室揭牌成立，区教育局总结上一轮人才梯队建设工作情况，并对新一轮人才梯队建设工作作部署。（万萱亭）

**【长三角四城区教育联盟成立仪式暨第三十三届小学会课活动】** 11月27—28日，在南通市张謇第一

小学以线上线下相结合的形式举行。南通、南京、无锡和上海 4 个城区分别作交流发言，介绍所在地区教育工作概况及教育教学经验。（万萱亭）

**【区高中教育质量再提升三年行动(2022—2024 学年)计划启动大会】** 12 月 13 日，在虹口区政府召开。会议以“建设一流优质高中，培养拔尖创新人才，优化区校教研模式”为主题，回顾了上一轮高中教育质量提升项目情况，并布置新一轮再提升工作。宣读了虹口区高中教育质量再提升三年行动计划专家组名单，为专家组代表颁发聘书。会上，虹口区教育学院、复兴高级中学分别作主题为“‘点线面’立体支撑区域高中教育高质量发展”“突破，当风起时”的报告。（万萱亭）

### 附:区教育局驻地及负责人

（2022 年 1—12 月）

区委分管领导:林松全
区政府分管领导:陈筱洁

区教育工作党委书记:黄丽芳(7 月离任)、王　磊(7 月到任)
副书记:李国庆(2 月离任)、王　磊(2 月到任、7 月离任)、孙　磊(7 月到任)、陈　薇

区教育局局长:李国庆(2 月离任)、王　磊(2 月到任,11 月离任)、孙　磊(11 月到任)
副局长:冯永林(1 月离任)、吴余洁、李　瑛、徐继锋(1 月到任)、马振敏、邬文敏

地址:祥德路 96 弄 11 号
邮编:200081
电话:65758796

## 杨　浦　区

**【2022 年概况】** 有各级各类教育机构 204 家，其中市属托管高中 2 所、属地托管行业中专 2 所，公民办高中(职校)15 所、公民办初中 38 所，小学 43 所，幼儿园、托儿所 91 所，其他教育单位 13 家。全区在校学生 111608 人，专任教师 9639 人，职工 1839 人。

制定《推进“双新”示范区建设，促进育人方式改革项目实施方案(2022—2025 年)》。建立区、校二级的学分认定办法和管理机制，制定形成选修课指导纲要、教案模板。推进市东实验学校、上海财大附中特色高中创建和上海理工附中特色高中复验工作。与上海交通大学附中合作共建上海交通大学附中杨浦实验学校。获批教育部义务教育优质均衡先行创建区。制定《深化紧密型集团化办学，推动基础教育高质量发展项目实施方案》《杨浦区义务教育紧密型集团建设项目实施方案(2022—2025 年)》。启动区新一轮优质学校认证工作，调整新优质集群校构成，完善新优质学校集群发展共享机制。全覆盖做好中小学校课后服务工作，构建高质量校本化作业体系，组织中小学“双减”典型案例、优秀视频征集活动。统筹教育集团、高校、社区等优质资源，建立区域课后服务优质资源配送“菜单”。同济大学附属新江湾城实验学校揭牌。与上海师大签订战略合作框架协议，与上海交通大学附中签订合作共建备忘录。启动上海财经大学、上海理工大学基础教育集团一届三次理事会与同济大学基础教育集团一届二次理事会。完成并总结《杨浦区学前教育三年行动计划》，启动实施全国学前教育普及普惠发展区创建工作。完成 2 所示范园和 2 所一级园市级评估验收。新增 14 个公办幼儿园托班和 2 个普惠性托育点，创设第一家“宝宝屋”。制定《杨浦区普惠性民办园认定标准》。召开 12 个新成立集团启动大会，制定新集团章程、三年规划和相关制度，启动集团间带教工作。推进“幼儿在园户外活动监测”区域全覆盖研究工作和“幼儿发展优先”重大项目研究实践。9 所试点园开展

《上海市幼儿园办园质量评价指南》研究计划论证和交流。

开展第四十七届世界技能大赛训练工作。完成杨浦职校校级精品课程建设、学校诊断与改进工作市级复核，推进现代音职数字化标杆校建设。上海市贸易学校、上海科技管理学校分获三星级、二星级实训中心。举办区第十六届学习节。召开第六届未成年人思想道德建设国际研讨会。“杨浦区学习型城区建设监测中心”“杨浦白领学堂”揭牌。区少科站获上海市民终身学习体验基地嘉年华活动优秀组织奖、最佳活动创意奖和品牌体验项目。制定并发布《杨浦区深化民办义务教育规范工作方案》及配套风险防范预案，完成5所民办学校校名变更。

合作举办“党的二十大精神一体化融入大中小学思政课”暨首届长三角(全国)思想政治学科教研员论坛。与复旦大学合作启动理论文本编撰工作。制定《以“四大工程”为抓手，创建上海市“三全育人”示范城区项目实施方案(2022—2025年)》。落实“同心圆”杨浦区家庭教育家校社联动项目。开展区优秀家长学校评选工作。构建市—区—街道三级家庭教育指导教师专业化研训体系。深化“杨浦爱家学堂”微信公众平台建设，形成区域家庭教育优质资源平台。修订《杨浦区生命教育课程指导纲要(试行稿)》，汇编完成区生命教育联合研训基地案例集，出版区域生命教育学习资料。落实《杨浦区中小学全员导师制实施方案》，完成区级课题《生命教育视野下全员导师制的区域实践研究—以初中为例》结题工作，形成全员导师制工作指南、制度、案例汇编。承办市“中华传统文化主题月”活动。开展新一轮市区中小学行为规范工作评估。

上海音乐学院附属实验学校、控江二村小学2人获全国优秀少先队员。辽阳中学获全国优秀少先队集体。杨浦高级中学1人获上海市中小学生(中职生)十佳“新时代好少年(美德少年)”。杭州路第一小学等单位4人获上海市中小学生(中职生)百优“新时代好少年(美德少年)”。复旦附中等单位10人获上海市中等学校三好学生、优秀学生干部。控江中学等单位10个班集体获上海市中等学校先进班级。杨浦高级中学团委、复旦实验中学团支部在上海市基层团组织典型选树工作中获团市委通报表扬。

开展指向学生创新思维培育的教学改革实践研究，形成基于课程标准的各学科学业质量标准的研究样例。构建面向教师专业发展和学生自主学习的“同创空间”。获上海市基础教育优秀教学成果奖总数位列全市第一。获评上海市学生评价改革优秀案例。推进《义务教育课程方案和课程标准(2022年版)》落地。开展指向学生创新思维培育的创智课程开发研究，修订创智课堂理论框架和学科实践指南，制定《指向学生创新思维培育的创智课程开发与教学改革实践研究项目实施方案》。

推进落实《义务教育体育与健康课程标准(2022年版)》，制定《深化体教融合，推进新时代学校体育改革和发展项目实施方案(2022—2025年)》，完善《体教融合推进新时代学校体育工作改革发展方案》和区级—校际—学校—班级四级联赛体系。复旦实验中学等3所学校获评2022年上海市健康促进学校，市东实验学校等6所学校获评上海市儿童青少年近视防控示范校，申报全国儿童青少年近视防控试点区。组织“520”食品安全宣传周活动和卫生教师专题培训。开展心理健康教育月活动和心理活动课大赛，开发百年红色工运、江南文化等中小学生特色主题课程。打造“艺·智”云平台，组织开展线上公益教学班和艺术团队在线教学活动。组织开展云端艺术类展演和人文讲堂，举办杨浦区第三十六届学生艺术节、“童心筑梦新时代”杨浦区第三十五届学生优秀作品云展演等活动。杨浦区少年宫教师获首届上海市美育实践魅力教师称号。成立杨浦区青少年科创教育指导委员会。控江中学等7所学校获评“十四五”期间首批上海市科技教育特色示范学校，铁岭中学“天创”智能机器人社团等7个社团获评“十四五”期间首批上海市学生科技创新社团。在第三十七届上海市青少年科技创新大赛、第二十届“明日科技之星”评选活动、第十三届“赛复创智杯”上海市青少年创意大赛及上海科普教育创新奖项评比中获佳绩。先后举办第七届青少年科创学术节、第十二届杨浦区高中生“双进入”探究活动论坛。6项创客项目作品亮相中国(上海)国际技术进出口交易会。13

项科创成果亮相上海国际青少年科技博览会。挂牌成立“杨浦区劳动教育中心”。发布《关于杨浦区全面建设“全国中小学劳动教育实验区”的实施意见》。实施《杨浦区中小学生劳动教育综合育人行动方案》。制定《聚焦“三创”,实现劳动教育综合育人项目实施方案(2022—2025年)》。编撰完成《杨浦区劳动教育课程指导纲要(2022版)》。开展区首届“校园劳动节”暨第二届“学生劳动教育宣传周”活动。

制定《杨浦区教育综合改革示范项目实施方案(2022—2025)》,发布《杨浦区教育“十四五”规划重点项目行动方案》,实施《杨浦区深化新时代教育评价改革行动方案2021—2025》。组织开展“中小学在线教育和学校预防性消毒专项行动”“关心关爱学生”等督导工作。开展平安校园建设考核工作。制定《杨浦区校园安全考核办法(试行)》,完成《平安校园建设成果征集汇编》编印工作。启动实施《杨浦区创建全国未成年人保护示范区工作方案》。修订《上海市杨浦区教育局防汛防台专项应急预案(2022年)》。落实全区七年级学生消防实训课程。166所单位被评为上海市安全文明校园。参加第十九届市教育博览会,交流展示区教育数字化转型成果。落实“智能备课助手、智能教学助手和智能作业与辅导助手”常态化应用。完成区域教师信息技术应用能力提升工程2.0全员培训。推进中小学课后服务、体育场地开放、学前教育“学有善育”等民心工程。完成2022年教室灯光改造政府实事项目。举办2022年沪港澳学生夏令营、上海国际友好城市青少年夏令营。组织国际理解教育课程教学比赛等主题活动。

制定新一轮高端教育人才培养方案,出台《关于推进新时代杨浦教育人才发展的实施办法》及配套政策,启动杨浦区创智教育干部人才涌动发展项目“登峰计划”。延吉幼儿园王晓燕入选新时代中小学名师名校长培养计划(2022—2025)名校长培养名单。26名教师推荐参评上海市正高级教师。遴选第六届区学科带头人、区骨干教师等各类教育人才1435人。开展第二届区“四有”好教师(教书育人楷模)评选表彰、“名师讲坛”等活动。与华东师大合作举办杨浦区第六届学科名教师研修班。与上海师大合作建立“产学研”融合师范生培养基地。首期“人民教育家”于漪教育教学思想高级研修班结业。制定《培育于漪式好教师的区域实践项目实施方案(2022—2025年)》,完成教育部课题“人民教育家于漪教育教学思想转化与应用的实践研究”中期论证。开展“学于漪先进典型”主题选树宣传活动,同济大学第一附属中学双新项目联合攻关小组等10个团队获评2022年学于漪先进典型(集体),杨浦高级中学等单位10名教师获评2022年学于漪先进典型(个人)。控江中学教师获上海市五一劳动奖。新跃双语幼稚园教师入选上海市“四有”好教师(教书育人楷模)提名名单。复旦附中、控江中学、控江中学附属民办学校、同济大学附属存志东校等单位4名教师在上海市中小学(中职校)时事课堂教学展示交流活动获奖。杨浦高级中学、打虎山路第一小学、平凉路第三小学、控江幼儿园等单位11名教师在上海市中小学(幼儿园)见习教师基本功大赛中获奖。控江二村小学、复旦实验中学、杨浦高级中学等单位3名教师入选教育部典型经验名单。与福建省福州市鼓楼区教育局、安徽省滁州市体教局签订合作协议。落实援滇援藏教育人才选派、专家讲学、培训研修及资助共建等对口支援工作。推进与云南丽江、迪庆,海南澄迈,河南濮阳等地学校的结对共建工作。 (徐波清)

**【首期“人民教育家”于漪教育教学思想高级研修班结业式】** 1月18日,在杨浦区教育学院举行。结业式回顾总结首期高级研修班的学习活动开展情况,宣布首期“人民教育家”于漪教育教学思想高级研修班优秀学员名单并颁发证书。首期高级研修班学员和“德智融合”实践研究基地学校校长百余人参加。 (徐波清)

**【区教育综合改革示范项目实施方案编制工作专家交流会召开】** 2月28日,市委教育工作领导小组办公室对杨浦区教育综合改革示范项目实施方案编制工作进行指导,在杨浦区组织召开专家交流会。专家们建议下阶段进一步确立理论支撑,明确任务主体,细化年度计划,优化成果样态。 (徐波清)

2月28日，杨浦区教育综合改革示范项目实施方案编制工作专家交流会在杨浦区召开

**【区第六届学科名教师研修班开班仪式】** 4月23日在线上举行。会上，杨浦区教育局做研修任务布置。华东师范大学开放教育学院专家解读研修方案，并作“教师专业成长的进阶之路”专题报告。研修班全体学员、导师，杨浦区第六届学科名教师60余人参加。 （徐波清）

**【在上海市青少年科技创新大赛中获奖】** 6月25—26日，第三十七届上海市青少年科技创新大赛终评活动在上海科技会堂举行。杨浦区在大赛中获青少年创新成果一等奖46项、二等奖91项、三等奖109项；青少年科技创意项目一等奖14项、二等奖27项、三等奖38项；科技辅导员科教创新成果一等奖2项、二等奖1项、三等奖1项；青少年科技实践活动一等奖1项、二等奖2项、三等奖2项；少儿科幻画项目一等奖4项、二等奖1项、三等奖5项。其中，3项青少年科技创新成果、2项科技辅导员科教创新成果推送全国。杨浦少科站获优秀组织单位示范奖。 （徐波清）

**【区委教育工作领导小组会议】** 6月30日，在区政府召开。杨浦区委、区政府领导出席。会议听取《杨浦区教育综合改革示范项目申报与实施方案（2022—2025年）》编制情况和2022年杨浦区高中阶段学校考试招生工作的汇报。会议要求，把上海建设成为教育领域综合改革国家示范区的总体要求与杨浦打造高品质现代化教育强区的区域目标统一起来，通过探索性实践，取得突破性发展，获得标志性成果。

（徐波清）

**【区学习型社会建设与终身教育促进委员会全体（扩大）会议】** 8月12日，在区政府召开。会上，“杨浦区学习型城区建设监测中心”揭牌。会议表彰区机关党工委等17家“2021年区学习型城区创建工作”先进单位，审议《2022年杨浦区推进学习型城区建设与促进终身教育发展工作要点》。会议要求，杨浦区学习委各成员单位要当好终身教育“排头兵”“实干家”“服务员”。 （徐波清）

**【同济大学附属新江湾城实验学校揭牌仪式】** 8月29日，在实验学校举行。该校是杨浦区与同济大学合作共建的一所九年一贯制公办学校，位于政青路678号。设计办学规模共54个班级，其中小学30个班级、初中24个班级。配备多个主题创新实验室及特色活动场馆。 （徐波清）

**【上海市第二师范学校附属小学杨浦北校揭牌】** 9月1日，原上海市杨浦区政立路第二小学更名为上海市第二师范学校附属小学杨浦北校。该校的总校、北校将实施一体化管理，传承发扬于漪教育教学思想，充分利用两校优质资源，通过文化共建、课程共建、队伍共建和家校社共建等机制保障，提升两校的教育教学质量，助力学生多元化发展。

（徐波清）

**【在2021年上海市优秀教学成果评选中获奖】** 9月20日，上海市优秀教学成果项目名单公示。杨浦区24项成果获奖，其中特等奖5项，占全市特等奖获奖数9.3%；一等奖10项，占全市一等奖获奖数8.3%；二等奖9项，占全市二等奖获奖数5.6%。获奖总数位列全市前列。该成果每4年评审1次，是全市基础教育教学领域的最高奖项。 （徐波清）

**【区教育系统校园安全稳定工作会议】** 10月9日，在区教育局召开。会议传达全国安全生产电视电话会议精神以及市、区关于贯彻落实会议精神的工作要求，并对校园安全稳定工作予以部署。会议要求，要守住安全“底线”，把握安全“主线”，不越安全“红线”，为党的二十大召开营造良好的校园环境。

（徐波清）

**【区教育系统精神文明工作推进会】** 11月4日，在区教育局召开。区委宣传部领导出席并就进一步深化教育系统精神文明建设工作提出要求。区文明办宣读区教育系统2022年精神文明建设方面有关荣誉称号和奖项获得者名单。 （徐波清）

**【第十三届"赛复创智杯"上海市青少年创意大赛】** 11月5日，在五角场创智天地落幕。杨浦区获特等奖3项、一等奖8项、二等奖13项、三等奖31项、优秀指导教师11项、孵化奖3项。 （徐波清）

**【杨浦区大中小一体化专业化课后服务支持体系建设项目研讨会】** 12月16日，在线上召开。会议回顾项目一年来的推进情况；介绍复旦大学社政学院和杨浦区教育学院合作开展大中小一体化专业化课后服务支持体系建设项目研究，共同探索义务教育课后服务的新模式。复旦大学社政学院和复旦科技园小学分别交流课程开发建设和实施的具体情况。 （徐波清）

**【区科创教育指导委员会揭牌】** 12月17日，杨浦区科创教育指导委员会揭牌。27名富有科创教育经验的专家学者和科普工作者被推荐为首届委员。 （徐波清）

**【党的二十大精神一体化融入大中小学思政课暨首届长三角（全国）思想政治学科教研员论坛】** 12月27—28日，在线上举行。来自福建、河南、江苏、浙江、上海等地的思想政治学科教研员作主旨发言，就如何将党的二十大精神融入思政课一体化单元教学设计和大中小学思政课一体化建设提出见解、阐述观点。来自全国各省市的教研员、教师代表1100余人在线上参会。 （徐波清）

## 附：区教育局驻地及负责人

（2022年1—12月）

区委分管领导：周海鹰
区政府分管领导：王　浩

区教育工作党委书记：卜　健
副书记：何劲松、朱　萍

区教育局局长：何劲松
副局长：张　鹰、吴群英、孙瑞军、曾除非

地址：长岭路91号
邮编：200093
电话：31157733

# 闵　行　区

**【2022年概况】** 有各级各类教育机构365家，其中公办中小学114所（含特殊教育学校2所、专门学校1所），民办中小学35所（含以招收进城务工人员随迁子女为主的民办小学13所），公办幼儿园88所、民办幼儿园101所，全日制中等职业学校2所，新型全日制公办专科层次普通高等职业技术学校1所，社区学校14所，直属单位10家。有市实验性示范性高中5所，市示范性幼儿园2所。有民办非学历教育机构147所，其中民办营利性培训机构64所、民办非营利培训机构83所。民办非学历教育机构终止办学15所，举办者变更4所。全区教职工2.87万人，其中专任教师约2万人。在校学生25.73万人。

完成10所中小幼学校校舍建设和设备配置。新开办"上海市闵行中学东校"等5所学校。推进6个学校基本建设项目，加强2个区重大项目建设。完成41个校舍维修项目。1所新型高等职业技术学院办理开办程序。转并关停2所随迁子女学校。以购买学位等方式，完成民办义务教育阶段学校规范管理。浦江一小更名为上海师大附属闵行第三小学南校。福山实验学校迁址浦航路199号。申莘小学并入鑫都小学后更名为上海市闵行区第二实验小学。

创建“全国智慧教育示范区”,完成智慧教育云平台第三年项目验收。参展第十九届上海市教育博览会获优秀组织奖。3所学校获教育部办公厅全国网络学习空间优秀校。在第六届上海市教育信息化论文征集遴选活动中,获一等奖6篇、二等奖11篇、三等奖17篇。在全市率先试点基于“一网通办”“随申办”市民主页教育政策精准推送。“闵行教育政务服务轻应用平台”获评全国“2022数字政府创新成果与实践·管理创新类”优秀案例。以“市空中课堂+区闵智作业”保障在线教学,覆盖128所学校125183名学生。18140名教师完成能力提升工程2.0区级专业课培训。18所学校试点“闵晓教”智慧笔,覆盖11231名学生、544名老师;通过“智慧笔”开展互动课堂和完成作业290725人次。明强小学等6所学校被评为市级教育教学数字化转型实验校。

中小学生体质健康综合评价优秀率32.4%、优良率69.9%、及格率98.3%,优良率持续位居上海市第一。校园足球运动覆盖全区81所中小学,全国校园足球特色校30所。24支队伍参加上海市校园足球联盟联赛,高中女子组、初中U13男子组获冠军。组织参加上海市第十七届运动会,获金牌64枚、银牌45.5枚、铜牌54.5枚。推进“德育第一课堂”,各中小学校开展25场主题教育,被学习强国、上观新闻、东方网等宣传报道,线上观看学生10万多人次。12名学生被授予上海市“百优”新时代好少年(美德少年)称号,14名学生和15个班级获评市三好学生、优秀学生干部和先进班级,3名少先队员获评“2021—2022学年上海市优秀少先队员”,3个少先队集体获评“2021—2022学年上海市优秀少先队集体”。组织参加“国学达人”中华优秀传统文化知识挑战赛,闵行区获初中组冠军、小学组季军。3所学校推荐为首批上海市“非遗在校园”示范校,近百名学生获市传统文化主题奖项。组织闵行区第三轮美育特色联盟,产生新一轮15所美育联盟盟主校。浦汇小学“校园四级”二十四节气劳动课程被央视新闻报道。立项2个教育部重点课题,获上海市基础教育第三届教学成果特等奖2项、一等奖5项、二等奖11项。

优化“四级六列”培养机制,设立名师基地、骨干基地、种子基地77个。6名教师在上海市中小学(幼儿园)见习教师基本功大赛中获奖。2名教师入选2021年全国中小学班主任基本功典型案例。在上海市教学教研评比中获一等奖6个、二等奖23个。38堂视频课经市推荐,备选教育部“基础教育精品课”。8名教师获2022年上海市大中小学教师学科研修基地教师专业发展实践研究项目立项。1名教师入选中共上海市第十二次代表大会代表。1名教师获上海市“四有”好教师(教书育人楷模)提名奖。148名教师通过上海市中小学教师高级职称评审,15名教师参加上海市中小学教师正高级职称评审。办理各类人员流动451人,45名教师达成柔性流动意向,2名正高级教师流动到乡村学校对口帮扶。31名教师援滇援疆援藏。

实施《闵行区托育服务三年行动计划(2021—2023)》,新开办2所幼儿园,新增普惠性托育点3个,124所幼儿园开设托班170个,提供3400个入托名额。托幼一体化幼儿园占比72.6%。普惠性幼儿园覆盖率91.75%。在128所义务教育阶段学校落实好课后服务工作,90%以上教师参与课后服务工作。家长总体满意度98.24%,学生整体满意度98.22%。

制定实施《闵行区第三轮幼儿园课程基地建设实施方案》。6所幼儿园申报创建上海市示范性幼儿园,4所幼儿园申报上海市一级幼儿园复验。新增1所上海市一级幼儿园。60%以上公办幼儿园达到上海市一级幼儿园水平。

依托学区集团资源高起点开办3所学校。实验小学集团新增4所成员校。形成2022学年学区、集团场馆资源、优质课程资源共享清单和干部教师流动数据库。开展11所初中强校工程实验校终期评估和交流展示。完成第二轮义务教育城乡携手共进计划3所项目校中期评估。

研制完成《闵行区特殊教育三年行动计划(2022—2024)》。学前特殊教育点街镇覆盖率

100%。义务教育阶段79所普通中小学为随班就读学生464人开展融合教育,职业教育阶段附设特教班62人。79名教师完成市教委组织的特殊教育专岗培训。7所学校参与上海市特殊教育专委会课题并结题。教育部重点课题《提升3—15岁听障儿童随班就读质量的区域支持系统研究》结题。核心成果《走向高质量融合教育:区域随班就读的系统构建和实践行动》出版。

推进高中新课程新教材建设,七宝中学、北外附属田园高中"双新方案"获市优秀规划和特色规划。华东师大二附中紫竹学院、莘庄中学等5所学校成为市高中双新项目校(第三批),闵行区成为市级实践项目区。2所新开办高中加强个性化学习空间建设,完成高中毕业生综合素质评价。发布《2022年闵行区高中阶段学校考试招生工作实施细则》,1048个到校名额分配到42所不选择生源的初中学校。公办高中扩班49个,27所高中学校招收新生近7500人。

上海闵行职业技术学院获批,成为第一所区属公办专科层次的新型高职学院。制定区域产教融合基地管理办法,评出上海文洋汽车等11家产教融合基地。新增上海三菱电梯有限公司、上海鲸鱼机器人科技有限公司、上海阑途信息技术有限公司3家市级产教融合型企业建设培育试点单位。支持区内60家企业开展文化和综合素质类培训,惠及2054人。挂牌成立首批6家区级技能大师工作室。上海市西南工程学校申请成为"平面设计技术"项目世赛集训基地。区属中等职业学校180人次获国家职业资格证书,88人次获外语类技能等级证书,25人次获行业企业职业资格证书。学生获省级及以上技能竞赛奖项79个,16人次在其他省级及以上行业类技能大赛中获奖。上海市西南工程学校学生参加第四十七届世界技能大赛上海赛区选拔赛获4个奖项,2人入围上海集训队。

实施《闵行区"十四五"学习型社会建设和终身教育发展规划》《闵行区老年教育改革和发展"十四五"规划》《2022年闵行区终身教育工作要点》。年内,举办第九届"读书·最美"闵行区市民读书活动、第五届闵行区邻里中心"创课"大赛、闵行区第十七届老年教育艺术节等系列活动。建设第六批闵行区终身教育社会学习点。成立闵行区老年教育合作共同体。2所社区学校获评上海市街镇社区(老年)优质校。创意手工体验基地等2个项目获评上海市终身学习品牌项目。"家育五灵"跨区家庭教育共同体等2个项目获评全国终身学习品牌项目。吴泾镇和平村获评上海市学习型乡村。

将义务教育阶段学科类培训机构由"双减"前266家压减至25家,压减率90.6%。14家营利性学科类培训机构转办为"非营利性"机构。加强培训机构预收费管控,推进预收费银行托管机制。

全年新增公共服务事项8条。对"教师入职一件事"办理平台进行技术优化,全年通过平台报名5488人。打造"幼儿入园报名""好办"事项,完成近2万名适龄幼儿线上报名,并被选定为典型案例推送区级展示。落实"免审即享"工作。全年完成"教工福利"申领323人和"五育证书"申领4649人。教育审批实际"网办率"85%,全程网办率45%。

招录教师945人。成立春申金字塔人才学院教育分院。开展闵行区第六届"论坛之星"评选,评选出293名论坛之星。完成77个三类基地招生工作,招录1144名学员。开展闵行区第五届青年教师爱岗敬业教学技能竞赛,119名教师参赛。完成2021届460名见习教师规范化培训。评出94名第四届"新苗杯"见习之星。建设105门暑期培训课程,开展暑期教师大培训,10102人次参加。开展"优秀职初教师培养计划""优秀教师培育工程"研修。完成2021学年度54名领航人才评定和认定。179名学科带头人、834名骨干教师及1562名骨干后备参加"骨干人才"考核。

完成2021学年闵行区学校(幼儿园)办学绩效评价。开展第五轮闵行区社会对教育满意度调研,覆盖233所中小幼学校、14个街镇572余个村(居)委、350余位区人大代表和政协委员,有效问卷近10万份。完成"双减"督办和31所学校的综合督导。完成14个街镇、工业园区督导考核。

制定实施《闵行区校园安全专项整治工作实施方案》,校园安全巡查全覆盖,隐患整改率100%。加强校园周边综合治理,处置相关问题24起,关闭娱乐场所2个。利用安全体验教室和体验场馆开展小学公共安全教育。60名教职员工通过全市公共安全师资培训。

制定完成“民办学校章程修订”模版。组织25人次参加市、区行政执法和执法系统应用培训。利用线上线下，邀请法治副校长开展未成年人保护、预防未成年人犯罪、网络安全防护等讲座近百场。组织参加上海市“新沪杯”中学生宪法法律知识竞赛决赛获初中组团体银奖。156165名中小学生参加全国“宪法卫士”网络知识竞赛。组织学校五年级至高二年级学生参加“青骄第二课堂”毒品预防教育数字化平台专题学习，参加“全国青少年禁毒知识竞赛活动”。在14个街镇建立未成年人保护站。开展中小学校保护及预防学生欺凌工作试点。指导协调处置涉校纠纷及学生伤害事故40余起。做好“1024”突发事件应急处置及善后协调。联合开展“扫黄打非·护苗2022”行动，落实学校禁毒及学生毒品预防教育工作。（闵　雯）

**【入选信息技术与教育教学深度融合全国优秀示范案例】** 2月，教育部基础教育司发布2021年度信息技术与教育教学深度融合示范案例。闵行区教育局《区域智慧教育云平台的实践与探索》、闵行区田园外语实验小学《智享未来，探索素养导向下的过程性评价改革实践》和闵行区教育学院附属友爱实验中学《利用智慧平台　提升作业效能》入选全国优秀案例。（康永平）

**【在第三十七届上海市青少年科技创新大赛获好成绩】** 6月26日，公布第三十七届上海市青少年科技创新大赛名单。闵行区获各类奖项746项，其中在青少年科教创新成果版块中，闵行以74个一等奖位列全市第二，七宝中学以30个一等奖继续蝉联各校之冠；56所学校获奖，再创获奖学校数新高。（姚莉丽）

**【搭建闵智作业平台实现精教智学】** 7月15日，发布“闵智作业”平台，支持112所义务教育学校开展智慧教学，学校覆盖率87.5%，服务教师5246人、服务学生12.6万人，累计做作业学生1546.5万人次。平台还支持16所高中学校开展智慧教学，服务教师817人、服务学生1.1万人，累计做作业学生191.2万人次。“闵智作业”入选教育部基础教育司组织的“利用信息技术手段加强作业管理典型案例”。（刘太如）

**【“闵行少年星　科技强国梦”第十七届闵行区青少年科技节开幕式暨“闵行少年星”计划亮相发布会】** 7月20日，在莘庄工业区文化体育事业发展中心举行。“闵行少年星”在太原卫星发射中心发射。青少年们通过卫星收集数据，系统性开展测控模拟、测控演练、卫星应用等科普活动；征集500余幅中小幼科幻画作品展览；将各类真实航天器及模型带进江川学区与浦江镇9所学校，12000余名学生受益；邀请航天专家、科研骨干、大国工匠等29人组成航天精神传播团为60所学校20000余名学生授课；区青少年科学研究院8所成员校学生组成探访队伍，走进“闵行少年星”测控中心，观看卫星载荷数据回传，参与体验“闵行少年星”的卫星轨迹观测，聆听闵行区少年星制作原理分析课程。（姚莉丽）

7月20日，“闵行少年星　科技强国梦”第十七届闵行区青少年科技节开幕式暨“闵行少年星”计划亮相发布会在莘庄工业区文化体育事业发展中心举行

**【2项课题获批立项】** 8月1日，教育部全国教育科学规划领导小组办公室对全国教育科学规划2022年度课题立项，其中，闵行区教育学院朱靖申报的“教育数字化转型视域下精准教学的区域支持体系研究”和华东师大附属紫竹小学张计蕾申报的“基于学习进程的学科表现性评价实践研究”获批立项。（郭文波）

【2022年度智慧教育优秀案例】 8月，教育部发布2022年度智慧教育优秀案例名单。闵行区教育局案例《构建智慧教育云平台，助推区域教育提质发展》获智慧教育优秀案例（区域建设类），颛桥中学案例《“闵智作业”赋能精准教学》、田园外小案例《探索数字化转型，推动教学方式变革》、蔷薇小学案例《基于智慧空间创建的未来学校建设研究与实践》获智慧教育优秀案例（学校实践类）。

（康永平）

【成立首个特殊教育特级校长工作室】 9月，“交大—江川”学区成立石筱菁特级校长工作室。10月27日举行开班仪式。首批招募学员22人，特聘华东师大教育学部特殊教育学系教授、上海市教委特教教研员、青浦区特教指导中心常务副主任、青浦辅读学校校长等为工作室指导专家。（陈 瑾 聂佳妮）

【获评教育部首批社区教育“能者为师”实践创新项目】 9月16日，在全国第二届社区教育工作推进暨成果展示活动中，闵行区邻里中心“创课”项目作为实践创新示范项目代表上海进行交流展示，其中“社区携手高校，‘创课’服务民生”（闵行区社区学院）、“自创课程展特色，资源共享现成效——以‘抗战话语的音乐表达’一课为例”（古美路街道社区学校）、“让美食文化绽放魅力——以‘戴小姐的厨房’为例”（吴泾镇社区学校）获评教育部社区教育“能者为师”推介典型案例。（隋 明 李丽娟）

【获评2021年度网络学习空间应用普及活动优秀学校】 10月，教育部科学技术与信息化司确定2021年度网络学习空间应用普及活动优秀区域和优秀学校名单。上海市闵行区莘松小学、闵行区浦汇小学、闵行区教育学院附属友爱实验中学3所学校获评2021年度网络学习空间应用普及活动优秀学校。

（康永平）

【责任督学开展“双减”主题督导】 10月，闵行区教育督导室组织全区义务教育学段29位挂牌责任督学全覆盖开展“双减”主题督导。责任督学通过听取汇报、座谈访谈、问卷调查（2740份）、随堂听课（148节）、查阅资料（3707份）、参加教研备课活动、实地观察课后服务等多种形式，监督指导学校落实“双减”工作的开展，完成“双减”督导的“一校一报告”。

（董 鸣）

【青少年戏剧教育进校园项目】 2022年，邀请戏剧专家在10所学校进行10场戏剧讲座，组织学生观看专业剧目10场，观看人数约4000人；邀请专业戏剧教师为10所学校各开展20次课程教育，开课300多次。在闵行区戏剧课程试点校，每周安排课程进校园，对戏剧特色学校进行90分钟的戏剧社团指导教学，帮助同学们拓展话剧表演的技巧与知识。结合戏剧课程的展演活动，各校选拔有戏剧特长学生参加展演剧目的录制排演。

（姚莉丽）

【推进“我的一公里学校少年宫”工作】 2022年，闵行区学校少年宫在开展常规线上活动的基础上创意性开展为冬奥助力、画里画外聊家乡、慧眼看未来等线上特色活动。开设384门活动项目、768场线上体验活动，累计服务时长1536小时。发布云上学校少年宫微课150余篇，其中13所学校少年宫的优秀微课被今日闵行App“缤纷暑假云课堂”采集并展示。（胡诗琪 卞亚娟）

## 附：区教育局驻地及负责人

（2022年1—12月）

区委分管领导：唐劲松
区政府分管领导：刘 艳

区教育党工委书记：恽敏霞
副书记：何美龙、李光华

区教育局局长：何美龙
副局长：马秀明、乔慧芳（1月离任）、孔德新、潘蓓蕾、王维刚

地址：七莘路400号
邮编：201199
电话：64881398

# 宝 山 区

**【2022年概况】** 有各级各类教育机构330家，其中高级中学11所(含民办3所)、完全中学5所、初级中学26所(含民办2所)、九年一贯制学校36所(含民办4所)、十二年一贯制民办学校2所，小学60所，幼儿园174所(含民办园74所)，中职学校3所(含民办2所)，特殊教育和专门学校各1所，其他教育机构11家。全区在校学生184668人，其中中学生54194人、小学生77707人、幼儿园在园幼儿50074人。教职员工近1.9万人。

制定《宝山区关于建立中小学校党组织领导的校长负责制的实施方案(试行)》，完善民办学校教育治理体系建设。推动党团队一体化建设，组织全区中小学校开展“三个计划”(基层党组织“提升”计划、青年党团员“启航”计划、党务工作者“赋智”计划)，开展庆祝建团100周年“青”系列活动。推动学校党组织参与社会治理，183个学校党组织与173个村居结对。

完成“未来宝”教育数字基座总体部署，日均家、校互动人数超10万。推进“三个助手”(备课助手、教学助手、作业辅导助手)建设，“智慧同侪课堂”对口支援新模式被新华社内参报道。开办上海师大附中宝山分校等4所新校和6所优质幼儿园分园，启动紧密型集团办学试点，罗店中学获评市特色高中。实施《民办随迁子女学校纳入公办学校实施方案》，完成9所随迁子女学校转公。

修订完善《宝山区陶行知教育创新发展优秀人才激励办法》，制定宝山教育人才工作品牌方案。“青陶工程”学员获全国青年教师大奖赛一等奖。获批9项上海市教育综合改革示范项目。上海市教育教学成果奖取得历史性突破，获5项特等奖、9项一等奖。“问题化学习20年：学与教的变革”“综合素质评价促进育人方式改革的上海探索与实验”等6项成果代表上海市参评国家教育教学成果奖。

完成“新增5个普惠性托育点”政府实事项目建设，实现托幼一体园占比50%、普惠性幼儿园覆盖率90%。开设第一批试点“宝宝屋”。9月1日起全区所有义务教育学校恢复服务，96所小学课后服务全覆盖。打造“社区教育＋治理”特色品牌，在全市首创社区治理学院，实现实体化治理网络体系运作，获市委组织部领导肯定。

完善高中资优生培养计划，群众对宝山教育的信心和满意度显著提升。遴选144人开展科创拔尖人才培养，市级“一条龙”招收录取9名学生。6名学生获上海市“新时代好少年(美德少年)”十佳百优称号。4所学校入围“2022年线上世界头脑奥林匹克决赛”。国际车辆模型竞技场引入国家级线上赛事。推进“行知行”劳动教育品牌创建。加强与罗泾、月浦等街镇合作，建设劳动教育实践基地和第三学习空间，完成劳动教育课程开发和“5镇＋5校丰收节”活动。

11月，宝山区获评为2021年度全国网络学习空间应用普及活动优秀区域。市教委、市人社局公布新一届“上海市基础教育优秀教学成果”获奖名单，宝山区24项成果入选。 (岳 强)

**【成立首个区特殊教育实训基地】** 1月10日，上海市宝山职业技术学校在上海糖师师培训学校有限公司挂牌成立宝山区首个特教学生实习实训基地。基地设置适合特教学生的现代化特教职业教育体系构架，结合特殊教育特殊培养需求，形成职业教育的新特色。 (岳 强)

**【入选市教育评价改革优秀案例】** 1月，市教委公示“2021年度上海市教育评价改革优秀案例”。顾村中学选送的《通过数字化智慧体育促进学生全面发展》入选学生评价改革优秀案例；宝山区第二中心小学选送的《开展基于数据分析的活力评价促进教师专业自觉评价改革》入选教师评价改革优秀案例。（岳　强）

**【成立区社区治理学院】** 7月15日，宝山区社区治理学院成立。学院组建20人的社区治理教师队伍，辐射全区12个街镇，开展全员、全程、全方位的教育教学工作，同时协同推动社区教育专业化治理进程，陆续上线《如何当好基层党组织书记》《社区疫情防控的挑战和治理能力的忧思》等一系列基层治理课程。（岳　强）

**【低代码训练营开班仪式】** 7月29日，在宝山区教育局举行。低代码是宝山教育数字基座的重要组成部分，其核心价值在于集成多种数字技术的工具平台，实现快速构建、数据编排、连接生态、中台服务。（岳　强）

**【区“行知行”劳动教育丰收节活动】** 11月11日，在新开馆的劳动教育试验田第三空间举行。受邀参加活动的嘉宾，在基地校“小陶子”引导下参观劳动课程展示和试验田基地，并与学生互动。“行知行”第三空间是由宝山区政府牵头，家、校、社合作打造的劳动教育校外基地。（岳　强）

**【上海市小学体育与健身学科“技术资源支持，探索融合教学”主题教研活动】** 12月1日，在宝山区实验小学举办。教研活动采用线上线下相结合方式开展，参与者围绕精美展示、专家点评、主题交流、主旨报告以及体育健身等进行研讨。（岳　强）

**【获评网络学习空间应用普及活动优秀区域】** 教育部印发通知，确定全国40个区域和196所学校为2021年度网络学习空间应用普及活动优秀区域和优秀学校。上海市宝山区获评为2021年度网络学习空间应用普及活动优秀区域。

（岳　强）

### 附：区教育局驻地及负责人

（2022年1—12月）

区委分管领导：陆奕绎
区政府分管领导：孟庆源

区教育工作党委书记：沈　杰
副书记：朱　英

区教育局局长：张　治
副局长：朱燕萍、何　飞、王晓波、秦晋一

地址：宝杨路158号
邮编：201999
电话：66592760

## 嘉　定　区

**【2022年概况】** 有各级各类教育机构233家，其中中学51所、小学44所、幼儿园112所、中职校1所、特殊教育和专门教育学校2所、成人学校13所、其他教育机构10家。全区在校学生15.0万人。教职员工1.6万人，其中特级教师17人、正高级职称教师32人、高级职称教师1041人。

完成秋季高考、初中学业水平考、成人高考等25场次考试，涉及考点281个、考场3093个、考生

41513人次。新城教育集团成为嘉定区第二批紧密型学区集团。建设由嘉定一中、交大附中等市实验性示范性高中领衔、覆盖义务教育学校的紧密型学区集团及新优质特色学校。开展"智慧传递　强校先行"初中强校线上展示交流系列活动，分享12所市实验校"一校一策"重点实施项目推进成效。开展"智慧传递　美美与共"小学城乡学校携手项目和品质课堂研究项目线上展示交流活动。举办基于区域特色的学校综合课程创造力实践与研究项目推进会。与市教科院普教所共同主办新课标背景下国家课程的项目化学习全国峰会。制定《嘉定区课程与教学改进五年行动计划(2021—2025)》。深入开展"教、学、评"一致性项目和区域教研工作，探索课堂"1＋1"、辅导"1＋1"的线上教学创新实践路径，高中"双新"实施不断深化。持续开展"1＋1＋X"市、区联动和区、校合作项目，深化小初高一体化、区域幼小衔接研究。《聚焦育人质量的"品质课程"实践与探索》获上海市优秀教学成果一等奖，9项课题被立项为市级课题，16项成果在市教学成果评选中获等第奖。16名教师参加上海市中小学中青年教师教学技能比赛，获一等奖4人、二等奖7人、三等奖5人。举办区第六届品质教育学术节，设立五大模块33个专场，提升学术节全纳性、辐射性和拓展性。

劳动教育综合育人项目建设启动，区级层面劳动教育指导委员会成立，全市首家学生劳动教育创智实践中心实体化运作。在线学习期间发布《嘉定区中小学居家劳动教育建议任务清单》，组织线上劳动教育月活动，举办第二届劳动教育嘉年华。发布上海市首份劳动教育基地专项建设指导意见和蓝皮书，评选20家五星级学生劳动教育基地，建成劳动教育共享课程资源库，落实劳动教育列入学校课程计划，区域劳动教育开学第一课被"央视新闻"等多家媒体集中宣传报道。构建"嘉师有约"区域家庭教育品牌，开展10场"嘉师有约"系列讲座。持续打造"点亮心灯"心理健康教育品牌，全市首创"市心理示范校—区心理特色校—市心理达标校"阶梯式创建评估模式。加强区域24小时心理服务热线服务，提升师生和家长对热线等求助途径的知晓率与服务效能。开展6场"幸福圆梦号"中小学考前心理辅导送教服务，服务学生4514人次。组织35所学校1404名运动员参加第十七届上海市运动会31个大项39个分项比赛。新增17所学校体育场地向社区开放。启动新一轮艺术教育特色申报评选，组织区青少年活动中心交响乐团、交大附中嘉定分校、嘉定一中等8所学校参加上海市学生艺术团分团申报。组织教师参加上海市首次课外校外教师业务技能展示评比，获奖率、获奖量与获奖等级市郊领先。完善"擎"区域青少年科创课程图谱，为25所中小学提供人工智能入校课程，为6个联盟学区70所公办中小学提供访学课全覆盖，为集散地四大类学生科创社团提供项目孵化。召开首届"擎"动未来嘉定区青少年科创发明大会。加快上海市青少年科学研究院嘉定分院、上海市青少年科学社嘉定分社建设。累计获"上海市青少年科技创新大赛""明日科技之星"赛事奖项283项。80所学校完成市"绿色学校"创建工作，覆盖率94.1%。

完成教育系统教师招聘工作，开展高校毕业生就业工作专项招聘。完成特级校长、特级教师、学科带头人、优秀骨干教师、学科新星日常管理和阶段考核工作。推进引进高层次创新创业和急需紧缺人才资助工作。发布《嘉定区教师队伍现代化建设五年行动计划(2021—2025)》，形成连片合作教师培养模式。新成立名校长工作室6个，建立学科高地1个，取得正高级教师职称7人。主持课题400多项，公开课或讲座1000余场次，发表论文或编著800多项，教师个人获奖1400多项，指导学生获奖2000多项。区教育系统首届高端人才研修班开班。完成正高级、高级、一级教师教科研成果鉴定工作。组织开展519位教师中级职称及136位教师高级职称申报评议评审工作。完成18所新开办学校申请工作。对102家单位进行编制统筹调配。完善教师绩效工资分配，深化干部教师交流轮岗，全年参与交流轮岗教师605人，其中骨干教师136人。启动2022年教育人才"组团式"帮扶结对，深化交流合作对口帮扶。

开办华旭双语学校高中部。关停1所民办随迁子女小学。新增11所公办幼儿园和1所民办幼儿园，区域内优质园占比52.4%。建立学前管理、师资、课程、文化等互通互融集团化教育生态，运用“大视野”课题成果新经验，聚焦“幼儿发展优先”项目，不断创新保教实践。对民办幼儿园规范管理，牵手结对、规范评估、扶持奖补力度加大。保障普惠性托育资源供给，新增普惠性托育点8个，率先实现普惠托育服务街镇全覆盖。召开“学习型社会建设推进大会”，推进“学哉嘉定”数字课堂建设，打造区域终身教育新品牌。推进新城老年大学建设，新建6个社会学习点和20个居村委标准化学习点。推进街镇成人学校教师职级晋升工作，深化终身学习体验基地建设。大众工业学校代表上海市参加全国职业技能大赛，参赛项目数位居全市中职校第一。推进校外培训机构恢复线下培训服务，281家培训机构通过实地检查复课。推进预收费资金监管账户开户工作，255家培训机构完成账户开立，69家机构完成账户核验，其中38家开通支付渠道。会同发改、民政、市场监管等部门组成专项检查组，对17家义务教育阶段学科类校外培训机构进行规范教育收费实地督查。做好年度区政府履行教育职责评价工作，拓展年度义务优质均衡创建监测结果运用。持续开展年度义务教育均衡监测和实地专项督导，完善网上数据预警系统，发挥“义务教育优质均衡发展”及“中小学学业质量绿色指标综合评价”市级监测报告结果运用。2022年嘉定区85所义务教育学校资源配置7项指标综合评估达标率100%，被教育部确定为首批国家义务教育优质均衡发展先行创建区。　（陆欣琰）

**【上海首家航空运动模拟飞行训练基地揭牌】** 1月12日，上海市科技体育运动基地——“航空运动模拟飞行项目”揭牌仪式及座谈会在封浜高级中学举行。封浜高中的“筑梦蓝天——航空模拟飞行”社团课程入选首批“上海市素质教育优质课程”，并已在“上海市学生体育艺术科技教育活动平台”上线，供所有义务教育阶段中小学校遴选。　（陆欣琰）

**【开展义务教育优质均衡发展督导】** 3月1—3日，区教育局相关科室及部门组成联合督导队伍，对全区义务教育阶段9所学校进行抽查督导。督查组听取学校校长的自评报告，通过现场查看、查阅资料、随机访谈等方式对学校迎检工作进行督查，并反馈整改意见、亮点特色、问题短板，指导及时整改，推动义务教育优质均衡发展。　（陆欣琰）

**【委托上海世外教育集团管理云翔中小学签约仪式】** 3月8日，在南翔镇政府举行。上海世外教育附属嘉定云翔小学、中学由嘉定区教育局与上海世外教育集团合作，委托上海嘉定世界外国语学校管理。　（陆欣琰）

**【举行上海教育科学研究项目开题论证会】** 4月21日，由上海师范大学附属嘉定高中校长领衔项目“课程建设视域下教师教育特色普通高中创建的行动研究”召开线上开题论证会议。会上，上海师大附属嘉定高中校长作开题汇报，与会专家对课题进行评议。　（陆欣琰）

**【调研指导2022年区教育系统固定资产清查工作】** 7月14日，区纪委第七派驻组到区教育资产与财务核算中心，调研指导区教育系统固定资产清查工作，与区教育局分管领导、区教育资产与财务核算中心相关负责人、校方代表共同参与2022年嘉定区教育系统固定资产清查工作推进会。会议总结工作进展情况，并对下一阶段工作开展提出新要求。　（陆欣琰）

**【区青马工程高中阶段班暨中学生共产主义学校第五期培训班结业仪式】** 8月12日，在区教育局举行。全区各高中（中职）学校的82名优秀共青团员参加活动。会上，学员代表作交流发言，颁发培训班结业证书及优秀学员证书。　（陆欣琰）

**【区教育系统首届高端人才研修班开班仪式】** 9月8日，在区教育局举行。以“导师引领，跑出嘉师成才‘嘉’速度”为主题。前期组织四场面试会，优中择优确定首届嘉定区教育系统高端人才研修班A班19名、B班30名学员。会上，宣布导师团队名单，解读研修方案，宣布首届研修班学员名单。　（陆欣琰）

9月8日，嘉定区教育系统首届高端人才研修班开班仪式在区教育局举行

**【"上海学科德育17年探索"学术研讨活动】** 10月18日，在线上举行。以"启明并蓄　继本创新"为主题。活动分为现场展示、主题报告和主旨报告3个环节。现场展示环节呈现学科德育的"上海经验"和"嘉定样本"。（陆欣琰）

**【与市教科院普教所合作签约】** 10月25日，嘉定区教育学院与市教科院普教所合作开展"嘉定区高端教师专业能力提升的研究与实践"项目研究签约仪式在区教育局会议室举行。双方代表签署合作研究协议。（陆欣琰）

**【区学生劳动教育嘉年华活动启动仪式】** 11月2日，在上海市少年儿童浏河活动营地举行。以"奋进新征程　劳动助成长"为主题。现场，发布《关于进一步加强嘉定区中小学生劳动实践基地建设的实施意见》《2022年嘉定区学生劳动教育实践基地建设情况蓝皮书》和"嘉定区学生劳动教育共享课程资源库暨共享课程第二季"，聘任50名"劳动教育校外辅导员"，进行50家"星级学生劳动教育实践基地授证"、6家新增"学生劳动教育实践基地授牌"、50家"基地共建签约"。10家学生劳动教育实践基地、六大德育联盟片学校代表集中展示劳动教育成果。（陆欣琰）

**【2022年区学生阳光体育大联赛】** 大联赛由区教育局、区体育局主办，历时1个多月，大联赛的12个项目在嘉定体育馆及部分区内中小学校体育场地举办，吸引7535名中小学生参加。（陆欣琰）

**【区教育工作党委、上海交通大学附属中学党委共建共管协议签约仪式】** 11月14日，在上海交通大学附中嘉定分校举行。根据协议，双方将共同致力于党建共建、教育共管，围绕教育集团建设、教师队伍建设、干部队伍建设、基层党建等领域开展深度合作，为区域教育发展注入新的活力。（陆欣琰）

**【"擎"动未来2022年嘉定区青少年科创发明大会】** 11月19日落幕。大会由嘉定区教育局主办，嘉定区青少年活动中心承办。历时两个多月。收到全区42所学校270多件作品，36个作品进入终评。11月12日，入围的36名学生以线上方式向来自上海交通大学、复旦大学、中国科学院、同济大学的9名专家教授展示创意并回答专家提问。闭幕式上，大会对奇思妙想获奖作品线上颁奖，同时颁发优秀指导奖和优秀组织奖，授证30位区级小研究员。（陆欣琰）

**【区第十八届全民终身学习活动周开幕式】** 11月24日，在菊园新区北水湾体育公园举行。以"数字赋能　教化新城"为主题。活动现场，通过主题宣传片、智能设备演示、艺术表演、书法绘画作品展等形式展示全区在促进全民终身学习、推进学习型社会建设进程中的丰硕成果，并进行直播。（陆欣琰）

**【区第六届品质教育学术节闭幕式】** 12月12日，在区教育学院举行。学术节紧扣"激活新动能，聚力践行新目标"主题，通过内涵发展、学习设计、数字赋能等一系列互动研讨，形成区级师训课程和"100道光芒"优秀案例集两大成果。闭幕式分教育新理念、新方式、新评价、新成长和新协同五大模块，以脱口秀、数字故事、教育综述、主题演讲等表达方式，初步回应一些现实教育问题。（陆欣琰）

## 附：区教育局驻地及负责人

（2022年1—12月）

区委分管领导：周文杰

区政府分管领导：王　浩

区教育工作党委书记：田晓余
副书记：许敏杰

区教育局局长：管文洁

副局长：王巍清、赵丽鸾、李　娟、张　宇

地址：嘉行公路 601 号
邮编：201808
电话：021-39902071

## 浦东新区

**【2022 年概况】** 有各级各类教育机构 662 家。公民办中小学、幼儿园 646 所，其中幼儿园 328 所、小学 133 所、初中 115 所、高中（含完中）59 所、中等职校 7 所、特殊教育 3 所、工读学校 1 所。此外，有实习学校等其他学校 3 所以及教育发展研究院、青少年活动中心、教育指导中心等 13 个教育单位。在校学生 53.7 万人。教职工 5.38 万人。有 213 名在职特级校长、特级教师、正高级教师。

有 11 所市实验性示范性普通高中、3 所市特色普通高中，21 所市示范性幼儿园，1 所国家中等职业教育改革发展示范校、2 所市中等职业教育改革发展特色示范校。有 20 个学区、31 个教育集团（联盟），公办义务教育阶段学校学区化集团化办学覆盖率 94.1%。

新建开办 25 所学校，新开工 10 所公建配套学校，另有上海海事大学附属北蔡高级中学改扩建（二期）等 4 个项目开工建设，杨思社区配套幼儿园改扩建等 5 个项目竣工，川沙中学迁建等 6 个项目完成审计清算。推进临港青少年活动中心建设。浦东教育发展研究院临港分院试运行。推进确权补证工作，办出产证 105 处。

《浦东新区全面深化教育领域综合改革示范区建设方案（2021—2025 年）》细化为 125 项任务清单，形成“一任务一方案”。建设国家级信息化教学实验区，架构浦东教育数字化转型“1134”体系，推进 50 所智慧校园建设。推进“双减”工作，秋季学期义务教育阶段学生参与课后服务约 33.8 万人，占比 97.5%。压减学科类培训机构，全区线下学科类培训机构压减到 138 家。

在全市率先启动中小学校党组织领导的校长负责制，完成首批 43 所改革学校的验收评估工作。新建、撤销、调整、更名基层党组织 87 家次，完成 13 所民办中小学校党组织关系隶属教育工作党委调整工作。命名第一批 24 所“基层党建工作示范学校”。11 所中小学校入选上海市中小学校党组织“攀登”计划学校。

制定《关于促进浦东新区教育人才发展的实施意见》。年内招录公办学校教师 3080 人，储备教师教辅 967 人。新评 442 名学科带头人、2761 名骨干教师、518 名青年新秀、60 名领军人才后备暨学科工作坊主持人。新评初级教师 2371 人、中级教师 1914 人、高级教师 564 人、正高级教师 31 人。1 人获全国教书育人楷模称号，1 人获上海市教书育人楷模提名。选派 7 名校园长参加教育部双名、国培计划，3 名校园长、4 名后备干部参加长三角名校长、后备干部联合培养，2 名青年校长参加市教委中青年校长论坛。1 人入选教育部 2022 年乡村优秀青年教师培养奖励计划。完成国家乡村振兴重点帮扶县“组团式”帮扶教育干部、人才 19 人及“组团式”援藏教育人才 7 人的选派工作，组织开展 5 个班次的教育培训。

开展 40 场“未成年人法治教育巡回讲座”。建立法治副校长制度，新增 16 名法官担任法治副校长。依托“五环”专项行动，做好学生关心关爱工作，年内“一生一档”发起预警1582人次，心理热线服务5184人次，妥善处置心理危机问题178个，为605名失（缺）管学生充当“临时监护人”。指导285所中小学成功创建本轮“上海市绿色学校”和49所中小学申报“上海市节水型学校”创建。完善艺体项目“一条龙”布局，开展区学生阳光体育大联赛，成立8个艺术教育名师工作室、4个科创名师工作室。293校次参与第三轮科创指数评估项目。组织各类科技竞赛和活动，获国际奖项18个、国家级奖项46个、市级奖项2115个。

新增9所上海市示范幼儿园和3所市一级幼儿园。新增金囡、浦南、靖海之星3个学前教育集团，公办幼儿园集团覆盖率升至70％。完成37801名适龄幼儿招生入园。推进托幼一体化，全区170所公民办幼儿园（187个园部）开设托班256个，占比约60％，可提供托额5120个，比上年增加1280个。新增10个社会力量办托育机构（包括1家企业办托）。经国家审核并公示，浦东新区被列入“全国婴幼儿照护服务示范城市”拟命名名单。

评定第一批13个区级紧密型学区。推进“18＋10”所强校工程实验校总结验收、成果宣传。完成7个城乡学校互助项目的成果展示和中期评估。培育项目化学习种子教师队伍，遴选第一批50名种子教师。103所项目化学习实验校开展线上教学三类项目实践，4所学校参加市展示与研讨活动。完成45771名小学新生、36246名初中新生的招生入学。落实中考改革背景下初三学生综合素质评价结果认定。

浦东新区被确定为“上海市普通高中新课程新教材实施研究与实践项目区（第二批）”，建平中学等18所学校被确定为“上海市普通高中新课程新教材实施研究与实践项目学校”。落实中考改革和高中扩招要求，制订浦东新区市实验性示范性高中名额分配到校招生计划分配方案，全区普通高中学校实际招生17309人，比上年增长23％。

新增航空服务学校等5个中高职贯通试点专业和振华职校1个中本贯通试点专业，全区中高职贯通试点达27家、中本贯通10家。陆家嘴街道、东明路街道、合庆镇、高桥镇、南汇新城镇社区（老年）学校获评2022年上海市社区（老年）学校优质校。推出人文修身“云打卡”项目6集，新增1条市民终身学习人文行走路线。举办全民终身学习活动周。

制定《浦东新区深化民办义务教育规范工作方案》和各民办学校风险应对“一校一表”，通过加强民办义务教育学校党建工作、规范主体公参民办学校、规范要素公参学校、规范民办义务教育学校名称、调控民办义务教育阶段学校规模、规范民办学校资产财务管理六大重点工作，完成28所民办学校规范工作。

印发《浦东新区教育局关于规范特殊教育护理员管理的实施办法》，优化特殊教育设点布局，新增小学阶段特教班2个、初中阶段特教班2个。

（饶之琛）

**【举办第二十届区“明日科技之星”活动】** 1月，浦东新区教育局和区科经委联合举办第二十届区青少年“明日科技之星”评选活动。活动收到区126所中小学980位学生的725个项目的申报材料，其中中学87所，涉及672个项目、821名学生，包括个人项目575个、团队项目97个；小学45所，涉及55个项目、165名学生，均为团体项目。经初评和综评，231个项目、290名学生获区“明日科技之星”称号并推荐参评市赛。最终9个项目获市“明日科技之星”称号、22个项目获市“明日科技之星”提名奖、67个项目获市“科技希望之星”。（朱莲华）

**【举办“浦东教育　职等你来”直播带岗活动】** 6月6—12日、7月28日至8月3日、10月10—14日，浦东新区教育局举办三季“浦东教育　职等你来”浦东新区公办学校教师岗位网络直播招聘会系列活动。86家单位入驻直播间，推出岗位1348个，通过“学校展示＋岗位介绍＋线上答疑＋简历投递”，为求职者和用人单位搭建沟通桥梁，吸引19.6万人次观看直播。在直播带岗活动推动下，全年浦东新区公办学校招聘进编教师3080人。（刘　飞）

**【举办第二届、第三届、第四届浦东杏坛活动】** 6月25日，第二届浦东杏坛“融合共生　智向未来”活动在浦东新区外事服务学校举行，设1个主论坛和“多方协同强化联结，共筑AI教育生态”“数字转型教育,智慧共生课堂”2 个分论坛。之后,相继举办第三届浦东杏坛“引领　培育　创生”活动、第四届浦东杏坛“育人背景下教研转型的应为与可为”活动。于漪老师在第四届浦东杏坛活动上作主旨报告。（刘贯南）

**【“迎接党的二十大　培根铸魂育新人”浦东新区教书育人楷模先进事迹报告会】** 9 月 15 日,在浦东新区青少年活动中心举行。会议表彰近年来获全国教书育人楷模等荣誉称号的 27 位教师,颁发“浦东新区教书育人特别贡献奖”和“浦东新区教书育人贡献奖”。报告会上,“全国教书育人楷模”、浦东新区特殊教育学校校长周美琴,“上海市教书育人楷模”提名获得者、竹园小学校长娄华英,“上海市教书育人楷模”、浦东新区东方幼儿园教师刘树樑,“上海市教书育人楷模”、上海市建平中学教师冯碧薇结合工作实际交流心得体会。（刘季青）

9 月 15 日,“迎接党的二十大　培根铸魂育新人”浦东新区教书育人楷模先进事迹报告会在浦东新区青少年活动中心举行

**【参展第十九届上海教育博览会】** 9 月,浦东新区教育系统参展 2022 第十九届上海教育博览会。浦东新区参展主题为“融合共生　智向未来”,展现浦东新区教育系统整体性推进教育数字化转型、全方位赋能教育综合改革的成果、革命性重塑高质量教育体系以及服务国家战略和上海城市数字化转型的成果。9 月 16 日起,线上展示浦东新区教育数字化转型大型数字空间、3 所信息化标杆校“云活动”、1 所信息化标杆校“主题公园”。10 月 11 日,第十九届上海教育博览会教育大直播浦东新区教育局专场举行,全渠道 38 万余名观众观看。（盛佳妮）

**【上海市特色普通高中创建展示活动】** 9 月 30 日,在浦东中学举行。由市教委基教处、市推进特色普通高中建设项目组、浦东新区教育局共同主办。以“学史明理　知史启慧　用史创新”为主题。展示浦东中学德育活动、党史教育、史学素养等特色课程以及学生社团活动。（金学成）

**【举办第三十八届区青少年科技创新大赛】** 10 月 17 日,浦东新区教育局和区科协联合举办第三十八届浦东新区青少年科技创新大赛。大赛收到合格申报项目 3238 项,其中个人项目 2909 项、集体项目 328 项。参赛师生 3813 人,参赛单位 748 校次。大赛设置 39 个评审组,经初评选出 332 个项目、406 名学生参加大赛终评展示活动,其中发明创造 78 项、科学论文 150 项、科技实践活动 18 项和科学幻想画 86 项。（朱莲华）

**【第十四届“浦东小院士”评选活动】** 10 月,浦东新区教育局、区科经委联合举办区第十四届“浦东小院士”评选活动。活动收到 109 人、109 个项目申报,其中高中 29 个、初中 80 个,申报数比上年增长 12%。经过综合评定,上海市实验学校东校陈天择等 5 名学生获“浦东小院士”称号,上海市洋泾菊园实验学校张浩鋆等 10 名学生获“浦东小院士”提名奖。（朱莲华）

**【举办区第十八届学生艺术节系列活动】** 上半年,浦东新区第十八届学生艺术节系列活动有 363 所学校报名参加,收到绘画书法摄影作品 5971 件,选送 197 件优秀作品参加市级选拔赛。在市级比赛中获 8 个一等奖、10 个二等奖、38 个三等奖。下半年,举行“阳光天使”杯学生艺术作品选拔赛,302 所中小学校 10258 件作品参赛,经评选,选送绘画 71 幅、书法 42 幅、工艺 22 件、篆刻 10 幅参加市级比赛,获 7 个一等奖、7 个二等奖、19 个三等奖。（周丽君）

**【举办 2022(第六届)浦东科普诗词大会】** 11 月,浦东新区教育局、区文体旅游局、区文明办、区科协、团区委、区语委办联合举办“学习二十大、诗颂新时代”2022(第六届)浦东科普诗词大会。线上参

与量突破 139 万人次，线下参与学校达 180 所。线上产生 252 名“日冠军”，线下的现场比拼有 700 余名师生参与，均创历届新高。（顾若菲）

**【“融创·人生”第五届上海高中生论坛暨第十届上海高中生经济论坛闭幕式】** 12 月 18 日，在上海证券大厦交易大厅举行。由市教委基教处、上海证券交易所投资者服务部、市教育学会高中教育专业管理委员会、市特色高中建设项目组、陆家嘴金融城发展局和区教育局主办，华东师范大学经管学部、上海财经大学金融学院、上海对外经贸大学金融管理学院协办，华东师范大学基础教育集团、华二浦东教育集团和华东师范大学附属东昌中学联合承办。论坛历时近一年，44 所学校学生参与论坛 6 个模块活动。闭幕仪式在线上线下同步进行。（金学成）

**【“诗情·画意”区境外学生中文风采展示活动颁奖仪式】** 12 月 9 日，在张江人才港及线上同时举行。获奖选手代表及指导教师代表、获优秀组织奖学校校长代表在颁奖仪式上发言。2021—2022 学年，活动通过“培训交流＋实践体验＋风采展示”等形式，吸引数千名学生参加，百余幅作品参与复赛。获奖作品在部分外籍人员子女学校及获奖选手所在公办民办学校和张江人才港等十几个站点巡展。（瞿雅琼）

## 附：区教育局驻地及负责人

（2022 年 1—12 月）

区委分管领导：单少军
区政府分管领导：晏　波

区教育工作党委书记：高国忠
副书记：毛力熊

区教育局局长：高国忠
副局长：朱　慧、张　伟、陈　强、陈　斌

地址：锦安东路 475 号 3 号楼
邮编：200204
电话：20742638

# 金　山　区

**【2022 年概况】** 有各级各类教育机构 145 家，其中高中 7 所、完中 3 所、十二年一贯制民办学校 2 所、初中 19 所、九年一贯制学校 6 所、小学 22 所、特殊教育学校 1 所、幼儿园 49 所、托儿所 12 所、中等职业院校 3 所、社区学院 1 所、教育学院 1 所、社区学校 11 所，其他教育单位 8 家。在校学生 73665 人，其中中学生 23796 人、小学生 28439 人、幼儿园幼儿 17116 人、特殊教育学生 237 人、中等职业学校学生 3581 人、托儿所幼儿 496 人。在职教职员工 9490 人，其中专任教师 6819 人。

完成 2 所普惠性托育点建设，普惠性幼儿园覆盖率 94%。托幼一体建设加快，开设托班幼儿园占比 51.02%。提供校内课后服务小学实现全覆盖，参加校内课后服务小学生达 99.15%。

组织开展融合育人第二轮项目申报工作，立项 122 项。完成全区小初高体育“一条龙”项目整体布局。校外锻炼情况获全国最高荣誉 10 星级。市级学生阳光体育大联赛获 67 个一等奖。学生在市级及以上比赛中，获全国奖项 42 次、市级前三奖项 235 次。成立郭宇艺术工作室，加强“践行码”空中课堂，上线 290 节课，总访问量 533277 人次。在第二十六届“中国少儿小梅花荟萃”活动中，4 名学生获“小梅花”称号，4 所学校获优秀集体节目奖。在第十一届上海少儿戏剧“小白玉兰”评选中，获 10

个个人项目奖、11个集体项目奖。8所试点学校启动“金山创智课程”。遴选17所第二批“乐高进校园”基地校(园)。参加科技类竞赛获市级及以上奖项205项,其中重点项目获奖46项。27所中小学创建为上海市绿色学校。1所学校创建为“全国航天特色学校”。全覆盖、个性化落实全员导师制。落实《家庭教育促进法》,推进“家长学校联盟”建设、“家长慧”项目,推送“鑫之家”家庭教育指导课程。参加第五届长三角家校合作论坛论文征集,获一等奖2项、二等奖1项、三等奖5项。19个案例入选国家社科基金重大项目“立德树人的落实机制研究”丛书。

形成“双减”长效机制,确立常态化“听评研”、区域作业资源开发共享和应用、课后服务区域资源配送。区青少年活动中心、实践中心、劳技学校、青体办和各社区学校“送课到校”51门课程。建立金山区社会体育机构进校园准入机制,首批45家社会体育机构提供公益服务。推进培训市场综合治理,指导督促学科类培训机构入驻全国校外培训监管与服务综合平台。

做亮“金小囡”启航工程,全区32所公办园平均开展线上线下公益活动17.87次。亭林幼儿园、东风幼儿园创建为市示范园,市示范园占比15.6%;张堰幼儿园、干巷幼儿园创建为市一级园,市优质园占比71.4%。3学区7集团覆盖义务教育阶段学校33所,覆盖率76.44%。义务教育绿色指标测试和国家义务教育质量监测的大部分数据评定结果呈现进步。定期开展高中“双新”展示活动,实施国家级优秀成果“问题导学”新课堂项目。加强创新实验室建设过程化管理,组织第四轮创新素养培育基地项目中期评估,开展第十轮创新实验室建设项目申报、评审、立项工作。推进“金质阅读”项目,组织“金质阅读”首届阅读节活动,优化“金山教育阅读平台”应用。制定并实施《金山区深化民办义务教育规范工作方案》。获2021年上海市基础教育教学成果奖一等奖2项、二等奖7项。

上海现代化工职业学院获批设置,开展产权办理、机构设置、师资队伍建设等工作。与企业签订“岗课赛证”融通综合育人合作项目,联合申报中西面点现代学徒制试点。6家企业为首批上海湾区产教融合协同育人基地,形成20个合作项目。获全国职业院校技能大赛教学能力比赛一等奖;获上海市中等职业学校教师教学能力比赛特等奖1个、一等奖1个;获上海市职业教育教学成果奖一等奖3个、二等奖1个、三等奖1个。召开区职教集团二届三次常务理事会议,增补3家单位为常务理事单位,吸纳2家企业为新成员单位。

成立“上海开放大学数字服务产业学院”。扩充老年教育基本设施,打造老年教育智慧场景,完成金山区老年大学康城校区建设。完成3年建成100个社会学习点工作目标。朱泾镇社区学校、吕巷镇社区学校、高新区社区学校成为第二批市级社区(老年)学校优质校。举行全民终身学习节活动。开展老年数字教育进社区行动,向老年人提供数字教育课程资源,覆盖全区村居,近3万人次参与线下线上活动。

(金　教)

**【发布《金山区深化民办义务教育规范工作方案》】** 4月11日,金山区政府发布《金山区深化民办义务教育规范工作方案》,明确加强民办学校党建工作,调控民办义务教育学校规模及人数,调控路径、招生计划及购买费用,规范民办义务教育学校名称并监督指导学校完成更名工作,规范居住区配套建设使用,规范民办义务教育学校资产财务管理和收费管理以及其他规范事项7项工作任务,促进民办义务教育学校有序健康发展,实现公办义务教育学校为主体、民办义务教育学校为补充的预期目标。

(金　龙)

**【上海现代化工职业学院获批设置】** 5月25日,市政府下发《上海市人民政府关于同意设置上海科创职业技术学院等4所高等职业学校的批复》。上海现代化工职业学院通过评审,获高等职业学校设置批复。该学院隶属于金山区政府,业务上接受市教委统一管理,是金山区整合以上海石化工业学校为核心的优质职业教育资源设置的第一所全日制公办高职学校。(顾磊帆)

**【发布《金山区教育综合改革示范项目实施方案》】**

7月7日，金山区委教育工作领导小组办公室印发《金山区教育综合改革示范项目实施方案》。《方案》明确，要推进"三全育人"高标准实践、深化体教融合推进学校体育改革、劳动教育综合育人、普通高中新课程新教材实践创新、教师队伍建设改革、推进文教结合学校美育改革、区域职业教育提质培优、幼儿园田野活动课程模式的实践研究8个项目，推动区域教育高质量发展。（胡锦中）

**【成立上海开放大学数字服务产业学院】** 7月25日，金山区政府与上海开放大学达成区、校战略合作意向，上海开放大学金山分校与上海新跃物流企业管理有限公司签署校、企合作协议，成立上海开放大学数字服务产业学院。这是探索金山区产教融合创新发展模式的新尝试。数字服务产业学院作为上海开放大学第一家"双元制"特色产业学院，旨在提供高质量的职工继续教育服务，推动高素质应用型技能人才队伍建设，助力金山区转型发展。（顾磊帆）

**【市教委、金山区政府与上海健康医学院共建上海健康护理职业学院(暂名)合作签约仪式】** 8月26日，在区会议中心举行。该学院是由市教委主管的市属公办新型高职学校，位于金山区朱泾镇，办学规模5000人左右，以五年一贯制高职为主、三年制高职为补充。共同建设健康护理职业学院是金山区贯彻落实"南北转型"发展战略，完善学历纵向贯通、产教横向融合的现代职业教育体系的重要组成部分。（顾磊帆）

**【新建工程项目投入使用】** 9月1日，龙堰路小学新建工程（山阳小学）、水上新村幼儿园新建工程（东风幼儿园城南部）项目投入使用。山阳小学位于金山区海芙路1020号，总用地面积28709.2平方米，总建筑面积21685平方米，办学规模30个班。东风幼儿园城南部位于朱泾镇众安街175号，总用地面积7200平方米，总建筑面积6810平方米，办学规模15个班。（徐　君）

**【"奋楫笃行担使命　培根铸魂育新人"金山区庆祝第38个教师节座谈会】** 9月9日，在区公共服务中心举行。以"始于心""践于行""达于志"3个篇章讲述金山教育人秉持教育初心、践行责任使命、精益求精追求创新的事迹。6名教师在会上交流分享对教育发展、教师成长的收获与感悟。（杨　芳）

**【上海师范大学二附中被命名为"上海市特色普通高中"】** 9月14日，市教委发布通知，命名上海师范大学二附中为"上海市特色普通高中"。作为金山区第二所上海市特色普通高中，学校依托区域生态资源优势，以"生态科技教育"特色促进学校发展。（金　龙）

**【区青少年实践活动中心入选全国农耕文化实践营地推荐名单】** 10月31日，《农业农村部办公厅　共青团中央办公厅　全国少工委办公室关于公布农耕文化实践营地推荐名单(第一批)的通知》公布，全国60个单位入选农耕文化实践营地。金山区青少年实践活动中心为上海市唯一入选单位。（沈丹萍）

**【全国"五育融合"课堂教学研讨会暨全国第三届"五育融合"研究论坛】** 12月9日，在金山区举行。以"'双新''双减'背景下'五育融合'课堂教学改革"为主题。来自全国十多个省市、逾10万名教育界人士通过线上线下方式参会。论坛总结、交流、展现全国基础教育"五育融合"课堂教学实践经验，推动"五育融合"融入教师教学、课堂和教研之中，共同构建新时代"五育融合"课堂教学育人体系。（胡卫东）

**【区"戏曲进校园"五周年座谈会】** 12月18日，在华东师大三附中举行。以"学习贯彻党的二十大精神　深入推进中华优秀传统文化传承"为主题。来自10家专业院团的戏曲界人士及金山区部分校(园)长通过线上线下相结合方式参加。会上，表彰金山区"戏曲进校园"5周年先进集体与个人；区教育局与上海京剧院、上海越剧院、上海昆剧团、上海闻广艺术团、上海芭蕾舞团、上海木偶剧团、上海话剧艺术中心、上海淮剧团、上海民族乐团签约。

（沈丹萍）

**【深入学习贯彻党的二十大精神——艺心向党2022年上海少儿戏剧小白玉兰颁奖展演活动】** 12月18日，在华东师范大学三附中举行。由上海市戏剧家协会、金山区教育局主办，金山区青少年活动中心、华东师大三附中承办。上海市文联、上海各戏剧院团（校）及金山区有关领导出席。小白玉兰奖参评选手年龄从16周岁放宽至18周岁，同时首次增设音乐剧组别，参赛人数、获奖人数创历届之最。近300组节目参加评选。金山区10位学生获“小白玉兰”称号，11所学校获优秀集体节目奖。

（沈丹萍）

12月18日，深入学习贯彻党的二十大精神——艺心向党2022年上海少儿戏剧小白玉兰颁奖展演活动在华东师大三附中举行

## 附：区教育局驻地及负责人

（2022年1—12月）

区委分管领导：袁　罡
区政府分管领导：曹　婕

区教育工作党委书记：顾宏伟
　　　　副书记：郑　瑛、吴　颖

区教育局局长：郑　瑛
　　　副局长：黄　萍、李松皓、方德平、孙方波

地址：金一东路2号
邮编：2005540
电话：57944317

# 松　江　区

**【2022年概况】** 有各级各类教育机构272家，其中托幼园所165所（公办71所、民办94所）、中小学92所（公办68所、民办23所、特殊教育1所）、职业教育机构4家（区属2家，非区属2家），其他教育单位11家。全日制学校在校学生175181万人，其中初中学生36261人、小学生75238人、学前教育幼儿49596人、高中学生11076人、中职校学生3010人。全区公办学校有教职工21873人，其中在编教职工12570人。有特级校长12人、特级教师21人，正高级职称教师41人，高级职称教师1085人。

中小学校党组织领导的校长负责制具体执行不断优化，20家单位先行先试，党对中小学校的全面领导持续增强。区教育工作党委党建研究课题获市普教系统2021年度重点课题评选一等奖。组建第二批“三人行”宣讲团和“基层书记宣讲团”。组建8个大中小学思政课一体化联盟，创建上海市“大思政课”重点试验区。“青马班”实现公民办高中全覆盖，181名中学生共产主义学校学员顺利结业。

组建纪检监察（审计）科，全年对27家基层单位进行专项检查、调研，完成736个审计项目。全面推行全员导师制，深化“三全育人”综合改革工作，开发“上海之根，行走松江”研学课程40余门，授牌研学旅行基地16家。

在全市率先开展青少年围棋运动技能等级测试。在第十七届市运会获55.5金、65银、46.5铜。松江二中合唱艺术团入选上海市学生艺术团分团。松江区科学案例被教育部以及中国教育督导网站全文刊登。高质量落实每周1课时劳动课程，建设校内外劳动基地13个。

办好区级家长学校。出版《云间父母——家庭教育智慧故事》，开发“云间亲子共读坊”系列课程。全区青少年儿童总体近视率稳步下降，区域学生体质健康水平优良率提升至75.4%。

新增2所市示范园、3所市一级园。完成第三批普惠性民办幼儿园认定评估，普惠性学前三年教育覆盖率提升至92%。新增16个公办托幼一体布点，托幼一体园所比例提升至58%。适龄幼儿家庭接受科学育儿指导覆盖率达98%。

开办上海师范大学松江未来实验学校、上海师范大学松江科创实验学校。抓实义务教育“双减”“五项管理”，84所学校实现课后服务全覆盖。规范民办义务教育，在校生规模占比降到5%。推进中招改革，中考高分段人数同比2021年实现“翻一番”。引进优质高中资源，新开办华二松江分校、华政附高2所高中，上外云间中学驶入发展快速道。松江二中重点本科率87%，松江一中重点本科率51.4%，全区重点本科率27.4%，为历年最高。

率先在松江新城创建新型高职上海科创职业技术学院。全年共建校企合作基地项目59个，建立区级社会学习点6个、体验基地13个。7个项目入选教育部“智慧助老”优质工作案例。5所社区学校获评上海市街镇社区（老年）学校优质校。佘山镇“墨香女性课堂”获评市终身学习品牌项目。

最近一轮援派干部、教师援藏7人、援滇31人，全年援派教师达61人，为历史最高。组织教育系统12位专家赴云南对6所学校进行全方位评估指导，并形成督导报告供当地教育部门参考。

全年招聘教师1097人，其中正高级教师4人、博士12人，硕士及以上学历占比46.8%。深化实施“名师名校长培养工程”，推进教师硕博研修班，6名教师获评上海市正高级职称。树立一批优秀教师典型。上海师大附属外国语中学教师肖铭获评上海市“四有”好教师。

全年启用学校12所，新开工建设项目8个，华二松江分校项目开工，上外云间学校校舍启用。稳步实施松江二中等3所信息化标杆校培育。完成3所学校标准化考点建设和4所学校新中考理化实验室考场建设。新设校外教育培训管理科，开展校外培训机构专项整治，严格控制培训时间。全区义务教育阶段学科类机构数由原来的202家缩减至9家，压减比例超95%。推进教育督导体制改革，松江区被列为“市中小学幼儿园校（园）长任期结束综合督导评估工作试点区”。

建成教育部交办的“中小学培训费管理”“中小学固定资产财务处理”2门课程系列资源。78所学校完成绿色学校创建，总通过率达90.7%。完成中小学校教室空调安装工程，新安装空调3200余台。

（松　教）

**【率先在全市开展青少年围棋运动技能等级测试】** 10月起，松江区率先在全市开展青少年围棋运动技能等级测试。设立佘山外国语实验学校、九亭二小围棋运动技能等级智能赛场。做好松江二中、松江一中等龙头学校引育工程，构建智力运动“一条龙”新体系、探索赛事平台活动新赛道、助推围棋运动等级测试新拓展。

（鲁　勤）

**【开展高中和初中毕业班返校复学驻校督导】** 6月3日至7月3日、6月10日至7月4日，松江区政府督导室对每所学校派驻一名督学，分别开展高中和初中毕业班返校复学驻校督导。7月20日，《上海松江：疫情防控背景下，实施“下沉式”驻校督导模式新探——以上海市松江区初高中返校复学驻校督导工作为例》在《中国教育督导》公众号上刊登。

（姜志国）

**【推进市实验性示范性高中引领的基础教育集团建设】** 9月1日，华东师范大学二附中松江分校基础教育集团授牌仪式在华东师范大学二附中松江分校举行。至此，松江区4所市实验性示范性高中（包括松江二中、上外云间中学、松江一中）引领的基础教育集团全部组建完成，形成松江教育立体化、紧密型的集团办学格局。（高芬华）

9月1日，华东师大二附中松江分校基础教育集团授牌仪式在华东师大二附中松江分校举行

**【对普惠性民办幼儿园专项扶持经费进行督导评估】** 9月27—30日，督导室组织督导评估组首次对上海松江区12所普惠性民办幼儿园进行"2022年普惠性民办幼儿园专项扶持经费"督导评估。督导组认为，松江区普惠性民办幼儿园的制度建设较完善，经费使用较规范，办园条件得到初步的改善。（何琳芳）

**【第十九届上海教育博览会松江专场播出】** 9月28日，上海教育大直播"数字新时代 教育大未来"松江专场在上海教育博览会小程序、上海人民广播电台、澎湃新闻、看看新闻、咪咕视频、上海教育新闻网等播出。松江区基本形成了基础网络稳定、教育数据集聚、应用发展有序的松江智慧教育生态圈。学校试点打造以"泛在学习、智能管理、多元服务、共享开放"为特征的"一库六平台"智慧校园。（王义达）

**【教师获2022世界技能大赛特别赛中国队首金】** 10月15日，代表中国参赛的城市科技学校教师邵茹鹏在瑞士巴塞尔2022世界技能大赛特别赛中获精细木工项目金牌。这是中国在2022世赛特别赛上获得的首枚金牌，也是中国在世界技能大赛舞台上获得的首个精细木工项目冠军。（张 峰）

10月15日，上海市城市科技学校教师邵茹鹏获2022世界技能大赛特别赛中国队首金

**【与中国航海博物馆签订馆校合作项目】** 10月20日，区教育局与中国航海博物馆在中国航海博物馆签订馆校合作项目。根据协议，将利用博物馆独特的展览和教育活动为学校提供教育资源，进行航海相关课程的开发与实践；探索科普场馆与学校间可复制推广的馆校合作模式，打造具有博物馆特色的课堂；借助交叉融合学科的无界博物馆课堂、流动科普巡展、科技节线上专场等推动馆校合作项目纵深化与高品质发展。（林 超）

**【率先试点一网通办在线教育缴费系统】** 10月，经市教委和市财政局批准，松江区在全市先行试点一网通办缴费电子缴费和电子开票工作。学校家长在"随申办市民云App""随申办支付宝小程序"中访问"一网通办"——"文化教育"——"松江区教育缴费"，即可完成缴费、开具电子发票及查询服务。区内140所公办学校（幼儿园）试点涉及学生9万余人，收费400批次，交易247088笔，填开票据246924张（未开票为减免学生），缴费完成率97.06%。（夏 军）

**【区全民终身学习活动周开幕式】** 11月16日，在松江区社区学院举行。主题为"笃行奋进新征程 学习筑梦向未来"。区开放大学（社区学院）、各街镇社区学校负责人、教师及学员代表等在主会场参加活动。全区社区教育教师、居民在分会场通过线

上直播观摩学习。（林　超）

【开展对口支援学校办学行为初态督导评估】 11月5—12日，应云南省昭通市教体局要求，松江区政府教育督导室选派12位专家赴对口支援昭通市昭阳区北闸中学、彝良县第二中学、镇雄县以勒中学、昭通市职教中心、彝良县职业高中、镇雄县职业高中，开展松江区"组团式"帮扶教育工作组学校办学行为初态督导评估工作。（姜志国）

【上海戏剧学院附属松江实验学校合作共建签约仪式】 11月25日，在松江区举行。上海戏剧学院、松江区教育局和车墩镇政府现场签署合作办学协议。根据合作协议，学校采用艺术高等院校与普通学校共建共享的合作办学模式，多方面深度合作，合力推动松江教育优质均衡发展。（林　超）

## 附：区教育局驻地及负责人

（2022年1—12月）

区委分管领导：韦　明
区政府分管领导：顾洁燕

区教育工作党委书记：姚　辉

区教育局局长：陈小华
副局长：付炳建、朱　永、陈　昊、郭宁伟

地址：松江区中山中路38号
邮编：201600
电话：37736305

# 青　浦　区

【2022年概况】 有各级各类教育机构186家。其中，公办教育单位142所（幼儿园59所、指导中心1个，小学30所，初中18所、九年一贯制学校5所、高中6所，特殊学校2所，中职校2所，少年业余体育学校1所，成人教育院校12所，校外教育单位2个，其他教育单位4个），民办学校44所（二级幼儿园15所、三级幼儿园23所，九年一贯制学校3所、十二年一贯制学校3所）。全区在校学生99752人，其中高中学生6602人、初中学生19943人、小学生40591人，在园幼儿28786人（其中托班幼儿1146人），中职学生3317人，特殊教育学生513人。全区在编教职工8441人，其中专任教师7222人（含正高级职称教师23人、副高级职称教师1008人）。

出台《青浦区教育改革和发展"十四五"规划》，分步实施"深入推进合作办学优化教育资源布局"等21个重点项目，推进区域教育综改示范项目。实施托育机构服务质量评估办法和评价指标，落实幼儿园保育教育质量评估指南，围绕义务教育"绿色指标"评价结果实施改进行动，实施普通高中教育教学综合评价。明确督政、督学和评估监测"三位一体"工作重点，完成57所公民办学校办学水平综合督导评估分析。做实11个紧密型教育集团学区，启动复旦附中青浦分校基础教育集团建设；成立上海师大青浦基础教育集团，共建2所中小学、2所幼儿园；与上海政法学院签约共建1所中学、1所小学；委托上海兰生学校管理1所中学、1所小学；委托世外集团管理1所幼儿园。开展数字化转型工作，深入推进教育信息化2.0行动，加快市信息化标杆培育校项目建设。

落实中小学校党组织领导的校长负责制。健全教育综合治理机制，梳理形成《青浦区教育局权责事项基础清单》，推进行政审批事项改革，更名或增挂督导科、行政审批服务科、校外培训机构监管科。统筹教育资源保障机制，坚持一般公共预算教育支出和在校学生人数平均的一般公共预算教育支出“只增不减”。完成思源中学、崧建路学校等5所学校建设。推进新东湖中学等8所学校新建工程。推进教育系统不动产权证确权补证工作。建立健全教师队伍建设机制，实施“负面清单”管理机制。开展教师发展指导者能力提升行动，启动新一轮“青苗菁师”计划，实施第七届“名优”教师培养计划，建立45个教师学科研修基地。“组团式”帮扶云南省梁河县建设梁河县青浦实验幼儿园，选派16名教师赴云南等地支教，通过“同步课堂”等项目培训当地教师464人次。深化长三角生态绿色一体化发展示范区教育发展战略合作，推进三地党建共建、师资共培、职业教育协同发展。

全区义务教育阶段课后服务实现“愿留尽留”全覆盖，义务教育阶段学科类培训机构由原有173家压减至14家。落实学龄前儿童善育工程，启动第三轮“托幼一体化”试点工作，28所公办幼儿园开设43个托班，提供860个托位。全区普惠性托额1760个，提前实现11个街镇普惠性托育点全覆盖。落实义务教育免试就近入学政策，实施公民办学校同步招生、超额摇号招生。平稳实施新中考政策，确保优质高中招生名额分配到每所不选择生源的初中学校。推进特色普通高中建设三年行动计划，完善走班选课管理体系，实施第二轮“双新”项目，推进青浦一中特色普通高中创建。出台《青浦区特殊教育三年行动计划(2022—2024)》，优化资源配置改善特殊教育办学条件。出台《青浦区深化民办义务教育规范工作方案》，推进“分类计划、分类摇号、分类录取”管理制度。开展长三角绿色生态一体化发展示范区中、高职衔接教育跨省招生工作，牵头筹建职业教育产教融合旅游服务类专业协作组，召开“长三角生态绿色一体化发展示范区特色旅游课程资源建设培训会”。启动2个街镇社区(老年)学校优质校达标创建工作，打造泛在便捷社区15分钟学习圈，制定区级社区教育教研组建设方案，确定首批5家社区教育教研基地，开展老年数字教育进社区行动。

贯通“上善”立德体系，举办“第五届长三角地区中小学德育创新论坛”，实施“铸魂提质”思想政治理论课建设行动、“德润课堂”学科德育建设行动，开展“上善学子喜迎二十大”主题宣教活动。实施“强课堂、强作业、强教研、强底部”提质行动、新一轮学校课程领导力提升行动，举办课程教学季，深化小学低年段主题综合活动课程建设。实施义务教育项目化学习三年行动计划，打造凸显区域特色的创新创造综合课程群。优化学校体育“一条龙”人才培养体系布局，推进每校开设7种以上运动项目、每生每天运动不少于1小时。组织学生进行防空防灾防地震等应急疏散演练。实施第四轮文教结合工作三年行动计划，优化艺术“一条龙”项目布局，推进学生艺术社团建设。开展“喜迎二十大，悦享丰收节”农耕文化教育主题活动，举办第二届学生劳动教育宣传周，打造校园劳动文化特色品牌项目，9项劳动教育资源上报教育部。

青浦区重固镇社区学校的《坚持扎根村居办教育，在“老有所教”处下功夫》、朱家角镇社区学校的《“丝”路传承——挖掘民间能人贤才，弘扬优秀民族文化》和盈浦街道社区学校的“法制宣传教育服务，助力‘情+理’社区教育”入选教育部社区教育“能者为师”典型案例推介名单。青浦区社区学院的《沉浸式学习“阿婆茶”文化》、盈浦街道社区学校的“一菜多吃”和重固镇社区学校的“跟着尚老师学做养成操”入选教育部社区教育“能者为师”系列特色课程首批推介名单。上海工商信息学校“融合·协同”智能制造教师教学创新团队入选上海市中职学校首批36个市级教师教学创新团队立项建设项目。

(夏春花　曹佳凤)

**【与云南省梁河县政府会商合作交流】** 3月2日，青浦区教育局与云南省梁河县政府在青浦区政府召开座谈会，围绕“梁河县新建幼儿园”的组织架构建立、办园愿景规划、课程体系建设、带教平台搭建等维度进行交流。9月1日，梁河县青浦实验幼儿园开园。

(曹佳凤)

**【在上海市学生艺术作品展中获奖】** 3—6月，由上海市科技艺术教育中心主办，以“阳光下成长——‘双减’后的我们”为主题的2022年上海市学生艺术作品展开展。青浦区青少年活动中心收到全区中、小、幼学生绘画作品391幅、书法作品103幅，摄影作品86件。选送其中150件学生艺术作品参加市级评选，最终获一等奖作品9幅/件、二等奖16幅/件、三等奖30幅/件。（曹佳凤）

**【区委教育工作领导小组会议】** 6月17日，在青浦区政府举行。会议学习《中共中央办公厅印发〈关于建立中小学校党组织领导的校长负责制的意见（试行）〉》，审议通过《中共青浦区委教育工作领导小组2022年工作要点》，专题讨论《青浦区新一轮教育综合改革示范项目实施方案》和《青浦区关于深化新时代教育督导体制机制改革的实施方案》，并部署等级考和中高考等重点工作。（曹佳凤）

**【在第三十七届上海市青少年科技创新大赛中获好成绩】** 6月26日，由市科协、市教委等15家单位共同主办的第三十七届上海市青少年科技创新大赛落幕。青浦区中小学、中职校等33家单位申报309个项目。在青少年科技创意、青少年科技创新成果、少年儿童科学幻想绘画、青少年科技实践活动、科技辅导员科教创新成果五大板块中获一等奖21个、二等奖45个、三等奖103个，优秀组织奖1个（上海复旦五浦汇实验学校）和全国青少年科普活动上海地区优秀奖1项、科技辅导员科教创新成果1项。（曹佳凤）

**【区培训市场综合治理工作推进会】** 9月1日，在区委党校召开。会议通报"双减"以来区培训市场综合治理工作的总体情况，介绍治理工作的有效举措，分析综合治理存在的主要问题，并就下阶段重点工作进行部署。区市场局、华新镇、盈浦街道分别从发挥市场监管职能、落实属地街镇职责方面作交流发言。（曹佳凤）

**【"不忘初心强师德，踔厉奋发铸师魂"青浦区庆祝第38个教师节座谈会】** 9月9日，在青浦区政府召开。区教育系统市特级校（园）长代表，市园丁奖获得者代表，支教教师、思政教师、市级课堂教学评选获奖者代表，区优秀班主任、教师代表参加。会上，为从教30年的教师代表颁发荣誉证书，新教师代表进行入职宣誓。（曹佳凤）

**【与上海师范大学、上海政法学院合作办学签约仪式】** 9月13日，在青浦区政府举行。仪式上，青浦区政府与上海师范大学、上海政法学院签署合作办学协议，明确将上海师范大学附属青浦实验中学、实验学校、实验幼儿园和上海政法学院附属青浦崧淀中学、东门小学等学校作为合作办学的主体。（曹佳凤）

**【区课程教学季开幕式举行】** 9月22日，"凝心聚力，提质增效，开启高质量教育新征程——2022年青浦区教学工作大会暨课程教学季开幕式"在青浦区教师进修学院报告厅举行。会议以线下线上结合形式进行，解读《青浦区聚焦育人方式改革的课堂攻坚行动计划》《青浦区关于推进学校高质量作业体系建设的实施意见》等文件及2022年课程教学季活动方案。课程教学季系列活动历时4个月，分区级主题研讨与展示专场、学段研讨与展示专场、学科研讨与展示专场、学校研讨与展示专场，涉及各学段学校50多所、区级学科公开课100多节。（曹佳凤）

**【区研训人员能力提升工作坊】** 10月19日，在青浦区教师进修学院开班。现场，为工作坊学术顾问和专家团队颁发聘书，解读培训方案。该工作坊依托沉浸式研修工作坊和专兼职研训岗位实践2个载体，围绕教学常规研修、研训活动设计、命题评价研究3个模块，面向全区0—5年专兼职研训人员，开展为期8个月的培训。（曹佳凤）

**【加强校园法治建设合作签约仪式举行】** 11月6日，区检察院、区教育局加强校园法治建设合作协议签约暨青浦区首个校园"青木未检工作站"揭牌仪式在青浦高级中学举行。双方签署合作协议，将共同深化校园法治宣传教育、未成年人权益保护、依法治教、依法治校等工作，推动司法保护与学校保护相融合，为全区未成年人健康成长营造良好的法治环境。（曹佳凤）

**【在市运会射箭比赛获奖】** 11月6日，为期5天的上海市第十七届运动会射箭比赛（青少年组）暨2022年上海市青少年射箭锦标赛在松江体育场落幕。青浦区少体校射箭队在比赛中获1金、10银、3铜的好成绩。获奖牌数在所有参赛队伍中位列第一，并以220分位列团体总分第二。（曹佳凤）

**【“青浦—克拉玛依”两地共学“青浦实验”活动】** 11月8日，在青浦区教师进修学院举行。华东师大数学科学学院荣誉教授、“青浦实验”领路人顾泠沅作“一项数学教改实验的45年见证”的主题报告。两地教育系统进修学院、教育研究所和学校负责人、教师等19000余人分别在线下主会场和线上分会场参加活动。（曹佳凤）

**【区第三届学校少年宫联盟巡礼活动】** 11月15日，在青浦区青少年活动中心举行。由青浦区教育局、区文明办主办。以“落实‘双减’创特色，协同育人助成长”为主题。分为外场和内场2个部分，外场集中展示实验小学教育集团学校少年宫的“传·传承文化”“创·创意缤纷”“探·探索无限”三大板块15个特色活动课程；内场实验小学教育集团介绍学校少年宫建设的历程。现场还为获2022年青浦区学校少年宫暑期优秀项目的8家单位颁奖。（曹佳凤）

11月15日，青浦区第三届学校少年宫联盟巡礼活动在区青少年活动中心举行

**【上海青浦兰生学校启用仪式暨未来教育主题论坛】** 11月16日，在上海青浦兰生学校举行。该校将以办学管理体制改革为突破口，以课程教学改革为主线，以学生全面培养为目标，打造面向长三角多学段联动、公民办融合发展的一流精品教育基地。在未来教育主题论坛上，专家学者围绕“基于‘未来教育’引领的民办学校高质量发展”进行交流研讨。（曹佳凤）

**【上海普教科研40周年系列学术活动青浦专场学术研讨会】** 11月22日，在青浦区教师进修学院举行。以“科研赋能·创新发展：导向深度学习的教学实践探索与理论建构”为主题。上海市及长三角地区教育行政机构科研员，青浦区学校科研分管领导、教科室负责人等1300余人线上参会。论坛以上海普教科研40年总结为契机，回顾青浦近15年来的科研工作探索之路，展示青浦“导向深度学习的教学本土理论和科研智慧”。（曹佳凤）

**【第五届长三角地区中小学德育创新论坛】** 12月2日，在上海市青浦区开幕。由青浦区教育局承办。设置青浦区主会场和20余个分会场。以“学思践悟二十大精神，立德为本育时代新人”为主题。来自上海市、江苏省、浙江省、安徽省21个城市（区）的专家及教师等齐聚云端，共话德育创新。论坛还开通直播通道，面向所有联盟成员单位所属的学校开放。在线参会达2万余人次。（曹佳凤）

## 附：区教育局驻地及负责人

（2022年1—12月）

区委分管领导：张权权
区政府分管领导：张　彦

区教育工作党委书记：孙　卫
　　副书记：程卫国、姚明明

区教育局局长：程卫国
　　副局长：王　良（8月离任）、朱宏进（8月上任）、焦红心、冷彩花、张晓静

地址：公园东路1155号
邮编：201799
电话：69713664

# 奉 贤 区

**【2022年概况】** 有各级各类教育单位225家，其中归口区教育局指导管理171家，其中普通公办中小幼学校121所(幼儿园54所、小学23所、初中19所、九年一贯制学校20所、高中5所)，职成校10所(中等职业学校1所、技校1所、成人学校8所)，特殊教育学校1所，少体校1所，教育指导服务机构8所(教育学院、社区学院、青少年活动中心、早教指导服务中心、教育督导评估中心、教育事务受理中心、教育保障服务中心、少年军校)；普通民办学校28所(幼儿园9所、三级幼儿园16所，九年一贯制学校1所、十二年一贯制学校1所、高中1所)。此外，有市教委直属高中1所、黄浦区管理高中1所。区域内有高校7所、教育行政许可培训机构47所。全日制在籍学生93777人，其中在园幼儿25528人，小学生38571人、初中生20302人、高中生6724人、中职学生2503人，特殊教育学校学生149人(含送教上门20人)。有公办教职工8397人，本科及以上学历教职工7729人。7573名专任教师中，正高级教师(讲师)26人、高级教师906人，中级及以上职称专任教师占比70.2%；上海市特级校长8人、上海市特级教师15人。

召开区委教育工作领导小组第七次(扩大)会议，审议关于建立中小学校党组织领导的校长负责制、推进高水平教育现代化建设三年行动计划(2022—2024年)和深化民办义务教育规范工作。举行主题为"喜迎二十大，奋进新征程"全系统庆祝中国共产党成立101周年主题集会，表彰2022年"主题党日"优秀案例。研制《关于建立中小学校党组织领导的校长负责制的实施方案》，建立健全中小学校党组织发挥领导作用的组织架构、基本制度和工作机制。全区教育系统129家基层党组织完成换届选举工作。召开市普教系统党建研究会重点立项课题《奉贤区教育系统贯彻落实中小学校党组织领导的校长负责制的实践研究》指导会，梳理区域教育系统实践、探索亮点。

研制《奉贤区教育综合改革示范项目实施方案(2022—2025年)》，实施新一轮"5个必选示范项目+2个自选示范项目+2个特色示范项目"的教育综合改革。研制《奉贤区推进高水平教育现代化建设三年行动计划(2022—2024年)》，出台"美丽校园工程"等五大工程18个重点项目，明确未来三年21所公建配套幼儿园和20个中小学校建设计划。实施新成长教育六大行动计划，评选优秀新成长班集体181个、星级班主任1149人。在全市率先开通数字家长学校平台，推出807门家庭教育指导课程，推动9.3万名家长上线学习。选树"世贤学子"30人、"贤城好家长"267人。举办第七届"七彩成长"学生活动节。命名第二批"贤文化、新成长"青少年校外教育基地30家。加强学生体质健康监测和相关学段运动技能测试，6所中小幼学校被评为上海市近视防控示范校。评选"十四五"首批上海市科技教育特色示范学校5所和上海市学生科技创新社团5个。"三个美丽行动"劳动教育获市教委肯定并专题报道。创新实施"新成长关爱教育计划"，加强对重点学生的关爱教育。新增2所上海市高中推进"双新"项目校。举办主题为"赋能新课堂，激活新成长"的第二十七届教学节。在上海市优秀教学成果评选中，获1个特等奖、2个一等奖、7个二等奖。举办首届新成长教育行动研究成果征集评选，评选新成长教育教师行动研究成果303个，其中一等奖成果45个。《区域整体推进育人方式变革的奉贤探索》入选全国"新时代十年基础教育改革创新案例"。

新建5个普惠性托育点、1个社区"宝宝屋"，以全市第二的成绩入围上海市“婴幼儿照护服务示范城市”并被推荐参评全国“婴幼儿照护服务示范城市”。创建全国学前教育普及普惠区，完成4所幼儿园创市示范幼儿园、4所幼儿园创市一级幼儿园的评估。完善普惠性民办幼儿园认定标准和扶持政策，完成7所民办普惠幼儿园认定工作。入选首批国家义务教育优质均衡先行创建区并在全市分享创建经验。曙光中学创建市特色高中完成复评。致远高中创建市特色高中持续推进。“智慧助老”在线教学典型工作案例通过市级评审并推荐到教育部。研制新一轮特殊教育“三年行动计划”，特殊教育学前入园率91%，义务教育入学率100%，高中阶段入学率72.22%。推动举办第五届长三角地区中小学德育创新论坛。

建成美乐谷幼儿园、蓝湾幼儿园、浦江湾幼儿园。完成南桥中学新操场及地下车库、星火学校综合楼改扩建工程。推进区青少年活动中心（“海之花”市民活动中心）、致远高中迁建、华东师大二附中临港奉贤分校、奉贤世外学校以及万顺路学校、运河路小学等项目建设。与上海外国语大学合作举办上外附中、附小、附幼。与东华大学、上海大学达成合作办学意向。推进“1+1+X”教育集团化办学和“多块牌子、一套班子、一体化运作”的联合学校办学模式，新组建联合幼儿园5个。推进奉贤中学教育集团建设，探索将少体校纳入奉贤中学教育集团。深化学校特色发展“品牌计划”，评选首批特色品牌校（项目）34个。

制定《中共上海市奉贤区教育工作委员会关于加强干部队伍建设的实施意见》等文件，举办教育系统党政干部暑期研修班、首届新成长青年干部培训班。组织开展全国中小学校党组织书记网络培训示范班、新时代基层干部主题培训、党支部书记工作室培训、党员培训、“党课开讲啦”。举办第20个师德建设月活动，评选师德标兵和师德先进个人。海湾幼儿园《创新建设“Hi You”师德师风工作品牌》入选首批新时代上海学校教师思想政治和师德师风建设优秀工作案例。推进全员岗位聘任、义务教育在校连续任职10年教师的校际流动、卓越教师培养工程和乡镇教师支持计划。卓越教师培养工程区名校长22人、名教师142人，优秀骨干校长24人、优秀骨干教师431人，优秀青年教师408人，特长特色教师93人。组建名校长名教师工作室71个，聘请78位专家担任第三届奉贤教育发展专家委员会委员和“名校长名教师”工作室特聘导师。开展培训50多场次、教研活动800余次，培训对象1300人。评选表彰“十佳”思政课教师、“十佳”青年教师、“十佳”管理服务者。在上海市中小学中青年教师教学技能比赛中获一等奖5个、二等奖8个。

创新推进“双减”政策落实，实现由“双减”向“双增”（即增强学校教育质效、增教育力量资源）的转变。构建“分时段、差异化、广覆盖”课后服务体系，多篇案例被《人民日报》《上海教育》、学习强国等媒体宣传报道，奉贤区教育学院附属实验小学的课后服务案例被市教委报送市委并作为唯一学校代表在全市交流。出台《关于加强民办培训机构管理的实施意见》，全区义务教育学科类校外培训机构由116所减少至7所，其中关停44所、转型65所，压减率93.97%。出台加强建设工程、货物与服务采购项目立项管理的方案，建立对基层单位小型建设工程的评价机制。制定《关于加强教育行政和服务队伍建设的实施方案》，提高教育行政服务效能。建立健全教育督导体制机制，做好市对区政府教育履职评价年度监测工作和五年一轮实地督导的迎检准备工作。出台《奉贤区学校工作“示范校、优秀校、合格校”评价方案》，探索模块化学校工作督导评价新模式。优化学校学年度工作考核暨“新成长奖”评选的基础性评价，推进学生“七彩成长”和教师专业发展重要成果奖的专项性评价。评选奉贤年度教育创新奖单位、班组、个人各1个，提名奖9个。制定《奉贤区义务教育新成长指数评价方案》，引导学校和教师改进办学行为和教育教学策略。在市级及以上平台刊发报道近400篇，做强奉贤教育“一网一刊一微”，发布《奉贤教育年度发展报告》，举办2场南上海教育发展论坛，参加“数字新时代，教育大未来”第十九届上海市教育博览会并获“教育大直播人气奖”和“十佳”人气展台。

（赖黎明　韩　笑）



**【举办首届新成长教育行动研究成果奖评选】** 3月

23日，区教育局制定《首届新成长教育行动研究成果征集评选方案》，首届新成长教育行动研究成果。征集收到476项成果，按照“科学性、实践性、创造性”的评审标准，经过7月初评、8月复评、9月终审，综合评出2022年度奉贤区首届新成长教育行动研究成果一等奖45项、二等奖116项、三等奖142项。（赖黎明　韩　笑）

**【发布《奉贤区中小学班主任星级评价实施方案》】** 4月1日，区教育局发布《奉贤区中小学班主任星级评价实施方案》，构建科学合理的班主任工作评价管理体系，促进班主任专业成长和发展。2022年，认定61名四星级班主任、218名三星级班主任、603名二星级班主任、267名一星级班主任。

（赖黎明　韩　笑）

**【区数字家长学校平台】** 5月15日，在全国家庭教育周期间上线。至年底，已有9万多名家长完成注册并参与学习，借助信息化平台实现家校实时沟通。（赖黎明　韩　笑）

**【与上海外国语大学共建3所附属学校】** 9月1日，奉贤区教育局与上海外国语大学就合作举办上海外国语大学附属奉贤实验幼儿园、小学和中学在区会议中心举行签约仪式。奉贤区教育局和上海外国语大学基教办代表双方签约。10月28日，3校揭牌仪式在上海外国语大学附属奉贤实验中学（原金水苑中学）举行。（赖黎明　韩　笑）

**【奉贤区第38个教师节主题活动】** 9月8日，在九棵树（上海）未来艺术中心大剧场举行。主题为“迎接党的二十大，打响南上海教育品牌”。活动表彰2022奉贤教育年度创新奖获奖集体、班组和个人，奉贤区“十佳”师德标兵、“十佳”和润服务奖、“十佳”教育管理服务者、“十佳”思政教育工作者、“十佳”班主任、“十佳”青年教师，并为从教30年教师颁证。

（赖黎明　韩　笑）

**【举办南上海教育发展论坛】** 9月19日，主题为“打造南部教育新高地，助力‘三区两镇’新发展”的首场南上海教育发展论坛在上海师大附属奉贤实验中学举行。奉贤区副区长、上海师大副校长等出席，共同启动南上海教育发展论坛。区教育局、海湾旅游区管委会、上海杭州湾经济技术开发有限公司共同签署《推进海湾旅游区基础教育高质量发展合作备忘录》。10月28日，主题为“品质教育耀金海”的第二场南上海教育发展论坛在上海外国语大学附属奉贤实验中学举行。论坛举行前，为上海外国语大学附属奉贤实验中学揭牌；上海外国语大学附属奉贤实验幼儿园、上海外国语大学附属奉贤实验小学同时挂牌。论坛上，发布三校LOGO，金海街道、市农业科学院、九棵树（上海）未来艺术中心、区博物馆共同签署《“环金海校外课程联盟”合作备忘录》，打造环金海校外课程体系。

（赖黎明　韩　笑）

**【“赋能新课堂，激活新成长”第二十七届教学节】** 9月23日开幕。教学节开展“课程建设、课堂教学、教学研究与管理”3个维度下的10项区级评选及展示活动、“聚焦‘关键课程’，强化‘课程关键’”“新理念引领新课堂”“新研修领悟新课标”等系列教学活动。21位校（园）长参加教学管理者论坛。7个教育集团、联盟开展区级展示活动，分享各校在新成长“三型”课堂的研究与实践。（赖黎明　韩　笑）

**【《新成长关爱教育计划》】** 10月9日，由区教育局制定实施，旨在建立局校联动、家校合力、科学有效的重点学生关爱教育的常态化机制，包含重点学生建档立卡、居家学生送教上门、家校合力新成长营、新成长家长沙龙4个项目。项目实施以来，全区31所学校制定有针对性的送教方案，派出105位送教教师，开展送教活动216课时，受益学生33人。经学校申报和区级评估，21名学生加入第一期家、校合力新成长营。从各单位聘任61名学科导师担任新成长营指导教师，助力重点学生健康成长。

（赖黎明　韩　笑）

**【首创嵌入式社区“宝宝屋”】** 10月，区教育局牵头各政府部门创新开展“社区托育”项目，在奉浦街道开设社区“宝宝屋”，探索嵌入式托育服务先行先试的工作机制。奉浦街道社区“宝宝屋”位于汇贤社区党群服务站内，占地52平方米，可提供60个托位。采用政府购买服务方式，委托九华田田幼儿园运营管理。奉贤区首创的嵌入式“宝宝屋”，登上央视CCTV13《新闻1+1》、央视CCTV2财经频道《经济信息联播》、中国主流财经媒体“每日经济新闻”等栏目。 （赖黎明 韩 笑）

10月，奉贤首创嵌入式社区“宝宝屋”。图为奉浦街道社区“宝宝屋”

**【上海领导科学学会教育领导学专委会年会】** 11月19日，在奉贤区教育学院举行。由上海领导科学学会教育领导学专委会、华东师范大学教育管理学系主办，奉贤区教育局承办。主题为“以区域教育治理机制创新激发学校办学活力”。奉贤区教育局在年会上作“激活学校：区县教育治理的关键路径”专题报告。 （赖黎明 韩 笑）

**【参加首届教育局长高峰论坛】** 11月26日，奉贤区教育局应邀参加由北京师范大学中国教育与社会发展研究院主办的2022教育局长高峰论坛并作“区域整体推进育人方式变革的奉贤探索”主题演讲。奉贤区申报的“区域整体推进育人方式变革的奉贤探索”成为全国50个入选案例之一。

（赖黎明 韩 笑）

### 附：区教育局驻地及负责人

（2022年1—12月）

区委分管领导：骆大进
区政府分管领导：张娣芳

区教育工作党委书记：施文龙
副书记：高国弟

区教育局局长：施文龙
副局长：陶 立、周 英、万国良、陈颖婕、程立春（12月到任）

地址：南桥镇古华路758号
邮编：201499
电话：37597001

## 崇 明 区

**【2022年概况】** 有各级各类教育机构110家（教育部门主办的104家），其中高中8所（含1所公办完中、1所民办完中）、初中24所（含5所公办九年一贯制学校、1所民办九年一贯制学校、1所工读学校）、小学23所（含1所特殊教育学校）、幼儿园37所（含2所民办幼儿园）、中职校3所（含1所区卫健委、1所江南集团主办）、成人学校6所、开放大学崇明分校等直属事业单位9家。全区在校学生45037人，其中高中生4828人、初中生10915人、小学生14808人、在园幼儿8474人、中专职校生5783人（其中工技校2715人）、特殊教育学校学生229人。全区在编教职工6692人，其中专任教师4778人。在编教师中具有一级教师及以上职称4397人，其中正高级21人、副高级995人。

年内，研制《关于加强新时代中小学思想政治理论课改革创新实施方案》。开展“习近平中国特色社会主义思想学生读本”主题作品征集活动，举办研讨专场。制定《崇明区中小学导师制工作评价指标》《崇明区导师工作职责（分类）》。开展心理健康教育活动月活动，做好初高三学生、家长考前公益心理咨询。提升全体教师育德意识和能力水平，举办第八届中小学班主任基本功竞赛启动仪式暨第七届中小学班主任基本功竞赛总结表彰会。推进“四化”体育课程改革，学前教育阶段研究成果形成区本课程，小学阶段完成《农村小规模学校“小学体育兴趣化”校园足球活动设计与实施的研究》区级重点课题结题与展示活动，初中和高中阶段组织《“学、练、赛”一体化教学要求》专题培训，开展区级课堂教学展示活动。完成5所高中“一条龙”人才培养体系的龙身龙尾学校布局。推进“三会”（人人会足球、人人会游泳、人人会骑自行车）区域特色运动，确定自行车运动特色校，制定小学“自行车进校园”活动方案。推进“全国农村学校艺术教育实验县”工作和“全国中小学生艺术素质测评实验区”项目，制定《崇明区学校艺术特色项目“一条龙”布局工作方案》。完成上海市首个劳动教育综合实践基地启用挂牌。与光明母港、江南造船、长兴镇、东平镇政府签订战略合作协议。开发中小学共计600课时劳动实践活动课程。崇东中学《“三园·四生”劳动教育课程案例》、工程技术管理学校《餐巾纸折花》《崇明火龙果印糕》入选国家智慧平台“劳动教育”板块资源清单。

制定完善《上海市崇明区教育综合改革示范项目实施方案（2022—2025年）》，明确“5＋2＋X”（5个必选项目、2个自选项目、1—2个特色示范项目）九大项目及具体的改革目标、任务措施和工作保障。新增向化幼儿园普惠性托育点。全区16个乡镇34所幼儿园开设45个托班，提供900个托额，其中公办园所提供840个托额，完成普惠性托育点乡镇覆盖率89％、公办园开设托班比例85％的目标。推进优质园创建工作，完成相关幼儿园设施设备改造，开展教师培训、课程设计优化等内涵建设项目。提升保育员队伍能力水平，制定《崇明区保育员队伍建设实施意见》。项目化推进《义务教育紧密型学区和集团建设项目实施方案》，实施“2＋X”（2个自选项目、1—2个特色示范项目）攻关项目研究。完善学区、集团办学章程，实施课程教学和教研成果共研共享。调整完成崇西、崇中、崇东和长横4个同学段学区组织架构。上海市实验小学长兴分校完成设施设备配置、教师招聘等工作，如期招生办学。全面实施高中新课程新教材，参与上海市特色高中、“双新”示范校项目校创建。完善以选课走班为特点的教学管理体系。实施中学生创新素养培育项目，完成高中综合素质评价信息采集工作。深化“主动·有效”课堂建设，优化“教—研—训”一体化模式。制定《崇明区中小学学业质量评价指导意见》，汲取“空中课堂”等优质资源，建设校本作业体系。按需开设早晚延伸服务，提供作业辅导、体验性综合性活动、学校自主开发项目等内容。推进区域初三数学、英语个性化作业试点项目，加强辅导答疑针对性和学生重点帮扶力度。加大校外培训机构监管力度，严格落实预收费监管等工作。

健全教师荣誉体系，制定“四有”好教师评选办法。开展全区思政课教师现状调研，完成《区域中小学思政课程一体化建设的实践探索》，参加教育部精品课评比。完善师德师风考核评价指标体系。开展暑期校园长、书记集中培训，组织新任校级干部培训。创新师资培养机制，落实2022年委托上海师大培养计划，选派4名优秀教师赴外省市挂职研修。启动新教师见习期规范化培训工作，遴选7名学员参加市级基本功比赛。制定区级骨干教师认定标准，考核653名区级骨干教师。9名教师参加正高级评审。落实区级学科研训一体化实施方案，召开全区师训工作会议。启动“华东师大课程领导能力提升高级研修班”教研员培训项目。开展市中小学中青年教师教学比赛区级初评。制定《崇明区教育系统组织借用人员管理办法（试行）》。制定义务教育阶段教师交流轮岗办法。启动深化教师评价改革推进会议，优化校园长、书记薪酬体系，完善《崇明区教育系统绩效工资分配改革指导意见》。制定《崇明区深化教师人事制度管理改革实施意见》。

完成上海市实验学校东滩高级中学项目。推进城桥生态社区九年一贯制学校项目、长兴完全中学项目、上海交通大学国际农业与生态学院项目建设进程。启动数字化转型试点项目，完成数字基座整体设计、招标并启动建设。培育信息化应用标杆校，完成崇明中学智慧课堂项目二期工程、实验中学区级信息化应用标杆校一期工程。开展“双减”、学校关心关爱工作等主题督导，开展学校三年发展规划指导评估，制定《崇明区义务教育阶段学校发展性督导评价指标》（试行稿）和《崇明区普通高中发展性督导评价指标》（试行稿）。做好迎接学前教育普及普惠国家督导认定组的实地核查工作，推进“义务教育优质均衡发展区”年度监测工作。

（赵小瑾）

**【编制《上海市崇明区教育综合改革示范项目实施方案（2022—2025 年）》】** 7 月 21 日，区委教育工作领导小组召开专题会议，审议通过区教育局组织编制的《上海市崇明区教育综合改革示范项目实施方案（2022—2025 年）》。《实施方案》包括“三全育人”高标准实践等 9 个项目，每个项目都由改革目标、任务措施和工作保障三部分组成。7 月 22 日，《实施方案》报市委教育工作领导小组办公室备案。

（赵小瑾）

**【上海市实验学校附属东滩高级中学和上海市实验小学长兴分校开学】** 9 月 1 日，上海市实验学校东滩高级中学和上海市实验小学长兴分校迎来首批学生。两所学校都是采用“名校＋新校”的模式，构建跨区集团化办学模式。（赵小瑾）

**【区绿叶教育发展基金会揭牌仪式】** 9 月 8 日，在崇明区会议中心举行。区委书记为基金会揭牌，并为捐资企业（企业家）颁发捐赠证书和纪念牌。崇明区绿叶教育发展基金会成立后，在奖励教育系统优秀教育工作者和学生、资助家庭困难师生以及资助有利于教育事业发展的活动与项目等方面发挥重要作用。（赵小瑾）

**【上海首个学生综合性劳动实践基地启用】** 9 月 24 日，“上海市学生综合性劳动实践基地（光明花博邨）启用仪式”暨“庆丰收　惜粮食　爱劳动”主题实践活动展示举行。仪式上，宣布花博邨上海市学生综合性劳动实践基地正式启用。光明花博邨是上海首个学生综合性劳动实践基地。以光明花博邨为核心，光明集团多元产业为特色，依托“第十届中国花博园区”至“光明田原现代农业综合体”约 50 平方公里区域为载体，塑造全国引领、上海标准的学生实践基地。2022 年共接待 1000 余名市区中小学生开展劳动实践活动。

（赵小瑾）

9 月 24 日，上海市学生综合性劳动实践基地（光明花博邨）启用

**【在上海市中小学中青年教师教学技能比赛中获奖】** 11 月下旬，由上海市中小学幼儿教师奖励基金会等联合举办的“2022 年上海市中小学中青年教师教学技能比赛”公示获奖名单。经基层推荐、专家评审、学科组讨论、总评委会审定，区内上海市扬子中学朱海华等 15 名教师分别在高中数学等 7 个组别中获奖。（赵小瑾）

**【崇明中学—华东师范大学二附中合作项目签约仪式】** 10 月 30 日，在崇明中学举行。华东师范大学二附中校长与崇明中学校长签署合作项目协议书。根据协议，双方将建立紧密型交流合作关系，在班级实验、学生交流、师资培训、课程建设等方面进行深入对接。（赵小瑾）

**【区教育系统中小学校党组织领导的校长负责制工作推进会】** 11 月 17 日，在区教育局举行。由区教育工作党委组织召开。会上，12 家试点推进校分

别就建立党组织领导的校长负责制的前期工作和下一步计划作交流。 （赵小瑾）

**【学思践悟新思想，铸魂育人新征程——崇明区中小学“大思政课”教学研讨暨党的二十大精神宣讲会】** 11月24日，在区教育学院举行。由市教委德育处、华东师大马克思主义学院、上海市教师教育学院指导，中共上海市崇明区教育工作委员会、崇明区教育局、崇明区教育学院主办。大会以线上线下融合的方式进行。 （赵小瑾）

**【“人人会骑自行车”项目启动会】** 11月25日，在汲浜小学举行。各小学体育教研组长同步在线参会。“人人会骑自行车”项目开发设计“人人会骑自行车——其乐无穷”基本课程，让课程进入到崇明区所有小学；学校每周开设一节自行车课程；同时开发教师培训课程，保证学校均有教练员和裁判员，特色学校至少有两名教练员和裁判员。 （赵小瑾）

## 附：区教育局驻地及负责人

（2022年1—12月）

区委分管领导：杨元飞
区政府分管领导：施　蕾

区教育工作党委书记：倪向东（9月离任）
副书记：龚耀飞、陆惠星

区教育局局长：龚耀飞
副局长：陆　琴、吴美华、陆　杰

地址：崇明大道8188号商务中心3号楼4楼
邮编：202150
电话：59621724

# 高等学校
# Higher Educational Institutions

# 复旦大学

【2022年概况】 有邯郸、枫林、张江、江湾4个校区。设直属院(系)35个,附属医院20所(其中4所筹建),有本科专业80个,一级学科博士学位授权点40个、博士专业学位授权点5个,一级学科硕士学位授权点43个、硕士专业学位授权点35个,博士后科研流动站37个。在校本、专科生15164人,硕士研究生22409人,博士研究生12209人,国际学生2679人(其中攻读学位的国际学生2535人)。录取本科生4125人(含国际学生424人、预科生25人)、硕士研究生7887人(学术型2190人、专业型5697人)、博士生3066人(学术型2485人、专业型581人)。有教职工9920人,其中专任教师3085人、专职科研人员531人。中国科学院、中国工程院院士59人(含双聘及退休),文科杰出教授1人、文科资深教授15人、一级教授9人。

成立党的二十大精神宣讲团,对二级单位开展全覆盖宣讲。年内,学校博士生讲师团、“星火”党员志愿服务队、青年讲师团、马克思主义学院宣讲团等师生队伍开展宣讲1000余场、覆盖听众5万多人次。全校二级党委领导班子集中学习研讨党的二十大精神200余次。各单位领导班子成员到所在党支部和联系点党支部讲授专题党课200余次。全校基层党支部开展学习党的二十大精神主题党日2000余次。党员参与3.7万余人次。举办“奋进新时代——我们这十年成就图片展”。与中共一大纪念馆共同主办“伟大精神铸就伟大时代——中国共产党伟大建党精神专题展”全国巡展。红色巴士“党的二十大精神学习专线”发车24次,开展沉浸式研学。

完善教师思政工作体系。成立中共复旦大学委员会教师工作委员会。制定《关于全覆盖开展师德教育的实施方案》。开展“学思践悟二十大,强国追梦启新程”教师专题社会实践,7个实践团近300名教师参加。“传承复旦师道　双线并进全面加强师德师风建设”入选首批新时代上海学校教师思想政治和师德师风建设优秀典型工作案例。推进“政治能力建设年”专项行动,完善学生思政队伍培训体系建设。推进网络育人三年行动计划,培育8个本科生网络育人创新工作室,孵化31个特色网络育人项目。成立校学生资助工作领导小组,完善网上学生资助“一站式”服务。以“心理育人五级体系”建设为核心,构建“1+1+8”(1门在线课程“心理健康与大学生语”,1门线上线下混合式课程“大学生心理健康与发展”,以及“幸福心理学”“两性心理学”等8门线下课程)复合型心理健康教育课程群并纳入本科生必修课。健全书院“五维育德”思政教育体系,推出“大美中国”美育系列讲座、“人文艺术教育月”和足球、篮球等4个书院体育训练营。推进“一站式”学生社区综合管理模式建设试点工作。举办春秋季生涯活动月、大学生生涯咨询师师资训练营、“新羽计划”选调生特训营、“赋能青年人才”国际胜任力培训项目。面向港澳台地区学生,通过课程教育、谈心谈话、实践考察、骨干培养,建立健全国情教育体系。开展“这个春天,青春该有的样子”主题教育活动,推出强国追梦系列光华论坛17场,开展“严峻形势下的责任与担当”主题党日和班会。

形成以学校“十四五”发展规划为统领,以专项规划、院系规划为支撑的有机衔接体系。完成青浦复旦国际融合创新中心建设规划编制。推进四大创新学院建设、闵行复旦上医创新研究院建设。制定实施实体运行科研机构管理办法,成立新工科战略咨询委员会,探索推进大健康学科体系发展新模式。创新学科管理模式,成立第一批学科学术发展中心。完善新一轮“双一流”建设方案，推进20个一流学科内涵发展。实施一流学科“培优行动”支持专项，启动中国语言文学、物理学、环境科学与工程、数学、哲学、政治学等领域培优专项建设。建设“双一流”建设和学科管理综合数据平台。制定实施高峰学科建设管理办法。推进上海医学院高水平地方高校建设，研究实施高水平地方高校建设项目实施管理办法、专项经费管理办法。成立智能医学研究院（筹），推进实化临床医学院建设方案编制工作。成立口腔医学院。

全年开设本科课程7567门次，其中“二专”“二学位”课程102门次、30人及以下的小班课程4591门次。新增博士生导师270人。20个专业入选国家级一流本科专业建设点名单，学校获批国家级一流本科专业建设点61个，占全校专业数（不含2018年后新设专业）的87%。研究制定拔尖创新人才培养的学生奖励计划及管理办法，持续推进教育部拔尖2.0基地建设，本科荣誉项目覆盖80%院系。加强招生培养联动，探索基础学科创新人才早发现早培养机制。编制“十四五”双学士学位培养项目建设规划，“法学—经济学”“国际经济与贸易—数据科学与大数据技术”“预防医学—公共事业管理”双学士学位培养项目启动招生。新建“智柔体”“人工智能药学”等5个跨学科学程。政治学、经济学与哲学（PPE）专业完成首期招生。“七大系列百本精品教材”首批立项51个项目；30门课程获上海高校市级重点课程立项。完善“监测评价—及时反馈—持续改进”的教学质量保障管理闭环体系，校院两级教学督导听课2925节次。启动首批10家院系课程思政教学研究中心建设，首批立项67个课程思政教育教学改革研究课题，51个项目获上海市课程思政示范项目。“课程思政‘复旦模式’：落实‘三全育人’的新探索”入选全国基层思想政治工作优秀案例。获批国家级创新创业学院。39项本科项目获2022年上海市优秀教学成果，其中特等奖7项、一等奖16项、二等奖16项。新增应用伦理、社会政策、气象、口腔医学4个学位授权点。全面落实“博英计划”，实施第三期“卓博计划”。制定博士研究生招生计划管理办法，普招全面实行“申请—考核”制，加大推免生招生力度。修订博士、硕士学位基本要求，更新博士生各培养环节工作细则，落实“分流退出机制”。重启校级优秀博士学位论文评选，56篇论文获评。开通完善导师任职资格“绿色通道”，年内认定博士生导师人数增长超20%。11项研究生项目获2022年上海市优秀教学成果。推进医学模拟教育中心和实验实践教学平台建设，建立“全程导师制—课程体系改革—实践创新论坛—科技创新中心”四位一体创新型医学人才培养模式，启动实施“复旦—中国人保委托培养合作项目”。获国家首批2家“临床技能考试流程信息化加录播系统”试点改革，并获唯一市级示范创新基地。推进“管办分离”，成立非学历教育管理办公室，理顺非学历教育管理组织架构。1项继续教育项目获2022年上海市优秀教学成果。

申报国家重点研发计划、科技创新2030重大项目134项。获批国家自然科学基金项目921项、国家自然科学基金最高层级人才项目“基础科学中心”3项、国家自然科学基金优秀青年科学基金项目16项及杰出青年科学基金项目10项、创新研究群体项目1项。承担上海市科委项目196项。上海市自然科学基金原创探索项目首次获立项。获科技部批准建设集成芯片与系统全国重点实验室。组建脑功能与脑疾病全国重点实验室。电磁波信息科学、微纳光子结构2个教育部重点实验室通过评估。新增健康老龄化智慧医疗教育部工程研究中心、上海市肾脏疾病临床医学研究中心、上海市妇科疾病临床医学研究中心3个省部级科研平台。成立人类遗传资源保藏管理中心，获科技部人类遗传资源保藏行政许可。全年在CNSNL等国际顶级期刊上以通讯作者/第一作者身份发表论文16篇。获上海市第十五届哲学社会科学优秀成果奖57项，获奖总数及一等奖数均居第一。8项成果获评第十三届上海市决策咨询研究成果奖，其中一等奖4项。获批国家级社科重大项目20项，连续3年获上海唯一的国家社科基金冷门绝学团队项目。新增3个省部级研究基地及实验室。新增国家智能评价与治理实验基地（筹）、国家发展与智能治理综合实验室（筹）、科技伦理与人类未来研究院（筹）。持续实施“两大工程”二期、“青年融合创新团队”和“传世之作学术精品”等“双一流”重点建设专项，推进“中华早期文明跨学科研究”。首次成功申报联合国“活态遗产与社区发展”教席席位。新建校、企联合实验室19家。全校（不含附属医院）申请专利766件，授权专利869件，完成计算机软件著作权登记100件；签订成果转化转让许可合同22个，完成科技成果作价投资4项。

逐步构建“战略人才、优秀教师、专任科研”的人才金字塔。全年引进各类人才319人，包括两院院士4人。26人入选博士后创新人才支持计划，居全国第二。制定校内机构、学校与国家实验室、学校与地方合作机构的双向兼聘管理办法，修订教师高级职务聘任实施办法，完善代表性成果评价机制，健全以岗位合同考核为核心的人事评价制度体系，推进考核评价机制改革，优化学校奖励性绩效体系。

推进和拓展与青浦、杨浦、宝山等区的合作，持续服务上海科创中心建设。上海市重大传染病和生物安全研究院获市级科技重大专项立项。与临港国家实验室签订战略合作协议。持续推进张江复旦国际创新中心建设。与云南、内蒙古、青海等地新签协议。推进与浙江、江苏、安徽、广东、山东等地合作。与华为技术有限公司、中芯国际集成电路制造有限公司、中国人民保险集团股份有限公司、中国卫星网络集团有限公司等企业深化产教研合作。合作共建嘉善复旦研究院、成都市复旦西部国际金融研究院。完成年度定点帮扶云南省永平县任务，协助成立“复旦·永平乡村振兴电商平台上海办事处”及“上海教育超市消费帮扶营销服务中心云南永平工作室”，入选国家发展改革委2022年全国消费帮扶助力乡村振兴优秀典型案例。附属儿科医院“陈翠贞儿童健康发展中心永平示范点”落地。生命科学学院教授吕红获批建设云南省院士（专家）工作站。7名医疗专家获批云南省专家基层科研工作站。推进对口支援和部省合建工作，与内蒙古大学合作共建材料化学科学创新中心、生物医学创新中心，与云南大理大学开展文科科研合作交流。

派出167名校际交流学生参加5个线上项目，接收98名校际交流生（其中1名参加线上交流）。校内专家首次参加匈牙利布达佩斯欧亚论坛。与美国康涅狄格大学、阿根廷布宜诺斯艾利斯大学、俄罗斯莫斯科国立谢东诺夫第一医科大学等国外高校新签各类合作协议6份，续签29份。制定招生和培养国际学生管理办法，开设国际学生预科项目。全年长期在校工作外籍专家181人，通过线上线下方式参加教学、科研、学术访问等短期活动的国外、境外专家545人次；推荐申请外国人永久居留证7份，在职外国专家156人。经济学院与法国图卢兹经济学院共建“复旦大学创新数字经济研究院”。首次承办中英高等教育人文联盟年会。做好中巴经济走廊大学联盟秘书处工作。举办第六届澜湄流域治理与发展青年创新设计大赛。

与澳门特区政府建立常态化沟通机制。与香港浸会大学、香港中文大学签署合作协议。承办市台办重点项目“繁星计划”（面向台湾地区大学生的实习项目），被国台办列为重点交流项目。首次出版港澳台地区学生国情读本《岁时香事——中国人的节气生活》。

年内，复旦大学教育发展基金会签订协议215份，设立“复旦大学小米青年学者”等项目。制定校友会分支机构管理办法、校友会代表机构管理办法。贵州校友会注册成立。重庆校友会恢复注册登记。增设泛海国际金融学院分会、光华生命健康分会。500多名在校生开展“一对一”走访校友活动，获就业指导；举办2022年度校友企业招聘会；首次举行精准就业帮扶活动，一对一配备就业校友导师，45%的帮扶学生实现就业。

持续推进“一网通办”，试点推进二级单位网上办事大厅建设，24项服务上线。开发“学校印章使用申请”和“部门（院系）印章使用申请”服务事项。新增成绩单等8项电子证明服务。加快“一网统管”，实现科研人员个人论文数据集成。持续升级智慧教学平台，为在线教学、答辩等提供技术支撑。完成本科实验楼群、四校区体育运动场地整修等14个项目，全年修缮面积超9万平方米。中华文明资源中心完成竣工验收。中华经济文化研究中心楼宇、张江复旦国际创新中心科研楼完成结构封顶。江湾游泳馆、枫林游泳馆开馆。规范交通标识标牌、减速带设置，优化云AI智慧校园机动车管理系统大平台及道闸系统建设。开展安全巡查检查186

次，反馈整改意见244条。新增技防设施设备1905套、张力式电子围栏400米。开展出国(境)人员行前、新生辅导员、机关教师等国家安全教育和涉密人员保密教育。累计组织消防安全培训演练19场次，参训师生15000余人次。规范国有资产和实验室安全管理。成立学校国有资产管理委员会，构建学校、资产公司及所属企业的校企管理体系。新增完成房产不动产权证6.75万平方米。完成全国首笔设备更新改造贷款。发布实施大型科研仪器共享管理办法、使用绩效考核细则和收费标准细则。建设节约型校园，推进变频冰库、空气源热泵、LED灯等节能改造工程。枫林校区试点自助称重，实现按量点餐，减少约15%食物浪费。推进大学生医保并轨，保障学生在沪就医。深化与徐汇区、闵行区教育合作，实施基础教育合作办学管理办法，理顺合作办学管理机制。

以迎接、学习宣传贯彻党的二十大精神为主线，开展党员干部、骨干教师、发展对象等各级各类培训，落实校领导到党校授课工作机制。全年推出"学习新思想，奋进新征程"系列视频微党课16讲。编发学习新思想导学课件，党建平台微信公众号推送信息200余期。开展院系党组织会议和党政联席会议议事制度执行落实情况专项督导。落实二级党委党支部书记工作例会制度。166个应换届党支部全部按规定落实换届工作要求。全校党支部开展组织生活1.2万余次。加强在中青年骨干教师、学科带头人、优秀留学归国人员等群体中发展党员工作，发展专任教师和医师党员64人，其中高层次人才10人。推进"复旦大学—高中学生党员接力培养项目"。推进"复旦・1925"数字党建平台建设。1个学院党委和3个党支部入选第三批全国党建工作"标杆院系"和"样板支部"培育创建单位，10个支部入选上海高校"百个学生样板党支部"；12名党员入选"百名学生党员标兵"。全年选派校外挂职锻炼干部人才52人，累计在外挂职人员108人。实施《复旦大学干部人才校内挂职锻炼工作实施办法(试行)》，遴选首批26名来自院系、附属医院的干部到校部机关、上海医学院机关和地方研究院开展为期一年挂职锻炼。落实全面从严治党"四责协同"机制，开展深化中央巡视和校内巡视整改监督。制定《贯彻落实中共中央〈关于进一步加强对"一把手"和领导班子监督的意见〉的若干举措》。对4家单位开展校内巡视，完成十五届校党委巡视全覆盖目标。对"第一个复旦"建设有关重点领域开展监督。对非学历教育、基础教育合作办学、附属医院、校办企业等整改情况持续开展监督。制定学校纪检监察机构改革方案、议事决策暂行办法，成立复旦大学纪检监察研究院。（童子益）

**【开展"第一个复旦"建设系列研讨】** 2022年，复旦大学围绕党的领导、教师队伍、人才培养、学科建设、人才工作、科研创新、服务社会、医学建设等"第一个复旦"建设各领域核心问题，组织专题研讨14场。2021年12月以来，该系列研讨共开展17场，其中结合学校党建工作会议、人才工作会议、规划与"双一流"学科建设大会、教材工作推进会等举办全校层面研讨6次，召开教师工作、学生工作、校外合作、医学学科建设、医学人才培养、附属医院建设等专题研讨会11场。随着系列研讨的举行，全校进一步凝聚建设"第一个复旦"共识，为建设中国特色世界顶尖大学奠定坚实的思想基础。（童子益）

**【1项成果入选2021年度"中国生命科学十大进展"】** 1月10日，中国科学技术协会生命科学学会联合体发布2021年度"中国生命科学十大进展"。复旦大学生物医学研究院徐彦辉团队的"转录起始超级复合物组装机制"研究成果入选。（童子益）

**【1项成果入选第十七届"中国科学十大进展"】** 2月28日，第十七届"中国科学十大进展"遴选结果发布。复旦大学高分子科学系彭慧胜团队的"实现高性能纤维锂离子电池规模化制备"研究成果入选。（童子益）

**【"高质量发展与创新"论坛暨复旦大学附属眼耳鼻喉科医院建院70周年纪念活动】** 7月1日，在眼耳鼻喉科医院汾阳院区举行。论坛分"大师论道""名家智坛""青年之光"3场，10余位专家分享细分领域的研究成果。（童子益）

**【3个项目获批国家自然科学基金基础科学中心项目】** 9月，由人类表型组研究院金力院士领衔的“低压低氧环境下人类复杂性状的表型组分析与系统解构”项目、由大气科学研究院张人禾院士领衔的“海—陆—气系统与北半球中高纬极端天气气候”项目和由附属中山医院葛均波院士领衔的“泛血管介入复杂系统”项目获批国家自然科学基金基础科学中心项目。至此，复旦大学累计获批国家自然科学基金基础科学中心项目5项。 （童子益）

**【复旦大学物理学系成立70周年暨应用表面物理国家重点实验室成立30周年发展论坛】** 11月12日，在复旦大学江湾校区物理楼举行。同期举行系友报告会、学术报告会和系史展览。 （童子益）

11月12日，复旦大学物理学系成立70周年暨应用表面物理国家重点实验室成立30周年发展论坛举行

**【浦江科学大师讲坛开讲式暨首期讲坛】** 11月15日，在复旦大学相辉堂举行。由上海市政协发起并主管，上海市政协科技和教育委员会、复旦大学、上海市科技工作党委和上海市科委、上海市科协共同主办。首期讲坛结合人工智能发展新趋势，聚焦计算生物学前沿进展与最新成果。讲坛面向全球同步直播。 （童子益）

**【“上海论坛2022”年会】** 11月25—26日，在复旦大学举行。由复旦大学和韩国崔钟贤学术院主办。以“全球多重挑战下亚洲的应对”为主题。论坛发布6份《上海论坛2022主题报告》和6份《复旦智库报告》，并设“国家与经济发展：亚洲与国际比较”“亚太地区企业ESG面临的机遇和挑战”“新时代构建中拉命运共同体的机遇与挑战”“提升金融机构个人数据治理，促进数字金融良性发展”“增长新动能和普惠金融”5场高端圆桌。 （童子益）

11月25—26日，“上海论坛2022”年会在复旦大学举行

**【纪念复旦经济学科百年主题活动】** 11月27日，在复旦大学光华楼吴文政报告厅举行。活动发布经济学院新版院志，成立复旦大学经济学院全球校友会第二届理事会，设立复旦大学经济学院张军教育发展基金。 （童子益）

**【2022年中英高等教育人文联盟年度大会暨执行理事会议】** 12月6—7日，在复旦大学举行。由中英高等教育人文联盟主办，复旦大学承办。以“我们的文化，我们的世界”为主题，围绕跨文化研究和交流互鉴进行交流。 （童子益）

**【3人获上海市“白玉兰荣誉奖”】** 12月8日，上海市政府举行2022年“上海市荣誉市民”“白玉兰荣誉奖”颁授仪式。复旦大学物理学系教授卡西莫·斑比、质子重离子医院教授麦克·法利·莫耶、2004级校友阿思势获上海市“白玉兰荣誉奖”。 （童子益）

## 附：学校负责人及地址

（2022年1—12月）

校党委书记：焦　扬

常务副书记：裘　新、周亚明
副书记：金　力、袁正宏、尹冬梅、金海燕

校　长：金　力
常务副校长：许　征
副校长：陈志敏、张人禾、徐　雷、汪源源

邯郸校区地址：邯郸路220号
邮　编：200433
电　话：65642222

枫林校区地址：医学院路138号
邮　编：200032
电　话：54237900

张江校区地址：张衡路825号
邮　编：201203
电　话：51355003

江湾校区地址：淞沪路2005号
邮　编：200438
电　话：51630011

# 复旦大学上海医学院

**【2022年概况】** 有直属院所平台14个，附属医院(含筹建)18所，有本科专业10个，博士学位授予权的一级学科9个、博士后科研流动站8个。在校生11820人，其中博士研究生4017人(含港澳台地区学生27人，国际学生18人)、硕士研究生3603人(含港澳台地区学生23人，国际学生40人)、普通本科生4200人(含港澳台地区学生75人，国际学生226人)。年内，招收本科生813人(含港澳台地区学生12人，国际学生31人)、研究生2359人(含港澳台地区学生20人，国际学生25人)，其中硕士研究生1282人、博士研究生1077人。有专任教师767人、专职科研人员199人，其中高级职称619人。有中国科学院院士10人、中国工程院院士5人。

巩固深化"四责协同"机制建设，强化干部日常管理监督，加强专业化干部人才队伍建设。创建上海市党建工作样板支部1个。2个党支部入选第三批全国党建工作样板支部创建名单，1个院系入选上海市"攀登"计划标杆院系创建名单、2个党支部入选上海市"攀登"计划样板支部创建名单，2个学生党支部和3名学生党员入选上海高校"双百"创建名单。附属妇产科医院"午间分享会"党建案例获评"2020—2021全国公立医院党建创新案例"。6个党支部入选2021年度市教卫工作党委系统党支部建设示范点。

围绕"十育人"方向，推进"博士生医疗服务团"(实践育人)、"上医师道"系列校史剧(文化育人)、"三全育人"辅导员工作室(管理育人)、"福庆学者"学生科创项目(科研育人)、"医起来"心理工作联盟(心理育人)、医学生党员成长计划(组织育人)、医学人文职业导航课程(课程育人)、"一站式"学生社区(服务育人)、"屏连心"线上工作矩阵(网络育人)、"五维育德"励志成长计划(资助育人)等思政重点项目。推进人文医学和课程思政研究，建设课程思政教学研究分中心。开展"人文医学月"系列活动。举办课程思政教案大赛、市级课程思政示范项目分享会、课程思政研究课题交流会，入选上海市课程思政示范课程10门、复旦大学课程思政标杆课8门。开展学生主题教育活动，举办11期"福庆·云学堂"。用好党员实践服务岗等实践平台，落实学生心理健康专项行动长效机制。

创新人才培养模式，推进医科"2＋X"(前2年通识教育和专业知识学习，后X年多元发展)本科生培养体系建设和培养方案修订。加快国家一流本科专业、一流本科课程建设，医学院国家级一流本科专业全覆盖。加强医学课程内涵建设，打造优质课程。推动以学为中心的教学改革，开展基于问题的学习法(PBL)、基于案例的学习法(CBL)、基于团队的学习法(TBL)及模拟教学、虚拟仿真教学等多种教学方法。建立"全程导师制—课程体系改革—实践创新论坛—科技创新中心"四位一体的创新型医学人才培养模式,医教研协同培养医学生跨学科创新能力。发挥教学指导委员会—督导—学生信息员—领导听课和学生评教多维教学质量监督。加强医科整体实验实践教学资源整合,提升实验实践教学平台建设质量和能级,推进医学模拟教育中心机构改革。优化院系两级责任制,严格把控教材选用、管理、审查各环节,强化国家级规划教材申报,立项支持20本医学特色教材编著。获复旦大学"七大系列百本精品教材"邀请制项目12项,以及复旦大学教材建设奖特等奖8项、一等奖12项、二等奖12项。博学·医科窥径系列教材出版。

增列口腔医学博士专业学位授权点,设置神经科学与转化二级学科,脑科学转化研究院单列招生代码,完成公共卫生博士专业学位点方案院系论证。公共卫生学院进行国家高层次应用型人才创新培养项目和上海高校学位点培优培育专项建设,入选国家首批高水平公共卫生学院建设序列。"复旦—中国人保委托培养合作项目"签约并招生。修订上海市重大传染病和生物安全研究院、脑科学转化研究院、生物医学研究院等学科交叉研究机构人才培养方案24份。招收多学科、多类型博士研究生比上年增加。重视科学道德和学术规范教育,支持一级学科建设专项课程。完成第十二届学位评定分委员会换届。组织"新锐博导论坛"等系列活动11场,强化研究生科研思维能力与临床研究能力。

基础医学、临床医学、药学、中西医结合、公共卫生与预防医学5个学科入选国家新一轮"双一流"建设学科。推进医科5个"双一流"学科学术发展中心的组建和启动。制定《高水平地方高校建设项目实施管理办法》《高水平地方高校建设专项经费管理办法》。完成首批学科交叉融合需求和基础临床融合创新代表性案例征集发布。统筹推进"大平台"建设,提升服务创新策源能力。建设以临床基础研究为主的融合创新平台建设,为"有组织的科研"创造空间条件。上海市重大传染病和生物安全研究院获国家疫苗产教融合创新平台立项。从人才梯队、科教产出、服务能力、学术影响4个维度对6家直属附属医院16个代表性顶尖学科开展评估,推动医院学科高质量发展。

加强基础研究创新引领,参与重大科技基础设施建设,推动基础—临床学科交叉融合体系与成果转化体系建设。获批国家重点研发计划8项、"科技创新2030"计划10项。立项校内先导计划18项。新增国家自然科学基金各类资助项目564项。新增各类科技奖项(人)85项。新增申请专利1258项、授权专利1026项。签订专利成果转让和许可合同109个。签署543项技术开发、转让、咨询、服务和联合实验室等项目文件。总发表论文6774篇,其中中文论文2057篇、SCI论文4717篇,以第一完成单位牵头发表CNSNL论文4篇。新增健康老龄化智慧医疗教育部工程研究中心、上海市肾脏疾病临床医学研究中心、上海市妇科疾病临床医学研究中心3个省部级科研平台。新增复旦大学智能医学研究院(筹)实体运行科研机构、复旦大学中国人保健康管理研究院虚体研究机构。

通过教材建设推进高质量教学团队和教师教学能力与水平提升。"正谊导师学校"培训导师1400余人次。完成哈佛医师培训项目。推进中华医学基金会(CMB)一流医师队伍项目。获上海市优秀教学成果特等奖2项,入选优秀教学成果11项,其中"服务需求、提高质量　医学研究生教育改革研究与创新实践"等4项获上海市推荐申报国家级教学成果奖。加强师德师风与教师能力建设。推出"钟扬式"好老师、好团队风采展,宣传复旦上医人争做"大先生"的优秀事迹。葛均波院士团队获第二批"全国高校黄大年式教师团队"创建认定。年内引进高层次人才68人。开展各级各类职称评审工作,其中临床聘任教授44人、副教授51人。34人入选上海市"超级博士后"激励计划。5人获评复旦大学优秀博士后。37人获聘"复旦大学超级博士后"岗位,21人获延期续聘"复旦大学超级博士后"资助。

附属医院全年门急诊服务量2896万人次,期内出院79万人次,住院手术服务量62万人次。推动附属医院国家级医学平台建设,中山医院国家医学中心建设项目是全国首个获批立项的综合类国家医学中心建设项目。推动国家儿童医学中心、国家神经疾病医学中心、国家传染病医学中心发挥引领作用。6 家直属附属医院全部列为国家区域医疗中心输出医院；肿瘤医院福建医院、儿科医院海南医院入选第三批国家区域医疗中心“辅导类”项目，妇产科医院河南医院入选第四批“国家区域医疗中心”建设项目。各附属医院承担国内医疗扶贫援建任务 16 个，派出医务人员 181 人次，帮扶云南、新疆、西藏、青海、江西、四川 6 个省、自治区 46 家医院，接诊患者 136953 人次，建立特色专科 56 个，开展医疗新技术 592 项，培养当地技术骨干 516 人，建立远程医疗中心 36 个。附属医院 3 个专家工作站落地云南永平，设立 9 个专家工作站，其中 7 个为云南省级工作站。妇产科腹腔镜培训中心、儿科医院“陈翠贞儿童健康发展中心”在云南永平县人民医院成立。妇产科医院在云南建立“上海—云南妇产科疾病临床协作中心”。支援摩洛哥 2 家医疗机构，派出医务人员 4 人。（陈东滨）

**【举办庆祝复旦大学上海医学院创建 95 周年系列活动】** 2022 年，通过举办贯穿全年的“十个一”（一个纪念大会、一个文艺晚会、一场高峰论坛、一个系列研讨会、一场校友论坛、一场大型义诊、一座文化场馆、一部纪录片、一部话剧、一套丛书）重点活动，回顾复旦大学上海医学院创建 95 周年历史。8—10 月，举行建设“第一个复旦”医学系列研讨主题论坛，聚焦“引领发展　创新融合—复旦大学附属医院高质量发展”“基础—临床交叉融合与转化”“一流医学人才培养”“新医科人才成长之路”“合作、创新与发展”开展研讨。10 月 20 日，纪念复旦大学上海医学院创建 95 周年“聚力建设‘第一个复旦’书写上医新辉煌”主题论坛在枫林校区召开，发布《建设“第一个复旦”上海医学院行动宣言》，号召探索综合性大学办医学院新路，建设中国特色世界一流医学院。（张欣驰　陈思宇）

10 月 20 日，纪念复旦大学上海医学院创建 95 周年“聚力建设‘第一个复旦’书写上医新辉煌”主题论坛在复旦大学枫林校区举行

**【复旦大学附属中山医院国家医学中心建设启动仪式】** 11 月 18 日，在新落成的中山医院医教研综合大楼举行。中山医院国家医学中心建设项目于 8 月 31 日获国家发展改革委批复立项，是全国首个获批立项的综合类国家医学中心建设项目。中山医院将推动医学创新转化，提高医疗服务质量，培育医学顶尖人才，进一步深耕智慧医院建设，助力推动健康产业发展，加快建设世界一统的创新型、智慧型的顶尖医学中心。（张欣驰）

11 月 18 日，复旦大学附属中山医院国家医学中心建设启动仪式在中山医院医教研综合大楼举行

## 附：学校负责人及地址

（2022 年 1—12 月）

校党委书记：袁正宏

副书记：金　力、杨伟国、张艳萍、徐　军

校　长：金　力

副校长：徐　军、吴　凡、朱同玉、汪志明

地址：医学院路 138 号

邮编：200032

电话：54237417

# 上海交通大学

**【2022年概况】** 有徐汇、闵行、黄浦、长宁、浦东、崇明6个校区。设34个学院/直属系，有本科专业75个，涵盖经济学、法学、文学、理学、工学、农学、医学、管理学和艺术9个学科门类。有一级学科博士学位授权点52个、博士专业学位授权点9个，一级学科硕士学位授权点58个、硕士专业学位授权点32个，38个博士后流动站。有12家附属医院、3个直属研究平台、22个直属单位、5个直属企业。全日制本科生(国内)17606人，全日制研究生26944人，学位国际学生2096人。新招本科生4700余人、硕士研究生7800余人、博士研究生3300余人，国际学生600余人。专任教师3700人，其中中国科学院院士28人、中国工程院院士26人，国家重大科学研究计划首席科学家14人、国家重点基础研究发展计划(973计划)首席科学家35人。国家基金委创新研究群体20个，教育部创新团队20个。入选首批科技部"国家创新人才培养示范基地"。有国家级实验教学示范中心6个、国家级虚拟仿真实验教学示范中心4个以及上海市实验教学示范中心7个。有国家级教学名师9人，上海市教学名师36人；国家级教学团队16个，上海市教学团队15个。有国家级视频公开课13门、国家级精品资源共享课19门、国家精品在线开放课程27门，上海市精品课程183门。有国家级双语示范课程7门，上海高校示范性全英语课程53门。

有18个学科入选国家"双一流"建设学科，18个学科入选上海市高峰高原学科。有2个国家重大科技基础设施，1个国际级创新基地，1个前沿科学中心、1个集成攻关大平台、3个国家协同创新中心，11个国家(级)重点实验室，1个新农村发展研究院、1个国家应用数学中心，16个教育部重点实验室，1个国防重点学科实验室，1个农业部重点实验室，4个国家卫生健康委重点实验室，44个上海市重点实验室、5个上海市前沿科学协同创新研究基地，8个国家工程研究中心、1个国家产教融合创新平台、4个国家医学中心、3个国家临床医学研究中心、2个国家级能源研发中心、2个国家野外科学观测研究站、1个国家陆地生态系统定位观测研究站，8个教育部工程研究中心、2个教育部野外科学观测研究站，1个自然资源部工程技术创新中心，1个省部共建协同创新中心，1个上海市功能型平台、26个上海市工程技术研究中心、4个上海市工程研究中心、18个上海市专业技术服务平台、1个上海市野外科学观测研究站、1个上海市技术创新中心、3个上海市协同创新中心、8个上海市临床医学研究中心，16个国际合作科技基地。1个教育部哲学社会科学实验室(培育)、1个教育部高校思想政治工作创新发展中心、1个教育部全国高校思政课虚拟仿真体验教学中心(培育)、2个教育部国别与区域研究中心(备案)、1个教育部高等学校软科学研究基地，1个上海市重点智库、3个上海市社会科学创新研究基地、5个上海市高校智库、3个上海市政府决策咨询研究基地(专家工作室)、1个上海市社会调查中心、2个上海市软科学基地等。与最高人民法院、中国工程院、文旅部、民政部、国家市场监管总局等共建一批高水平智库研究平台。

学习宣传党的二十大精神，举办系列专题报告。中央宣讲团成员、上海市市长到校宣讲党的二十大精神并与师生代表交流。成立师生理论宣讲团，面向二级单位开展宣讲70余场。师生党支部开展专题学习1500余场次。"声入人心"学生理论宣讲团获评"全国基层理论宣讲先进集体"。

健全优化党建工作体系，培育选树先进典型，8

个基层党组织入选全国和上海市党建工作“标杆院系”“样板支部”。制定《上海交通大学文化引领战略行动计划(2022—2025)》。大师剧《钱学森》演出49场,并首次赴澳门特区巡演。

提升人才培养质量,深化“学在交大”教学综合改革。布局“储能科学与工程”本科专业,获批建设国家储能技术产教融合创新平台。入选首批国家卓越工程师学院,新增7家校级联培基地。研究制定提升人文社科领域全日制研究生培养质量的指导意见。58个项目获上海市教学成果奖,其中12个特等奖、22个一等奖。2000余人次获省部级以上竞赛奖励,其中在“互联网+”大赛获12项金奖、8项银奖。

出台人才强校3.0系列政策,规范长聘体系引进、晋升和岗位管理。强化师资引进与评奖评优的师德师风把关,完善师德师风约谈、通报与警示教育机制。优化青年教师参与学生思政工作的制度设计,做好“教书育人奖”“科研成果奖”“管理服务奖”评选,设置“佳和”优秀导师奖,营造“善教乐教”氛围。谋划启动高水平研究队伍建设方案,博士后在站人数稳步增长。完善专业技术职务评聘的制度体系和实施方案,新增党务系列专业技术职务。

参与国家实验室建设、推动国家级战略科研基地建设和全国重点实验室重组。聚焦“海洋、健康、信息、能源”等前沿交叉领域,创新实施“基础研究特区计划”。张江科学园启用。李政道研究所平台建设稳步推进。成立上海市病毒研究院、生物材料与再生医学研究院、医学装备与技术研究院等高层次研究平台。

国家自然科学基金立项总数连续13年全国第一、连续6年突破千项。实施“交大2030”计划,启动“睿远科技大奖”。在《自然》《科学》《细胞》发表论文43篇,其中第一/通讯作者论文20篇。卓越论文连续6年全国第一。获教育部奖25项,位列全国高校第二。获上海市奖39项,创历史最好成绩。国家社会科学基金立项数位列全国高校第三。“大零号湾”科技创新策源功能区建设,跻身上海市科创战略布局。“未来能源和智能机器人”未来产业科技园获批。

举行医学院成立70周年大会暨上海国际医学论坛。与黄浦、浦东等区签署新一轮区、校合作协议。加快推进与闵行、徐汇、杨浦等区启动新一轮战略合作。与云南、贵州等省开启新一轮省、校战略合作。与四川、重庆、海南等省深化合作交流。参与长三角一体化发展取得突破性进展。与中国商飞、中国交建等企业签署战略合作协议。创新对口帮扶洱源工作机制。推进构建“全球交大”战略体系,与30余所海外战略合作伙伴高校深化合作互通。与英国华威大学等高校新签或续签关于合作办学、联合培养、学生交流交换等方面合作协议28份。参与U21大学联盟、环太平洋大学联盟等平台的制度性会议和活动。完成国际农业与生态学院申报中外合作办学机构工作,打造具备世界一流水准的国际农业与生态学院。

修订上海交通大学章程,完善以大学章程为核心的大学治理框架。推进教育评价改革试点工作,形成阶段性总结报告。闵行北校区完成淡水河东侧土地转换,崇明校区项目获教育部批准备案,长兴岛基地和医学院浦东校区推进基础建设。对31家二级单位管理情况进行内部控制基础性评价,提升风险防控能力。召开第八届教代会暨十三届工代会第二次会议,畅通学校与教职工信息沟通渠道。实验动物中心(含净化工程)、KB04开关站、绿色环境楼、光彪楼改扩建、慧谷科技大楼修缮等项目完成验收。推进学生服务中心、智能大楼、海洋药学大楼、徐汇浩然高科技大楼改扩建等项目。闵行北校区博士生公寓、材料创新大楼、新工程馆、长兴岛基地等开工建设。加快公共教学楼、教室升级改造和“住在交大”重点工程实施,执信西斋修缮完成,东19样板宿舍按期交付,2022年学生宿舍修缮项目完工。实施思源湖滨水二期改造项目,形成环思源湖滨水休闲空间。拓宽“思源码”应用场景,便捷校园生活。与黄浦区加强基础教育合作,附属黄浦实验中学、实验小学揭牌。加强教职工子女入学保障,将医学院和附属学校纳入保障范围。制定出台学校支持女性科研人才发挥作用相关举措,成立“她成长”专项基金。南洋北苑天桥和交慧桥落成启用,试点上线车位引导程序。 (章玲苓)

【深学细悟党的二十大精神】 2022年，上海交通大学成立专项工作领导小组，制定学习宣传贯彻党的二十大精神工作方案。校领导班子带头学、带头讲，综合运用交流研讨、辅导报告、联组学习等多种形式深学悟透。举办系列专题报告。成立师生理论宣讲团，面向二级单位开展宣讲70余场，师生党支部开展专题学习1500余场次。将党的二十大精神纳入党校各级各类培训课程，融入师生日常思想政治教育。“声入人心”学生理论宣讲团获评“全国基层理论宣讲先进集体”。

（章玲苓）

【18个学科入选第二轮“双一流”建设高校及建设学科】 2月9日，教育部、财政部、国家发展改革委印发《关于公布第二轮“双一流”建设高校及建设学科名单的通知》《关于深入推进世界一流大学和一流学科建设的若干意见》。上海交通大学入选第二轮“双一流”建设高校。数学、物理学、化学、生物学、机械工程、材料科学与工程、电子科学与技术、信息与通信工程、控制科学与工程、计算机科学与技术、土木工程、化学工程与技术、船舶与海洋工程、基础医学、临床医学、口腔医学、药学、工商管理18个学科入选第二轮“双一流”建设学科。 （章玲苓）

【启动“睿远科技大奖”评选】 8月25日，上海交通大学首届“睿远科技大奖”评选启动。大奖设数学与物质科学奖、工程与材料科技奖、信息与空间科技奖、生命与海洋科技奖、医学科技奖五大奖项，奖励在基础研究领域获得世界级原创成果、在应用研究领域解决国家重大战略需求、在科学前沿探索中做出世界公认重大贡献的杰出师生或校友。“睿远科技大奖”由陈光明校董于2月捐资1亿元人民币设立，每年评选1次，并于次年校庆期间颁奖表彰。

（章玲苓）

【上海交通大学张江科学园开园启用仪式】 11月1日，在张江科学园举行。12月20日，香港特区嘉华集团主席、“吕志和奖—世界文明奖”（吕志和奖）创办人吕志和博士捐资2.5亿元人民币，助力上海交通大学“张江科学园”发展。学校决定将张江科学园命名为“吕志和科学园”。园区设置变革性分子前沿科学中心、超快科学中心、未来材料创制中心、合成科学创新研究中心、人工智能网络安全创新中心、人工智能生物医药中心、DNA存储研究中心以及公共仪器平台，总建筑面积101518平方米，可容纳约1200人。 （章玲苓）

11月1日，上海交通大学张江科学园开园启用仪式在张江科学园举行

【成立国家卓越工程师学院】 12月1日，上海交通大学举行国家卓越工程师学院成立大会。会上，为上海交通大学国家卓越工程师学院揭牌，为中国航天科技集团、中国船舶集团、中国石油化工集团、国家电力投资有限公司、中国商用飞机有限责任公司等24家理事单位颁发“理事单位”铜牌。作为首批国家卓越工程师学院牵头建设高校，该学院将聚焦国家战略急需，加强有组织科研和人才培养，推进工程硕博士培养体系重构，加快培养大批卓越工程师。 （章玲苓）

## 附：学校负责人及地址

（2022年1—12月）

校党委书记：杨振斌
常务副书记：顾　锋
副书记：林忠钦、江　帆、周　承、王伟明

校　　长：林忠钦
常务副校长：丁奎岭
副校长：范先群、张安胜、徐学敏、奚立峰、毛军发（1月

离任)、王伟明、朱新远

闵行校区地址:东川路 800 号
邮编:200240
总机:54740000

徐汇校区地址:华山路 1954 号
邮编:200030

黄浦校区地址:重庆南路 227 号
邮编:200025

长宁校区地址:法华镇路 535 号
邮编:200052

七宝校区地址:七莘路 2678 号
邮编:201101

浦东校区地址:张衡路 429 号
邮编:201203

## 上海交通大学医学院

**【2022 年概况】** 有黄浦、浦东、海南 3 个校区(浦东、海南校区建设中)。设 24 个院系,有临床医学、口腔医学、预防医学、儿科学、生物医学科学、医学检验技术、食品卫生与营养学、医学影像技术、听力与言语康复学、护理学 10 个本科专业。其中,新增医学影像技术、听力与言语康复学 2 个专业;临床医学、口腔医学、生物医学科学、护理学、预防医学、儿科学、医学检验技术 7 个专业为国家级一流本科专业建设点;临床医学、口腔医学、儿科学、医学检验技术、护理学专业是特色专业。有基础医学、公共卫生与预防医学、护理学、临床医学、口腔医学、药学、生物学 7 个一级学科博士学位授权点,基础医学、临床医学、生物学、口腔医学 4 个一级学科博士后流动站。有 12 所附属医院。年内招录本科生 796 人,博士研究生 713 人(含"临专"项目 33 人)、硕士研究生 1122 人(含专业学位 477 人);招录住院医师规培生 1150 人、专科医师规培生 391 人。继续教育学院学历继续教育自 2022 年停止招生。有专任教师 853 人,其中具有高级职称 467 人,具有博士学位 710 人。有教职医护员工 41636 人,其中具有高级职称 5001 人,包括中国科学院院士 6 人、中国工程院院士 15 人。全年医学院录用专技人员 37 人、管理人员 12 人。招收博士后 215 人,其中外籍博士后 2 人。入选全国博士后创新人才支持计划 4 人、上海市超级博士后 58 人。获中国博士后科学基金特别资助 12 人、面上资助 75 人。

完成市教委"人才揽蓄行动",到岗 71 人。推进"双百人"队伍建设,新选拔研究型医师队伍 20 人、临床专职科研队伍 15 人。推动创新团队二期建设,打造战略创新核心团队 8 个、重点创新核心团队 20 个。规范编制外人员使用,施行《上海交通大学医学院编制外人员管理办法》。完善医学院科研人员双向流动制度。

搭建辅导员职业发展平台,完善"四维"培训体系。开展首期"青年马克思主义者培养工程"培训班,启动"荣昶—博医"卓越医学生培养计划,推进"博士生致远荣誉计划"。护理学—行政管理双学位建设项目获批立项,建设国家级临床教学培训示范中心培育建设单位 2 个,获批国家级虚拟教研室试点建设项目 2 项。获批省部级及以上课程 13 门。青年教师在第五届上海高校青年教师教学竞赛中获医学学科组特等奖。获上海市教学成果奖 10 项,其中《新时代复合型医学人才培养的探索与实践》等 2 项成果获 2022 年上海市教学成果奖特等奖、5 项成果获一等奖。获评上海市课程思政示范课程 7 门、课程思政示范团队 6 个、课程思政教学名师 2 人。以第一主编单位出版教材

11本。形成临床医学专业器官系统整合教学改革系列研究报告，修订《上海交通大学临床医学专业八年制博士学位授予标准》《上海交通大学医学院临床医学八年制学生在学期间发表学术论文要求的规定》。完善研究生学位论文原始实验数据监管平台建设，试点启用研究生电子实验记录系统。

完善多校区的功能定位，细化黄浦、浦东、海南校区的未来学科布局。成立松江研究院、上海市病毒研究院、生物材料与再生医学研究院、医学装备与技术研究院。组织申报国家高水平中医药重点学科中西医结合转化医学。深化与人工智能国家实验室合作共建数字医学研究院，建设数字医疗、数字公共卫生和数字监管分中心。制定《上海交通大学医学院专科学院设置管理办法》《上海市高水平地方高校创新团队二期管理办法》《上海交通大学医学院校企共建联合研发平台管理办法(试行)》《医学院上海市高水平地方高校及建设项目管理办法(2021—2025年)》。医学检验技术专业和儿科学专业入选第三批国家级一流本科专业建设点。ESI(基本科学指标数据库)排名中，8个学科均跻身全球前1%，其中临床医学、生物学与生物化学、分子生物学与遗传学、药理与毒理学4个学科进入全球前1‰，临床医学稳居全国第一。U.S.News世界大学排名中，医学院临床医学首次跃居全球第六十二位，13个学科进入全球百强。在软科中国大学医科实力百强榜中，上海交通大学医学院位居全国第一；在软科中国最好学科排行榜中，临床医学继续保持全国第一，口腔医学和基础医学稳居全国第二。

推进国家级科研平台建设，完成2个全国重点实验室重组工作。推动校部、医学院与附属医院一体化建设，构建两级临床中心网络。完成8项第五批国家临床医学研究中心申报工作，持续支持国家儿童医学中心、国家口腔医学中心、国家眼部疾病临床医学中心建设。新增国家医学中心2个，省部级科研基地5个、教育部重点实验室1个、教育部工程研究中心1个、省部共建协同创新中心1个，上海市重点实验室2个。牵头组织参与科技部等10部门开展的科技成果评价改革试点工作，形成《上海交通大学医学院科技成果评价改革试点实施方案——破除科技成果评价“四唯”》，出台《上海交通大学医学院科研机构和平台考核工作细则》《上海交通大学医学院专业技术职务聘任实施办法》。完善“医学院—二级学院/附属医院—基地”三级管理模式，做好重点实验室评估工作。成立科技成果转化处，健全成果转化服务体系，完善“基础研究—临床实践—成果转化”全链条创新体系。推动院企融合发展，与上海医药、海外集团、张江集团共同合作成立上海生物医药前沿产业创新中心，实现成果转化43项。深化科研经费管理改革，施行《上海交通大学医学院横向科研项目及经费管理办法》。加强实验室规范和安全文化建设，建立实验室安全检查体系，实施实验室分级管理。深化国际交流与合作，与加拿大渥太华大学续签新一轮五年战略合作协议，持续推进与英国爱丁堡大学合作共建临床医学本科双学位项目；推动“全球挑战计划”项目落地实施；获批国家留学基金委创新型人才国际合作培养项目；作为理事长单位举办第二届东南亚医学教育与卫生联盟大会，吸纳首都医科大学、孟加拉国圣家红新月医学院等11所海内外高校成为联盟新成员。与英国牛津大学、加拿大渥太华大学等10所合作院校共同开展7个短期线上海外游学项目、1个线上科研论坛、2个线下长期项目。有来自日本、韩国、马来西亚等44个国家的国际学生271人。招收国际学生本科生17人，其中临床医学专业9人、口腔医学专业8人；新招硕士生4人、博士生1人。新增瑞金医院海南医院、上海儿童医学中心海南医院和贵州医院3个国家区域医疗中心。瑞金医院、仁济医院、新华医院等8家附属医院获批国家区域医疗中心输出医院。推进瑞金医院嘉定院区、第一人民医院松江新城院区、新华医院、国际和平妇幼保健院奉贤新城院区、第九人民医院南汇祝桥院区及第六人民医院南汇新城院区建设。获国家自然科学基金项目立项781项，连续13年保持全国医学院校首位。发表SCI论文4990篇，其中IF≥20的207篇、IF≥10的710篇。在《自然》《英国医学杂志》《美国医学会杂志》《柳叶刀》等期刊上发表论文6篇。获上海市科学技术奖一等奖10项，其中上海市技术发明奖一等奖2项、上海市科技进步奖一等奖6项、上海市科学技术普及奖一等奖2项。获上海市医学科技一等奖5项。3人获第十七届上海市科技精英奖，1人获上海市青年科技杰出贡献奖。本科生获第八届中国国际"互联网+"大学生创新创业大赛金奖。10项作品入围全国大学生基础医学创新研究决赛，2项作品获全国大学生生命科学竞赛特等奖，1项作品获科学探究类国家级二等奖。

成立上海交通大学医学院教育发展基金会，签约项目44项。实现与上海交通大学、上海市大数据中心和申康中心数据互联互通，完成临床研究平台、人事管理系统、实验室一体化管理平台等高水平地方高校"智慧校园"信息化专项建设。持续完善财经服务、审计管理体系，做好全过程预算控制，编制《2022年收费目录清单》，修订《上海交通大学医学院财务报销规定》，印发《医学院干部经济责任审计风险提示清单》《医学院附属医院干部经济责任审计风险提示清单》《医学院设备家具类固定资产清查盘点工作规定》《医学院大型科学仪器运行绩效评价管理办法》。加强校园基础设施建设，完成校园房屋修缮改造项目11项。

成立70周年院庆工作领导小组及其办公室、专项工作组，发布院庆系列公告，凝炼形成"新时代交医精神品格体系"，举办庆典主日上海国际医学论坛、"大师论道、名家论学、英才论剑"系列论坛和"三医联动"公立医院高质量发展高峰论坛等系列学术活动，组织社会多元筹资和校友线上线下返校等活动。制作《交医印记》系列地图，摄制70周年院庆系列宣传片《鎏光》《以医之名》，举办大师剧《清贫牡丹》展演，印制《上海交通大学医学院毕业生校友名录·合影(1952—2022年)》，出版《七秩芳华》等系列丛书。"报效祖国，服务人民"办学使命石刻落成、院史馆新馆揭幕。举办"70年70瞬"专题展。 （刘　楠）

**【成立上海交通大学医学院松江研究院】** 7月28日，上海交通大学医学院与上海市松江区政府合作共建松江研究院启动仪式暨首届"脑医学"研讨会在长三角G60科创大厦开幕。松江研究院聚焦国家脑科学计划，联动G60科创走廊生物医药、脑智科创产业群优质资源，主攻"三脑"(精神脑、退变脑、发育脑)研究，结合神经免疫、神经代谢和神经肿瘤等新兴脑交叉方向，建成与脑科学"三脑"和脑交叉相关的"基础—临床—产业"全链条科研平台，培育一批具有国际影响力的脑科学产学研专业人才。 （刘　楠）

**【新增2个国家医学中心】** 7月29日，国家卫生健康委发布通知，决定以上海交通大学医学院附属上海市精神卫生中心作为国家精神疾病医学中心主体医院之一，设置国家精神疾病医学中心。11月25日，国家精神疾病医学中心在附属精神卫生中心启动。12月28日，国家卫生健康委发布《国家卫生健康委关于设置国家骨科医学中心的通知》，上海交通大学医学院附属第六人民医院获批国家骨科医学中心。 （刘　楠）

**【上海市病毒研究院成立仪式】** 9月26日，在上海交通大学医学院举行。市政府和上海交通大学签署共建上海市病毒研究院协议，并为研究院揭牌。研究院聘请国际著名病毒学家管轶教授担任首任院长。研究院围绕病毒演化与跨宿主传播机制、病毒相关重大疾病致病机制和病毒感染诊断治疗及转化三大研究方向，打造具有国际影响力的病毒学研究创新策源地和转化高地。 （刘　楠）

9月26日，上海市病毒研究院成立仪式
在上海交通大学医学院举行

**【"肿瘤、免疫与脑科学"国际学术论坛】** 10月

11—13日，在线上召开。由上海交通大学医学院主办。医学院及附属医院12位专家，以及来自英国牛津大学和曼彻斯特大学、法国奥罗阿大区—里昂癌症研究中心、荷兰伊拉斯姆斯大学、加拿大多伦多大学、新加坡国立大学等机构的20位资深科学家相聚云端，围绕肿瘤临床研究、肿瘤基础研究、肿瘤护理、免疫与炎症性疾病、神经与精神疾病五大主题展开交流。32位科学家的报告吸引国内外200余名学者及研究生参会交流。

（刘　楠）

**【举行医学院成立70周年系列庆典活动】** 10月24日，上海交通大学医学院成立70周年大会暨上海国际医学论坛在上海国际会议中心举行。上海国际医学论坛设1个主论坛和5个分论坛。庆典期间，还组织学科建设大讨论、“大师论道、名家论学、英才论剑”系列论坛、公立医院高质量发展高峰论坛、“70年70瞬”专题展、“凝心聚力　共创未来”校友座谈会、70周年文艺汇报演出；发布《七秩芳华》《使命担当》《思政铸魂》《科普之光》《医源珍忆》等系列丛书；落成“报效祖国，服务人民”办学使命石刻；院史馆新馆建成开馆；与黄浦区合作共建上海交通大学附属黄浦实验中学、上海交通大学附属实验小学；举办院庆文艺汇演，开展院庆主题网络文化节、“我与交医的故事”主题征文、摄影活动、“点亮浦东校区　助力交医腾飞”院庆专题活动。

（刘　楠）

**【获第八届中国国际“互联网+”大学生创新创业大赛金奖】** 11月13日，教育部主办、重庆大学承办的第八届中国国际“互联网+”大学生创新创业大赛全国总决赛落幕。上海交通大学医学院“慧眼逐明——眼眶病AI人脸识别筛查系统领航者”项目首次获高教主赛道本科生创意组金奖。该项目聚焦“AI医疗＋眼健康”的广阔市场，提出“一张照片筛查眼眶病”的解决方案。项目团队自主研发了以眼眶病AI人脸识别算法为核心的数字医学解决方案，并分别设计面向民众端和机构端的产品与商业模式。

（刘　楠）

## 附：学校负责人及地址

（2022年1—12月）

校党委书记：江　帆

副书记：范先群、赵文华、施建蓉、吴正一（8月到任）

校　长：范先群

副校长：胡翊群（7月离任）、吴正一、方　勇、郑俊克（9月到任）

地址：重庆南路227号

邮编：200025

电话：63846590

# 同济大学

**【2022年概况】** 有四平路、嘉定、沪西、沪北4个校区和临港、张江等研究基地，设29个专业学院、11家附属医院、10所附属中小学，有82个本科招生专业、46个硕士学位一级学科授权点、28个专业硕士学位授权点、37个博士学位一级学科授权点、10个专业博士学位授权点、30个博士后流动站。有全日制本科生18536人、硕士研究生11288人、博士研究生7668人。有国际学生3160人。专任教师2815人，其中专业技术职务正高级1093人，中国科学院院士16人（含双聘），中国工程院院士26人（含双聘），第三世界科学院院士及美国、德国、瑞典等国科学院或工程院外籍院士29人次。国家级教

学名师 5 人，国家重点基础研究发展计划首席科学家 23 人，国家重点研发计划首席科学家 150 人次。有国家级教学团队 7 个，国家自然科学基金创新群体 10 个，教育部“创新团队发展计划”12 个，科技部重点领域创新团队 1 个。有 6 个基础学科拔尖学生培养基地。有 1 个全国重点实验室、3 个国家重点实验室、1 个国家工程实验室、1 个国家重大科技基础设施、1 个国家协同创新中心、1 个国家大型科学仪器中心、6 个国家工程（技术）研究中心、4 个其他国家级研究平台以及 103 个省部级研究平台。入选科技部“国家创新人才培养示范基地”，获批 2 个全国科普教育基地。

推进基层党组织建设标准化、规范化，建成市教卫工作党委系统示范性党员活动室和示范性党建服务中心各 1 个，实现校内二级党组织党建工作阵地全覆盖。交通运输工程学院党委入选第三批“全国党建工作标杆院系”培育创建单位，建筑与城市规划学院本科生第一党支部等 3 个支部入选“全国党建工作样板支部”培育创建单位。

印发《同济大学关于全面提升人才培养质量的若干意见》，修订 2022 级本科生和研究生培养方案，按照“本科基础宽、硕士专业深、博士学术精”阶段培养定位，完善“2＋1＋X”本研贯通人才培养体系。打造以书院制、导师制、完全学分制为特色的“国豪书院”。重构人才培养模式创新实验区为拔尖人才培养特区，建设 6 个基础学科拔尖基地（班）。推进教育部“课程思政研究示范中心”建设，建立以第一课堂课程教学为核心、第二课堂思辨和实践平台为外延拓展、学科文化为环境浸润的三圈层“大思政”育人模式。60 个专业入选国家级一流本科专业建设点，获批 54 门国家级一流本科课程、52 门上海市一流本科课程。学校作为第一完成单位获上海市优秀教学成果 63 项，其中特等奖 11 项、一等奖 25 项、二等奖 27 项。

新增生物与医药专业学位博士硕士授权点，调整（撤销）知识产权、智能科学与技术 2 个二级交叉学科博士硕士授权点，筹设区域国别学一级交叉学科。首轮 9 个高峰学科完成既定目标，飞行器力学与控制申报 IV 类高峰学科。第五轮学科评估完成预定工作目标，A 类学科总数增加 50％（较上一轮评估新增 6 个，共 18 个），C 类学科数量大幅减少。新增 1 个 ESI 全球前 1％学科领域和 3 个 ESI 全球前 1‰学科领域，学校 ESI 全球前 1％学科领域达 16 个，其中 ESI 全球前 1‰学科领域 5 个。

重组 3 个原有国家重点实验室，申报建设“车路一体智能网联交通系统”和“心脏病”2 个全国重点实验室，获批建设“自主智能无人系统”首批人工智能领域全国重点实验室（标杆实验室）.获批联合建设“高速磁浮运载技术”全国重点实验室。申报多重灾害全息实验系统和地外天体深空环境室内模拟场重大科技基础设施。立项建设 5 个省部级科研平台，实现理工医类省部级科研平台学科全覆盖。启动“无人系统多体协同”重大科技基础设施一期项目建设。申报国家自然科学基金 3627 项，获批 635 项，较去年增长 13.9％，创历史新高。获重大项目 1 项、重大科研仪器 2 项、重点项目 15 项。获批上海市科委“科技创新行动计划”系列项目 103 项，首次突破百项大关。获批上海市自然科学基金项目 46 项，创历史新高。获批上海市基础研究特区计划，围绕“智能+”和特色学科、基础学科融合，构成具有同济特色的特区战略布局。获批国家重点研发计划重点专项 26 项，创历年新高。在 CNSP 及其子刊上发表高水平论文成果 77 篇，其中以同济大学为第一/通讯作者单位发表 Nature 2 篇、Science 1 篇、PNAS 5 篇，创历史最好成绩；SCI 论文 8395 篇，其中一区 1493 篇。2022 年决策咨询报告获党和国家领导人批示 19 篇。“上海设计百人智库”获上海市政府和上海市经信委点名表扬。

高绍荣教授带领的干细胞生物学教师团队入选第二批“全国高校黄大年式教师团队”，蒯知滑教授获评 2022 年上海市“四有”好教师（教书育人楷模）。海外引进高层次人才 5 人。在站博士后规模实现五年翻番。

创作发布 10 部社会主义核心价值观系列微视频。深化教育部中华优秀传统文化传承基地（京昆）建设。以 115 周年校庆为契机，分别与中央电视台、上海电视台联合制作发布纪录片《抗战中的李庄——书声琅琅》同济专题、校史纪录片《百十五载　与国同行》。

推出“同济大学中德合作 2.0 战略”，经教育部批准设立首个中德合作学科交叉的国际科研合作平台——中德联合研究中心(同济大学),成立首个中德博士生院,筹建德国与欧洲人文研究院,建设中德中欧人文交流示范基地,签署新一期《同济大学与德国学术交流中心有关中德学部的合作协议》等重要合作协议。新增"一带一路"沿线伙伴高校,与以色列理工大学、埃及巴德尔大学、马来西亚大学签署合作协议,拓展与沙特阿拉伯的合作关系,全年新签续签各类协议92份。与联合国环境规划署共同筹建"环境创新中心"。推荐20名学生赴各类国际组织实习,推荐10人次教师赴国际组织挂职锻炼或任职,1名教师入职联合国工业发展组织区域办公室。 (刘 扬)

**【同济大学与崇明区政府合作框架协议签约仪式】** 1月18日,在东滩建设集团举行。同济大学与崇明区政府代表签署新一轮战略合作框架协议,"同济大学碳中和学院"和"同济崇明碳中和研究院"同时揭牌。根据协议,学院和研究院将探索新型碳中和领域人才培养模式,打造零碳技术与碳资源管理的国际化平台,助力崇明建设成为"世界级生态岛"和"碳中和示范区"。 (刘 扬)

**【首列商用磁浮3.0版列车完成测试】** 3月,中车株洲电力机车有限公司牵头研制、中国拥有完全自主知识产权的首列商用磁浮3.0版列车,在同济大学高速磁浮试验线上完成相关动态试验和系统联调联试。同济大学磁浮交通工程技术研究中心承担中速磁浮车辆总体方案研究、电磁铁技术方案研究、非接触式感应供电研究、车轨耦合振动机理及悬浮系统振动抑制技术、牵引系统供电技术优化、车辆与线形及轨道结构参数的匹配研究、道岔关键技术研究以及系统集成总体技术方案等九大关键子任务的研究。 (刘 扬)

**【同上一堂"大思政课"】** 3月29日,以"师生同心风雨共担,齐心守护美好家园"为主题的同济大学2022年春季学期同上一堂"大思政课"云端开讲。同济大学本科生、研究生等7万余人次通过同济大学视频号在线收听,获26万余人次点赞。(刘 扬)

**【与联合国环境规划署签署新一轮合作备忘录】** 4月28日,在同济大学与联合国环境规划署合作20年之际,双方新一轮合作备忘录签约仪式以线上线下方式举行。双方将继续在全球环境展望气候变化、循环经济等全球重大问题上开展合作,推动可持续发展理念在高等教育体系中的传播,培养全球环境治理人才和可持续发展人才。 (刘 扬)

**【长三角生态绿色一体化发展示范区碳达峰实施方案获通过】** 5月26日,长三角生态绿色一体化发展示范区理事会第六次全体会议以视频会议形式召开,审议并原则通过同济大学牵头编制的示范区碳达峰实施方案。方案聚焦示范区跨省域协同达峰的制度创新度,提出到2025年能耗强度和碳排放强度"双降"目标,部署重点片区集中引领、重点领域分类示范、绿色低碳政策赋能、绿色低碳技术支撑四大行动。 (刘 扬)

**【与虹口区政府合作签约】** 6月16日,同济大学与虹口区政府线上签署基础教育合作办学协议,在区、校战略合作框架协议内,合作共建同济大学虹口基础教育集团。根据协议内容,同济大学虹口基础教育集团主要包括上海市复兴高级中学、同济大学附属澄衷中学(筹)、同济大学幼儿园(虹口部)、上海市第五中学、虹口区第四中心小学、复兴实验小学等学校。双方将按照国家教育综合改革关于创新人才贯通式培养的理念及目标,以管理模式创新、教师课程教学改革、学生培养方式融合为突破口,共同探索基础教育与高等教育有机衔接的大中小一体化育人体系的构建。其中,上海市复兴高级中学同济实验班已于2021年12月启动;位于天宝路的同济大学幼儿园(虹口部)、位于北外滩华兴坊的同济大学附属澄衷中学(筹)新校区均在有序推进建设中。 (刘 扬)

**【同济大学附属新江湾城实验学校启用】** 9月1日,同济大学附属新江湾城实验学校举行2022年秋季开学典礼。该校是杨浦区与同济大学合作共建的一所九年一贯制公办学校,位于政青路678号。2022年,开设小学一年级5个班,招收189名学生;

初中预备年级4个班,招收153名学生。（刘　扬）

**【参与第十一届世界城市论坛】** 6月27日,由联合国人居署与上海世界城市日事务协调中心在第十一届世界城市论坛上共同举办的上海奖及上海指数专题活动在波兰卡托维兹落幕。活动以“加快上海奖和上海指数研究,赋能城市可持续发展水平”为主题,通过线下线上相结合方式向全球推介上海奖、上海指数等重要研究成果。同济大学专家应邀代表上海指数研究团队在专题活动上作主旨演讲。上海指数是在上海市政府、中国住建部和联合国人居署的共同支持下,由中方研究团队和人居署领衔、全球多国专家学者合作研究、联合国其他相关部门参与指导,最终由联合国人居署官方确认并发布的全球城市可持续发展评估的国际权威指数。上海指数的中方研究团队由同济大学经济与管理学院诸大建教授和陈海云博士领衔。

（刘　扬）

**【发布《上海市新城数字化转型规划建设导引》】** 8月24日,以“共建共享　数字之都”为主题的上海城市数字化转型体验周在上海国际时尚中心开幕。现场,同济大学校长发布由同济大学承担的《上海市新城数字化转型规划建设导引》。《上海市新城数字化转型规划建设导引》由上海市经信委会同上海市规划资源局、上海市住建委组织编制,依托同济大学建设的中国(上海)数字城市研究院具体承担。（刘　扬）

**【同济大学国豪书院】** 8月30日,在同济大学揭牌。国豪书院通过高考选拔及入校二次选拔方式,首次招收345名青年学生,分别进入工科试验班(国豪精英班)、医学试验班(国豪精英班)和“强基计划”,在书院氛围下由高端导师倾心指导。书院注重夯实学生理工基础、强化学术创新,让学生浸润人文素养、开拓国际视野,打造“2+1+X”本研贯通人才培养体系,着力培养具有同济特色的拔尖创新人才。（刘　扬）

**【主体研制46.5 nm极紫外太阳成像机】** 9月4日,中科院空间新技术试验卫星上搭载的、由同济大学负责主体研制的46.5 nm极紫外太阳成像仪开机,获首批太阳过渡区(太阳色球与日冕之间的层次)动态成像观测数据,捕获到近期太阳上一些活动现象。该次观测是继1973年美国天空实验室无缝光谱仪拍摄全日面Ne VII 46.5 nm图像后,人类近半个世纪来首次在46.5 nm波段拍摄到太阳的完整图像。同济大学王占山教授团队负责极紫外太阳成像仪的光机总体,历时一年半完成成像仪的光学设计、机械总体设计、高精度极紫外反射镜制作、光机系统精致装校、力学实验等一系列研制工作。（刘　扬）

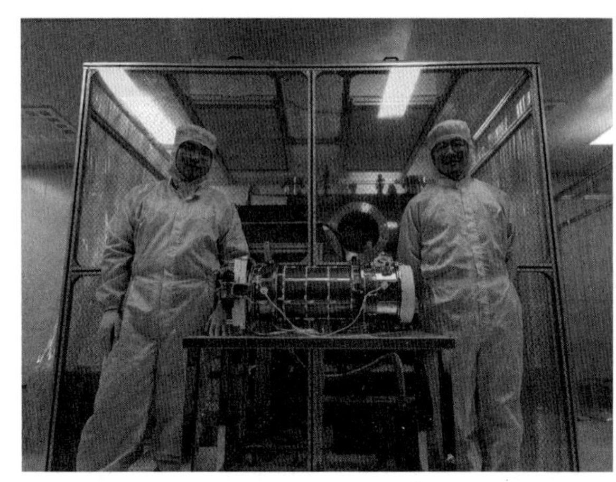

9月4日,同济大学负责主体研制的46.5 nm极紫外太阳成像仪助力中国首次实现太阳过渡区探测

**【发布上海国际设计百人智库】** 9月15日,由上海市政府主办,同济大学等单位承办的首届世界设计之都大会开幕。开幕式上,同济大学党委书记发布“上海国际设计百人智库”。该智库是世界设计之都大会的重要成果之一,也是上海创建世界一流设计之都的一项重大举措,由上海市经信委委托同济大学牵头建设,邀请全球范围内对设计有重要贡献的重量级设计人物,组成上海国际设计百人智库。该智库以创新设计的优势和特色为引领,与产业集群、学科集群联动,致力于构建产学研深度融合的设计创新共同体。（刘　扬）

**【参与C919大型客机研制】** 同济大学航空航天与力学学院、物理科学与工程学院、机械与能源工程学院等多个团队参与C919大型客机研制和校企人

才联合培养，还参与大飞机知识产权管理体系建立、专利预警分析、商业秘密管理模式等咨询服务。（刘　扬）

**【无人系统多体协同重大科技基础设施建设推进会】** 10月8日，在上海张江人工智能岛以线上线下相结合的方式举行。会上，宣布无人系统多体协同重大科技基础设施一期建设项目启动。由同济大学牵头建设的这一人工智能领域重大科技基础设施建成后，将成为人工智能原创理论突破和关键技术验证的重要实验装置。（刘　扬）

### 附：学校负责人及地址

（2022年1—12月）

校党委书记：方守恩
常务副书记：冯身洪
副书记：陈　杰、吴广明、方　平、彭震伟

校　　长：陈　杰
常务副校长：吕培明
副校长：顾祥林、雷星晖、陈义汉、童小华、黄翔峰、娄永琪

四平路校区地址：四平路1239号
邮编：200092
电话：65982200

嘉定校区地址：曹安公路4800号
邮编：201804
电话：69589255

沪西校区地址：真南路500号
邮编：200331
电话：51030050

沪北校区地址：共和新路1238号
邮编：200072
电话：66052500

## 华东理工大学

**【2022年概况】** 有徐汇、奉贤和金山3个校区，设17个专业学院，有72个本科招生专业、31个一级学科硕士学位授权点和17个硕士专业学位授权点、18个一级学科博士学位授权点和5个博士专业学位授权点、14个博士后科研流动站。有全日制学生29764人，其中本科生16766人、硕士生10175人、博士生2103人、国际学生720人。全年录取本科生4239人、硕士研究生4199人、博士研究生653人。教职员工3016人，其中专任教师2054人。有国家重点学科8个以及上海市重点学科10个、上海高校一流学科7个。有国家一流本科专业建设点41个以及上海市一流本科专业建设点6个。"化学工程与工艺"通过美国工程与技术鉴定委员会(ABET)专业认证。"化学"通过中俄联合国际理科专业认证。商学院全部专业通过国际精英商学院协会(AACSB)商科教育认证。化学工程与工艺、信息工程、食品科学与工程等15个专业通过工程教育专业认证。化学、材料科学、工程学、生物学与生物化学、药理学和毒理学、农业科学、计算机科学、环境科学与生态学8个学科进入ESI全球前1%，化学、工程学学科进入ESI全球前1‰。

研究制定《华东理工大学2022年教职工理论学习工作方案》《华东理工大学关于学习宣传贯彻党的二十大精神的实施方案》，推进教职工政治理论学习制度化、规范化。举行"读原文　悟原理"学习研读会、学习宣传贯彻党的二十大精神主题展览、样板支部主题党日观摩、学习贯彻党的二十大精神处级领导干部专题培训班等活动。与临港集

团举行党委中心组联组学习会，签署新一轮战略合作框架协议。获批“上海党建工作示范高校”创建单位。新增“全国党建工作样板支部”1个、“上海党建工作标杆院（系）”1个、“上海党建工作样板支部”1个和上海高校“百个学生样板党支部”4个。7名学生党员入选上海高校“百名学生党员标兵”培育对象。

以“七秩育桃李，奋发谱新篇”为主题，举行建校70周年系列庆祝活动。召开学校理事会六届三次会议，举办“碳中和及卓越人才培养”中外大学校长论坛、长三角教育现代化学术论坛，成立校友企业家联谊会，制作发布《弦歌》校庆宣传片以及系列特色文化产品。华东理工大学建设成就展开展，以首任校长张江树为原型的大师剧《更生》首度公演。出版《上海市级专志·华东理工大学志》《前贤画传——华东理工大学历史人物连环画》，制作《校园文化地标图鉴》。

入选2022年教育部“一站式”学生社区综合管理模式建设自主试点建设单位、首批“国家级创新创业教育实践基地”和国家首批“工程硕博士培养改革专项试点高校”。成立首届工程博士教育指导委员会，招收首批工程博士专业学位研究生86人。招收首批新兴与交叉学科博士专项计划21人。劳动教育在线课程入选教育部国家智慧教育公共服务平台和上海市教委劳动教育公益性资源优质线上课程。5524人次参加大学生创新创业训练计划、研究生创新创业能力培养计划，获国际级奖项12项、国家级奖项96项、省级奖项463项。在第八届中国国际“互联网+”大学生创新创业大赛中再获国赛金奖。在第十三届“挑战杯”上海市赛中获7金、12银、19铜。3个“国家级大学生创新创业训练计划”项目入选第十五届全国大学生创新创业年会优秀改革成果项目。王浩栋、施一丁获“中国大学生自强之星”称号，施晨宇获2021年度上海市青年五四奖章，机械与动力工程学院机械装备数字孪生技术青年团队、研究生支教团青年团队获2021年度上海市青年五四奖章集体，8个学生社团获2021年“榜样100全国最佳大学生社团”称号。王艺迪获第五十六届世界乒乓球团体锦标赛女团冠军、2022年乒乓球亚洲杯女单冠军。

按照人才培养、师资队伍建设、学科建设、科学研究、对外交流、文化建设、信息化建设、校园建设八大建设模块，明确“十四五”期间48项重点任务和责任单位。组织实施“双一流”关键领域重大项目（7项）、“卡脖子”仪器研究项目（11项）、基础学科建设项目（12项）、青年教师种子基金项目（7项）四类建设项目。新增15个国家级一流本科专业建设点以及3个上海市级一流本科专业建设点。资源循环科学与工程、机械设计制造及其自动化、新能源材料与器件3个专业通过教育部工程教育专业认证。新增机械博士专业学位授权点，自主设置化学生物学二级学科博士、硕士学位授权点，调整艺术硕士专业学位授权点为设计硕士专业学位授权点，完成42个学位授权点周期性合格评估工作。新增上海市一流本科课程14门、重点课程24门。在第五轮学科评估和全国专业学位水平评估中取得新突破。

通过合理设岗、优化岗位结构比例，提升职员队伍配置效率。优化岗位晋升年限要求，注重长期激励。新增博士后进站69人，入选国家博士后创新人才支持计划5人，入选上海市超博计划34人。获上海市优秀教学成果特等奖2项、一等奖12项、二等奖14项。获“第二届全国高校教师教学创新大赛全国赛”一等奖1项、三等奖1项，以及“第二届上海市高校教师教学创新大赛”特等奖2项、一等奖1项、单项奖1项。4个项目入选2021年度中国高等教育博览会“校企合作双百计划”典型案例。杜文莉教授领衔的“石油化工智能制造教师团队”获全国高校黄大年式教师团队，成为学校第二个获此荣誉的教师团队。

牵头获批立项国家重点研发计划13项。“抗骨衰老的生物材料与技术”基础科学中心项目、上海市“碳中和”基础研究特区项目获批立项。获上海市自然基金项目36项、上海市基础重大项目2项。《自然》正刊报道朱为宏教授团队的最新研究成果，实现学校在世界三大顶尖期刊“零”的突破。获评上海市科技精英、青年科技英才各1人。获“科学探索奖”2项，上海知识产权创新奖专利一等奖1项，中国石油和化学工业联合会科技进步一等奖和青年突出贡献奖各1项，中国化工学会国际杰出青年化学工程师奖1项、侯德榜青年奖1项、基础研究成果奖2项，中华国际科学交流基金会第五届“杰出工程师青年奖”1项。牵头筹建“先进医用材料与器械”全国重点实验室，参与建设5个全国重点实验室。承担上海市首批知识产权产学研运营联合体建设任务，1项成果入选国家知识产权局高价值专利组合。获批省部级以上哲学社会科学规划课题46项，其中国家社科基金重点项目、上海市教委科研创新计划人文社会科学领域重大项目各1项。获上海市哲学社会科学优秀成果奖二等奖2项、上海市决策咨询研究成果奖二等奖1项。向上级有关部门报送决策咨询报告40余篇。

推进学校对外合作办学管办分离工作。与5所法国FGL联盟院校签署合作协议，完成国际卓越工程师学院首届毕业班学生免试直升研究生工作。推进与英国牛津大学合作项目可持续发展，引进“生物工程及生物技术前沿”课程，派出本科生赴英国牛津大学交流学习。拓展与新加坡国立大学合作领域。与美国加州大学河滨分校签署学生联合培养项目协议。与英国华威大学签署双博士学位协议。录取国家公派留学研究生37人、派出27人；派出各类项目本科生120人，参加各类国际交流项目本科生290人。

新建并启用梅陇路52号校门。完成奉贤校区实验5楼改造工程、PII(PCR检测)实验室项目、实验一楼空调更新项目等各类修缮项目81项，维修宿舍约3600间。完善2项服务乡村振兴创新试验培育项目，持续开展“教育+”系列行动，助推云南寻甸县巩固拓展脱贫攻坚成果同乡村振兴有效衔接。新增对口支援甘肃陇东学院。接收对口支援和合作高校55名联合培养生、13名交流生来校学习，录取7名对口支援计划及6名部省合建计划定向博士，选派5名教师赴对口支援高校支教。

（赵庆新）

**【校党史学习教育总结会议】** 1月5日，在华东理工大学召开。会议总结学校党史学习教育成效和做法，巩固拓展学习教育成果。教育部党史学习教育高校第六巡回指导组组长出席并讲话。华东理工大学党委书记、党史学习教育领导小组组长作学校党史学习教育总结报告。（赵庆新）

**【入选第二批全国高校黄大年式教师团队】** 1月27日，教育部公布《第二批全国高校黄大年式教师团队名单》，华东理工大学杜文莉教授领衔的“石油化工智能制造教师团队”入选。（赵庆新）

**【“第九届环境工程青年论坛”学术交流研讨会】** 2月25日，在上海举行。由国家自然科学基金委员会工程与材料科学部主办、华东理工大学承办。国内高校和科研院所的60多位专家学者以及2021年底结题的100多名青年和地区基金项目负责人与会，围绕环境工程学科最新研究进展、重要发展方向等方面开展开放式讨论。（赵庆新）

**【学术研究论文在《自然》期刊发表】** 4月6日，国际权威学术期刊《自然》以“重构共价有机框架”为题，在线报道华东理工大学材料生物学与动态化学教育部前沿科学中心、化学与分子工程学院朱为宏教授、田禾院士和英国利物浦大学安德鲁·库伯(Andrew Cooper)教授基于动态化学构筑共价有机框架材料研究取得的突破性进展。该论文首次提出重构共价有机框架概念，做到兼顾共价有机框架材料“结晶性”与“稳定性”，取得光催化产氢和二氧化碳吸附容量领域最高值。华东理工大学化学与分子工程学院博士后张维伟为该论文第一作者，华东理工大学为第一通讯单位。这是华东理工大学首次以第一通讯单位在《自然》杂志上发表学术研究论文。（赵庆新）

**【9名校友入选“中国化工　百年百人”名单】** 4月23日，中国化工学会成立100周年纪念大会发布“中国化工　百年百人”名单。该名单遴选中国科协1999年《中国科学技术专家传略》工程技术编——化工卷入传专家，《中国大百科全书》第三版(网络版)化工卷入传院士、专家及2013年前(含)当选且1947年12月底前出生的两院院士，共103人。华东理工大学顾毓珍、苏元复等9名校友入选。（赵庆新）

**【新增 3 个专业通过中国工程教育专业认证】** 6 月 16 日，中国工程教育专业认证协会、教育部高等教育教学评估中心发布《中国工程教育专业认证协会教育部高等教育教学评估中心关于发布已通过工程教育认证专业名单的通告》。华东理工大学机械设计制造及其自动化专业、新能源材料与器件专业、资源循环科学与工程专业完成由该协会组织开展的学校自评、专业类认证委员会审核、专家组现场考查、结论审议等程序，通过工程教育专业认证。这 3 个专业均为华东理工大学首次通过工程教育认证的专业。（赵庆新）

**【华东理工大学校友企业家联谊会成立大会】** 9 月 30 日，通过全球连线方式召开，7000 余位校友参与。部分校友企业家代表在华东理工大学科技园铸梦空间现场参会。校友企业家联谊会第一届理事会由 99 名校友理事组成。（赵庆新）

**【获 2022 年上海市教学成果奖 28 项】** 10 月 15 日，上海市教委公布 2022 年上海市优秀教学成果获奖名单，华东理工大学申报的 23 项本科教学成果获奖，其中特等奖 1 项、一等奖 11 项、二等奖 11 项；研究生教学成果奖中，学校获奖 5 项，其中特等奖 1 项、一等奖 1 项、二等奖 3 项。（赵庆新）

**【华东理工大学建设成就展】** 10 月 27 日，在徐汇校区老图书馆楼二楼北侧展厅开放。展览由序厅、赓续薪传 · 校史沿革厅、春华秋实 · 建设成就厅、桃李芬芳 · 校友风采厅 4 个区域组成，围绕人才培养、科学研究、社会服务、文化传承、国际交流与合作五大职能，聚焦 70 年来学校取得的成就进行专题展示。（赵庆新）

**【“碳中和及卓越人才培养”中外大学校长论坛】** 10 月 29 日，在上海举办。来自英国萨里大学、上海纽约大学等国内外 10 余所大学的校长，以及海内外“双碳”领域的专家学者们汇聚一堂，共同探讨碳中和目标背景下产教融合、科技攻关、创新人才培养的理念、思路与举措。（赵庆新）

10 月 29 日，“碳中和及卓越人才培养”中外大学校长论坛在上海举行

**【庆祝华东理工大学建校 70 周年大会】** 10 月 29 日，在华东理工大学徐汇校区举行。大会通过光明网官方微博、央视频、人民日报客户端、中国青年报客户端等媒体平台同步直播，累计 40 余万人次观看。（赵庆新）

**【2022（第五届）国际进口贸易论坛】** 11 月 4 日，在华东理工大学举行。来自国际组织、中国政府、学界和业界的专家学者相聚“云端”，以线上线下相结合形式，围绕“新发展格局下贸易与制度型开放”这一主题进行研讨交流。线上直播观看量 10 万余人次。（赵庆新）

**【在第八届中国国际“互联网+”大学生创新创业大赛中获奖】** 11 月 10—13 日，第八届中国国际“互联网+”大学生创新创业大赛总决赛在重庆大学举行。华东理工大学物理学院“柔化科技——高精度柔性传感器引领者”项目团队获全国总决赛金奖（高教主赛道本科生创意组）。另外，学校参赛作品获上海市赛金奖 11 项、银奖 16 项、铜奖 19 项、优胜奖 5 项。其中 8 个项目经市教委推荐进入国赛网评环节。（赵庆新）

**【获第四届上海知识产权创新奖】** 11 月 18 日，由中国国家知识产权局、世界知识产权组织、上海市政府共同主办的第十九届上海知识产权国际论坛开幕。论坛上，向获第四届上海知识产权创新奖的单位和个人颁奖。华东理工大学获上海知识产权创新奖专利一等奖。（赵庆新）

## 附:学校负责人及地址

(2022年1—12月)

校党委书记:杜慧芳

副书记:宋　来、沈志超、项延训、沈海涛

校　长:轩福贞

副校长:李　涛、王慧锋、朱为宏、阎海峰、李　剑

徐汇校区地址:梅陇路130号

邮编:200237

电话:64251129

奉贤校区地址:海思路999号

邮编:201424

电话:33612038

# 东华大学

**【2022年概况】** 有松江、延安路、新华路3个校区,设18个教学院(部),有6个博士后流动站、11个一级学科博士点、3个博士专业学位授权类别、29个一级学科硕士点、17个专业学位硕士授权类别、59个本科专业,涵盖工学、理学、管理学、经济学、艺术学、文学、法学、历史学、教育学9个学科门类。在校学生25302人,其中本科生14495人、硕士研究生7650人、博士研究生1631人、国际学生(学历生)684人、成人教育学历生842人。年内,招收本科生3736人,硕士研究生3097人,博士研究生444人。全校教职工2274人,专任教师1466人,其中专职院士2人、兼职院士17人。有2个国家一流学科、5个二级学科国家重点学科、1个国家重点(培育)学科,7个上海高校一流学科、1个上海高校Ⅰ类高峰学科。有1个国家重点实验室、1个国家工程技术研究中心、19个省部级科研平台,2个国家"111"引智基地以及国家大学科技园。纺织科学与工程以全优成绩入选"一流学科培优行动",材料科学与工程入选新一轮"双一流"建设学科。开展艺术学理论、美术学、艺术、工商管理、公共管理、设计学6个学位点对应调整。新增人工智能、纺织产业与科学社会主义2个自设交叉博士学位授权点。化学、工程学、数学、材料科学、计算机科学、环境科学与生态学、生物与生化7个学科入围ESI世界前1%。

构建"大思政"教育格局,获批教育部全国高校思想政治工作精品项目1项以及上海市课程思政教学研究示范中心1项、课程思政示范课程12门、课程思政示范团队8项、课程思政教学名师5人。获上海市优秀教学成果奖22项,其中特等奖3项、一等奖11项、二等奖8项。11个专业入选国家级一流本科专业建设点,1个专业入选省级一流本科专业建设点。软件工程、电子信息工程、无机非金属材料工程等5个专业完成专业认证自评。建立优秀生源基地79家。首次实施"优才计划"录取推免生。博士学位论文抽检100%通过,硕士学位论文抽检合格率优于上海市平均水平。培育一流教材5项、重点教材培育项目31项。立项建设美育精品课程22门、美育名师工作室3项。立项建设劳动教育课程8门、劳动教育名师工作室4项,劳动教育落实率100%。立项建设体育精品课程2门、体育名师工作室2项,获国际级体育赛事金牌3块,国家级体育赛事金牌16块,省市级体育赛事金牌10块,其中女足获2022年中国足球协会女子职业足球甲级联赛常规赛阶段第二名。获批国家级、上海市级创新创业计划375项,学生获省部级以上学科竞赛奖700余项,其中国际级40项、国家级270项。尚创汇众·创空间获评上海市A级示范孵化基地。

牵头国家重点研发计划项目6项、课题17项、国家自然科学基金70项。新增军工项目48项。人文社科省部级及以上项目41项,其中国家社科基金项目4项。获上海市科学技术奖16项、中国

纺织工业联合会科技奖 17 项、上海市人文社科优秀成果奖二等奖 1 项。出版国家出版基金 8 个重点项目图书。新增专利转让、许可合同 36 项，完成知识产权贯标认证，获评上海市知识产权运营中心。纺织工业人工智能技术教育部工程研究中心、全国循环经济工程实验室获批立项。纤维材料先进制造技术与科学学科创新引智基地评估获评优秀，数字化纺织服装技术教育部工程研究中心、国家环境保护纺织工业污染防治工程技术中心绩效评价良好，“一带一路”先进纤维与低维材料国际联合实验室通过绩效评价。先进玻璃制造技术教育部工程研究中心、纺织行业重点实验室完成定期评估。PCR 核酸检测实验室获批建设。

助力云南盐津乡村振兴，成立“东华大学帮扶盐津乡村振兴专家工作站”。获评教育部乡村振兴创新实验培育项目 2 项。推进新疆大学、塔里木大学等对口支援工作。推进阿拉尔大学城（教育园区）援建工作。与企业新建联合研发中心（实验室、基地）16 个。志愿服务第五届中国国际进口博览会。

承担文化部、教育部“中国非遗传承人群研修研习培训计划”项目。举办第九期“传统刺绣创意设计”非遗研修班。申报“双一流”文化传承与创新项目，举办港澳台青年非遗研习营。首获创建全国文明校园评选资格。《钱宝钧》大师剧线上展演，逾 1 万人次观演。

与英国皇家艺术学院签署上海中英艺术大学（暂用名）合作意向备忘录。与世界自然基金会共建“东华大学—WWF 可持续时尚中心”。与加拿大卡尔顿大学等签署合作协议 14 份。举办“第十届先进玻璃国际会议”等国际会议 7 场，发布线上线下国际交流项目 54 项。（平　婧）

**【入选第二批全国高校黄大年式教师团队】** 1 月 27 日，东华大学孙以泽教授带领的机电智能装备技术与系统教师团队入选第二批全国高校黄大年式教师团队。该团队长期致力于纺织装备与控制的基础创新与应用研究，曾先后入选教育部“纺织装备技术与系统”创新团队、教育部“纺织装备技术与系统”优秀创新团队，获上海市“教育先锋号”。（平　婧）

1 月 27 日，机电智能装备技术与系统教师团队入选第二批全国高校黄大年式教师团队

**【入选第二轮“双一流”学科建设名单】** 2 月 9 日，教育部、财政部、国家发展改革委公布第二轮“双一流”建设高校及建设学科名单。东华大学入选第二轮“双一流”建设高校，材料科学与工程、纺织科学与工程 2 个学科入选“双一流”建设学科名单。其中，材料科学与工程学科为新增入选。（平　婧）

**【获国际攀联世界杯冠军】** 7 月 1 日，国际攀联世界杯攀岩赛在瑞士维拉尔举行。东华大学管理学院 2021 级本科生邓丽娟以 6.87 秒的成绩获女子速度赛金牌。（平　婧）

**【东华大学生物与医学工程学院】** 7 月 4 日成立。该学院面向生物材料与医疗器械、重大疾病诊疗与疫情防护、人工智能与智慧医疗、合成生物学等学科方向开展相关领域科学研究，聚焦本科生、研究生教育培养创新型人才，服务国家战略。（平　婧）

**【上海中英艺术大学合作意向备忘录签署仪式】** 8 月 31 日，在上海、伦敦 2 个会场线上线下同步举行。上海市教委、东华大学、英国皇家艺术学院就筹建上海中英艺术大学签署合作意向备忘录。上海中英艺术大学将致力于培养艺术、设计、创意等领域的高水平、国际化一流人才，推动中英高级别人文交流，扩大中英双方在高等教育领域深度合作和交流互鉴，支撑服务上海国际设计之都、时尚之都、品牌之都建设。（平　婧）

**【2022中非纺织服装国际论坛暨中非文化交流论坛】** 9月7—18日，在东华大学松江校区举行。由东华大学主办。以“绿色非洲”为主题设立1个主论坛、4个分论坛。联合国工业发展组织、中国纺织工业联合会、英国爱丁堡大学、荷兰阿姆斯特丹大学、北京大学、东华大学等近70名专家、学者通过线上线下相结合方式与会，围绕纺织服装前沿科技发展、非洲可持续发展策略及中非共同构建人类命运共同体交流研讨。大会从中非各高校投稿的300余篇论文中评选出128篇高质量论文汇编成册公开出版。 （平　婧）

**【世界设计之都大会科技时尚高峰论坛】** 9月15—18日，在黄浦滨江船舶馆举行。由上海市经信委与东华大学共同主办。以“时尚元宇宙　跨界新生态”为主题。来自企业、学界、媒体、专家学者及先锋代表与会，聚焦新科技下的时尚消费新生态进行交流研讨。其间，东华大学—WWF可持续时尚中心成立。 （平　婧）

**【获国际纺联可持续和创新奖】** 9月17—20日，国际纺织制造商联合会2022年会在瑞士达沃斯举行。由东华大学和凯赛生物共同开发的“生物基聚酰胺56产业链成套技术”获首届国际纺联可持续和创新奖。生物基聚酰胺56具有优异吸湿性、柔软舒适性及低温可染性等特性，广泛应用于服装、家纺、箱包、轮胎等领域，且相较石油基PA66纤维可有效降低二氧化碳排放，其原料来源于玉米、马铃薯、秸秆等植物资源，对农业发展也起到促进作用。 （平　婧）

**【2022国际纺织前沿科学与技术大会暨世界纺织大学联盟年会】** 12月1—4日，在线上线下举行。由东华大学主办。国际纺织前沿科学与技术大会以“纤维让世界更美好”为主题，聚焦现代纺织加工技术、智能纺织、生物医用纺织、生态纺织、纺织装备等全纺织学科链的前沿、关键问题。来自12个国家的60多个单位代表与会。同期，召开世界纺织大学联盟年会，以“共享数字机遇，共创绿色未来”为主题，交流“一带一路”国家之间关于纺织科技发展新策略。来自18个国家的35所成员高校代表与会。 （平　婧）

## 附：学校负责人及地址

（2022年1—12月）

校党委书记：刘承功
　　副书记：刘淑慧（12月离任）、崔运花、王云骏、项延训（12月到任）

校　长：俞建勇
副校长：刘淑慧（12月到任）、邱　高（12月离任）、卿凤翎（12月离任）、陈　革、陈南梁（12月离任）、舒慧生（12月离任）、李　炜、赵　震（12月到任）

松江校区地址：人民北路2999号
邮编：201620
电话：67792401

延安路校区地址：延安西路1882号
邮编：200051
电话：62373879

# 华东师范大学

**【2022年概况】** 有闵行、普陀2个校区，设4个学部和33个学院（系），有硕士学位授权一级学科37个、硕士学位授权二级学科3个、硕士专业学位类别24个，博士学位授权一级学科33个、博士专业学位类别2个，博士后科研流动站26个。有本科专业85个，涵盖文学、历史学、哲学、教育学、经济

学、理学、工学、管理学、法学、艺术学、医学11个学科门类。有3个国家"双一流"建设学科，2个国家一级重点学科，5个国家二级重点学科、5个国家重点培育学科，12个教育部第四轮学科评估A类学科，6个上海市高峰学科(I类2个、II类2个、IV类2个)，12个上海市重点学科和17个上海市一流学科(A类4个、B类13个)。设4个书院，有14个研究院。有全日制本科生15914人、博士研究生3952人、硕士研究生17719人，国际学生(学历生)1551人。招收新生10950人，其中本科生3953人、研究生6997人。有教职工4418人，其中专任教师2412人。教授及其他高级职称教师2101人，其中含中国科学院和中国工程院院士(含双聘院士)19人。

学校理工科有2个国家重点实验室、1个国家工程技术研究中心、1个国家野外科学观测研究站、1个国家级国际联合研究中心，8个教育部重点实验室和工程研究中心、1个教育部国际合作联合实验室、1个教育部战略研究基地和高等学校软科学研究基地、1个教育部野外科学观测研究站，1个民政部研究中心，1个国家新闻出版署重点实验室，2个自然资源部重点实验室和工程技术创新中心，以及12个上海市重点实验室和工程技术研究中心、1个上海市工程研究中心、1个上海市野外科学观测研究站、1个上海市软科学研究基地、1个上海市协同创新中心、2个上海市前沿科学研究基地。学校文科有6个教育部人文社会科学重点研究基地、1个教育部哲学社会科学实验室(培育)、6个教育部国别和区域研究中心，1个国家教材建设重点研究基地、2个国家智能社会治理实验基地、1个全国普通高校中华优秀传统文化传承基地，1个中国老龄协会老龄科研基地，1家国家新闻出版署出版智库(培育)，以及7个上海市哲学社会科学创新研究基地、6个上海市政府决策咨询研究基地工作室、4个上海高校智库、10个上海高校"立德树人"人文社会科学重点研究基地、1个上海高校中华优秀传统文化基地。有基础学科拔尖学生培养计划2.0基地10个、国家级实验教学示范中心2个、国家级虚拟仿真实验教学中心1个，以及上海市实验教学示范中心9个。学校主办、承办和合办各类中文期刊23种、英文期刊7种，校图书馆有实体馆藏文献495.29万余册、电子文献数据库164个(466个子库)。有自办与合作举办的附属中小学、幼儿园67所。学校继续教育坚持管办分离，探索培育高品质非学历教育项目。

与里昂高师等法国3所高等师范学院、美国纽约大学、加拿大不列颠哥伦比亚大学、俄罗斯莫斯科罗蒙诺索夫国立大学、澳大利亚昆士兰大学、日本东京大学等建立合作关系，与世界300余所高校和科研机构签订学术合作与交流协议。与里昂高师等法国3所高等师范学院成立中法联合研究生院。与法国里昂高师和法国国家科学研究中心成立中法社会与科学联合研究院；与美国纽约大学联合创办的上海纽约大学，是第一所具有独立法人资格的中美合作创办大学；与法国里昂商学院合作共建亚欧商学院；与以色列海法大学合作共建转化科学与技术联合研究院；与加拿大阿尔伯塔大学共建先进科学与技术联合研究院。设有国际汉语教师研修基地，作为中方合作院校建设5所孔子学院和2所独立孔子课堂。

国家级人文社科项目立项61项，并列全国第四，其中全国教科项目立项28项，位居全国第一。教育部人文社科项目立项24项，位居全国高校第八、上海高校第一。上海社科规划项目、上海市教育科学研究年度项目及专项项目、上海市教委科研创新计划项目、曙光人才计划项目等立项数均排名上海第一。10项成果获上海市第十三届决策咨询优秀成果奖。6家教育部人文社科重点研究基地在"十三五"建设评估中获佳绩，其中4家获评优秀。国家自然科学基金项目获批立项226项，牵头承担国家重点研发计划项目获批9项。在国家自然科学基金委员会交叉科学部获批1项重大研究计划项目(重点支持)、1项优秀青年科学基金项目，实现突破性进展。举办"首届世界地理大会"。华东师大参与的"海上丝路"河口海岸国际联合实验室项目入选联合国"海洋科学促进可持续发展十年"新一批31个签约行动。入选"上海市基础研究特区"计划。获批"区块链数据管理教育部工程研究中心"。

深入推动招生—培养—就业联动机制，动态调整招生计划与专业设置。成立卓越学院，探索打造卓越学术融合卓越育人改革试验特区。推进科教、产教融合，打造交叉协同育人共同体。推进课程思政教育教学改革。着力构建"体验—认知—志趣—创造"的体美劳教育体系。年内，学校作为第一完成单位，获上海市优秀教学成果特等奖15项、一等奖28项、二等奖24项，获奖总数、特等奖和一等奖获奖数量均位居上海高校第一。在第八届中国国际"互联网+"大学生创新创业大赛中，获全国银奖1项、铜奖7项。在第十七届"挑战杯"全国大学生课外学术科技作品竞赛决赛中，获一等奖1项、二等奖2项、三等奖2项；在红色专项赛中，获一等奖3项、二等奖1项；在"揭榜挂帅"专项赛中，获二等奖1项。在第十三届"挑战杯"全国大学生创业计划竞赛上海市赛中获7金、6银、7铜，奖牌数位列上海高校第一。

成立通识教育委员会，加强通识教育顶层设计。启动"通识教育研读文库"建设，配合思维导向的通识教育课程体系建设，增强通识课程教学有效性。验收2021年通识教育课程建设项目，并立项33项2022年建设项目，完善通识课程准入和退出机制。举办首届"中国基础教育卓越原创案例展评"活动，全国20个省市的305个案例参赛。

（施家仓　林雨平）

**【入选第二批全国高校黄大年式教师团队】** 1月28日，教育部公布第二批全国高校黄大年式教师团队名单，华东师范大学"创获智慧"中国哲学教师团队入选。该团队以回答时代问题的理论原创为旨归，积极创建中国的哲学社会科学话语体系，推进具有"中国特色、中国风格和中国气派"的"智慧说"体系不断深入发展。（施家仓　林雨平）

**【第二十二届国际中国哲学大会】** 6月27日至7月1日，在华东师范大学线上平台举办。由国际中国哲学会与华东师大共同主办。主题为"世界哲学视域中的中国哲学"。其间，华东师范大学终身教授、国际中国哲学学会(ISCP)会长杨国荣，以及来自30多个国家的600余位学者参与近100场学术讨论。（施家仓　林雨平）

**【2022世界人工智能大会教育主题论坛】** 9月1日，在上海世博中心举行。由华东师范大学、上海人工智能实验室、普陀区政府共同主办。以"引领学习变革　智创教育未来"为主题，聚焦智能学习、智能测评、教育元宇宙三大领域。近30位国内外知名专家学者，通过主旨演讲、前沿报告、高端对话、发布重磅成果等形式进行交流研讨。论坛还通过元宇宙会场直播，超4万人次参与。

（施家仓　林雨平）

**【第九届学术委员会及各专门委员会委员聘任仪式】** 10月12日，在华东师范大学普陀校区科学会堂举行。新一届校学术委员会顾问、委员和各专委会委员，华东师范大学领导、相关职能部门负责人参加。何积丰、沈志华、何鸣元、褚君浩4位离任的上届校学术委员会主任委员和副主任委员被聘为学术委员会顾问；189位专家被聘为新一届校学术委员会及各专门委员会委员。换届后聘任新提名委员115人，占委员总数的60.8%。（施家仓　林雨平）

**【华东师范大学台湾研究院】** 10月29日，在华东师范大学揭牌，"中美战略大棋局下的两岸关系"学术研讨会同期举行。海峡两岸50余位学者与会。

（施家仓　林雨平）

## 附：学校负责人及地址

（2022年1—12月）

校党委书记：梅　兵

　　副书记：钱旭红、朱　民、杨昌利、曹友谊

校　长：钱旭红

副校长：孙真荣(1月离任)、周傲英、戴立益、雷启立、顾红亮

闵行校区地址：东川路500号

邮编：200241

电话：62233333

普陀校区地址：中山北路3663号

邮编：200062

电话：62233333

## 上海外国语大学

【2022 年概况】 有虹口、松江 2 个校区，设教学院（系）23 个，有本科专业 55 个（其中语言类专业 34 个、非语言类专业 21 个）。一级学科硕士学位授权点 8 个（下设二级学科硕士学位授权点 42 个）、专业硕士学位授权点 8 个，一级学科博士学位授权点 3 个（下设二级学科博士学位授权点 22 个），博士后科研流动站 3 个。全校各类学生 14132 人，其中本科生 5932 人、硕士研究生 4082 人、博士研究生 630 人、国际学生 960 人（学历生 803 人）、成人教育学生 2103 人、网络教育学生 425 人。年内招收本科生 1435 人、研究生 1564 人（其中硕士研究生 1411 人、博士研究生 153 人）；招收来自 71 个国家和地区的各类留学生 834 人次。全校在职教职工 1538 人，其中专任教师 855 人（正高级职称 150 人、副高级职称 269 人，具有博士学位教师 647 人、硕士学位教师 202 人）。

组建学习宣传贯彻党的二十大精神理论宣讲团。推出 11 语种"二十大报告多语种对照查询平台"。与《人民日报》合作推出中国共产党国际形象网络宣传片《CPC》多语种版。与中共一大纪念馆合作在校内举办巡回展。与东方卫视思想政论节目《这就是中国》联合打造党的二十大专题节目。

入选第二轮"双一流"建设高校。国际经济与贸易、会计学等 33 个专业入选一流本科专业建设点。成立"中国话语与世界文学研究中心"。举办全国翻译专业学位研究生教育指导委员会 2022 年工作会议。新一届全国翻译专业学位研究生教指委秘书处设于学校。召开第四届中国高校外语学科发展联盟年会。课程思政教学研究中心获评上海课程思政教学研究示范中心，16 门课程获评课程思政示范课程，7 名教师获评课程思政教学名师，7 个课程团队获评课程思政示范团队。新增市场营销、精算学、罗马尼亚语专业，新增柬埔寨语授课语种。获批"俄语—工商管理"双学士学位复合型人才培养项目。增设国际新闻传播硕士研究生培养项目。2 个项目获批国家留学基金委 2022 年创新型人才国际合作培养项目。首次开展"直博生"选拔，扩大"硕博连读"试点范围，从培养模式上实现"本研贯通"和"硕博贯通"。9 门课程入选 2021 年度上海高等学校一流本科课程，3 个虚拟教研室入选教育部首批虚拟教研室建设试点名单。50 门慕课登录国家智慧教育平台。出版国内第一本以外语教材研究为主题的学术集刊《外语教材研究》。作为第一完成单位获上海市优秀教学成果特等奖 2 项、一等奖 8 项、二等奖 2 项。入选教育部"一站式"学生社区综合管理模式建设自主试点单位。获批"2023 年度上海高校教师思想政治建设精品项目"。

全年获批人文社科类纵向项目 41 项，其中国家社科项目 19 项、教育部人文社科项目 7 项、上海市各类课题 15 项；获批国家自科类项目 13 项，立项数量和资助经费均创历史新高。获上海市第十五届哲学社会科学优秀成果奖著作类和论文类二等奖 2 项。"脑机协同信息行为重点实验室"列入上海市重点实验室建设。建立语料库研究院语言数据与语言研究中心、区域国别语料库及区域国别数据科学文科实验室。举办首届全国区域国别研究院院长论坛。中国外语战略研究中心承办国家语委首期语言文字应用研究高级研修班，发布《世界语言生活状况报告（2022）》。报送"国际智库研究动态"1233 条，被上海市哲学社会科学规划办公室采用 276 条；报送"国际智库报告译丛"12 篇，被采用编译 9 篇、点评 8 篇。

累计开展学者对话、学术沙龙、学生论坛等活动 40 余场。上线英文时评网站 Glocal Affairs。参与中共中央宣传部国际传播局统筹规划的"翻译向未来"

冬奥会多语种多渠道国际传播实践项目，贡献度在全国参与高校中位列第一。获中国外文局对外话语创新基地首批合作基地。获上海城市形象资源共享平台“IP Shanghai”数字传播优秀合伙人。与《新民晚报》合作推出百集融媒体产品《海外员工看中国》多语译介项目。创办国际英文学术期刊《网络媒体与全球传播》。举办区域国别研究方法论训练营，组织 87 场讲座、累计听课总人次超 5 万。举办 10 余个国际会议。年内派出约 300 名学生出国留学。

办学重心由虹口校区向松江校区转移。在市教委组织的信息公开评议中，学校连续第 9 年获第一。全球治理与区域国别研究大楼开工。获批“绿色学校”称号。成立上海外国语大学国家安全教育研究中心。

与市外办持续共建涉外防疫保障团队，获“奉献杯”市级项目大赛银奖。与虹口团区委结对，面向新冠疫情防控一线人员子女开展“爱心云托班”，为 20 位小朋友提供 87 门、逾 300 小时“云陪伴”直播课程。组织 127 名志愿者参与大学生暑期社区新冠疫情防控志愿服务，覆盖全市所有辖区开展服务 352 次，总时长近千小时。与市委信访办共建 12345 涉外多语种热线，全年提供 7 个语种座席转接翻译服务，接听电话 82 通、提供在线服务近千分钟。为云南省丽江市培训县乡镇干部 200 余人，为对口帮扶地区帮助销售扶贫产品。实施“县中帮扶计划”，为边远地区 20 余所中小学讲授“世界文化博览”“经典润乡土”系列课程，带领乡村中小学生线上参观世界语言博物馆。“沪滇乡村希望网校”远程支教项目，全年为云南 13 所乡村小学 30 个教学班 1725 人次学生授课时长逾 3000 课时。参与教育部综改司青海三县帮扶工作。“‘语言与未来’志愿服务队：助力乡村振兴　讲好中国故事”获评第六届全国高校“礼敬中华优秀传统文化”系列活动特色展示项目。

建设个性化信息门户，推出上外健康卡。获第四届智慧高校 CIO 上海论坛“智慧教育卓越奖”。“元宇宙与智慧图书馆”大会吸引 1.6 万人同时在线观看。“创建全球话语体系　向世界讲好中国故事”等 2 个项目获上海市第十六届“银鸽奖”。《部长来了》入选教育部 2022 年高校原创文化精品推广行动计划。　　（陆英浩）

**【《部长来了》入选教育部推广行动计划】** 2 月 11 日，上海外国语大学申报的影视作品“《部长来了》系列访谈录——国际传播领域的‘四史’故事”入选教育部 2022 年高校原创文化精品推广行动计划。该项目为上海市唯一入选项目，也是该类别中唯一入选的国际传播类影视作品。　　（陆英浩）

**【发布英文学刊《网络媒体与全球传播》首期】** 3 月 12 日，由上海外国语大学举办的“假消息与全球传播”国际研讨会以线上线下结合方式举行。全球 200 余位专家学者参加。会上，由上海外国语大学主办的国际开放英文学术期刊《网络媒体与全球传播》首期发布。该期刊关注全球非西方、非英语国家学者多元的学术贡献，促进多语种学术传播。由德古意特出版社出版。　　（陆英浩）

**【与奉贤区教育局合作办学协议签约仪式】** 9 月 1 日，在奉贤区会议中心举行。根据协议，双方将在奉贤区合作开办上外奉贤实验幼儿园、小学和中学。　　（陆英浩）

**【全国翻译专业学位研究生教育 2022 年年会】** 11 月 26 日，在上海外国语大学举行。由全国翻译专业学位研究生教育指导委员会和中国学位与研究生教育学会翻译专业学位工作委员会主办。以“抓住机遇，守正创新，实现翻译专业学位研究生教育新跃升”为主题，围绕推进翻译专业学位研究生教

11 月 26 日，全国翻译专业学位研究生教育 2022 年年会在上海外国语大学举行

育规范化和标准化建设、提升翻译专业学位研究生教育质量和效能展开交流。 （陆英浩）

## 附：学校负责人及地址

（2022年1—12月）

校党委书记：姜　锋

副书记：李岩松、王　静、钱　玲

校　长：李岩松

副校长：林学雷、张　静、查明建、衣永刚

虹口校区地址：大连西路550号

邮编：200083

电话：35372445

松江校区地址：文翔路1550号

邮编：201620

电话：67701068

# 上海财经大学

**【2022年概况】** 有杨浦、虹口2个校区，设24个学院（所、部、系）。有应用经济学国家“双一流”建设学科，会计学、财政学、经济思想史、金融学（培育）4个国家级重点学科以及财政部重点学科4个、上海市重点学科6个、上海市一流学科A类2个和B类4个，上海高校Ⅱ类高峰学科1个（理论经济学）、上海高校Ⅳ类高峰学科1个（应用经济学），博士后科研流动站7个、一级学科博士授权点10个，一级学科硕士授权点15个，本科专业40个。教育部重点实验室1个，教育部哲学社会科学实验室（培育）1个。有各类在校生20340人，其中本科生8054人，学术型硕士研究生1251人、专业学位型硕士研究生5777人，博士研究生1361人，国际学生354人，成人本科生3543人。招收新生5051人，其中本科生2015人、硕士研究生2745人、博士研究生291人。有专任教师992人，其中教授、副教授630人。

召开全校人才工作大会，推出《上海财经大学新时代人才强校十大行动计划（2023—2025）》。健全教师综合评价，建立分类评价体系，制定经管、理工学科教师专业技术职务评聘方案，出台教师系列申请“代表作制”评审操作细则，探索建立针对决策咨询研究的评价激励机制。成立党委教师工作委员会。制定《关于构建完善教师思想政治和师德师风建设工作机制的方案》，修订《上海财经大学教师思想政治和师德师风考核办法》《上海财经大学师德失范行为处理办法》。

制定实施“应用经济学”一流学科建设行动方案，深入推进第二轮“双一流”建设。成立应用经济学一流学科规划与推进委员会，建立应用经济学学科特区。落实统计学振兴计划，在人才培养、师资引进、科学研究等方面发力。软科中国大学排名财经类榜单连续3年位居全国第一，全国综合排名三十三。金融学在软科世界一流学科排行榜中首次跻身全球第51—75，全国并列第一。经济学与商学、社会科学、工程学领域学术影响力保持ESI全球前1%，其中经济学与商学提升至全球第一百八十五名。

制定《关于加快推进卓越财经人才培养模式改革的实施方案》，构建学校统一领导、院部深度参与的改革组织架构，推进人才培养改革任务落地。经济统计学、信息与计算科学等7个专业获批国家一流专业建设点，累计24个国家一流本科专业建设点、3个省级一流本科专业建设点。16项教学成果获上海市教学成果奖，其中“融合型创新创业教育体系建构与实践”“聚焦财经·交叉复合·跨界协同——国际组织后备人才培养的上财实践”2项获特等奖。增设4个双学士学位复合型人才培养项目。推动通识教育课程第一课堂和第二课堂融合，试点开设4门通识阅读2+1课程。新增6门市级重点课程，启动首批校级一流本科课程认定工作。做好中国经济学、中国商学系列、数字经济学、新金融系列等本科教材的申报与编写启动工作。深化改革创新，推进研究生教育高质量发展。增设审计硕士专业学位点，通过工程管理硕士下增设工业工程与管理领域。完成21个学位授权点基本状态信息表(2020—2021年度)的系统数据报送工作和《学位授权点年度建设报告(2021年度)》的撰写工作。完成《上海研究生教育质量年度报告(2021年度)》的编纂工作。制定《上海财经大学研究生导师管理办法》，修订《上海财经大学研究生课程听课规定》，起草《上海财经大学专业学位研究生品牌质量管理办法》。5个项目入选教育部学位中心2021年主题案例征集立项名单，1篇一般案例、1篇微案例入选“全国百篇优秀管理案例”。

制定《上海财经大学全面推进大思政课建设方案》，从改革创新主渠道教学、善用社会大课堂、搭建大资源平台、构建大师资体系、拓展工作格局、加强组织领导6个方面加强思政课建设。8门课程入选市级本科课程思政示范课程，3位教授入选市级课程思政示范教学名师，7个团队入选市级课程思政示范团队。发布《关于进一步加强研究生课程思政建设工作的通知》，健全课程思政评价机制。连续十五年开展“千村调查”，《光明日报》专题报道“看我们这十年的青春实践手记——思政实践课见证奋进新时代”。开展“知行杯”暑期社会实践，75个团队、500多名师生深入基层。学生团队获第十七届“挑战杯”课外学术科技大赛全国一等奖1项、三等奖2项，第十三届“挑战杯”创业计划大赛市赛金奖1项、银奖2项、铜奖7项，金奖项目入围全国决赛。

获国家级项目68项，其中国家哲学社会科学成果文库1项、国家社科基金重大项目4项、社科重点项目4项，首次获国家社科基金高校思政课研究专项1项。5项成果获上海市第十五届哲学社会科学优秀成果奖，含党的创新理论研究优秀成果奖二等奖1项，学科学术奖一等奖2项、二等奖2项，获奖总数位列全市第七。7项成果获第十三届上海市决策咨询研究成果奖。185篇专家建议获省部级以上采纳或批示。首次获中宣部舆情信息“优秀稿件”“优秀个人”表彰。入选2021年度上海市舆情信息工作先进单位。举办105周年校庆论坛、第五届长江经济带发展高端论坛、第二届区域重大国家战略协同发展研讨会暨第五届长三角一体化发展高端论坛、第八届金融科技国际会议。

与上海临港新片区管委会签订“六个一”战略合作框架协议，共建“上海财经大学滴水湖高级金融学院”。与安徽省政府、富国基金、东方证券、邮惠万家等政府部门和金融企业签订战略合作协议。实施校友、校董协同育人行动计划，规范基金会管理运营，提升募、投、管、用综合能效。

推进27号学生宿舍、研究生教学实验综合楼、三门路学生公寓修缮工程。完成武川人行通道工程并开通运行。推动办公自动化、现代化建设，建设三全育人信息化支撑环境。举办校园文化节、学术文化月、“秉文”经典阅读、105周年校庆游园等活动。（张锦华　吴怀莉）

**【上海市高峰学科建设与发展论坛】** 3月5日，在上海财经大学举办。以“一流大学和一流学科建设”“同城协同”为主题，回顾上海市“双一流”建设历程，交流近几年在人才培养、团队建设、科研创新、汇聚优质资源协同发展等情况。

（张锦华　吴怀莉）

**【与中国(上海)自由贸易试验区临港新片区管理委员会签订战略合作框架协议】** 9月29日，上海财经大学与中国(上海)自由贸易试验区临港新片区管理委员会战略合作框架协议签约仪式在学校行政大楼举行。双方将围绕“共建高端智库”“组建顶尖决策咨询顾问团队”等六个维度开展合作共建，推动上海财经大学一流学科、学术、教育资源与临港新片区对外开放、前沿产业、科技创新、新兴服务业等方面优势有效结合。（张锦华　吴怀莉）

**【上海财经大学“千村调查”入选“礼敬中华优秀传统文化”示范项目】** 10月10日，教育部公布第六届全国高校“礼敬中华优秀传统文化”系列活动成果。上海财经大学“走千村　访万户　读中国　千村调查社会实践”入选系列活动示范项目名单。

（张锦华　吴怀莉）

**【第八届(2022)金融科技国际会议】** 10月29日在线上召开。以“金融科技助力企业低碳转型发展”为主题。由上海金融业联合会指导支持，上海财经大学上海国际金融中心研究院、爱丁堡大学商学院、中欧国际工商学院、上海证券报、中国金融信息中心等10家单位联合主办，上海浦东国际金融学会、上海财经大学金融学院、上海立信会计金融学院协办，并有国际权威期刊《英国会计评论》《金融中介杂志》《商业伦理学杂志》和国内权威期刊《财经研究》《财贸经济》作为合作期刊。国内外学界、业界的资深专家参加研讨交流，共同为金融科技促进企业低碳转型，助力“30·60双碳”目标达成献计献策。

（张锦华　吴怀莉）

**【新财经战略与中国式现代化——2022年上海财经大学高峰论坛】** 11月12日，在上海财经大学科技园会议中心举办。采用“线上＋线下”相结合形式，设立一个主会场、两个直播分会场，300多位学者、校友、师生代表参加，进行演讲与互动交流。

（张锦华　吴怀莉）

**【中国经济思想史学会第二十届年会】** 11月19—20日，在上海财经大学线上线下同步召开。由中国经济思想史学会与上海财经大学、《中国经济史研究》编辑部共同主办，上海财经大学中国经济思想发展研究院、经济学院、高等研究院与国家大学科技园协办。以“中国经济思想史研究与中国经济学构建”为主题。来自北京大学、清华大学、中国人民大学、中国社会科学院、复旦大学、武汉大学、北京师大、山东大学等高校和科研机构，《中国经济史研究》《财经研究》《江西社会科学》《上海财经大学学报》等期刊的专家学者300余人与会。

（张锦华　吴怀莉）

**【第五届长江经济带发展高端论坛暨2022长江经济带绿色创新发展指数报告发布会】** 11月26日在上海举行。由中国人民大学、上海财经大学共同主办。中国人民大学财政金融学院发布《2022长江经济带绿色创新发展指数报告》。来自国内知名高校、长江经济带沿线城市的部分党政领导干部、专家学者、在校师生通过直播方式收看论坛。

（张锦华　吴怀莉）

11月26日，第五届长江经济带发展高端论坛暨2022长江经济带绿色创新发展指数报告发布会在上海举办

**【首届滴水湖新兴金融大会】** 12月8日，在世界顶尖科学家论坛永久会场(临港中心)召开。以“中国式现代化新征程·金融创新与金融开放”为主题。由1场开幕式和3场特色平行论坛组成。上海财经大学作为学术合作伙伴协办主题论坛(三)，聚焦“跨境金融：探索新片区跨境投融资领域更高水平开放”主题，100余名专家学者及行业领军人物参会。

（张锦华　吴怀莉）

## 附：学校负责人及地址

（2022年1—12月）

校党委书记：许　涛

副书记：陈　宏(10月离任)、朱鸣雄、何鹏程(10月到任)

校　长：刘元春(3月到任)、蒋传海(3月离任)

副校长：徐　飞、刘兰娟(10月离任)、方　华、陈信元、姚玲珍、李增泉(10月到任)

杨浦校区地址：国定路777号

邮编：200433

电话:65114028

虹口校区地址:中山北一路369号

邮编:200083

电话:65904466

## 上海海关学院

**【2022年概况】** 设海关与公共管理学院、海关与公共经济学院、工商管理与关务学院、海关法律系、海关外语系、公共教学部、马克思主义学院和检验检疫技术交流部8个院(系),有海关管理、海关检验检疫安全、海关稽查、行政管理、物流管理、国际商务、审计学、税收学、经济统计学、法学、英语11个本科专业和公共管理、税务、国际商务、翻译4个硕士专业学位授权点,分属管理学、经济学、法学、文学等学科门类。学校纳入上海市博士授予单位培育建设名单以及上海市博士后流动站建设筹备单位名单。全日制在校生2810人,其中本科生2712人、硕士研究生98人。非全日制硕士研究生146人。在编教职工289人,其中专任教师166人。专任教师中,教授19人、副教授48人,高级职称教师占比40.36%,硕士研究生以上占比89.16%。获批海关稽查新专业,列入目录外国家控制布点专业名单。通过世界海关组织公共管理专业硕士PICARD标准认证。获上海市本科教学成果奖5项,其中特等奖1项、一等奖1项、二等奖3项,学校首次获上海市教学成果特等奖及申报国家教学成果奖资格。获批省部级研究生教学成果奖一等奖1项、课程思政示范项目3项、教育改革优秀案例1项,入库上海市MPA公共管理教学案例1项。3门课程获批上海高校国际学生英语授课示范性课程。入选上海市本科课程思政名师1人、教学团队4个、示范项目6项。新增上海市一流本科课程、重点课程7门。持续开发完善"国门中国"大思政课程。培育1个省部级思政教学团队,入选2门市重点课程建设项目,获评1个上海市优秀思政教学案例。获批教育部虚拟教研室项目2项、产学协同育人项目2项、省级一流本科专业建设点1个。出版研究生教材3本。新建研究生实践基地5个。推动开展WCO世界海关组织青年学生线上论坛1次,研究生获一等奖、三等奖各1人。获科研项目87项,较2021年增长38.1%。获批国家级资助项目4项、省部级纵向项目27项,其中教育部人文社科规划基金项目4项、教育部人文社科辅导员专项1项、上海市社科基金和自然科学基金面上项目各1项、启明星扬帆专项4项,总署及省部级课题数量、社会科技服务横向项目总数创历史新高。

大学生创新创业项目立项17个国家级项目、43个上海市级项目。其中,1个项目获第八届中国国际"互联网+"大学生创新创业大赛全国总决赛铜奖,2个项目分获上海赛区银奖和铜奖;1个项目入选第十五届全国大学生创新创业年会,7个项目获第七届"汇创青春"上海大学生文化创意作品三等奖。获上海市"挑战杯"1银、5铜,"知行杯"三等奖7项,"工行杯"三等奖1项、优胜奖1项,"三创赛"优胜奖3项。2个学生社团获评首批上海市学生科技创新社团。获上海高校主题教育活动立项2项,为上海高校资助育人特色专项和上海高校"生命守门人"思政专项。由学校牵头,联合其他5所高校共同发起准军事化管理院校联盟,形成准军院校联盟章程及工作机制。

发表SSCI/SCI期刊论文15篇、CSSCI/EI期刊论文12篇、B类及以上期刊论文13篇,发表普刊论文90篇,出版专(译)著30部。一级学会获奖7项,领导批示决策咨询3篇。完成《海关与经贸研究》期刊网上投稿系统升级工作，组织策划"RCEP""海关'三智'""数字贸易""深入学习贯彻党的二十大精神"等专栏。报送中国海关学会总会年度征文投稿9篇。组织参与中国国际贸易学会开展的2022年"中国外经贸发展与改革"专题征文活动，其中1篇论文获三等奖、3篇论文获优秀奖，学校海关学会秘书处获组织奖。

舞蹈队作品《追熠》入围2022年上海市群文新人新作展评展演活动。22个二级基层党组织全部凝练党建工作品牌或特色项目。1名教职工入选全国海关先进个人，1名教职工获评上海市纪检监察系统先进个人，1名党员获评海关系统党务之星，3个支部入选海关系统党建品牌和培育品牌，3个支部入选上海市教卫工作系统样板支部培育单位，1名学生党员获评学生党员标兵。

举办各类培训班22期，培训学员2212人次，其中党校主体班次8期，培训学员853人次。举办十九届六中全会精神培训，培训全国海关司局级干部77人、处级干部582人。67名学生在线参加俄罗斯西北管理学院课程和阿塞拜疆海关学院课程，77名国际学生(交换生)参加学校线上课程。全年承办涉外培训项目11期，参训学员474人次。

(金舒莺)

**【国家社科基金委托项目"中国海关史"项目启动会暨上海海关学院海关史研究院揭牌仪式】** 2月22日，在上海海关学院举行。上海海关学院海关史研究院揭牌。"中国海关史"项目各子课题负责人及研究代表与会，围绕项目研究人员安排、时间进度、研究内容和工作要求等进行交流。 (金舒莺)

**【与海关总署企业管理和稽查司、上海海关签署合作备忘录】** 9月7日，海关总署企业管理和稽查司、上海海关、上海海关学院合作备忘录签约仪式在上海海关学院举行。根据合作备忘录，三方将依托上海海关学院临港国际校区，共建AEO实训项目。 (金舒莺)

**【国家社科基金项目"中国海关史"研究基地揭牌仪式】** 9月28日，在上海海关学院举行。"中国海关史"项目组组长胡伟、副组长黄胜强共同为"中国海关史"研究基地揭牌。仪式后，召开研究大纲研讨会。"中国海关史"项目子课题组汇报研究大纲编制情况，项目组组长通报"中国海关史"项目领导小组有关会议决定事项。 (金舒莺)

**【第一届海关院校大学生国际学术论坛】** 11月25日，在上海海关学院开幕。由上海海关学院主办，以线上和线下相结合的形式开展。以"关通天下 共研共享"为主题。征集到51篇学术论文。来自5个国家6所海关院校的221人参会。 (金舒莺)

**【刚果(布)海关管理研修班开班】** 12月15日，国际合作发展署委托上海海关学院首次为刚果(布)海关举办专题研修班。刚果(布)海关选派16位高级官员参加。研修班为期两周。上海海关学院教师及海关资深专家围绕中国海关治理方面的实践与创新、技术和方法等主题，与刚果(布)学员开展交流研讨。 (金舒莺)

**【长三角高水平行业特色大学联盟2022年年会暨改革创新论坛】** 12月17日，在上海海关学院举办。以"联心联智共享共荣"为主题，聚焦长三角行业高等教育一体化高质量发展。中国计量大学、上海电力大学、安徽工业大学等13所联盟成员高校共同签署《长三角高水平行业特色大学联盟关于研究生培养的合作备忘录》。大会以线上线下相结合方式举行，同时进行现场直播，3000余人在线收听收看。 (金舒莺)

12月17日，长三角高水平行业特色大学联盟2022年年会暨改革创新论坛在上海海关学院举办

## 附：学校负责人及地址

（2022年1—12月）

校党委书记：施宗伟（7月到任）
副书记：丛玉豪、杨德春（12月到任）

校　长：丛玉豪
副校长：李纳新、岳　龙、王晓刚、詹庆华（12月到任）

地址：华夏西路5677号
邮编：201204
电话：28992899

# 上海民航职业技术学院

**【2022年概况】** 有浦东、徐汇2个校区，设民航运输服务、飞机机电设备维修、空中乘务等20个专业（含方向）。在校学生约8800人。计划招生3320人，实际录取3317人。有教职工454人；专任教师387人，其中副高以上职称88人、硕士及博士292人，双师型教师占71.4%。

健全完善党建工作制度，全年分层分类培训师生入党积极分子946人次，确定入党重点培养考察对象305人。加强学院干部队伍建设，全年选拔处级干部2人，调任处级干部3人、科级干部2人。加强廉政建设和作风建设，开展民航局对学院党委巡视整改情况全面自查和专项巡察工作。发挥群团组织作用，新冠疫情下帮困送温暖工作取得实效。其间，线上教学考试总体平稳有序。

推进职能部室扁平化管理、明晰二级学院权责体系。修订院长办公会议事规则，制定各二级学院院务会议事规则及党总支议事规则，明确党委会、院长办公会、分管工作专题会、二级学院党政会议等层级决策制度，印发制度类文件30个。完善内控建设体系，细化招投标、财务、审计、合同管理等流程，建立用制度防范风险的良性机制。

做好高层次人才引进工作，招聘录用30名教职工，其中副高以上职称人才及博士9人。修订完善高层次人才、学科带头人、骨干教师、职员职级晋升、院编转聘事业编等人事管理办法。规范培训管理，提升培训质量，完成员工培训266人次。加大人才培养保障力度，完成301卷人事档案专项审核、14位教职工校内转岗以及12名教职工落户。推进学院绩效工资改革工作，落实各项考核指标，发挥绩效工资的激励、考核、导向作用。

加强专业与课程建设，修订各专业人才培养方案。飞机机电设备维修、民航运输服务专业群获高水平专业群建设立项，获上海市优秀教学成果一等奖1项、二等奖1项。获上海市课程思政示范课程2门、课程思政示范团队1个。入选上海市高职教育技能大师工作室建设名单1个。组织申报民航教育人才项目12项、立项6项。完成2019—2021年上海一流专科高职教育建设项目。

（白前永）

**【春季学期教学平稳有序】** 3月14日起，春季学期开设课程208门，其中考试课程74门、整周实训课程37门，教学班946个。全校323位教师承担授课任务，其中外聘教师21人。两个年级5679名学生参加网上学习，其中2751人在浦东校区学生宿舍、401人在徐汇校区学生宿舍，其余学生分布在上海或外地家中。（白前永）

**【国产商用飞机校园巡展】** 11月23—25日，在上海民航职业技术学院浦东校区举行。由中国商用飞机有限责任公司和上海民航职业技术学院共同主办。以“携手共融　逐梦前行”为主题。其间，举行国产商用飞机静态展示、主题报告、大飞机文化展示、名师分享会、校友交流会、学生技能大赛、校

园招聘会、学生摄影展等活动。（白前永）

11月23—25日，国产商用飞机校园巡展
在上海民航职业技术学院浦东校区举行

【获批第四十七届世界技能大赛上海市集训基地】 12月6日，上海市人社局发布第四十七届世界技能大赛上海市集训基地名单。经市人社局、市教委评比遴选，47家单位入选，其中上海民航职业技术学院获批"飞机维修"项目上海市集训牵头基地。（白前永）

## 附：学校负责人及地址

（2022年1—12月）

校党委书记：戴志刚
副书记：胡亚明

校　长：胡亚明
副校长：王立新、孙　群、杨　征、孙　暄

徐汇校区地址：龙华西路1号
邮编：200232
电话：34693226

浦东校区地址：学海路100号
邮编：200232
电话：34693226

# 上 海 大 学

**【2022年概况】** 有宝山、延长、嘉定3个校区，设32个学院，有98个本科专业，28个一级学科博士学位授权点、9个交叉学科博士点，45个一级学科硕士学位授权点（含一级学科博士学位授权点）、1个二级学科硕士学位授权点（一级学科未覆盖）、23个硕士专业学位类别，20个博士后科研流动站。有研究生18986人，全日制本科生19877人（含预科生63人），成人教育学生19432人。有专任教师3471人，其中正高级职称790人、副高级职称1093人，具有博士学位的教师2664人。有全职中国科学院院士、中国工程院院士6人，双聘院士17人，工程院外籍院士1人，海外院士17人。有科技部1个省部共建国家重点实验室、1个国际科技合作基地、1个省部共建国家重点实验室培育基地、1个创新人才培养示范基地；国家发展改革委1个国家工程实验室（共建）、1个国家工程研究中心南方实验基地（共建）；教育部3个重点实验室、2个工程研究中心、1个国际联合实验室、1个科技成果转化和技术转移基地及1个批准备案建设的国别和区域研究中心；1个国家文物局与上海市政府共建研究基地、1个国家体育总局体育社会科学重点研究基地、1个国家民政部政策理论研究基地、1个国家语委语言文字推广基地、1个国家文物局文物研究中心、1个国家禁毒委员会办公室国际禁毒政策中心、1个中国社科院与上海市政府共建上海研究院、1个外交部与上海大学共建上海合作组织公共外交研究院、1个国家文物局和上海大学共建文化遗产保护基础科学研究院、1个国际博览协会国际博物馆研究与交流中心、1个中国艺术科技研究所与中国民间文艺家协会共建的中国艺术产业研究

院、1个中国文化新经济开发标准研究委员会下的上海大学文化新经济研究院等82个省部级及以上基地平台。

学校是拥有国家试点学院的17所高校之一，是教育部实施“卓越工程师教育培养计划”的首批高校之一，是教育部、中共中央宣传部实施“卓越新闻传播人才教育培养计划2.0”的高校之一。钱伟长学院入选教育部首批“三全育人”综合改革试点院(系)单位。钱伟长图书馆入选全国首批“科学家精神教育基地”。学校建立了以学分制、选课制、短学期制为核心的人才培养模式。

累计以第一完成单位/第一完成人获国家自然科学二等奖1项、国家技术发明二等奖3项、国家科技进步二等奖5项，获教育部高等学校科学研究优秀成果奖54项(其中一等奖3项)，获上海市科学技术奖一等奖21项，获上海市中国特色社会主义理论体系研究和宣传优秀成果奖、上海市哲学社会科学优秀成果奖187项(其中一等奖40项)，获上海市决策咨询研究成果奖19项(其中一等奖2项)，获国家社科基金重大项目及教育部哲学社会科学研究重大课题攻关项目44项。

与54个国家和地区的249所大学或机构签署校际合作协议。在校就读国际学生3301人，其中学历生2229人。学校被教育部评为来华留学示范基地单位、首批高层次国际化人才培养创新实践基地，有4个国家外专局“高等学校学科创新引智计划”基地。建有4个中外合作办学学院，并与欧洲、亚洲、非洲等地区的大学合作建立5所孔子学院。

与中国科学院长三角地区研究院所、中国社会科学院、宝山区政府、嘉定区政府、静安区政府、浙江省温州市政府、嘉善县政府、河南省文物局、中国商用飞机有限责任公司、中国联合重型燃气轮机技术有限公司、上海华虹(集团)有限公司、上海汽车集团股份有限公司等单位开展了包括科学研究、人才培养、队伍建设在内的全面合作。 (邓美玲)

**【上海大学文化遗产与信息管理学院揭牌仪式】** 1月10日，在上海大学图书馆报告厅举行。在线上线下155万人的共同见证下，上海大学文化遗产与信息管理学院揭牌。该学院由上海大学图书情报档案系、文学院考古学专业、文化遗产保护基础科学研究院组建而成。仪式上，聘任国家文物局原局长、故宫博物院原院长、中国文物学会会长单霁翔为名誉院长。 (邓美玲)

**【获全国杰出专业技术人才称号】** 上海大学校长刘昌胜院士获第六届全国杰出专业技术人才荣誉称号。1月13日，刘昌胜院士全国杰出专业技术人才颁奖仪式在上海大学校本部乐乎新楼大学厅举行。刘昌胜院士研发的人工骨在临床医疗上得到广泛引用，为国家大健康产业做出重要贡献。

(邓美玲)

**【上海大学钱伟长图书馆入选首批全国科学家精神教育基地】** 5月30日，由中国科协、科技部主办的2022年“5·30”全国科技工作者日主场活动在线上举行，首批科学家精神教育基地揭晓。由上海大学图书馆和党委研究生工作部共同申报的上海大学钱伟长图书馆入选。钱伟长图书馆作为上海大学校弘扬科学家精神的教育基地主阵地，总面积18691平方米，设置了钱伟长纪念展、上海大学校史展、书香谷、科学家书房(伟长书屋、匡迪书屋)、专题阅览室、特藏阅览室、学术交流空间、视听区域等。现有馆藏20万余册(种)，其中以钱伟长、徐匡迪捐赠为主体的特色图书近3万册，实物及影像资料馆藏2000余种，是集学术交流、文献贮存、读者阅览、科研教学等于一体的共享平台。 (邓美玲)

**【上海大学受赠天安门广场升起的国旗】** 8月8日，北京市政府天安门地区管理委员会向上海大学赠送国旗仪式在天安门地区管委会办公楼举行。现场，天安门地区管委会向上海大学赠送国旗，上海大学党委书记代表学校接收国旗。这面国旗是上海大学建校99周年即2021年10月23日在天安门广场升起的国旗。 (邓美玲)

**【上海大学里斯本学院揭牌仪式】** 9月23日，在上海大学举行。9月，上海大学里斯本学院迎来首批180名新生。上海大学里斯本学院于2022年4月获教育部批复，由上海大学和葡萄牙里斯本大学联合创办，是中葡两国第一所中外合作办学机构。合作方里斯本大学诞生于1288年，是葡萄牙最大的综合研究型大学。（邓美玲）

**【上海大学本科生书院成立仪式】** 9月23日，在上海大学伟长楼举行。上海大学成立伟长书院、秋白书院、宏嘉书院、青云书院、泮池书院、文荟书院、日新书院、闳约书院、自强书院、尚理书院、溯微书院、丝路书院12家本科生书院，覆盖全学段本科生人才培养。（邓美玲）

9月23日，上海大学本科生书院成立仪式在上海大学伟长楼举行

**【与中共一大纪念馆共建革命文物协同研究中心】** 10月13日，中共一大纪念馆与上海大学共建革命文物协同研究中心揭牌仪式在中共一大纪念馆举行。中共一大纪念馆与上海大学成立中共一大纪念馆、上海大学“革命文物协同研究中心”，将深化馆校合作，探索红色资源共建共享。（邓美玲）

**【举行纪念建校100周年系列活动】** 10月23日，上海大学举行纪念建校100周年系列活动。其中，纪念上海大学建校100周年暨高质量发展论坛在宝山校区举行。同日，还举行上海大学中银慧谷产教融合实训基地揭牌仪式暨上海大学学生创新创业实践基地启动仪式、上海大学—中国农业银行上海市分行全面战略合作协议签订仪式、“久久溯源　百年传承”——红色场馆与新时代高校协同育人创新论坛、上海大学基础教育自强基金成立暨上海大学—兴业银行上海分行战略合作协议签约仪式、“百年传承　踵事增华”——纪念上海大学建校100周年主题光影秀以及“薪火传泮强国有我”——纪念上海大学建校100周年文艺晚会。（邓美玲）

10月23日，上海大学举行纪念建校100周年系列活动

**【上海大学海洋考古学研究中心揭牌仪式】** 11月12日，在上海大学宝山校区钱伟长图书馆一楼大厅举行。上海市社会各界人士、师生代表参加揭牌仪式。（邓美玲）

**【转化医学国家科学中心（上海）上海大学分中心揭牌仪式】** 12月8日，在上海大学宝山校区举行。上海大学分中心是转化医学国家科学中心（上海）首个科研机构分中心。（邓美玲）

## 附：学校负责人及地址

（2022年1—12月）

校党委书记：成旦红
　　副书记：刘昌胜、段　勇、欧阳华

校　长：刘昌胜
副校长：吴明红、聂　清、王从春、汪小帆

宝山校区地址：上大路99号
邮编：200444
电话：96928188

延长校区地址：延长路149号
邮编：200072
电话：56331245

嘉定校区地址：塔城路453号
邮编：201800
电话：69982350

# 上海理工大学

【2022年概况】 有军工路、复兴路2个校区,设17个学院(部),有64个本科专业,8个一级学科博士学位授权点、6个博士后科研工作流动站,29个一级学科硕士学位授权点、19个硕士专业学位类别。全日制在校生27000余人,其中本科生16000余人、研究生10000余人。专任教师2000余人,其中高级职称教师952人,博士生导师375人,中国科学院、工程院院士10人(含双聘)。年内,获市级教学成果奖17项。新增国家级一流专业6个、省部级一流专业6个,获批21门上海市重点课程。获批39项教育部产学合作协同育人项目,获评市教育评价改革优秀案例。获批教育部就业育人项目15项,数量位列上海高校第一。环境/生态学学科成为学校第5个进入ESI全球前1%的学科。4人次入选2022年全球"高被引科学家"。成立光化学与光材料研究院、能源材料科学研究院、"一带一路"医疗器械监管科学研究院、东方泛血管器械创新学院和公利医疗技术学院,增设上海市高端医疗装备创新中心分支机构。87个医工交叉项目获批立项,上海高端医疗装备创新中心在全市专项评估中获第一。获批1项中国工程院战略研究与咨询重点项目。获上海市科学技术奖二等奖10项。获批2个科技部国家重点研发计划,获批2个省部级科研平台,参与上海张江、北京怀柔等国家实验室建设。获批全国首批"赋予科研人员职务科技成果所有权或长期使用权试点单位"。获批上海高校首批知识产权运营中心。举办第三届"一带一路"医疗器械创新与应用大会,联盟成员增至20个国家和地区的122家机构。新增6所合作高校和机构。与古巴哈瓦那大学共建"中国、古巴国际肿瘤诊断与能量治疗联合实验室"。"电子信息科学与技术""机械设计制造及其自动化"两个专业通过IET国际认证,"应用化学"专业通过ASIIN国际认证。

学校获批上海党建特色高校创建单位。在上海高校办学绩效分类评价考核中继续位列同类高校第一。制定实施"大思政课"建设工作方案,开设"习近平新时代中国特色社会主义思想概论""习近平法治思想"等课程。面向本科生开设"四史"选择性必修课程。获批上海市课程思政示范课程13门、教学名师6人、课程示范团队8个。出台全面加强和改进新时代美育工作的实施意见,设立美育工作委员会和美育中心。探索体育劳育综合改革。深化"1+X+N"(1名专职辅导员、X名兼职辅导员、N名班主任)组团式思政育人模式,完善由专职辅导员牵头、专兼职辅导员协同、班主任和研究生导师参与的学生思政工作协同运作机制,组建育人团队18个。

推进军工路校区改扩建工程和新建项目,新建第七期学生公寓。改造地下给水和雨污水管道,增设南北校区电动汽车充电桩,打通横跨南北校区的地面通道,修缮湛恩图书馆,新建南校区自修室。针对学生寝室、教室、公共区域等,开展维修"扫楼"行动。修建复兴路校区校史分馆。

出台《深入推进全国文明校园创建、全面提升学校软实力的意见》。修订校级文明单位考评办法。刘湛恩烈士故居红色文化主题馆获评上海市爱国主义教育基地。获批上海市高校校园文化示范项目1个。改版上线中文门户网。优化"尚理汇·1906咖啡书店"文创展示平台功能。举办沪江公共外交论坛、科技公共外交论坛,出版"公共外交译丛"等。雷洁琼铜像和生平事迹展厅获批第二批中国民主促进会会史教育基地。1名教师获市"五一"劳动奖章。推进校院学生会、研究生会改革，修订《学生社团管理办法》。通过书记沙龙、校长下午茶、设学生校长助理等，畅通师生与校领导沟通渠道。打造“上理启航”新品牌，选聘优秀校友和社会精英担任“上理启航”学生生涯导师。

（于謌洋）

**【“一带一路”医疗器械监管科学上海理工大学研究院成立暨揭牌仪式】** 1月13日，在上海理工大学举行。上海理工大学通过借助研究院平台构建有特色的医疗器械监管科学体系，为医疗器械创新产品的研发与监管、国家科学监管体系的发展奠定科学基础，带动中国医疗器械行业的创新发展。

（于謌洋）

**【与日本中央大学共同举办国际化人才素质培养项目】** 3月14—18日，上海理工大学与日本中央大学共同举办国际化人才素质培养项目。该项目依托日本文化交流中心及上海理工大学东京办公室通过线上平台进行，由多场主题课程组成，内容涵盖传统文化、传媒、商业交流、科技研发、语言学习等领域。主讲嘉宾包括来自日本贸易振兴机构上海事务所、日本“网红”纪录片导演、村田（中国）投资公司上海研究所等多位中日两国不同行业的人士。 （于謌洋）

**【研究成果入选“2021年中国光学十大进展”】** 5月23日，中国激光杂志社发布“2021中国光学十大进展”。上海理工大学光子芯片研究院顾敏院士团队与暨南大学李向平课题组组成的联合研究团队在大容量光信息复用技术领域的研究成果入选。相关成果于2021年10月14日，以“六维光信息复用”为题发表在《自然光子学》(Nature photonics)期刊上。该成果揭示了光信息存储介质产生轨道角动量(OAM)响应的机制，首次在纳米尺度下实现了轨道角动量、偏振、波长及三维空间上的六维光信息复用存储技术。该技术不仅可以促进与轨道角动量相关的基础科学研究，而且有望为下一代大容量光信息通讯、存储及计算技术提供一个崭新的创新平台。 （于謌洋）



**【医工交叉学术报告与合作发展启动会】** 8月8日，在上海理工大学大礼堂二楼会议厅举行。现场，上海理工大学与上海市公利医院签署战略合作协议，在医工交叉前沿领域人才培养、科技创新和转化应用等方面开展合作。 （于謌洋）

**【高端医疗装备创新发展高峰论坛】** 9月28日，在上海理工大学举办。由上海理工大学、上海申康医院发展中心主办，上理工跨学科创新研究院、一带一路医疗器械监管科学上理工研究院、上海市肿瘤能量治疗技术与器械协同创新中心承办。论坛围绕“打造高端医疗装备创新链、产业链、价值链融合”“生物医药产业发展”“深化审评审批改革，促进医疗器械产业高质量发展”“监管科学支撑引领高端医疗装备创新发展”等主题进行交流研讨。

（于謌洋）

**【与法国波尔多综合理工学院签署国际合作协议】** 9月30日，上海理工大学和法国波尔多综合理工学院合作协议签订仪式在上海理工大学思晏堂举行。根据协议，双方将在国际化科研和教学、学生交流、学分互换等方面开展合作。 （于謌洋）

**【第二届“沪江通识教育论坛”】** 10月29日，在上海理工大学校史馆举办。上海理工大学党委书记出席并讲话。来自复旦大学、上海大学、上海博物馆、上海戏剧学院、上海书法家协会的学者、专家作为特邀嘉宾与会发表主题演讲。 （于謌洋）

**【第二届沪江公共外交论坛暨2022年世界城市日全球主场活动分论坛】** 11月3日，以线上线下结合方式在上海理工大学举办。上海理工大学党委书记、副校长，来自政界、学界的特邀嘉宾以及学校师生代表围绕“公共外交　沟通世界”的主题展开深入探讨。 （于謌洋）

**【第六届中国系统科学大会】** 11月12—13日，在上海举行。由上海系统科学研究院、中国系统科学大会指导委员会主办，上海理工大学承办，中国科学院数学与系统科学研究院系统科学研究所、北京师范大学系统科学学院、北京交通大学交通系统科学与工程研究院、国防科技大学理学院、同济大学自主智能无人系统科学中心、中国系统工程学会、中国自动化学会控制理论专业委员会协办。大会以创建系统学、推进系统科学学科建设为宗旨,围绕系统方法论、系统演化论、系统认知论及其他相关学科展开研讨,为系统科学领域国内外学者提供跨学科、高层次的交流平台,吸引全国 122 所高校及科研机构的 2000 余位专家、学者通过线上线下相结合方式参会。（于譖洋）

11 月 12—13 日,第六届中国系统科学大会在上海举行

**【第三届“一带一路”医疗器械创新与应用大会暨国际(上海)高端医疗装备创新大会】** 12 月 7—8 日,在上海理工大学举办。以“协力创新医疗器械,共同守护人类健康”为主题,聚焦医疗器械前沿技术、监管科学、国际合作等重点方向,邀请国内外医疗器械行业专家学者,政府管理部门、审评机构、临床医疗机构、制造商等代表参会,就高端医疗装备创新发展进行交流研讨。（于譖洋）

**【获批设立上海市高校知识产权运营中心】** 12 月 8 日,上海市首批高校知识产权运营中心授牌仪式在华东师范大学举行。上海理工大学获批设立上海市高校知识产权运营中心。（于譖洋）

**【中国、古巴国际肿瘤诊断与能量治疗联合实验室签约揭牌仪式】** 12 月 22 日,在上海理工大学大礼堂二楼贵宾厅线上线下同步举行。联合实验室将瞄准肿瘤能量诊治领域理论与技术前沿,努力形成一批具有重大国际影响的科学原始创新成果,致力于打造成国际一流、特色鲜明的国际联合实验室。

（于譖洋）

### 附:学校负责人及地址

(2022 年 1—12 月)

校党委书记:吴坚勇

副书记:丁晓东、刘道平、顾春华、孙跃东、盛　春

校　长:丁晓东

副校长:盛　春、陈　斌、蔡永莲、刘　平、张道方、张　华

军工路校区地址:军工路 516 号、334 号、1100 号

邮编:200093

电话:55270291

复兴路校区地址:复兴中路 1195 号

邮编:200031

电话:64725420

## 上海海事大学

**【2022 年概况】** 有临港、港湾、高恒大厦 3 个校区,设 17 个学院。有 3 个博士后科研流动站、4 个一级学科博士点、17 个二级学科博士点,17 个一级学科硕士学位授权点、64 个二级学科硕士学位授权点,13 个专业学位授权类别,52 个本科专业。学生 27000 余人,其中全日制本科生近 16000 人,各类在

校研究生近8000人，国际学生900余人。年内，录取本科新生3993人；录取硕士生2583人，其中，专业硕士1417人、学术硕士1166人；录取博士生100人。学校专任教师近1300人，教授近190人。有1个上海市高峰学科、2个上海市高原学科。有18个省部级重点研究基地和1艘4.8万吨散货教学实习船"育明"轮。获上海市课程思政示范项目12项。2门课程思政教学指南获市教委立项。新增研究生课程思政示范建设课14门。新增国家级一流本科专业2个、上海市级一流本科专业8个。获批上海高校涉外法治人才教育培养基地。获批1个国家级虚拟教研室建设试点项目、1个市级虚拟教研室建设项目、1个市级虚拟教研室培育项目。获评2022年上海市重点课程13门。获上海市级教学成果特等奖1项、一等奖3项、二等奖7项。获第二届上海高校教师教学创新大赛一等奖2项、二等奖1项。获第五届上海高校青年教师教学竞赛二等奖3项、三等奖1项、优秀奖1项。入选国家级职业教育"双师型"教师培训基地（水上运输类）。2个专业入选工信部产教融合型专业建设试点。1个基地入选2022年上海市级创新创业学院和创新创业教育实践基地建设名单。1个案例入选中国高等教育博览会"校企合作双百计划"典型案例名单。1个案例入选2021年教育部产教融合校企合作典型案例名单。立项国家级大学生创新创业训练计划项目56个以及市级项目160个。大学生学科竞赛获省市级以上奖项663项，其中，获第十九届中国研究生数学建模竞赛一等奖2项、二等奖71项、三等奖83项，获第八届中国国际"互联网+"大学生创新创业大赛上海赛区竞赛金奖1项、银奖3项、铜奖7项、优胜奖2项。先后举办3个上海市暑期学校、5个高端"航运+"研究生学术论坛。与英国卡迪夫大学签订研究生联合培养(1+1+1)协议。10名博士研究生获批国家留学基金委项目。制定实施非学历教育管理办法。社会科学总论学科首次进入ESI全球前1%。马克思主义理论纳入上海高校I类新获授权学位点培优建设专项。计算机科学与技术、法学2个一级学科纳入上海高校III类拟增博士学位点培育建设专项。上海市"全渗透"深远海离岸能源动力前沿科学研究基地纳入建设序列。与上海船舶运输科学研究所有限公司共建"船舶运输控制系统国家工程研究中心"。参与中国船舶重工集团公司第七〇四研究所牵头申报的"船舶与海洋工程特种装备和动力系统国家工程研究中心"建设。纵向科技项目立项133项，其中国家级科技项目43项、省部级科技项目56项。横向科技项目立项456项。获各类奖项13项，其中省部级科学技术奖3项。第一署名单位发表SSCI及SCI期刊论文761篇，三高论文355篇。发表ESI高被引论文、热点论文29篇。发明专利195件；授权专利341件，其中授权发明专利174件。立项国际专利(PCT)7项，授权国际专利12项。推进大学科技园建设，完成科技成果转化合同7项。制定保密管理基本制度，推进军工保密资质申请工作。引进教授1人、副教授3人。新聘教授12人、副教授21人。新进专任教师23人，聘任客座教授6人。新增入站科研博士后1人，出站2人，其中1人出站考核优秀。新增入站师资博士后人员2人，出站师资博士后2人，其中1人出站考核优秀。修订完善《上海海事大学专业技术职务聘任实施办法》。

持续跟踪"十四五"规划任务执行落实情况，强化年度绩效考核。完成年度高水平地方高校建设项目申报和预算评审。完成上海高校分类评价相关工作。

成立临港新片区多语言服务中心。联合主办智能航运与产业发展峰会。开发运行"船舶能效数据记录与分析系统"，为业界提供船舶节能减排解决方案。上海国际航研究中心6份专报获省部级以上领导批示。3篇专稿入选交通运输部主办的《交通运输决策参考》。牵头立项上海市地方标准《航运大数据分类与编码》，参与上海市地方标准《航运数据合规管理指南》编制。中国（上海）自贸区供应链研究院1篇专报获市领导批示，1篇被上海市委采纳，1篇被教育部采纳。与山东省港口集团、厦门港务控股集团、北部湾港集团、江苏盐城港集团、福建国航远洋运输（集团）股份有限公司签订战略合作协议。学校成为"丝路海运"联盟和"航运法治发展联盟”成员。2名教师完成中国第三十八次南极科考工作。3名教师分别随“雪龙2”号和“雪龙”号考察船执行中国第三十九次南极科学考察任务。1名教师被授予“全国十佳科普使者”称号。1名教师作为第二十二期中组部“博士服务团”成员到辽宁建平县挂职。组织立项社会实践队伍321支，3000余名师生深入基层。

与特立尼达和多巴哥大学、德国曼恩能源公司、以色列以星航运公司等境外院校和机构签署合作协议。3个中外合作办学项目通过教育部评估。517名学生参与线上学习项目。1个科研合作项目获上海市外国专家局资助。新增“船舶与海洋工程材料”全英文博士项目，新增“电气工程”和“计算机技术”全英文硕士项目。4门课程入选“2020—2021年度上海高校国际学生英语授课示范性课程建设”。有来自70个国家和地区的各类长短期国际学生750余人，其中学历生247人。线上开展上海暑期学校非洲项目等12个国际培训项目。承办2022北外滩国际航运论坛“绿色与低碳”专题论坛。主办第五届全球航运绿色论坛、首届全球海事教育大会等国际会议。参与“上海港—洛杉矶港绿色航运走廊”联合倡议项目。联合主办2022进博会全球贸易与国际物流高峰论坛。

完成2021—2023年度(第三届)“上海市文明校园”中期评估。举办喜迎二十大等主题活动。持续开展“海大人文”品牌系列文化建设创新活动。组织学生参加各类别体育比赛，获20枚金牌、11枚银牌。1个团队获评上海市三八红旗集体，1个团队获评2021年度上海市教育系统三八红旗集体。成立大连校友会、校友乐动俱乐部，举行帆行中国海、“校庆日云返校”等品牌活动。强化归口管理，成立非学历教育管理办公室。通过质量管理年度审核。教育发展基金会新增捐赠项目16项。

航运科技创新大楼项目完成主体结构封顶。临港校区拓展工程项目建议书完成评审，规划内项目不动产权证取得率100%。高恒大厦无偿划转获市教委批复。推进网上办事中心建设，实施档案数字化项目。图书馆接待读者48万人次。推进校办产业“关、停、并、转”收尾工作。“育明”轮租约续签。持续开展垃圾分类、节约粮食、绿色低碳校园和“六T”公寓建设。 (朱玉飞)

**【中国(上海)自由贸易试验区临港新片区多语言服务中心】** 2月22日揭牌。临港新片区多语言服务中心作为临港新片区移民事务服务中心重要组成部分，由上海海事大学外国语学院联合临港新片区管委会党群工作部(人力资源处)共同建立，为国际人才落户、工作、生活提供包括口笔译、文化融入、翻译认证、国际会议组织及行业外语培训等多种语言服务。浦东新区、临港新片区管委会，上海海事大学，中国航海博物馆等相关合作单位代表等参加揭牌仪式。 (朱玉飞)

**【2022“一带一路”海事国家航海院校师资高级培训班】** 6月24日至7月15日在线上举办。由上海市教委资助，上海海事大学和国际海事教师联合会(IMLA)主办。培训围绕国际海员供需趋势、船员考试发证规范和政策、海事教育质量管理、船舶智能和绿色技术发展、海事教育培训教学法、海事教育国际合作以及女性在海事业的作用等议题展开。来自格鲁吉亚、罗马尼亚、埃及、加纳、土耳其、巴基斯坦、菲律宾、柬埔寨等国家航海院校的200余名教师和管理人员参加。 (朱玉飞)

**【获第十三届上海市决策咨询研究成果奖】** 6月24日，上海海事大学2项成果获第十三届上海市决策咨询研究成果奖。其中，上海国际航运研究中心张永锋团队完成的“上海国际航运中心建设评估及新发展阶段航运中心建设的目标、路径及重要举措研究”获一等奖，中国(上海)自贸区供应链研究院严伟团队完成的“构建具有国际竞争力的洋山特殊综保区制度体系与产业体系”获二等奖。 (朱玉飞)

**【3名教师随船执行中国第三十九次南极科学考察任务】** 10月26日，“雪龙2”号极地科学考察船从上海专用码头启航，“雪龙”号船也随后出发共同执行中国第三十九次南极科学考察任务。上海海事

大学商船学院李国祥、常俊宇和赵成豹3名教师分别随两艘考察船执行南极科考任务，担任航行保障的轮机员和驾驶员工作。（朱玉飞）

10月26日，上海海事大学3名教师随船执行
中国第三十九次南极科学考察任务

**【2022“一带一路”国家高级航运管理人才培训班】** 10月31日至11月4日在线上举办。由上海市教委支持，上海海事大学、亚洲海事技术合作中心举办。培训班主题为“智能、绿色、韧性的航运”，邀请来自世界海事大学、希腊雅典商学院、上海海事局、中远海运集团、上海国际港务集团、中国交通通信中心(上海)的专家和行业代表，为学员讲授“国际海事组织公约和条例更新”“航运业前景”“智能航运和港口运营”“全球航运管理趋势”等课程，并举行智能和绿色航运战略研讨会。来自菲律宾、泰国、柬埔寨、缅甸、南非、加纳、尼日利亚7个国家的50余名航运管理人才参加。（朱玉飞）

**【2022国际海事劳工公约履约实践培训班】** 11月14—26日，由上海海事大学与联合国国际劳工组织合作在线上举办。来自新西兰、菲律宾、泰国、印度尼西亚、马来西亚及中国的26名海事主管部门官员在线参加培训。（朱玉飞）

**【2022北外滩国际航运论坛“绿色与低碳”专题论坛】** 11月23日，在上海举行。由上海海事大学、亚洲海事技术合作中心承办。以“绿色转型中的国际航运合作”为主题。来自英国、丹麦、法国、瑞典、比利时、柬埔寨、加纳、缅甸等22个国家和地区的近200名代表与会，围绕“绿色”和“合作”两大关键词，展示国际航运业通过各方合作携手共促绿色发展的典型案例，探讨交流在绿色低碳转型过程中，各利益相关方如何通过创新性的国际合作，促进国际航运业减排目标的实现，为全球航运气候减缓的共同目标作出贡献。（朱玉飞）

**【国际海事教师联合会(IMLA)“全球海事教育论坛”】** 12月6日，在临港新片区国际教育发展促进中心举行。由上海海事大学承办。主题为“数字化时代的海事教育”。来自38个国家和地区的130余名代表通过线上或线下方式与会。（朱玉飞）

## 附:学校负责人及地址

(2022年1—12月)

校党委书记:宋宝儒
副书记:陆　靖、贺　莉、严大龙、李志鹏

校　长:陆　靖
副校长:李志鹏、施　欣、严　伟、栗建华

临港校区地址:海港大道1550号
邮编:201306
电话:38282000

港湾校区地址:浦东大道2600号
邮编:200129
电话:58711692

高恒大厦地址:浦东大道1608号
邮编:200135
电话:58609812

# 上海海洋大学

【2022年概况】 有临港新城和军工路2个校区，设水产与生命、海洋科学14个二级院系，有本科专业44个，一级学科硕士学位授权点14个、专业学位硕士学位授权点8个，一级学科博士学位授权点4个，博士后科研流动站3个。有全日制本科生12284人，研究生5248人，其中硕士研究生4901人、博士研究生347人。招收普通本科生3075人、少数民族预科生52人、港澳台地区学生5人、插班生7人。招收全日制研究生1904人，其中硕士研究生1804人、博士研究生100人。有教职工1500余人，其中教学科研人员800余人，具有高级专业技术职称490余人。有国家"双一流"建设学科1个、国家重点学科1个、上海高校高峰高原学科3个。植物与动物科学、农业科学、环境/生态、工程学4个学科进入ESI全球前1%。有国家特色专业5个、国家级一流本科专业建设点8个，国家级一流本科课程5门，国家级教学团队1个，国家级实验教学示范中心2个，国家级虚拟仿真实验教学项目3项。

以成果导向教育(OBE)理念优化重构教学管理流程；完善"通识+进阶+应用"人工智能课程体系，提升大学生英语听说能力。获市教学成果奖8项(含特等奖1项)。入选教育部虚拟教研室建设试点。获中华农业科教基金会课程教材建设研究项目5项。获第六届中国青年志愿服务大赛金奖，中国青年志愿服务研究基地落户学校。成立陈士麟水上运动发展基金，获上海赛艇公开赛"高校之王"奖杯。《金鱼之美》专著出版。以马克思主义理论一级学科硕士点建设为抓手，提升"习近平新时代中国特色社会主义思想概论"课程质量。牵头临港六校建设"大思政课"综合试验区。

培养王有基、冯东等水产和海洋学科领域国家级人才。深化创新团队建设与管理，完成新一轮创新团队过程管理检查。按照"任务引领、总量控制、动态管理"原则，分类施策开展人力资源配置。突出"代表性成果"和贡献导向，修订职称评审方法，推进职称聘任改革。设计形成"研究、培训、展示及应用"四位一体教师培养体系。举办"上海海洋大学2022年第七届国际青年学者论坛"，吸引美、英、日、荷等国57名青年学者参会。

鱼类遗传学、中华绒螯蟹断肢再生、海洋硫循环、深渊微生物代谢、食品腐败菌等前沿研究取得重大进展，多篇成果登上《自然》封面。《Aquaculture and Fisheries》连续入选"中国国际影响力优秀学术期刊"。发布第二款全球海洋Argo网格数据集。推进水产生物育种研究中心、极端海洋过程与资源研究中心、食品与健康国际联合研究中心等创新平台建设。新增农业农村部重点实验室2个。"淞航"号完成农业农村部西太平洋公海150个站点调查。与香港特区极地研究中心共建北极紫荆站联合实验室，与海洋信息中心共建海洋信息技术创新中心。

编制中国远洋渔业履约白皮书和首本中国远洋鱿鱼(秋刀鱼)产业发展报告，推动中国首次实现三大洋公海自主休渔。中国远洋渔业国家观察员计划通过国际机构认证。持续开展长江退捕渔民跟踪调研，为长江禁渔提供决策咨询。与市水野中心共建联合实验室，成立环境DNA技术与水生态健康评估中心，建设水生生物物种环境DNA数据库，实现对长江口水生生物全天候自动监测。牵头打造"科创中国"淡水渔业产业服务团，与浙江千岛湖、山东微山湖、上海崇明区等合作，推动保水渔业、菹草治理、现代农业示范区建设。聚焦新疆、云南等地区推广绿色养殖。陕西黄龙案例入选教育部第五届精准脱贫典型项目。与市海洋局合作开展海岸带治理、深远海资源开发与利用等战略研究。依托上海水域环境生态工程中心，建设水域生态研究院，建立完善流域水生态监测体系。携手“五个新城”共建高校就业联盟。聚焦临港新片区独立综合性节点滨海城市建设，与临港管委会战略签约，推进前沿产业、海洋创新、高品质城市能级、引智引才、区域化党建合作。

联合国粮农组织水产生态养殖中心落户学校。参与共建科技部中国—东盟海水养殖技术、中国—葡萄牙星海“一带一路”联合实验室，获批国家重点研发政府间实验室项目2个。首获中国—佛得角—FAO南南合作项目。首次申报国家高等学科创新引智计划(111计划)。与区域渔业组织美洲间热带金枪鱼委员会签约。新增亚太地区水产养殖中心网实习生伙伴。入选教育部首批新青年全球胜任力人才培养项目、上海市教委学生赴国际组织实习项目，首次选派学生赴亚太水产养殖中心网(NACA)实习。

优化“任务＋绩效”拨款方式，强化人才培养为中心的分配导向。完善国际化师资配置制度，探索多元用工模式。推进“实事工程”，建设教工事务大厅，实现“一口受理、后台办结、末端交付”。推进新校区三期工程建设，完成学生食堂、学生活动中心、学生宿舍等50余项维修工程。推进数字化转型，建设Wi-Fi6无线网络，实现信号全覆盖。汇聚十大类、1.5亿条数据，建成公共数据平台。(胡崇仪)

**【上海海洋大学DNA技术与水生态健康评估工程中心】** 8月28日，在上海海洋大学揭牌。该中心基于学校海洋生物系统分类与进化上海高校重点实验室和水域生态与修复实验室等平台，以科技创新、技术开发、科教科普为目标，通过建立环境DNA数据库，开展相关新技术的研发和应用、生物多样性监测和水生态健康评估研究。(胡崇仪)

**【发布全球海洋Argo网格数据集】** 9月，上海海洋大学海洋科学学院东海生境演变与渔业资源创新团队与自然资源部第二海洋研究所杭州全球海洋Argo系统野外科学观测研究站联合研制的全球海洋Argo网格数据集，在国际Argo官方网站发布。这是中国在国际上公开发布并定期更新的第二款全球海洋Argo网格数据集。该数据集可广泛应用于海洋、气象、渔业海洋学等领域的基础研究以及海气耦合数值模拟和业务化海洋、天气预测预报等。(胡崇仪)

**【上海海洋大学新一轮“双一流”建设推进大会】** 11月5日，在上海海洋大学临港校区举行。在新一轮“双一流”建设中，上海海洋大学按照“多科应用研究型大学”发展定位，坚持“水域生物资源可持续开发与利用和地球环境与生态保护”学科主线，深化一流的人才培养、科技创新、队伍建设、国际合作、文化传承、治理能力六大体系建设。(胡崇仪)

**【联合“五个新城”成立就业协作联盟】** 11月5日，上海海洋大学与临港管委会、嘉定区、松江区、青浦区、奉贤区共同启动就业协作联盟。依托联盟，上海海洋大学引导、鼓励并推荐优秀毕业生到五个新城就业，支持相关企事业单位来校招聘，助力五个新城高质量引才；新城为到辖区就业毕业生提供创新创业政策支持，提供成长、成才发展空间，助力学子高质量就业。(胡崇仪)

**【启动临港新片区“大思政课”综合实验区建设】** 11月5日，上海海洋大学会同临港新片区教育发展联盟等单位在临港校区共同启动新片区“大思政课”综合实验区建设，探索形成区域“党建引领、区域联动、三全育人”的一体化思政教育模式，构建大中小思政课一体化育人共同体“临港新片区方案”。(胡崇仪)

11月5日，上海海洋大学会同临港新片区教育发展联盟等单位启动临港新片区“大思政课”综合实验区建设

**【与上海市水务局(上海市海洋局)战略合作签约仪式】** 11月5日,在上海海洋大学举行。根据协议,双方在水域生态治理、海岸带保护与修复、海洋资源调查、深远海资源开发与利用、深海观测探测、海洋生物资源开发和海洋综合治理等领域开展科技创新研究。 (胡崇仪)

**【获2019—2021年度全国农牧渔业丰收奖一等奖】** 11月14日,上海海洋大学海洋科学学院陈新军教授领衔完成的"东太平洋鱿鱼可持续开发与养护关键技术及应用"项目获农业技术推广成果奖一等奖。该项目围绕东太平洋远洋鱿钓渔业高质量发展的重要基础科学与技术问题开展为期10多年的持续攻关,在鱿鱼资源可持续开发和科学养护等领域取得了一系列重要创新成果。 (胡崇仪)

**【入选教育部省属高校精准帮扶典型项目】** 11月15日,上海海洋大学"让绿水青山变成渔业可持续发展的金山银山"项目入选教育部第五届省属高校精准帮扶典型项目。成永旭教授领衔的专家团队历时8年,将大闸蟹绿色生态养殖技术对口帮扶到陕西省延安市黄龙县,实现当地大闸蟹产业从无到有,促进农民脱贫致富和农业结构调整,探索出一条资源循环高效利用和生态保护有机融合、"特色养殖+特色旅游"的发展新模式。 (胡崇仪)

## 附:学校负责人及地址

(2022年1—12月)

校党委书记:王宏舟
副书记:万　荣、宋敏娟、潘　燕、吴建农

校　长:万　荣
副校长:李家乐、倪卫杰、江　敏

临港新城校区地址:沪城环路999号
邮编:201306
电话:61900296

军工路校区地址:军工路318号
邮编:200090
电话:64531090

# 上海中医药大学

**【2022年概况】** 设23个二级学院、部,有20个本科专业、7个继续教育的本科专业。有中医学、中西医结合、中药学3个一级学科及中医1个专业学位类别博士学位授权点,博士学位授权专业覆盖全部中医药学科。有药剂学、生药学、药理学3个二级学科及中医学、中西医结合、中药学、马克思主义理论、科学技术史、医学技术、护理学7个一级学科硕士学位授权点,中医、中药学、护理、翻译、公共卫生、生物与医药6个专业学位类别(领域)硕士学位授权点。3个博士后流动站。全日制在校生7518人,其中博士生863人、硕士生2826人、本科生3702人、专科生127人,另有成人教育学生2270人。教职工1428人,其中专任教师784人。有国家双一流建设学科2个,国家重点学科4个、国家重点学科(培育)2个;国家中医药管理局重点学科38个;上海高校一流学科4个,上海高校一流学科(培育)2个,上海市高峰高原学科4个,国家中医临床研究基地2个。有2个教育部工程研究中心,3个教育部重点实验室,3个上海市重点实验室,7个国家中医药管理局重点研究室。有龙华医院、曙光医院等9家附属医院。

修订学校章程,建立"十四五"规划实施追踪评估机制，制定学校高水平地方高校建设项目管理办法，制定学校“十四五”学科建设方案，制定学科建设管理办法，开发建设“学科建设数据管理平台”，完成《上海中医药大学高校分类评价工作分析报告》《上海中医药大学重大科技成果培育计划(2021—2025年)建设方案》。

申报创建“上海党建工作示范高校”，入选“上海高校党建工作标杆院系”1个、“上海高校党建工作样板支部”1个、上海高校“百个大学生样板党支部”2个，上海高校“百名大学生党员标兵”2人。市教卫工作党委第四季“伟大工程”系列示范党课立项2项。2人当选市第十二次党代会代表。入选市课程思政教学研究示范中心，16门课程入选市课程思政示范课程，11个课程教学团队入选市课程思政示范团队，5名教师获评课程思政教学名师。学校入选教育部“一站式”学生社区综合管理模式建设自主试点单位。

新增国医大师2人，全国名中医1人，青年岐黄学者6人、岐黄学者1人，上海市名中医29人。聘任终身教授3人，客座教授17人，兼职教授2人。组建9个战略创新团队、9个重点创新团队。11名博士后入选“博士后创新人才支持计划”“博士后国际交流计划引进项目”“超级博士后激励计划”。获中国博士后科学基金15批特别资助1人、二等资助3人。

《基于中医药人才继续教育模式探索与实践》获中华中医药学会科学技术奖·政策研究奖。中药炮制学等9门课程作为优质课程储备加入“国家开放大学终身教育平台”。学校入选国家医学攻关产教融合创新平台揭榜挂帅项目。推进7个国家级、14个上海市一流专业建设，获评市教学成果奖特等奖1项、一等奖5项、二等奖6项。17门课程入选国家高等教育智慧教育平台课程。5本教材获评首批上海高等教育精品教材。获国家和行业“十四五”规划教材主编24项。

2个硕士专业学位点和2个博士学位培育点获市高校学位点培优培育专项资助。第十三届中华中医药学会“岐黄奖”全国中医药博士生优秀论文获奖22项。希腊西阿提卡大学孔子学院获批。录取外籍博士生14人、硕士生54人。

“临床证据导向的丹参、党参‘功效—物质’全景解析及深度研发”项目获科技部资助，“濒危药材熊胆和蟾酥的独特疗效物质及替代品研究”项目获中央引导地方的专项资金支持。“教育部中药标准化重点实验室”“教育部筋骨理论与治法重点实验室”被评为优秀，“教育部肝肾疾病病证重点实验室”被评为良好。校内大型仪器全部纳入共享平台，纳入上海研发平台仪器设备增至434台/套。化学学科首次进入ESI全球前1%学科，药物学与毒物学、临床医学、生物与生化持续进入ESI全球前1%学科。软科2022年中国大学医科实力评级中，学校位居全国中医院校首位。2022年QS亚洲大学排名中医药院校第一。国家自然科学基金项目立项148项。获各级各类科技成果奖项25项，授权专利发明312项。国家社会科学基金项目立项2项，教育部人文社会科学研究项目一般项目立项2项，以及上海市哲学社会科学规划课题立项2项、上海市教育科学研究项目立项5项、上海高校哲学社会科学研究专项立项4项。横向项目立项72项。完成科技成果转化5项，技术合同认定登记5项。舌诊仪项目获颁医疗器械注册证，成为医疗器械新注册法规中第一个获批项目。

召开ISO/TC249第十二次全体成员大会，发布ISO中医药国际标准13项。完成20例具有代表性的WHOICD-11传统医学章节编码案例示范。制定《WHO中医药术语国际标准》网络版数据结构框架。市编委批复同意建立上海市中医药国际标准化研究院。开发免费太极健康功法手机应用内测版并试运行。《中医药文化(英文)》被3家国外知名数据库收录，入选《科技期刊世界影响力指数报告(WJCI)》。学校入选第二批“国家中医药出口服务基地”。

龙华医院、曙光医院和岳阳医院3家直属附属医院均为国家中医临床研究基地、国家区域医疗中心输出单位。各附属医院有21个国家临床重点专科以及9个华东区域医疗中心。市中西医结合和光华医院获批纳入国家发展改革委、国家中管局中医特色重点医院项目储备库。长三角中医医联体新设基层联合门诊154个，服务量约15.45万人次。64个名中医、流派工作室开展基层中医药培训133

次。推进援助体育局医疗合作项目。开展援疆、援藏、援贵、援青等对口支援工作。

首获全国"挑战杯"大学生课外学术科技作品竞赛一等奖。"知行杯"上海市大学生社会实践大赛首次获特等奖。1人获全国优秀共青团员，1人获全国"三下乡"社会实践优秀个人。"中医药文化青少年实践实训基地"入选上海市中医药文化宣传教育基地。实施"岐黄中国"中医药文化创新传播工程，升级校园三维实景功能。马克思主义学院"传承文化基因，开启文明宝库"入选市教卫工作党委"校园文化主题月示范项目"。市级以上社会媒体新闻报道925篇，与东方卫视合作拍摄制作"国医大师""全国名中医"系列专题纪录片。建成疫病古籍数据库。出版《小学生中医药传统文化教育系列读本》。学校博物馆成为"浦东新区筑牢中华民族共同体意识教育实践基地"。

通过2021年度上海市节水型学校复评（张江校区）。获上海市企事业内设医疗机构能力提升评价A级。学校被评为2022年浦东新区消防工作先进单位。（刘红菊）

**【舌诊仪获批医疗器械注册证】** 1月25日，由上海中医药大学申报的"TFDA-1"舌诊仪获批医疗器械注册证。上海市药品监督管理局颁发舌诊仪医疗器械注册证书。该产品是许家佗教授团队研究转化的科研成果，也是科技部"十三五"国家重点研发计划"中医智能舌诊系统研发"的重要里程碑之一，由上海中医药大学全资公司上海中医大资产经营有限公司作为主体申报。该舌诊仪主要由标准化光源、高精度数字模块、图像分析系统三部分组成，通过标准化数字图像采集与分析，实现临床舌象精确定量分析与定性诊断，体现了中医诊疗模式的创新。（刘红菊）

**【入选教育部"第二批全国高校黄大年式教师团队"】** 1月27日，上海中医药大学房敏教授领衔的"中医推拿教师团队"入选教育部"第二批全国高校黄大年式教师团队"。团队所属学科针灸推拿学入选国家一流本科专业，推拿功法学入选国家级一流本科课程，团队成为"国家中医药传承创新团队"、上海高校"顶尖优势创新团队""国家中医临床研究基地（腰椎病）""教育部针灸推拿重点学科""上海市中医脊柱病临床基地"科研教学团队。（刘红菊）

1月27日，上海中医药大学房敏教授领衔的"中医推拿教师团队"入选教育部"第二批全国高校黄大年式教师团队"

**【入选2021"中国非遗年度人物"】** 6月12日，由文化和旅游部非遗司指导，光明日报社主办，光明网、"文化强国"光明日报协同推广平台承办的2021"中国非遗年度人物"推选宣传活动推选结果公布。国医大师、国家级非物质文化遗产代表性项目中医诊疗法（朱氏妇科疗法）市级代表性传承人朱南孙教授入选2021"中国非遗年度人物"。（刘红菊）

**【入选2021年度"校企合作双百计划"典型案例名单】** 8月4日，由中国高等教育学会主办的第六届产教融合发展大会发布2021年度"校企合作双百计划"典型案例名单。上海中医药大学中药学院沈岚教授领衔的"基于标准化产业高质量发展的'中药＋农林'协同育人模式探索"、康复医学院刘晓丹教授领衔的"医工交叉、产教融合共筑智慧康复平台"、针灸推拿学院杨华元教授领衔的"'健康中国'背景下新型中医工程人才产教融合培养模式的探索"3项案例入选。（刘红菊）

**【入选第十三届"中国医师奖"】** 8月19日，上海中医药大学附属上海市中西医结合医院推拿科主任朱炯伟入选第十三届"中国医师奖"。其创新颈项寰枢关节骨错缝正骨手法三部，为上海市中医特色诊疗技术，入选上海市虹口区第七批非物质文化遗产代表性项目名录。（刘红菊）

**【上海中医药大学附属龙华医院闵行分院】** 11月

2日揭牌，标志着上海中医药大学附属龙华医院与闵行区卫健委共建"龙华医院—闵行"中医医疗联合体迈向高质量发展建设新阶段。医院打造中医特色优势专科、开设流派传承研究基地分中心、名老中医工作室，建设中医药健康服务协同创新中心。分院位于七宝，规划床位500张，2024年上半年竣工。由龙华医院按照同质化、一体化管理模式全权负责，逐步打造成闵行区北部区域中医医疗中心。 （刘红菊）

### 附：学校负责人及地址

（2022年1—12月）

校党委书记：曹锡康

副书记：季　光、朱惠蓉、许铁峰

校　长：徐建光（7月离任）、季　光（7月到任）

副校长：陈红专（1月离任）、朱惠蓉、杨永清、王拥军、舒　静

地址：蔡伦路1200号

邮编：201203

电话：51322001

## 上海师范大学

**【2022年概况】** 有徐汇、奉贤2个校区，设人文、教育、学前教育等20个学院，有91个专业，涵盖哲学、经济学、法学、教育学、文学、历史学、理学、工学、管理学、农学、艺术学11个学科门类。在读本科生20000余人，研究生8900余人，国际学生1000余人，成人本、专科生6400余人。有教职工3134人，其中专任教学科研人员2186人。专任教学科研人员中具有副高及以上职称人员1183人，具有硕士及以上学位2077人。组建500余人兼职教师队伍，其中有100多位外籍教师。

修订学校章程，开展第五轮校内规章梳理，明确有效校级规范性文件285件。推进科研贡献度、人才分类评价等改革。推进教师教育创新战略，扩大并巩固师范生招生。经济学、学前教育、体育教育等8个专业入选国家一流本科专业建设点，金融工程、日语、地理信息科学等11个专业入选上海市一流本科专业建设点。14门课程获批上海高校一流本科课程。获2022年度市优秀教学成果奖特等奖2项、一等奖13项、二等奖16项，位居市属高校第二。加强教材建设，设立研究生优秀教材孵化建设项目22项。累计25门数字化课程上线国家高等教育智慧教育平台。研究修订思政课改革建设实施办法，推进课程思政建设，获批5门上海课程思政示范课程、1名上海课程思政教学名师和2个上海课程思政示范团队。青年教师获上海市第三届课程思政教学案例展演活动思想政治理论课专项组一等奖。在学生生活园区形成党委领导、学工牵头、教师协同、学生参与、支部引领、辅导员入驻的"三全育人"实践区。探索网络育人工作方法，获第五届全国大学生网络文化节优秀组织奖。蝉联第十七届"挑战杯"国赛优胜杯，连续三届获特等奖。推进"教师思想政治和师德师风建设年"，开展师德师风建设月系列活动。通过教师节主题大会、师德师风大讨论等，设立并推进29项师德师风实践课题，开展学术道德与学术规范宣讲教育活动。

入选首批市级创新创业学院建设单位。完成4个一级学科学位授权点和艺术硕士专业学位调整，推进9个上海市学位点培优培育项目建设。上海市属高校首个院士工作站揭牌。推进国家语言文字推广基地、国家野外科学观测研究站建设。开展"中智亚毫米天文国际联合实验室"和"上海智能教育大数据工程技术研究中心"评估。推进教育大数据与教育决策实验室建设。首次获批上海市前沿科学基地和协同创新中心。获批2022年度国家社科基金立项49项、国家自然科学基金42项，科技

部重点研发项目4项。新增6项上海市第十五届哲学社会科学优秀成果奖（市属高校第二）。相关科研成果相继在中国社会科学、自然、细胞等顶尖科研期刊发表。

联合国教科文组织教师教育中心入驻上海市桂林路55号新址，举办第二届全球教师专业发展论坛。与英国、坦桑尼亚及东盟等国家和区域开展项目建设和师资培训。建强全球城市研究院，发布全球城市发展报告、案例研究和发展指数。开展上海市公园主题功能拓展项目。获批上海市政府发展研究中心重点决策咨询项目4项，立项数位居上海高校第一。办好优质附属学校集群，服务上海教育公共服务供给和保障水平的优化提升。深化服务中西部基础教育优质均衡发展工作。学校基础教育集团在全国建有附属学校70余所，成为服务上海、面向长三角、辐射全国的优质基础教育品牌。与教育部政策法规司合作共建的终身教育政策研究中心揭牌。家庭教育专题研讨暨《家庭教育指导手册》丛书发布会在校召开。获评第十三届全国家庭工作先进集体。长三角学前教育发展联盟暨上海学前教育产教研融合协同创新办公室成立。上海退役军人学院在校成立。承办第三届全国中小学青年教师教学竞赛决赛。102名志愿者服务第五届中国国际进口博览会。学校获2022年全国五一劳动奖状。

被列入来华国际学生中国政府奖学金院校，是上海市外国留学生预科基地、现代地方大学国际联盟和沪港大学联盟的创始成员院校。与全球40多个国家和地区的近200多所高校和组织建立交流合作关系。与美国、英国、德国、荷兰、俄罗斯、法国6个国家的7所高校合作举办10个中外合作办学项目。在日本福山大学和非洲博茨瓦纳大学建有2所孔子学院。是教育部“中非高校20+20合作计划”中方入选高校。

学习宣传贯彻党的二十大精神。坚持和完善党委领导下的校长负责制，执行全委会、常委会、校长办公会议议事决策规则，落实二级学院党委会、党政联席会会议制度，指导二级学院建立健全工作机制。获评“上海党建工作示范高校”；1个学院党委获“上海党建工作标杆院系”，2个学院党委入选第二批“上海党建工作标杆院系”创建单位。承办2期教卫工作党委系统组织员培训班。牵头成立市教卫工作党委系统“组织员之家”联席会，当选理事长单位。实施第四期55个基层党组织“组织力提升计划”。举办20场“学生党员大课堂”专题培训，近2万人次学生党员参与学习。多个党支部获“全国样板党支部”、首批“上海党建工作样板支部”。入选教育部第三批“全国样板党支部”创建单位、第二批“上海党建工作样板支部”创建名单、上海高校“百个学生样板党支部”创建名单。以“我为群众办实事”活动为抓手，依托信息化平台开展OA业务，推行电子报销系统、线上审批系统。

建立健全体制机制，深化联防联控，保障正常教学科研秩序。搭建师生诉求平台，建立接诉即办机制。为教职工和退休教工发放保障物资。成立学生宿舍楼宇临时党支部，构筑防疫组织体系。2500余名在职教工党员到所在社区报到，参与各类志愿服务。

有130个电子文献数据库，其中馆藏解放前报刊题录数据库、教师教育影视资源库等8个为具有馆藏特色的自建数据库。上海高校瓷器艺术博物馆是上海市十大高校民族文化博物馆之一。大学生综合发展与现代服务中心项目获上海市优质结构金钢奖。（宋莉莉）

**【教育部思想政治工作司到校调研】** 1月5日，教育部思想政治工作司到上海师范大学调研，听取“学生生活园区思政教育理念与实践”汇报并实地走访徐汇校区东部学生生活园区，调研党建与思政深度融合、师资与资源一线聚合、空间与功能创新耦合三方面的做法，了解围绕组织育人、文化育人、管理育人、服务育人、实践育人，以及促进学生德智体美劳五育融合发展工作推进情况，就如何推进一站式社区建设在党建引领、队伍入驻、学生参与、条件保障等方面的落地落实进行指导。（宋莉莉）

**【上海退役军人学院成立工作会议】** 1月11日，在上海师范大学徐汇校区会议中心举行。学院特邀“人民教育家”国家荣誉称号获得者、全国教书育人楷模于漪老师担任学院名誉院长。上海拥军优属基金会与上海退役军人学院签署《上海退役军人学院奖励基金协议书》并为第一批人生导师团代表颁发聘书。2022 年，学院获市级荣誉 2 项、校级荣誉 3 项，参与专业实习实践 10 人，申报校级各类项目 15 项，参与志愿服务 1200 余人次。（宋莉莉）

**【终身教育政策研究中心揭牌仪式】** 2 月 18 日，在上海师大外宾楼举行。该中心由教育部政策法规司与上海师范大学合作共建。中心将在教育部政策法规司指导下，开展终身教育基本理论、政策法规、制度创新、成效评估、从业人员队伍保障等领域研究，打造线上线下优质平台，努力建设成为服务国家终身教育政策发展的开放性、平台式、高水平中国特色新型智库和国际终身教育发展创新策源地。（宋莉莉）

**【获评第十三届全国家庭工作先进集体】** 5 月 15 日，全国妇联发布 997 户全国五好家庭、200 个全国家庭工作先进集体和 198 名全国家庭工作先进个人名单。上海师范大学教育学院儿童发展与家庭研究中心儿童阅读研究室入选，获评第十三届全国家庭工作先进集体。研究室由教育学院心理学系吴念阳教授领衔，以研究结果为素材为家长提供家庭教育指导并通过学术杂志、报刊采访报道、公众号推文的形式向社会传播。多年来，研究室走进上海 16 个区的几百个幼儿园、小学和社区，从儿童心理科学的视角，向社会、家庭和学校推广科学的阅读理念和阅读教学方式，每年受益 3 万人次以上。（宋莉莉）

**【上海师范大学教授参与的青藏高原科学考察成果在《自然》发表】** 7 月 21 日，《自然》第 607 卷发表上海师范大学高峻教授等人的《喜马拉雅：创建国际和平公园》报道。成果由中国、尼泊尔和美国学者共同完成，提出中、尼两国应共同创建世界最高国际和平公园，将中国珠穆朗玛峰国家级自然保护区和尼泊尔萨加玛塔国家公园联系起来，在共享世界最高峰珠穆朗玛峰景观的同时，推动共同保护这一区域独特、脆弱、不可逆转的生态系统，提高生物多样性和生态栖息地的跨境保护效率。（宋莉莉）

**【上海师范大学教授参与的《作物驯化和育种的基因组学整合研究》在《细胞》发表】** 7 月 21 日，上海师范大学黄学辉教授、中国农科院深圳基因组所黄三文研究员、中科院分子植物卓越中心韩斌院士、中科院遗传所李家洋院士合作在国际著名学术期刊《细胞》发表题为《作物驯化和育种的基因组学整合研究》的综述文章。这是上海师范大学作为第一单位在《细胞》发表的第一篇论文。该论文系统梳理了近年来作物遗传育种领域的重要研究进展，包括对作物遗传信息的读取（作物参考基因组和群体基因组的构建）、解读（遗传定位和重要基因发掘鉴定）和改造（从头驯化、基因组设计和导航育种体系），并对该领域的未来发展进行展望。（宋莉莉）

**【上海师范大学院士工作站揭牌暨中国科学院院士史生才聘任仪式】** 8 月 25 日，在上海师范大学徐汇校区会议中心举行。这是上海市属高校首个院士工作站。工作站经上海市院士专家工作站指导办公室批准成立，聘任中科院紫金山天文台研究员、紫金山天文台“毫米波和亚毫米波技术实验室”首席科学家、国家南极太赫兹战略计划的总负责人、国际顶尖的亚毫米天文和技术专家史生才院士到校开展合作科研。（宋莉莉）

**【家庭教育专题研讨暨《家庭教育指导手册》丛书发布会】** 8 月 28 日，在上海师范大学召开。丛书聚焦家庭育人之法，探索家校社共育之道，围绕共建家庭、学校、社会协同育人的良好教育生态，促进家长向“第一任教师”角色的转变，科学培育、引导和影响儿童发展，缓解育儿焦虑情绪等进行研讨。同时，举行《家庭教育指导手册》丛书发布会。（宋莉莉）

**【“上海师大星”命名仪式】** 9 月 9 日，在上海师范大学徐汇校区会议中心举行。中科院国家天文台台长、中国科学院院士常进宣读命名公报及证书，介绍“上海师大星”（Shanghaishida＝1998 BY8）国际永久编号 91001 的寓意：编号中间三位数字

“100”代表桂林路 100 号(上海师范大学徐汇校区)和海思路 100 号(上海师范大学奉贤校区),后三位数字“001”体现上海师范大学全体师生锐意进取、开拓创新、敢为人先的精神。 (宋莉莉)

**【多个项目获 2022 年上海市优秀教学成果奖】** 10 月 18 日,市教委、市人社局公布 2022 年上海市优秀教学成果获奖名单。高等教育(本科)方面,上海师范大学李晔教授领衔申报的《廿载涵育基层好老师 托举基础教育现代化——高质量师范生培养教学改革实践》等 17 项成果获奖,其中特等奖 1 项、一等奖 8 项、二等奖 8 项;高等教育(研究生)方面,上海师范大学查清华教授领衔申报的《面向基础教育改革需求的中文学科研究生培养模式探索与实践》等 4 项成果获奖,其中一等奖 1 项、二等奖 3 项;基础教育方面,上海师范大学张民选教授领衔申报的《教师专业发展经验的国际传播:从 TALIS 到 UNESCO-TEC》等 9 项成果获奖,其中特等奖 1 项、一等奖 4 项、二等奖 4 项;职业教育方面,上海师范大学阎亚军教授领衔申报的《基于学生发展的上海职业院校专业质量监测探索与实践》获 1 项二等奖。 (宋莉莉)

**【长三角学前教育发展联盟暨上海学前教育产教研融合协同创新办公室成立大会】** 11 月 3 日,在上海召开。联盟将发挥长三角高校学前教育专业和研究优势,整合不同地区的优质资源,积极探索幼儿园协同发展模式,并通过多种方式推动长三角地区在学前教育管理、队伍建设等领域的合作共享。 (宋莉莉)

**【获上海知识产权创新奖】** 11 月 18 日,由国家知识产权局、世界知识产权组织、上海市政府共同主办的第十九届上海知识产权国际论坛开幕。论坛上,颁发上海知识产权创新奖,用以表彰优秀专利项目,激励为经济社会作出突出贡献的专利权人和发明人。上海师范大学是 3 所获此奖项的上海高校之一。 (宋莉莉)

### 附:学校负责人及地址

(2022 年 1—12 月)

校党委书记:林在勇
副书记:葛卫华、裴小倩(9 月离任)、刘晓敏、张叶江

校　长:袁　雯
副校长:葛卫华、康　年、张峥嵘、蒋明军、陈　恒、李　晔

徐汇校区地址:桂林路 100 号
邮编:200234
电话:64322881

奉贤校区地址:海思路 100 号
邮编:201418
电话:57122472

## 上海对外经贸大学

**【2022 年概况】** 设 13 个学院,有 35 个本科专业,1 个博士学位授权一级学科点、5 个博士学位授权二级学科点,7 个硕士学位授权一级学科点、41 个二级学科硕士点(含 3 个自设交叉学科学位点)、13 个硕士专业学位类别。在校生 13446 人,其中全日制本科生 9164 人、预科生 50 人、博士生 8 人、硕士生 3994 人、国际学生(学历生)230 人(其中本科生 174 人、研究生 56 人)。专任教师 781 人,其中正高级职称教师 118 人、副高级职称教师 292 人。有 1 个研究所、3 个实体研究院、3 个教育部备案的区域国

别研究中心、3个上海高校智库、10个省部级重点研究基地。有国家级一流本科专业建设点16个、国家级一流本科课程4门。

推进“十四五”规划落地，通过推进高校分类评价和高水平地方高校建设倒逼改革促发展。推进教师分类管理与考核评价改革、依法治校示范校建设，健全教代会制度和运行机制。建立全面预算绩效管理体系，做好招投标和内部审计工作，加大重点建设项目监管力度，提升资金使用效能。修订学校章程，新增制度25项，修订36项。完成人才办公室、招生就业处、学科建设办公室、重大项目办公室、博物馆、非学历办公室等机构的设置、归并和调整。优化学科专业结构，调整院系布局，成立国际中文教育学院，组建新的会展与传播学院，更名揭牌体育健康学院、开放教育学院。优化校区资源配置，完成研究生搬迁入住古北校区工作。

推进主修、辅修和微专业叠加的“1＋1＋X”复合型人才培养模式改革。打造本、硕、博一体化国际组织人才培养链，开设全国首批国际经济发展合作和国际经贸规则新专业。开展“访万企 读中国”等大型社会调研活动。组织110名志愿者服务第五届进博会。建设博物馆，开展首展“东风西渐——中国瓷器文化对欧洲文化发展的影响”。强化劳动教育，构建形成“六三三”(抓好优化劳动教育课程设置、推广劳动教育实践、拓深劳动教育研究、加强劳动教育人才队伍建设、建立劳动教育考评机制、健全劳动教育组织保障六大内容，落实宣传、实施、考核三步流程，夯实校园、社区、园区三区联动的劳动教育阵地)劳动教育新模式。强化创新创业协同育人，入选“市级创新创业学院”建设名单，获评上海市A级院校创业指导站。新增6个国家级、5个上海市级一流本科专业建设点。获上海市优秀教学成果奖10项(其中特等奖1项)。

打造中国特色新型高端智库平台，成立国际经贸创新与治理研究院(智库中心)。建强WTO亚太培训中心，与WTO共同举办WTO亚太区线上区域贸易政策培训课程。建设“上海重点智库—上海高校智库—校级特色智库”三级智库体系。建设“开放型经济”文科实验室。依托高水平地方高校建设项目，建成重点创新团队6个。参与上海国际贸易中心战略升级版规划论证和海南自贸港建设。发布2022年中国进口食品贸易指数和中非投资指数。上报内参报告160余篇；举办进博会智库选题研讨会，报送专报10余篇；设立新冠疫情防控智库专项课题，报送专报等60余篇。围绕长三角一体化示范区建设、高水平对外开放等建言献策，承接上海市商务委和上海市推进科技创新建设办公室等委托项目60项。年内，国家级项目立项28项，获批国家社科基金重大项目2项、教育部后期资助重大项目1项。获省部级奖数量8项。获第十三届上海市决策咨询研究成果奖一等奖1项。

推进教师考核评价改革，突出以能力、实绩、贡献为主要标准的考核评价导向，完成教师岗位聘任工作。完善教职工年度考核方案，畅通教师职业发展通道。制定《上海对外经贸大学正高级专家延龄聘任管理办法》。实施“教师专业发展工程”，开展暑期教师研修工作。建好教师发展平台，组织教师参加岗前培训和专题培训，启动新教师“校本研修”工作。加强学科带头人、青年学术骨干引育，引进教授2人、特聘教授2人，聘任校级青年拔尖人才5人。

开展国际认证工作，BGA国际认证工作获银牌证书并向金牌认证冲刺。与美国圣约翰大学、马里兰大学等10所国(境)外高校新签或续签协议11份。选派8名学生赴联合国计划开发署、国际商会等国际组织实习。与苏州市政府签署战略合作协议，共建全球经贸治理金鸡湖研究院等三大平台。与湖南省商务厅签署战略合作协议，在智库建设和高端培训等领域开展战略合作。与自贸试验区临港新片区、市知识产权局开展战略合作，推动组建“上海知识产权联合研究院”。 (姜传松)

**【与湖南省商务厅签署战略合作协议】** 3月2日，上海对外经贸大学与湖南省商务厅在湖南省签署战略合作框架协议并座谈交流。双方签署战略合作框架协议。根据协议，学校将与湖南省商务厅围绕自贸区和开放经济等相关科研合作(智库建设)、高端培训、全球经济治理人才培养、校友资源整合等方面推动务实合作。 (姜传松)

平台。（姜传松）

3月2日，上海对外经贸大学与湖南省商务厅
在湖南省签署战略合作协议

**【世界贸易组织亚太成员和观察员区域贸易政策课程开班仪式】** 5月23日在线举行。由上海对外经贸大学与世贸组织共同举办。来自13个世界贸易组织成员国和1个观察员国的24位学员参加课程。课程开设时间为5月23日至8月25日。课程内容涵盖世贸组织协定和区域贸易政策的全部领域，主要面向亚太地区的发展中成员和观察员，通过全面介绍世贸组织规则和协定，邀请亚太地区专家进行经验介绍和研究分享，帮助学员更好地了解和运用世贸规则。（姜传松）

**【上海对外经贸大学国际经贸创新与治理研究院揭牌仪式】** 6月29日，在上海对外经贸大学举行。来自中国社会科学院、复旦大学、上海交通大学、同济大学、华东师大、上海财经大学、上海大学、上海海洋大学、上海社会科学院等单位的智库专家等参加揭牌仪式。国际经贸创新与治理研究院将依托学科基础，打造“新平台、跨学科、重交叉，促创新、高产出”的中国特色新型高端智库平台。（姜传松）

**【与苏州市政府签署战略合作协议】** 7月28日，苏州市政府和上海对外经贸大学战略合作协议签约仪式在苏州举行。上海对外经贸大学苏州工业园区自由贸易试验区协同创新中心、涉外人才培养基地及上海对外经贸大学全球经贸治理金鸡湖研究院3个共建平台同时揭牌。根据战略合作协议，双方将发挥自身优势，深化教育协作，推动人才智库互融互通，开展特色教研实践，建立对外经贸领域专业人才交流合作平台。（姜传松）

**【上海对外经贸大学博物馆首展】** 11月12日，上海对外经贸大学博物馆举办首展“东风西渐——中国瓷器文化对欧洲文化发展的影响”。展览展出近300件17世纪以来的欧洲瓷器精品，以及部分具有代表性的中国出口瓷器。（姜传松）

### 附：学校负责人及地址

（2022年1—12月）

校党委书记：殷　耀
　副书记：汪荣明、许　玫（6月离任）、祁　明、吴　毅

校　长：汪荣明
副校长：祁　明、徐永林、吴　忠、于雪梅

地址：文翔路1900号
邮编：201620
电话：67703939

## 华东政法大学

**【2022年概况】** 有松江、长宁、普陀3个校区，设21个学院（部）、180余个科研机构，有2个一级学科博士点、18个二级学科博士点，8个一级学科硕士点、47个二级学科硕士点，25个本科专业，1个法

学博士后流动站和1个公共管理博士后流动站。在校生17800人，其中全日制本科生11977人、研究生5697人，国际学生126人。招收全日制本科生3365人(含52名少数民族预科生、450名法学第二学士学位学生、45名港澳台地区及华侨学生)，实际报到3210人；招收研究生1982人(其中硕士生1865人、博士生117人)，实际报到1966人(其中硕士生1851人、博士生115人)。在编教职工1293人，其中专任教师762人(教授135人、副教授273人，享受国务院政府特殊津贴29人)。有1个国家级重点学科、5个省(部)级重点学科、2个上海市一流学科、2个上海市高峰高原学科。出版《法学》《华东政法大学学报》法学类核心期刊。

围绕优化营商环境、维护政治安全等国家重大战略报送专报288篇，获省部级以上批示246篇(其中国家领导人批示64篇)，采用率85.4%。开展有组织的项目申报，获教育部重大项目立项1项，获国家社科、自科基金项目立项30项。学校与最高法院、中国侨联共建“中国侨益保护与研究基地”，与市政府发展研究中心成立数字法治与治理现代化决策咨询研究基地，与市社会主义核心价值观入法入规协调小组共同成立决策咨询研究基地。

长宁校区河东改扩建工程项目获批立项。完成凯旋路校区资产划转和长宁校区36号楼居民搬迁，完成松江校区生活园区、万航渡路围墙拆除。高标准修缮文保建筑，打造长宁校区苏州河步道景观照明工程。“华政园打造最上海文脉”案例获评第四届中国(上海)社会治理创新实践案例。

引进高层次人才16人，青年人才65人。强化对高层次人才系统性培养，遴选60位教师进入第二批“经天学者”计划。举办青年骨干教师专题培训班，开展第四批功勋教授推荐遴选、第四届教师贡献奖评选表彰活动。6位教师入选“东方学者”特聘教授，1个团队入选上海市第四批专家服务基层项目。

新增3个国家级一流本科专业建设点，2个省级一流本科专业建设点。入选“上海课程思政示范项目”28个，10门课程获上海高校市级重点课程立项，11项成果获评上海市级教学成果奖(其中特等奖2项)。本科法学类专业由大类招生改为按法学各专业方向招生，博士申请考核制试点扩大至12个专业。选派15名学生参与国际组织实习，137名学生参加交换项目。选派113名学生志愿者服务进博会。建设“云端法律学校”，为中西部中小学提供法治教育活动。学校代表队获第九届全国大学生模拟法庭竞赛全国一等奖。学校实践团队获评全国“三下乡”优秀实践团队。

出版《华东政法大学志》并举办首发式，制作《初心》《寻迹·万航渡路1575号》画册。原创话剧《雷经天》入选2022年上海首届法治文化节重点推荐剧目。规划长宁校区红色文化地图，开展“红途进校园”系列活动，组织“苏州河畔的一堂大思政课”“中国共产党伟大建党精神专题展巡展”等文化活动，继续提升“一江一河”滨水地区苏州河华政段文化内涵。

设立总法律顾问，印发《关于进一步加强法治工作的意见》。成立党委人才工作办公室。健全以章程为统领的学校治理制度，制定规章22件，修订24件，废止24件。深化院校二级管理体制改革，开展校院权责清单研制工作。完成2021年度教学科研单位绩效评价工作、2022年度上海市高校分类评价工作。《教育部简报》以《华东政法大学扎实推进依法治校工作》为题介绍学校依法治校工作的举措与成效。

完善《学科建设与管理办法》，深化学科建设二级管理改革，设立23个建设学科和8个培育学科，明确第一批学科带头人。获批国家级涉外法治研究基地，成立全国首个涉外法治学院。召开一流学科建设论坛，成立学校一流学科建设专家咨询委员会。开展建校70周年系列学术活动30余场。出版发行《法学》英文期刊。

加大卫生健康法学、教育法学、智能法学以及国家安全学等学科建设培育力度。成立中国法治战略研究院。成立上海首家独立建制的纪检监察学院，新增纪检监察法学学科并完成学位点专家论证。自主设置国家安全法学、法律与语言2个硕士点。

出台《高水平地方高校建设项目管理办法》《高

水平地方高校创新团队建设方案(2021—2025)》,2个创新团队获评年度考核优秀。教师在《中国社会科学》等三大权威期刊发表论文10篇,在其他权威期刊发表论文20余篇。3项成果获上海市社联2022年度十大推介论文。5人获上海市第十五届哲学社会科学优秀成果奖,4人获第八届钱端升法学研究成果奖等。 (纪　晨)

**【获评"全国巾帼建功标兵"称号】** 3月8日,上海各界妇女纪念"三八"国际劳动妇女节111周年大会暨庆祝建党百年主题活动启动仪式在上音歌剧院举行,对获全国"三八"红旗手、巾帼建功标兵等先进代表进行表彰并颁奖。华东政法大学法律学院教授、博士生导师魏琼获2021年全国城乡妇女岗位建功先进个人"全国巾帼建功标兵"称号。 (纪　晨)

**【《法学》英文期刊首期出版发布会召开】** 9月2日,华东政法大学主办的"《法学》英文期刊首期出版发布会暨中国法治建设国际传播研讨会"在上海召开。市委宣传部、市新闻出版局、市教卫工作党委、市教委相关领导,华东政法大学、中国人民大学法学院、《中国法学》等领导和专家出席。7月,《法学》期刊(英文版)由美国伟文-海恩联合出版。《法学》期刊被全文收录进入世界著名的海恩在线数据库的法学期刊核心库和"法治中国"主题文献库。 (纪　晨)

**【世界知识产权组织(WIPO)2022年中国暑期学校项目闭幕仪式】** 9月23日,在华东政法大学长宁校区交谊楼圆桌会议室举行。WIPO暑期学校项目为期两周。 (纪　晨)

**【部校共建马克思主义学院工作推进会】** 9月29日,在华东政法大学长宁校区举行。会议总结过去一年市委宣传部、华东政法大学共建工作取得的成效和经验,共同研究和推进下一步工作。会议强调,要以更高水平共建,携手促进部校共建工作持续走深走实,推动马克思主义学院实现更高质量发展。 (纪　晨)

9月29日,部校共建马克思主义学院工作推进会在华东政法大学长宁校区举行

**【上海首家独立建制的纪检监察学院】** 10月30日,在华东政法大学成立。学院作为教学和科研平台,探索筹建党的自我革命规范制度体系研究会、反腐败研究中心等研究机构,建设纪检监察学科学术数据库,建设全国知名的纪检监察学术机构和高端智库。 (纪　晨)

**【"党的二十大精神融入教育教学的价值与路径"研讨会】** 11月9日,在华东政法大学举办。研讨会围绕课程思政"领航校"经验交流、课程思政改革路径探讨等开展交流。 (纪　晨)

**【全国首家涉外法治学院】** 11月12日,在华东政法大学成立。学院聚焦涉外法治人才培养,努力打造涉外法治人才教育培养基地,助力上海建设涉外法治人才培养示范区。 (纪　晨)

**【《上海市级专志·华东政法大学志》首发式】** 11月12日,在华东政法大学长宁校区举行。《上海市级专志·华东政法大学志》记述华东政法大学1952年至2018年的变化和发展情况,突出学校在改革、发展过程中的时代特点、发展特色。全志由卷首照、序、凡例、目录、总述、大事记、正文、专记、附录、索引、编后记组成。 (纪　晨)

**【举行建校70周年大会】** 11月26日,"学习宣传贯彻党的二十大精神　推进一流政法大学建设"主题论坛暨华东政法大学建校70周年大会在学校松江校区富田体育馆举行。会上,梳理建校70年来

的发展成果和重要经验。 （纪　晨）

## 附：学校负责人及地址

（2022 年 1—12 月）

校党委书记：郭为禄

副书记：叶　青、应培礼、唐　波

校　长：叶　青

副校长：张明军（7 月离任）、周立志、韩　强

长宁校区地址：万航渡路 1575 号

邮编：200042

电话：62071666

松江校区地址：龙源路 555 号

邮编：201620

电话：57090261

# 上海工程技术大学

**【2022 年概况】** 有松江、长宁、虹口 3 个校区。设 18 个院、部、中心等教学机构。有一级学科硕士学位授权点 13 个、硕士专业学位授权点 8 个，本专科招生专业 63 个。全日制在校生近 24000 人，其中研究生近 4400 人。新招录研究生、本专科生、预科生近 6400 人。有教职工 1900 余人，其中专任教师 1500 余人，高级专业技术职务 678 人，包括中国工程院院士 4 人（含双聘院士 2 人）、享受国务院政府特殊津贴专家 10 人。

有 1 个国家级实验教学示范中心、1 个国家级虚拟仿真实验教学中心，1 个上海市 Ⅲ 类高峰学科、1 个上海市 Ⅳ 类高峰学科。发挥国家大学科技园综合性科技创新平台功能，推动科技成果转化、创业企业孵化、创新创业人才培养。培育、建设在协同育人、生涯教育、就业促进、教师培养和国际合作等方面具有鲜明特色的产学合作教育示范基地。

制定党的二十大精神学习实施方案，形成班子成员领学、二级单位结合业务深学、基层党支部细学、党员品学、师生群众活学的学习体系。坚持“四个结合”（点与面、条与块、过程与实效、追究责任与完善机制）、“四个狠抓”（狠抓统筹全局、狠抓逐项整改、狠抓制度建设、狠抓执纪问责）贯穿巡视“回头看”整改全程，运用“五步整改法”（理清问题，剖析原因，明确责任，寻找处理依据，定举措、建制度、抓落实）推进整改落实，完成 250 条整改举措。

推进 $5G^+$ 马克思主义学院建设和课程思政建设，设立思政课和课程思政教学改革专项，评选课程思政示范课程 10 门。获批上海市课程思政教学研究示范中心 1 个、市级课程思政示范课程 11 门、课程思政教学名师 2 人、课程思政教学团队 8 个。

聚焦一流本科“双万计划”“新工科”“新文科”等专业建设，以专业内涵提升为核心，强化专业特色。13 个专业入选国家级一流本科专业建设点，19 个专业入选上海市一流本科专业建设点。轨道交通信号通过德国 ASIIN 认证。交通管理、飞行器制造工程通过美国 AABI 认证。10 个专业通过中国工程教育专业认证、4 个专业通过国际认证。

完善研究生培养质量保障体系。修订 11 份学术型学位和 3 份专业型学位研究生培养方案。加强研究生培养过程管理，落实常态化反馈机制，校督导专家听课 102 节次。硕士论文抽检合格率 100%。

本科生在各类学科竞赛中获国家级奖项 159 项，其中全国一等奖 25 项、二等奖 59 项、三等奖 75 项；省市级奖项 921 项，其中省市级特等奖 11 项、一等奖 167 项、二等奖 371 项、三等奖 372 项。在

中国研究生电子设计竞赛中，获全国一等奖1项、二等奖2项、三等奖1项，学校连续四年获全国优秀组织奖。在中国研究生数学建模竞赛中，获全国一等奖1项、二等奖25项、三等奖46项。

以一级学科所在学院为依托，立项建设10个学科组织体系，勾勒“学科树”。探索“有组织跨学科”新模式，成立药物制剂智能装备研制团队等8个跨学科创新团队。工程学、材料科学、化学3个学科跻身ESI全球排名前1%。7个学科位列“软科中国最好学科排名”前50%，占在建学科总数53.8%。

“上海市制造业数字化转型设计与验证专业技术服务平台”“上海市激光智能制造及质量检测专业技术服务平台”获批上海专业技术服务平台。“上海工程技术大学工业设计中心”获批市级设计创新中心。

获批国家自然科学基金项目21项，其中面上项目9项。获批国家社会科学基金项目12项，其中首次获批“研究阐述党的十九届六中全会精神”国家社科基金重大项目。以第一单位发表的ESI高被引论文数新增9篇，SCI检索论文新增709篇。

完善师德师风建设制度规范和教职工考核及奖惩机制，构建多维度师德监督体系。强化师德日常监督，开展职务评聘、晋升等师德师风评价100余人次。开展覆盖全员的年度师德考核工作。工作案例《以考促“学”、以考促“教”，做实师德考核》入选市教委首批新时代上海学校教师思想政治和师德师风建设优秀工作案例。

国际创意设计学院获教育部批准，是国内第一所艺术类中韩合作办学机构。新增国际合作伙伴9个，新签或续签国际合作与交流协议17项。立项建设2个校级国际科研平台，举办6场国际会议。首次获批1个市级高端外国专家项目、1个国家级高端外国专家项目。探索学生海外学习交流“线上＋线下”混合模式，组织“学生国(境)外学习交流项目宣传周”活动。以马来西亚为突破口，推动学生反向“2＋2”双学位项目、非学历人才培养、汉语语言项目、共建工程师基地。推进“留学工程大”品牌建设，培育5个全英语授课专业。以HSK考点建设和国际学生高等教育质量认证工作为契机推进学校国际中文教育师资队伍建设。（黄　宁）

**【工业设计中心获评上海市设计创新中心】** 2月18日，“上海工程技术大学工业设计中心”获评上海市设计创新中心。该中心以设计驱动制造业转型升级、现代服务业发展、上海城市文化与品牌升级为重点研究领域，聚焦“海、陆、空”产业创意设计及城乡创新可持续设计发展方向。中心创新设计成果先后获国际红点奖、国家设计红星奖、中国纺织工业联合会科学技术奖、上海设计100+、“白玉兰杯”上海创新产品设计奖、中国安全技术监督局科技进步奖、江苏省安全科学技术进步奖、全国大学生工业设计大赛、中国包装创意设计大赛、米兰设计周、汇创青春等国内外创意设计大奖。

（黄　宁）

**【入选全国高校党建示范创建和质量创优名单】** 5月24日，电子电气工程学院党委通过“全国高校党建工作标杆院系”验收，城市轨道交通学院教工第一党支部通过“全国高校党建工作样板支部”验收。（黄　宁）

**【为新疆喀什大学开设本、专科课程】** 8月，作为全国首家“5G”高校，上海工程技术大学利用自主开发的“iclass”智慧教学平台，为新疆喀什大学开设广告学、产品包装设计等本、专科精品课程。借助低延迟、超高清传输系统以及“iclass”智慧教学平台，上海工程技术大学与喀什大学共享优质网络课程资源，满足喀什大学开设精品课的需要。同时还开设紧缺的本、专科普通教育、继续教育和社会培训的网络课程。线上课程每学期惠及学生300余人次。（黄　宁）

**【成立中德产教融合发展研究院】** 10月29日，上海工程技术大学与中高教(北京)教育科技集团有限公司在上海工程技术大学签订《共建中德产教融合发展研究院》协议，宣布成立上海工程技术大学中德产教融合发展研究院。该研究院探索高水平新工科人才培养的新模式、新路径。（黄　宁）

【校团委获评全国三下乡社会实践优秀单位】 10月11日，上海工程技术大学团委获评2022年全国“三下乡”社会实践优秀单位。年内，学校组建研学实践队伍181支，累计2000余名青年围绕“知行长三角”“知行乡村振兴”等11个赛道，开展暑期“三下乡”“返家乡”社会实践活动，获共青团中央“三下乡”全国重点团队立项项目3项以及2022年“行知杯”上海市大学生社会实践大赛一等奖1项、三等奖6项。 （黄 宁）

【第十四届国际铁路噪声大会】 12月7—9日，在上海虹桥西郊假日酒店以“线上＋线下”的方式举行。由上海工程技术大学主办。来自中国、美国、英国、日本等17个国家和地区的高校、科研院所的专家学者及相关人员200余人参会。与会者围绕“让铁路更安静、更安全”的主题，探讨铁路振动噪声领域的最新进展和未来趋势。 （黄 宁）

12月7—9日，上海工程技术大学主办的第十四届国际铁路噪声大会在上海举行

## 附：学校负责人及地址

（2022年1—12月）

校党委书记：李 江

副书记：史健勇、门妍萍、朱晓青

校 长：俞 涛

副校长：姚秀平（4月离任）、王岩松、夏春明

松江校区地址：龙腾路333号

邮编：201620

电话：67791000

长宁校区地址：仙霞路350号

邮编：200336

电话：62759779

虹口校区地址：逸仙路88号

邮编：200437

电话：65421020

# 上海电力大学

【2022年概况】 有杨浦、浦东2个校区。设能源与机械工程、环境与化学工程、电气工程、自动化工程、计算机科学与技术、电子与信息工程、经济与管理、数理、外国语、体育、马克思主义、人文艺术、继续教育（国际教育）13个学院，有机械、电子信息、能源动力、工程管理等39个本科专业。在校生14000余人，年内招收本科生2615人。在编教职工1100余人，其中专任教师800余人，具有博士学位教师占比63.47%。有双聘院士1人，全国优秀教师等国家级人才5人，上海市“四有”好教师1人。

聚焦“以新能源为主体的新型电力系统”，围绕“一网两侧”学科体系，在学科建设攀峰、队伍建设卓越、人才培养创新、国际交流提升、体制机制改革和条件保障五方面编制2022年高水平地方高校项目建设方案。获批“计算机科学与技术”“数学”2个学位点。博士学位点培育工程取得阶段成果。

"动力工程及工程热物理""化学工程与技术"2个学科进入IV类高峰学科建设，"电气工程"学科获准申报III类高峰学科建设。化学学科进入ESI全球学科排名前1%。获批上海市启明星计划A类2项、扬帆计划5项、曙光计划1项、晨光计划3项。获省部级科技奖12项，其中牵头获上海市科学技术奖4项、参与上海市科学技术奖4项，参与上海市决策咨询研究成果奖1项，参与其他省市科技进步奖3项。在SCI一区期刊发表论文96篇；6篇论文入选ESI论文。以通讯作者单位发表子刊1篇(Nature Communications)。出版学术著作13部。参与起草制定技术标准15项。获批建设"海上风电技术"教育部工程研究中心。开展"上海市新型电力系统前沿科学研究基地"建设，推进"上海智能电网技术研究省部共建协同创新中心"建设。校级综合智慧能源跨学科大平台启用。入选首批上海市高校知识产权运营中心。

推进与南方电网、五大发电集团以及相关主要电力装备集团、与能源行业相关的行业大集团科研项目的合作。与特斯拉联合共建未来能源创享中心。完成智慧产教融合创新教坊建设。基于产业学院建设一批产教融合系列课程，结合专业特色做深"临港大学堂"内涵。

推进大能源电力应用型本科专业集群建设，优化专业结构，新增"储能科学与工程""新能源材料与器件"2个本科专业。推进工程教育专业认证工作，12个专业提交认证申请或自评报告，1个专业通过ASIIN国际认证，2个专业通过自评报告并接受工程教育认证在线考查。获批教育部虚拟教研室建设点1个。新增上海市一流本科专业建设点7个。获批上海高校市级重点课程建设项目13项，组织申报上海市一流本科课程12门，建设"双碳类"特色课程21门。开展"课程思政进培养方案、进大纲、进教案"专项工作。课程思政建设立项66门，累计校级课程思政建设立项328门。获上海课程思政示范课程10门、上海课程思政示范团队7个、上海课程思政教学名师2人。获上海市教学成果奖10项，其中一项特等奖被推荐申报国家教学成果奖。

召开线上线下就业督导会45场，推进"书记校长访企拓岗促就业"专项行动，举办13场不同行业的"直播带岗"推介会，搭建"空中双选会"线上平台，举办8场网络双选会，新建校外就业实践基地11家。

推进大学生日常思想政治教育实施方案和学风建设实施方案。开展"弘扬伟大建党精神·矢志践行青春使命""青春献礼二十大·五育并举歌伟业"等主题教育活动。完成奖、助、勤、补、减，完善"一站式""网格化"学生社区管理，推动学生自我管理、自我服务、自我教育、自我监督。

全年国创计划结题28项、市创计划结题87项。学科竞赛获奖354项，其中国家级奖项109项、省市级245项。获"挑战杯"课外学术科技作品竞赛全国二等奖1项、三等奖1项，全国大学生数学建模竞赛国家级一等奖2项、二等奖3项，"互联网+"创新创业大赛市级银奖6项、铜奖3项，"挑战杯"创业计划大赛市赛金奖1项、银奖3项，以及全国大学生节能减排社会实践与科技竞赛二等奖1项、三等奖3项。推进"智慧团建"和社会实践工作，3名学生入选西部计划志愿者。"青春SUEP"在中青校媒(上海)星级校园媒体评比获评上海市五星级媒体。开展"榜样力量"寻访主题活动，杨昌雷获2022年度全市唯一"中国大学生自强之星标兵"奖学金。做好美育人才培养建设方案，形成"中国文化系列课""艺术审美素养课""艺术实践团训课""网络共享课"四大通识选修课程群。加快建设"体适能健康测试实验室"，成立"学生运动与健康促进研究中心"。校男子手球队在中国大学生手球云上挑战赛中获团体总分第三名。

全职引进3位国家级人才和1位企业领军人才。1人获批上海市东方学者特聘教授。组织召开第二届国际青年学者论坛。建立以人才培养为工作核心，以师德师风为首要内容，以能力、水平、贡献为导向，规范有序、竞争择优的职称评聘制度。创新团队形成"产教融合，营造创新能力新生态；学科融合，打造人才聚集新高地；科教融合，构建人才培养新平台"的模式经验。依托师德师风建设月、教师思政精品项目创建、教职工政治理论学习、骨干教师座谈会等，形成"主题—品牌—学习"的示范效应。创建15个教师思政精品项目。

申报3个高等学历继续教育本科(专升本)新专业。通过线上线下混合教学、送教等举措,举办培训班62个,服务产业经济高素质技术技能人才培训。与特斯拉的产教融合合作模式入选教育部优秀产教融合案例。"一带一路"品牌培训项目以及创办老年大学等特色工作获媒体报道。与美国西弗吉尼亚大学合作举办信息管理与信息系统专业本科教育项目获教育部批准。新增10个学分互认高校。完成国际学生招生定量指标,引进2名A类外国专家、1名B类专家。获批4项国家外专局"高端外国专家项目"和4门上海高校国际学生英语授课示范性课程。组织召开"一带一路"能源电力高校联盟大会,举办能源电力国际高级研修班(线上)、能源电力商业决策模拟大赛、国际演讲大赛等。为尼日利亚电力管理服务局培训学员。完成津巴布韦旺吉生产准备人员培训。与越南永新电厂签署合作协议,海外基地挂牌。

完成临港校区三期工程项建书报批工作,编制三期可研阶段招标组织方案。完成杨浦校区隆昌路371号学生公寓及其附属用房修缮工程、杨浦南校区学生公寓(1号、2号)及公共浴室修缮工程出库申报、两校区建筑单体信息采集及五年校舍维修规划编制。建成"安保智能巡逻机器人+安防平台"智能安防巡逻机器人管理系统。完成"一网通办"二期建设,形成学校业务系统数据清单、业务系统共享数据清单等。完成"科研创新服务系统""大型仪器设备综合管理平台"一期建设。完善基于ESI的综合测评体系建设。完成能源电力特色数字资源保障平台建设。完成临港校区学生公寓"六T"标准化公寓建设评审,1、4、8、9号公寓获五星评价。新能源汽车充电桩付费平台(云快充)上线运行。开展"上电后勤优质服务展示周"活动,举办首届"上电客饭套餐技能比赛",建成"上电社区爱心书屋"。完成上海市绿色学校创建工作,学校节水型案例入选水利部、教育部、国家机关事务管理局联合发布的首批节水型高校典型案例。

(曹婷婷)

**【开展"书记校长访企拓岗促就业专项行动"系列活动】** 5月,上海电力大学开展"书记校长访企拓岗促就业专项行动"系列活动。校领导班子与百家名企面对面,通过直播推介为毕业生打通就业新渠道。直播推介会的企业与毕业生互动环节,加深了双方了解,有效促进企业与学生就业岗位的对接。

(曹婷婷)

**【获批首个教育部工程研究中心】** 10月,上海电力大学牵头建设的"海上风电技术教育部工程研究中心"获教育部批准立项。"海上风电技术"工程研究中心历经十余年攻坚,聚焦国家战略与行业需求,协同上海勘测设计研究院有限公司、国网上海市电力公司、上海绿色环保能源有限公司等联合攻关,突破了近海风电建设、运维、产业推广等多项卡脖子难题,实现了中国海上风电跨越式发展。(曹婷婷)

**【"一带一路"能源电力高校联盟大会】** 11月25日在线上举行。来自菲律宾、印度尼西亚、斯里兰卡等10个国家的14所高校代表在线出席。大会审议并表决通过《"一带一路"能源电力高校联盟章程》,选举成立第一届联盟理事会,上海电力大学担任理事长单位。

(曹婷婷)

**【入选首批上海市高校知识产权运营中心】** 12月8日,上海电力大学知识产权运营中心入选首批上海市高校知识产权运营中心项目承担单位。该中心建设将融入高校创新研发全过程、企业创新发展需求、全市知识产权运营体系,努力破解专利转化供需匹配的问题,释放能源电力特色专利技术成果的溢出效应,更好发挥高校服务经济社会发展的重要作用。

(曹婷婷)

## 附:学校负责人及地址

(2022年1—12月)

校党委书记:李明福

副书记:李和兴、翁培奋、徐　凯

校　长:李和兴

副校长:徐　凯、封金章、符　杨、黄冬梅

杨浦校区地址：长阳路2588号
邮编：200090
电话：35303047

浦东校区地址：沪环城路1851号
邮编：201300
电话：61655008

## 上海应用技术大学

**【2022年概况】** 有徐汇、奉贤2个校区，设19个二级学院（部），有56个本科专业，1个一级学科博士点、8个一级学术型硕士点、11个专业学位硕士点。在校学生19529人，其中全日制硕士研究生3267人、本科生15929人、高职专科生333人。教职工1750人，其中专任教师1254人。专任教师中、高级职称教师147人、副高级职称教师441人。

实施学校"十四五"规划及专项规划。推进上海高等教育评价研究基地（应用技术型）建设。完成学校章程修订工作。落实审计整改，规范合同管理。完成奉贤校区大修工程和"一站式"学生社区综合管理试点建设及徐汇校区大修工程的前期工作。成立二级学院校友会并出台工作制度。启动校庆70周年筹备工作。推进教育数字化转型，完成虚拟仿真实验教学课程平台测评。完成历史档案数字化扫描工作，推进建立"四重档案"归档工作机制。加快"智慧校园"建设，强化数据赋能高效治理。出台并完善考核激励、绩效管理等政策，支持教职员工分类发展。

举办第五届国际青年学者论坛。新增15人校聘高级职称。依托创新团队外聘战略科学家10人，其中院士6人。举办首届翻译技术与语言服务人才培养高端论坛暨SIT-RWS"双师型"教师培养基地结业仪式。举办"明德讲坛""教师沙龙"等20期。教师获上海市"四有"好教师（教书育人楷模）提名奖、霍英东教育教学奖、上海市教育系统三八红旗手、巾帼建功标兵以及三八红旗集体、巾帼文明岗、上海市职工优秀发明选拔赛金奖等荣誉。

举办2022东方美谷国际化妆品大会化妆品技术创新高峰论坛等高水平学术活动，发起国际化妆品名校名企"双协同"行动倡议。举办首届长三角绿色低碳发展与生态文明论坛。举办首届绿色化工与先进制药技术国际论坛。完成第五届进博会志愿者服务工作。上报新冠疫情防控等专报26篇，其中7篇获省部级及以上领导肯定性批示，在决咨绩效评价中位列市属高校第三名。深化"美丽中国与生态文明研究院"智库建设。与山西省大同市政府签署《全面合作框架协议》。

推进上海市教委的"一带一路"人才培训项目实施和上海市科委的"一带一路中老铁路工程国际联合实验室"平台建设。"一带一路"澜湄铁路互联互通交流中心内涵建设获亚洲合作资金项目支持。举办2022"澜湄周"活动，持续开展"澜湄铁路互联互通"民间交流系列活动和"路连中老"研学实践活动。老挝留学生故事登上央视一套《东方时空》栏目。3名学生入选"沪港大学联盟青年领袖训练营"，其中1人获优秀奖。获5项高端外国专家引智项目。首次获国际传播领域最高奖项"银鸽奖"。首次入围市教委优秀来华留学案例。

获上海市优秀教学成果奖13项，其中3项被推荐申报国家级教学成果奖。新增13个国家级和上海市一流本科专业建设点。新增1个专业通过工程教育认证。实施"引企入教"专项建设，建设7个现代产业学院，推荐申报市级重点现代产业学院。1人获评"上海大学生年度人物"，1名学生采访登上央视一套《晚间新闻》。学生在第十七届"挑战杯"全国大学生课外学术科技作品竞赛获全国二等奖。学校获全国"三下乡"社会实践优秀单位（全市6家）。获批上海市课程思政教学研究示范中心、示范课程15门、示范团队10个、教学名师3人，获批总数位居全市应用型高校第一。组织“云端相聚共成长，同心抗疫向未来”系列活动，开展“抗疫”大思政课15场。学校党委书记为毕业生党员上党课，校长给新生上“思政第一课”。

通过博士学位授权点核查，启动博士研究生招生培养工作。组建芳香科学与美丽健康团队、绿色能源化学工程团队、香料化学工程团队、绿色药物化工团队、光探测材料与器件团队、日用化工团队6支上海高校高水平创新团队。推进学校化学工程与技术(芳香科学与技术)III类高峰学科的申报和建设工作。入选材料与化工专博、管理科学与工程博士培育点和相关学位点培优项目支持计划。化学、材料科学、农业科学、工程科学4个学科进入ESI全球排名前1%。

围绕上海市重点产业体系和重大任务，强化“有组织的科研”。推进建设香料香精化妆品省部共建协同创新中心。获批国家重点研发计划项目。举办材料学科建设与学术前沿论坛。获批自然科学基金面上项目、青年基金项目、联合基金重点支持项目等纵向项目100余项。获中国轻工业联合会科学技术一等奖等各类省部级科技成果奖21项。首次获批上海市重大军工项目，获武器装备质量管理体系认证证书。新建大学科技园奉贤分园。新建2个技术转移分中心，挖掘地方技术需求近千项。首次获中国产学研合作促进奖。跻身中国科技成果转化百强高校。入选首批上海市高校知识产权运营中心项目承担单位。获国家社科基金项目4项、上海市社科规划项目7项。组织首届“最美科技工作者”评选。

开展“百名书记宣讲党的二十大精神”活动。开展《中国共产党普通高等学校基层组织工作条例》贯彻落实情况自查。入选上海市“攀登”计划培育创建单位、上海高校学生“双百”创建名单7项。基层党建网报道党建特色13篇。设置师生诉求建议反馈平台及时回应师生关切。出台学生食堂伙食价格平抑基金管理办法。校领导班子成员参加“访企拓岗”促就业活动124场，3000多家用人单位供岗12000多个。制定加强年轻干部教育管理监督工作方案，在全校干部大会上开展“点名道姓地曝光”式警示教育，以“零距离”旁听庭审等开展现场教育。持续纠治“四风”，下发纪检监察建议书、监察建议书。校园网格化管理工作模式作为优秀案例在全市高校推广。科研合作、招生就业、“云”校庆、毕业典礼、开学典礼、萱草文化节、中华母亲节、“大师风云”等工作稳步推进。 （陈浩森）

**【举办2022中国(上海)萱草文化节】** 6月22日，由上海应用技术大学和上海市奉贤区政府、湖南省衡阳市政府、山西省大同市政府共同主办的2022中国(上海)萱草文化节开幕。开幕式采取线上线下结合方式进行，线下主会场设在上海应用技术大学。 （陈浩森）

6月22日，中国(上海)萱草文化节在上海应用技术大学举行

**【打造“云”就业工作新模式】** 2022年，上海应用技术大学打造“云”就业工作新模式，出台《上海应用技术大学关于开展“访企拓岗促就业”活动的通知》，校党政领导带头落实就业工作“一把手”工程，开启“访企拓岗”促就业线上专场活动。“直播带岗”活动构筑“校级—区域—企业—行业”四维一体就业市场格局。 （陈浩森）

**【在上海高校党组织“攀登”计划培育等示范创建中获好成绩】** 12月初，上海市教卫工作党委公布第二轮上海高校党组织“攀登”计划培育创建单位名单、上海高校“百个学生样板党支部”和“百名学生党员标兵”创建名单。上海应用技术大学马克思主义学院直属党支部入选“上海党建工作标杆院系”，经济与管理学院管理科学与工程系党支部入选“上

海党建工作样板支部”。材料科学与工程学院本科生第二党支部和理学院学生第二党支部入选上海高校“百个学生样板党支部”。生态技术与工程学院风景园林专业研究生孔家烨获评上海高校“百名学生党员标兵”。上海市材料工程学校入选上海市中小学校党建工作“示范学校”创建单位。 （陈浩森）

**【在上海高校分类评价中实现“五连冠”】** 12月，上海市政府教育督导室公布2022年上海高校分类评价结果，上海应用技术大学在上海市17所应用技术型高校分类评价中连续五年蝉联第一。

（陈浩森）

### 附:学校负责人及地址

（2022年1—12月）

校党委书记:郭庆松

副书记:柯勤飞、王　瑛、陈海瑾、李　健

校　长:柯勤飞

副校长:王　瑛、张锁怀(8月离任)、毛祥东

奉贤校区地址:海泉路100号

邮编:201418

电话:60873536

徐汇校区地址:漕宝路120号

邮编:200235

电话:60873536

## 上海科技大学

**【2022年概况】** 设物质科学与技术学院、生命科学与技术学院、信息科学与技术学院、创业与管理学院、创意与艺术学院、人文科学研究院、生物医学工程学院、免疫化学研究所、iHuman研究所、数学科学研究所、大科学中心、2060研究院等教学科研机构。受上海市卫生健康委委托建设和管理上海临床研究中心。有本科招生专业11个、硕士招生专业11个、博士招生专业7个，学术学位硕士点8个、专业学位硕士点3个，学术学位博士点5个、专业学位博士点2个。在校生5616人，其中本科生1763人、硕士研究生2676人、博士研究生1177人。在18个省市招录本科生473人、硕士研究生1050人、博士研究生396人。全校教职员工1429人，其中全职教学科研人员915人、中国科学院特聘教授235人、非中国科学院特聘教授54人。

2月，上海科技大学入选国家第二轮“双一流”建设高校和建设学科名单，“材料科学与工程”学科列入一流学科建设名单。新增“计算机科学与技术”博士点1个、“信息与通信工程”和“生物医学工程”硕士点2个，“生物与医药”和“电子信息”工程博士点2个。新增上海市教学成果奖5项，其中特等奖1项、一等奖1项、二等奖3项。新增国家级一流本科专业1个、省部级一流本科专业3个。计算科学与工程、高分子物理（含实验）和交互产品设计3门课程获上海高校市级重点课程立项。电力电子、模拟与数字电路实验与理论和细胞生物学实验3门课程获第二届上海市高校教师教学创新大赛二等奖。

学校常任教授序列教师327人、教学教授序列教师22人。年内新增到岗常任教授序列师资32人、教学教授序列师资2人，增聘中国科学院特聘教授8人、非中国科学院特聘教授4人。在站博士后102人。

参与张江综合性国家科学中心建设，推动与上海张江、临港和广州实验室合作，联合开展科技攻关、培养创新团队和科技人才。与国家实验室联合招收博士研究生108人。活细胞结构与功能成像等线站工程通过运行计划评议。上海硬X射线自由电子激光装置完成重大专项预研任务和实验站方案设计国际评审，进入后续工程设计实施阶段。

上海市高分辨电子显微学重点实验室揭牌。上海智能视觉影像及应用工程技术研究中心、上海高能效与智能定制芯片工程技术研究中心、上海市生物大分子与精准医药前沿科学研究基地、上海市智能人机协同与交互前沿科学研究基地等取得系列科技成果。

以第一作者单位和主要完成单位在《细胞》期刊发表研究成果论文2篇、《自然》期刊发表论文1篇、《科学》期刊发表论文3篇。研究成果“新型冠状病毒逃逸宿主天然免疫和抗病毒药物的机制”入选2021年度“中国生命科学十大进展”;“揭示SARS-CoV-2逃逸抗病毒药物机制”入选2021年度“中国科学十大进展”;“揭示新冠病毒mRNA加帽、基因组复制矫正、逃逸核苷类抗病毒药物的分子机制”入选“中国2021年度重要医学进展”。姜标获第十五届“谈家桢生命科学产业化奖”。

上海科技大学国家双创示范基地通过国家发展改革委合格评估。专利许可合同金额连续三年位居全国高校榜单前列。年内孵化15家科创型初创企业。首批2家校友企业获学校专利许可。自主研发碱基编辑工具专利首次获海外专利授权。2项高价值专利入选2022年上海市首届高价值专利运营大赛百强榜。2项基于基础研究成果发展的原创新药候选物取得临床试验批件,其中上海科技大学与和径医药合作研发的新型胚胎外胚层发育蛋白抑制剂新药HJM-353还获得美国临床试验批件。举办创业早期学堂、第五届上海科技大学创新创业大会。构建科技成果转化和科研创业实践教育平台、成果转化早期融资平台。

上海科技大学二期工程完成控规调整,地块容积率由0.9调整为1.1。上海临床研究中心一期建设工程开工。

(高　瑄)

**【上海临床研究中心一期建设工程开工】** 9月30日,上海临床研究中心一期建设工程开工仪式在浦东新区项目建设地块举行。一期建设项目规划用地东至向阳河,南至韩家宅河,西至科苑路,北至杰科路,占地面积约50844平方米,总建筑面积136895平方米,其中地上建筑面积94000平方米、地下建筑面积42895平方米,建设临床诊疗、临床研究、创新转化等功能用房及相关配套设施。

(高　瑄)

9月30日,上海科技大学上海临床研究中心一期建设工程开工仪式在浦东新区项目建设地块举行

**【“谈家桢生命科学奖”十五周年庆典暨十五届颁奖典礼大会】** 12月10日,在上海科技大学线上线下同步举行。会上,17位科学家获“谈家桢生命科学奖”,其中上海科技大学免疫化学研究所特聘教授姜标获生命科学产业化奖。

(高　瑄)

**【上海硬X射线自由电子激光装置项目隧道全线贯通】** 12月13日,上海硬X射线自由电子激光装置项目4号工作井至5号工作井区间东线盾构顺利进洞。至此,该项目1至5号工作井隧道全线贯通。4号井至5号井区间隧道下穿运营的轨道交通13号线华夏中路站至中科路站区间上下行线隧道及一条出场线隧道,为上海首次“三穿三”的轨道交通穿越施工。硬X射线自由电子激光装置项目是上海科技大学作为法人单位的科技基础设施项目。

(高　瑄)

**【2个原创新药候选物取得临床试验批件】** 9月,上海科技大学孵化企业标新生物的首个具有口服特性的蛋白降解管线1类新药GT919胶囊,获中国国家药品监督管理局药品评审中心的临床试验批件。12月,上海科技大学与和径医药合作研发的新型胚胎外胚层发育蛋白抑制剂新药HJM-353,先后获美国食品药品监督管理局和中国国家药品监督管理局药品评审中心的临床试验批件,在晚期血液肿瘤

和实体瘤患者中开展Ⅰ期临床试验。（高　瑄）

## 附：学校负责人及地址

（2022年1—12月）

校党委书记：李儒新
　副书记：吴　强、江　舸

校　长：江绵恒
副校长：李儒新、印　杰、朱志远、丁　浩、江　舸、席南华

地址：华夏中路393号
邮编：201210
电话：20685160

# 上海纽约大学

**【2022年概况】** 有12个本科专业、7个硕士研究生专业和10个博士研究生专业，涵盖计算机与工程、自然科学、人文社科等多个学科领域。在读本科生1819人，其中中国学生977人（含港澳台地区学生5人），国际学生842人；在读研究生279人，其中硕士研究生231人、博士研究生48人。年内招收500名本科新生，其中255人为国际学生，245人为中国学生（含港澳台地区学生2人）。专任教师262人，其中中国籍教师109人（含港澳台地区教师8人），外籍教师153人。在校学生来自美国、蒙古、韩国等近80个国家和地区，教师来自美国、法国、意大利等29个国家和地区。在365名来自美国、巴基斯坦、新加坡等34个国家的中外本科毕业生中，78%去往非原籍国深造和就业。中国毕业生204人中，82%选择继续深造、11%选择就业。国际毕业生161人中，4人留华就业、3人留华深造。

学校实行博雅教育。自然语言处理、区块链与货币经济学2门课程入选"2022年度上海高等学校一流本科课程名单"。新设"创造力与创新"辅修专业。由学校教务长、联聘教授、数学教授、数学实践教授以及华东师范大学—纽约大学数学联合研究中心（上海纽约大学）联合副主任共同完成的教学成果"开拓创新，激发卓越潜能：以数学荣誉教育为例探索拔尖创新人才培养模式"获2022年高等教育（本科）国家级教学成果奖和上海市优秀教学成果（高等教育类）一等奖（本科教育）。由学校常务副校长、图书馆馆长及相关人员共同完成的教学成果"基于数字化工具的教学法在国际化办学中应用的探索与实践"获上海市优秀教学成果（高等教育类）二等奖（本科教育）。

持续推进与华东师范大学合作的联合培养研究生专项。与华东师范大学心理与认知科学学院、社会发展学院等10个院系合作，学校教授参与项目并担任硕导、博导，有硕士研究生19人、博士研究生29人。上海纽约大学联合华东师范大学于2021—2022学年首次推出"学术卓越奖"和"项目服务奖"学生奖项，评出5名"学术卓越奖"获奖者和1名"项目服务奖"获奖者。

新录取的13名博士生分别来自中国、美国、波兰和爱尔兰，研究领域涉及化学、计算机科学、数据科学、物理和交通运输规划与工程等。在与纽约大学共同建立的10个博士专业基础上，与纽约大学瓦格纳公共事务学院合作推出公共管理博士项目，并在秋季招生。5月，上海纽约大学为来自计算机科学博士、神经科学博士、物理博士专业毕业生举办两校联合培养博士项目的首场毕业典礼。

新增教研并重的长聘制教师 12 人；高层次人才 54 人，外国院（会）士 8 人，国家“友谊奖”获得者 1 人（兼上海市“荣誉市民”），上海市“白玉兰奖”获得者 5 人。年内，3 名中青年学者通过学校遵循世界一流大学管理，按照纽约大学标准实施的长聘学者评审，获长聘制资格。

学校牵头建设的上海市人工智能与深度学习前沿科学研究基地纳入建设序列。该前沿基地依托人工智能、计算机科学、数据科学等学科优势，发挥国际协同创新作用，着眼于发展下一代具备可解释性、适应性且“以人为本”的人工智能学习算法。上海市城市设计与城市科学重点实验室获批筹建，为学校首个省部级重点实验室，上海纽约大学为该重点实验室的依托单位。

学校利用和配置纽约大学全球教育资源，持续开设 4 个学期的“就近入学”项目，接纳因受新冠疫情影响无法按时出国的中国籍（含港澳台地区）本科生和研究生近 7000 人次。在项目运行期间聘请 128 名教师，其中纽约大学及其全球教育体系内的教师 7 人、上海纽约大学教师 78 人、其他院校教师 43 人；为项目开设 80 门本科线下课程（含线上线下混合授课课程）和 107 门本科独特课程（含线上课程），以及 80 门研究生线下课程（含线上线下混合授课课程）和 81 门研究生独特课程（含线上课程）。　（尚　纽）

**【举办中美《上海公报》发表 50 周年纪念活动】** 2 月 24 日和 3 月 24 日，上海纽约大学与华东师范大学共同举办 2 场线上嘉宾对话活动，纪念中美两国之间的第一个联合公报《中华人民共和国和美利坚合众国联合公报》（即《上海公报》）发表 50 周年。

（董松其）

**【城市调查与干预联合实验室成立】** 6 月 24 日，上海纽约大学应用社会经济研究中心与香港科技大学（广州）城市治理与设计学域、上海大学数据科学与都市研究中心等相关合作单位共同发起的“城市调查与干预联合实验室”宣布成立，在三校间构建合作网络。推进“上海都市社区调查”（SUNS），计划与香港科技大学（广州）合作，在深圳发起类似的调查研究项目，城市数据收集和研究进一步拓展至长三角和珠三角地区。　（董松其）

**【前滩校区海泰楼冠名捐赠仪式】** 9 月 29 日，在上海纽约大学举行。上海海泰房地产（集团）有限公司向上海纽约大学捐资，主要用于支持奖助学金、师资招聘及学生国际交流等学校建设发展最需要的方面。学校将前滩校园北教学楼冠名为“海泰楼”。　（董松其）

**【张江产业工程院揭牌】** 10 月 28 日，上海纽约大学张江产业工程院举行揭牌仪式。揭牌仪式另设圆桌论坛环节，特邀上海纽约大学教授等参与对话，探讨“源头创新与产业进步”的新思路。

（董松其）

**【计算化学团队合作研究成果在《自然—通讯》发表】** 11 月 17 日，华东师范大学—纽约大学计算化学联合研究中心（上海纽约大学）副主任、上海纽约大学化学助理教授高威廉与纽约大学化学与数学教授马克・图克曼合作，带领团队开发出一套可预测多种化学状态下光化学反应的人工智能计算模型，其成果以“分子激发态霍恩伯格—科恩定理地图的机器学习”为题，发表在全球知名学术期刊《自然—通讯》。上海纽约大学化学专业博士研究生白原铭为该论文第一作者。　（董松其）

**【全球金融科技实验室揭牌】** 12 月 7 日，以“引领・创新・融合”为年度主题的 2022 浦东国际人才港论坛在张江科学会堂举行，并为全球金融科技实验室揭牌。诺贝尔经济学奖得主、上海纽约大学经济学与商学教授托马斯・萨金特介绍全球金融科技实验室推进情况。　（董松其）

**【获上海市“白玉兰纪念奖”】** 12 月 18 日，上海纽约大学商学部主任陈宇新获 2022 年上海市“白玉兰纪念奖”。　（董松其）

12月18日，上海纽约大学商学部主任陈宇新获2022年上海市"白玉兰纪念奖"

**【"院长基金公益服务项目"合作开展社会服务】** 上海纽约大学"院长基金公益服务项目"开展3次烘焙义卖活动，为智行基金会创办的社会咖啡Village 127筹集义款。学校社区参与式学习办公室在暑期组织"身边故事"项目，32名学生在项目主讲老师的指导下运用互动地图生成器StoryMapJS绘制地图，了解周边社区在发展中面临的挑战及解决方法。（董松其）

## 附：学校负责人及地址

（2022年1—12月）

校　长：童世骏

常务副校长：杰夫·雷蒙

教务长：衞周安

副校长：丁树哲

地址：杨思西路567号

邮编：200124

电话：20595500

# 上海第二工业大学

**【2022年概况】** 设17个二级教学单位，有1个一级学科硕士学位点、7个硕士专业学位点，45个本科专业，18个高职专业，人才培养覆盖工学、管理学、经济学、文学、理学、艺术学6个学科门类、23个专业类别。在校全日制学生13832人（其中普通本科生11100人、专科生1843人，预科生44人，硕士生675人，国际学生170人），继续教育学历教育在校生5257人。录取本、专科生3706人，研究生318人。有教职工1135人，其中专任教师889人，副高级及以上专业技术职务的教师346人，具有博士学位教师400人，占比45.17%。学校为上海市"高水平地方高校建设"培育单位。浦东新区博士后创新实践基地。"环境科学与工程（资源循环科学与工程）"学科获批上海高校II类高原学科建设。新增"机械工程"一级学科硕士学位授权点和"教育"硕士专业学位授权类别。培育建设"马克思主义理论""应用统计"等硕士点，基本形成本科生学院硕士点全覆盖。

有国家级特色专业3个、国家级一流本科专业建设点3个，教育部卓越工程师教育培养计划专业、教育部"本科教学工程"地方高校第一批本科专业综合改革试点，上海市属高校应用型本科试点专业、上海市一流本科专业建设点、上海市本科教育高地建设项目等30余个。有国家级一流本科课程、国家级精品课程以及上海市一流本科课程、上海市精品课程、上海市重点课程等170余门。获12项上海市优秀教育成果奖，其中特等奖1项、一等奖3项、二等奖8项。新增一流本科专业建设点国家级1个、市级8个。15门课程获上海高校市级重点课程立项。环境工程专业通过中国工程教育专业认证。经济与管理学院成为美国商学院认证委员会会员单位（ACBSP）。教师在"第二届上海市高校教师教学创新大赛”中获 3 个一等奖。学生获世界技能大赛特别赛货运代理项目金牌。承担国家“863”项目、国家自然科学基金重大项目、国家重点研发计划项目、国家自然科学基金项目、国家社会科学基金项目等国家级项目百余项。作为第一单位获上海市科学技术奖二等奖 3 项、三等奖 4 项。承担校外各级各类科研项目 329 项，其中纵向科研项目立项 57 项、横向科研项目立项 272 项。科技成果转移转化 12 项，成交科技成果 13 项，涉及智能制造、材料等多个学科。国家级项目中，获国家自然科学基金 5 项、国家社科基金 2 项，国家艺术基金、科技部国家外国专家项目实现零的突破。获教育部人文社科一般项目 2 项，上海市政府决策咨询项目 3 项，上海市科委软课题 1 项、上海市哲学社会科学课题 5 项，上海市教育科研项目 5 项。发表论文 388 篇，其中收录论文 156 篇，包括 SCI 110 篇、SSCI 6 篇、EI 9 篇、EI(会议)29 篇、CSSCI 15 篇，人大复印转载、《解放日报》《文汇报》各 1 篇。获江西省科学技术奖三等奖 1 项、中国产学研合作促进会产学研合作创新奖 1 项、中国产学研合作创新成果三等奖 1 项、中国物流与采购联合会科技进步二等奖 1 项、中国纺织工业联合会优秀出版物一等奖 1 项。

有“上海市热物性大数据专业技术服务平台”“上海先进热功能材料工程技术研究中心”“上海电子废弃物资源化协同创新中心”“上海市逆向物流与供应链协同创新中心”“上海市标准化创新中心(物流)”“上海市职业技术教师教育研究院”“上海市劳模文化研究中心”等省部级科研平台。“上海市热物性大数据专业技术服务平台”首次获批上海市专业技术服务平台。与上海材料研究所联合共建“上海市工程材料应用与评价重点实验室”，与国家无线电监测中心检测中心合作共建“工信部重点实验室上海第二工业大学分实验室”。有全国首批“科学家精神教育基地”及上海市首批“学生(青少年)科创教育基地”。与江南造船、中国商飞、华虹、航天八院、上海电气、中银上海市分行、上海市计算技术研究所、迪士尼等企业和科研院所开展全面合作。依托二工大国家大学科技园和在长三角地区的数十个技术转移工作站，开展科技成果转化和产业孵化。与浙江省武义县共建的“智能制造”产业技术研究院落地运行。浦东智能制造产业学院理事会成立，中科新松有限公司、上海发那科机器人公司、上海合见工业软件公司等成为首届理事单位。

与 37 个国家和地区的 160 余个高校和机构建立稳定的合作关系。有中外合作办学机构 1 个，中外合作办学项目 2 个。开展学生国(境)外项目近 150 个，其中联合培养项目 50 余个。有来自 27 个国家的 170 名国际学生(学历生)。有全英语专业 5 个，上海高校示范性全英语课程 9 门，上海高校国际学生英语授课示范性课程 13 门。开设本科全英语课程 118 门，全英语项目 24 项。有国际联合实验室及联合研究中心 16 个，与海外联合申报欧盟伊拉斯谟+项目 10 项。

制定总体实施方案、党委中心组读书班方案、中层干部培训班方案等，通过全覆盖学习、多层面宣讲、党校培训、理论研究、多渠道融入思政课，推动学习贯彻党的二十大精神。校领导撰写的学习文章被《教卫动态》《文汇报》《劳动报》等媒体刊登。邀请上海劳模学院劳模班的二十大代表、特聘劳模教授等进校宣讲。学校学习贯彻党的二十大精神的特色做法得到学习强国、央广网、中新网、《解放日报》、上视新闻综合频道、上海教育等媒体报道。

(孙金懿)

**【上海劳模学院 2022 年开学典礼】** 2 月 26 日，在上海第二工业大学举行。上海市总工会劳模实验班、上飞公司劳模进修班(专升本)、上海电气劳模工匠研修班同时开班。150 余名劳动模范及先进骨干走进大学课堂，利用业余时间进行为期两至三年的高升专、专升本和硕士能力班的学习。 (孙金懿)

2 月 26 日，上海劳模学院 2022 年开学典礼在上海第二工业大学举行

**【2022年首届国际青年学者论坛】** 3月30—31日，在上海第二工业大学举行。设低碳能源材料与系统、智能制造创新技术及应用、人工智能与计算机科学、环境治理与低碳发展4个分论坛，采取线上会议形式。来自国内外36所高校和企业的50多位青年学者参会。（孙金懿）

**【上海第二工业大学2022年全球合作伙伴周活动】** 3月，以线上方式举办，包含项目日及学术沙龙活动。来自12个国家和地区25所高校（机构）的29名专家学者，以及师生代表近1000人参加。（孙金懿）

**【入选首批科学家精神教育基地】** 5月30日，中国科协、科技部在线举办2022年全国科技工作者日主场活动，公布2022年度科学家精神教育基地拟认定名单。经申报和评审，上海第二工业大学包起帆创新之路展示馆入选，成为全国首批科学家精神教育基地。展馆开放面积3730平方米，馆藏文献、资料、实物等2000余件，展示了包起帆数十年的科技创新历程和成果，并呈现了爱国、创新、求实、奉献、协同、育人的科学家精神和时代楷模精神。展示馆长期弘扬科学家精神，开展科普教育活动，积极在全社会营造爱科学、学科学、用科学的良好氛围。展示馆地处浦东曹路镇地区，拥有一支由“人民教育家”于漪、“七一勋章”获得者黄宝妹、两院院士等30余位知名专家学者组成的特聘教授团队，长期为属地中小学生举办各类科创科普教育活动，已累计接待参观者4万余人，并于2021年11月被评为上海市学生（青少年）科创教育基地。（孙金懿）

**【长三角职业技术教育教师培养培训创新联盟成立仪式暨第二届“新时代一流职教教师培养高峰论坛”】** 6月11日，在上海第二工业大学举行。该联盟在教育部及三省一市教育主管部门的指导和支持下，将建设成为职业教育教师培养研究的学术交流平台、长三角职业教育智库交流平台，促进长三角职教教师培养的资源共享和联盟单位之间的人员交流与互学互鉴。（孙金懿）

**【上海市职业技术教师教育学院首届研究生入学】** 9月3日，上海市职业技术教师教育学院首届研究生开学典礼在上海第二工业大学学术交流中心三楼报告厅举行。上海第二工业大学在电子信息专硕点下，设立职业技术教育类别，在大数据与智能信息服务、计算机与人工智能、电子与测控3个专业方向招生，首批招录47名全日制研究生和4名非全日制研究生。（孙金懿）

### 附：学校负责人及地址

（2022年1—12月）

校党委书记：吴　松
　副书记：吴沛东、翁德玮

校　长：谢华清
副校长：徐余法、徐玉芳、丁　力

地址：金海路2360号
邮编：201209
电话：50216988

## 上海健康医学院

**【2022年概况】** 设临床医学、护理与健康管理、康复、医疗器械、医学技术、医学影像、药学、基础医

学、马克思主义、健康与公共卫生、继续教育、国际教育12个学院和文理、外语、体育3个教学部。在校本科生8968人、专科生2405人,成人本科生1038人,国际学生113人。全校教职员工868人,其中专任教师633人,具有博士学位的教师264人。

开展阶梯式师资培训,125人入选上海市高校教师专业发展工程、高校青年教师培养资助计划和学校师资百人库等项目。8名青年教师在第五届上海高校青年教师教学竞赛暨第六届全国高校青年教师教学竞赛选拔赛中获一等奖1项、二等奖1项、三等奖4项、优秀奖2项。

推进"十四五"事业发展规划实施,32个量化指标中28个指标超额完成。成立本科教学工作合格评估评建办公室,开展三轮自查自评,组织142人次专家督导、45次专项工作会议、14场专题培训、148次"N说"(学校领导"说办学"、职能部门"说管理"、院长"说院情"、课程负责人"说课程"、辅导员"说学生")活动、14场磨课活动、8期竞赛试题测试,完成93个教学状态数据平台表单、645个数据项、176类715项佐证材料、14项支撑材料、27项案头材料、5项公示材料等。

获上海市级教学成果奖6项(一等奖4项、二等奖2项)。获批预防医学、药物分析及助产学3个本科新专业,获批医疗产品管理1个高等学历继续教育新专业。获批国家级一流专业建设点1个,市级一流专业建设点3个。医疗产品管理等3个专业获上海市学士学位专业授予权。获批市级重点课程6门,完成76门课程评估。获批市级继续教育优秀在线课程1门并获二等奖,获上海卫生技术人才考试市级示范考点称号。建成1个数字化医疗健康应用型专业人才培养基地。

建设《从赤脚医生到全科医生》主题科普展馆。完成市教委建设项目《护理学类专业课程思政教学指南》编写。获评上海市级课程思政教学名师1人、课程6门、教学团队4个。获2021年中国大学生自强之星1人。

入选上海市级创新创业学院。获国家级大学生创新创业训练项目75项、上海市级164项。获市教委分类评价赛事奖86项。获"知行杯"上海市大学生社会实践项目大赛特等奖2项。获2022年西门子杯智能制造挑战赛全国一等奖1项。开展生涯规划分层教育和学生就业力诊断评估,实施云端就业指导,推进精准就业帮扶,开展近40场专场招聘会,提供3万个岗位。

获国家自然科学基金等资助11项、省部级及以上项目70项。发表SCI、SSCI论文556篇。累计申请各类专利172项,授权专利58项。科技成果转化2项。推进临床与转化医学应用研究中心建设,完成生物医药领域重点实验室布局指南2份。入选中国科协2021—2025年全国科普教育基地第一批认定单位。推进护理与健康管理一体化发展,智能医疗器械与主动健康协同等10支创新团队建设,制定《科研成果计分管理办法》,优化完善科研评价体系。获批上海市知识产权局上海市企事业专利工作试点单位项目。

附属崇明医院、周浦医院获批挂牌。共建"上海健康医学院P2+病原微生物中心实验室""上海健康医学院创面修复研究所"。与英国皇家全科医师学院举办第二期全科医师线上培训,提升社区健康联盟单位综合能级。

制定《长三角经济圈养老机构健康管理标准》等,融入长三角一体化和上海五大新城建设。与15家高校、医院、企业合作签约共建联合实验室、居家智能康养样板间、运动康复中心实验室等。建成数字化医疗健康应用型专业人才培养基地1个。获教育部高等教育司产学合作协同育人项目6个、教育部学生司供需对接就业育人项目1个。首批26名新疆喀什定向免费医学生毕业。 (张毅婷)

**【上海健康医学院附属崇明医院揭牌仪式】** 1月6日,在崇明区瀛东村会议中心举行。上海健康医学院与崇明区政府、上海交通大学医学院附属新华医院合作签约,合作建设直属附属崇明医院。根据协议,学校将完善区校合作、医教协同机制,提高附属崇明医院的医学教育教学水平、科研创新能力、人才培养质量和医疗服务水平。 (张毅婷)

**【首批"中国、比利时医学科学硕士项目"学生毕业】** 7月,上海健康医学院临床医学院首批"中国、比利时医学科学硕士项目”学生通过比利时列日大学硕士毕业答辩，获上海健康医学院临床医学学士学位、列日大学硕士学位。 （张毅婷）

**【“共建上海健康护理职业学院（暂名）合作协议”签约仪式】** 8月26日，在金山区会议中心举行。现场，上海健康医学院与市教委、金山区政府签约并宣布启动建设上海健康护理职业学院（暂名）。该学院发挥三方优势，构建“中—高—本—硕”一体化健康护理类人才培养体系，更好服务国家和区域相关行业和卫生事业发展人才需求。 （张毅婷）

**【获2022年世界技能大赛铜牌】** 10月19—22日，上海健康医学院代表中国队参加在法国波尔多举行的2022年世界技能大赛特别赛“健康和社会照护”项目，完成医院、日间照护中心、长期照护中心、家庭4个模块10个案例病人的16项照护任务。护理与健康管理学院教师吴怡欣获铜牌，这是中国首次获该项目奖牌，也是中国在世界技能大赛上获得的首个“语言和技能并进”项目奖牌。 （张毅婷）

10月19—22日，上海健康医学院教师获2022年世界技能大赛特别赛“健康和社会照护”项目铜牌

**【组成进博会爱国卫生与健康促进志愿者队伍】** 10月31日，59名“蓝精灵小叶子”组成爱国卫生与健康促进志愿者队伍，服务第五届中国国际进口博览会，开展包括控烟宣传和劝阻违规吸烟协助控烟管理、健康提示、场馆健康服务引导、应急救助咨询等志愿服务。 （张毅婷）

**【原创舞台剧《飞扬的蒲公英》】** 11月18日，在上海健康医学院首演。该剧以中国赤脚医生第一人王桂珍的事迹为原型，讲述从新中国浦东卫生所的赤脚医生到新时代的新乡医生的故事。通过特殊“药箱”传递爱、延续生命的故事，记载基层医疗工作者走家串户、送医问药、吃苦奋斗、默默奉献的无悔一生。 （张毅婷）

**【获第六届中国青年志愿服务项目大赛金奖】** 11月25日，上海健康医学院“健康丁米”儿童生命教育青年科普志愿服务项目获第六届中国青年志愿服务项目大赛金奖。该项目通过线上微信公众号和线下面对面，志愿者进入学校、医院、社区，因地制宜运用所学专业知识与技能，面向6—15岁儿童，采用双语说教、模型观察、互动游戏、角色扮演、戏剧表演等形式营造沉浸式课堂体验，开展生理知识、自我保护、性别意识、人际关系等多维度的生命教育知识科普。 （张毅婷）

## 附：学校负责人及地址

（2022年1—12月）

校党委书记：郭永瑾
　　副书记：吴　韬、李明磊、唐红梅、于　莹

校　长：吴　韬
副校长：唐红梅、陈小冰、沈国芳、孔宪明

地址：周祝公路279号
邮编：201318
电话：65881000

# 上海体育学院

**【2022年概况】** 有杨浦、徐汇、松江3个校区及新江湾城教学点和黄浦教学点，设中国乒乓球学院和9个二级学院，有社会学科、人文学科、管理学、理学4个主要学科门类，24个本科专业，6个一级学科硕士学位授权点、13个二级学科硕士学位授权点，5个专业学位授权点，1个一级学科博士学位授权点、9个二级学科博士点，1个博士后流动站。有全日制在校生7060人，其中普通专科生239人、普通本科生4493人、硕士研究生1623人、博士研究生525人，留学生180人。有专任教师590人，其中正高级职称118人、副高级职称288人。

制定《关于认真学习宣传贯彻党的二十大精神的实施意见》，举办系列专题培训班，开展"二十大代表讲二十大"系列思政课暨理论宣讲会，巩固二级党组织中心组理论学习巡听旁听制度。领导班子初心宣讲团、老党员传承宣讲团、红色体育教工宣讲团、绿瓦青年讲师团深入基层开展理论宣讲。

举办全国体育学学科发展论坛暨建校70周年大会以及建校70周年系列活动，全面总结办学经验，为中国体育学科创新发展贡献力量。作为国务院学位委员会体育学学科评议组召集单位，主办的全国体育学学科发展和人才培养专家座谈会，获教育部、上海市教委肯定。

推进"大思政"体系建设，开好"习近平新时代中国特色社会主义思想概论"课，开展"深学细悟二十大精神·笃行奋进育人新征程"学习宣传贯彻党的二十大精神系列活动，出版《奋斗百年路·激荡体育魂——中华体育精神故事新编》。学生获评"上海大学生年度人物"典型，1人当选党的二十大代表。做好第十七届上海市运动会参赛工作，在男子沙排、女子足球、武术套路等项目获冠军。获上海市"互联网+"大赛银奖2项、铜奖3项、优秀组织奖5项。

建设竞技运动科技创新服务高地和交叉学科发展高地，整合组建相关二级学院体系。推进"三全育人"，深化思政教育和课程思政改革。推进新时代特色马克思主义学院建设，举办全国深入学习习近平总书记体育重要论述精神高层论坛、新时代中国特色社会主义体育强国建设学术研讨会。12门课程获评市级课程思政示范课程，3位教师获课程思政教学名师称号，7个教学团队获批市级课程思政示范团队。深化师资队伍改革，获评2021上海市教育评价改革优秀案例。教师获上海市"五一劳动奖章"。1个团队获评"上海市青年五四奖章集体"，2人获评"上海市青年五四个人"。

上海体育学院入选第二轮"双一流"建设高校及建设学科名单，在第五轮学科评估和全国专业学位水平评估中获好成绩，并在软科全球体育类院系学科评价中成为唯一跻身世界前50名的亚洲地区高校。体育学、心理学等分别入选市教委新一轮高峰学科、高原学科和Ⅳ类高峰学科。新增5个省级以上一流本科专业建设点，累计有13个专业入选一流本科专业建设点，占招生专业数的59%。学校获12项上海市级教学成果奖，其中作为第一完成单位获特等奖2项、一等奖4项、二等奖5项，作为合作完成单位获一等奖1项，覆盖高等教育、基础教育和职业教育所有层次。

获批立项国家社科基金重大项目1项、国家社科基金年度项目6项(含重点1项)、国家自然科学基金9项、省部级项目38项。建校以来首次获世界反兴奋剂机构(WADA)创新研究立项1项。国际检查机构(ITA)在学校设立全球首个ITA学术中心。服务2022北京冬奥国家战略，获科技部高度评价。推进特色智库建设，成果入选《上海智库报告》，获第十三届上海市决策咨询研究成果二等奖。体育科学创新研究院入选国家体育总局体育高端智库(2023—2025年)。《运动与健康科学(英文版)》影响力位居体育学期刊SCI世界第二、SSCI世界第一,连续8次蝉联"中国最具国际影响力学术期刊"。

引进中国科学院院士团队,成立运动与脑科学研究中心。学校省部共建教育部"运动健身科技"重点实验室建设获评"良好"等级。与中国太平洋保险集团共建"上海运动健康促进现代产业学院"。参与市社联"上海社科大师文库"出版计划,出版《吴蕴瑞全集》。举办2022中国体育非物质文化遗产大会。国际乒联博物馆、中国乒乓球博物馆入选2021—2025年度全国科普教育基地,中国乒乓球博物馆、中国武术博物馆入选"全国体育科普基地"。

与海南省三亚市签署合作协议,共建奥林匹克学院分中心。与杨浦区共建国家体育消费试点城市。与海南师范大学签约援建该校足球学院。与体育总局举重摔跤柔道运动管理中心签署战略合作协议。"社区(运动)健康师"入选上海十大医改项目。

落实依法治校,完成学校章程修订工作。加强资产管理,完成检测实验室、乒乓球博物馆等产权证件办理工作。完成校园网改版升级,新版学校形象宣传片上线。新版党政服务管理平台上线运行,信息公开工作在市教育系统评价中进位"优秀"等级。完成校友会换届工作,学校基金会获批成立。

(丁勇尧)

**【国际检查机构全球首个学术中心落户上海体育学院】** 6月10日,上海体育学院与国际检查机构在线上签约,宣布国际检查机构全球首个学术中心落户上海体育学院。该中心旨在推动反兴奋剂领域的科学研究、学历教育和职业教育,为未来纯洁体育工作提供反兴奋剂学人才储备,并展示反兴奋剂各学科创新的国际合作方法。(丁勇尧)

**【与中国太平洋保险集团签署战略合作协议】** 6月30日,上海体育学院和中国太平洋保险(集团)股份有限公司在上海体育学院绿瓦大礼堂举行战略合作签约暨揭牌仪式。根据协议,校企双方合作创新产教融合协同育人体系、新型公共健康人才培养体系和社会服务体系,共建运动健康促进现代产业学院和青少年健康促进中心。(丁勇尧)

**【原创大师剧《吴蕴瑞》首演】** 11月3—6日,原创大师剧《吴蕴瑞》在上海体育学院实验剧场首演。社会各界人士、近千名上海体育学院师生和吴蕴瑞家属代表等到场观演。该剧以上海体育学院首任院长吴蕴瑞的真实经历为基础,突出吴蕴瑞对中国体育事业发展的追求和爱国尚体、儒雅谦和的风骨气质。(丁勇尧)

**【全国体育学学科发展论坛暨上海体育学院成立70周年大会】** 11月4日,在上海体育学院绿瓦大礼堂举行。国际奥委会主席,境内外合作组织代表,兄弟院校、校友代表等分别以贺信贺电、祝福视频等形式表示祝贺。各地校友也以网络"云游"校园的方式共同庆祝。(丁勇尧)

11月4日,全国体育学学科发展论坛暨上海体育学院成立70周年大会在上海体育学院绿瓦大礼堂举行

**【《运动与健康科学(英文)》再获"中国最具国际影响力学术期刊"称号】** 12月5日,由中国知网和清华大学图书馆联合编制的《中国学术期刊国际引证年报》(2022版)发布,并公布"2022中国最具国际影响力学术期刊"名单。上海体育学院主办的《运动与健康科学(英文)》连续8年在2000余种人文社会科学期刊中排名第一,继续蝉联"中国最具国际影响力学术期刊"称号。(丁勇尧)

**【入选第五届上海医改十大创新举措】** 12月14

日，上海体育学院与杨浦区共同打造的“区校联合，以社区运动健康师构建‘体医融合’促进健康”以社会投票榜首的成绩，入选第五届“上海医改十大创新举措”。杨浦区和上海体育学院“区校联动”打造基于健康医保理念的“社区运动健康师”，在社区组建“家庭医生＋社区运动健康师(由体院专家团队组成)＋社区工作者”的“三驾马车”，在对象筛选、运动干预方案制定、活动召集实施、随访评估方面分工协作。两年来开展宣教160场次，受益市民6000余人次。对6个街道8个试点人群，共230名慢病、职业人群开展了2600人次持续精准的健康干预，取得显著健康绩效。推动7项运动康复手段获医疗技术认证，实现“体转民”。初步构建了多元参与运动促进健康的“杨浦模式”。　(丁勇尧)

**【学生获多项市运会奖牌】** 2022年，上海体育学院代表团参与上海市第十七届运动会高校组足球、篮球、排球、田径、羽毛球、乒乓球、网球、武术等15个项目的角逐，在甲组(学科类)和乙组(体育类)取得44枚金牌、48枚银牌、35枚铜牌的成绩。　(丁勇尧)

### 附:学校负责人及地址

(2022年1—12月)

校党委书记:李　崟
　　副书记:陈佩杰、潘　勤、杨　玲、崔　勇、王继红

校　长:陈佩杰
副校长:王继红、王　陈、唐　炎

杨浦校区地址:长海路399号
邮编:200438
电话:65508900

徐汇校区地址:百色路1333号
邮编:200237
电话:65508900

松江校区地址:文翔路2000号
邮编:201620
电话:65508900

## 上海音乐学院

**【2022年概况】** 有汾阳路、零陵路2个校区，设音乐学系、作曲指挥系等15个教学单位(含附中、附小)，有7个本科专业、近20个专业方向。在校本专科生1948人、硕士生902人、博士生198人。年内招收本科生477人(含港澳台地区及华侨学生，不包含国际学生)。全校教职工606人，其中专任教师357人。专任教师中，正高级职称教师72人，副高级职称教师141人。

学习贯彻党的二十大精神，成立以院领导、系部和职能部处负责人、青年教师等组成的宣讲团。成立“上音书院”五育融合创新平台，获批上海市“课程思政教学研究示范中心”。入选第二轮“上海党建工作特色高校”培育创建单位。实行“教创演研一体化”人才培养模式指引下的教学综合改革，修订本科教学计划和教学大纲，研究生教育完成院系二级管理的机构改革。制定《教材管理实施细则》。

获批国家级一流本科专业建设点1个、省部级一流本科专业1个及上海高校市级重点课程3门，入选教育部首批虚拟教研室建设试点1个。“音乐党课”入选市教卫工作党委示范党课。“行走的音乐思政”获评上海市教学成果一等奖。获批思政类国家级社科项目立项1项、上海市哲社项目2项。大学部和附中学生分别在济州国际铜管与打击乐比

赛、比利时伊萨依国际音乐比赛、以色列国际竖琴大赛、俄罗斯萨夫辛斯基国际音乐比赛等国际比赛中获佳绩。有学生478人次获国内外重大赛事奖项。

推动音乐创作与理论、音乐表演、音乐学理论和音乐应用"四轮驱动"的学科建设模式。"音乐与舞蹈学"学科获批第二轮国家"双一流"建设学科，并在"软科"中国最好学科排行中连续三年蝉联第一。"音乐表演专业"连续两年以A+的成绩获"软科"中国大学专业排名第一。

引进国际顶尖音乐家王健，以及金球奖、格莱美奖获得者西蒙·弗兰格伦等高层次人才。现代器乐与打击乐系教师团队获评第二批黄大年式教师团队。3名教师在第二届上海市高校教师教学创新大赛中获奖，2位青年教师入选上海市"晨光计划"，1名教师入选上海市"四有"好教师提名。

创作、出品原创歌剧《康定情歌》、交响合唱组曲《龙华魂》、音乐剧《忠诚》，通过艺术实践提升创作表演人才培养质量。通过"中国红色音乐文化传播研究""中国少数民族器乐艺术研究""中国共产党革命音乐百年发展研究"等国家级重大课题，提升研究型创新人才水平。以上音歌剧院为平台，在全国音乐院校推出首个贯穿全年的"上海音乐学院学科建设成果展演季"。举办"现代音乐节""国际音乐剧节""国际数字音乐节"等品牌项目。出版《中国音乐学新视角研究丛书》《宋代音乐文化阐释与研究文丛》《音乐美学与当代音乐研究》。原创歌剧《康定情歌》获2022—2023年度"中国民族歌剧传承发展工程"重点扶持剧目。

举行纪念建校95周年大会和音乐会。举办上音系列丛书发布会，发布《领航》《中国艺术歌曲百年曲集·第二辑》《中国艺术歌曲百年·第二卷》《百年巨匠》4套学校最新的代表性学术出版物。出版《上海音乐学院院志》。学校淮海路校区功能提升工程取得阶段性成果，"上音花园"向市民开放。

与香港浸会大学、黄浦区比乐中学、临港新片区管委会、宁夏贺兰山东麓管理委员会等签署合作协议。IPEA国际打击乐比赛加入世界国际音乐比赛联盟。与英国皇家威尔士音乐与戏剧学院签署谅解备忘录、开展2022上海暑期学校中国民乐项目等。举办"2022上音国际艺术家咨询会议"和"2022上音人才工作会议暨青年学者论坛"。（刘　览）

**【上海音乐学院学科建设成果展演季暨2022年上音歌剧院演出季】**　3月2日启动。演出季紧扣"歌剧特色"，在上音歌剧院、贺绿汀音乐厅等场地举办。演出季分为春秋两季，分别在每年4—7月、9—12月在上音歌剧院展示，上演剧目包括歌剧《康定情歌》《茶花女》以及上音—大熊2022年度联合音乐会等。（刘　览）

上海音乐学院学科建设成果展演季暨2022年上音歌剧院演出季3月2日启动

**【获多项2022年上海市优秀教学成果奖】**　10月，上海市教委公布2022年上海市优秀教学成果奖名单。上海音乐学院获9项成果奖，其中构建"创教演"一体化的拔尖音乐人才培养体系获特等奖，另获6个一等奖、2个二等奖，获奖总数创历史新高。（刘　览）

**【举办上海音乐学院建校95周年活动】**　11月27日，"扎根中国大地，建设世界一流"纪念建校95周年大会在贺绿汀音乐厅举行。《领航》《中国艺术歌曲百年曲集·第二辑》《中国艺术歌曲百年·第二卷》《百年巨匠》上音系列丛书发布会在上音歌剧院管弦排演厅举行。建校95周年音乐会在上音歌剧院举行。（刘　览）

## 附：学校负责人及地址

（2022年1—12月）

校党委书记：徐　旭（9月离任）、裴小倩（9月到任）

副书记：徐　卫、李艳玲、曹荣瑞

院　长：廖昌永
副院长：徐　卫、刘　英、侯立玉、冯　磊

汾阳路校区地址：汾阳路20号
邮编：200031
电话：53307000

零陵路校区地址：零陵路520号
邮编：200032
电话：53307000

## 上海戏剧学院

**【2022年概况】** 有华山路、莲花路、虹桥路、昌林路4个校区，设表演系、导演系、舞台美术系等10个二级教学单位和戏曲学校、舞蹈学校2所附属中专，有表演、戏剧影视文学、艺术管理等16个本科专业。全日制在校本科生2111人，硕士生770人，博士生157人，国际学生53人，成人本、专科教育802人。年内招收本科生590人，硕士生285人，博士生39人，国际学生27人，成人本、专科教育41人。全校教职工746人，其中专任教师332人。专任教师中，正高级职称教师67人、副高级职称教师92人。

播音与主持艺术、戏剧学、舞蹈编导3个专业获批国家级一流本科专业建设点，4个专业获批省级一流本科专业建设点。获批市级一流课程5门、市级课程思政示范课程7门，市级课程思政示范团队5个，市级课程思政示范名师2人，市级重点课程7门。2组教师获上海市高校教师教学创新大赛一等奖，1组教师获市级教师教学创新大赛二等奖。1位教师获上海市级青年教师教学竞赛人文社科组二等奖。产教直通的学生艺术实践项目“依旧花开”在校内外展演。推出5个来自2022年立项的大创项目优秀作品，艺术门类囊括话剧、音乐剧、木偶剧等。2022年大学生创新创业计划立项答辩项目40个。承办第七届“汇创青春”——上海大学生文化创意作品展示活动戏剧舞蹈类优秀作品展演，师生获83个相关奖项。

依托人才揽蓄行动和“PT计划”，引进学科领军人才3人、青年骨干人才7人，柔性聘用70名驻校专家、艺术家。出台《上海戏剧学院关于进一步加强青年人才队伍建设实施意见》及“华山英才支持计划”“创新团队启航计划”2个实施细则，设立专项资助，构建双序列评价体系，健全培育体系。新聘18人为高级专业技术职务，招聘17名专任教师，优化教师队伍结构。

组织师生参与“新征程·新奇迹——2022年上海市红色故事大赛（校园组）暨首届上海市校园文化传播志愿者展评活动”，4名学生分获一、二、三等奖，2名教师被评为“优秀指导教师”，学校获优秀组织奖。组织“学习二十大、永远跟党走、奋进新征程”团员青年学习习近平新时代中国特色主义思想演讲比赛，1名团员入围市级决赛。组织创意学院团总支创作微团课《新渔阳里6号》，在上海学校共青团主题微团课大赛中获一等奖。组织29名学生参与第五届进博会志愿者上岗宣誓仪式暨临时党、团组织成立仪式。舞蹈学院团总支获评2022年度上海市高校标杆团总支，创意学院团总支获评上海市高校活力团总支。组织开展“高校心理危机评估与预防”“思想政治教育研究能力提升”“大学生领导力提升”等国家级和上海市级50余人次的培训。形成“戏剧＋思政”辅导员工作室建设方案（三期），打造“艺”起抗疫之“辅导员说”栏目，2个微视频作品在上海《文汇报》微信平台宣传，1个作品获2022年文汇视讯青年营“身边的暖心故事”短视频线上征集活动二十佳作品，1个作品获优秀作品。工作室集体凝练的“大学生成长剧场工作法”

入选2021年上海市首批辅导员特色工作法，编入《领航有道——上海高校辅导员特色工作法》。

发布《关于加强上海戏剧学院2022年毕业生就业创业工作的方案》，实施一人一策，精细对接，精准织密"2+2"核查机制。落实校长"访企拓岗"行动，举办线上线下招聘会5场，邀请292家单位招聘，招聘人数6113人，提供生均岗位数约9个。累计开展创新创业教育活动24场，累计参与学生6126人次。1634人次学生、405个项目参加第八届中国国际"互联网+"大学生创新创业大赛，20支团队进入决赛，10支团队进入上海市赛，其中1支研究生团队获红旅赛道金奖、1支本科生团队获主赛道铜奖、其他团队获优胜项目奖。在第十三届"挑战杯"上海市大学生创业计划竞赛中，获市级金奖1项、银奖2项、铜奖1项，其中1项入围国赛。创业指导站评估首次获A级单位。推进"上海市文教结合项目——大学生红色文创大赛"项目，承建上海戏剧学院大学生红色文化创意基地。基地承办上海市大学生红色文化创意作品大赛、作品展，收到来自全市21所高校124个项目，参赛学生达365人；109个项目参加线上立项答辩，3个赛道共立项87个，其中重点项目11个。

启动学位授权点对应调整，申请设立一级学科博士点1个、专业学位博士点2个，专业学位硕士点6个。成立上海戏剧学院实验电影制片厂、上海戏剧学院舞蹈协同创新中心。出台项目资金管理、出版资助、科研扶持3项制度。获省部级及以上科研项目8项，其中国家社会科学基金艺术学项目(重大项目)1项、国家社会科学基金艺术学项目(一般项目)2项、国家社会科学基金后期资助项目1项，文旅部财务司、科技教育司和市场管理司委托课题各1项，上海市哲学社会科学规划课题1项。王云《艺术争议的类型与亚类型》、厉震林《改革开放40周年：中国电影表演学派渐行渐远》获上海市第十五届哲学社会科学优秀成果奖(2018—2019)学科学术优秀成果奖。出版《京剧打击乐教程》《京胡训练与演奏教程》2部教材。出版《华语电影的新发展与新探索》《外国剧作新选：法国戏剧家拉戛尔斯剧作选》《2019中国话剧、电影、电视剧年度报告》等11部学术著作。

申报国家艺术基金项目11项、上海文化艺术基金项目18项。推进原创话剧《路遥的世界》《辅导员》、舞剧《情满都江堰》创作排练。拍摄8K全景声话剧电影《前哨》，暑假期间在上海、苏州、宁波三地完成11场巡演，在"东方网""新浪微博""学习强国"等平台和网站线上直播近20场。与上海大剧院艺术中心联合出品舞剧《白蛇》，公演协同创新版京剧《穆桂英再挂帅》。推出3部线上版实习剧目、5部毕业剧目。举办纪念俞振飞诞辰120周年演出活动。师生主创作品获"金鸡奖""文华奖""韩国国际现代舞比赛"金奖等，入选国际舞美双年展、"梨花杯"等展览展示。开展"演后谈空间"活动，加强戏剧演出创作间各专业横向交流，形成以教学演出为主导、即时学术研讨评论相结合的人才培养模式。推进由上戏实验剧院发起，面向全世界艺术院校与剧院的"国际剧院联盟"筹备工作，制定"国际剧院联盟章程"。开发并投入试运营"上戏票务"智能化网络预约平台。上戏实验剧院全年使用天数146天，端钧剧场、新实验空间全年使用天数150天。

举办第十一届上海国际小剧场戏剧展演及学术研讨会。参加第十五届亚太戏剧院校联盟(在线)艺术节暨校长会议和ATEC第五届世界戏剧教育大会。导演系学生作品入选第十五届摩洛哥丹吉尔大学生戏剧节。推选舞美系学生美术作品和舞蹈学院学生舞蹈作品参加"中俄文化艺术交流周"。通过"录播+直播"方式，录制2022年度上海暑期学校中国戏曲双语线上课程。2022年一带一路人才培优项目在线课程开班。参与世界戏剧日60周年全球线上庆典活动。上海戏剧学院与英国创意艺术大学申请设立横店英国创意艺术大学。选送8名学生赴英、美等国和中国香港地区交流学习。上海戏剧学院加入中国教育国际交流协会及其分支机构艺术教育专业委员会。 (李　莉)

**【国际学术论坛暨上海高校国际青年学者论坛】** 10月14—15日，在上海戏剧学院舞蹈学院举行。由上海戏剧学院和国际戏剧协会上海代表处主办。以"2022国际舞蹈日：舞蹈与传统——传统舞蹈的多元面向"为主题。来自国内外20多所高校和研

究机构的 86 名专家、青年学者线上线下分享学术成果。（李　莉）

【**第十一届上海国际小剧场戏剧展演**】　10 月 17—23 日，在上海戏剧学院举行。由上海戏剧学院、云南艺术学院、国际戏剧协会共同主办。展演汇集来自中国、希腊、德国、意大利、韩国等十几个国家的 16 台新创剧目，其中《蚕食》和《评论太太学堂》为上海戏剧学院参加展演剧目。（李　莉）

【**原创话剧《辅导员》剧目创排启动仪式**】　11 月 16 日，在上海戏剧学院举行。主题为“学习贯彻党的二十大精神　讲好学生引路人的青春故事”。该剧主要讲述 2 名辅导员面临人生抉择，最终找到人生价值，选择继续担任辅导员的故事。（李　莉）

【**舞蹈协同创新中心挂牌仪式**】　11 月 18 日，在上海戏剧学院华山路校区举行。谭元元国际芭蕾艺术工作室负责人、学校 PT 计划引进人才谭元元，舞蹈学院副院长、附属舞蹈学校校长分别就舞蹈协同创新中心如何助力舞蹈学院、附属舞蹈学校的发展进行交流。仪式上，为舞蹈协同创新中心授牌，为舞蹈协同创新中心主任、副主任颁发聘书。

（李　莉）

【**与静安区政府共建“公共文化校地共建基地”**】　11 月 24 日，上海戏剧学院与静安区政府共建的“公共文化校地共建基地”在静安公园举行揭牌仪式。该基地促进公园与文化、音乐、影视、戏曲、新媒体、红色资源等元素有机融合，构建“公园+”和“+公园”相融合的公园城市体系。（李　莉）

11 月 24 日，上海戏剧学院与静安区政府共建的“公共文化校地共建基地”在静安公园揭牌

【**上海戏剧学院附属松江实验学校合作共建签约仪式**】　11 月 25 日，在松江区政府会议室举行。上海戏剧学院附属松江实验学校采用艺术高等院校与普通学校共建共享的合作办学模式，在打造艺术教育特色品牌、艺术课程系统规划建设、艺术师资队伍建设等方面深度合作。（李　莉）

【**上海戏剧学院实验电影制片厂成立仪式**】　12 月 1 日，在昌林路校区举行。上戏实验电影制片厂是继北京电影学院青年电影制片厂之后，国内高校成立的第二家电影制片厂。该制片厂将指导本科生和研究生的毕业作品、中期作品创作；与影业公司联合将学生作品孵化为长篇电影；与影业公司建立产教合作平台，探索新型人才培养模式。

（李　莉）

【**举行《中国话剧编剧学理论研究》开题论证会暨《熊佛西文集》新书发布会**】　12 月 28 日，2022 年度国家社科基金艺术学重大项目《中国话剧编剧学理论研究》开题论证会暨《熊佛西文集》新书发布会在上海戏剧学院华山路校区举行。会上，高校专家就课题研究方向、优化研究方案、推出高质量研究成果等问题做交流。（李　莉）

## 附：学校负责人及地址

（2022 年 1—12 月）

院党委书记：谢　巍

　　副书记：黄昌勇、胡　敏、周银娥、张伟令

院　长：黄昌勇

副院长：张伟令、唐立兔、杨　扬、刘　庆

院本部地址：华山路 630 号

邮编：200040

电话：62482920

莲花路校区地址：莲花路 211 号

邮编：201102

电话：64800099

虹桥路校区地址：虹桥路 1674 号
邮编：200336
电话：34227481

昌林路校区地址：昌林路 800 号
邮编：201112





## 上海立信会计金融学院

**【2022 年概况】** 有上川路、文翔路、中山西路 3 个校区，顾唐路校区加快建设。设 15 个二级学院，有 39 个本科专业，具有审计硕士专业学位研究生培养资格。有全日制专业硕士研究生 325 人、本科生 17500 人、专科生 121 人。年内录取全日制新生 5061 人，其中专业硕士研究生 182 人、本科生 4541 人、专升本学生 150 人、第二学士学位学生 70 人、专科生 40 人、少数民族预科学生 78 人。有教职员工 1650 人，其中专任教师 1250 人。专任教师中，有正高级职称 120 人，有副高级职称 340 人，有博士学位 690 人。

学习宣传贯彻党的二十大精神，组织"善成""优培"干部培训、学生骨干宣讲培训活动 39 场，成立"新进社"师生宣讲团，开展校内外宣讲 206 场。在《人民日报》《光明日报》等媒体发稿 195 篇。金融学院信用管理系教师党支部通过"全国样板党支部"验收，序伦书院直属党支部入选第三批"全国党建工作样板支部"。2 名学生获评上海高校"百名学生党员标兵"。5 项党建研究课题获市教卫工作党委系统立项。

入选上海高校立德树人思想政治工作专项 1 项、市级课程思政教学研究示范中心 1 个、市级课程思政示范课程 8 门、市级课程思政示范团队 5 个。2 名教师分获课程思政教学案例展演一等奖、二等奖。"金融学专业虚拟教研室"获批教育部第二批虚拟教研室建设试点。新增数字经济、智能科学与技术 2 个本科专业、财务管理等 3 个国家级一流专业建设点、资产评估等 8 个省级一流专业建设点。15 门课程获市级重点课程立项。获市级教学成果奖特等奖 1 项、一等奖 6 项、二等奖 3 项。立项国家和上海市级大学生创新创业训练计划项目 205 项。大学生创业园入选市级创新创业教育实践基地。学生团队获第十七届"挑战杯"全国二等奖、高校数学建模挑战赛全国金奖，并在商业精英挑战赛、商科综合能力大赛、击剑锦标赛等国家级赛事中获佳绩。2 个就业实习基地获教育部就业育人项目立项。

入选上海首批教师思政和师德师风建设典型工作案例 1 个、上海高校教师思政精品项目 1 个。举办"人才强国战略"论坛暨第五届"立信论坛"。招录特聘教授 3 人、常任轨教师 6 人、骨干教师 46 人。5 位教师分别入选上海高校特聘教授、浦江人才计划、宝钢教育基金优秀教师等人才支持计划。46 名教师入选上海市青年教师培养资助计划。

推进学校硕士学位授予单位建设。学位点培优培育项目通过市学位办年度质量监测评价检查。在上海高校分类评价综合评价结果中位列同类高校第四名，其中生师比、省部级及以上规划教材精品教材数、企业兼职教师比三项指标位列同类高校前列。

获国家社科基金重点项目 2 项。获省部级及以上科研项目 37 项，其中国家级科研项目 14 项（含转入 2 项），省部级科研项目 23 项。发表 B 级及以上学术论文 108 篇。获省部级及以上采纳的决策咨询专报 103 篇。获商务部商务发展研究成果奖 3 项、第十三届上海市决策咨询研究成果奖 3 项。立项上海市政府决策咨询研究重点课题 2 项。学校上海营商环境研究中心（智库）被授予"上海市优化营商环境工作先进集体"称号。

通过AACSB(国际精英商学院协会)认证。同法国诺欧商学院等9所海外院校签署合作办学协议。获批2期欧盟"伊拉斯谟+"项目。"金融学"课程入选上海高校国际学生英语授课示范性课程。开设在线汉语国际教育课程12门,开展专业讲座24场。获批教育部产学合作协同育人项目6项。成立创新型协同研究平台"中国知识体系研究中心"。协同南京审计大学等高校发起成立"长三角新商科教育联盟"。

构建"教材+课程+资源+实训"一体化的财经教育服务出版新体系,启动数字化出版平台建设。健全校友会组织格局,成立创业与投资校友分会和川渝校友会。

制定实施《新时代爱国主义教育实施方案》。组织原创舞台剧《海上星火》展演大赛、廉洁文化微展览、"艺"同抗疫原创校史剧云展播等系列活动。举办第六届新时代高校诚信文化育人论坛。开展潘序伦"诚信为本、学验并重"办学思想研究,推进潘序伦纪念馆(暂定名)建设。 (张 林)

**【工商管理学院通过AACSB国际认证】** 2月16日,国际精英商学院协会(简称AACSB)发出公告,经其初始认证委员会投票通过、理事会投票批准,上海立信会计金融学院工商管理学院通过AACSB国际认证,认证期限5年。学校成为中国境内38所通过该认证的高校之一。 (张 林)

1月9—12日,上海立信会计金融学院工商管理学院接受AACSB国际认证专家在线访视评估

**【获国家社科基金重点项目立项】** 4月20日,全国哲学社会科学工作办公室通知,上海市长三角科创产业金融服务协同创新中心主任杨力教授领衔申报的《经济动力变革视阈下金融支持科技创新与产业链现代化研究》获国家社科基金重点项目立项。该项目围绕加快形成以创新为引领和支撑的现代化经济体系的时代背景,从资本市场创新融资、绿色金融、数字金融等角度研究金融如何支持科技创新和产业链现代化,根据创新、协调、绿色、开放、共享的五大发展路径,构建金融支持科技创新和产业链现代化的政策和体制机制。

(张 林)

**【在第十三届上海市决策咨询研究成果评选中获奖】** 6月10日,上海市政府发布《关于表彰第十三届上海市决策咨询研究成果奖获奖成果的决定》,上海立信会计金融学院3名教师研究成果获奖。顾晓敏领衔的"上海类金融风险源头防范对策研究"获一等奖,文选才领衔的"张江金融科技数据港战略规划研究"和余运江领衔的"新形势下上海人才政策优化与对策建议研究"获二等奖。

(张 林)

**【中国经济高质量发展与会计审计创新——纪念立信会计师事务所成立95周年学术论坛】** 9月17日,在上海立信会计金融学院举行。由上海立信会计金融学院和立信会计师事务所联合主办。来自中国人民大学、复旦大学、浙江大学、厦门大学、中央财经大学、上海财经大学、中国审计学会、中国注册会计师协会、上海证券交易所、上海市社联等高校、科研和实务机构的专家学者与会,为推动会计审计理论与实践创新、助力中国经济高质量发展建言献策。 (张 林)

**【市花剑队队员在全国击剑锦标赛上获奖】** 10月28日,2022年"小刀杯"全国击剑锦标赛暨全国青年击剑锦标赛在江苏无锡开赛。上海立信会计金融学院市花剑队队员代表上海队获男子花剑团体冠军、女子花剑团体亚军。 (张 林)

**【"习近平新时代中国特色社会主义思想对科学社**

**会主义的原创性贡献”学术研讨会】** 10月29日，在上海立信会计金融学院举行。由上海科学社会主义学会主办，同济大学马克思主义学院、上海立信会计金融学院马克思主义学院、上海市习近平新时代中国特色社会主义思想研究中心同济大学基地、高校中国共产党伟大建党精神研究中心同济大学分中心、高校中国共产党伟大建党精神研究中心上海立信会计金融学院分中心联合承办。来自中共中央党校(国家行政学院)、中国社会科学院、中国人民大学、山东大学、国防大学、同济大学等高校和科研机构的200余名专家学者参加，围绕深入学习贯彻党的二十大精神，构建党的历史和理论研究综合体系，打造党的历史和理论研究的文献库、思想库和智囊团等进行交流讨论。

(张　林)

**【成立中国知识体系研究中心】** 11月18日，在国家社科基金重大项目“中国知识体系相关问题研究”结项暨中国自主知识体系构建学术研讨会上，上海立信会计金融学院成立“中国知识体系研究中心”并揭牌。

(张　林)

### 附：学校负责人及地址

(2022年1—12月)

校党委书记：解　超
副书记：杨　力、文选才、刘　艳、王军华

校　长：杨　力
副校长：王军华、温景春、陈　洁、赵荣善

上川路校区地址：上川路995号
邮编：201209
电话：50218571

文翔路校区地址：文翔路2800号
邮编：201620
电话：67705016

中山西路校区地址：中山西路2230号
邮编：200235
电话：64870801

## 上海电机学院

**【2022年概况】** 有临港、闵行2个校区，设15个二级教学单位，有1个一级学科硕士学位授权点、5个专业学位类别硕士学位授权点，43个本科专业、7个专科专业。有全日制硕、本、专科在校生13000余人。年内招收3400余名研究生、本专科生、国际学生。教职工1100余人，其中专任教师878人。专任教师中，具有高级专业技术职务教师332人，具有博士学位教师396人。有国家一流本科专业建设点2个、全国高校特色专业建设点2个、教育部“卓越工程师教育培养计划”专业3个、上海市一流本科专业建设点17个、上海市应用型本科试点专业11个、上海市示范性全英语专业1个，5个专业通过工程教育专业认证。建有各级各类重点学科11个，其中上海市Ⅳ类高峰学科1个、上海市Ⅱ类高原学科1个、上海市一流学科监测建设学科1个，以及上海市教委重点建设学科2个。“大锻件制造技术工程中心”被列入上海市协同创新中心。“大件热制造工程技术研究中心”“多向模锻工程技术研究中心”获批上海市工程技术研究中心。“上海装备制造产业发展研究中心”被列入上海高校人文社会科学重点研究基地。“上海电机学院工业设计中心”被列入上海市市级工业设计中心。

举行产教融合推进大会，发布建设行动方案。“临港新片区产教融合协同育人工作办公室”揭牌，推进产教融合示范基地建设。与临港管委会、上海电气、临港集团等签署合作协议。设立上海首支“产教融合发展基金”。发布《关于加强现代产业学院建设的指导性意见》,“航空产业学院”挂牌。“临港电机产业学院”被推荐申报第二批市级重点现代产业学院。与三菱电梯、华虹集团、宝钢开设人才定制班,为企业输送100余名毕业生。

获批1个国家级一流本科专业建设点、8个市级一流本科专业建设点,申报获批率100%。2个工科专业通过工程教育认证。1个工科专业和1个新文科专业完成专家组进校考查。获批上海高校本科重点课程11门,完成教材建设规划(2022—2024年),立项36本教材建设项目。完成45个本科专业人才培养方案修订。获上海市优秀教学成果奖一等奖3项、二等奖4项,获批教育部产学合作协同育人项目14个。发挥贯通管理委员会职能,协调开展中本、高本和中高贯通的培养管理。首次获上海市研究生教育优秀教学成果二等奖。新建硕士研究生产教融合育人基地16个、培育博士研究生产教融合育人基地2个。建设校院两级研究生精品课程32门,立项研究生教研教改项目10项。出台研究生教育相关制度文件15项,推进完善研究生校院两级管理体制。学位论文抽检工作持续保持零异议。新增硕士研究生校内导师65人、企业导师69人,双师型导师占比86%。

获批8门市级课程思政示范课程、2门市级研究生教育课程思政示范课程、1个市级课程思政示范团队。获第十七届“挑战杯”课外学术科技作品竞赛国赛二等奖1项、市赛特等奖1项、三等奖4项;获第十三届“挑战杯”创业计划竞赛市赛金奖1项、银奖1项、铜奖4项。获“互联网+”大学生创新创业大赛市赛银奖1项、铜奖8项;获中国机器人大赛一等奖、全国高校商业精英挑战赛亚军、全国大学生物理实验竞赛总决赛三等奖、全国大学生金相技能大赛二等奖,均创参赛最好成绩。推进“中国芯”“智能造”“蓝天梦”人才训练营培养计划。获批2个第四十七届世界技能大赛上海集训牵头基地。举办首届“玉海棠·创客电机”大学生创客大赛。获批教育部供需对接就业育人项目6项。1名辅导员获“全国易班优秀辅导员”称号。举办首届“校长奖学金”的评选表彰。举办学生田径运动会。校男子冰壶队获2022年全国大学生冰壶锦标赛男子团体第三名,被授予“上海市联办优秀运动队单位”。

获批“控制科学与工程”硕士学位授权一级学科。授权发明专利73项,科技成果转化13项。获省部级及以上行业科研奖项16项。获批省部级及以上高水平科研项目26项,其中国家级项目6项。首次获国家重大科技攻关专项。首次获批国家自然科学基金区域创新发展联合基金重点支持项目、上海市教委联合创新计划项目。首次以第一单位获上海哲学社会科学优秀成果奖。与中国重燃共建燃气轮机领域国家制造业创新中心和“动力之城”研究院。与上海电气共建氢能中心实验室,成立“先进电机研究院”,学校实验样品随“梦天实验舱”一同入轨。与临港集团等共建产教融合工作站。共建成立嵊州创新研究院。工业设计中心入选首批中国工业设计协会创新设计研究院(高端装备领域)。在长三角地区新立项合同272项。

教师获市级教学竞赛一等奖1项、二等奖2项、三等奖3项,26位教师入选市级教师专业发展工程。召开学校首次人才工作会议,发布《人才发展行动方案》,实施“明德学者计划”“临港学者培养计划”“德泰双师培养计划”。优化人才引进工作机制,出台人才引进系列制度。研究出台涵盖各类人才职称制度的5个职务聘任办法,开展产业系列高级专业技术职务评聘工作。举办首届“月河”国际青年学者论坛。

中德合作办学机构建设方案初步获市教委和临港新片区支持,成立德国研究中心,成为上海首个UNIcert®授权考点。举办庆祝中德建交50周年文化交流周活动。与国(境)外39所高校完成合作签约,达成学分互认协议海外高校增至78所,“国家互换奖学金计划”实现零的突破。获批上海市高校国际学生英语授课示范性课程1门。申报高等学历继续教育自考新专业2个。临港市民开放大学线上自主学习课程新增108门。选拔100名志愿者服务第五届进博会。输送50余名大学生至对口属地企事业单位挂职锻炼。

完成二级单位“十四五”发展规划17项。组织大学章程修订，首次获评上海高校信息公开评议"优秀单位"。临港三期工程建设稳步推进，"公共教学楼""二级学院楼"封顶，"海绵城市改造"项目获"上海市海绵城市建设示范性样板工程"。闵行校区大修项目（第一批）启动建设。完成闵行校区确权补证面积1.28万平米。临港校区获上海市物业管理优秀示范项目。举行70周年校庆倒计时1周年活动，上线校庆网、捐赠平台。（史志明）

**【2个专业通过工程教育专业认证】** 6月25日，中国工程教育专业认证协会、教育部高等教育教学评估中心发布通知，公布2021年通过工程教育认证专业名单。上海电机学院"机械电子工程专业""软件工程专业专业"通过认证，认证有效期为6年。（史志明）

**【新增"控制科学与工程"硕士学位授权一级学科】** 7月12日，国务院学位委员会下发《关于下达2021年动态调整撤销和增列的学位授权点名单的通知》，上海电机学院获批控制科学与工程硕士学位授权一级学科。这是学校首次获批硕士学位授权一级学科。（史志明）

**【上海"全球动力之城"建设推进启动仪式】** 8月24日，在临港新片区滴水湖会议中心举行。上海电机学院与中国联合重型燃气轮机技术有限公司签署"动力之城"研究院共建协议，加快推动构建航空、航天、汽车、海洋、能源"空天陆海能"动力产业集群。（史志明）

8月24日，上海"全球动力之城"建设推进启动仪式在临港新片区滴水湖会议中心举行

**【上海电机学院庆祝中德建交50周年文化交流周活动开幕式】** 9月27日，在临港校区举行。同时，上海电机学院德国研究中心揭牌。该中心立足于学校多年对德合作办学基础，开展对德国及其他德语国家的高等教育、经济、科技、文化及中德人文交流等领域的研究和交流工作。（史志明）

**【上海电机学院70周年校庆倒计时一周年启动仪式】** 10月6日，在临港校区举行。会上，70周年校庆标识、校庆网、捐赠平台及《校庆一号公告》发布。94级校友、上海康桥实业发展（集团）有限公司董事长汤柳鹃向学校捐赠1000万元。（史志明）

**【上海电机学院产教融合推进大会】** 11月28日，在临港校区举行。以"扎根临港　融合创新　加快建设全国示范应用技术大学"为主题。会上，上海市教委和临港新片区管委会联合设立的"临港新片区产教融合协同育人工作办公室"揭牌。"上海电机学院产教融合发展基金"启动，成为上海高校首支产教融合发展专项基金，首期募集资金2700万元。上海电机学院与临港新片区管委会、上海电气集团、临港集团、积塔半导体等分别签署合作协议。同时，"上海市重型燃气轮机气动实验研究联合创新中心（筹）""动力之城研究院""氢能中心实验室"等多个产教融合功能性项目揭牌。（史志明）

**【临港新片区高校就业联盟成立仪式暨2022年大学生就业工作论坛】** 11月30日，在上海电机学院临港校区举行。论坛围绕贯彻落实党的二十大就业优先战略、就业优先政策，落实新时期就业育人的主题进行研讨。（史志明）

## 附：学校负责人及地址

（2022年1—12月）

校党委书记：鲁雄刚

副书记：胡　晟（1月离任）、龚思怡（1月到任）、陈

信、杨若凡(3月离任)、李晓军

校　长:胡　晟(1月离任)、龚思怡(1月到任)
副校长:李晓军、杨万枫、王志恒、杨俊杰

临港校区地址:水华路300号
邮编:201306
电话:38223822

闵行校区地址:江川路690号
邮编:200240
电话:64300980

# 上海政法学院

**【2022年概况】** 设法律学院(调解学院)、经济法学院(丝绸之路律师学院)、国际法学院、刑事司法学院、警务学院、人工智能法学院、经济管理学院、政府管理学院、语言文化学院、上海纪录片学院、马克思主义学院、国际交流学院、继续教育学院等二级学院和体育部等教学部门,有29个本科专业、40个本科专业方向,覆盖法学、管理学、文学、经济学、教育学、艺术学等门类。有全日制在校生10890人,其中本科生9735人、硕士研究生913人、国际学生242人。年内招收本科生2377人、研究生354人。有专业技术岗位人员741人,其中教授81人、副教授161人。

5项教学改革成果获2022年高等教育上海市级教学成果奖,首次获特等奖。获2022年上海高校教师教学创新大赛一等奖2项、二等奖1项。获批10个上海市级课程思政示范项目、8项上海市级重点课程立项,推荐7门课程申报上海市级一流本科课程,25门课程作为校级重点课程项目开展建设。累计建成校外实践教学基地378家,共立项大学生创新创业训练计划项目120项。国家级一流专业建设点增至3个,省级一流专业建设点增至10个。学校入选教育部、司法部法律硕士专业学位(国际仲裁)研究生培养单位,为全国首批20家培养院校之一。联合相关仲裁机构,共同成立国内首家仲裁法律诊所。推进复合交叉专业建设,新增“网络与新媒体”专业。获批增列“公共管理”一级学科硕士学位授权点。根据2022软科中国最好学科排名,学校法学学科总分为205分,位列全国第十八位(前9%)。

学生获第二届商事调解高校辩论赛中文组冠军、首届“哲寻杯”全国大学生公共管理决策对抗赛一等奖、2022年“外研社国才杯”全国英语阅读决赛亚军、上海市第十七届运动会田径比赛(高校组)2项冠军。在第九届上海市大学生创业决策仿真大赛获16个市级奖项,创历史最好成绩。244名志愿者服务第五届进博会,累计人均服务时长200小时。受邀参加联合国毒品与犯罪问题办公室主办的2022年度青年论坛,在国际舞台就政府毒品预防、治疗和康复倡议机制等议题参与讨论。

新增纵向科研项目63项,其中国家级19项(包括国家社科重大项目2项、国家社科重点项目1项)、省部级34项。获批横向科研合作课题42项。发表中文期刊论文近300篇,包含CSSCI期刊论文110余篇,其中法学核心期刊论文31篇。

年内招录引进各类优秀人才154人,生师比指标明显优化。推进教师专业发展工程,12名教师获上海市高校教师专业发展工程项目资助,31名青年教师获2021年度“上海高校青年教师培养资助计划专项资金”资助。打造“师生共建促发展,协同育人树新风”等10个教师思政品牌。

举办国际司法青年精英训练营、澜湄流域涉枪涉爆犯罪形势研修班等多期涉外培训,培训学员200余人,涉及国别22个,《人民日报》予以报道。多篇政策咨询报告被有关部门录用。举办2022年上合高端论坛、第五届"一带一路"法律服务论坛等学术会议。组织召开上合组织法律大学联盟校长会议第一次协调员会议，积极争取12所上合组织法律大学或机构加入联盟。《穿越上合》第二辑在云南大理开机。

与青浦区政府签约合作办学，上海政法学院附属青浦崧淀中学、上海政法学院附属青浦东门小学挂牌。校友会、学校教育发展基金会获捐赠，用于设立"问渠源学者"专项基金及运动场改造。新增21所境外合作高校和机构，其中新增13个"学分互认"合作高校。3项赴国际组织实习项目获批。修订留学生培养方案，推进留学生课程建设，4门课程获批上海市国际学生英文授课示范性课程。

（李月华）

**【上海政法学院纪检监察学院揭牌仪式】** 10月28日，在上海政法学院举行。上海政法学院是2022年全国16所参与申报该专业的高校之一，同时也是上海高校成立的首个纪检监察学院。学院将致力于人才培养培训、纪检监察理论研究和决策咨询智库等方面建设。（李月华）

10月28日，上海政法学院纪检监察学院揭牌仪式在上海政法学院举行

**【承办中国仲裁法学研究会2022年年会】** 11月11—13日，由中国仲裁法学研究会主办，上海仲裁委员会、上海政法学院承办，中国国际经济贸易仲裁委员会、中国海事仲裁委员会协办的中国仲裁法学研究会2022年年会暨第十五届中国仲裁与司法论坛在上海和北京两地举办。年会主题为"学习贯彻党的二十大精神，推动中国仲裁高质量发展"。采用线上线下相结合方式召开，在上海市设主会场，在北京市设分会场，并通过网络方式同步直播。线上线下参会人员超万人次。（李月华）

**【与新加坡国际仲裁中心合作签约】** 12月1日，上海政法学院与新加坡国际仲裁中心合作签约仪式在线上举行。双方通过合作，切实推进以仲裁为重点的教学课程、科研活动和技能培训计划，完善上海政法学院涉外仲裁人才培养体系。（李月华）

**【第五届"一带一路"法律服务论坛】** 12月24日，在上海政法学院举行。由上海政法学院、上海仲裁委员会联合主办。论坛聚焦"一带一路"经贸规则构建、数字经济法治、涉外法治人才培养等议题，为"一带一路"相关国际热点问题的分析和解决提供智力支持。（李月华）

## 附：学校负责人及地址

（2022年1—12月）

校党委书记：夏小和
副书记：刘晓红、刘　刚、潘牧天

校　长：刘晓红
副校长：胡继灵、郑少华、罗立刚（7月到任）

青浦校区地址：外青松公路7989号
邮编：201701
电话：39225000

普陀校区地址：三源路175号
邮编：200333
电话：39225000

# 上海商学院

**【2022年概况】** 有奉浦、徐汇、国权路、漕宝路4个校区和福州路1个办学点，设管理学、经济学、农学、工学、艺术学、文学、法学7个学科门类，33个本科专业和7个高职专业。全日制在校学生8183人，其中本科生7599人。年内招收普通本科生2007人、专科起点生77人、专科生269人。在编教职工647人，其中专技人员551人，有副高以上职称196人，有博士学位的275人。

以学习宣传贯彻党的二十大精神为主线，组织集中观看党的二十大开幕直播，开展“非凡五年”系列报道，成立校级宣讲团。坚持和完善党委领导下的校长负责制，修订领导班子落实“三重一大”制度的实施办法，完善党委全委会、常委会、校长办公会议事规则，全年召开党委常委会、校长办公会72次，审议议题429项。

制定意识形态工作责任制考核评价指标，开展自查督查，编写《网络舆情专报》102期。加强学术活动、成果发布、教材等审批管理，马克思主义理论研究和建设工程教材选用率达100%。在《人民日报》等校外主流媒体发表宣传报道128篇，发布官网新闻689篇、微信公众号文章481篇、博文2200余条、短视频99条。开展上商精神大讨论，举办“新阅读 向未来”云端阅读活动，承办上海市“读红色经典 做信仰传人(第二季)”，开办7个专题、53场活动，跨度5个月，吸引10000余名校内外师生参与。

开展标杆院系、样板支部等品牌创建，立项18个校级项目，推进“一学院一品牌”“一支部一特色”。1个支部获教育部第二批全国党建工作样板支部。3个支部获市“攀登”计划培育创建单位。1名学生党员入选市百名学生党员标兵创建。制定加强干部队伍建设实施意见，修订完善中层领导班子和中层干部考核办法。制定并实施优秀年轻干部专项调研、挂职干部管理办法，11人参与校内外挂职。推进干部培训规范化，分类举办7个班次干部培训，120余人次参与。开展“强作风、促发展”专项行动。

召开第九届第一次教职工代表大会暨第十届第一次工会会员代表大会。实现学生社团团支部建设全覆盖，ios开发者协会获“十四五”期间首批市学生科技创新社团，4个社团获上海高校活力社团。

召开思想政治工作领导小组会议，制定新时代加强和改进思想政治工作实施方案，立项“三全育人”试点学院2个、研究项目10个。开设“习近平新时代中国特色社会主义思想概论”必修课，全体校领导带头讲授。7门课程获批市级课程思政示范项目，3个团队获批示范团队，1名教师获市级课程思政教学名师，1名教师获市级课程思政教学设计展示活动一等奖。引进并试点人工智能虚拟辅导员。完善心理健康教育体系，成立教研室，首次在新生中开设通识必修课。推进“五育并举”，出台劳动教育实施方案，构建知行合一“链条式”劳动教育模式，制定美育实施方案，举办校园文化艺术节。

物流管理专业获批国家级一流本科专业建设点，商务经济学等5个专业获批市级一流本科专业建设点，零售业管理专业入围2022“软科中国大学专业排名”A+专业，在同类专业中名列第一。11门课程获批市级重点课程，课程申报成功率100%。“高素质应用型一流新商科人才培养的创新与实践”等5项成果获市级优秀教学成果一等奖，2项成果获二等奖。

推动三学期制改革。入选市级创新创业教育

实践基地。组织第八届中国国际“互联网+”大学生双创大赛校赛，获上海赛区4个银奖、12个铜奖、16个优胜奖和1个最佳国际合作奖。开展第十三届“挑战杯”市大学生创业计划校内选拔，1个项目获市赛金奖、4个项目获市赛铜奖。参加市大学生“汇创青春”展示活动，获37个市级奖项，其中一等奖4个、二等奖12个、三等奖21个。立项517项大学生双创训练计划。

出台招生、导师管理等6项制度，成立校院两级招生工作领导小组，制定研究生招生方案。组建研考组考工作专班，完成2023年全国研究生招生考试(初试)考点任务。完善培优学位点培养方案，加强教师队伍建设，建立健全课程和实践体系，夯实旅游管理、国际商务学位点内涵基础，做好工商管理、金融、工程管理、会计等学位点培育，完成2022年度学位点建设项目总结和2023年项目论证评审。

修订《上海商学院章程》并上报市教委审批。实施二级单位目标任务考核，构建起目标导向、分类实施、量质并重的考核体系。完成校友会市民政、市教委社会团体组织成立登记并获批，组织召开第一届第一次理事会和会员大会。成立校友会新疆、贵州分会。

制定有组织的科研行动计划等管理办法，依托“上海市时尚消费协同创新研究基地”等，打造“数智商业与科技金融”等研究平台。推动科技成果转化，获批专利8项、软件著作权1项。组织开展12期科研讲座，举办国内外学术会议、论坛6场，发表高水平论文125篇，获批省部级以上科研项目24项、横向项目71项。加强商务智库建设，全年报送专报55期，10篇决策咨询报告获省部级及以上领导批示。学报刊物复合影响因子从0.833提高至1.059，增幅27%。

出台“十四五”师资队伍建设规划，把师德师风作为第一评价标准。设立师德师风建设月，举办3期师德师风大讲堂、5期青椒沙龙，完成校级荣誉体系评选。引进学科带头人1人。制定校领导联系高层次人才制度。

制定产教融合协同育人方案，培育21个产学合作协同育人项目。建设现代商务信息产业学院、工商管理学院校企合作产业学院和腾讯云大数据实验室。完成非学历教育“管办”分离，开发非学历培训项目，入选国家级职教“双师型”教师培训基地。加强留学生教育课程建设，3门课程获“上海高校国际学生英语授课示范性课程”。新增3所海外合作院校，新增援外培训项目任务40期。

加强重点场所、环节、部位安全稳定隐患排查与研判，完成消防“双随机”等整改。漕宝路校区一期项目进入全面施工阶段。推进“一网通办”，完成科研创新服务、校园综合决策平台等建设，分级分类处理表单业务。完成112数字智慧教室、107沉浸式教室的改造升级和数字商务试验场建设。通过市教委“上海市绿色学校”评审，徐汇校区第二学生公寓获市高校后勤协会“六T”公寓称号。

组织召开全面从严治党专题常委会和工作会议，出台工作要点，制定“三张清单”，压实“四书四会三报告”制度，校领导班子成员牵头10项重点任务。制定“一对一”党风廉政建设责任书34份，指导、督促二级单位开展党风廉政重点项目46项。校领导班子牵头8个工作组，深入37家单位检查巡视整改、年度重点工作以及党风廉政责任书落实情况，形成年初责任项目签约、年中督促工作进展、年末总结研讨的工作闭环。

成立领导小组和监督检查工作小组，制定整改方案和任务分工表，明确148项整改措施。召开专题常委会5次，研究整改议题17项，组织巡视整改工作部署、专题研讨、师生座谈会等56次。成立二级党组织整改工作组，对14个二级单位发放督办函，形成党委统揽、班子成员牵头、层层担责、督办检查的整改工作机制。

开展各类日常监督40余次。制定党风廉政建设监督员管理办法，对11个教学单位开设的70门课程进行在线教学专项监督。实施2022年度领导干部经济责任审计计划，对13名人员进行审计。完善常态化提醒机制，发布3期工作提示、3期《案例汇编》。开展廉洁文化艺术作品展。组织50个教师党支部开展“清廉促发展”的主题党日活动。

(庄黎丽)

**【获批教育部第三批“全国党建工作样板支部”培育**

创建单位】 3月10日，教育部思想政治工作司公布第三批新时代高校党建示范创建和质量创优工作遴选结果，上海商学院商务信息学院学生党支部获批第三批“全国党建工作样板支部”培育创建单位。这是继2019年上海商学院商务经济学院教职工第一党支部获批“全国党建工作样板支部”创建单位后学生党支部首次获此项荣誉称号。 （庄黎丽）

**【参与世界读书日“夜读荟”活动】** 4月23—30日，“新阅读　向未来——读红色经典　做信仰传人（第二季）”之世界读书日“夜读荟”举办。由上海市教卫工作党委、上海市教委指导，上海商学院、上海交通大学主办，复旦大学、上海学生心理健康教育发展中心、上海市青少年学生校外活动联席会议办公室、上海新华发行集团等单位承办，上海教育报刊总社、上海教育电视台、易班网等媒体协办。“夜读荟”邀请教育系统内外、覆盖大中小学、面向青少年有影响力和知名度的10位领读人以及志愿者、辅导员、学者、媒体记者代表作为主持人，聚首云端，夜读陪伴。 （庄黎丽）

**【新增国家级和市级一流本科专业建设点】** 6月7日，教育部发布《教育部办公厅关于公布2021年度国家级和省级一流本科专业建设点名单的通知》。上海商学院物流管理专业获批国家级一流本科专业建设点，商务经济学、食品质量与安全、信息管理与信息系统、会计学、旅游管理5个专业获批上海市级建设点。 （庄黎丽）

**【首次入选“全国百篇优秀管理案例”】** 9月1日，第十三届“全国百篇优秀管理案例”评选结果公布。上海商学院酒店管理学院姜红教授、李思志博士联合上海大富贵酒楼有限公司撰写的案例《大富贵：国企餐饮老字号的品牌建设之路》入选一般项目案例。这是上海商学院首次入选“全国百篇优秀管理案例”。 （庄黎丽）

**【获评2022年全国“三下乡”社会实践“优秀团队”】** 10月11日，中央宣传部、中央文明办、教育部、共青团中央、全国学联揭晓2022年全国大中专学生志愿者暑期文化科技卫生“三下乡”社会实践活动评选结果。上海商学院艺术设计学院“一乡一景”实践团入选，获评2022年全国“三下乡”社会实践“优秀团队”。 （庄黎丽）

**【与BOSS直聘“直播带岗”助就业】** 10月25日，上海商学院联合BOSS直聘共同启动“‘职’通未来，直播带岗”系列活动，创新求职供需对接方式。校企双方共同为毕业生提供精准定向的就业服务，为高校毕业生搭建一条全新体验的求职应聘通道。 （庄黎丽）

**【2022年廉洁文化艺术作品展】** 10月27日，在上海商学院开幕。以“廉韵润校园　喜庆二十大”为主题，设序厅、廉韵厅、润心厅、盛世厅和展望厅，展出作品80余件，涵盖油画、国画、水彩画、钢笔画、雕塑、书法、摄影、艺术设计等诸多类型。展览为期半个月。 （庄黎丽）

**【第十九届上海教育博览会上海教育数字化转型高峰论坛暨长三角区域职业教育数字化转型发展论坛】** 11月18日，在上海商学院举行。由上海教育报刊总社、上海商学院联合主办，长三角区域财经商贸类职业教师协同创新发展联盟、上海产学合作教育协会、上海商贸职教集团协办。来自长三角地区30余名职教专家学者围绕“数字化赋能职业教育高质量发展”的主题，通过线上线下作主题发言。 （庄黎丽）

11月18日，第十九届上海教育博览会上海教育数字化转型高峰论坛暨长三角区域职业教育数字化转型发展论坛在上海商学院举行

**【“数字新时代　教育大未来”2022上海教育博览会总结颁奖会】** 11月18日，在上海商学院举行。市教委副主任以及相关处室负责人、上海商学院领导等出席。博览会为期一个月，聚焦教育数字化转型。有254万人次通过上海教育博览会小程序进行线上参观，“云展馆”总浏览量超122万人次，上海教育大直播总浏览量超550万人次。

（庄黎丽）

**【“活力与创新”：第七届商业论坛暨《长三角商务发展报告》《上海商业发展报告》(2022)发布会】** 12月23日，在上海商学院举行。在上海市商务委、上海商学院指导下，上海市商务发展研究中心与上海商业发展研究院联合发布2022年度《长三角商务发展报告》《上海商业发展报告》，宣传上海商业发展、商务领域长三角高质量一体化发展的成效。

（庄黎丽）

### 附：学校负责人及地址

（2022年1—12月）

校党委书记：沈大明
　副书记：唐海燕、陈晓峰、劳晓芸、张　洁

校　长：唐海燕
副校长：贺　瑛、陈剑峰、张绍华

徐汇校区地址：中山西路2271号
邮编：200235
电话：64870020

奉浦校区地址：奉浦大道123号
邮编：201400
电话：67105343

国权路校区地址：国科路75号
邮编：200433
电话：67105343

漕宝路校区地址：漕宝路121号
邮编：200235
电话：67105343

## 上海公安学院

**【2022年概况】** 设公安学、侦查学、警务指挥与战术、刑事科学技术、网络安全与执法5个本科专业。学生3353人，年内招生1103人。教职工539人。

深入贯彻落实市公安局党委《关于大力推进上海公安学院新时代新发展的意见》，坚持政治建校，强化培根铸魂，参战重大安保，狠抓战疫防疫，加快数字转型，升级办学实力，密切院局合作，优化院校治理，学院在全市17所应用技术型高校分类评价的“效益评价”排名连续三年位列第一名。警务硕士专业学位点培育项目取得进展，2个专业入选上海市一流本科专业建设点。3个高等教育、3个职业教育项目分获上海市教学成果一等奖、二等奖，1项教学成果被评为“国家级教学成果奖”二等奖。1名教师获评“全国优秀人民警察”，1名教师获全国高校教师教学创新大赛地方高校一等奖（系全国公安院校首次）。修订《上海公安学院章程》，推进上海市高校依法治校标准校建设。组织师生增援参战党的二十大、第五届“进博会”等重大安保任务。

3月30日，上海公安学院第22期“思·享+”讲座在线上举行

执行“第一议题”和首学制度，组织“喜迎二十大、忠诚保平安”主题实践活动，邀请红色讲师等讲述忠诚心、身边事、工作法，覆盖师生4000余人。“思·享+”项目入选市公安局第一批基层党建品牌培育库，开展专题政治轮训9期，培训教职工3300余人次。

探索上海公安“大思政课”模式，深化课程思政建设，组织全体师资开展专题培训，并将课程思政建设纳入各专业教学计划，对31本教材进行课程思政改造，探索建立公安院校课程思政建设标准和评价体系，开展“优秀课程思政教学设计”评选，9门课程、2名教师和6个教学团队被评为市级示范课程、教学名师和示范团队。

研究制定学院加强学生经常性思想工作和管理工作等指导意见。“基于机器学习的红色场馆服务模型方案设计”等3个项目首次立项国家级大学生创新创业训练计划。举办第四届辅导员职业能力竞赛，1名辅导员首次获“上海高校辅导员年度人物”荣誉称号。

升级智慧公安现场教学点，联手相关业务总队完成2022级5个本科专业人才培养方案编制，与10个市公安局单位和16个区公安分局的科所队等基层实习点在学生育管上合作联动，组织学生参与社会面防控、社区管控、监所管理等实训实习。组织本科、第二专科学生在复旦大学开展为期一年的课程学习，联合培养大数据警务人才。深化与华为、奇安信等企业在学生竞赛培训、教学平台建设和实验室建设等方面的合作共享。

推进“教学练战”一体化教学改革，构建实验、实训、实习、实战有机结合的教学体系。“治安学总论”“子证据分析”等6门课程入选市教委本科重点课程。开发智慧公安实战应用场景课程教学案例集2本，完成4本教材出版评审，建成本科毕业论文数据库和宝山校区新书库。

集科学研究、学科建设、人才培养等功能于一体的上海智慧警务协同创新中心被上海市教委纳入建设序列。建设上海现代警务战略研究中心，刊发《上海公安智库要报》4期，上报研究专报17篇，孵化培育省部级科研项目6项；院外项目立项量比上年增长70.7%，其中首次立项“曙光计划”。与市公安局相关业务总队共建上海新型犯罪研究中心，推进首批10项课题联合攻关。

颁布实施《新时代上海公安学院教师职业行为十项准则》，强化“中共党员、人民警察、高校教师”三重身份教育。深化“启航导航领航”教师培养体系建设，加大青年教师启航培养力度，开展新进师资教学综合评价，实施教师资格认证考前培训。推行师资实战锻炼机制，选派38名师资赴基层一线开展实战践习、跟班作业。搭建智慧教学能力提升资源库，选派105人次教师参加院外各类专项培训，提升师资教学数字化转型能力。28人获聘高级专业技术人员职务，推荐12人参加高级专业技术职务候选人学术水平与技术能力评议，立项“市级技能大师工作室”。引进首批23名市公安局“共享”师资、9名专职教官，持续推进双师型队伍建设。配合市公安局国合处研究编制国际刑警组织相关工作方案、法国马赛友城警务合作方案。推进长三角区域公安兼职教官与特聘教师信息库建设。

推进全市青少年安全教育基地建设，与市教委合作开展中小学生公共安全教育师资培训项目，联合业务部门共制微课程在“上海教育资源中心”等平台重点推送。承办“政府开放日”活动，开展未成年人“云上警务小课堂”专题讲座，组织公民警校全市各分校开展“110宣传日”等主题活动，28万余人次参与。

（章　闻）

**【开展市公安局政治大练兵】** 上海公安学院牵头制订市公安局政治大练兵方案，汇总提供3个模块近100份学习内容，开发政治练兵网络学习专栏，累计发布20门课程、61篇学习资料，全力支撑市公安局“政治练兵双月测”，累计学习访问量达22万余人次。

（章　闻）

**【拓展国际警务合作交流】** 上海公安学院参与俄罗斯内务部在圣彼得堡大学举办的2期线上国际警务论坛和全球公共安全合作论坛（连云港）。

（章　闻）

11月16日，上海公安学院举办
第二十三届华东地区公安院校治安学学术研讨会

**【举办第二十三届华东地区公安院校治安学学术研讨会】** 11月16日，上海公安学院举办第二十三届华东地区公安院校治安学学术研讨会。以“智慧城市背景下社会治安风险防控”为主题。来自江苏、浙江、安徽等6省1市8所公安高等院校和实务部门的治安学、治安管理领域的专家学者以线上视频会议形式参会，共商城市数字化转型背景下的治安防控之道。 （章　闻）

## 附：学校负责人及地址

（2022年1—12月）

校党委书记：韩　勇
　副书记：赵杰英（6月到任）
校　长：舒　庆
副校长：韩　勇、许　敏、马耀良
地址：崇景路100号
邮编：200137
电话：28957000

# 上海杉达学院

**【2022年概况】** 有上海浦东、浙江嘉善2个校区，设管理、信息科学与技术、外语、艺术设计与传媒等二级学院，有42个本科专业、6个专科专业，涵盖经济学、法学、文学、工学、管理学、艺术学、医学、教育学8个学科门类。全日制在校生14987人，其中本科生13909人、专科生1072人，国际学生6人。另有成人本科生696人、成人专科生211人。年内招生3989人，其中本科生2912人、专升本学生741人、专科生334人，国际学生2人。另招生成人本科生187人、专科生66人。专任教师887人，其中具有副高级以上职称的教师占43.29%，硕士研究生以上学历的教师占90.76%。

以“三十而立正青春，同心砥砺向未来”为主题，举办庆祝大会、学术论坛、校庆歌会等50余场庆祝杉达建校30周年系列活动，获《人民日报》《文汇报》等20家主流媒体报道。

修订《上海杉达学院章程》。出台《上海杉达学院关于全面实施与深化二级管理体制改革的指导意见》《上海杉达学院2020—2022年校院二级管理体制改革重点推进方案（2022版）》。

开设“习近平新时代中国特色社会主义思想概论”必修课。开展以“人民城市·上海”为主线的“大思政课”建设工作。获批上海市课程思政教学研究示范中心。11个项目获批市级课程思政示范项目。4个项目获批上海民办高校党建和思政工作创新计划实施项目。学校党委入选上海高校党建质量提升工程特色高校创建单位。

金融学、酒店管理专业入选国家级一流本科专业建设点。电子商务、会计学、国际经济与贸易、环境设计、服装与服饰设计、英语、劳动与社会保障7个专业入选省级一流本科专业建设点。优化调整本科专业，增设风景园林、土木工程专业，申报数字媒体设计、电气工程与智能化新专业。卫生教育、俄语、建筑电气与智能化、时尚传播4

个专业获批学士学位授予权。成立中高职贯通教育紧密型联合体，获批智能控制技术专业“中高贯通”、数据科学与大数据技术专业“中本贯通”专业试点建设。与上海理工大学、上海第二工业大学签署联合培养研究生工作协议，8 名导师通过联合培养导师遴选。电子信息专业招生 1 名联合培养研究生。4 项成果获上海市教学成果奖（高等教育类），其中一等奖 2 项、二等奖 2 项，奖项数量位列上海民办高校第一名。10 门课程获批市级重点课程立项。学校获批市级创新创业学院建设单位。立项大学生创新与创业训练计划国家级项目 38 项、市级项目 84 项。风景园林综合实训室等 23 个项目获批上海民办高校内涵专项项目立项建设。

试行“五育并举”学生综合素质测评，94.7%的学生在学年五育测评中达标。开展“一站式”学生社区综合管理，完成“学生综合服务系统”和“心理预约平台”系统建设。成立“杉文达远”学生社区人文艺术展览中心，建设“雅乐阁”艺术教育中心，开设合唱、舞蹈、民乐、话剧等专项艺术培训课程近 50 场。建立“共享厨房”“开心农场”等校内劳动实践基地，开展 60 场体验活动。设立“劳动指导员”为学生提供专业劳动指导。毽球队等 10 余支队伍参加学生阳光体育赛事活动获佳绩。开展 3000 余名新生心理普测工作，接待学生个体咨询 383 人次，干预心理危机 23 人次，24 小时热线接待咨询 73 人次。全校学生参与志愿服务活动 64 个、5711 人次，其中 92 名志愿者服务第五届进博会。777 人次学生在国内外学科竞赛中获奖，335 人次在国内外文艺、体育竞赛中获奖。

全年招聘专任教师 147 人，博士师资占比达 35.6%。出台《上海杉达学院企业编制人员转入事业编制管理办法》，13 人转入事业编制。出台《上海杉达学院关于实施高水平师资人才激励计划的暂行办法》，5 人入选“劲杉计划”，8 人入选“青杉计划”。24 人参加市教委“强师工程”各类培训计划。82 人次参加校外辅导员专题培训。216 人次参加校内实务、心理、舆情处置等专题培训。启动以学校自主评议的职称评审工作，聘任高级职称 8 人、副高级职称 12 人、中级职称 39 人。张懿玮获评 2022 年度宝钢优秀教师奖。教师获市级以上教学比赛奖项 15 项。

立项校外科研项目 107 项，其中纵向项目 35 项、横向项目 72 项。教师发表学术论文 228 篇，其中国际三大检索 58 篇，南大核心、CSCD 期刊 20 篇，中文核心、科技核心期刊 30 篇。出版学术专著 5 部，译著 2 部。申请并获授权发明专利 1 项、实用新型专利 5 项、外观专利 5 项。软件著作权获登记 10 项。出台《上海杉达学院科研工作量管理办法》《上海杉达学院国家社会科学基金项目资金管理办法》。

与美国孟菲斯大学、英国基尔大学等 8 所国（境）外高校和瑞士教育集团新签合作协议。引进中国台湾地区高层次专职教师 3 人。与美国孟菲斯大学、英国基尔大学、英国德蒙福特大学合作开设旅游管理等 4 个双语教学班，招生 67 人。聘请专兼职外教 52 人次。33 名学生赴美国、新西兰、西班牙、日本交流学习。与荷兰鹿特丹应用科技大学、英国剑桥大学等校合作开展线上线下短期项目。开设全英语课程 37 门次、双语课程 26 门次。申请与南非的中国文化和国际教育交流中心共建孔子课程。（李　杨）

**【上海杉达学院与上海理工大学联合培养硕士生签约仪式】** 3 月 4 日，在上海理工大学军工路校区举行。根据协议，双方将建立联合导师组，开展金融专业硕士研究生联合培养工作。（李　杨）

**【与招商银行上海分行签署战略合作协议】** 9 月 1 日，上海杉达学院与招商银行上海分行在上海杉达学院举行签约仪式，发行“上海杉达学院校友联名卡”（卡面由上海杉达学院文创产品设计研究中心设计）。根据协议，双方在人才培养领域、金融服务方面开展紧密合作。（李　杨）

**【上海杉达学院与中国银行上海市分行共建金融班开班仪式】** 9 月 7 日，在上海杉达学院举行。金融班旨在共建培养平台、共组培养队伍、共商培养方案、共管培养过程，打造贴近真实就业环境的实践教学平台，实现金融机构创新型、应用技术型人才

的培养和输送。（李 杨）

【上海杉达学院捐赠墙揭幕仪式】 9月14日，在金海校区曹光彪图书馆一楼举行。捐赠墙采用榉木建造，以“积淀、延续、灵活、反哺”为设计理念，向30年来支持杉达教育事业发展的捐赠个人和单位致敬。（李 杨）

【举办上海杉达学院庆祝建校30周年系列活动】 9月28日，庆祝上海杉达学院建校30周年大会在金海校区综合楼大礼堂举行。活动期间，还举行上海杉达学院—商汤科技人工智能产业学院共建签约暨揭牌仪式、产教融合背景下的应用型民办大学高质量发展论坛、“青春向未来”校庆歌会，上海外滩为杉达30华诞亮灯、社团游园会、二级学院教学科研成果展等。（李 杨）

9月28日，上海杉达学院“青春向未来”30周年校庆歌会在浦东校区室外运动场举行

【获2022年国家社科基金项目立项】 9月30日，上海杉达学院体育教学部董宝林申报的项目“‘学校—家庭—社区’协同育人视域下的青少年体育锻炼行为促进路径研究”获2022年国家社科基金项目立项，为上海杉达学院获批的第二项国家社科基金项目。（李 杨）

【获2022年上海市优秀教学成果奖】 10月28日，上海杉达学院教师朱绍中领衔的《“赋能强师 聚力育人——靶向解决民办高校思政课教师教学能力‘痛点’的系统性建设实践”》、陈瑛领衔的《“以需导教，融企入育”的信息技术应用人才培养路径创设与实践”》获2022年上海市优秀教学成果（高等教育类）一等奖。朱承强领衔的《“数字化教学环境下酒店管理人才培养模式的创新研究与实践”》、冯震领衔的《“中小幼学校卫生教育本科人才培养体系的创建与实践”》获2022年上海市优秀教学成果（高等教育类）二等奖。（李 杨）

【设立“励智”学生科创基金】 11月23日，上海杉达学院常务董事李庆与其夫人曹其智捐资设立“励智”学生科技创新基金，用于鼓励和支持学生参加科技创新与学术实践活动。《“基于学员画像和多算法融合的在线医学培训系统”》等12个项目获首届“励智”学生科技创新基金立项。上海杉达学院向李庆夫妇颁发捐赠证书。（李 杨）

【获第二届全国技能大赛上海市选拔赛多个奖项】 11月，上海杉达学院沈圆佳、潘雨洁分获第二届全国技能大赛上海市选拔赛“餐厅服务项目”“时尚技术项目”金牌，寿嘉骐获“时尚技术项目”铜牌，陈鑫悦获优胜奖。（李 杨）

【长三角地区民办高校“党的二十大精神融入思政课”研讨会】 12月10日，在上海杉达学院举行。来自中央马克思主义理论研究和建设工程、教育部等20余名思政专家在线作主旨报告、理论指导。100余名来自长三角地区14所民办高校的思政课教师以线上方式进行交流发言。（李 杨）

【中国教育数字化转型研讨会暨第二届教育可持续发展论坛】 12月12日，在上海杉达学院举行。其间，杉达教育元宇宙平台上线。该平台建设一个高仿真度的杉达校园，为师生提供高度沉浸感的学习交流环境。（李 杨）

【嘉兴汉服产业研究与文创传播基地签约成立仪式】 12月29日，在上海杉达学院举行。上海杉达学院、浙江尚实科技有限公司、东华大学国家大学科技园的代表签署战略合作协议。根据协议，上海杉达学院借助多学科、应用型的特色和优势，支持基地及嘉兴汉服博物馆建设。该基地可依托嘉兴

较为完整的纺织产业链实现产教融合高质量发展。

（李　杨）

## 附：学校负责人及地址

（2022 年 1—12 月）

董事长、校党委书记：朱绍中

副书记：徐晋忠、陈　暐

校　长：陈以一

副校长：娄斌超、潘慧斌

浦东校区地址：金海路 2727 号

邮编：201209

电话：50210894

浙江嘉善校区地址：嘉善县人民大道 505 号

邮编：314100

电话：0573-84239202

# 上海建桥学院

**【2022 年概况】** 设 14 个二级学院，有 37 个本科专业、10 个专科专业，涵盖经、管、文、工、理、艺术、教育学 7 个学科门类。入学新生（含春招、专升本）7961 人。全日制在校生 24467 人，其中普通本科生 23022 人，占比 94%。有教职工 1541 人，其中专任教师 1297 人，有高级职称的专任教师占比 35.4%。

新增智能制造工程本科专业。29 个本科专业、5 个专科专业通过上海市职业技能评价申报评估。国际经济与贸易、工程管理、旅游管理、英语、日语、新闻学、机械设计制造及其自动化、物联网工程、视觉传达设计 9 个专业新入选上海市一流本科专业建设点。5 个项目获批教育部产教合作协同育人项目。8 门课程获 2022 年上海高校市级重点课程建设立项。9 门课程和 5 个教学团队入选上海市级思政示范项目。“马克思主义基本原理概论”“网络安全技术”等 5 门在线课程入选“国家高等教育智慧教育平台”。获市级教学成果奖 3 项。有国家级特色专业、教育部本科专业综合改革试点专业 1 个，上海市一流本科专业 15 个、上海市一流本科培育项目 1 个，上海市应用型本科试点专业 5 个，上海市特色专业 3 个；国家级精品课程 1 门，市级精品课程 12 门、市级优质在线课程 3 门、市级示范性全英语课程 2 门、市一流本科课程 7 门、市级重点课程 79 门、市重点教改项目 14 项，市级教学成果奖 8 项。

开展“喜迎二十大、永远跟党走、奋进新征程”主题教育实践活动，分别成立教师、学生理论宣讲团。年内发展党员 359 人。做好“7＋3”（7 项规定动作、3 项自选动作）组织生活安排，提高“三会一课”质量，开展党建巡察。获批设立“教育部思想政治工作创新发展中心”。上海建桥学院党委、信息技术学院党委、机电学院机械电子系教师党支部分别获评“上海党建工作特色高校”“上海党建工作标杆院系”“上海党建工作样板支部”。学校获评全国党建工作示范高校。

出台《关于进一步加强干部队伍建设的实施意见》，通过《2022 年教职工增资方案》，修订《“上海高校青年教师培养资助计划”实施办法》《教职工师德考核管理办法》等文件。新入职教工 127 人。晋升高级职称 14 人、中级 30 人，新申报高级职称 16 人、中级 50 人。新认定“双师型”教师 56 人。组织全体教职工（含兼职教师）签订师德承诺书。制订并经教代会审议通过《教职工违纪处分暂行办法》。完成上海民办高校辅导员研修基地 4 场专题培训，来自长三角 23 所高校、208 人次参加。

20 多名教师获市级及以上奖项。在第五届上海高校青年教师教学竞赛中，贺亚茹获“人文科学组三等奖”，陈苏婷获“自然科学基础学科组三等奖”。学生参加美国大学生数学建模竞赛、全国珠宝行业大赛、“上图杯”“汇创青春”“互联网+”“TI杯”等10场各级各类比赛，获3项国际级奖项、98项国家级奖项、110项市级奖项。

发表论文219篇，其中在核心期刊发表86篇，出版专著4部，获实用新型专利20项、外观设计专利18项、发明专利1项、软件著作权4项。加强专业硕士学位点培育，与东华大学、上海海洋大学、江西财经大学等联合培养硕士研究生毕业10人，尚有在校联合培养研究生18人。教师中担任兼职硕士生导师12人。

通过“访企拓岗”活动，拓展就业渠道，开展重点帮扶，加强职业生涯指导，深化就业服务体系建设。与浦东新区人社局联合线下举办浦东新区2023届毕业生校园招聘会，连续举办11场线上双选会。

完成学校三期2幢学生公寓、1幢学院楼的基建工程并投入使用。加强房舍统筹管理，开展资产使用效率评估，优化实验实训场地布局。完成维修、装修改建工程30余项。稳步推进四期工程学院楼、人才中心楼的规划报批建设。（陈少东）

**【与上海南麟集成电路有限公司合作培养集成电路人才】** 1月，上海南麟集成电路有限公司向上海建桥学院教育发展基金会捐资100万元，设立“集成电路产教融合基金”，用于深化双方产教融合，共同培育集成电路人才。（陈少东）

**【临港新片区“大中小一体化”联动式大思政课】** 3月4日，在上海建桥学院开课。上海建桥学院、上海中学东校、建平临港小学的师生代表同上一堂以学雷锋为主题的“大思政课”。10月28日，浦东新区明珠临港小学、上海市临港一中、上海中学东校、上海建桥学院等大中小学生，同上一堂以讲好中国特色社会主义政治制度故事为主题的思政课。（陈少东）

**【举办上海市民办高校书记校长政治能力提升专题研修班】** 9月22—23日，上海市民办高校党工委、市教委民办教育管理处、教育部高校思想政治工作创新发展中心（上海建桥学院）联合举办上海民办高校书记校长政治能力提升专题研修班。全市17所民办高校的党委书记、校长在上海建桥学院参加研修学习。（陈少东）

9月22—23日，上海市民办高校书记校长政治能力提升专题研修班在上海建桥学院举办

**【举办第五届“教学节”暨第二届“学风节”】** 11月10日，以“育人为本、教学为本、本科为本”为主题的上海建桥学院第五届“教学节”暨第二届“学风节”活动开幕。活动现场，公布教学节、学风节系列活动计划，发布《2025年上海建桥学院审核评估方案》，举行大学生助教聘任仪式。（陈少东）

**【举办“红色资源与大思政课建设”理论研讨会】** 12月18日，依托教育部高校思想政治工作创新发展中心（上海建桥学院），由上海建桥学院主办的“红色资源与大思政课建设”理论研讨会在线上召开。近20所公办、民办高校的马克思主义学院院长、专家学者和大中小学的思政教师齐聚线上，围绕红色资源与大思政课建设进行交流与探讨。（陈少东）

**【长三角民办高校教学发展联盟产教融合研讨会】** 11月25日，在上海建桥学院召开。以“产教融合：机制创新与协同育人”为主题。来自长三角民办高校的专家学者，通过线上线下相结合、校际交流的形式，共同探讨产教融合新生态、协同育人新机制等话题。（陈少东）

**【承办2022年上海市大学生击剑锦标赛】** 12月17日，由上海建桥学院承办的上海市第十七届运动会击剑比赛（高校组）暨2022年上海市大学生击剑锦标赛落幕。赛事有来自复旦大学、同济大学、华东政法大学、上海建桥学院等9所高校的运动员参赛。

上海建桥学院校击剑队获女子个人佩剑、女子团体佩剑和男子团体重剑金牌。（陈少东）

## 附：学校负责人及地址

（2022 年 1—12 月）

董事长：周星增

副董事长：郑祥展

校党委书记：江彦桥

副书记：朱瑞庭、夏　雨

校　长：朱瑞庭

副校长：杨俊和、郑祥展、俞晓光、陈　伟

地址：沪城环路 1111 号

邮编：201306

电话：58137788

# 上海兴伟学院

**【2022 年概况】** 有英语和国际商务 2 个全日制本科专业。在册学生 159 人，国际学生 12 人。年内招收本科生 19 人。有专任教师 15 人，其中外籍教师 3 人，有正高级职称的 3 人、有副高级职称的 4 人。

对照评估指标和评估要求，完成自评报告、支撑材料上报以及其他相关准备工作，通过以评促建、以评促改、以评促管，推进学校各项工作。

配备心理健康专职教师，配套专项经费，开设“大学生心理健康教育”等公共选修课。学校获批上海市心理学会青春期与性心理健康教育第六批实践基地。建立学生心理健康档案 250 余份，对 30 余人次进行心理辅导，对 10 余人次进行心理咨询，对 5 起心理危机事件进行有效干预。组织教师参加 2022 年“沪江医教杯”上海市高校教师心理知识大赛。

建设校级课程思政示范课程 1 门。举办第二届“诵读中国——用外语讲好中国故事、用行动传承中国文化”展示活动。论文《高校英语专业课“课程思政”教学研究与实践——以上海兴伟学院〈跨文化交际〉课程为例》在《教育教学论坛》发表。

成立英语系和国际商务系，制订《专业设置管理办法（试行）》《专业建设质量标准（试行）》《本科专业动态调整实施办法（试行）》。推进“美育”“劳育”课程建设，将劳动教育融入实习实训、社会实践、创新创业和第二课堂，明确劳动依托课程并设立学分。新建英语专业语言、国际商务数据实验室，配套建设艺术教育、创新教育等通识教育模块 6 个实验室，开设实验专业课程 8 门。有校内外实习、实训基地 5 个。学生赴实习实训基地 179 人次。设立创新创业奖学金。设立创新创业教育实践基地 1 个。开设创新创业必修课程 7 门、选修课程 3 门。与同济大学、上海温哥华电影学院等机构合作开设多门课程。组织学生到太湖大学堂、上海电影温哥华学院等参观学习。指导学生注册管理公司 6 家。带领学生分组国内外游学考察，每组游学时间累计达 13 周。

新引进专任教师 1 人。制订和修订完善《上海兴伟学院人才引进办法》《上海兴伟学院教师师德失范行为处理实施办法》等 10 余项制度。成立教授工作室，组建教学团队，通过教练、导师的分享交流会开展反思性教育。开展师德师风网络专项培训。推进“民师计划”项目申报和建设。

年内，通过中期检查项目 9 个，其中 3 项课题研究成果在国内公开刊物发行；结题验收通过项目 5 个；制定、修订教学管理规定 12 项。

1 名学生参加 2022 年第六届普译奖全国大学生翻译比赛，获英译汉组（初赛阶段）二等奖。3 名学生参加 2022“外研社·国才杯”全国英语阅读写作大赛，分获二、三等奖。10 名学生参加 2022 年“中外传播杯”全国大学生英语翻译大赛，分获二、三等奖和优秀奖。

学校加入成人高校招生行列，录取创新班学生 6 人。开展线上线下就业指导课程、讲座，进行毕业生就业规划指导。加强毕业生跟踪调查，将所有毕业生列入走访和调查对象，形成《毕业生培养质量评价报告》《毕业生就业年度质量报告》。加入上海市高校征兵行列，开启春秋季每年两次的征兵工作。

修订完善学校章程，将党建内容写入章程，并报市教委备案。修订完善党建工作相关制度 31 项并编辑成册。修订并编辑成册 2022 管理制度。修订《上海兴伟学院教职工薪酬管理制度》，制定 2022 年绩效津贴分配方案。

申请学校官方视频公众号，加强校园网站栏目整改和内容更新，配置大型滚动屏，策划制作学校官方宣传片和创新班宣传片，举办博雅教育推行十周年庆祝活动。（郭　莉）

**【党史学习教育总结大会】** 1 月 13 日，在上海兴伟学院举行。市教卫工作党委党史学习教育巡回指导组专家到学院指导。会上，总结学校党史学习教育工作开展情况，就样板党支部创建工作情况、课程思政的探索思考及创新成果介绍、全校“我为群众办实事”推进情况等作主题交流发言，对“学习强国”平台“学习标兵”进行表彰。（郭　莉）

**【市教委评估督导办领导调研迎评促建工作】** 3 月 2 日，市教委评估督导办到上海兴伟学院调研迎评促建工作准备情况。督导办简要介绍本科教学合格评估工作的背景、目的、重要意义、指标内容和相关要求，听取学校迎评工作情况汇报，就学校迎评促建工作相关问题进行解答。（郭　莉）

**【市教委本科教学工作合格评估专家组到校调研指导】** 8 月 14—17 日，市教委评估督导办组织专家组到上海兴伟学院，就学校本科教学工作合格评估准备工作进行调研指导。专家组按照评估流程，对照评估指标，通过对学校自评报告、相关支撑材料的审阅查看，进行教学状态数据分析，走访实习实训教育基地，与师生访谈座谈。（郭　莉）

8 月 14—17 日，市教委专家组在上海兴伟学院调研指导本科教学工作合格评估准备工作

**【“校友回家日”暨“博雅教育推行 10 周年”庆祝活动】** 10 月 15 日举行。上海兴伟学院特邀嘉宾、学校历届校友、在校师生员工等齐聚黄浦江游轮上，欢庆十年后的团聚，以及博雅教育推行 10 周年。（郭　莉）

**【第二届创投会暨项目总结会】** 10 月 19 日在线上举行。该活动是在 2021 年“上海市民办高校党建与思政工作创新专项计划”项目支持下，由上海兴伟学院大学生就业指导中心主办、上海海洋大学国家大学科技园联合承办。会议邀请上海海洋大学科技园创新事业部等多家企业领导、创业咨询师、学院导师等担任专家评委。（郭　莉）

**【高校新生适应性团体辅导工作模式小型研讨会暨上海市心理学会青春期与性心理健康教育实践基地交流展示】** 10 月 31 日在线上举行。该活动在 2022 年“上海市民办高校党建与思政工作创新专项计划”项目支持下，由上海兴伟学院心理健康教育与咨询中心主办。活动以“青春有你，以爱护航”为主题。（郭　莉）

## 附：学校负责人及地址

（2022 年 1—12 月）

董事长：俞光虹

校党总支书记：王玉林

副书记：王兴放、刘若薇

校　长：王兴放

副校长：王玉林

地址：惠南镇勤奋路 1 号

邮编：201399

电话：68020772

# 上海视觉艺术学院

**【2022 年概况】** 设 9 个二级学院，有环境设计、工艺美术、视觉传达设计等 19 个本科专业。设置以艺术、设计和文化创意产业管理为主干，形成以公共艺术、新媒体艺术、艺术设计、时尚设计与传播、演艺及文化创意策划与管理等为主导方向的专业方向群。有全日制在校生 4534 人。年内录取新生 1199 人，新生报到率 97.24%。教职工 433 人，其中专任教师 314 人。专任教师中，"双师型"教师 147 人，高级职称教师 53 人。

学习宣传党的二十大精神，开展系列主题宣传活动，打造一批高质量党建思政品牌项目。推进"大思政课"建设，打造学校特色课程思政品牌，5 门课程获上海市课程思政示范课程称号，2 个团队获上海市课程思政示范团队称号，1 名教师获上海市课程思政示范名师称号。

以"双万计划"为抓手，集中优势资源建设强势和特色专业方向。环境设计专业入选 2021 年度国家级一流本科专业建设点名单。表演、播音与主持艺术、动画、绘画、服装与服饰设计 5 个专业入选 2021 年度省级一流本科专业建设点名单。推进"金课"建设与申报工作。获 2022 年上海市优秀教学成果一等奖 2 项、二等奖 1 项。启动书院制改革，加强通识教育，面向新生开设 200 余门高质量新课，课程供应量达需求量的 1.56 倍。

申报国家社科基金项目、国家艺术基金、教育部人文社科等国家级项目 7 项。完成国家项目结题 2 项、省部级项目结题 2 项。出版 6 本专著、1 本编著和 2 本教材。学校被授予上海市"工业设计中心"，开展艺术与设计的应用对策研究和社会服务。

加大青年骨干教师和优秀教师的选拔和培养力度。成立"教师发展中心"，建立教师职业发展跟踪保障体系，开展教师聘用制度改革试点。借助学校"国际专家咨询会"平台，聘请国际上行业领军人才、合作单位派遣工程师担任指导教师，以"国际大师实验班"教学方式，促进教学力量多元化。获批上海高校特聘教授（东方学者）1 项、高校高层次文化艺术人才工作室和紧缺艺术人才创新工作室 1 项、青年教师培养资助计划 4 人。

与松江区委、广富林街道党工委、泗泾镇党委、小昆山镇党委、车墩镇党委推动党建与业务深度合作，获"2019—2021 年度区域化党建先锋单位"。集合设计专业力量服务松江科技影都建设和地方企业创新。与上海临港集团战略合作框架协议，共建"中国设计之都——上海设计之芯"G60 云廊艺术空间。与来伊份股份有限公司就大学生创新创业、校企文化品牌建设等达成合作。全年新增社区营造、乡村振兴和安宁疗护环境设计等 35 个社会服务项目。

（臧海伊）

**【师生参加《爱乐之都》决赛竞演获冠军】** 7 月 15 日，全产业链音乐剧文化推广节目《爱乐之都》在东方卫视进行决赛竞演。参赛的上海视觉艺术学院声乐教师李炜铃和毕业生叶麒圣搭档出演节目《少年的你》。叶麒圣凭借此剧成为《爱乐之都》年度实力最强的演员，获节目总冠军。（臧海伊）

**【获第五届世界舞台设计展一等奖】** 8月12日，由国际舞美组织主办的第五届世界舞台设计展（WSD2022）颁奖仪式在加拿大卡尔加里举行。参展的上海视觉艺术学院教师章雯婕设计作品《耳疗》（Ear Spa）作为类表演形式的实验性疗愈体验，构建了一个耳机上瘾的故事世界，获新锐设计师单元非常规设计一等奖。（臧海伊）

**【与临港联合公司签署战略合作协议】** 8月30日，上海临港联合发展有限公司、上海视觉艺术学院战略合作签约仪式在临港松江科技城举行。根据协议，双方通过供需互动匹配，优化人才培养机制和人才能力适配，在元宇宙内容研究、G60科创云廊艺术空间共建、学生就业创业扶持、优势学科实践落地等领域展开深层次合作，并以“数字经济、数字产业”为支点，加快打造集“产教研学”为一体的一流示范基地，打造“科技＋艺术”“品质＋品味”双重特色的具有国际影响力的高端流设计产业平台。（臧海伊）

**【学生作品入选“上海设计100+”】** 9月15日，2021—2022“上海设计100+”在世界设计之都大会开幕日发布。上海视觉艺术学院产品设计（战略设计与创新）专业作品《Thales海洋科研站》入选，并在上海世博会中国船舶馆现场展出。该作品是产品设计（战略设计与创新）专业学生跨年级完成的海洋主题项目。海洋工作站可满足30个人在海上长达半年的工作、生活基本需求。（臧海伊）

**【师生作品分获2022 Pentawards国际设计竞赛大奖】** 9月23日，2022年Pentawards国际设计大奖颁奖典礼在英国伦敦皇家歌剧院举行。上海视觉艺术学院视传专业包装传播设计方向教师、学生作品获1金、3银、1铜，继续蝉联金、银、铜三大奖项。（臧海伊）

**【获《沸腾校园》年度总冠军】** 10月29日，由上海视觉艺术学院流行舞蹈专业学生组成的街舞FDC战队，在腾讯视频《沸腾校园》总决赛中获冠军。（臧海伊）

**【合办“当代海派名家·双人展系列”】** 11月26日至12月18日，上海视觉艺术学院和刘海粟美术馆联合主办“当代海派名家·双人展系列”。特邀上海视觉艺术学院教授、著名海派艺术家张雷平、何曦参展。“当代海派名家·双人展系列”展览项目获上海文化发展基金会2022年度立项资助，以双人展形式，每年遴选两位风格差异的艺术家联袂呈现海派美术文脉的传统和当代成果，为上海更多优秀艺术家提供机制和平台。（臧海伊）

10月29日，上海视觉艺术学院学生获《沸腾校园》年度总冠军

**【信仰的力量——学习宣传贯彻党的二十大精神文艺汇演】** 12月7日，在上海视觉艺术学院实训楼演艺中心举办。汇演将专业教学改革与党的二十大精神学习、宣传、贯彻紧密融合。师生通过创新演绎革命故事，情景再现百年道路，歌舞刻画先锋人物，引领展望未来征程。汇演同步进行网络直播，线上观看人数破万。（臧海伊）

## 附：学校负责人及地址

（2022年1—12月）

董事长：朱自强

校党委书记：吴嘉敏
副书记：周　斌、俞振伟

校　长：周　斌
副校长：俞振伟、李　梅、唐竭婧

地址：松江区文翔路2200号
邮编：201620
电话：67822500

# 上海立达学院

**【2022年概况】** 设7个二级学院，有12个本科专业和21个专科专业。全日制在校生12000余人。在任教师662人，其中具有副高级以上职称202人，硕、博士以上373人，具有海外留学背景132人。

学习贯彻落实党的二十大精神，落实新时代高校立德树人根本任务，坚持"国际化、高端化、个性化"发展战略，巩固发展改革成果。获学士学位单位授予权，获批首批金融科技、数据科学等7个本科专业学士学位授予权，申请第二批汉语言文学、人工智能等5个本科专业学士学位授予权。

根据"以合格课程为基础，优秀课程为重点、精品课程为示范和特色"的逐级建设思路，加强课程建设过程管理，推进教学改革。引进思政理论课高层次人才，推进课程思政建设。选派教师参加第二届上海市高校教师教学创新大赛，获副高组、中级及以下组二等奖。在中国国际大学生"互联网+"创新创业大赛中，52个项目进入市级复赛，获2个金奖、3个银奖、7个铜奖、40个优胜奖。学校在高教主赛道、职教赛道和红旅赛道均获"上海赛区优秀组织奖"。在搜狐网、网易网2022年度教育大会中，分获"品牌影响力民办高校""2022年度综合实力民办高校"等称号。　（董菁琳）

**【在第七届全国大学生学术英语词汇大赛中获奖】** 4月26日，第七届全国大学生学术英语词汇大赛在线上举行。上海立达学院商务英语专业2020级学生禚一婷、邓涵昱、李雅美获高职高专组全国一等奖。　（董菁琳）

**【获第二届上海市高校教学创新大赛二等奖】** 5月21—22日，上海立达学院艺术设计学院教师沈春兰在第二届上海市高校教学创新大赛中获地方高校副高组二等奖，传媒学院教师刘业成获地方高校中级及以下组二等奖。　（董菁琳）

**【在2022"汇创青春"赛事获多个奖项】** 6月，上海立达学院艺术设计学院学生在2022年"汇创青春"视觉设计类比赛中获一等奖2项、二等奖2项、三等奖8项；产品设计类比赛中获一等奖1项、二等奖7项、三等奖7项；环境设计类比赛中获二等奖1项；工艺美术类比赛中获一等奖1项、二等奖1项、三等奖3项。　（董菁琳）

**【作品入围第二十九届大学生电影节】** 8月19日，北京国际电影节·第二十九届大学生电影节启动仪式在北京举办。上海立达学院教师茅惠民制作的《陈王莲是一个南方姑娘》入围该电影节原创影片最终推选名单。影片以不同维度下的相同生命个体作为出发点，探讨异于普通生命循环往复的非自然意义。　（董菁琳）

**【获上海市学生阳光体育大联赛多项奖项】** 11月18日，上海立达学院校体育舞蹈队在上海市学生阳光体育大联赛获拉丁舞冠军、双人自选动作项目

11月18日，上海立达学院校体育舞蹈队在上海市学生阳光体育大联赛获多项奖项

冠军，同时还获6人规定动作比赛中的牛仔舞二等奖，华尔兹三等奖和伦巴舞三等奖。　（董菁琳）

**【获第十届未来设计师NCDA大赛多个奖项】** 12月4日，上海立达学院师生在第十届未来设计师NCDA大赛中获视觉传达设计、产品设计、环境设计3个专业、55项荣誉奖项，其中一等奖5项、二等奖9项、三等奖22项、优秀奖19项。　（董菁琳）

### 附：学校负责人及地址

（2022年1—12月）

董事长：陈西峰

校党委书记：张天启

校　长：黄亚钧

副校长：蔡中奇

地址：车亭公路1788号

邮编：201609

电话：57805678

## 上海外国语大学贤达经济人文学院

**【2022年概况】** 有虹口、崇明2个校区，设7个二级学院、2个教学部，有23个本科专业，覆盖文学、法学、经济学、管理学、教育学和艺术学。全日制在校生9509人。招录新生2749人，专升本录取831人，各类招考报到总数2440人。专任教师448人，其中高级职称教师151人，占34%。引进人才中，正高级职称18人、副高级职称5人，博士研究生7人。

年内，获批翻译、金融科技和视觉传达3个新专业。酒店管理专业和旅游管理专业获批专科高等职业教育—应用本科专业贯通培养模式项目，并于年内在高职阶段招生。日语专业完成中本贯通试点项目申报。根据《上海外国语大学贤达经济人文学院一流本科课程建设实施方案》，评审校内各单位申报的46门课程（项目），确定22个校级一流本科课程培育项目、15个上海市一流本科课程培育项目获立项资助。英语听力（A）IV、法语翻译理论与实践（汉译法）2门课程获批上海市重点课程，完成7门上海市一流本科课程的申报工作。

申报各级各类科研项目34项，其中教育部“十四五”教育科研规划全国重点课题1项、2023年上海市教育科学研究项目立项1项。学校科研创新团队项目4项。学位授予单位建设重大项目8项，学位点建设重大攻关项目6项。

发表论文231篇，其中全国中文核心期刊35篇、CSSCI 11篇、SCI 4篇、EI 1篇、科技核心1篇，CSSCI扩展版4篇，普刊195篇。完成译著4本、专著6本、教材2本，提交决策咨询报告9篇。

66名教师获市、校两级优秀骨干或专项计划资助培养。组织各类专题培训40场，覆盖800余人次。新进教职工培训30余节课。2022年海外硕博培养12人、国内博士培养5人、市级师资培养计划项目入选11人。入选产学研项目6人、国内访问学者项目1人。教师姜绳获第五届青教赛思想政治理论课专项组一等奖。

组织开展“党的二十大精神融入思政课教学”“党的二十大精神‘三进’理论研讨会”等特色宣传实践项目。将党建“+”和党建“家”的工作理念向二级学院拓展，在艺传学院、商学院打造学院级党建服务站。建成“五老德育工作室”，发挥“五老大讲堂”育人功能。打造一批课程思政示范课程，有404门课程落实课程思政，约占总课程的50%。推进规章制度“废改立”工作，加强依法治校。

建立新生普测及心理危机预警机制，全年咨询559人次。开展“战‘疫’心——我秀我健康　一起向未来”“轻歌曼舞：高雅轻音会”等多场心理健康主题活动，累计参与超3000人次。推进“社区制”改革，下半年开展50余场活动。

2支参赛队伍分获第五届全国职业院校跨境电商技能大赛团体一等奖、二等奖。1支参赛队伍获第八届海峡两岸大学生职业技能大赛二等奖。1人获第五届大学生五分钟科研英语演讲大赛一等奖。1支队伍获全国财经大数据处理综合技能竞赛全国二等奖。1人获爱乐华声·国际音乐盛典决赛二等奖。1名学生在“策马杯”全国英语公众演讲大赛东部大区赛获一等奖。1名学生获2022“外研社·国才杯”全国英语演讲大赛上海市决赛一等奖。1支志愿者队伍在2022年全国大中专学生志愿者暑期文化科技卫生“三下乡”社会实践活动中入选国家级重点团队。选送的微团课《乡村振兴——三进高楼村》获2022年上海学校共青团主题微团课大赛一等奖。

年内聘请8位专职外教、1名海外合作大学教授开展集中短期线上授课。开展12项各类别中外合作本硕连读、双学士学位培养项目以及海外教师培训研修项目以及60余所大学常态化出国交流学习、学分互认合作项目等。落实58名在校学生赴韩国启明大学，美国南加州大学、迈阿密大学等进行学分互换、双学士学位、本硕连读项目的交流学习。　（张楠楠）

**【入选上海高校学位点培优培育专项计划首批项目名单】**　1月28日，根据《上海市教育委员会　上海市学位委员会关于实施上海高校学位点培优培育专项计划（2021—2025）年的通知》，经学校申请和专家评审，并经市教卫工作党委和市教委审议通过，确定上海外国语大学贤达经济人文学院（项目名称：拟增硕士学位授予单位；类型：提早培育）入选上海高校学位点培优培育专项计划（2021—2025年）的首批项目名单。截至年底，立项硕士学位点建设重大项目9项、学位点重大攻关项目6项、横向研究项目1项。公开发表论文236篇。译著8部，专著9部，教材8本。发明专利3项，咨询报告采纳8篇。　（张楠楠）

**【获批大数据管理与应用专业】**　2月22日，根据《教育部关于公布2021年度普通高等学校本科专业备案和审批结果的通知》，上海外国语大学贤达经济人文学院2021年申报的大数据管理与应用本科专业获批，学制4年，授予管理学学位。至此，上海外国语大学贤达经济人文学院开设专业增至23个。年内，该专业招生57人。　（张楠楠）

**【“五彩东滩区域化党建联盟”揭牌】**　7月1日，区域化党建专题会议在崇明区陈家镇社区党群服务中心举行。会上，成立“五彩东滩区域化党建联盟”。该联盟以大东滩区域化党建为纽带，通过梳理形成各单位需求清单和资源清单，助力问题协调解决，推动区域更好发展。上海外国语大学贤达经济人文学院作为联盟单位一员为联盟揭牌，并被聘请为陈家镇第一批乡村振兴顾问团顾问。

（张楠楠）

**【图文信息中心开馆仪式】**　10月28日，在上海外国语大学贤达经济人文学院崇明校区举行。该图文信息中心作为崇明校区的地标性建筑，拥有1.6万平方米建筑面积，藏书量近百万册，阅览座位1500余个，智慧阅读区、文创展示区、研讨室、影音室、露天花园的多重设计共同构筑起了集借阅、展陈、学研活动和全媒体服务于一体、融合共生的师生校园文化中心。　（张楠楠）

10月28日，图文信息中心开馆仪式
在上海外国语大学贤达经济人文学院崇明校区举行

**【马克思主义学院成立大会】** 11月26日，在上海外国语大学贤达经济人文学院崇明校区语信楼举行。该学院前身为思想政治理论教研室，是直属学校党委领导的二级教学机构，承担全校思政理论课的教学工作，负责全校本科生思想政治理论课的教学管理和教学改革工作，开展学校思想政治教育课程建设和研究工作。（张楠楠）

11月26日，马克思主义学院成立大会
在上海外国语大学贤达经济人文学院崇明校区语信楼举行

**【举办国际公民社区青年峰会】** 11月29日，上海外国语大学贤达经济人文学院国际公民社区青年峰会在崇明校区语信楼举行。峰会上，竞赛组成员代表不同国家进行主题报告，并对气候变化以及可持续发展的话题展开圆桌讨论。（张楠楠）

### 附：学校负责人及地址

（2022年1—12月）

董事长：鲍贤嗣

校党委副书记：王　科、郑方贤、郑　虹

校　长：郑方贤
副校长：梁中贤、徐　征、马艳红、罗玲芳

虹口校区地址：东体育会路390号
邮编：200083
电话：51278010

崇明校区地址：东滩大道999号
邮编：202162
电话：51278501

## 上海师范大学天华学院

**【2022年概况】** 设9个二级学院，有31个专业。有在校生10515人。年内招生3507人。有教职工709人、专任教师521人、行政教辅174人，另有兼职教师130人。专任教师中，有高级职称教师165人。

推进专业硕士点建设，加强兼职硕士生导师培养，选送21名骨干教师担任上海师大兼职硕士研究生指导教师。加快儿童教育科研实训大楼等教学场所升级建设。建成中华传统礼仪传习馆、儿童情景体验室、木工坊实验室等10余间具有展示型、教学型、研究型、实践性特点的综合性实验实训室。

有1个中外合作办学机构、3个中外合作办学项目以及11个国际课程合作项目，在读学生2799

人。国际课程部有任课教师22人，其中11名常驻英语外教，完成32门课程教学，13个专业共计33门专业课程由有合作关系大学的36位外教授课。中美合作学院（美国北亚利桑那学院）首批招生。

启动第七批“活力课堂”试点课程申报，41门课程纳入全校第七批“活力课堂”教学改革试点。开展教学示范观摩活动，专家听课累计160人次。68门试点课程参加第七轮常态化考核。完成“活力课堂”50节微课拍摄工作。1位教师获第五届上海高校青年教师教学竞赛人文社科组一等奖。2位教师获第二届上海高校教师教学创新大赛一等奖。新立科研（教改）项目58项。获2022年上海市优秀教学成果奖5项。

校团委启动“星火计划”团员青年训练营，推进学社改革。围绕建团百年和党的二十大精神学习，覆盖334个团支部，开展主题团日活动59场、主题团课49场，7137人次参与。拍摄微团课作品46件，在上海市共青团主题微团课中，获1个一等奖、3个三等奖。（邓　宇）

**【获多项三八妇女节表彰】** 3月4日，上海市教育工会、上海市教育系统妇女工作委员会举办纪念“三八”国际妇女节112周年暨先进表彰大会。上海师范大学天华学院学保处获“上海市巾帼文明岗”称号，商学院院长程葆青获“上海市教育系统三八红旗手”称号，学前教育学院教师向宏兴获“上海市教育系统巾帼建功标兵”称号，财务处获“上海市教育系统巾帼文明岗”称号。（王　媛）

**【上海师大天华学院雅思中心暨雅思机考考点揭牌仪式】** 9月9日，在天华学院举行。学校执行董事长为雅思中心暨雅思机考考点揭牌。考点有24个机考考位以及3个配套的视频口语考试房间，可提供雅思考试（IELTS）及用于英国签证及移民的雅思考试（IELTS for UKVI）2种机考服务，更好服务在校师生及在中外合作办学和国际课程合作专业学习的学生。（王　媛）

**【退役军人培训班开班仪式】** 10月25日，在天华学院远程教学中心举行。由上海市退役军人事务局主办，天华学院承办。主要对上海市退役军人进行人工智能和社区管理方面的培训。人工智能方面包括无人机操作员、机器人培训师和网络信息安全管理员3项内容。首批200名退役军人分期分类进行培训。（王　媛）

**【2022年上海市幼儿园园长研修培训班开班仪式】** 10月26日，在天华学院大礼堂举行。来自全市16个区各级各类幼儿园的119名园长参加，进行为期3个月的研修培训。在市教委的指导下，天华学院成立工作专班，落实场所建设、教学安排与服务保障等环节。（王　媛）

**【上海民办高校依法办学专题培训会】** 11月17—18日，在天华学院图书馆举行。由上海市教委政策法规处主办，天华学院承办。培训会旨在推进民办高等学校现代大学制度建设，加强民办高等学校章程建设，持续提升民办高校依法办学水平。（王　媛）

11月17—18日，上海民办高校依法办学专题培训会在天华学院图书馆举行

## 附：学校负责人及地址

（2022年1—12月）

董事长：邹荣祥

校党委书记：陆建非

副书记：叶才福、曹云林、许　岳

校　长：叶才福

副校长：龚春蕾、陈新斌、朱国权、王友根、吴国兴

地址：胜辛北路1661号
邮编：201815
电话：39966266

## 上海旅游高等专科学校

**【2022年概况】** 有酒店管理、旅游管理、会展经济与管理3个本科专业和酒店管理与数字化运营（含中外合作办学）、大数据与会计、旅游管理、定制旅行管理与服务、智慧旅游技术应用、全媒体广告策划与营销等20个专科专业。有工商管理1个一级学科硕士点，企业管理、旅游管理2个二级学科硕士点，旅游管理（MTA）1个专业学位硕士点。全日制在校生4874人。年内招收硕士研究生119人、本科生963人、专科生3759人，国际学生33人。有教职工357人，其中专任教师235人，包括教授17人、副教授67人。

有国家级教学名师1人，上海市教学名师5人、上海市首席技师1人、上海市教学能手1人，海外名师1人。有全国劳动模范1人、中国旅游教育突出贡献人物1人、中国旅游教育名师1人，上海市劳动模范3人、上海市育才奖9人。教育部全国旅游职业教育教学指导委员会委员2人，全国餐饮职业教育教学指导委员会委员1人。中国烹饪协会世厨联青年厨师委员会执行主席1人、副主席1人。

获批上海市级课程思政教学研究示范中心，成功申报高水平院校和3个高水平专业群。8项成果获2022年上海市优秀教学成果奖，其中职业教育类一等奖5项、二等奖2项，高等教育类一等奖1项。新增数字化课程19门，2门课程入选国家级精品在线课程，4门课程纳入国家智慧教育平台。1门课程入选上海市级一流本科课程。完成4个专业世界旅游组织全球旅游教育质量认证工作。开展13个专业15个证书15个站点试点工作。上海市"1＋X"专委会课题立项2项，上海市职业院校"1＋X"证书制度试点案例获一等奖。发布《定制旅行管理与服务》《葡萄酒文化与营销》2套教育部新专业教材。5本教材获市高职院校经济类专业优秀教材奖。成立国际会展产业学院，筹备成立美心餐饮产业学院。获批文化艺术职业教育和旅游职业教育提质培优行动计划。

省部级项目立项6项。申报国家自科项目7项、国家社科项目11项、全国艺科项目4项，教育部一般项目6项，晨光计划2项，上海市哲社项目4项、上海市教科研项目7项，中国职业技术教育学会第五届理事会2022年度科研规划课题1项，中国高等教育学会高等教育科学研究规划项目2项。教师发表论文90篇，其中CSSCI18篇、SSCI/SCI12篇。出版专著19部，获奖文化和旅游优秀研究成果2项。《旅游科学》在人大《复印报刊资料》转载量创新高。

出台2022年提质增效促就业计划，举办"书记校长访企拓岗促就业云端见面会""全国旅游行业新年首场网络双选会"，持续推进"千校万岗"，组织20余场网络招聘会。与华住集团合作实施教育部"2021年供需对接就业育人项目"。成功申报2022—2023上海高校毕业生就业创业基地（孵化），立项"就业云平台"项目。成立4个校级学生职业（生涯）发展教育工作室。

在全国职业院校技能大赛获奖2项，金砖＋欧亚国家技能远程国际赛获奖1项，第二届全国技能

大赛上海市餐厅服务赛项选拔赛获奖1项，第十七届“振兴杯”全国青年职业技能大赛国赛获奖1项，第七届“汇创青春”上海大学生文化创意作品展示活动获奖7项，“知行杯”上海市大学生社会实践大赛获奖1项。第八届中国国际“互联网+”上海市赛获金奖1项、银奖2项、铜奖4项，金奖项目入围国赛。获第十三届“挑战杯”金奖1项、银奖1项、铜奖6项。

新进教职工中博士7人、海外经历人才5人。4名新教工参加市教委新教师培训。20余名青年教师参加暑期教师研修。组织评选锦江“三育人”先进个人20人。获批“上海市高等职业教育名师工作室”1个，“上海市文教结合项目—高校文化服务人才工作室”1个。

牵头长三角旅游职教联盟新增3所院校参与学分认定，新增互认课程40门。举办“2022中国城市休闲化指数发布会”“第七届中国休闲与旅游发展论坛暨2022长三角城市休闲化指数报告发布会”。发布《2022中国城市休闲化指数报告》《2022长三角城市休闲化指数报告》。持续推进长三角会展研究中心等非实体科研机构建设，获批横向课题5项。举办2022年《旅游科学》年会、“第五届国家公园与可持续旅游学术研讨会”“2022年旅游经济研究前沿论坛”。

校合唱团“云合唱”《夜空中最亮的星》，被“学习强国”发布、《上海教育》转载。学校探索教学管理数字化转型，确保线上教学精准有效，管理平稳有序，获上海高职转载报道。（蒋一聪）

**【入选全国职业教育产教融合优秀典型案例】** 4月20日，全国高等职业院校技术应用服务联盟和全国职业高等院校校长联席会议联合公布2022年职业教育产教融合优秀典型案例。上海旅游高等专科学校专科旅游管理专业“课程三教改革引领专业产教融合”入选。该案例创新地将课程三教改革落实到校企合作中，企业与专业结对共建“产学研”深度合作、教师下企业参与企业项目、企业员工兼任学生导师等校企合作新思路，进一步深化旅游管理专业“学团制、导师制、项目制、工作坊制”的“四制”人才培养模式，探索校企合作新举措，助力专业发展。（蒋一聪）

**【《旅游科学》2022年年会】** 7月8—10日在线举办。由上海旅游高等专科学校和上海师大主办，《旅游科学》编辑部承办。以“创新·绿色·幸福”为主旨，“数字创新与可持续旅游”为主题。5500余名旅游学界和业界人士参加，围绕旅游业数字创新的多维应用场景和技术开发开展学术交流，共同推动旅游业数字创新与可持续发展研究的不断深入。（蒋一聪）

**【获2022金砖+欧亚国家技能远程国际赛银牌】** 9月8—12日，上海旅游高等专科学校酒店与烹饪学院团队代表中国参加2022金砖+欧亚国家技能远程国际赛烹饪项目比赛。学校2020级西餐工艺专业学生俞懿峰获烹饪项目银牌。（蒋一聪）

**【参与发布《2022中国城市休闲化指数报告》《2022长三角城市休闲化指数报告》】** 由上海旅游高等专科学校、上海师大休闲与旅游研究中心、华东师大工商管理学院休闲研究中心、上海交通大学出版社、上海市文化和旅游事业发展中心联合主办的“2022中国城市休闲化指数报告发布会”“第七届中国休闲与旅游发展论坛暨2022长三角城市休闲化指数发布会”分别于9月28日、11月18日在上海市文化和旅游事业发展中心举办。上海旅游高等专科学校参与发布《2022中国城市休闲化指数报告》《2022长三角城市休闲化指数报告》，分别对全国36个城市休闲发展现状和长三角地区41个城市休闲化发展水平进行测度与分析。

（蒋一聪）

**【获国际旅行与旅游教育者协会机构成就奖】** 10月8日，在国际旅行与旅游教育者协会（ISTTE）年会闭幕式上，上海旅游高等专科学校旅游管理专业获国际旅行与旅游教育者协会机构成就奖。学校旅游管理专业100多名师生代表出席线上颁奖仪式。（蒋一聪）

【接受旅游教育质量国际认证网络评审】 11月28日，上海旅游高等专科学校本科旅游管理、会展经济与管理，专科酒店管理与数字化运营、会展策划与管理4个专业接受旅游教育质量国际认证网络评审。 （蒋一聪）

11月28日，上海旅游高等专科学校接受联合国世界旅游组织TedQual国际认证网络评审

【国际会展产业学院揭牌】 12月17日，上海旅游高等专科学校国际会展产业学院揭牌仪式在上海虹桥绿地铂瑞酒店举办。学院由上海旅游高等专科学校与中国国际贸易促进委员会商业行业委员会联合创办，旨在以立德树人、产教融合、开放合作为导向，以建成开放性、国际化、平台型组织为立足点，实现教育链、产业链、人才链、创新链“四链融合”，为提高上海会展产业竞争力和汇聚发展新动能提供人才支持和智力支撑。 （蒋一聪）

## 附：学校负责人及地址

（2022年1—12月）

校党委书记：刘晓敏

副书记：康　年、徐继耀、郑旭华、卫茹静

校　长：康　年

副校长：卫茹静、王建昌、卓德保、张宏梅

地址：海思路500号

邮编：201418

电话：57126268

# 上海出版印刷高等专科学校

【2022年概况】 有水丰路、营口路、国顺东路、松花江路、周浦5个校区。设印刷包装工程系、信息与智能工程系等14个直属院（系），有40个专业。在校生5845人（其中普通专科生5724人、成人专科生119人）。年内招生计划2170人，录取2162人，录取率99.6%。在岗教职工470人，专任教师264人，具有高级职称的99人。

印发《中共上海出版印刷高等专科学校委员会关于学习宣传贯彻党的二十大精神的实施方案》，制定《党委理论中心组学习安排表》《二十大精神学习宣传贯彻工作清单》，以周为单位制订学习计划。党委领导班子带头宣讲，邀请宣讲团授课，分级分层开展专题培训。成立学校党的二十大精神宣讲团，宣讲团成员在校内外巡讲25场，辐射2300多人次。

根据专业特色，紧密依托行业，全年完成培训21个项目，受训学员3495人，累计培训2.9万余人次。承办2022年上海市首届课程思政教学设计展示活动，获批上海市课程思政教学研究示范中心。获批上海高职高专文化素养教指委课题及课程建设5项、上海市课程思政示范课程7门、上海市课程思政示范团队5支、上海市课程思政教学名师1人。师生在第十届全国高校数字艺术设计大赛（未来设计师NCDA大赛）中获国家级奖项3项、省级奖项60项，学校获“卓越贡献奖”。在2022 Adobe Certified Professional世界大赛（ACP世界大赛）中

获一等奖2项、二等奖1项、三等奖1项，2名选手入围世界大赛中国区总决赛并获卓越技能奖和短视频组二等奖。在2022年第十四届全国大学生广告艺术大赛中获国家级奖项3项、省部级奖项18项。在2022年德国红点设计大奖上获品牌与传达设计大奖。

成立职业教育评价研究中心，举行职业教育评价论坛、版专实践导师—上海师范大学兼职研究员互聘仪式暨实践育人推进职业教育高质量发展论坛，开展上海高校分类评价专业研究。完成一流院校（培育）（2019—2021年）建设及6个一流专业的总结验收工作，推进2022年度高水平院校建设及3个专业群的建设备案工作，开展2023—2025年度内涵建设项目申报工作。获批市级优秀教学成果11项，其中特等奖1项、一等奖4项、二等奖6项，1项申报国家级优秀教学成果。获批2021年度市级教师教学创新团队3支、市级现代学徒制试点项目1项、市级示范性专业教学资源库1项，2021年度市级在线开放精品课程2门。3名教师在第五届上海高校青年教师教学竞赛中分获一、三等奖。连续五年在上海22所"应用技能型院校"分类评价中效益评价排名第一，综合排名第一，连续五年蝉联应用技能型高校分类评价冠军。

构建以"水丰汇"国家数字传媒产业园为标杆，四季广场校企合作实践育人基地、上海高校实践育人创新创业基地汇创空间为主体，大学生数字传媒创新创业基地为基础的"一街一带N环"产教融合校企合作生态体系。推进学校崇明印务中心产教融合实践基地、南上海数字出版传媒产业园建设。入选2022年上海市级首批创新创业实践基地建设名单，连续四年获批上海市院校创业指导站A级指导站。师生在第八届中国国际"互联网+"创新创业大赛中获国赛铜奖2项，市赛金、银、铜奖共计24项，获第七届"汇创青春"上海大学生文化创意作品展示活动一、二、三等奖18项。

发表学术论文246篇，科研项目立项39项，知识产权成果及转化59项，科研奖项32项，决策咨询专报获领导批示或采用10篇。推进"智能与绿色柔版印刷"国家重点实验室、上海出版传媒研究院、上海市绿色包装专业技术服务平台等研究平台建设。牵头编撰《2022中国柔性版印刷发展报告》蓝皮书、《2022长三角绿色包装产业发展报告》蓝皮书。获批中国科协"科创中国"智能与绿色印刷创新基地，入选长三角区域印刷业一体化发展升级重点名单——上海印刷创新中心。获评国家新闻出版署"2021年度出版业优秀科技与标准重点实验室"、中国印刷技术协会"特别贡献集体"。

以人才揽蓄为重点，聚焦印刷包装、出版传媒、艺术设计、广播影视、电子竞技等行业领域，改革人才招聘模式，累计引进各类人才70余人。新制订《上海出版印刷高等专科学校专业带头人选拔及聘任管理办法》《关于印发社会服务项目的绩效分配管理办法（试行）的通知》。举办首届"国际青年学者论坛"，设"印刷包装绿色与智能化发展""出版融合与文化创意前沿论坛""艺科融合守正创新"3个分论坛。

推进奉贤校区一期工程宿舍楼部分建设，年内完成主体结构封顶宜。谋划上海传媒学院（暂名）筹建工作，成立上海传媒学院筹建领导小组和工作小组，完成首批6个本科申报专业论证工作。完成周浦校区收尾工作和营口路校区整体大修项目。完成学校印务中心项目准入工作，取得《关于同意上海出版印刷高等专科学校崇明印务中心项目准入的复函》，完成印务中心项目土地证、产证办理及竣工验收相关准备工作。推进学校"一网通办"平台建设，打造学校"版事通"服务平台，拓展"一网通办"服务渠道。

招收全日制专科国际学生（学历生）2人、汉语言国际学生114人。举办第三届领略汉语之美，弘扬技能之光—"毕昇工坊""中文＋技能"云上课堂，培训辐射中亚、南亚、俄罗斯等国家和地区青年800人次。"毕昇工坊"入选首届世界职业技术教育发展大会"职业教育改革发展国际交流合作特色案例"，入选市发改委2022年"一带一路"优秀案例。举办第二期"德国职业教育精英师资"培训班。入选上海教育国际交流协会第七届理事会。信息与智能工程系移动应用开发专业获批中德先进职业教育合作项目（SGAVE）新一代信息技术试点专业。（聂韶晶　张　搏）

**【获第十六届毕昇新人奖】** 1月，中国印刷技术协会发布《第十六届毕昇印刷技术奖评选结果公告》，第十六届毕昇印刷技术奖评出毕昇印刷优秀新人奖12人。上海出版印刷高等专科学校教师王东东获第十六届毕昇新人奖。王东东自2013年入校以来，主要承担竞赛集训、基础实训等工作，获"全国技术能手""上海市技术能手"荣誉称号，是2018年最年轻的"上海工匠"。（聂韶晶 张 搏）

**【获2022年世界技能大赛特别赛印刷媒体技术项目金牌】** 10月16日，2022年世界技能大赛特别赛印刷媒体技术项目在瑞士阿劳落幕。代表中国参赛的上海出版印刷高等专科学校教师顾俊杰获金牌，是中国获得的首个印刷媒体技术项目冠军。（聂韶晶 张 搏）

10月16日，上海出版印刷高等专科学校教师顾俊杰获2022年世界技能大赛特别赛印刷媒体技术项目金牌

**【《2022长三角绿色包装产业发展报告》蓝皮书首发仪式】** 10月31日，在上海科学会堂举行。由中国包装联合会指导，上海出版印刷高等专科学校、上海市包装技术协会、长三角地区省市包装行业协会共同策划。《2022长三角绿色包装产业发展报告》蓝皮书由上海出版印刷高等专科学校校长主编，是长三角地区首部绿色包装产业的行业蓝皮书，为政府决策提供真实可信的产业发展规划参考，为品牌商提供前瞻性行业发展分析，为包装企业提供绿色转型政策解读，为行业研发人员提供技术演进趋势研判，为中国包装产业的可持续发展献计献策。（聂韶晶 张 搏）

**【3套"中文＋技能"教材投入使用】** 在第三届"毕昇工坊""中文＋技能"云上课堂开班仪式上，由上海出版印刷高等专科学校设计开发的"计算机直接制版技术""印刷质量控制与标准化"2项课程标准以及"出版与印刷"1项培训标准作为中国技能培训教材投入使用。（聂韶晶 张 搏）

**【与市政府教育督导办公室共建首个职教评价研究中心】** 10月，市政府教育督导办公室决定与上海出版印刷高等专科学校共建职业教育评价研究中心。该中心是市教委在上海22所应用技能型高校中唯一设立的职业教育评价研究基地。（聂韶晶 张 搏）

**【获批教育部中德先进职业教育合作项目(SGAVE)试点院校】** 经教育部组织的相关评审标准和流程，通过专家现场实地考察与审核、申报材料书面评审等环节，上海出版印刷高等专科学校信息与智能工程系移动应用开发专业成为首批中德先进职业教育合作项目(SGAVE)新一代信息技术试点专业。为全国新一代信息技术产业发展培养更多具有国际化视野的高素质技术技能人才。（聂韶晶 张 搏）

## 附:学校负责人及地址

（2022年1—12月）

校党委书记:顾春华
副书记:陈 斌、顾 凯、黎 卫、焦雪勐(8月到任)

校 长:陈 斌
副校长:黎 卫、周国明、杨爱玲、吴雷鸣

地址:水丰路100号
邮编:200093
电话:65676563

# 上海行健职业学院

**【2022 年概况】** 设学前教育、信息技术与机电工程、经济管理、商务外语、应用艺术 5 个教学系，有 28 个专业(含专业方向)。全日制在校生 4057 人。年内录取新生 1778 人。学校在岗教职员工 275 人，其中专任教师 173 人，双师素质专业教师占比 86.93%，高级专业技术职称专任教师占比 23.62%。

有 3 个市级一流专业(培育)项目，12 个市级教师教学(创新)团队。累计建设市级精品(在线开放)课程 22 门。在线课程 1500 多门，各专业在线教学平台使用覆盖率 100%。

落实意识形态工作责任制，筑牢“三微一端”(微信、微博、微视频及客户端)等阵地，优化舆情监测、研判、报告、处置等流程机制。继续聘请行业能手、企业技术骨干任教，通过师徒传承项目传承工匠精神。

落实“三全育人”实施方案，加强辅导员素质能力提升建设，推进校级辅导员特色工作室项目，开展学系辅导员工作品牌化建设工作。推进完善德育评价，探索建立劳动精神学习、劳动实践活动完成量为基本依据的劳动教育评价机制。做好学生心理健康教育工作科学识别、实时预警、专业咨询和妥善应对。开展青年教师心理关怀。发挥“行健展厅”育人功能，组织开展新师新生校史教育。结合“明德·笃行”文化品牌校级项目，开展“观校史、讲校史、践精神”主题活动。推进力行楼智慧楼宇建设，提升教学环境和智能化软硬件环境。

加强专业自主诊断，建设紧密对接产业链和创新链的优质专业群。做好人才培养方案公开以及调整，加强学生实习实训管理。做好实训室改建等重点项目，开发更多的校外实训基地。完善贯通专业标准，启动贯通一体化质量工程建设，组织贯通专业技能赛。参与市级质量工程遴选工作。开发新型活页式、工作手册式、融媒体式教材。发展“互联网+教育”，推进混合式教学改革。加强精准帮扶，继续做好沪喀、沪滇职教联盟框架下的职业教育对口支援帮扶工作。

加强教师思想政治和师德师风建设，出台师德失范行为处理办法，做好师德典型的宣传和表彰工作。以教师发展平台为依托，建立师资培训体系。继续做好教师赴企业实践工作和技能大师工作室建设。完善教师企业实践项目管理，建立有效激励考核机制。推进青年教师公租房租赁项目。

落实教育部“阳光工程”，执行招生纪律。加强教材规范和语言文字工作，压实教材审核管理主体责任。严格执行收费政策，做好收费项目、标准及收费依据的公示工作。打通不同部门的信息系统，提升在线校务服务水平。加强师生法律法规知晓度、法治精神认同度、法治实践参与度教育。

对 2021 年度重点项目、大额度资金、服务委托等项目开展绩效评价考核工作，对专项经费使用进行沟通、督促和管理。构建适应学校实际和高职教育要求的档案立卷制度，建设完善归档实施办法、档案管理岗位责任制。完善安全巡查机制，开展校园反电信网络诈骗工作。推动建立“宿舍室内安全、卫生管理主体责任清晰，监督部门明确、日常促建工作常规化的工作机制”，推进绿色校园建设。

学校获评工信部“产教融合专业合作建设试点单位”，入选上海市级创新创业教育实践基地建设名单，获“上海市教学成果奖”一等奖 1 个、二等奖 2

个。人民网、上观新闻、澎湃新闻、上海教育新闻网等主要媒体报道学校教学改革、服务社会及师生事迹。（王明慧）

**【完成第二轮2020学年专业建设与发展评价工作】** 3—6月，上海行健职业学院组织实施第二轮2020学年专业建设与发展评价工作。历经指标体系修订、数据采集填报、数据审核、数据再确认、数据复核修改和形成评价结果6个阶段，学校各专业“学生就业率”“课程在线教学资源使用率”“毕业生满意度”“在校生满意度”4项指标持续优异，平均得分率均在90%以上；汽车运用与维修技术专业和学前教育专业的“技术技能大师占比”指标取得零的突破，平均得分率实现增长。（贾旭鑫）

**【庆祝第38个教师节暨表彰大会】** 9月4日，在上海行健职业学院明德楼1109主会场举行。会议表彰2021年度教育教学获奖教师、第一届“优秀骨干人才”。（张金波）

**【中高职贯通教育紧密型联合体签约仪式】** 9月13日，在上海行健职业学院举行。上海行健职业学院介绍学校中高职贯通培养工作整体推进情况。与会各方共同签署《上海行健职业学院中高职贯通教育紧密型联合体合作协议》，上海行健职业学院中高职贯通教育紧密型联合体成立。（陈　琦）

**【与上海淞沪抗战纪念馆签约共建思想政治教育实践基地】** 9月18日，上海行健职业学院组织40余名师生代表前往上海淞沪抗战纪念馆参加抗日战争爆发91周年纪念活动暨馆校共建思想政治教育实践基地签约仪式。师生代表还参观“艰苦卓绝——上海抗战与世界反法西斯战争”主题展。（邢　艺）

**【入选上海市级创新创业教育实践基地】** 9月30日，市教委印发《关于公布市级创新创业学院和创新创业教育实践基地建设名单的通知》。上海行健职业学院入选，成为上海市级创新创业教育实践基地建设单位。（孙　波）

**【数字经济产教融合促进平台成立大会暨2022年上海市商业联合会职业技能大赛电子商务师决赛颁奖仪式】** 11月26日，在上海行健职业学院举行。上海市商业联合会授牌上海行健职业学院成立“电子商务职业技能等级认定站”。同时，举行2022年上海市商业联合会职业技能大赛电子商务师决赛颁奖仪式。上海行健职业学院电子商务2支团队分获特等奖和三等奖。特等奖选手钟一杰、杜双双、韩雪获上海市首批电子商务师技师（二级）证书。孙天慧获金牌指导教师荣誉。

（张金波）

11月26日，上海行健职业技术学院2支团队分获2022上海市商业联合会职业技能大赛电子商务师决赛特等奖和三等奖

## 附：学校负责人及地址

（2022年1—12月）

校党委书记：沈燕华
副书记：李　越

校　长：黄　群
副校长：章卫芳

地址：原平路55号
邮编：200072
电话：56075555

# 上海城建职业学院

**【2022年概况】** 有奉贤、杨浦、宝山、静安、吴泾、国科路6个校区，设数字建造、城市运营管理、人工智能应用等9个二级学院以及马克思主义学院、创新创业学院、基础教学部3个公共教学机构、1个城市发展研究中心。上海市建筑工程学校为学校附属中专。有45个专业，其中国家骨干专业14个、上海市高水平专业群4个、一流高职专业8个、中高贯通专业15个、高本贯通专业3个。全日制在校大学生10448人。年内招录新生3799人。有教职工800余人，其中专任教师600人，高级职称占比34%，硕士学位以上教师占比83%，专任专业教师中"双师型"占72%。

联合头部企业共建产业学院16个、生产性实训基地23家、技能大师工作室16个。连续五年位列上海高校分类评价应用技能型高校第一梯队。入选2022年全国高等职业院校治理体系建设典型院校。成为中国职业院校在坦桑尼亚等国家输出相关行业岗位职业标准及配套人才培养方案项目的第一批立项建设单位。获批教育部科技发展中心"中国高校产学研创新基金"项目。获评2021—2022年度市A级院校创业指导站。

"思想道德与法治"课入选职业教育国家在线精品课程，"形势与政策"课入选市级精品在线课程。出版《大学生劳动教育教程》教材，建成"筑梦中国"线上开放课程，完成"红色上海"线上资源建设。10个项目入选市教委课程思政示范项目，2门课程获首届上海市课程思政教学设计展示活动一等奖。有100位劳模导师、70多位劳模特聘教授受聘走进校园。"百名劳模与百名学生入党积极分子结对"活动列为市关工委重点建设项目。《劳模(工匠)精神引领的"三全"劳育模式探索实践》案例被收录教育部劳动教育"典型工作法"。

学生在全国职业院校技能大赛中获二等奖1项、三等奖5项，获奖数量居全市第一。在2022年金砖国家职业技能大赛中累计获7个奖项，获奖数量位列全国第七。在第二届全国技能大赛上海市选拔赛(世赛选拔项目)中获4金、4银、3铜和13枚优胜奖，4名教师获"金牌指导教练"，6名教师获"优秀指导教练"。在第十七届"振兴杯"全国青年职业技能大赛(学生组)创新创效专项赛中获银奖，成为上海市唯一获奖项目。

制定学校"十四五"发展规划，修订学校章程，组织编写学校申本论证报告，申本各项内涵指标全面达成。制定本科人才培养方案指导意见，构建科学合理课程体系。首批9个本科专业报市教委备案。推进第二批10余个专业前期准备。作为第一完成单位获上海市教学成果奖12项，其中特等奖1项、一等奖6项、二等奖5项，获奖质量及数量取得历史性突破。2项成果被推荐参加国家教学成果奖评选。完成奉贤校区产证办理，启动宝山和奉贤校区的修缮工程。

优化升级8个专业群为"高、特、新"型专业群，其中4个专业群获上海市高水平专业群建设立项。在2022年第三方评价中，3个专业位居全国第一。"1+X"证书制度试点达到专业全覆盖，试点工作案例获上海市一等奖1项、二等奖1项。现代学徒制扩展到10个专业，1个专业获市级立项建设。获批市高等职业教育名师工作室1项、技能大师工作室1项。2门课程入选国家在线精品课程，11门在线开放课程入选国家智慧教育平台，14个资源库、107门在线开放课程入选上海智慧教育平台。完成1个国家级教学资源库和14个市级专业教学资源库验收。3 本教材推荐参加国家“十四五”规划教材评选。第四十七届世界技能大赛上海市集训基地获批数量居全市首位。

引进教授高层次人才 7 人、博士 11 人、骨干教师 28 人、柔性高层次人才 1 人，完成全年“人才揽蓄”计划。5 名教师入选全国行业职业教育教学指导委员会（2021—2025 年），15 名教师在本科高校兼任博士生、硕士生导师，24 名教师被海外大学或学术机构聘为兼职教师或顾问，专任教师在国内外高校或学术机构兼任学术职务达 202 个。1 支团队获全国教学能力比赛三等奖，2 支团队获市级教师教学能力比赛一等奖、1 支团队获三等奖。1 支团队获上海高校青年教师教学竞赛二等奖、2 支团队获三等奖。立项建设 2 支市级职业教育教师教学创新团队。开通企业编，构建专技、教辅、辅导员和管理岗多轨并进的职业发展通道。

推动与龙头企业合作，加强与奉贤新城建设的融合，打造“1 个专业、1 个龙头企业、1 批中小微企业”建设模式，强化校企“双主体”育人。获批教育部“中国高校产学研创新基金”项目，在 2022 年产教融合校企合作优秀案例评选中，2 个案例分获特等奖、三等奖。

与泰国格乐大学等院校签约合作。在埃及成立“中医理疗中东地区培训中心”。6 个职业标准在坦桑尼亚、冈比亚等国立项。学校“中文＋职业技能”丝路华语海外培训中心在埃及中国大学揭牌成立。

全年专利转化 6 项、专利获授权 24 项、发放软件著作权证书 4 项。横向科研项目 152 个。学报《上海城市管理》在全国高职成高学报研究会 2022 年期刊评选中获“全国高职成高学报名刊”。学历继续教育培训 3 万人次。

在第二轮上海高校党组织“攀登”计划和上海高校学生“双百”创建中，1 个党总支入选“上海党建工作标杆院系”培育创建单位，1 个党支部入选“上海党建工作样板支部”培育创建单位，1 名学生入选上海高校“百名学生党员标兵”创建名单。

（范春燕）

**【检测中心获中国计量认证 CMA 资质】** 1 月 20 日，上海城建职业学院检测中心获 CMA 认证资质。该中心是“研发引领—市场服务—成果转化—人才培养”四位一体的平台，是学校内设产教研机构。获 CMA 资质，标志着上海城建职业学院成为全国首个同时具备 3 个以上工程领域（振动、噪声、水质、电磁辐射）检验检测能力的职业院校，能够同时开展科研、教学、第三方检测、咨询、评价、培训、成果转化等技术服务。年内，检测中心参与制定国家标准 2 项，授权国家专利 11 项，转化专利 1 项，签约科研项目 100 余万，出版专著 1 部，发表 SCI/EI 论文 13 篇，获中国产学研合作促进会奖 1 项、中国建材流通协会科学技术奖 1 项，1 人入选教育部行指委。

（范春燕）

**【当选全国乡村振兴职业教育集团常务副理事长单位】** 3 月 18 日，全国乡村振兴产教融合联盟（乡村振兴职教集团）成立大会采用线上线下、互联直播模式举行。中华职业教育社、国家发展改革委价格成本调查中心、教育部职业教育发展中心培训中心等 150 余家单位 300 余人与会。经大会表决，上海城建职业学院当选联盟（集团）常务副理事长单位。乡村振兴职教集团旨在促进教育链、产业链、人才链和创新链有机融合，服务国家乡村振兴战略，上海城建职业学院以“青创、军创、乡创”三创融合发展的孵化机制和服务体系来强化职业教育和人才支撑能力。

（范春燕）

**【入选第三批“全国党建工作样板支部”培育创建单位】** 3 月 10 日，教育部思想政治工作司公布第三批新时代高校党建示范创建和质量创优工作遴选结果，上海城建职业学院马克思主义学院第一党支部入选第三批“全国党建工作样板支部”培育创建单位。该支部以党建工作带动教学科研工作，有效推进特色马克思主义理论学科和师资队伍建设。

（范春燕）

**【获批上海市 2022 年度“科技创新行动计划”国内科技合作项目】** 8 月 22 日，上海市科委公布 2022

年度“科技创新行动计划”国内科技合作项目资助立项。由上海城建职业学院援疆教师干英俊教授担任项目负责人、建筑工程技术专业教师教学创新团队为主体的“喀什地区建筑废弃物再生利用技术培训及科创能力提升”项目入选。该项目针对喀什地区建筑废弃物再生利用的技术难点，联合喀什职业技术学院，面向包括泽普县技工学校、喀什水利水电学校在内的大中专院校以及相关企业，围绕混凝土再生利用、建筑垃圾资源化以及就地固化等关键技术开展专业技术培训。（范春燕）

**【第二届全国技能大赛上海选拔赛（世赛选拔项目）砌筑项目】** 9月14—15日，在上海城建职业学院举行。上海市4个院校选送的10位选手参加比赛，用红砖和黄砖砌出“2022”“SH”“SUCC”三个图形，主要操作流程包括选砖、放样、切割、砌筑和勾缝5个步骤。最终评委根据砌体的尺寸、水平、垂直度、平整度、细部、连接及成品等维度进行打分。

（范春燕）

9月14—15日，第二届全国技能大赛上海选拔赛（世赛选拔项目）砌筑项目在上海城建职业学院举行

**【中国教育电视台专题报道上海城建职业学院特色案例】** 10月9日，中国教育电视台职教频道策划制作世界职业技术教育发展大会特别节目《风帆》，展示职业教育改革发展和国际交流合作60个特色案例。其中，以《上海城建职业学院：服务城市发展，贡献职教方案》为题，对上海城建职业学院特色案例进行专题报道。（范春燕）

**【“中文＋职业技能”丝路华语海外培训中心揭牌成立】** 12月9日，上海城建职业学院与埃及中国大学共建的“中文＋职业技能”丝路华语海外培训中心在线上揭牌。“中文＋职业技能”培训是职业院校与“一带一路”沿线国家开展国际化交流与合作的特色与亮点。两校将发挥专业优势，在人才培养、资源建设共享、实训基地建设、“中文＋职业技能”培训、科研合作、师生交流、合作办学等方面进行合作。（范春燕）

## 附：学校负责人及地址

（2022年1—12月）

校党委书记：褚　敏
副书记：杨光辉、何　光、吕　力

校　长：叶银忠
副校长：何　光、杨秀方、郭洪涛、杨广军、淦爱品

奉贤校区地址：南亭公路2080号
邮编：201415
电话：57460188

杨浦校区地址：军工路2360号
邮编：200438
电话：31118788

宝山校区地址：漠河路1168号
邮编：201999
电话 56607119

静安校区地址：河南北路301号
邮编：200085
电话：36391732

吴泾校区地址：龙吴路4989号
邮编：200241
电话：64500551

国科路校区地址：国科路75号
邮编：200433
电话：65665219

# 上海交通职业技术学院

**【2022年概况】** 有徐汇、宝山、浦东、闵行、嘉定5个校区，设11个教学系部、二级学院，37个专业，其中汽车检测与维修技术、集装箱运输管理2个专业为国家级教育改革试点专业，关务与外贸服务、汽车检测与维修技术(新能源专业方向)2个专业为中央财政重点建设专业。全日制在校生7864人，其中高职生5089人、“五年一贯制”学生500人、中职生2275人。全校教职工537人，其中专任教师381人。专任教师中，副高级及以上职称67人，占比17.6%。

获批上海市高水平高职学校立项，智能网联汽车专业群、城市轨道车辆应用技术专业群立项。完成学校改革和发展“十四五”规划研制工作，并启动学科专业建设发展规划、师资队伍建设规划、职教集团发展规划3个专项规划编制。制订《“十四五”专业建设及优化规划》。完成《上海交通职业技术学院专业布局调整实施方案(2022年)》。申报智能网联汽车技术新专业。开展“五年一贯制”新型高职建设，开设“五年一贯制”专业10个。轨道线路检修、交互设计、城市轨道交通供电系统3门课程获校级精品在线开放课程。汽车机械系统结构与拆装等7门市级在线开放课程接入国家“职业教育专业与课程服务中心”。

完成2022级33个高职专业、5个中高职教育贯通专业(涉及7所中职学校)人才培养方案的修订，以及10个五年一贯制专业人才培养方案的制定。持续推进“1+X”证书试点工作，将“1+X”证书制度与人才培养方案、专业建设、课程建设、教师队伍建设等有机融合。13个不同级别证书获批数据中心IT系统运维管理职业技能等级证书。获批课程思政教学研究示范中心。国际货运代理理实务(海运)等4门课程获批上海课程思政示范课程，国际货运代理理实务(海运)课程教学团队等3个团队获批上海课程思政示范团队。完成汽修专业“双证融通”试点工作。

制订《上海交通职业技术学院2022年编制划转教师职称转聘工作实施方案》。修订《上海交通职业技术学院教职工政治理论学习实施办法》。汇编印发《上海交通职业技术学院教师思政和师德应知应会手册》。组织新进教职工开展入职培训，签署师德承诺书、廉政承诺书，组织开展“师德师风大讨论”等。组织17名新教师参加教学能力提升网络专题培训以及2022年上海市属高校新教师岗前培训。新增1个上海市高职工科类双师型名师工作室及团队建设立项，5个二级院系的6个专业教学团队立项为校级教学创新团队。学校获批2021—2025职业院校教师素质提升计划上海市级关务与外贸服务专业教师教学能力提升“国培项目”师资培训基地。制订《上海交通职业技术学院预防与处理学术不端行为办法(试行)》。学年度在研课题67项，其中市级以上及各类学会课题28项，校级课题39项；结题41项。组织申报纵向各类课题33项。学年度教师发表论文90余篇，课题论文获各类奖项近10项。申报国家优秀成果1项。获上海市优秀教学成果特等奖1项、一等奖1项、二等奖3项。评定学校优秀教学成果12项。

落实“一人一档，精准施策”，实现就业工作精准对接。举办12场就业指导系列讲座，以及“上海交通职业技术学院书记校长访岗拓企促就业专项行动暨2022届&2023届毕业生就业实习网络双选会”，吸引434家招聘企业参与，累计发布职位1987个，涵盖14个不同行业大类，约2200名学生参与。

做好继续教育工作，成人学历教育在校生703

人。完成“汽车技术服务课程资源”建设项目。组织汽车维修工(中、高级)、内河船舶船员基本安全及载运包装危险货物船和客船、第二届全国技能大赛上海市选拔赛汽车技术、电气装置等项目的培训、申报、考试达1113人次。承办协办各类社会考试、技能培训、竞赛服务等4014人次。完成内河船员培训办学许可证的到期换证、中期审核工作。汽车类、物流类、机械数控类、电工类等职业技能等级认定院校团队申报资质开通。

做好职前技能实训工作,完成职前学生电工、钳工和低压电工培训1114人次,班级29个。升级改造维修电工PLC实训室。继续与市燃气处合作举办全市燃气行业从业人员培训班,培训学员1309人。作为全市唯一的全国机动车检测维修工程师培训考核点,培训学员60人,报名、审核学员161人。启动红十字培训基地项目建设。完成培训学校《办学许可证》和《社团登记证》的换证工作。培训学校被市人社局认定为上海市2018—2020年度职业技能培训机构办学质量和诚信等级A级单位。

开展上海市高职高专院校交通运输类优秀教材、优秀课程评选活动,《道路交通信息采集分析及处理》获一等奖。举办“心系交通天地、放飞青春梦想”为主题的夏季人才供需招聘会,精选物流、汽车、城市交通类企业290家,为学生提供2000多个就业或顶岗实习岗位。承接完成市教委教育技术装备中心组编的《上海市职业院校物流类专业教师企业实践培训标准》编制任务。启动物流管理专业“点到面”中高职衔接培养模式学生遴选考试工作项目。上海交通物流职业教育集团获评“红船奖”“学生活动组织奖”“专业活动组织奖”。

(王智平　胡萌萌)

**【考察评议学校“五年一贯制”高职院校建设工作】** 3月3日,上海交通职业技术学院建设“五年一贯制”高职院校专家考察评议会在学校闵行校区举行。由市教委专家组,以及市发改委、市人社局、市委编办等相关部门专家,对学校申报“五年一贯制”高职院校情况进行考察评议,同意学校开展“五年一贯制”新型高职学校建设。　(王智平　胡萌萌)

**【获全国职业院校技能大赛高职组“货运代理”赛项一等奖】** 8月18—19日,2022年全国职业院校技能大赛高职组“货运代理”赛项在山东青岛举办。上海交通职业技术学院21关务G班周雨欣同学获全国一等奖,关务与外贸服务专业带头人孙晓副教授获全国职业院校技能大赛优秀指导教师奖。

(王智平　胡萌萌)

**【举办第二十五届技能节大赛】** 11月18日,上海交通职业技术学院举办第二十五届技能节大赛,分高职、中职、中高职混合3个组别。高职组有28个项目,498人参与。中职组有3个项目,135人参与。中高职混合组有7个项目,189人参与。大赛产生一等奖38个、二等奖73个、三等奖95个。

(王智平　胡萌萌)

11月18日,上海交通职业技术学院教师指导学生参加“技能节”创意视频比赛项目

## 附:学校负责人及地址

(2022年1—12月)

校党委书记:徐　刚

副书记:董晓峰、王　烨

校　长:董晓峰

副校长:季　强、顾剑锋、钱啸寅、刘　伟、张巳冬、高　芹

徐汇校区地址:凯旋路2050号

邮编:200030

电话:64476749

宝山校区地址:呼兰路883号
邮编:200431
电话:56993234

浦东校区地址:下盐路2888号
邮编:201314
电话:68242048

嘉定校区地址:华亭镇双塘村双浏路128号
邮编:201816
电话:59950076

闵行校区地址:紫琅路118号
邮编:201101
电话:64618527

## 上海海事职业技术学院

**【2022年概况】** 有浦东、杨浦2个校区,设航海技术、机电工程、航运管理、公共教学4个教学系部和1个职业教育培训中心,有航海技术、轮机工程技术等16个专业。全日制高职在校生426人,年内招生193人。教职工103人,其中专任教师中具有研究生学历占比32.76%,具有高、中级专业技术职务占比86.21%,"双师型"教师占比46.55%。

强化"三基"建设,抓好"三会一课",推动全面从严治党。贯彻落实中远海运集团党建"成果运用年"各项部署,巩固党史学习教育成果,提高学院党委在党的建设、深化改革、转型发展、建章立制、干部人才队伍等重大事项上谋大局、把方向的政治能力。

推进"课程思政"教学改革,开设"航运中国"等中国系列课程,所有课程开展课程思政建设,编制4个专业课程思政教学指南,课程思政案例累计编制140个。

发挥4支上海市级教学团队示范引领作用,开展教学科研活动,推进课程改革,提高教学效果。全年14项教学科研项目获各类立项,10项科研项目获各类奖项,多位教师在各类教学教案比赛中获奖,其中省部级教学成果奖二等奖1项,省部级思政示范课2门,中国远洋海运集团优秀政研成果一等奖1项。组织申报上海市高等职业教育名师工作室主持人2项。"航运管理类专业群"获批"上海市高水平专业群建设"(省部级一流专业)。

参加第八届中国国际"互联网+"大学生创新创业大赛上海赛区,获职教赛道铜奖1项。395名学生参加第七届全国学生"学宪法讲宪法"活动,完成率92.72%,学工处2位老师获"先进个人"荣誉称号。团委组织青年师生线上收看党的二十大开幕会直播,围绕党的二十大、传承良好家风、建设清廉校园等活动主题,通过专题学习、经典诵读、社会实践等形式开展集中学习,推动学院廉洁文化建设走深走实。举办学生书法大赛,选送优秀作品参加上海市高校大学生书法大赛。学校连续19年获上海市征兵工作先进单位称号。

加强毕业生工作推荐力度,建立"一人一册""一人一档",举办多场"云招聘会",做好毕业生思想工作,特别关心关爱毕业生中特殊群体的就业落实。加强产教融合,校企合作,借助中远海运集团的品牌效应和行业影响力,对接集团产业链,输送符合条件的一线技术技能人才。

完成航海技能骨干业务集训四期12天的教学、实操任务,二期培训学员448人。 (刘单忠)

**【获上海市高职高专院校职业技能大赛教学能力比赛(经济类)奖项】** 4月13日,上海市高职高专院校职业技能大赛教学能力比赛(经济类)获奖名单公布。上海海事职业技术学院杜江教学团队作品《国际海运货物进出口代理业务》获二等奖,张玉梅教学团队作品《运输及其合理化》获三等奖。

（刘单忠）

**【获上海市高水平高职专业群建设立项】** 9月29日，上海市教委公布上海第二批高水平高职专业群建设名单（2022—2024年）。上海海事职业技术学院港口与航运管理专业、现代物流服务专业、关务与外贸服务3个专业组建的“航运管理类”专业群入选。（刘单忠）

**【获上海市优秀教学成果（职业教育类）二等奖】** 10月18日，2022年上海市优秀教学成果名单公布。上海海事职业技术学院的《航运管理类专业群课程思政全方位育人实现路径的探索与实践》获2022年上海市优秀教学成果（职业教育类）二等奖。（孙　夏）

**【获评上海市课程思政示范课程】** 11月24日，市教卫工作党委、市教委公布课程思政示范项目名单。经学校申报、专家评审和网上公示，上海海事职业技术学院的航运中国、物流管理概论2门课程被评选为“上海市课程思政示范课程”。（孙　夏）

**【申报新专业获上海市教委备案】** 12月14日，经学校申报、专家评审、现场答辩，上海海事职业技术学院申报的“港口机械与智能控制”新专业获上海市教委备案。（吴　瑜）

### 附：学校负责人及地址

（2022年1—12月）

校党委书记：欧阳木林
副书记：刘若刚

校　长：齐　晖
副校长：刘若刚

浦东校区地址：源深路158号
邮编：200120
电话：58311677
杨浦校区地址：世界路200号
邮编：200438
电话：65801855

## 上海电子信息职业技术学院

**【2022年概况】** 有奉贤、闵行、徐汇、普陀、金山5个校区，设13个二级学院，有37个专业（其中国家级重点专业8个，上海市重点专业10个）。有全日制在校生9740人。年内招生2403人。专兼职教师近600人，其中中高级以上职称占比近90%，专任教师中双师素质教师占比近90%。

入选“上海党建工作特色高校”培育创建单位。修订制度30条，新增14条，废止32条，编纂《学校制度汇编（2022年）》。落实法律顾问制度，协调处理10余项法律事务。组建法治工作联络员队伍，开展领导带头学法、师生员工法治培训、法治宣传活动。完善依法治校示范部门评分细则，评选出5个依法治校示范部门。3名学生获上海市“新沪杯”中学生宪法法律知识竞赛一等奖。组织学生参加全国“学宪法、讲宪法”系列活动，参与率达97%。

开设“习近平新时代中国特色社会主义思想概论”必修课，学校党委书记、校长等领导走上思政讲台。2门课程获评“上海高校党史学习教育与课程相融合示范课程”。1门课程获“首届上海市课程思政教学设计展示活动”特等奖。4门课程获批上海市课程思政示范课程。1位教师获批上海市课程思政教学名师，2个教学团队获批上海市课程思政示范团队。1名毕业生获"上海工匠"称号。学校创业指导站获评"上海市A级院校创业指导站"。

引进教职工180人，其中正高级职称27人、副高级职称61人、博士82人。落实劳动合同制用工管理政策，199位教师转入企业编制。获上海高校辅导员素质能力大赛三等奖。1位教师获评上海市"教书育人"楷模。

创建本科层次职业技术大学，在办学规模、专业设置、师资队伍、人才培养、科研与社会服务、基础设施、办学经费等方面基本达标。开展新一轮双一流工作，申报并获批人工智能、集成电路等4个专业群项目。获上海市教学成果奖特等奖2项、一等奖2项、二等奖4项。在上海市高校青年教师教学竞赛中获奖3项。入选国家级职业教育"双师型"教师培训基地。1个教学团队获全国职业院校教学能力大赛三等奖。1门课程入选2022年职业教育国家在线精品课程。

与英国南威尔士大学签署学分互认合作协议。新增学分互认专业9个，总数达25个。开拓罗马尼亚境外办学和境外员工培训项目。入选亚洲教育论坛"2022职业教育国际合作典型院校"。入选上海市高校来华留学教育优秀案例。获第三十四届韩素音国际翻译大赛二等奖。

开展职业本科科研探索，打造工程研究中心、产业研究中心、科技成果转化中心三大平台以及工程训练中心，确定校级科研机构立项名单9个。申请专利40项。获批市级以上科研项目100项。立项1个上海市"科技创新行动计划"专业技术服务平台、1个上海市院士(专家)工作站。加大对西部地区职业教育的对口帮扶，举办6期云南省职教师资培训班。成立长三角职业教育产科教创新联盟，被纳入长三角教育一体化发展战略。全年完成社会培训67181人次。

健全基本建设财务管理制度、规范报销等业务流程、强化预算归口和精细化管理。完善采购管理制度、实施分级分类采购，强化采购留痕，推动采购数据与财务数据的共通共享。与华东理工大学完成金山校区管理权交接。完成奉贤校区实训场地调整和徐汇校区搬迁工作。入选"上海市绿色学校"创建候选校。1名教工获"上海学校后勤标兵"(绿叶奖)，1名教工获"上海高校校园卫士"(绿叶奖)。学校四期建设工程指挥部及后勤保卫处获"上海市重点工程实事立功竞赛优秀团队"称号；1名教工获"上海市重点工程实事立功竞赛优秀建设者"称号。 (马宏亮)

【四期建设工程开工】 7月6日，上海电子信息职业技术学院四期建设工程开工建设。四期建设工程有综合体育馆、综合实训楼、食堂、学生宿舍、10 KV用户站、地下车库及室外总体工程等，总建筑面积95500平方米。项目依据校园整体规划，完善功能配置，改善办学条件，提升办学品质，预计2023年7月31日建成。 (姜 涛)

7月6日，上海电子信息职业技术学院
四期建设工程开工仪式举行

【上海市职业教育德育工作联盟】 12月7日，在上海电子信息职业技术学院揭牌成立。由市教卫工作党委、市教委指导，上海职业院校共同发起成立；通过主题论坛、智库建设、学术交流、品牌项目、队伍发展、成果推介、实践基地等工作载体，探索符合职业教育特点的思想政治工作体系和方法。 (栾文飞)

【入选国家级职业教育"双师型"教师培训基地】 12月17日，教育部办公厅公布国家级职业教育"双师型"教师培训基地名单(2023—2025年)。上海电子信息职业技术学院申报的电子信息类"双师型"教师培训基地入选。 (鲁家皓)

【长三角职业教育产科教创新联盟成立大会】 12月18日，在上海电子信息职业技术学院普陀校区举行。作为联盟的发起单位和牵头单位，上海电子信息职业技术学院将做好联盟的各项服务、协调工作，带领成员单位持续深化产教融合的模式探索。

(兰小云)

## 附:学校负责人及地址

(2022年1—12月)

校党委书记:田　钦

副书记:赵　坚、毛玉婷、张　涛

校　长:赵　坚

副校长:张　涛、窦争妍、徐德明、方林中

地址:瓦洪公路3098号

邮编:201411

电话:57131333

# 上海工艺美术职业学院

**【2022年概况】** 设手工艺术、产品设计、城市设计、数码艺术、WPP视觉艺术、造型艺术6个二级学院及工艺美术研究中心等科研机构,有室内艺术设计专业、数字展示技术专业、工艺美术品设计专业、产品艺术设计专业、游戏设计专业等27个专业。在校学生4161人。年内招录新生1607人。专任教师293人,其中高级职称教师102人。

学校在中国特色高水平高职院校建设任务中期绩效评价中获"优秀"等级,入选上海市高水平高职学校建设名单。获上海市优秀教学成果奖10项,其中特等奖2项、一等奖4项、二等奖4项。立项2022年职业教育国家精品在线开放课程3门,市级精品在线开放课程1门。推进1个国家级、5个上海市级、2个校级专业教学资源库建设。7个专业资源库和6门在线课程被国家职业教育智慧教育平台收录。修订《教材建设与管理办法》。2021—2022年出版校企合作教材14本,编制实训指导手册25本、工作手册式教材27本。5套(9本)教材分别被上海市教委和教育部职业院校艺术设计类专业教学指导委员会推荐参加国家职业教育"十四五规划教材"评选。申请15项"1+X"证书试点,参与专业14个,参与考证证书10项。

结合专业群特点推进课程思政建设,汇编专业课程思政教学指南,推进课程思政建设融入人才培养全过程,修订课程标准。落实校领导和马克思主义学院思政教师协同共建课程思政工作机制,加强"工艺中国"和"中华非遗"思政选修课品牌化建设。组织35人次参加全国职业院校文化艺术大类课程思政集体备课会,17门课程思政示范课程结项验收,评选13个优秀案例。1个课程思政教学研究示范中心、4门课程思政示范课程和3个课程思政示范团队入选上海市示范项目。

深化教材教法改革,开展"岗课赛证"综合育人,获第五届上海高校青年教师教学竞赛一、二等奖,全国教学能力比赛上海选拔赛特等奖、一等奖、三等奖;1支团队代表上海参加国赛。学校参加第七届"汇创青春——上海大学生文化创意作品展示活动"并负责工艺美术类作品的评展活动组织,获优秀组织奖(集体奖、个人奖),学生作品获一等奖6项、二等奖5项、三等奖4项。学校获批第四十七届世界技能大赛3D数字游戏艺术项目、珠宝加工项目、工业设计项目、商品展示项目上海选手培训基地。第四十六届世赛全国选拔赛中,学校3D数字游戏艺术项目获全国银牌,工业设计项目、商品展示项目、油漆与装饰项目获全国优胜奖,均进入国家队,2名选手获全国、上海市技术能手称号。1名选手参加世赛澳大利亚比赛获3D数字游戏艺术项目金奖。1名选手获全国工业设计项目深圳赛第二名,2名选手获韩国K-Design Award金奖。学校参加第二届全国工业设计职业技能大赛选拔赛,多名师生获决赛资格。

修订《高层次人才引进管理办法》,完善师资培育、外聘管理等机制,推进全职高层次人才引进工作,实际到岗3人(高级职称2人),柔性引进人才

24人(柔性长聘3人、项目制21人)。施行双高建设“双师能力提升计划”,面向新进教师、兼职教师、外聘技师、骨干教师开展不同类别、层级的教学和实践能力培训,开设教学能力、课程思政教学能力和信息化应用能力提升专题研修班,组织教师参加国家“2022年暑期教师研修”专题培训、上海市职业院校教师素质提高计划,培训教师218人次。1名教师获批市教委国内访学项目,4名教师完成市教委国内访学项目,1名教师完成校内访学项目,1名教师以高级访问学者身份完成国外访学项目。新增在读硕士3人,新增在读博士9人。宜兴紫砂陶技艺的传承与创新工作室获上海市文教结合项目立项,喻立新大师工作室入选市级职教技能大师工作室,盛锐入选市级名师工作室。新聘10名教师为首席技师,开展游戏专业、展示专业和数字媒体专业“双师型”教师培养培训基地建设。

与韩国诚信女子大学合作举办的产品艺术设计专业高等专科教育完成第一期招生,课程基础建设一期完成验收,建成5门课程及视频、文字、宣传资料等相关内容及英文网站。西班牙巴塞罗那大学2名交换生来校学习。全年完成80人次涉外培训项目。

参加第八届中国国际“互联网+”大学生创新创业大赛,22个项目进入市赛,获国赛银奖1项,市赛金奖1项、银奖4项、铜奖10项、优胜奖7项,7名教师获市级优秀指导教师奖,学校获市级优秀组织奖。学校上海市高校毕业生就创业示范基地为10所中小学开展“大手牵小手　非遗进校园”项目;为全市大学生开展“非遗研培班”项目,累计服务人数达500人次;完成《长三角地区青年非遗创业现状及高校文创类专业人才培养模式分析研究》调研报告。学校上海市创业指导站完成2门课程教学,开展讲座、指导、创业服务23次,获上海市A级创业指导站评估等级。申报进入市级创新创业学院名单。

学校上线横向管理系统,引进微诗生物、东方网,洽谈晶粮集团,签订横向项目合同37份。2项专利登记为技术转让(许可)合同,授权知识产权38项。成立技术转移中心,完成16个科技成果孵化项目结项,立项10个转移转化项目,孵化艺术成果作品30余项,推动技术成果转化5项。启动馆藏精品项目IP设计与开发,开发6个系列作品,形成特色IP蓄水池机制。成立艺术与科技融合协同创新中心,完成1项重大科研机构加10个创新基地组成的中心架构。与上海大学、东华大学、上海城建职业学院、上海体育学院、古猗园、东方网、晶粮集团等多所院校、企业合作洽谈,推动协同创新。政府、公园、学校三方联动,打造“非遗主题公园”文化品牌,完成东平国家森林公园公共艺术项目、古漪园“非遗主题公园”建设项目。　(俞晓菁)

**【获“双高计划”中期优秀等级】**　5月,上海工艺美术职业学院接受教育部、财政部和市教委、市财政对“双高计划”的中期绩效评价。学校完成中期建设任务设立的714个产出绩效指标中的698个,完成度97.75%;获各类国家级成果194项、省市级成果891项。经撰写报告、填写信息采集表、设计典型案例、编制佐证材料及上海市教委、市财政组织的答辩,在中期绩效评价等级评定中获评优秀等级。　(俞晓菁)

**【国际职教联盟第三届中外校服设计大赛】**　11月,在上海工艺美术职业学院举办。大赛收到来自韩国和马来西亚及国内多所职业、艺术院校的稿件近400件。大赛为学生提供接触真实需求、向企业导师面对面学习的机会,以赛促学、以赛促教,用职业技能大赛的形式将“国际职教联盟”资源共享、互联互通的远景落到实处。　(俞晓菁)

## 附:学校负责人及地址

(2022年1—12月)

校党委书记:许　涛
　　副书记:郭光武、王　波

校　长:仑　平
副校长:王　波、唐廷强、李　波、章莉莉

地址:嘉行公路851号
电话:69977888
邮编:201808

# 上海科学技术职业学院

**【2022年概况】** 设智能智造工程、通信与电子工程等6个院部，有智能网联汽车技术、机械智造及自动化等25个专业，其中5个上海市重点专业、3个上海市一流专业（群）。全日制高职在校生5800余人。年内招生2224人。教职工283人，其中专任教师195人，有正高级专业技术职称的教师11人。

完成党委换届，实行党委领导下的院长负责制。修订并完善《学院章程》《党委会会议议事规则》《院长办公会议议事规则》等规章制度。召开学校第五次党员大会并完成基层党组织换届，选举产生学校第五届党委会、第一届纪律检查委员会。

列入“上海市高水平高职学校”建设单位名单。“智能安防技术”和“电子商务”2个专业群入选“上海高水平高职专业群”建设项目。出台《上海市高水平高职院校建设方案》。有18门上海市精品课程和精品在线开放课程，10项上海市教学成果奖、多项市教育科研成果奖，多位教学名师和多个教学创新团队。

继续推行改革，形成横向职能、纵向层级、纵横联动、共治共享的有效机制。颁布《上海科学技术职业学院全员招生工作实施方案》《上海科学技术职业学院教师职务和其他专业技术职务聘任办法（修订）》等40余项制度性管理文件。落实信息公开评议，建立健全师生员工意见建议反馈机制。受理各类平台信访件100余件，满意度100%，获上海市高校信息公开评议良好等级。获评“上海市绿色学校”，并获市教委生态文明示范学校奖补金。制定《智慧校园（数字化转型）建设2022—2023实施方案》，开展数字资源建设中心、基于现代学徒制的职业院校大学生实习与就业信息服务平台等项目建设。

形成以工科专业群为主体、商贸与人文专业群为两翼的“一体两翼”专业布局。组织开展“上海高水平高职专业群”建设项目，组织申报智能网联应用技术、网络营销与直播电商等9个新专业。由学校牵头，与上海市材料工程学校、上海市大众工业学校、上海市群星职业技术学校、上海市第二轻工业学校、上海信息技术学校5所中职校成立中高贯通紧密联合体。规范教科研工作管理和知识产权管理，开展2022年度校级精品在线开放课程申报，开展教学资源建设、教材建设项目立项。培养一批知识型、发展型高技术技能人才。获批上海市高等职业教育名师工作室、上海市高等职业教育技能大师工作室和洪永南汽车技术技能大师工作室。《“高起点、精细化、全方位”帮扶遵义职院高质量跨越式发展的研究与实践》《高职院校“专创融合”人才培养模式的研究与实践》2项成果获上海市教学成果一等奖，《岗位适应性视域下高职商科跨专业实训课程的三教改革》《基于“人在情境中”的高职社会工作专业人才培养实践与创新》2项成果获二等奖。成人学历教育艺术设计专业首获招生。开展系列培训项目，14个专业、16个社会职业技能评价工种通过市教委与职业技能鉴定中心专业评估。作为上海市高职院校唯一成员单位，入选世界职业技术教育发展联盟首批成员单位。与美国文森斯大学、韩国京福大学达成“3+2”（国内3年、国外2年）、“3+1”（国内3年、国外1年）系列的“海外本科直通车”项目。与德国、西班牙、法国、韩国及“一带一路”沿线国家和地区探索建立中外合作办学项目。

召开产教融合、校企合作专题研讨会，形成可复制、可推广的《关于开展“产教融合、校企合作”的实施方案(2022—2025年)》。新增36家校企合作企业,校企共建校内实训基地数2家。与欧洲数控机床生产制造商德国普锐米勒机床(Priminer)有限公司共同成立国内首家Priminer(上海)技术中心。“基于工业机器人技术的物联网控制模块自动测试平台”项目(上海聘川电子)获批嘉定区科委产学研合作项目。学校被吸纳为中国产学研合作促进会常务理事单位。汽车检测与维修技术、安全防范技术2个专业入选工信部“产教融合专业”,学校被遴选为首批“产教融合专业合作建设试点单位”。

成立党的二十大精神师生宣讲团,开展“见证这五年”系列宣传活动、“建功新时代　奋进新征程”学生思政主题教育活动、“奋进新征程　献礼二十大”主题社会实践活动。开设混合式教学的选修课,置办“3+1”课程对应的教学资源库,构建类型丰富、层次递进、相互支撑的课程思政体系。国际贸易实务、社会学基础2门课程入选上海课程思政示范课程。制订《上海科学技术职业学院关于加强学风建设的实施办法》《大学生日常行为规范》等,实行“文明课程,手机入袋”专项活动,构建课程教学、实践活动、校园文化“三维互动”的美育大平台。深化“医教结合”模式,完善学校心理健康教育工作体系和心理辅导员队伍建设。通过“爱牵远乡情”“推普”化融合等活动,开展困难学生认定、建档工作以及奖助贷补免勤减等工作。组织“我为同学做实事”实践活动。

完善人才引进政策扶持和人才揽储计划,完成教师招聘22人,其中具有副高级专业技术职称的教师比例达35%以上。实施教师专业技术职务评聘改革、“双师型”教师队伍建设,校级师资队伍专项建设工程。加强中青年及专业教师的培养,遴选师德好、业务素质较高、具有培养条件的12名教师赴国内外高校攻读硕士学位。全年组织教师参加市级及以上培训510人次。入选教师素质提高计划(国培项目)。制定《中层干部任期和交流暂行办法》,推进各二级单位干部选拔任用、轮岗交流工作。选派2名干部到国内合作高校进行挂职锻炼。

(王　盼)

**【获批“法国施耐德电气绿色低碳产教融合项目”全国首批建设单位】** 2月,上海科学技术职业学院作为上海唯一一家院校,入选中国政府和法国政府合作的“法国施耐德电气绿色低碳产教融合项目”首批建设单位。学校将重点建设“先进制造技术中心”,建设期为3年。

(王　盼)

**【入选“中德先进职业教育项目”全国首批试点院校】** 2月18日,上海科学技术职业学院入选中国政府和德国政府合作的“中德先进职业教育项目”首批试点院校,将德国职业教育“工学结合”人才培养模式与现代学徒制有机结合,打造中国特色现代学徒制的上海样板。

(王　盼)

**【列入上海市高水平高职学校建设名单】** 5月16日,上海市教委公布2022—2024年上海高水平高职学校和高水平高职专业群建设名单。上海科学技术职业学院列入建设名单,“智能安防技术”和“电子商务”2个专业群入选上海高水平高职专业群建设项目。

(王　盼)

**【入选世界职业技术教育发展联盟首批成员单位】** 8月19日,由教育部、天津市政府共同主办的世界职业技术教育发展大会在天津开幕。会上,宣布世界职业技术教育发展联盟首批成员单位。上海科学技术职业学院联合法国图卢兹第二大学(University Toulouse-Jean Jaurès)(外方合作院校)、致达控股集团有限公司(中方企业)、施耐德电气(中国)有限公司(Schneider Electric(China) Co,.Ltd)(外方合作企业)等共同申请,作为上海市唯一一所高职院校入选。

(王　盼)

**【入选工信部第一批产教融合专业合作建设试点单位】** 9月15日,工业和信息化部人才交流中心发布《关于开展产教融合专业合作建设试点工作的通知》。上海科学技术职业学院申报的汽车检测与维修技术、安全防范技术2个专业入选“产教融合专业”,上海科学技术职业学院被遴选为“产教融合专业合作建设试点单位”。

(王　盼)

【与美国文森斯大学举行国际合作交流工作视频会】 9月16日，上海科学技术职业学院与美国文森斯大学举行国际合作交流线上视频会议。两校代表签署友好交流合作备忘录与“3＋1”（国内3年、国外1年）、“3＋2”（国内3年、国外2年）专升本教育项目交流协议书，并就“3＋0”（国内3年、国外0年）中外合作办学教育项目细节性问题交换意见。 （王 盼）

【成立国内首家Priminer(上海)技术中心】 12月2日，上海科学技术职业学院与欧洲知名数控机床生产制造商德国普锐米勒机床（Priminer）有限公司举行线上签约仪式，双方合作成立国内首家Priminer（上海）技术中心。德国普锐米勒机床（Priminer）有限公司将在上海科学技术职业学院Priminer（上海）技术中心投入五轴联动U500和C500高性能数控加工中心以及高精度全闭环三轴加工中心VF1100等6台加工中心。 （王 盼）

【2022年度“致达杯”上海高校乒乓球邀请赛】 12月9日，在上海科学技术职业学院举办。比赛设女单和男团2个项目，邀请上海中侨职业技术大学、上海工艺美术职业学院、上海工商职业技术学院和上海科学技术职业学院4支代表队参赛。上海科学技术职业学院获男团冠军。 （王 盼）

12月9日，2022年度“致达杯”
上海高校乒乓球邀请赛在上海科学技术职业学院举办

### 附：学校负责人及地址

（2022年1—12月）

校党委书记：周 胜
副书记：韩 芳

校 长：周 胜
副校长：韩 芳

地址：金沙路280号
邮编：201899
电话：69990026

## 上海农林职业技术学院

【2022年概况】 有松江本部、浦东实训基地、松江泖港实训基地3个校区，设植物科学技术、风景园林技术、动物科学技术、生物医药与健康、经济管理、智慧农业工程6系和基础部、马克思主义学院，有23个专业，并形成都市动物医学、都市现代园艺、生物医药与健康、可控农业四大上海市高水平专业群。全日制在校生4300余人。年内录取新生1696人，报到1614人。有教职工336人，其中副高级及以上职称62人。

学校获批自2022年起组织五年一贯制招生工作。新设文化创意与策划、花卉生产与花艺2个专业，并试点物联网技术中高贯通教育试点专业。申报融媒体技术与运营高职专业、环境工程技术中高贯通教育试点。牵头成立中高贯通教育紧密联合体，制定中高贯通专业建设与优化规划（2022—2025年）。

制定并实施课程思政三年建设方案。校级项目立项23项。3门课程参与上海市首届课程思政教学展示活动。新增职业教育国家在线精品课程2门、市级课程思政示范课程6门，认定校级精品在线开放课程10门。有市级及以上精品课程30门，市级及以上教学团队（包括教师教学创新团队）14个。8本教材申报首批农业农村部"十四五"规划教材。主编教材5种，副主编教材2种，其中国家规划教材1种、校企合作教材5种。校内"课堂革命"典型案例评选10个案例。3个项目入选全国首届涉农职业院校服务乡村振兴"名课名师"。

学生在全国职业院校技能大赛中获2项二等奖、2项三等奖。在全国技能大赛上海市选拔赛（世赛上海选拔赛）获9项优胜奖，5人进入上海市集训队。在"互联网+"大学生创新创业比赛中，获上海赛区1个金奖、8个银奖、15个铜奖、5个优胜奖。在"挑战杯"大赛上获3个金奖、2个银奖、4个铜奖。参加市第十七届运动会，获2金、1银。

制定教师延聘暂行规定、职称评审补充规定。完善教师职务和其他专业技术职务聘任方案，推进高技能人才转聘工作。2个工作室获市级工作室称号。教师参加市级以上教师教学能力大赛获17个奖项，其中1个团队获特等奖并代表上海市参加全国人赛，2个团队获一等奖、1个团队获二等奖。市青教赛获一等奖1项。完成32项校内教科研课题立项，申报校外课题21项、横向课题12个。

与航天育种产业创新联盟签署战略合作协议，推进建设具有自主航天育种能力的创新协同中心。完成智慧农业示范基地规划设计，建成智慧农业数字化育种中心、智慧动物工厂，智慧植物工厂果蔬种植棚设施升级改造。完成都市动物医药虚拟仿真实训室（一期）建设，搭建虚拟仿真实训管理平台。成立生物人产业学院。与上海市花木有限公司、上海交通大学医学院等9家企事业单位建立合作关系。园林技术专业获批上海市职业院校第七批现代学徒制试点专业。

拓展中外合作办学途径，与丹麦、荷兰、美国、以色列等国的相关机构、院校签订涉及学分互认的协议或谅解备忘录。完成首次境外人员培训项目，并启动第二期境外人员培训项目。

首次实现成人高等学历继续教育高起专3个专业招生。开设4个工种中级职业技能鉴定。14个专业通过职业技能评价专业评估论证。578名高职毕业生参加职业技能等级认定，合格率93.77%。为社会开展培训902人。完成青海久治县机关党务工作者能力提升培训。

新建16间标准化考场和47间云直播教室，基本达到直播体系全覆盖。推进"一网通办""一网统管"，完成教务系统的建设，新建及重构各类应用和流程14个。建设数智多维指挥中心，实现全校业务模块的可视化展示。（张晓霞）

**【列入上海市高水平高职学校建设名单】** 5月16日，市教委公布上海高水平高职学校和上海市高水平高职专业群建设名单。上海农林职业技术学院列入建设名单。都市动物医学、都市现代园艺、生物医药与健康3个专业群入选上海高水平高职专业群建设。9月，可控农业专业群入选上海第二批高水平高职专业群建设名单。（张晓霞）

**【获上海市"四有"好教师（教书育人楷模）称号】** 9月，市教委公布2022年上海市"四有"好教师（教书育人楷模）名单。上海农林职业技术学院植物科学技术系张微微获评2022年上海市"四有"好教师（教书育人楷模），这是学校教师首次获上海市"四有"好教师（教书育人楷模）荣誉称号。（张晓霞）

**【获世界技能大赛特别赛花艺项目优胜奖】** 10月24日，2022年世界技能大赛特别赛芬兰赛区闭幕。上海农林职业技术学院植物科学技术系杨灵芝获2022年世界技能大赛特别赛花艺项目优胜奖。这是学校首次在世界技能大赛获奖。（张晓霞）

**【获2022年上海市教学成果奖7项】** 10月18日，根据《上海市教育委员会关于公布2022年上海市优秀教学成果名单的通知》，上海农林职业技术学院获7项上海市教学成果奖，其中特等奖1项、一等奖2项、二等奖4项。特等奖《"双标"联动

服务宠物产业　构建现代都市动物医学专业高质量发展模式》被推荐申报国家教学成果奖。

(张晓霞)

**【创新创业学院成立仪式暨上农元宇宙校园发布会】** 11月18日,在上海农林职业技术学院举行。同时,为创新创业学院揭牌,并发布上农元宇宙校园。该创新创业学院从课程建设、师资队伍、实训平台、项目培育、孵化服务等方面做发展定位,突出劳动育人作用,并入选市级创新创业学院建设培育单位。

(张晓霞)

**【举办建校20周年系列活动】** 11月26日,上海农林职业技术学院举办产教融合背景下的农业职业教育高质量发展论坛开幕式暨上海市农业学校建校75周年、上海农林职业技术学院建校20周年大会。活动以“七十五载上农路　廿年不忘续华章”为主题,完成全新形象宣传片和纪念画册的制作,举办产教融合背景下的农业职业教育高质量发展论坛,开设“上农匠心”职业教育名师讲堂8场,举办学生职业技能作品展、专业建设成果展、上海农业职业教育产教融合展、“上农之春”文化科技节成果展演等。

(张晓霞)

11月26日,原创农业剧《三农有梦　青春无悔》参与“上农之春”文化科技节成果展演

## 附:学校负责人及地址

(2022年1—12月)

校党委书记:蔡　红

副书记:魏　华(2月离任)、陈　谊、邵　阳

校　长:魏　华(2月离任)、陈立婧(11月到任)

副校长:谢锦平(11月离任)、费国强、张　江

地址:中山二路658号

邮编:201699

电话:57822666

# 上海东海职业技术学院

**【2022年概况】** 设经管、机电、艺术设计、护理、航空、传媒、教育7个二级学院和社会科学部、基础教学部、继续教育学院,有22个招生专业。教职工680人,副高及以上高级职称99人;专任教师389人,其中“双师型”教师占40%。在校学生7300余人。年内招生3400人,录取3084人,报到2665人。

“会计”和“机电一体化技术”专业为上海高职一流专业。有“智能制造”“拓展现实与新媒体”2个校级一流专业群。有教育部“基于移动终端的影视创作”产教研协同基地以及民办高校强师工程机电、会计2个师资培训基地。与上海国际机场地面服务有限公司共建教育部教师践习工作流动站,是教育部和上海市“现代学徒制”试点单位。有教育部中德先进职业教育合作项目(SGAVE)试点专业(机电一体化技术)。有市级教学(创新)团队12支。累计建设国家级精品在线开放课程1门、上海市精品在线开放课程12门。有中高贯通培养试点18个、高本贯通培养试点6个,设有16个校内实训中心和124个校外实训基地。作为上海市现代服务和制造业人才培养基地，学校形成了产教融合、校企合作，以"品质＋能力""岗课证赛一体化教学"为特色的人才培养模式。

获上海市优秀教学成果特等奖2项，优秀教学成果一等奖1项，优秀教学成果二等奖2项。"智慧商贸""时尚设计""智慧财经"3个专业群获批市级高水平专业群。经管学院《财务管理》课程入选2022年职业教育国家在线精品课程。成立智慧商贸产业学院。4个课程思政示范团队、4个课程思政示范项目入选上海市课程思政示范项目（职业教育类）。经管学院教师李庆华《个人理财》获首届上海市课程思政教学设计展示（职业院校综合专业组）二等奖。

学校获评"2019—2020学年度上海市安全文明校园"，获第五届"中国创翼"创新创业大赛上海选拔赛（闵行赛区）优秀组织奖，获"2021年度社区、企事业单位献血工作考核优秀集体"。校长王刚被聘为教育部职业教育专家库专家。经管学院院长严玉康教授入选"中国关务行业人才建设领导小组"成员。张居阳、龙燕、陈飞、刘舒叶4名教师入选2022年民办高校民师计划项目。在第五届上海青年教师教学技能比赛中，经管学院朱丹萍获高职高专组三等奖、护理学院王娟获医学学科组优胜奖、传媒学院谭心获高职高专组优胜奖。护理学院教师王娟、李文、马兰、张夏霖获2022年上海市高职高专院校医药健康类专业教师说课（教学能力）复赛二等奖。护理学院教师李文、张可卿分获第三届"上海高校青年教师培养资助计划"课程思政教学案例展演活动高职高专综合组二等奖、自然科学组优秀奖。教师黄海获2022第十届未来设计师·全国高校数字艺术设计大赛教师组二等奖。教育学院获2022年上海高职高专职业技能大赛教学能力比赛（教育与体育大类）团队三等奖。传媒学院参赛队获2022年上海市高职高专院校职业技能大赛教学能力比赛（综合类）三等奖。经管学院教师团队获2022年上海市高职高专院校教师教学能力大赛决赛三等奖。

学生获全国职业院校技能大赛团体三等奖2项，个人三等奖1项、优胜奖2项，3名学生入选上海市集训队。获第八届中国国际"互联网+"大学生创新创业大赛上海市选拔赛（职教赛道）金奖1项、银奖1项、铜奖3项和优胜奖11项。获第六届"汇创青春"上海大学生文化创意作品展二等奖5件、三等奖4件。获第十二届全国大学生贸易与商业策划大赛团体二等奖，个人二等奖1项、个人三等奖1项。获2022"中国教育电视台外研社杯"职场英语挑战赛演讲大赛上海赛区复赛一等奖。获2022"中国教育电视台·外研社杯"职场英语挑战赛写作大赛上海赛区复赛三等奖3项。获2022第十届未来设计师全国高校数字艺术设计大赛全国总决赛三等奖1项。获第三届东方创意之星设计大赛（上海赛区）银奖1项、优秀奖1项。获第四届中华经典诵写讲大赛（上海赛区）二等奖1项、三等奖1项、优秀奖3项。（刘会娟）

**【经管学院获"2022年上海市工人先锋号"称号】** 9月27日，上海市"人民满意公务员"、五一劳动奖表彰大会在上海展览中心举行。大会表彰全国和上海市五一劳动奖状、奖章、工人先锋号先进集体和个人。上海东海职业技术学院经管学院获"2022年上海市工人先锋号"称号。（刘会娟）

**【学生获"中国大学生自强之星"称号】** 11月15日，由共青团中央、全国学联指导，中国青年报社、新东方教育科技集团、中国青年创业就业基金会联合举办的2021年度"中国大学生自强之星"评选结果揭晓。上海东海职业技术学院教育学院学生代青依仲，经学校推荐、市级初评、全国评审等环节，获"中国大学生自强之星"称号，并获"中国大学生自强之星奖学金"。（刘会娟）

**【获5项上海市职业教育优秀教学成果奖】** 10月15日，市教委、市人社局公布2022年上海市优秀教学成果获奖名单，上海东海职业技术学院5项教学成果获奖。其中，经管学院"对接国家关务改革，导入国际AEO标准，培养'四通一达'关务人才的探索与实践"项目获教学成果特等奖；艺术设计学院院长顾惠忠教授参与的上海市教育科学研究院项目“实现跨越式发展:上海精准帮扶喀什地区职业教育开展教学建设的创新与实践”获教学成果特等奖;机电学院“对接德国职业资格认证标准的高职机电类专业教学体系改革与实践”项目获教学成果一等奖;教务处“以数字孪生促进智慧教育创新发展的探索与实践”项目、学生处(学工部)“基于‘1+N’思政教育方法的少数民族学生人才培养创新实践”项目分获教学成果二等奖。

(刘会娟)

11月18日,智慧商贸产业学院揭牌仪式在上海东海职业技术学院举行

**【智慧商贸产业学院揭牌仪式】** 11月18日,在上海东海职业技术学院举行。该产业学院实现校企全方位融合,打造集产、学、研、转、创、用一体化的人才培养平台。鹰泰传媒公司作为产业学院人才培养的企业主体,将全面、全程参与产业学院的建设与管理。

(刘会娟)

## 附:学校负责人及地址

(2022年1—12月)

董事长:曹助我

校党委书记:曹蓉蓉

副书记:王　刚、王　玉

校　长:王　刚

副校长:曹蓉蓉、郁　萍、卓丽环

地址:虹梅南路6001号

邮编:200241

电话:64505555

# 上海工商职业技术学院

**【2022年概况】** 有嘉定、青浦2个校区,设4个二级学院、3系1部,有27个招生专业,其中高水平专业群1个、一流专业1个、一流培育专业1个、重点专业4个、中高贯通专业18个,形成“以工为主、文商两翼、并举发展”的专业布局。在校生6800多人。年内,招录新生2892人。有教职工486人,其中专任教师360人。专任教师中,硕士以上学历教师占比59%,高级职称教师占比20%、双师素质教师占专业课教师的63%。

教师获市级以上科研立项80余项,获奖10余项。教职工共发表学术论文300多篇,其中核心期刊40余篇;主编或参编教材36本(其中主编“十三五”职业教育国家规划教材2本)。建立99个稳定的校外实训基地,116个校内实验、实习、实训基地。

在上海高校分类评价中,学校在应用技能型高校中排第八名,比上年上升4位。在上海市高校创业指导站考核中,获评“B级高校创业指导站”和“专创特色奖”。获“2022年度上海市最受中学信赖高职院校”荣誉称号。上海市政府、上海警备区授予学校“上海市征兵工作先进单位”称号。学校退役军人服务站被评为上海市高校大学生士兵风采团队,1人获优秀指导教师。入选教育部“一站式”学生社区综合管理模式建设自主试点高校,当选职业教育新商科国际联盟常务理事单位。与上海汽车变速器有限公司联合申报项目“方少非技能大师工作室”入选上海市高等职业教育技能大师工作室。与蔚来汽车成立新能源汽车产业学院。新能源汽车专业群入选上海第二批高水平高职专业群建设名单（2022—2024年）。“创新引领　四方联动　高职院校专创融合双创人才培养”“‘大唐—工商’协同发展，‘双岗、双职、双能’协同育人的创新实践”2个项目获上海市优秀教学成果一等奖，“对接国际标准和世界技能大赛，一体化贯通培养珠宝高技能人才”项目获教学成果二等奖。学校大唐信息技术学院的“借力‘1＋X’证书　助力职校高质量技能人才培养新篇章”获上海市职业院校“1＋X”证书制度试点典型案例征集三等奖。教育学院学前教育专业教师团队负责的“学前儿童游戏”课程入选2022年职业教育国家在线精品课程。机电工程系教师赵小亮主持的“基于TRIZ理论‘单片机技术应用’专创融合研究”项目入选2022年度上海民办高校“民师计划”“双师型”教师项目。税法、学前儿童游戏、财务会计、出纳实务4门课程入选上海市2022年课程思政示范课程，税法课程教学团队和学前儿童游戏课程教学团队入选课程思政示范团队。大唐信息技术学院获“上海市教育系统巾帼文明岗称号”。教育学院教师朱佳敏获“2021年度上海市教育系统三八红旗手称号”。珠宝与艺术设计学院教师付丽丽获第十三届比翼双飞模范佳侣提名奖。大唐信息技术学院教师张竹梅入选上海市高职高专课程思政与文化素养教指委主办的首届“课程思政论文达人”。在2022年上海市高职高专院校职业技能大赛教学能力比赛中，1支教学团队获二等奖、4支教学团队获三等奖、5支教学团队获优胜奖。在“第五届上海高校青年教师教学竞赛暨第六届全国高校青年教师教学竞赛选拔赛”中，1名教师获医学学科三等奖、2名教师获高职高专综合学科优秀奖。教师郑航撰写的《学前教育专业“幼儿园一日生活活动组织与实施”课程优化探索与实践》主题研究报告在上海市高职院校学前教育类市级企业实践成果评选中获二等奖。在2022年全国大学生数学建模竞赛中，2支代表队分获上海市一等奖和三等奖，1支参赛队选送到全国获国家一等奖。在第二届全国技能大赛上海市选拔赛（世赛选拔项目）中，2个项目获银牌，17名学生在11个项目中获优胜奖，2名教师获“优秀指导教练”奖，8个项目10名学生入围上海市集训队。在第五届全国职业院校跨境电商技能大赛中，3支参赛队伍分获上海市一、二、三等奖。在全国高校商业精英挑战赛国家选拔赛中，2支参赛队获国家级一等奖，1支参赛队获国家级三等奖。在闽东壹鱼·埃科菲厨皇国际青年人才奖评选中，1名学生获国家级比赛季军，1名学生获上海市赛冠军，2名学生获上海市赛季军，1名学生获优胜奖。在第十二届“上图杯”先进成图技术与创新设计大赛中，学校分获三维团体一等奖、二维团体二等奖。在2022年首届“人民中国杯”日语才艺大赛中，2名学生分获一等奖、二等奖。在第五届“人民中国杯”日语国际翻译大赛（中译日）中，3名学生获二等奖、2名学生获三等奖、12名学生获优秀奖。在未来设计师全国高校数字艺术设计大赛（NCDA）视觉传达组省赛中，1名学生获一等奖、3名学生获二等奖。在FHC中国国际烹饪艺术大赛中，1名学生获一等奖、1名学生获二等奖、4名学生获三等奖。在2022年增材制造模型设计比赛，2名学生分获上海市二等奖、三等奖。在第六届“奥派杯”全国移动商务技能竞赛中，学校分获国家级三等奖，上海市一等奖、三等奖。在2022年“首冠杯”全国职业院校大数据财务分析大赛中，2支参赛队分获上海市二等奖、三等奖。　　（施佳庆）

**【市民办教育协会高等教育专业委员会到校调研】**　1月7日，上海市民办教育协会高等教育专业委员会到上海工商职业技术学院调研交流。参加调研的专家围绕在新法新政下，民办学校未来生存发展的方向、高等教育的进一步发展、产教研的深入融合等讨论交流，并参观机电实训基地、艾达珠宝生产性实训基地、移动互联网产教研协同基地。　　（施佳庆）

**【接受上海市民办高校年检专家组检查】**　1月12日，上海市民办高校年检实地检查专家组到上海工商职业技术学院开展2021年度民办高校实地检查工作。　　（施佳庆）

1月12日,上海工商职业技术学院接受上海市民办高校年检专家组检查

**【入选教育部"一站式"学生社区综合管理模式建设自主试点高校】** 5月13日,教育部思想政治工作司公布"一站式"学生社区综合管理模式建设自主试点高校评审结果,上海工商职业技术学院获评试点高校。学校坚持以学生为本,积极推进"思政进寝室"。充分发挥学生在"一站式"学生社区综合管理模式建设中的主体性价值,引导参与宿舍文化建设和园区公共事务管理。同时,积极发挥学生党员、团员、入党积极分子、自委会的作用,构建"楼长+副楼长+楼层长+寝室长"宿舍网格管理模式,践行"滴灌式"教育理念,开展大学生思想政治教育、社会主义核心价值观教育和党史学习教育。 (施佳庆)

**【获"2022年度上海市最受中学信赖高职院校"称号】** 10月,中国教育在线"榜样力量·2022年度教育盛典"评选获奖名单揭晓。上海工商职业技术学院获"2022年度上海市最受中学信赖高职院校"称号。 (施佳庆)

**【当选中国民办教育协会党建专业委员会理事单位】** 11月18日,全国民办学校学习宣传贯彻党的二十大精神研讨会暨中国民办教育协会党建专业委员会成立仪式在北京举行。大会选举产生中国民办教育协会党建专业委员会理事会。上海工商职业技术学院当选中国民办教育协会党建专业委员会理事单位,学院党委书记任代表。 (施佳庆)

**【上海市教育工会2022年民办高校工会工作交流会】** 12月8日,在上海工商职业技术学院举行。由上海市教育工会主办,上海工商职业技术学院工会承办。各民办高校工会结合2022年工会亮点、重点工作进行总结和交流。 (施佳庆)

### 附:学校负责人及地址

(2022年1—12月)

校党委书记:金伟国
副书记:张中美

校　长:陈英南
副校长:王中强、张　扬、李向明

嘉定校区地址:恒荣路200号
邮编:201806
电话:60258299

青浦校区地址:新凤北路565号
邮编:201708
电话:60258299

## 上海震旦职业学院

**【2022年概况】** 有5个二级学院及国际交流学院、继续教育学院和马克思主义学院、东方文化学院,有护理、空中乘务、虚拟现实技术应用等34个专业。全日制在校生5903人。年内录取新生2100

余人。全校教职工 347 人，其中专任教师 273 人（含硕士及以上学历教师 186 人、副高级及以上专业技术职称教师 42 人）。

有 2 个中央财政支持实训中心、4 个市教委教学高地以及食品营养与检测实训中心等 9 个实训中心，23 个实验中心、109 个实训室。有 3 个市级优秀教学团队、13 个市级精品课程、5 个上海市重点专业、3 个教育部认定的骨干专业。

印发《上海震旦职业学院教育事业发展“十四五”规划》及配套工作制度。加强法律顾问制度建设，完善合同管理机制。构筑多元监督反馈渠道，接受校内申诉维权，有效化解各类矛盾纠纷。加强语言文字规范化和校园文化环境建设，通过语言文字评估检查。

推进教师思政课程立项，4 门课程入选课程思政示范课程。在长三角应用型高校“中国故事”英语课程思政大赛中获一、二等奖。把师德教育纳入新进青年教职工入职培训计划。获上海市高职高专院校职业技能大赛教学能力比赛（教育与体育大类）二等奖。获第五届上海高校青年教师教学竞赛高职高专社会科学组三等奖、综合学科组三等奖及优秀奖。提升教师教育科研能力，评选首届校级优秀科研成果奖。全校教师发表论文 45 篇，申报校内外各级各类科研项目 47 项，参与学术交流 154 人次。撰写专著教材 9 本，获专利 1 个，获奖成果 89 项。

规范教学过程管理，制定线上教学工作方案。实施思想政治理论课建设新课程方案，把二十大报告精神融入课堂教学。获上海市教学成果二等奖。评选 9 项校级优秀教学成果奖。申报 9 个上海市高等职业教育深化教学改革优秀案例。申报 3 门市级精品在线开放课程。完成影视编导、艺术设计、护理、学前教育 4 个专业的高本贯通联合申报。物联网应用技术专业入选工信部人才交流中心第一批产教融合专业合作建设试点单位。向日葵数字工程应用产业学院、华盛经世智能工程应用产业学院实现与专业群深度融合。在全国职业院校跨境电子商务技能大赛中，学生团队获一等奖 4 个、二等奖 8 个、三等奖 7 个。

获“上海市征兵先进单位”称号。开展大学生安全教育，学生代表队在上海市大学生安全知识竞赛中获民办片区三等奖。加强辅导员队伍建设，召开 4 次线上会议。开展“心理健康教育活动月”系列活动，3000 余人次参与。完善上海民创心理基地社会化协同体系，建成 9 个心理健康实训室。加强团学干部队伍建设，举办第二期青年马克思主义者培养班。规范社团管理，推进校园文体活动品牌化。

鼓励大学生团员主动到社区（村）报到，3735 人次学生参与各类志愿服务。连续 4 年承接中国计划生育协会和宝山区计划生育协会满天星青春健康项目，连续 3 年承接宝山区疾控青年学生艾滋病宣教干预项目。

在第三届全国高校招生政策解读直播咨询会获“最受考生关注”高校称号。在第八届中国国际“互联网+”大学生创新创业大赛上海赛区总决赛中获金奖 1 项、银奖 1 项、铜奖 2 项。加强对毕业生就业指导和咨询，介绍就业单位 2200 余个，提供就业岗位 6500 多个。（廖文文）

**【获 2021 年度“中国大学生自强之星”奖学金】** 9 月 28 日，在 2021 年度“中国大学生自强之星”评选活动中，上海震旦职业学院 2020 级虚拟现实应用技术专业学生徐晟李获奖。该活动由共青团中央、全国学联指导，中国青年报社、新东方教育科技集团、中国青年创业就业基金会联合举办。（廖文文）

**【“爱满人间”震旦公益笔会暨艺术家思想分享会】** 10 月 20 日，在上海震旦职业学院体艺楼小剧场举行。由震旦教育发展基金会主办，上海震旦职业学院承办。师生代表等 100 余人出席。（廖文文）

**【4 门课程入选上海市课程思政示范课程】** 11 月 20 日，根据《中共上海市教育卫生工作委员会、上海市教育委员会关于公布课程思政示范项目名单的通知》，上海震旦职业学院电子商务、建筑工程计量与计价、疾病学基础、大学生创新创业教育 4 门课程入选上海市课程思政示范课程；陈萍老师被评为上海市课程思政教学名师。（廖文文）

**【获2022年上海市大学生跆拳道锦标赛奖项】** 11月26—27日，在上海市第十七届运动会（高校组）跆拳道赛暨2022年上海市大学生跆拳道锦标赛中，上海震旦职业学院获6项金奖、3项银奖、4项铜奖，学院代表队被评为“体育道德风尚运动队”。

（廖文文）

**【第35个世界艾滋病日宝山区主题宣传活动】** 12月1日，在上海震旦职业学院大礼堂举行。由宝山区计划生育协会、宝山区疾病预防控制中心、罗店镇计划生育协会、宝山区红十字会联合举办，上海震旦职业学院承办。现场设置防艾知识问答、互动小游戏、手工制作红丝带等活动。上海市阳光社区青少年事务中心青春先锋、满天星青春健康同伴社志愿者、学院师生代表200余人参与。（廖文文）

## 附：学校负责人及地址

（2022年1—12月）

理事长：张惠莉
董事长：张　沈

校党委书记：黄晞建
　副书记：冯伟国、夏　臻

校　长：冯伟国
副校长：张惠莉、张　沈、王纯玉、乔　刚

校总部地址：市一路88号
邮编：201908
电话：66863366

美兰湖校区地址：月罗公路2106号
邮编：201908
电话：66864045

# 上海民远职业技术学院

**【2022年概况】** 设马克思主义、国际航运物流、经济管理、智能工程与技术、外国语、艺术6个二级学院和公共基础部，有现代物流管理、电子商务、大数据与会计、酒店管理与数字化运营、新能源汽车技术、汽车运用与维修技术、机电一体化技术、应用英语（国际导游方向）等18个专业（含“方向”）。有全日制在校大专生1103人。年内招录新生298人。有专任教师45人、外聘教师22人。新增专任教师5人，其中返聘高层次人才3人。副高级及以上职称占20%，硕士、博士占教师总数的70%以上。

年内，举办5场全校性学习贯彻党的二十大精神专题报告，“学习强国”学习积分位全市民办高校前列。完成党支部换届工作，发展党员22人（学生18人、教师4人）。在原思政部基础上筹备成立马克思主义学院。聘请党政领导干部共同讲好思政课。组织任课教师参加课程思政教学研讨。

学校从2021年12月31日起转设为营利性高等职业学校。与京东集团签署战略合作协议，共建产业学院。有序推进新校区创建。

围绕培养“素养高、技能精、能力强、国际化”的人才目标，对关务与外贸服务、新能源汽车等16个专业人才培养方案重新修订。推行以“大手牵小手，结对帮扶”为主要内容的青年教师成长计划。出版教材3部。2项“晨光计划”项目研究课题通过验收。完成市教卫党委系统党建研究课题2项。获批“人文与社会科学类”国家级课题1项、上海市“晨光计划”1项。获市级教学成果（职业教育类）二等奖1项。1人获全国物流教学名师奖。在上海市高职高专院校汽车类专业学生创新比赛汽车虚拟故障诊断与维修项目中，2人获特等奖、6人获一等奖、2人获二等奖。

出台《学院书记校长访企拓岗促就业专项行

动方案》《学院毕业生就业创业工作突出贡献奖励办法》。印发《关于落实〈学院2022届毕业生就业工作实施方案〉工作日程安排的通知》。举办大学生职业生涯规划专题讲座和就业推进会、校园招聘会。设立专项帮扶经费、校内勤工助学固定岗位,资助帮扶困难学生343人次。开展大学生心理健康教育咨询,增聘心理学专业教师1人。

组织校风、校训等校园价值观大讨论和师德师风"民创"项目课题研究。因地制宜举办学生喜闻乐见的文体活动。常态化开展志愿服务和防电信网络诈骗等安全教育。（张　林）

**【举办学习贯彻党的二十大精神报告会】** 10月27日起,上海民远职业技术学院领导、专家教授组成"党的二十大精神宣讲报告团",先后向全校师生作5场党的二十大精神专题辅导报告,并通过网络平台在线上直播。（张　林）

11月1日,上海民远职业技术学院与京东集团在上海浦东嘉里酒店签署战略合作协议

**【与京东集团签署战略合作协议】** 11月1日,上海民远职业技术学院与京东集团在上海浦东嘉里酒店签署战略合作协议。根据协议,双方共建民远—京东产业学院,在人工智能、大数据等专业方向开展校企合作,推动协同育人,"订单"培养、促进就业。（张　林）

### 附:学校负责人及地址

（2022年1—12月）

董事长:王　勋

校党总支书记:周志进
副书记:陈敬良

校　长:陈敬良
副校长:周志进、邹兴海、刘江宁

地　址:唐陆路3928号
邮　编:201210
电　话:68791220

## 上海思博职业技术学院

**【2022年概况】** 设卫生技术与护理、国际商务与管理、建筑与工程、数字技术与设计、人文与教育5个二级学院和1个直属系、1个思政中心,有护理、国际商务、建筑工程技术、学前教育等八大类37个专业(方向)。全日制高职在校生6928人,计划内成人教育大专生991人。有教职员工408人,其中专任教师313人,有高级职称的占30.67%,硕士研究生以上学历占68.69%,双师素质教师占65.33%。有国家在线精品课程1门,上海市级精品课程19门,上海市级优秀教学团队14个,上海市教学名师5人,国家级教学成果奖1项,上海市教学成果奖14项,国家级规划教材7本。重点建设2

个市级高水平高职专业群、3个校级重点专业群、7门校级在线精品课程和3个虚拟仿真实训基地。年内，获5项市级教学成果奖，其中一等奖2项、二等奖3项。获第八届中国国际“互联网+”大学生创新创业大赛(上海赛区)金奖1项并入围国赛。“学前教育专业教育技能”赛项获全国职业院校技能大赛三等奖，为全国民办高职院校唯一获奖项目。教师参与或指导学生参加各类教学技能竞赛，获奖36项，其中国家级11项，市级25项。学生参加校外各级各类技能竞赛90多场，获一、二、三等奖145项，其中国家级奖项62项，含全国职业院校技能大赛三等奖2项。4门课程入选2022年“国家职业教育智慧教育”平台首批课程。获上海市教师教学创新团队1项。《国际商务单证实务》《国际货运代理实务(第二版)》《出口业务操作(第三版)》《Hadoop大数据平台构建与应用》4本教材进入“十四五”国家规划教材终审。

开设“习近平新时代中国特色社会主义思想概论课”选修课，并列入2022年人才培养计划。设立以中国共产党人精神谱系为基础串联起来的“红色马拉松与运动素养”智慧树线上课程。完成“百年百件”红色经典珍藏文献特展、“真理的力量”校本教材。“目标马拉松”活动升级发展为“体育活动与思政教育”的融合教育项目，成为上海民办高校思政教育联盟推广的“在线育人课程”。3D制作的在线“‘百年百件’红色经典珍藏文献特展”获国家专利。“上海高校哲学社会科学研究专项”获立项。

创建以思想政治教育为引领、着力培养学生的“思政素养、品质素养、人文素养、职业素养、数字素养”五大素养的高职学生发展的核心素养培养体系，形成系列制度、方案及规范性文件。“基于思政教育引领的高职学生核心素养培育的探索与实践”获2021年上海市职业教育优秀教学成果一等奖。4门课程获批市级课程思政示范课程项目，3支团队获批市级课程思政示范团队。

与理想汽车集团共建上海第一个专业型“理想汽车产业学院”，与上海宇松中控公司建成“宇松冠名实训坊”，与蔚来集团公司“现代学徒制、一对一”的带教培养计划落地。协同浦东新区教育局独立设置事业单位学前教育中心联合开发“浦东新区学前教育学生技能认定”标准，对首届学前教育专业毕业生的职业技能进行全覆盖的评估和考核。

按照ISO9001国际认证标准，成立领导小组和“规划发展与质量控制办公室”，任命“首席质量官”，建立“全面质量管理认证体系”，63名教职工获内审员资格证书。“构建全员法律教育课程体系的探索与实践”获上海市高校依法治校创建成果二等奖。获评第一批“上海市创新创业教育实践基地”(培育单位)。学校成为教育部全国职业教育智慧大脑院校中台大数据平台试点院校。（徐春霞）

**【理想汽车交付使用暨理想汽车产业学院揭牌仪式】** 10月27日，在上海思博职业技术学院举行。上海高校中首个“理想汽车产业学院”落户上海思博职业技术学院。理想汽车集团投入设备设施，学校投入资金，进行车间、教室的全面改造，打造校企共建融“产、教、研、赛、服”为一体的高水平产教融合平台。（徐春霞）

**【获评“上海市A级院校创业指导站”】** 11月18日，上海市就业促进中心和上海市学生事务中心对上海院校创业指导站2021—2022年度服务成效进行评估，上海思博职业技术学院大学生创业指导站获评“上海市A级院校创业指导站”。学校成为本年度达标A级的民办院校，也是自2019年以来全市连续三年获此荣誉的民办院校(含本科)。（徐春霞）

**【获批“中国物流学会产学研基地”】** 12月5日，中国物流学会公布第七届第一批中国物流学会产学研基地名单。经中国物流学会组织专家多轮评选，上海思博职业技术学院国商学院“现代物流管理”产学研基地再度获批中国物流学会产学研基地。（徐春霞）

**【获“上海市白玉兰荣誉奖”】** 12月8日，2022年“上海市白玉兰荣誉奖”颁授仪式在上海市政府举行。美籍华裔专家、上海思博职业技术学院副校长兼卫生技术与护理学院院长沈小平获“上海市白玉兰荣誉奖”。（徐春霞）

12月8日，上海思博职业技术学院副校长沈小平获"上海市白玉兰荣誉奖"

## 附：学校负责人及地址

（2022年1—12月）

校党委书记：万　峰

副书记：皋玉蒂、姚大伟、张　辉

校　长：皋玉蒂

副校长：张学龙、姚大伟、沈小平、崔智涛(8月离任）

地址：城南路1408号

邮编：201399

电话：68029005

# 上海济光职业技术学院

**【2022年概况】** 有杨浦、宝山2个校区，设人居环境与建筑设计、建筑工程、经济管理等7个二级学院、2个教学部、1个研究所和1个继续教育学院，有建筑设计、建筑工程技术、金融服务与管理等33个专业，其中国家级骨干专业3个、上海市一流专业2个。有生产性实训基地2个、"双师基地"1个、协同创新中心2个、上海市示范虚拟仿真实训基地1个以及"技能大师工作室"7个、上海市高水平高职专业群2个。景观设计等15门课程为上海高校市级精品课程。在校生7000余人。年内录取新生2769人，到校报到2495人，录取报到率90.10%。学校教师507人，其中专任教师282人、校内兼课5人、兼职教师220人。专任教师中，硕士、博士162人，占专任教师总数31.95%；中高级职称190人，占专任教师总数37.48%；具有双师素质和企业经历的教师148人，占专任教师总数52.48%。有11个市级教学团队、3位市级教学名师，14名晨光学者。获上海市级教学成果奖6项、上海市高等职业教育质量提升计划项目3个、上海高职教育质量决策咨询服务平台建设项目1个。有"高本贯通"试点专业2个、"中高贯通"试点专业7个，教育部认定项目10个。为教育部"1+X"项目试点院校，有20个试点职业技能等级证书项目。

将学习贯彻党的二十大精神融入学校相关课程方案、课程标准、教材体系。以党委理论学习中心组学习会、党员培训、党组织生活会、"开学第一课"等方式，开展党的二十大精神学习宣讲11场，覆盖1052人次。开展以学习贯彻党的二十大精神为主题的专题党日活动90余场，面向师生7000余人次。团委选拔25名学生成立党的二十大精神大学生宣讲团，举办57场宣讲，覆盖学生2876人次；拍摄学习朗读党的二十大报告原文原句微视频，覆盖人员600余人次。推进学校"三全育人"综合改革，深化领导体制机制、统筹协调机制、保障运行机制、共建合作机制4大机制效能建设，《构建"三全育人""五四三"新模式》案例入选教育部职成教司100个"三全育人"典型案例，并被中国教育新闻网刊登报道。与遵义职业技术学院党建共建，构建结对共建常态化、长效化机制。

"数字化商务运营管理"和"人居环境与建筑设计"专业群入选第一批和第二批上海市高水平高等职业教育专业群。与上海宝山职业技术学校、上海现代职业技术学校、上海市工程技术管理学校、上海市商贸旅游学校、上海科技管理学校5所学校形成联合体。启动2022级人才培养方案修订工作，注重通过加强企业合作促进教学改革。支持经济法、景观手绘、应用文写作、建筑材料与构造、装配式建筑生产与施工5门在线开放课程建设。建设省级助产专业教学资源库(8门课程)、建筑设计专业教学资源库(9门课程)、3门省级在线精品开放课程、6门校级在线开放课程。外科护理、景观设计、建筑施工技术等11门课程入选国家智慧教育公共服务平台。推进"1+X"证书制度改革探索书证融通机制，14个试点证书覆盖17个专业。开展高等职业院校学生相关职业(工种)技能评价工作。建成婴幼儿保育与保健实训室、舞蹈教室、中西餐实训室、电子商务生产性实践实训室并投入使用。围绕5门思政课教学内容定位，拓展"混合在线课堂"线上线下课堂，申报的思政课程获民办高校在线课程协同中心支持。完成579门课程融入课程思政标准和9个专业《课程标准》汇编，4门课程获批上海市课程思政示范课程，4个团队获批上海市课程思政示范团队，获首届上海市课程思政教学设计展示活动特等奖1项。获第三届"上海高校青年教师培养资助计划"课程思政教学案例展演特等奖、二等奖各1项。申报并获批上海市高水平高等职业教育专业群2个、上海市教师教学创新团队1个、高本贯通试点项目1项、上海市教育科学研究项目1项、上海市建筑职业教育集团项目2项、上海市土建类专业教学指导委员会课题3项、上海市学前教育专业教学指导委员会课题3项、上海市职业院校"1+X"证书专委会重点课题1项。获上海市优秀教学成果(职业教育类)一等奖1项、上海市优秀教学成果(职业教育类)二等奖1项。3位教师在第五届上海高校青年教师教学竞赛获奖。4名教师、2个团队在上海市高职高专土建类专业优秀课程标准、优质课程(精品在线开放课程)评选中获奖。

支持教职工参加培训279人次。高校青年教师培养资助计划获批3人。课程思政教学案例展演活动2人分获特等奖和二等奖。"民师计划"获批4人。聘任副高级职务2人、中级职务10人、初级职务19人，完成7名高级专业技术职务专职教师续聘。组织辅导员参加校外培训315人次，举办辅导员队伍建设月系列活动，形成辅导员工作案例汇编、理论宣讲文稿集。2名辅导员在上海市民办高校辅导员素质能力大赛和主题班会设计大赛中获奖。1名辅导员在上海职业院校党的二十大精神主题宣讲展示活动获奖。

开展"弘扬工匠精神，劳动创造美好"劳动教育宣传周，学校"木工大师工作室"获首批"上海市劳模工匠育人基地"。开展第二届校园美育节活动，用好"五老"指导团资源开展关心下一代系列品牌活动。推进"一站式"学生社区综合管理模式改革，探索"以学生成长为中心"的社区"党建+"育人模式，成立学生社区自治管理委员会，实现学生"四自"管理。评审国家奖学金7人、上海市奖学金4人、国家励志奖190人。巩固云南省曲靖市脱贫攻坚成果，与云南省曲靖团市委和曲靖市青少年发展基金会共同开展"情暖沪滇·爱心助学"校园公益集市活动。上海科技馆志愿服务被上海市精神文明办评为先进集体。参与宝山区文明城区创建等志愿服务。开设线上线下就业创业指导课程，组织各类创业活动19场，参与学生1062人次。举办第五届"济光杯"大学生创新创业大赛。提交第八届中国国际"互联网+"大学生创新创业大赛项目256个，其中3个项目分获职教赛道上海赛区铜奖和优胜奖。开展心理健康活动月线上活动，加强心理健康教育四级网络工作队伍建设。

推进学校章程修订工作，深化法治校园建设工作。推进二级学院定编定岗，优化队伍管理结构。实现财务工作全过程线上运行，提高项目资金执行率。落实新合同管理办法，加强资产资金规范管理。

杨浦校区实训综合楼建设完成项目结构封顶。宝山校区食堂改造工程完工。推进"图书馆美育功能提升"项目，采购中文纸质图书14165种20535册，中文图书馆藏量达427535册。获评"上海市绿色校园"。开展各类安全宣讲30余场，组织消防安全应急演练2次。2022级2300名学生参加市大学生安全教育进课堂考试，通过率98.65%。指导学生参加市民办片区安全知识竞赛获二等奖。(杜　宇)

**【人居环境与建筑设计学院教工党支部入选"全国高校党建工作样板支部"】** 3月11日，教育部印发《教育部办公厅关于公布第三批全国党建工作示范高校、标杆院系、样板支部培育创建单位名单的通知》，公布遴选产生的11个全国党建工作示范高校、100个全国党建工作标杆院系、1000个全国党建工作样板支部培育创建单位。上海济光职业技术学院人居环境与建筑设计学院教工党支部入选"全国高校党建工作样板支部"名单。 （杜 宇）

3月11日，上海济光职业技术学院人居环境与建筑设计学院教工党支部入选"全国高校党建工作样板支部"名单

**【获第七届全国大学生学术英语词汇竞赛一等奖】** 5月21日，第七届全国大学生学术英语词汇竞赛决赛举行。上海济光职业技术学院建筑工程学院2021级建设工程管理高本贯通班学生和2021级建设工程管理高本贯通班学生获竞赛一等奖。 （杜 宇）

**【获第二十一届"新人杯"全国大学生室内设计竞赛优秀奖】** 6月30日，由中国建筑学会室内设计分会（CIID）主办的2022年第二十一届"新人杯"全国大学生室内设计竞赛举行。上海济光职业技术学院人居环境与建筑设计学院建筑室内设计专业2020级学生的设计作品"SELF"美妆集合店获竞赛优秀奖。 （杜 宇）

**【教师获第五届上海高校青年教师教学竞赛优秀奖】** 10月25—27日，由上海市总工会、市教卫工作党委、市教委主办，市教育工会承办的第五届上海高校青年教师教学竞赛在上海师范大学举行。上海济光职业技术学院经济管理学院教师获社会科学学科优秀奖，人居环境与建筑设计学院教师、护理学院教师获高职高专学科优秀奖。 （杜 宇）

**【"匠心筑梦 技艺传承"劳模工匠育人基地揭牌仪式】** 11月2日，在上海济光职业技术学院宝山校区举行。该基地依托顾惠明领衔的"木工"大师工作室，建成具有学校特色的人才培养示范点。 （杜 宇）

**【在"第十二届POCIB全国外贸从业能力大赛"获好成绩】** 11月8日，由中国国际贸易学会主办的"第十二届POCIB全国外贸从业能力大赛"闭幕。全国200所院校、398支队伍、3980名选手参赛。上海济光职业技术学院经济管理学院2021级关务与外贸服务专业和电子商务专业的10名学生组队参赛并获全国团队二等奖，其中3名学生获个人三等奖。 （杜 宇）

**【入选教育部职成教司100个"三全育人"典型案例】** 11月，教育部职成司组建专家队伍研定《职业院校"三全育人"典型学校建设指南》，遴选100个"三全育人"典型案例。上海济光职业技术学院党委宣传部负责申报的"三全育人"典型案例《构建"三全育人""五四三"新模式》入选，并被中国教育新闻网刊登报道。 （杜 宇）

**【设计创意学院直属党支部入选"上海高校党建工作样板支部"培育创建单位】** 12月，"上海高校党建工作样板支部"培育创建单位上海市教卫工作党委公布第二轮上海高校党组织"攀登"计划培育创建单位名单，遴选产生15个高校党委、40个院系党组织、60个党支部分别作为上海党建工作示范高校和特色高校、标杆院系、样板支部培育创建单位。上海济光职业技术学院设计创意学院直属党支部入选"上海高校党建工作样板支部"培育创建单位。 （杜 宇）

**【获上海市高等职业院校汽车类专业教师教学能力大赛一等奖】** 12月6日，由上海市高职高专汽车类专业教学指导委员会举办的"2022年上海市高等职业院校汽车类专业教师教学能力大赛"在上海汽车集团股份有限公司培训中心举行。上海济光职业技术学院人工智能学院教师获大赛一等奖。 （杜 宇）

**【获首届上海市课程思政教学设计展示活动特等奖】** 12月18日，在由上海市教卫工作党委、市教

委主办的首届上海市课程思政教学设计展示活动中,上海济光职业技术学院的《建筑设计(一):独立式小住宅设计》获职业院校综合专业组特等奖。

(杜　宇)

## 附:学校负责人及地址

(2022 年 1—12 月)

董事长:周家伦

校党委书记:姜富明

副书记:胡展飞、刘　丽

校　长:胡展飞

副校长:姜富明、王云飞

杨浦校区地址:武东路 51 号

邮编:200433

电话:55522605

宝山校区地址:水产路 2859 号

邮编:201901

电话:66761065

# 上海工商外国语职业学院

**【2022 年概况】** 设英语语言文化学院、欧洲语言文化学院、东方语言文化学院、新媒体与文法学院、商学院、智能制造与信息工程学院、创意设计学院、基础教学部(马克思主义学院)8 个院部。有应用英语、商务英语、大数据与会计等 31 个招生专业(含方向)。在校生约 8000 人。年内录取新生 2927 人,实际报到 2306 人,其中专科层次依法自主招生录取报到 575 人、"三校生"考试录取报到 63 人、上海市秋季统一高考录取报到 113 人、中高职贯通录取报到 306 人、外省(自治区、直辖市)录取报到 1249 人。有专兼职教师 500 余人。副教授及以上职称教师占专任教师 25%以上。硕士研究生及以上学历教师占专任教师 70%以上。外籍教师 20 余人,留学归国教师 30 余人。获上海市教学名师奖 2 人、上海市高校育才奖 10 人,上海市级教学团队 7 个。

落实从严治党工作要求,明确学校基层党组织和党员领导干部对党风廉政建设应负的责任。关注考试招生、干部人事、后勤资产管理、学生日常管理等重点领域的反腐倡廉教育,防范各种腐败现象发生。

完善专业带头人引进制度,引进英语、法律、法语、学前教育专业带头人 4 人。开展线上教学总结和评优工作,推选"教学之星"6 人。推进上海市优青计划、晨光计划等项目实施,1 名教师入选"上海高校青年教师培养资助计划"。跟踪中青年骨干队伍建设工作,研究部署提高双师型教师比例工作,开展专业技术职称职务评聘,外部送审教授 1 人、副教授 4 人、讲师 14 人,改善师资队伍职称结构比例。1 位教师获第三届上海高校青年教师培养资助计划课程思政竞赛高职高专组三等奖。

师生多次在全国高校大赛中获奖。教师获 2022 年外研社"教学之星"大赛(高职组)全国总决赛冠军。学生获全国高校商业精英挑战赛国际贸易竞赛跨境电商赛道全国总决赛一等奖 2 个。承办上海民办高校军事课教师骨干培训班。学校"工外优盟汇"青年团队获"上海市青年五四奖章集体"称号。与德国 ASK 国际教育集团举行国际教育项目合作签约仪式。获上海市优秀教学成果奖一等奖 1 项、二等奖 2 项。此外,参与申报项目获一等奖 1 项。

(张瑞娟)

**【上海工商外国语职业学院马克思主义学院成立大会**

**暨揭牌仪式】** 11月9日，在上海工商外国语职业学院国际会议中心举行。这是党的二十大后上海民办高校成立的第一个马克思主义学院。 （张瑞娟）

**【获“教学之星”大赛（高职组）全国总决赛冠军】** 12月4日，2022年外语教学与研究出版社“教学之星”大赛（高职组）全国总决赛在线上举办。赛题为“外语教材的有效使用：思想性与科学性相统一”。上海工商外国语职业学院英语语言文化学院教师组成的参赛团队以全场最高分（93.00分）获全国总冠军。 （张瑞娟）

## 附：学校负责人及地址

（2022年1—12月）

董事长：钱　莹

校党委书记：李月松
　　副书记：段仁启

校　长：姚秀平
副校长：段仁启、王　蔚

地址：惠南镇观海路505号
邮编：201399
电话：68020621

# 上海邦德职业技术学院

**【2022年概况】** 设经济与管理、应用技术、艺术设计、国际交流与外国语、酒店烹饪、健康与护理、继续教育7个二级学院，有24个专业（不包含方向），建有校内实训中心30个、校外实训场所12个。在籍学生4919人。录取新生1722人，报到1486人。教职员工233人，其中专任教师120人（含行政15人，辅导员8人），有中、高级职称的教师82人（中级职称59人、高级职称23人）。

按照“学生为本、德育为先、引导为主、服务为魂”的工作思路，落实《关于在全校开展以“知礼立德”为载体的三全育人活动方案》，全面推进“三风”文明建设工作，开展新生入学教育、“三全育人”活动建设、三创评优工作、“知礼立德，文明守纪”主题教育活动月等活动。

采用“请进来、走出去”形式，聘请有关高校马克思主义学院的名师、领导、专家到校上课、作报告、指导工作。依托同城平台建设资源，开展思政课程建设、队伍建设、教学内容和方法研讨等活动。

组织开展“书记校长访企拓岗活动”，联合上海海商会9家企业举办“2022届线上专业人才招聘会”，邀请校企合作单位进行线上宣讲。制订学生就业工作计划，举办学生就业推进会。

推进中高职贯通、高本贯通项目申报的前期准备工作。完成与曹杨职校合作贯通的烹饪工艺与营养、数字媒体技术和与鸿文国际职高合作贯通的计算机应用技术、电子商务4个中高贯通专业申报工作。

做好新专业申报工作，完成应用英语（数字贸易）专业和智慧旅游技术应用专业的申报。获2个市级教学成果二等奖。申报“2021年度上海市高职高专院校教师教学创新团队”。完成2门市级精品在线开放课程、4项校外科研项目的申报工作。组织开展校级科研项目的立项、开题评审、中期检查和结题评审工作，19个项目通过评审。教师积极参与技能大赛，获26个奖项。

开展人才招聘及专业技术职务聘任工作，落实师资建设规划，推进邦德强师项目（十期）深入开展，确定45个子项目。组织新进教师参加校内岗前培训，安排校内教师参加教师资格证理论考试。参与“民师计划”项目申报，2名教师申报“专业教师”项目、2名教师申报“双师型教师”

项目。

调整学校学生资助工作领导小组，组织修订《奖学金评审办法》等规章制度，举办资助育人活动月。改造学校团体辅导室，完成学校心理健康建设及大一新生心理筛查测评工作，扩大心理健康教育与心理咨询的宣传，做好学生心理健康咨询与教育。组织“学宪法讲宪法”法理杯辩论赛、“青春心向党、奋进新征程”主题演讲比赛等。

组织开展创业讲座、创业咨询、创业培训、跟踪指导、创业沙龙等多种形式的创业孵化工作。参与并联动特色专业跨境电子商务专业协同申报创新创业学院和创新创业实践基地建设。对接校外资源，联合社会各界力量，以中国跨境电商培训认证（长三角）管理中心为依托，帮扶学生创业落地。

制定教学督导工作方案，教学督导听课150人（次），涉及124门课程。对前两个学期期末试卷进行阅卷规范性抽查1826份，涉及课程42门、教师42人。对2019级学生毕业顶岗实习手册进行规范性抽查，共抽查5个学院60个毕业生顶岗实习手册60本。（李　娜）

**【上海邦德教育产业投资有限公司股权收购签约仪式举行】** 8月18日，上海亚龙投资（集团）有限公司旗下上海金苹果教育投资有限公司与广大投资有限公司及朱昌川，在亚龙国际广场9楼第二会议室就上海邦德教育产业投资有限公司股权（邦德学院）收购举行签约仪式。（李　娜）

8月18日，上海邦德教育产业投资有限公司股权收购签约仪式举行

**【上海邦德职业技术学院成立新一届董事会】** 9月2日，上海邦德职业技术学院成立新一届（第九届）董事会，并召开第一次董事会会议。会议确定董事会董事长、学校法定代表人、学校校长等人选。（李　娜）

## 附：学校负责人及地址

（2022年1—12月）

董事长：朱昌宁（8月离任）、张文荣（9月到任）

校党委书记：杨卫武

校　长：华干林（3月到任，8月离任）、黄艳秋（9月到任）

副校长：虞　钢

地址：锦秋路299号

邮编：200444

电话：56680657

# 上海中侨职业技术大学

**【2022年概况】** 设经济与管理、信息工程、智能制造、护理与健康、建筑工程、艺术、食品药品、外国语、马克思主义9个学院，有高等职业教育本科专业21个、专科专业（含不同方向）31个。全日制本专科在校生10590人，其中本科和专升本学生6023人、高职专科学生4567人。有教职员工665人，其中专任教师542人、辅导员75人，副高级以上职称人数占31%以上。

年内，上海中侨职业技术大学艺术学院教师党支部获“全国党建工作样板支部”称号。青年助残志愿者服务队获“上海市青年五四奖章”集体称号。

学生作品《百家村田园综合体》获第七届“汇创青春”——上海大学生文化创意作品展示活动（优秀学生作品）环境设计类二等奖，作品《“翼齐”守护》获综合类（国画）三等奖。《“鸡慧”——基于云端监测中枢的养鸡场预警方案》获第八届中国国际“互联网+”大学生创新创业大赛上海赛区金奖。马克思主义学院郭晓平实践案例课题《“三全育人”视阈下民办高校建设马克思主义社团的路径探索》获市级一等奖。王奕《摄影摄像技术》获首届上海市课程思政教学设计展示活动特等奖，孔锦《设计色彩》获首届上海市课程思政教学设计展示活动二等奖。

现代物流管理专业群列入上海第二批高水平高职专业群建设名单。经济与管理学院“数字经济背景下工商企业管理专业六位一体人才培养模式的研究与实践”获上海市2022年度职业教育优秀教学成果二等奖。食品药品学院申报“食品质量与安全专业教师教学创新团队”获市教委2021年度上海高职高专院校市级教师教学创新团队立项。选修课“文化自信和文化素养教育”获2022年上海市高职高专基础课程课程思政与文化素养教育“教学设计”研究课题立项。“乡村振兴中的美育实践”入选上海民办高校思政类课程协同中心第五期建设课程名单。

上海中侨职业技术大学智能制造学院与中国商用飞机有限责任公司、建筑工程学院与上海家树建设集团有限公司共同合作的4个就业育人项目获教育部首批立项。（马　俊）

**【首届本科生毕业典礼暨学士学位授予仪式】** 6月6日，在上海中侨职业技术大学举行。采取现场典礼与云上直播相结合的形式。上海中侨职业技术大学董事长、校长，学校学位评定委员会委员、专家教授和校友代表等参加37名本科生毕业并被授予学士学位的仪式。（马　俊）

**【入选首批“市级创新创业教育实践基地”建设单位】** 9月30日，上海中侨职业技术大学入选首批“市级创新创业教育实践基地”建设单位。上海中侨职业技术大学将创新创业能力培养融入人才培养全过程，率先探索“产教融合”的创新创业人才培养机制，构建“结合专业、瞄准产业、校企合作、同频共振”的创新创业共同体，每年设立100多项大学生创新创业训练项目，参与学生总数超5000人。（迟嘉珮）

9月30日，上海中侨职业技术大学入选首批“市级创新创业教育实践基地”建设单位

**【微电影《成长》获银奖】** 10月，在“为党育人、为国育才”身边的好教师微电影评审中，由上海中侨职业技术大学工会选送的《成长》获银奖。该电影讲述3对师生在3个看似不可能的专业目标上共同努力的故事，呈现了吃苦耐劳、精益求精的匠人精神。（陈佳集）

**【首获全国“三下乡”社会实践优秀团队称号】** 11月，上海中侨职业技术大学护理学院助老爱老志愿服务队获全国“三下乡”社会实践优秀团队称号。为老服务团队通过项目实施，有效干预上海老龄化趋势下“老年痴呆症”病发，同时结合自创“智认中国特色头脑养护操”及老年人有关的健康问题并解疑，提升老年人的幸福感。（马　俊）

**【上海中侨职业技术大学第一届国际咨询委员会会议】** 12月3日，在上海中侨职业技术大学举行。国际咨询会14名委员来自中国、美国、德国、法国。会上介绍上海中侨职业技术大学的发展情况与未来规划，分别从现代治理、国际视野、产教融合、师资提升等方面向委员们做汇报。（迟嘉珮）

## 附:学校负责人及地址

(2022年1—12月)

董事长:严健军

校党委书记:平　杰
副书记:管琰琰

校　长:霍佳震
副校长:平　杰、刘淑芸、管琰琰、周晓芳、黄立新

地址:漕廊公路3888号
邮编:201514
电话:31616009

# 上海电影艺术职业学院

**【2022年概况】** 设表演艺术、数字娱乐、影视制作、视觉艺术4个专业群,19个专业与方向。全日制在校生2061人。在岗专兼职教师207人,其中专任教师147人,高级职称教师占比13.7%,硕士研究生及以上学历教师占比70.7%。

贯彻落实《中国共产党普通高等学校基层组织工作条例》,完善三会一课、主题党课的党员学习教育,开展标杆院系和样板支部的培育和建设,表演艺术中心(专业群)党支部获批第二轮新时代高校党组织"攀登"计划样板支部。在《青年报》、学习强国、澎湃新闻等媒体发表多篇文章和报道。坚持"小而美,专而精"的发展目标,重新规划贯通专业布局,探索和构建现代职业教育贯通人才培养体系。小幅度调整中高职贯通结构,优化"中高"衔接,全领域覆盖"高本"贯通专业,拓展"高本"衔接,开设游戏艺术设计、影视动画、动漫设计等8个中高职贯通专业,广告艺术设计、人物形象设计等7个高本贯通专业。　　(靳　玉)

**【建设5G⁺数字虚拟仿真智能影棚】** 12月,上海电影艺术职业学院建设5G⁺数字虚拟仿真智能影棚,引入国际顶尖影视LED摄影器材、XR虚拟拍摄、实时动捕以及数字孪生创新科技企业等,打造影视行业先进制作工艺流程的软、硬件综合体,提供综合、高端、符合行业发展所需的教学与实训环境。虚拟影视制作专业群使用"大班授课、小班实践"的模式,以行政班为教学单位使学生掌握基础知识与技能,以专业群联动和作品创作。　　(靳　玉)

**【教师作品获奖】** 年内,上海电影艺术职业学院影视制作中心编导专业青年教师杜曼·布尔列斯汗作为编剧和导演的短片作品《收获月影的季节》,先后入围第二十四届上海国际电影节金爵奖真人短片主竞赛单元、美国罗德岛国际电影节半决赛、印度斋浦尔国际电影节、韩国忠武路电影节导演周展映等电影节,获中韩青年梦享电影节最佳评审委员大奖等荣誉。7月,短片作品入围好莱坞短片电影节,并在美国好莱坞TCL中国大戏院进行国际首映式。　　(靳　玉)

**【参与院线电影动画后期制作】** 2022年,上海电影艺术职业学院数字娱乐专业群师生先后参与《我心飞扬》《奇迹》《长津湖II水门桥》《中国乒乓》等院线电影的动画后期制作,完成80多个虚拟角色的动画创制。　　(靳　玉)

**【贯通成果参评国家级教学成果奖】** 10月18日,上海电影艺术职业学院和中华职业学校联合实施中高职贯通教育影视动画专业试点项目,形成以"新技术应用能力和原创开发能力相融合"为特点的培养模式。《双力融合、双向赋能:影视动画专业

"创新型"人才培养模式实践探索》获2022年度上海市教学成果一等奖，并由全国文化艺术职业教育教学指导委员会推荐至教育部参评国家级教学成果奖。 （靳　玉）

**【《数字化绘本创作》共享课程上线】** 9月，上海电影艺术职业学院线上共享课程"数字化绘本创作"在智慧树、超星平台上线，并配套活页教材。课程由学院数字娱乐专业群联合中华职业学校、上海惊浪文化传媒有限公司打造的"惊浪·华光织翼绘本研创工作室"研发。 （靳　玉）

**【"1＋X"证书制度建设入选教育部优秀案例】** 8月16日，上海电影艺术职业学院数字娱乐专业群《项目引领、标准融入、书证融通、同频共振——数字娱乐专业群1＋X证书制度建设》在上海市职业院校"1＋X"证书制度试点专业委员会评选中获上海市一等奖。 （靳　玉）

**【上海博物馆文创直播基地揭牌】** 9月13日，由上海电影艺术职业学院与上海博物馆文创部共建的"上海博物馆文创直播基地"揭牌仪式在学院南校区举行。"文创直播基地"以打造长三角文化领域直播与运营职业教育新标杆为目标，采用趣味短片、舞蹈、吟诵、视觉传达等多种艺术创作交融的展播形式，透过年轻人的视角探访博物馆，透过沉浸式的镜头感受文创魅力。 （靳　玉）

**【出版原创绘本《领航：上海的故事》】** 11月1日，上海电影艺术职业学院坚持用好上海红色文化资源，与中华职业学校师生联合创作的中国原创故事《领航：上海的故事》出版发行。绘本寻根和溯源上海的历史风貌，讲述在中国共产党领导下上海从小渔村到国际大都市的变化发展史，深刻诠释"人民城市人民建，人民城市为人民"的理念。 （靳　玉）

11月，上海电影艺术职业学院等创作的原创绘本《领航：上海的故事》出版发行

### 附：学校负责人及地址

（2022年1—12月）

校党委书记：顾成明
　副书记：是科圣、吕　旻

校　长：江　泊
副校长：江　帆

地址：达尔文路188号
邮编：201203
电话：38681620

## 上海开放大学

**【2022年概况】** 有国顺、阜新、中原3个校区，设42所分校，有45个本专科专业。年内招生32781人，毕业学生25571人，在校生规模超过8万人。有教职工1068人。

成立民生学院（筹）。推进与平台型企业、园区型企业、龙头型企业合作建设特色产业学院，探索以"双元制"模式为主体的职工继续教育体系建设。非学历教育围绕"一老一小"民生领域，加强项目内涵建设。做精托育从业人员培训，培训托育从业人员、行业管理者等5000余人。继续办好家长学校，上线上海家长学校微信公众号，分层分类开展家庭教育志愿者、家庭教育指导师等培训。聚焦机构养老、社区养老、居家养老，培训养老照护服务评估师、养老照护内训师、老年社会工作者2600余人。推进临港开放市民大学建设，开设线上公益组班课程14门。打造"银发e学堂"，建设100个适老化课程资源，制作30期"智慧助老"专题片，上线"银发e学堂"小程序，提升老年人数字运作能力。推进上海市民终身学习体验基地建设，举办"2022年长三角学习型乡村建设研讨会"，加强市民外语学习中心建设，打造"申学书院—市民大讲堂"品牌。上海市电视中等专业学校在校生人数达25240人。

申报供应链管理（专升本）、应急管理（专升本）2个新专业，关闭网络营销与管理、城市公共安全管理2个补充目录专业。启动17个专业适需性评价。开展硕士学位授予单位建设，确定现代家政、护理（照护）、老年教育等民生领域为建设重点。

探索建立人才派遣用工机制，招聘导学助教4人。首次开展高级专业技术岗位等级聘用，35名教职工获聘高一级专业技术岗位。新进教职工65人。开展"新教师职业发展规划工作坊"等多类培养培训，加大青年教师培养力度，提升师资队伍职业化能力、专业化水平。

组织开展第七届学术活动月系列活动20余场，近千人次参与。获批国家社科基金年度项目1项，市级项目7项。开展老年人科学素养与科学教育调查及图书馆市民阅读行为监测。《开放教育研究》复合影响因子达到5.699，位居全国教育学类期刊第三位。开放远程教育研究中心获5项软件著作权，4项专利。

建设全球首个"联合国教科文组织终身学习研究所—上海开放大学终身学习国际能力发展和研究园区"。举办中英全民科学素养发展会议，推动中英双边人文交流。参加第三届世界高等教育大会并作主旨发言。学校首个海外汉语学习中心在巴基斯坦国立纺织大学开班。举办教科文组织"终身学习视角下的教育体系开发"能力建设研修班。举办"海濡汇"国际学生线上短期课程项目，加纳、斯里兰卡、巴基斯坦等15个国家近100名学生参加。中德开放在线学习平台运行22个月，影响力覆盖72个国家、731个城市。举办2022世界人工智能大会开放教育和终身学习论坛。

初步建成"一校通办"应用服务体系。建设总、分校一体的数字化教学环境体系，系统分校智慧学习分中心增加至9个。升级智慧教学平台，优化移动学习功能，提升智能助教服务，建立学习者学习档案，完善学习者画像多维标签体系设计。全年生成并推送学生综合课程评价报告90万人次，为师生提供个性化提醒服务170余万人次。

在第八届中国国际"互联网+"大学生创新创业大赛中，"巡智文化——基于数字文创的中华文化焕新破壁者"项目获金奖，"祥帆科技——智能AI无序理料系统行业领跑者"项目获铜奖。市赛金奖总数在全市高职高专院校赛道中位列第二，获金奖5项、银奖5项、铜奖19项、优胜奖24项。在"2022年（第九届）上海市大学生创业决策仿真大赛"获特等奖1项、一等奖6项、二等奖7项、三等奖2项。在"2022年（第十四届）上海市大学生计算机应用能力大赛"获一等奖2项、二等奖13项、三等奖31项，并在国赛中获二等奖7项、三等奖3项。在2022年上海市教学成果评选中获特等奖2项、二等奖3项。上海市电视中等专业学校学生首次在第十六届亚洲和太平洋地区信息学奥林匹克竞赛中获铜奖。上海市学习型社会建设服务指导中心办公室、社区教育部获评"上海市巾帼文明岗"。

（杨　东　罗茜雅）

**【"双元制"特色产业学院落地】**　7月25日，金山区政府与上海开放大学达成区、校战略合作意向，上海开放大学金山分校与上海新跃物流企业管理有限公司签署校、企合作协议，上海首家面向成人开展"双元制"教学的上海开放大学数字服务产业学院在金山区落地。该学院以服务产业发展为导向，通过共同开发课程标准、打造师资团队、设立研发

7月25日,金山区政府、上海开放大学战略合作签约暨上海开放大学数字服务产业学院揭牌仪式举行

中心、开发高端认证证书、开展创新创业教育等方式,实现职工能力和学历的"双提升",精准对接职业教育与产业人才需求,助推城市高质量发展。

（杨　东　罗茜雅）

**【2022世界人工智能大会开放教育和终身学习论坛】** 9月2日,在上海开放大学举办。国内外开放终身教育和人工智能技术领域的专家参加。通过主旨演讲、成果发布和圆桌会议等多种形式,展示教育数字化转型背景下,人工智能促进开放教育和终身学习当前发展的新理念、新技术和新场景,为开放教育发展数智化应用增添了研究经验、应用场景和学习效应,提升人工智能等技术在开放教育领域的便捷性和泛用性。（杨　东　罗茜雅）

**【加强"上海工匠"培训】** 9月,首次开设"工匠学历班",招收71名学生并聘请28名"上海工匠"进行导师结对。11月19日,由上海开放大学和上海市总工会共同举办的第六期"上海工匠"研修班和第三期"匠心学堂"录取学员903人,完成各级各类工匠培训500人。院士、改革先锋、大国工匠参与授课。同期,上海工匠学院临港分院揭牌成立。

（杨　东　罗茜雅）

**【2022年开放教育研讨会】** 12月3日在上海开放大学举行。由上海市政府教育指导委员会办公室指导、上海开放大学主办。线上线下600余人参会,围绕大数据等信息技术对开放教育教学质量评价、教师评价、教学过程评价、人才培养质量评价等的赋能,以及如何开展省域开放大学办学评估开展讨论。（杨　东　罗茜雅）

**【中英全民科学素养发展会议】** 12月5日,在上海开放大学国顺路校区召开。由上海开放大学、上海市教师教育学院(上海市教委教学研究室)、英国开放大学联合主办。以"中英全民科学素养发展"为主题。会上发布《科学教育赋能老年人高品质生活》报告,显示上海老年人健康知识和信息技术应用能力方面仍有提升空间,亟须进一步扩大老年科学教育供给。会议搭建和打造科学科普教育从基础教育拓展到终身教育的双边对话平台,进一步推动中英双边人文交流,促进上海全民科学素养的持续提升。（杨　东　罗茜雅）

12月5日,中英全民科学素养发展会议在上海开放大学国顺路校区召开

**【上海市终身教育学分银行十周年发展研讨会】** 12月15日,在上海开放大学召开。截至2022年,学分银行为全市约20%的常住人口建立个人学习档案已逾490万个,超10万人进行学分转换,积累各类学习成果超9400万条。会上,发布"构建市民'一人一档'""助力大学生求职就业""规划学习者终身学习""提升老年人精神生活品质""促进人才跨区域流动"五大应用场景,进一步明确数字化改革背景下学分银行未来发展方向。（杨　东　罗茜雅）

**【推进上海家长学校建设】** 2022年,上海开放大学聚焦"双减",把舒缓社会教育焦虑作为重点,继续办好上海家长学校。打造20期《智慧父母成长

课堂》、30期“在线课堂”，服务近300万人次家长。上线上海家长学校微信公众号，关注用户数突破22万，阅读转发人数超100万。线下培训家庭教育志愿者、家庭教育指导师等4483人次。施行“五个统一”工作标准。初步形成家庭教育指导师培训“上海方案”。举办上海家庭教育宣传周，开展活动255场，108万人次家长参与。举办长三角家庭教育高级研修班，推动长三角区域家庭教育一体化发展。

（杨　东　罗茜雅）

## 附：学校负责人及地址

（2022年1—12月）

校党委书记：楼军江

副书记：贾　炜、褚劲风、高建华、孙向彤

校　长：贾　炜

副校长：孙向彤、王　宏（11月离任）、张　瑾、王伯军

地址：国顺路288号

邮编：200433

电话：25653100

# 教育科研与考试、评估机构

# Institutions of Scientific Research, Examination and Evaluation on Education

# 上海市教育科学研究院

**【2022年概况】** 完成教育部委托项目22项、市教卫工作党委和市教委内涵发展项目95项。立项各级各类规划课题16项，获“四技服务”合同认定18项。编著书籍24本，发表论文130余篇。获省部级及以上领导批示12项、省部级及以上成果奖励16项，其中第十五届上海市哲学社会科学成果奖一等奖1项，第十三届上海市决策咨询成果奖二等奖1项，上海市优秀教学成果奖特等奖5项、一等奖5项、二等奖3项，民进中央参政议政成果奖一等奖1项。

推进教育部“教育大数据与教育决策”重点实验室建设。推进国家“双一流”建设监测数据管理系统升级开发和监测数据专题分析，基于“双一流”动态监测提交多份决策咨询报告。发布《全国高校毕业生就业状况2021白皮书》，完成《促进高校毕业生更加充分更高质量就业的行动方案》等专题研究和调查报告。完成中央教育工作领导小组秘书组秘书局委托项目“教育强国的基本内涵和主要指标研究”。开展省级政府履行教育职责评价研究。推动新疆喀什地区职业教育院校建设。参与国家老年大学筹建。完成《2021年度长三角教育现代化监测评估报告》等系列成果和《实施国家教育现代化监测评估战略行动的建议》等决策咨询报告。组织开展伟大建党精神专项研究、骨干人才培训和上海高校论坛，研制《伟大建党精神研究白皮书》。启动实施院级科研创新培育计划，发布年度项目指南，针对前瞻性战略性问题开展储备性基础性研究。

开展高水平地方高校二期建设动态监测和跟踪研究，完善监测指标体系，建立动态监测平台，跟踪监测建设进展与成效。推进“上海市中小学生心理关爱系统”研发建设，开展风险预警指标论证、技术论证和相关预研究。研制《上海市中小幼家长学校建设标准》《上海市家庭教育指导大纲》等。推进未来学校建设、学生综合素质评价、上海紧缺急需人才培养行动计划和卓越工程师培养改革、上海高校本科教学质量报告、职业教育资源与汽车产业布局战略匹配、职业院校分类评价、规范面向中小学生非学科类校外培训、学科类隐形变异培训防范治理、教育领域精准提供公共服务研究等重点任务。全年报送专报153篇，其中《教育决策参考》28期69篇、《民办教育决策参考》19期24篇、安全教育专报60篇。

完成《教育服务世界重要人才中心和创新高地建设的策略建议》《防范教育领域资本无序运作的调研报告》等。《教育发展研究》《思想理论教育》在教育学、马克思主义理论学科期刊中排名前列。《教育发展研究》成为2022年度上海市社科主题馆首批馆藏期刊，《上海教育科研》在长三角地区的影响力进一步扩大。举办“新机遇与新挑战：数智时代哲学社会科学实验室建设之路”“区域教育现代化监测评价前沿”等学术活动16场。举办新时代教育评价高端人才培养研修班。

（李伟涛　王振雷）

**【《上海市义务教育课后服务工作指南》发布】** 2月16日，在市教委召开的上海义务教育课后服务新闻通气会上，发布了由上海市教育科学研究院研制的《上海市义务教育课后服务工作指南》。《工作指南》围绕课后服务意愿的征询、服务活动内容的设计与安排、校内管理与保障、校外资源的利用、质量保障与监控等课后服务重点环节，设计了规范性标准和针对性指导。

（王湖滨）

**【“迎接二十大，语言文字这十年”系列名家讲坛】** 6—9 月在线上线下举行。上海市教育科学研究院组织 10 多家国家语委科研机构举办。6 场名家讲坛邀请 40 多名语言文字专家学者，通过主旨报告、学术对谈、专题访谈等研讨形式，回顾总结新时代 10 年语言文字事业在国家通用语言文字推广普及、语言文字规范化标准化信息化建设、语言资源科学保护、语言服务国家重大战略和人民美好生活需求、中华优秀语言文化传承弘扬、语言文化国际交流合作等方面取得的成就。30 多万人次通过网络直播收听收看。（张日培）

**【“伟大建党精神研究”上海高校论坛】** 10 月 14 日，在上海市教育科学研究院举办。来自高校中国共产党伟大建党精神研究中心各分中心、上海高校马克思主义学院和智库、理论期刊等单位的 30 余名学者通过线上线下相结合方式出席，围绕“伟大建党精神的精神实质与内涵要义”“伟大建党精神的实践滋养与宣传普及”2 个专题，就伟大建党精神内涵、育人实践、传播普及、全球叙事等进行研讨。（宗爱东）

**【“砥砺四十年，奋进新时代”上海普教科研 40 年学术交流会】** 11 月 18 日，在上海市教育科学研究院举行。来自市教委和各高校的专家代表、各区普教科研代表以及全国 1.8 万余教育科研工作者以线上线下方式参会。学术交流会开展“普教科研四十年典型研究”遴选活动，举办主题为“学校发展”等的 9 个学术专场，在 11 个区开设普教科研论坛，出版《上海普教科研 40 年》，在《上海教育》杂志发表 30 篇专题报道。（冯　明）

11 月 18 日，“砥砺四十年，奋进新时代”上海普教科研 40 年学术交流会在上海市教育科学研究院举行

**【推进“教育大数据与教育决策”重点实验室建设】** 8 月 18 日，教育大数据与教育决策实验室管委会在上海师范大学举行首次会议，讨论完善《“教育大数据与教育决策实验室”建设与管理委员会章程（暂行）》。11 月 5 日，在上海市教育科学研究院举办“新机遇与新挑战：数智时代哲学社会科学实验室建设之路”实验室专题研讨会，来自清华大学、南开大学、武汉大学、上海师范大学等高校的专家以及上海教育科学研究院的科研人员等 40 余人与会。（周江林）

**【完成 2022 年度高校毕业生就业状况监测评价与就业指导服务体系研究】** 11 月，上海市教育科学研究院完成《全国高校毕业生就业状况 2021 白皮书》，系统监测中国高校毕业生总体就业情况、地区差异、就业流动情况、毕业生不同群体的就业行为特征等，为研判高校毕业生就业形势、建立促进毕业生更加充分更高质量就业的管理机制提供决策参考。完成《促进高校毕业生更加充分更高质量就业的行动方案》《高校毕业生就业的地区差异及协调发展策略》《基于就业分析的高职高专院校服务与贡献研究》等系列专题研究报告。（杜　瑛）

**【“教育强国的基本内涵和主要指标”研究】** 10 月，由上海市教育科学研究院完成。研究界定教育强国的基本内涵，明确教育强国需要具备的现代化教育体系、教育制度、教育质量和教育保障条件，厘清教育强国的指标体系由教育发展水平、教育服务贡献、教育影响力、人民满意程度 4 个维度构成。（刘荣飞）

**【形成职业教育对口援疆工作的“上海模式”】** 6 月，上海市教育科学研究院完成《喀什理工职业技术学院论证报告》，帮扶新疆喀什地区设置第二所高等职业学校。完成《喀什地区职教园区事业性规划》，系统规划新疆喀什地区职教园区整体布局，并就园区治理、培养模式、服务能力等方面提出具体举措。总结凝炼上海职业教育对口援疆经验，形成“多方协同、科研牵引、供需匹配、刚柔并济”的职业教育

对口援疆工作的“上海模式”。 （肖鹏程 郭文富）

**【教育部系列“双减”课题研究任务】** 9月，由上海市教育科学研究院完成，形成校外培训机构合规经营、中小学生非学科类培训机构发展状况、校外培训变异行为等7份研究专报。《关于规范面向中小学生的非学科类校外培训的意见》和《关于进一步加强学科类隐形变异培训防范治理工作的意见》等研究成果已发布。 （潘 虹）

**【“教育服务世界重要人才中心和创新高地建设”项目】** 6月，由上海市教育科学研究院完成。在总结分析教育在世界科学中心形成转移中的历史作用基础上，聚焦国家战略人才力量和战略科技力量2个战略支点，围绕加快战略人才队伍建设、吸引国际学术人才、全面参与国家实验室建设、加强与国家科研机构战略合作、加快高水平研究型大学建设等专题，研究分析教育服务世界重要人才中心和创新高地建设的思路举措及策略建议。

（刘荣飞）

**【上海市高水平地方高校建设制度体系】** 11月，由上海市教育科学研究院完成研制。形成《上海市高水平地方高校建设项目管理办法（2021—2025年）》《上海市高水平地方高校建设动态监测核心指标（试行）》《上海市高水平地方高校建设年度报告（填报模板）（试行）》等系列制度文本。 （刘荣飞）

**【上海市对区政府依法履行教育职责评价年度监测指标体系与配套工具】** 12月，由上海市教育科学研究院完成研制。形成教育领导与保障水平、教育服务供给水平、教育质量提升水平与教育满意度4个维度内的17个指标和38个监测点，以及相应的数据采集表、问卷调查工具及其抽样办法。

（胡 伶）

### 附：院负责人及地址

（2022年1—12月）

院党委书记：汪歙萍
副书记：吴英俊

院 长：桑 标
副院长：王 戎、黄海洋、陆 璟、孙崇文

地址：茶陵北路21号
邮编：200032
电话：64167677

## 上海市教育考试院

**【2022年概况】** 承办各类考试33次，覆盖考生1792854人。录取考生305438人，其中上海市普通高校录取考生71728人（含春招、秋招、专科自主招生、三校生招生等），研究生录取硕士生67843人、博士生12858人，成人高校录取60244人，中等学校高中录取93390人。普通高校招生报考74196人，硕士研究生报考267133人、博士研究生报考29742人，成人高校招生考试报考80142人，初中学业水平考试报考（应届初三学生和社会生）109880人，普通高中学业水平合格性考试（含补考）报考145446人，普通高中学业水平等级性考试报考人数107744人，中等职业学校公共基础课学业水平考试（含英语口试）报考13077人。高等教育自学考试报考人数53647人，审核并办理毕业2757人。承办各类社会考试项目7项，开考10次，考生860381人。

统筹协调全国各在沪招生高校，在上海高考单独延期一个月的情况下，做到计划稳中有升、招录进程平稳有序，确保考生按期报到。组织开展艺术类统考改革工作，修订完成六大类、10个专业类别的考试说明，完善专家库管理。组织开展2024年高考选考科目调整方案的政策宣传，指导学生合理确定选考科目。

首次全面实施中招改革，完成中考中招改革配套综合管理信息系统的整体建设，研究制定《2022年高中阶段招生改革方案实施细则》，通过宣传PPT、动画、B站直播等向考生、学校以及社会做好中招政策解读宣传，平稳完成录取工作。

指导各区开展标准化考点建设以及对信号屏蔽仪等设备的更新升级。继续在春考英语、数学科目开展智能评分系统应用，并扩大到秋考科目试点。完成自学考试新一轮专业规范建设，建立自考专业评价指标体系，继续开展集约化考场管理试点，节省约30%考试资源。优化成人高考报名系统，重启成人高校招生章程审核机制。优化教师资格考试报名流程，实现所有类型考生报考资格智能审核。建立全国英语等级考试“白名单报考”审核机制。在上海市高校信息技术水平考试中推进网上阅卷以及智能化考试的应用探索。沟通增设研考新考点，有效应对考生规模增长。

完成高中学段所有学业水平考试科目的考试方案调整。研究制定中职校学业水平考试合格考和等级考“两考并一考”的考试命题方案和考务组织方案。开发实施高中学业水平考试、中职校学业水平考试信息技术上机考试。优化入闱命题组织管理流程，完善学情调研、教师遴选、考试评价、题库建设、学科资料管理、经费使用等规章制度。推进自考题库与卷库建设，建成计算机类实践课程机考平台并选取“科学与技术”科目开展试点。

深化与“一网通办”对接合作，接入成考成绩查询和高招录取考生一次性经济补贴申请等功能。完善自考考籍管理服务系统。梳理分析信访咨询典型案例，为后期工作开展提供有效支撑。新增考试院微信视频号、百家号，配合微信公众号、强国号、B站等形成宣传矩阵。

加强考试研究和考试开发。制定《上海市教育考试院科研规划(2022—2025)》。提升全院科研基础环境，促成院刊发论文被收录中国知网，6项成果获市级教学成果奖。围绕“教育考试机构专业化建设的路径与策略”和“疫情背景下招考方式的改革与实践”召开2022教育考试研讨会和京津沪渝招考改革研讨会。探索命题质量控制技术，开展中考问题解决能力试题的命制和评分、高考英语听说测试多套卷一致性、中考英语与中国英语能力等级量表对接结果、外语各语种与欧洲共同语言参考标准对接结果、高考命题质量评价框架等研究。

完成全院岗位设置，高级专业技术岗位比例和数量进一步提高。推动将国家教育考试工作人员培训纳入中小学教师市级专项培训计划。宣传推进社科系列教育事业管理研究学科高级职称评审。举办党员干部教育培训班、“项目反应理论及其应用”系列课程培训，参与市教委人事处组织的新进人员及公共管理岗位人员培训，提升干部职工的管理水平与专业能力。

完成教育考试5G考务专网建设方案设计以及5G+智慧考务项目的申报。整合系统、存储硬件及网络，实现冗余备份和高可用性。强化院区安全管理，完善技防系统。

创建全国文明单位工作进入中期评审阶段。推进“最美考院人”“我为节能献一计”“青年岗位技能大赛”“我们的节日”等品牌项目建设。

(董美意　张　军)

**【普通高校招生】**　2022年，报考普通高校74196人，分为春季考试招生、专科层次依法自主招生、招收应届中等职业学校毕业生(简称“三校生”)、秋季统一高考招生4个阶段招生录取。春季(含一月份外语考试)53568人、专科14240人、“三校生”3043人(含中本贯通报名1640人)、秋季47873人。普通高校各类招生计划63464个，其中春季高招2627个、专科自主招生13004个、“三校生”招生3537个、秋季高招44059个。普通高校招生录取考生71728人(含保送生、高水平运动队、高水平艺术团等特殊类型),其中本科录取46310人,占64.56%;专科录取25418人,占35.44%。春季招生录取2720人、专科自主招生录取13550人、“三校生”录取1274人(含聋哑单招录取考生6人),另有中本贯通录取1616人。秋季招生录取43875人(不含保送生、高水平运动队、高水平艺术团等特殊类型),其中本科录取40863人、专科录取3012人。

(刘学岚)

**【研究生招生】** 硕士研究生报考267133人(含推免生),比上年增加20106人,增长8.14%。按考试方式统计:参加全国统考186855人,推荐免试生14017人,参加单独考试297人,参加管理类联考47509人,参加法律硕士联考18421人,参加强军计划34人。按考生选择研究方向统计:学术型研究方向93090人,占34.28%;应用型专业研究方向178437人,占65.72%。博士生报考29742人,比上年增加2827人,增长10.50%。按考生来源统计,应届硕士毕业生11987人,占40.30%;直博考生2406人,占8.09%;硕博连读考生2435人,占8.19%;科研人员1259人,占4.23%;高校教师2177人,占7.32%,行政办公人员557人,占1.87%;其他人员8921人,占30.00%。从录取情况看,47所硕士生招生单位录取67843人(含推免生),比上年增加1639人,增长2.48%。26所博士生招生单位录取考生12858人,比上年增加504人,增长4.08%。录取博士生中,按考试方式统计,普通招考录取8021人,占62.38%;硕博连读录取2431人,占18.91%;直博生2406人,占18.71%。 (宋　蕾)

**【成人高等院校招生】** 在沪招生成人高校62所,其中上海市成人高校59所、外省市成人高校3所。报考人数80142人(含单考186人、免试生875人),比上年增长31.5%,其中高起点27043人(含高起本3520人、高起专23523人)、专升本53099人。计划数61419个,其中专升本计划40417个、高起本计划3086个、高起专计划17916个。录取考生59212人,其中专升本38587人、高起本2934人、高起专17691人。普通高职(专科)毕业生服义务兵役退役免试接受成人本科教育招生录取840人。

(孙利钢)

**【中等学校高中阶段招生】** 全市报名98385人,其中应届毕业生97390人、往届生909人、返沪生86人。填报志愿94814人。报考初中学业水平考试109880人,其中参加中招报名98385人,包括应届生97390人、应届返沪生86人、往届生909人、随迁子女7820人。仅参加考试未获得招生资格考生3675人。普通高中招生74339人,中职校招生25055人。高中阶段各类学校招生计划99394人(含直升计划860人,不含后方基地高中计划)。其中,高中学校257所,招生74339人(含普通高中计划72598人、国际课程班上海市生源计划1741人);中职校54所,招生25055人(含中本贯通1870人、五年一贯制1221人、中高职贯通5986人)。93268人升入高中阶段各类学校,另有41名外籍学生录取高中,866人升入后方基地3所高中,6人录取外省市中职校,总招生录取率为99.33%(不含外省市中职校录取)。普通高中录取72017人(不含后方基地及外籍学生录取),中职校录取21251人(不含外籍学生录取),特殊教育高中阶段学校录取351人。

(王　丽)

**【普通高中及中等职业学校公共基础课学业水平考试】** 2022年,高中学业水平合格性考试、等级性考试全科开考,组织考试8次(合格考及补考7次、等级考1次),报考253190人。其中,1月份合格性考试开考语文、数学、外语、信息科技等10门科目,语文、数学、外语3科报考6700人。9月份合格性考试6科笔试63380人、250392科次。12月份合格考补考,开考思想政治、历史、地理、物理、化学、生命科学6科报考4384人、7381科次;信息科技改名为信息技术,报考61041人。6月等级性考试开考6门科目,报考107744人、164243科次。中等职业学校学业水平考试科目包括语文、数学、英语和信息技术。英语科目分设笔试(含听力测试)和口语测试,报考13077人。首次开考的信息技术科目采用机考形式,报考11047人、11047科次。

(王　政)

**【市高中阶段招生改革全面落地】** 2022年是中招改革全面实施的第一年。改革后，上海市普通高中学校录取分为自主招生录取、名额分配综合评价录取、统一招生录取3个批次。自主招生分为市实验性示范性自主招生，市级艺术骨干学生、市级体育特长学生自主招生以及国际课程班招生、中职自主招生4个类别，招生录取采用综合评价方式。招生计划安排采用名额分配方式，分为“名额分配到区”和“名额分配到校”两个类别。“名额分配到区”受跨区就读、往年招生情况等因素影响，区属市实验性示范性高中名额分配到各区招生分数线存在差异。“名额分配到校”招生计划9994个，实际录取考生9952人，计划完成率99.58%。

（王　丽）

**【高等教育自学考试】** 延期至10月举行，相关课程与下半年考试合并。涉及主考高校17所，开考本、专科专业52个，开考课程461门(其中全国统考课程237门、市级统考课程224门)。53647名考生报名参加考试，考试理论科次数为147861科次。全年审核并办理毕业2757人，其中本科2176人、专科581人。（孙利钢）

**【高等学校信息技术水平考试采用在线考试系统】** 11月，上海市高等学校信息技术水平考试举行。市教育考试院通过上海交通大学考点以二、三级人工智能技术及应用科目为试点，开发在线考试系统，并与远程监考系统对接，通过双机位、三画面、云录制等措施，实现考生居家考试新模式。考后，市教育考试院通过堡垒机远程登录阅卷点工作站批阅考生答卷，确保答卷数据不落地，降低数据泄露风险。同时通过堡垒机对阅卷行为自动录屏，阅卷界面添加水印和签署保密承诺书等方式，确保阅卷工作安全保密。（周　云）

**【教育考试研讨会】** 11月17日，在上海市教育考试院举行。围绕“教育考试机构专业化建设的路径与策略”的议题，采用线上线下相结合形式进行。各省级考试机构、在沪招生高校、上海各区招办、中等学校、K12课题基地学校相关人员及其他专业人士通过“东方网”线上参会。会议邀请省级考试机构和高校专业人士分享研究成果，交流新冠疫情背景下组考经验，从理论、技术和实践视角对考试机构专业化建设的内容和路径进行交流，启发与会人员对未来考试机构的发展进一步思考。（王洪波）

**【获市级优秀教学成果奖】** 10月18日，市教委公布2022年上海市优秀教学成果名单。市教育考试院6项成果获奖，其中一等奖3项，分别为“基于证据框架的全流程高考命题质量控制机制”“K-12科学课程测评系统研究：大规模测评与课堂实践的整合”获基础教育类一等奖、“上海市高等学校计算机等级考试制度三十年改革与探索”获高等教育类(本科教育)一等奖；二等奖3项，分别为“指向诊断和反馈的高中学业水平考试成绩报告创新与应用”“循证视域下综合素质评价指标的构建与实践”获基础教育类二等奖、“上海市中等职业学校公共基础课学业水平考试数学测评框架建构与测评实践”获职业教育类二等奖。（杨东莉）

## 附：院负责人及地址

（2022年1—12月）

院　长：刘玉祥(4月到任)
副院长：章　波、周　勇(8月离任)、常生龙

院党委书记：刘玉祥
副书记：汪成辉、汤　军

地址：民星路465号
邮编：200433
电话：35367070

## 上海市教育评估院

**【2022年概况】** 完成上海高校一流本科课程遴选评审、优质幼儿园评估等评估项目80余项，项目内容涵盖基础教育、高等教育、职业教育、终身教育、民办教育、中外合作办学等领域。重点完成上海交通大学“师生共同编写中国发展案例，内容全方位融入培养过程的经济学教学改革探索”、复旦大学“碳究未来、绿融世界—服务国家战略的高层次绿色经济金融人才培养探索与实践”等864项高等教育优秀教学成果奖评选暨国家奖推荐。完成5所高校6门学科的III类高峰学科建设方案论证评审。开展对高中教育教学质量综合评价方案的研制、指标的优化，对59所中等职业学校教学工作诊断与改进，对4个普通高校师范类专业结论审议、3个专业进校考查、9个专业整改论证，对53所高校文明校园创建(复查)评审。完成10项艺术科研课题和14项体育科研课题结项评审。开展上海市中外合作办学到期评估。完成8个本科及以上和9个专科及以下项目的评审。完成20所民办高校年检。完成4所高校语言文字规范化达标建设实地抽查工作。完成61所高校法治工作测评工作等。

学习党的二十大和上海市第十二次党代会精神，通过收看直播、研读材料、聆听辅导报告、互动交流等形式，着力做到“五个牢牢把握”和“九个深刻领会”。夯实基层党建基础，完成支部换届，投身志愿服务。

独立申报7个项目获2022年上海市教学成果奖，其中特等奖2项、一等奖3项、二等奖2项，涵盖基础教育、职业教育、高等教育三大类。合作申报1项成果获2022年上海市教学成果奖特等奖。公开发表学术论文13篇，出版著作1部。

完成新一届工会委员的换届选举工作。组织“院年度十件大事”的评选。开展“品上海、看上海、爱上海”活动。参加上海市中职学校首届“中银校长杯”乒乓球比赛和上海市第九届教工运动会扑克比赛。继续做好职工各类保险续保、体检、生日慰问、“三八”妇女节、“六一”儿童节等民生工作，关心退休职工，完善退休人员福利安排方案。1人被评为“新时代教卫直属机关闪光青年”2022年度人物。2人入选由市教委联合团支部组团的“青年阅读马拉松超级赛”，其中1人获2022年上海市机关青年理论学习标兵(个人)称号。（胡恺真）

**【开展上海高校高峰高原学科III类高峰学科建设方案论证工作】** 10—12月，受市教委委托，组织开展上海高校高峰高原学科III类高峰学科建设方案论证工作，涉及上海理工大学、上海大学等5所高校6个III类高峰学科。围绕目标定位、建设基础、实施路径和管理与运行体制等内容进行，重在以评促建，整体提升上海高校学科建设水平。

（夏　燕）

**【评估第五届上海高校青年教师教学竞赛】** 10—12月，受中国教育工会上海市委员会委托，组织开展第五届上海高校青年教师教学竞赛暨第六届全国高校青年教师教学竞赛选拔赛评估工作。采用现场观察、问卷调查、专题访谈等评估方式，从竞赛规范性、竞赛公正性、竞赛参与度、目标达成度和竞赛影响力五方面进行评估。（王嘉璇）

**【研制《上海市属普通高等学校本科教育教学审核评估(2021—2025年)工作指南》】** 受市教委委托，组织研制《上海市属普通高等学校本科教育教学审核评估(2021—2025年)工作指南》。《工作指南》包括《审核评估工作基本流程(草案)》《审核评估专家工作指南(草案)》《审核评估高校评建工作指南(草案)》。在征求近30位专家和21所市属高校分管本科教学副校长、教务处处长或质管办主任意见后,12月7日,由9位专家组成的专家组对《工作指南(草案)》进行论证。专家组认为《工作指南》理念清晰,逻辑严谨,工作架构和整体内容较为完整;具有较强的针对性和创新性,贴合上海高校实际,可操作性强。专家组建议在《工作指南》实施过程中,结合实际情况持续优化。（方　乐）

**【上海市硕士学位论文抽检】** 1—12月,受市教委委托,组织实施2021年度硕士学位论文抽检工作。抽检范围为上海各学位授予单位(学位工作由其上级部门管理的单位除外)在2020年9月1日至2021年8月31日期间获硕士学位者的学位论文,涉及培养单位41家。参检论文2670篇,其中学术学位论文1128篇,涵盖88个一级学科;专业学位论文1542篇,涵盖37个专业类别。

（陈佳妮）

**【市中等职业学校行为规范示范校评估】** 1—12月,受市教委委托,组织开展"十四五"期间上海市中等职业学校行为规范示范校评估工作。经全市工作启动会、学校自评申报、上级主管单位推荐、市级评估认定(含学生、家长问卷,市民常态巡访,常态视频调阅,组织专家进行网上材料评审、现场集中汇报答辩及部分学校实地评估)等程序,从29所申报学校中遴选出新一轮上海市(中等职业学校)行为规范示范校。（胡　兰）

**【新一轮中小学行为规范示范校评估】** 3—12月,受市教委委托,组织开展新一轮上海市中小学行为规范示范校评估工作。396所学校申报参评。评估分学校自评自查、区级初审推荐、市级评估认定3个阶段。市级评估认定阶段包括材料评审、市民常态巡访、集中答辩和现场评估等环节。在配备材料评审专家时,采用组间循序替换1/2专家的办法,使评估结果更加科学。（郭朝红）

**【市中高职、中本教育贯通培养模式新设专业申报评议工作】** 2022年3月至2023年2月,受市教委委托,组织开展2022年度中高职贯通专业和中本贯通专业的申报评议工作。2022年上半年,税收学等5个中本贯通专业提交申报材料均获批。2022年下半年,43个中高职贯通专业和11个中本贯通专业提交申报材料,婴幼儿托育服务与管理等30个中高职贯通专业和数字媒体技术等6个中本贯通专业获批。（邹　旻）

12月13日,2022年度上海市中高职、中本教育贯通培养模式新设专业申报评议材料评审会在中华职业学校召开

**【上海市高校法治工作测评】** 3—12月,受市教委委托,对全市61所高校法治工作开展专家测评工作。在巩固依法治校示范校和标准校创建成果的基础上,补短板、强弱项,以评促建、以评促改,进一步深化依法治校工作,持续提升上海市高校治理能力和治理水平。（侍伟民）

**【学士学位授权审核】** 4月,受市教委委托,组织开展学士学位授权审核工作。通过形式审核、在线评审、在线考察、在线答辩,批准复旦大学等24所高校的62个专业增列为学士学位授予专业;批准上海立达学院、上海中侨职业技术大学增列为学士学位授予单位;批准上海外国语大学乌兹别克语专业增列为学士学位授予专业。（张令飞）

**【上海市高校语言文字规范化达标建设抽查】** 5—12月,受市教委、市语委委托,组织开展2022年上海市高校语言文字规范化达标建设抽查工作。审

查9所高校自查材料，抽定4所高校实地检查（远程），对学校语言文字规范化工作全面检查评估。评估专家组依据《高等学校语言文字工作指导标准》，认为上海开放大学等4所高校的语言文字工作达到规范化达标标准。（康　茜）

**【上海市教育事业管理研究职称评审】** 6—12月，受市教委委托，组织开展教育事业管理研究学科组组建、日常管理与组织评审工作。完成上海市教育科学研究院、上海市教育技术装备中心等7家单位12名申报人员的高级职称学科组评审工作。经材料审核、面试答辩、学科组集中评议和高评委评审，11名人员取得高级职称任职资格，其中研究员7人、副研究员4人。（程　婕）

**【中小学正高级教师职称评审】** 6月，受市教委委托，组织开展上海市中小学教师正高级职称评审工作。上半年完成全市310名教师的中小学正高级教师教科研成果鉴定工作。下半年，16个区推荐249名教师申报中小学正高级教师职称。经资格审核，247名教师符合申报条件进入评审阶段。经教学资源评价、面试答辩、学科组综合评议和高评委评审等环节，200名教师取得中小学正高级教师任职资格，其中流动73人。（叶逸青）

**【上海高校师范专业认证】** 6—11月，受市教委委托，组织开展上海市普通高校师范类专业认证（二级）工作以及认证整改方案论证工作。6月，完成对上海师范大学历史学、美术学、计算机、地理科学4个师范专业认证结论审议工作。8月，对上海师范大学2020—2021年认证结论为“有条件通过”的小学教育等9个专业开展论证。10—11月，分2个批次对上海体育学院体育教育专业，上海师范大学思想政治教育、音乐学专业开展师范专业认证（二级）申请受理、自评指导和进校考察工作。（田芳园）

**【上海市中等职业学校教学工作诊断改进与抽样复核】** 7—11月，受市教委委托，组织开展2022年上海市中等职业学校教学工作诊断改进与抽样复核工作。通过学校自荐、协作组推荐确定复核名单，学校报送材料，市级复核（包含材料预审、现场复核、综合评议）等环节，对上海市商贸旅游学校等4所学校复核结论均为“有效”。（赵冬燕）

**【上海市优质幼儿园评估】** 7—12月，受市教委委托，组织开展2022年新申报上海市示范性幼儿园评估和上海市一级幼儿园评估。54所幼儿园申报上海市示范性幼儿园、57所幼儿园申报上海市一级幼儿园。通过园所自主创建、区级自评和市级评估三级联动的市一级园评估新机制，借助数字化转型，有效提高评估的科学性和有效性。经评估，上海市黄浦区瞿溪路幼儿园、上海市徐汇区望德幼儿园等53所通过示范性幼儿园评估，上海市黄浦区大同幼儿园、上海市徐汇区桂平幼儿园等55所通过一级幼儿园评估。（严　芳）

**【上海市特色普通高中评估】** 9—12月，受市教委委托，组织开展2022年上海市特色普通高中评估工作，5所学校申报参评，其中初评学校1所、复评学校4所。专家组从定位管理、课程与教学、条件与资源、成效与示范、创新与亮点5个维度，结合学校教师、家长、学生全样本问卷调查结果等综合信息对参评学校进行评估。（郭朝红）

## 附：院负责人及地址

（2022年1—12月）

院党总支书记：冯　晖

副院长：冯　晖、刘苹苹、陈滔宏

地址：陕西南路202号
邮编：200031
电话：54035258、54041392

# 教育电视与报刊

# Educational TV and Press

# 上海教育电视台

**【2022年概况】** 获评国家广电总局“TV地标”年度创新影响力省级地面频道、上海科普教育创新奖·科普贡献奖(组织)一等奖、长三角广电媒体融合先导单位提名奖。大型系列纪录片《大医生》获上海新闻奖二等奖、上海广电奖二等奖。《时代楷模吴蓉瑾专访》《健康脱口秀》获上海广电奖三等奖。《银龄宝典》获中国行业电视节目最佳作品奖。

依托“新闻这一课”专栏,推出“云上教育系列访谈”,为居家教育支招。荧屏特别版面编排为居家学子提供文体、心理等节目,“绿叶空中课堂”不间断。精品课程“名师面对面”“学科精要　名师点拨”帮助学生梳理总结学科课程要点、单元难点,助力复习迎考。《公共卫生大家谈》邀请权威专家开展健康科普。制播《全民国家安全教育日特别节目》《“新闻这一课”国家安全观教育专题访谈》《返校复学先导课》《智慧父母成长课堂》《“五四”特别节目》《“六一”云晚会》等特别节目10余项。开展《“童”享六一》祝福征集活动,收到近百所学校视频1200余条,打造“居家运动之王挑战赛”直播118期,社群总人数超2000人。

先后推出“大学生年度人物专题片”“美德少年专题片”《给“00后”讲讲新时代》《我们的荣光》等节目;《教视新闻》推出“新征程　奋进者”“‘数’说这些年”系列报道,聚焦科教文卫先进人物和伟大成就。《让历史告诉未来——学习贯彻十九届六中全会决议专题》《以中国式现代化全面推进中华民族伟大复兴——认真学习宣传贯彻党的二十大精神》《习近平谈治国理政》(第四卷导读)等理论专栏,丰富荧屏“大思政课”内容。大型纪录片《大先生》讲述“人民教育家”于漪教学实践和思想探索,弘扬为国育才楷模精神。《我想采访你》“绿叶小记者对话二十大代表”特别节目,邀请党代表与小记者分享所思、所感、所悟。上海教育新闻宣传中心“牢记嘱托　砥砺奋进”等专栏,集中展现教卫系统学习宣传贯彻党的二十大精神的特色亮点。上海教育新闻网承办“上海市民终身学习人文行走”,以“全民崇学喜迎二十大　申城行走续写新辉煌”为主题推出各区人文修身活动。

“2022高考咨询大直播”7天15小时全媒体互动,联动百视TV等渠道形成传播合力。《公共安全教育开学第一课》推出第九季、第十季,打造“居家安全篇”“人防篇”等内容。《教视新闻》《我想上太空》栏目组联合推出珠海航展特别报道,首次开启异地融媒直播。《谢谢您,我的老师》第三季通过官微征集作品,得到广大学子响应。《小研究员讲科普》第四季走进核工院、深海馆,拓展科普门类。《2022特级教师开课啦》10集完成录制,联合市教委德育处、宣传处、职教处、督导中心合作推出15集《班主任带班方略》。《健康脱口秀》第二季继续挑战健康科普新形式,来自长三角的400名医学科普选手同台竞技。《沪卫健康说》以TED演讲形式展开。《银龄宝典》推出“老有所养三边服务”系列专题。《帮女郎——爱·上海的温度》以公益力量持续关注罕见病人群;《帮女郎》子栏目《鉴宝》开拓“云鉴定”直播模式;“帮女郎·上海”新媒体平台全面推进,抖音单条视频最高播放量6300万,点赞累计149.9万。“绿叶媒资库”扩容,完成6886小时生产媒资上载;编辑、配音系统改造,官网改版,打造适应新媒体生产的软硬件环境。由绿叶传媒运营的“上海家长学校”公众号5月上线,用户数突破22万,年内开展22场直播和64场在线课堂,播放量近165万,点赞超660万,回复在线提问3.58万人次。制播《上海家长学校开学第一课》多平台累计观看近100万人次。老年教育IP项目《安享心生活》，提供全方位助老服务；“银发 E 学堂”完成 30 集智慧助老节目，线上报名学员超 5000 人。融媒政务平台“上海教育”10 万＋文章累计 20 条，阅读量超 1500 万。

绿叶育人平台覆盖 50 多所学校，在库视频超 16000 个，思政内容超 400 小时。“思政教育＋直播”的创新育人模式，满足防疫要求下校内需求。绿叶艺术团完成商标注册，招募首批团员 169 人，星级培养基地 14 家。上海校园绿叶运动大联盟全面推进，提供超 100 节课后服务，每学期服务学生超 32000 人；学生 16000 余人参与品牌赛事“上场星期六”。 （张　菲）

**【播出《公共安全教育》第九季、第十季】** 2 月 16 日 18:00 时，《公共安全教育开学第一课》第九季播出，围绕“进站乘车前的必要准备”“站厅车厢内的注意事项”和“紧急情况时的正确应对”3 个环节，创新采用“分队体验”“平行推进”的呈现方式，由专业人员带领学生通过实验模拟、动画演示、案例剖析等形式，沉浸式体验“地铁安全之旅”。8 月 31 日 18:00 时，播出《公共安全教育开学第一课》第十季，由校长、班主任、学科教师和疾控专家担任主讲人，呈现校园安全的方方面面，为学生们营造全新的视听体验。 （张　菲）

2 月 16 日，《公共安全教育开学第一课》第九季在上海教育电视台播出

**【《公共卫生大家谈》系列节目受表扬】** 6 月 1—12 日，“公共卫生大家谈”系列节目于每晚18:00 时在上海教育电视台播出。12 期内容涉及个人防护、清洁消毒、居家运动健康、中医药防治、心理健康疏导等 12 个话题。累计受众 42.29 万人、点播回看 16.33 万次；各合作媒体、平台累计推送相关视频、图文 639 条，总阅读量近千万次，点赞量超 6.2 万。 （张　菲）

**【《我们一起填志愿——2022 高考咨询大直播》】** 7 月 23—29 日，在上海教育电视台播出，跨度时长 7 天 15 小时。邀请上海 24 所高校招生负责人、高招咨询专家在直播现场介绍 2022 年招生政策和特色亮点，为考生提供一对一的个性化志愿诊断和咨询服务。在 7 月 24—29 日每晚 2 小时的移动端直播中，邀请上海高校学长学姐们对考生释疑解惑。 （张　菲）

**【《健康脱口秀》(第二季)新闻发布会】** 8 月 10 日，在上海教育电视台举行。8 月 15 日，《健康脱口秀》(第二季)长三角海选启动，四十强医学科普明星从 400 位参赛选手中脱颖而出进入复赛。至年底播出 4 期，节目大屏收视位列上海教育电视台晚间黄金时段前三位；单条视频超 1390 万次播放，全平台视频曝光量突破 4 亿人次，全网曝光超 10 亿人次。节目以科普短视频破圈，打通医生、患者以及关注健康的受众圈层。 （张　菲）

**【《2022 上海家长学校开学第一课》系列节目】** 8 月 26—28 日 18:20 时，在上海教育电视台及上海家长学校公众号等平台播出。2022 年是《中华人民共和国家庭教育促进法》实施元年，上海市教委指导上海家长学校、上海教育电视台联合打造三期系列节目，设置“小学篇”“初中篇”“高中篇”，结合最新教育政策背景、少年儿童居家生活学习经历、构建和谐亲子关系和家庭氛围等方面，帮助家长和孩子们调整好心态迎接新学期。 （张　菲）

**【4 集大型系列纪录片《大先生》】** 10 月 15 日起，在上海教育电视台推出。该片采用 4K 高清摄制，以 4 集共 100 分钟的篇幅，讲述“人民教育家”于漪一生的教学实践和思想探索，全景式还原于漪生平，对教育系统诸多权威人士、教改当事人采访，梳理改革开放以来上海基础教育的改革脉络。 （张　菲）

**【《以中国式现代化全面推进中华民族伟大复兴》专题党课】** 11月18日起，每周二、周五在上海教育电视台荧屏首播。专题党课20讲，邀请20位来自中国浦东干部学院的专家教授以电视讲演方式呈现。专家们从新时代十年成就、马克思主义中国化时代化、全面从严治党、科教兴国战略、全过程人民民主、法治中国建设等20个核心专题入手，回顾新时代10年伟大变革。（张 菲）

### 附：台负责人及地址

（2022年1—12月）

台党总支书记：顾大文

台 长：孙向彤
副台长：顾大文、姚赟勤

地址：大连路1541号
邮编：200086
电话：65834001

## 上海教育报刊总社

**【2022年概况】** 上海教育报刊总社旗下《东方教育时报》推出党的二十大系列栏目，刊发稿件40余篇；《上海教育》杂志对十年上海教育改革进行分析回顾，同步制作H5电子期刊进行融媒体传播；《少年日报》《上海中学生报》等学生媒体开设“走近二十大代表”“听党员讲故事”“非凡十年看发展”等栏目，从不同视角让学生读者理解党的二十大，了解国家发展变化。《好儿童画报》的《中国梦，我的梦》专刊被纳入中宣部开展的“青少年期刊讲党史”主题宣传活动。“上海中考发布”“上海高招发布”两大微信平台上线“中高考直播室”，开展招生政策解析、生涯规划指导和志愿解读等招考热点内容直播近80场，累计收看人次逾100万；推送短视频300多条，累计播放超110万次。

1月，25名《少年日报》小记者受邀参与《上海市未成年人保护条例》《上海市预防未成年人犯罪条例》修订案审议，提出多条建设性意见被立法部门采纳并写入条例，这是未成年人首次参与上海地方立法。《现代教学》杂志围绕中小学课程改革，《东方教育时报》围绕科学育人观和成才观，“第一教育”新媒体围绕“义务教育新课标”等教育热点题材，推出系列报道。

《少年日报》的《“艺术啄木鸟”来自这片“森林”》获第三十一届上海新闻奖三等奖。在中国教育期刊优秀作品评选中，《上海教育》杂志《“双减”在行动系列报道》等2件作品获三星优秀作品；《上海托幼》杂志《和孩子一起追逐山海童梦》等3件作品获二星优秀作品；《少年日报》的《急救 就要毫不犹豫》等3件作品获一星优秀作品。在市报协2022年度践行“四力”新闻作品评选活动中，《东方教育时报》的《“双减”之下，课后服务如何提质增效》等6件作品获一等奖，《上海中学生报》的《“双减”看变化系列报道：〈这所学校作业花样多〉》等6件作品获二等奖，《少年日报》的《“禁充令”出台之后——上海五名少先队员调研电瓶车“飞线”充电问题》等3件作品获三等奖。在2021年中国长三角校长高峰论坛联合采访活动中，《上海教育》杂志《晋元评价改革，“一子落而全盘活”》等6件作品获优秀稿件奖。

落实媒体编前会和三审三校制度，加强新媒体日常管理和涉及意识形态相关内容审查报批等工作。坚持活动前置报备审批制度，截至10月31日，收到并及时规范审批二级单位提交的报告会、研讨会、讲座论坛等活动申请和备案表申请52件。制定总社新媒体管理试行办法，对总社新媒体账号进行风险评估，加强对下属网站、新媒体和个人自媒体的监管。印发总社公共电子屏突发事件应急预案，做好公共电子屏的安全管控，提升突发事件应对能力。

增强学友书店在线服务功能，建立在线扫码订阅付费新通道。《上海教育》杂志推出H5电子刊，上海教育博览会推出上海教育影响力电子地图，第一教育推出探校数字推广项目，产生良好经济效益和社会效益。

举办中银亲子嘉年华、头脑奥林匹克创新大赛、古诗文大赛、小作家训练营、家庭教育亲子游戏等非学科类教育培训、教育文化活动近56场，中国银行、中国移动、兴业银行等企业提供赞助。

启动打造一批教育文化产品和服务的垂直产业链。围绕《少年日报》小记者品牌，启动媒介素养实践基地的培训内容系统化建设，探索建立标准化发展和加盟发展模式。围绕连续举办十九届上海教育博览会，紧扣教育信息化主题，打造永不落幕的在线教育博览会和上海教育影响力电子地图。围绕亲子嘉年华和头脑OM比赛品牌，谋划亲子游戏、亲子创新擂台创新实践基地建设与创意训练产品开发方案。

对标对表上海师范大学对总社体制改革、班子建设、意识形态工作、基层党建、党风廉政建设和人才队伍建设等要求，与学校沟通交流互访，确保各项工作稳妥有序衔接过渡。总社清产核资小组在市教委和上海师范大学支持下，确定清产核资基准日，选定清产核资会计师事务所，完成总社事业单位财务年报和资产年报编制，推进固定资产和财务状况的摸底和登记入库，完成机构及资产划转上海师范大学。总社遴选43位媒体专员围绕上海师范大学及其各附属学校的办学理念、教师发展、学生培养、经验成果等方面开展新闻宣传，对上海师范大学附属学校采访111次，采写稿件94篇，在总社媒体刊发。（姜新杰）

**【“我爱家乡美”暨2022年“沪语小达人”活动】** 1—12月，在线上举行。由上海市语言文字测试中心、上海教育报刊总社联合主办，《好儿童画报》编辑部承办。分短视频微诵读征集活动、征画活动和征文活动。参赛者通过说、唱、朗诵、舞蹈、手工、绘画、写作等多种形式展现“我爱家乡美”主题。收到作品2万余件，覆盖全市中小学和幼儿园及部分外省市幼儿园。（徐　瑞）

**【上海市学生职业体验日活动】** 5月8—31日举行。由上海市教委主办，市教委教育技术装备中心和上海教育报刊总社承办。由“线上体验”“走进校园”“校企合作”“走进社区”4种体验方式组成。活动期间，“上海中考发布”微信公众号推送21篇报道，微信阅读量16211次；“上海中考发布”视频号发布5条视频，阅读量达6331次。（吉　星）

**【2022年线上世界头脑奥林匹克选拔赛】** 由上海头脑奥林匹克协会、上海市科技艺术教育中心和上海教育报刊总社举办。来自上海、山东、广东、河南等14个省市434支国内参赛队和韩国9支队伍报名，3000多名大中小幼学生参加。5月，中国参赛队在2022年线上世界头脑奥林匹克决赛中获6块金牌、6块银牌、7块铜牌和1块富斯卡创造力奖牌，其中上海队获4块金牌、3块银牌、5块铜牌和1块富斯卡创造力奖牌。（万　佳）

**【第十四届“鲁迅青少年文学奖”上海地区青少年文学创作交流活动】** 6—11月举行。评选出上海地区获奖作品。其中，梅陇中学初三学生钱欣安获万元大奖，上海师范大学附属中学宝山分校施羽获高中组特等奖，闵行区田园外国语中学鲍子涵获初中组特等奖，杨浦区控江二村小学李心语获小学组特等奖。“鲁迅青少年文学奖”由上海鲁迅文化发展中心、上海教育报刊总社主办。（周俊峰）

**【第十五届“让青少年读懂中国”系列活动】** 6—12月开展。由文汇报社、上海教育报刊总社主办，新读写杂志社、《东方教育时报》承办。活动包括系列讲座、主题征文、书法摄影展示3个部分，吸引全市300多所中学近10万名中学生参与。经过专家评审，500多名师生获奖。（张爱华）

**【2022第十一届上海市中小学生“我爱集邮”活动】** 7月6日启动。由市教委体卫艺科处主办、上海教育报刊总社学生媒体发展中心承办。以“喜迎二十大　方寸展未来”为主题。活动内容有开展喜迎党

的二十大纪念封设计、邮戳设计，兔年生肖邮票设计、书法大赛，带领小邮迷参加新邮首发式等。参与学校100余所，覆盖上海10个区2万多名中小学生。收到纪念封作品1600余件、邮戳设计作品300余件、生肖邮票设计700余件、书法作品近200幅。（孙　宏）

**【2022“开学护眼第一课”直播课堂】** 9月10日开课。由市教委、市卫健委指导，上海教育报刊总社康复杂志社、上海市眼病防治中心上海市眼科医院、上海科普教育发展基金会等共同举办。活动面向全市中小学生及其家长，普及科学用眼、护眼知识。直播观看人次超100万。（王　璐）

**【第十九届上海教育博览会】** 9月24日至10月31日，在线上举行。由市教卫工作党委、市教委指导，上海教育报刊总社主办，上海新空气文化中心承办。以“数字新时代，教育大未来”为主题。254万人次通过上海教博会小程序线上“参观”教博会，“云展馆”浏览量超122万人次，上海教育影响力电子地图浏览量超42万人次，18场上海教育大直播总浏览量超550万人次。相关媒体宣传报道320篇，其中中央媒体报道21篇、上海媒体报道90篇、教育系统媒体报道209篇。（王晓康）

**【“编程1小时”嘉年华·青少年科技创新大赛举办】** 9—12月举行。由市教委、市科委、国家机器人检测与评定中心（总部）指导，上海教育报刊总社、中国上海头脑奥林匹克协会、LEAD创意活动中国区组委会、黄浦区教育局等主办。以“走进人工智能·一起向未来”为主题。围绕“走进人工智能”的内容核心方向，设“线上知识竞答”“人工智能”“编程作品”“科创进化论演讲”四类竞赛项目。来自上海16个区800多所小学的约6万名学生参赛。（吉　星）

**【“高质量发展、高品质办学——‘星校(园)长、星教师’”系列论坛首场活动“星校长”论坛】** 10月27日，在上海IBP国际会议中心举行。由上海市教育学会、上海教育报刊总社联合主办。以“新课程与育人方式变革”为主题。采用线上线下同步直播方式，推出8场专题报告。12月22日，第二场活动“星教师”论坛在线上举行，以“新课程与课堂教学变革”为主题，开展8场公开课展示。（吴　华）

**【第十九届上海市中学生时政大赛市级决赛】** 10月29日，在线上举行。以“喜迎二十大　青春心向党”为主题。初赛覆盖全市初中、高中、中职学校。约1.5万人晋级复赛。约750人晋级决赛。上海市民办上宝中学、上海市进才中学、上海商业会计学校分获初中组、高中组、中职组团体金奖。（方林建）

**【“新沪杯”中学生宪法法律知识竞赛举办】** 在12月第九个国家宪法日和上海市第三十四届宪法宣传周期间，上海市“新沪杯”中学生宪法法律知识竞赛依次举行初中组、高中组、中职组决赛。来自全市78所初中、高中、中职学校的学生参加10月举行的全市复赛。其中，初中组、高中组各有6支学校代表队，中职组有8支学校代表队晋级决赛。上海市民办新复兴初级中学、上海市西南位育中学、上海工商信息学校分获初中组、高中组、中职组一等奖。虹口区教育局、虹口区司法局等单位获优秀组织奖。（方林建）

**【获评上海市振兴中华读书活动示范项目】** 12月，由上海师范大学、上海教育报刊总社《康复》杂志社主办的“悦享健康，乐享金色年代”社区读书活动获评2022年上海市振兴中华读书活动示范项目。该活动聚焦中老年人的阅读及学习习惯，联合上海市三甲医院专家为全市老年大学及社区学院编写健康知识读本，并以“大专家话健康”“身边人的健康学习与分享”等形式进行阅读内容的学习与交流。参与人次单场近万人，间接传播近10万人。（王　璐）

**【第十八届亲子嘉年华】** 12月17日，在线上举行。由上海教育报刊总社主办，《上海托幼》杂志和上海市幼儿游戏教育研究所承办，上海市托幼协会、上海市教育学会幼教专业委员会协办。内容包括优秀游戏展评、快乐游戏快乐娃、全家一起跳、幼儿教育论坛、美术作品展览、中银乐知课堂、经典游戏展播、亲子商城和婴童企业展示九大主题板块。其中，幼儿教育论坛吸引 6 万人次参与；优秀幼儿游戏评选活动中有 242 个幼儿园教师自创自编的游戏作品视频参与网络平台展示，评选出 20 个“最佳游戏奖”。 （吴　丙）

**【上海市中等职业学校民族文化传承教育基地推出多场市级活动】** 2022 年，在市教委职教处的指导和上海教育报刊总社《成才与就业》杂志团队的组织下，上海市中等职业学校民族文化传承教育基地的 11 所基地校推出 22 场市级活动，包括“烟雨江南　诗意栖居——浦东民居的营造艺术”“梦华录之仿宋点茶”等 11 场特色讲座、“古书之美——古风线装本手作教程”“中国音乐的声势表达”等 11 场专题培训，吸引 400 人次线下参与。其中 14 场活动直播及回放吸引 8.4 万人次线上观看，覆盖全国 31 个省、自治区、直辖市，并吸引了来自海外的观众。 （任淑秋　孟优悠）

**【上海市中小学“科普校园行”科学家巡讲活动】** 2022 年举行。由市教委体卫艺科处主办、上海教育报刊总社学生媒体发展中心承办。设可供中小学校选择的讲座主题 154 个，开展科普讲座 100 场，惠及超 3 万名中小学生。在学生居家网课期间，活动通过线上讲座、“少年日报”微信公众号推文、《少年日报》和《探秘》杂志“科普校园行”专栏文章等形式，为中小学生推送关于正确认识病毒、消除焦虑心理，以及居家宠物饲养、汽车保养等科普知识。暑假里，活动创新设计“科普讲座＋创作实践”模式，包括 6 场讲座的线上“科普校园行”追光探索营和长三角中小学生科普科幻作品征集，吸引 1 万多人次参与。 （谭杨红）

**【第八届上海市民诗歌节原创诗歌征集活动】** 2022 年开展。由上海市学习型社会建设与终身教育促进委员会办公室、上海市语言文字工作委员会办公室、上海市作家协会、上海市振兴中华读书指导委员会办公室联合主办，上海教育报刊总社《东方教育时报》承办。以“上海，不熄的城市之光”为主题。举行“浦江传诗韵、喜迎二十大”——上海市民诗歌节“诗意黄浦江”系列活动、“抗疫主题”诗歌征集活动、“六月的阳光”云端诗会、诗歌讲坛、“诗歌盛典朗诵会”等线上线下活动 30 余场，遴选出近百篇优秀原创作品汇编成册。 （沈荣明）

**【第四届中华经典诵写讲大赛（上海赛区）】** 2022 年举行。由教育部主办，上海教育报刊总社和上海语言文字水平测试中心承办。以“经典筑梦向未来”为主题。通过诵读、讲解、书写、篆刻等形式，展现社会大众尤其是青少年对中华经典的传承与创新。上海赛区有近 19000 人参赛，占全国参赛人数的 11％；1800 多人获奖。 （周俊峰）

**【“社区健康大学堂”系列活动】** 2022 年开展。由市教委指导，上海教育报刊总社康复杂志社承办。以开发专业科普健康知识内容为工作重心，为上海 16 个区输送“健康知识读本”2 册、“名医微课”10 集，并开展市级“健康直播”讲座 5 场。活动获全国“终身学习品牌项目”、上海市“终身学习品牌项目”2 个奖项。 （王　璐）

## 附：总社负责人及地址

（2022 年 1—12 月）

社党委书记：周　烨

副书记：仲立新、唐洪平（9 月离任）

社　长：仲立新

副社长：周　烨、徐　勇

地址：中山南二路 151 号

邮编：200032

电话：33395000

# 教育人物

Educational Personage

# 逝世人物

**【王簃兰(1925—2022.1.13)】** 女,湖北宜昌人。中国共产党党员,劳动卫生学教授,博士研究生导师。1950年上海医学院毕业、留校。历任上海第一医学院卫生系党总支书记、卫生系和劳动卫生教研室副主任、上海医科大学图书馆馆长。世界卫生组织总部职业卫生专家顾问、全国医学名词审定工作委员会委员、全国中华医学会理事、全国劳动卫生职业病学术委员会副主任委员、上海市劳动卫生职业病学术委员会主任委员。1951年参加上海第一批抗美援朝保家卫国志愿医疗手术队获三等功。先后于1964年、1966年、1978年获上海市三八红旗手称号。1979年获全国三八红旗手称号。1994年获上海市老有所为精英奖。1999年获全国教育系统关心下一代先进工作者奖、上海市教育系统关心下一代先进工作者奖。

主要从事铅中毒和重金属对生殖功能危害的研究。1978年,"农药中毒"研究获全国科技人会奖。1986年,"工业铅中毒"研究获卫生部重大科研成果甲级奖。1987年,"重金属对女工生殖危害"研究获上海市科技进步一等奖。1997年,"铅,汞对男性生殖危害"研究获国家教委科技进步二等奖。发表论文160余篇。出版教材和专著《劳动卫生学》《现代劳动卫生学》《工业毒理学》《环境与生殖》等13部。1987年,教科书《全国劳动卫生学》获国家教委优秀教材奖。　　(复旦大学供稿)

**【叶春华(1929—2022.2.1)】** 男,浙江黄岩人。新闻学教育家、教授,享受国务院特殊津贴专家。1955年毕业于复旦大学新闻系并留校任教。1960年晋升讲师,1982年晋升副教授,1991年晋升教授。1979年起,任新闻系编辑与评论教研室副主任、主任。1981—1984年,任新闻系副系主任,主管教学行政工作。1988—1990年,任新闻学院新闻系系主任。曾任全国第三届、第七届、第八届、第九届、第十届好新闻评选复评委员和定评委员,首届"中国新闻奖"评选复评委员。曾任《上海市副食品信息报》《上海工业经济报》顾问、上海市新闻学会常务理事、《上海家庭报》特聘编委、甘肃《兰州晚报》通讯高级顾问。曾任上海市1987年、1988年、1990年等届好新闻评选委员,上海市1988年"十佳记者""十佳期刊"评选委员,上海市首届新闻大特写征文评选委员会副主任委员,浙江省首届地市党报头条新闻竞赛专家组负责人。

从事新闻教育事业39年,开设《报纸编辑》《新闻写作》《新闻业务基础》《报纸研究基础》《新闻分析原理与应用》等新闻实务课程,其中多门课程属国内首创。重视理论与实践结合,教学与科研并重,形成"大新闻业务观"。出版《新闻写作》《新闻学基础》《新闻业务基础》《新闻采写编评》等著作。20世纪80年代初撰写的教材《报纸编辑》,是全国新闻院校最早的新闻实务教材之一,修订后被列入"高等学校文科教材"。　　(复旦大学供稿)

**【叶世昌(1929—2022.4.10)】** 男,浙江台州人。中国共产党党员,著名经济思想史学家,教授,博士生导师,享受国务院特殊津贴专家。1947年考入复旦大学银行学系。1951年毕业,留校任新建的银行专修科助教。1952年院系调整,转入上海财经学院财政信贷系。1972年转入复旦大学政治经济学系任教师,1985年评为教授,1986年任博士生导师。先后兼任中国经济思想史学会和上海市经济史学学会副会长,中国经济思想史学会、中国钱币学会、中国古代管理思想研究学会理事,上海市钱币学会副理事长,复旦大学中国金融史研究中心名誉主任等职。

在上海财经学院工作期间，就中国不同历史时期的货币理论进行研究，出版专著《鸦片战争前后我国的货币学说》，发表《论〈管子·轻重〉》等论文。调入复旦大学后，将中国货币史、中国金融史列为研究方向，主讲中国经济史和中国经济思想史课程。出版《中国经济思想简史》上、中、下册，《中国货币理论史》上、下册，《中国古代经济管理思想》《十大理财家》《中国学术名著提要·经济卷》《中国古代市场经济思想》《中国历代货币大系·清民国银锭银元铜元》等著作。参编多部专著，发表学术论文200余篇，是《辞海》的分科主编。《中国经济思想简史》获上海市哲学社会科学(1979—1985年)著作奖。1995年，《中国货币理论史》获全国高等学校人文社会科学研究优秀成果著作一等奖。2002年，《中国古近代金融史》获上海市第六届哲学社会科学优秀成果著作三等奖。2020年，《近代中国经济思想史(上、下册)》获第八届高等学校科学研究优秀成果奖(人文社会科学)著作二等奖。2018年获鸿儒金融教育基金会“中国金融学科终身成就奖”。 (复旦大学供稿)

**【李三立(1935—2022.4.23)】** 男，上海人。中国共产党党员，中国工程院院士，清华大学计算机科学与技术系教授、博士生导师，上海大学计算机工程与科学学院首任院长及名誉院长。1955年毕业于清华大学。1960年获苏联科学院精密机械与计算技术研究所博士学位。回国后到清华大学自动控制系和计算机系工作，先后担任讲师、副教授、教授，清华大学计算机研究所所长。1986年被国务院学位委员会评为博士生导师。1988年经上海市政府批准，上海工业大学和上海科技大学联合成立计算机学院，任院长。任国家攀登计划项目首席科学家、国务院学位委员会计算机学科评审组召集人、IEEE中国分部主席、中国《计算机科学技术百科全书》编委副主编、兼任《计算机体系结构》分支主编。

长期从事计算机体系结构研究，负责研制中国电子管、晶体管、LSI和VLSI四代计算机。负责研制的多台超级计算机中，“深超-21C”(2003，146位)和“自强3000”(2004，126位)入选世界超级计算机500强排行榜。获1978年全国科学大会奖、1995年国家教委科技进步奖二等奖、1997年国家教委科技进步奖二等奖及多项省部级科学技术奖励。

(上海大学供稿)

**【王威琪(1939—2022.8.26)】** 男，江苏南通人。中国共产党党员，著名生物医学工程学家，中国工程院院士，中国医学科学院首届学部委员、生物医学工程和信息学部主任，复旦大学生物医学工程研究所所长，首席教授、博士生导师。1961年毕业于复旦大学物理系后留校任教，1988年晋升教授，1993年被评为博士生导师，1998年被聘为复旦大学首席教授。1999年当选中国工程院院士。2002年任医药卫生工程学部常委。2019年任中国医学科学院学术咨询委员会学部主任。

致力于医学超声和医学电子学等方面的研究，在医学超声图像处理、骨超声等领域获多项成果。在国内率先开展血流检测研究，试制中国第一台“电磁血液流量计”，研制六十单元B型超声诊断仪，提出采用独立的双超声束多普勒效应定量测定血流速度方法。与华山医院共同成立“智慧诊疗实验室”，围绕大脑疾病自动化诊断、可视化的手术导航系统，颅脑超声诊断小型化、微型化等领域开展合作。联合华山医院国家神经疾病医学中心，共同打造“产、学、研、医”一体化联合实验室，引领中国医学超声的发展进程。发表论文350余篇，著作(合编)7本。有11项发明专利。获世界医学生物超声联盟(WFUMB)的Pioneer奖、国家科技发明二等奖、光华科技基金二等奖、教育部科技进步二等奖。5次获上海市科技进步二等奖。还获10多项省部级奖项。 (复旦大学供稿)

**【伍汉霖(1934－2022.6.3)】** 男，广东肇庆人。中国共产党党员，上海海洋大学教授、著名鱼类学家。1956年毕业于上海水产学院(现上海海洋大学)水生生物专业。长期从事鱼类分类学和形态学的研究工作，尤以研究虾虎鱼类、有毒鱼类和药用鱼类著称。

1978年，作为第一作者与人合作编写《中国有毒鱼类和药用鱼类》。该书是中国第一部全面系统介绍有毒和药用鱼类的专著，成为水产、医药和卫生部门的重要参考文献。20世纪七八十年代，参加西沙群岛的鱼类区系调查采集、海南岛和广东省的淡水鱼类资源调查研究工作，参与编写《南海诸岛海域鱼类志》《海南岛淡水及河口鱼类志》和《广东淡水鱼类志》。主编《拉汉世界鱼类名典》。主编《中国海洋及河口鱼类系统检索》，收录了中国3711种海洋及河口鱼类，基本摸清中国海洋及河口鱼类的谱系，对了解和利用中国海洋及河口鱼类资源具有重大意义。（上海海洋大学供稿）

**【苏汝铿（1938—2022.6.3）】** 男，广东顺德人。著名物理学家，教授，享受国务院特殊津贴专家。1960年本科毕业于北京大学物理系。1960年进入复旦大学物理系任教。1979年7月晋升讲师，1982年5月晋升副教授，1987年4月晋升教授，1990年10月任博士生导师。1994年起兼任中国高等科学技术中心学术顾问。曾任国家自然科学基金委第七届、第八届、第十届数理学部物理Ⅱ学科评议组成员，中国高能物理学会副理事长、上海市天文学会理事。

研究涉及中高能核物理、粒子物理和场论及天体物理等领域，是复旦大学物理学系该领域的开拓者。发表学术论文230余篇，其中150多篇在国际一流刊物中发表。1988年、1993年、1997年，“真空稳定性，对称破缺和温度场论”“有限温度和有限密度下核物质相变的理论研究”“温度场论及其在核物理、天体物理中的应用”项目先后获国家教委科技进步二等奖。开设多门大学生基础课程和研究生课程，讲授的“量子力学”入选国家级精品课程。著有《量子力学》《统计物理学》《物理学的挑战—物理学前沿和基础课题选》等著作，其中《量子力学》获1999年上海市普通高校优秀教材一等奖。译有《量子力学》等9部著作。1993年、2001年、2009年，“不断改革教学，培养优秀人才”“结合科学前沿更新教学内容，深入开展量子力学课程建设”“科研实践——培养创新人才的土壤”项目先后获上海市优秀教学成果二等奖。2005年参与的“建设一套面向新世纪的研究型综合性大学物理基础教材”项目获国家级教学成果二等奖及上海市优秀教育成果一等奖。1999年获评宝钢优秀教师奖。2003年获上海市教学名师奖。（复旦大学供稿）

**【曹小定（1931—2022.7.16）】** 女，江苏无锡人。中国共产党党员，医学神经生物学家，教授，解放战争时期参加革命的离休干部。1948年9月至1953年7月就读上海第一医学院。1953年8月至1954年7月任上海第一医学院专职团委副书记。1954年8月至1955年8月任上海第一医学院生理教研室助教兼校团委副书记。1955年9月至1956年10月在北京外国语学院留苏预备部学习。1956年11月至1960年4月在苏联医学科学院实验医学研究所攻读研究生，获医学科学副博士学位。1960年5月至1975年9月先后在捷克科学院生理研究所做访问学者、上海第一医学院生理卫生教研室、生理教研室任教。1975年10月至1986年3月任上海第一医学院基础部针刺原理研究室主任、副教授。1986年4月任上海医科大学神经生物学教研室主任、教授。1978年8月至1991年11月先后任上海第一医学院基础部副主任、主任、党总支书记等职。1992年创建医学神经生物学国家重点实验室并担任首任主任。曾任针刺原理研究所所长、世界卫生组织传统医学中心主任、全国针灸学会第一届副会长、针刺麻醉研究会理事长、国务院学位委员会学科评议组（中西医结合）第一、二、三届成员等职。

长期从事中西医结合针刺原理研究，是国内最早从事该领域研究的专家之一，是中国中西医结合学科针刺研究领域的优秀学术带头人，3次受到周恩来总理接见。在上海第一医学院率先建设中西医结合基础国家重点学科。1975年起组建针麻研究组（后为针刺原理研究所、神经生物学教研室）。1982年率先参与主编神经生物学讲义，开展本科生、研究生课程教学，后建立神经生物学教研室。开展对外交流，促进针刺疗法走向世界。领衔开展的针刺镇痛原理研究，2次获卫生部甲级奖。提出“针刺镇痛的临床效果与机体交感抑制效应相关”的观点，至今仍作为预测镇痛疗效的主要依据之一。曾担任国家“七五”“八五”科技攻关针刺研究课题全国协作组组长，2次获集体表彰，并被评为先进个人。“针药结合提高镇痛作用的临床应用与机理研究”获国家科技进步奖三等奖。“针药结合时中枢阿片肽系统与多巴胺系统之间关系的研究”获国家教委一等奖，“内阿片肽在电针抑制实验性癫痫发作中的作用”研究获国家教委科技进步奖二等奖，“针对改善创伤应激或吗啡介导的免疫抑制效应”研究获教育部二等奖。　　（复旦大学供稿）

**【杨福家（1936—2022.7.17）】** 男，浙江宁波人。中国共产党党员，著名核物理学家、教育家、教授，中国科学院学部委员（院士），复旦大学前校长。1958年毕业于复旦大学物理系并留校参加原子能系创建工作。历任复旦大学原子能系副主任，原子核科学系主任，现代物理研究所所长，研究生院副院长、院长，副校长、校长，复旦发展研究院院长。1963—1965年在丹麦哥本哈根尼尔斯·玻尔研究所做访问学者。1979年和1981年分别赴丹麦哥本哈根尼尔斯·玻尔研究所和美国纽约州立大学石溪分校做访问教授。1987—2001年兼任中国科学院上海原子核研究所（现上海应用物理研究所）所长。2001—2012年任英国诺丁汉大学校长（校监）。2004年任宁波诺丁汉大学校长。2011年任上海建桥学院名誉校长。2012年被聘任为中央文史研究馆馆员，2017年被聘为资深馆员。曾任国际欧亚科学院院士，发展中国家科学院院士，第九届、第十届全国政协委员，第六届、第七届中国科学技术协会副主席，第五届上海市科学技术协会主席，国务院学位委员会物理评议组成员，国家自然科学基金委员会物理评议组成员，中国科学院数学物理学部核科学委员会委员，原国家教委科技委员会委员（物理组组长），中国物理学会常务理事，中国核学会理事，上海市核学会理事长，《大辞海》副主编，国际玻姆物理协会科学委员，国际离子束分析会议、超精细相互作用会议顾问委员，国际《防核恐怖倡议》董事会成员等。1984年被国家科委评为国家级有杰出贡献的中青年专家代表。2017年被推选为“当代教育名家”。

专于原子核物理学研究。主持“基于加速器的原子、原子核物理实验室”的建设。原子核能谱学方面，发现的一些新能级数据多年来被国际同行采用；在级联衰变方面，给出复杂能级衰变公式，并推广至核能级寿命测量，提出图心法测量核寿命的普适公式；用γ共振吸收法发现国际上用此法找到的最窄双重态。在国内开创离子束分析研究领域。束箔相互作用方面，首次采用双箔（直箔加斜箔）研究斜箔引起的极化转移，提出用单晶金箔研究沟道效应对极化的影响，确认极化机制，在国际上首次把运动电场用于束箔机制。在国内首先开展激光束—离子束相互作用的研究，并精确测得一些参数。《原子核物理》1997年获国家级教学成果二等奖；《原子物理学》是2009年教育部普通高等教育精品教材、国家“十二五”规划建设教材，2021年获首届国家级优秀教材一等奖。还著有《现代原子与原子核物理》《应用核物理》《追求卓越》《博学笃志　知识经济与高等教育》《走近一流学府　中外教育比较》《从复旦到诺丁汉》《博雅教育》等。

（复旦大学供稿）

**【沈纯理（1940—2022.7.20）】** 男，浙江湖州人。中国共产党党员，华东师范大学数学教授，博士生导师。1965年复旦大学数学系几何专业研究生毕业，在复旦大学数学研究所工作。1980年至1982年在原联邦德国的波恩大学、马克斯·普朗克数学研究所进行微分几何、杨—米尔斯理论的研究。1988年晋升教授，同年调至华东师范大学数学系工作。1993年经国务院学位委员会批准为基础数学专业博士生导师。2002年受聘为华东师范大学终身教授。曾任上海市数学会副理事长。

2000年前主要研究杨—米尔斯规范场的数学理论、四维流形几何学及其在理论物理中的应用。2000年后主要研究基于几何变分原理的图像处理方法。在国内外数学杂志发表50余篇论文。1988年后连续获国家自然科学基金重点项目或面上项目资助。参与的“调和映照与规范场”项目1986年获国家教委科技进步奖一等奖，1988年获国家教委国优教材一等奖，1992年获国家新闻出版署全国优秀科技图书特别奖，1997年获上海市科技进步奖二等奖。　　（华东师范大学供稿）

**【孙培青（1933—2022.8.20）】** 男，福建惠安人。中

国共产党党员。华东师范大学教育学部教育学系教授，博士生导师。中国教育学会教育史分会原理事长，华东师范大学教育系原系主任。享受国务院特殊津贴专家。1951年8月考入厦门大学教育系，1954年7月因院系调整转入福建师范学院。1955年考入华东师范大学教育史研究生班，1956年起师从中国当代著名教育家、时任华东师范大学校长孟宪承教授，攻读中国教育史专业，1958年研究生毕业留校任教。1984—1987年任华东师大教育系主任。1996—2004年任中国教育学会教育史分会理事长。

长期从事中国教育思想史和教育制度史研究与教学，尤擅隋唐五代教育和考试研究，是我国著名教育史学家。著、编有《中国教育史》《中外教育比较史纲》(古代卷)、《中国教育思想史》(三卷)、《中国教育管理史》《中国考试通史》(先秦至隋唐五代卷)、《中国教育史研究·隋唐卷》《隋唐五代教育论著选》《中国考试史文献集成》(第二卷隋唐五代)、《中华大典·教育典》(十三卷)、《隋唐五代教育与考试研究丛书》(五卷)、《孙培青文集》(七卷)等。《中国教育史》(第一版)获国家教委优秀教材(高等教育类)一等奖，《中国教育思想史》(三卷)获上海市哲学社会科学优秀成果奖二等奖和第三届吴玉章奖金教育学优秀奖，《中国教育史研究·隋唐卷》获国家图书奖，《中华大典·教育典》获上海市哲学社会科学优秀成果奖一等奖，《中国教育史》(第四版)获首届全国高校优秀教材一等奖等。

(华东师范大学供稿)

**【薛京伦(1934—2022.12.3)】** 男，上海人。著名遗传学家，教授，民盟盟员。1960年7月毕业于复旦大学生物学系遗传学专业。1960年9月至1962年8月先后在中国农科院高教所、吉林省特产研究所工作。1962年8月进入复旦大学生命科学学院工作，历任讲师、副教授、教授，1985—1992年任复旦大学遗传学研究所副所长，1996年9月被授予“复旦大学首席教授”称号。曾任中国环境诱变剂学会理事长、谈家桢生命科学奖评审专家委员会主任、上海市遗传学会副理事长，国际环境诱变剂协会、中国遗传学会、中国细胞生物学会、中国生物工程学会理事等职务。

作为复旦大学遗传学专业培养的第一批骨干学者之一，是中国基因治疗的开拓者。1991年领导世界上首例血友病B的基因治疗临床试验研究，开创中国基因治疗的先河。1994年获中国首个卫生部颁发的“新生物制品人体观察”批件，临床试验取得安全有效结果。领导团队系统开展血友病B基因治疗的载体、靶基因的有效性、安全性探索。2003年以来，基于膳食因素—遗传物质相互作用对健康的影响，倡导营养基因组学的研究。发表SCI论文200余篇，1992年发表于Humen Gene Therapy(《人类基因治疗》)的Clinical Protocol(临床方案)论文成为20世纪末基因治疗策略的标志性指南。1995年获国家教委科技进步一等奖，1996年获何梁何利奖，1997年获国家技术发明二等奖、上海市科技进步一等奖，2001年被科技部评为在国家高技术研究发展计划工作中做出重要贡献的先进个人，2008年获谈家桢生命科学成就奖，累计获省部级及以上奖励17项。曾讲授“体细胞遗传学”“医学分子遗传学”“细胞和分子遗传学”“遗传病的基因治疗”“人体基因定位”等课程，指导博士生、硕士生近百人，2001年获评“全国优秀博士生导师”。出版《表观遗传学——原理、技术与实践》《医学分子遗传学》(1—5版)《载体学与基因操作》《体细胞和分子遗传学》《基因治疗—基础与临床》等专著，2007年获上海市优秀教材二等奖。

(复旦大学供稿)

# 大 事 记

# Chronicles of Events

# 2022年1—12月上海教育大事记

## 1月

11日　第八届中国国际"互联网+"大学生创新创业大赛(上海赛区)职教赛道赛事筹备会在上海市学生事务中心召开。

27日　教育部公布第二批全国高校黄大年式教师团队名单,复旦大学附属中山医院、上海交通大学、同济大学、华东理工大学、东华大学、上海音乐学院、华东师范大学、上海中医药大学8支上海高校团队入选。

同日　市教委、市学习型社会建设与终身教育促进委员会办公室印发《上海市终身教育发展"十四五"规划》。

28日　市教卫工作党委、市教委、市委宣传部、市文旅局、市财政局、市人社局、市文教结合工作协调小组办公室印发《上海市文教结合工作三年行动计划(2022—2024年)》《上海市文教结合工作要点》。

## 2月

17日　春季上海高校党政负责干部会议举行。

18日　中德先进职业教育合作项目秘书处公布首批试点院校名单,上海南湖职业技术学院新能源汽车检测与维修技术专业入选。

## 3月

7日　中宣部、全国妇联发布10名"最美巾帼奋斗者"先进事迹。黄浦区卢湾一中心小学校长吴蓉瑾被评为"最美巾帼奋斗者"。

9日　教育部中国教育国际交流协会与施耐德电气(中国)有限公司主办的"法国施耐德电气绿色低碳产教融合项目"启动会在北京召开,宣布全国15个首批建设单位,上海科学技术职业学院入选。

## 4月

1日　市教委印发《上海市推进高水平高职学校和专业群建设方案(2022—2024年)》。

2日　市教委、市科委、市文旅局、市体育局印发《上海市校外培训机构基本服务条件指引》。

7日　市教委、市市监局印发《中小学生校外培训服务合同示范文本(上海版)》。

12日　由市委组织部等部门主办,市学生事务中心等单位承办的2022届上海高校毕业生春季网络招聘会暨少数民族毕业生专场招聘会启动系列网络招聘活动。

## 5月

8日　2022年线上世界头脑奥林匹克决赛在北京举行决赛颁奖典礼。上海28支参赛队获4块金牌、3块银牌、5块铜牌和1块富斯卡创造力奖牌。

9—13日　第二届"上海市学生劳动教育宣传周"活动举办。

13日　由美国科学社团主办的第七十三届国际科学与工程大奖赛落幕。上海参赛学生获一等奖1项、二等奖1项、三等奖1项、四等奖3项、专项奖1项。

14日　市教委召开国家智慧教育平台上海试点工作推进视频会议。

同日　在2022国际公共演讲比赛全球总决赛中,复旦大学上海医学院临床医学院学生获全球总冠军。

18—20日　联合国教科文组织在西班牙巴塞

罗那召开世界高等教育大会。上海开放大学校长在圆桌论坛作主旨发言。

21—22 日　第二届上海市高校教师教学创新大赛在线上举行。

22 日　市教委、市委组织部等十一部门联合印发《关于做好 2022 年上海市高校毕业生就业创业工作的通知》。

28 日　市教委、市体育局印发《关于做好本市高中阶段学校招收优秀体育学生工作的通知》。

30 日　全国首批"科学家精神教育基地"名单发布，上海科学会堂、复旦大学玖园爱国主义教育建筑群、上海交通大学钱学森图书馆等 10 家单位入选。

## 6 月

16 日　同济大学虹口基础教育集团揭牌。

17 日　由市教委、市发改委、市经信委等十部门主办的第四届上海市学生生态环保节开幕式暨绿色学校创建推进大会在云端举行。

20 日　市教委印发《中小学生暑期安全提示的通知》，强调防范各类学生伤害事故。

27 日　市教委、市民办教育发展基金会、市教育发展基金会印发《上海市民办高校"民师计划"项目管理办法》。

28 日　市教委、市发改委、市人社局、市公安局印发《关于做好非上海生源应届普通高校毕业生进沪就业工作的通知》。

30 日　市教卫工作党委、市教委等七部门联合印发《关于做好上海市未成年人暑期工作的通知》。

同日　市教卫工作党委召开庆祝中国共产党成立 101 周年座谈会。

## 7 月

1 日　上海市召开稳就业工作视频会议。同步下发《上海市人民政府关于做好本市当前和今后一个时期稳就业工作的意见》，提出五方面 20 条针对性举措。

13 日　市教委主任王平做客 2022 上海"民生访谈"节目，在"新政抢先知"环节中，介绍上海市建设嵌入式、标准化社区托育点"宝宝屋"新举措。

13—14 日　市中小学、幼儿园校（园）长暑期专题培训举行。

18 日　由市教委主办、杨浦区教育局承办的"2022 上海国际友好城市青少年夏令营"在多个线上平台以全球直播方式开营。

22 日　第八届中国国际"互联网+"大学生创新创业大赛上海赛区（高教主赛道、红旅赛道、产业命题赛道）决赛在线上举行。

29 日　上海 38 名校长前往云南省 27 所高中和 11 所职校进行教育"组团式"帮扶工作。

29—31 日　第二届全国高校教师教学创新大赛现场赛在西安交通大学举行。上海高校获一等奖 3 项、二等奖 4 项、三等奖 5 项和优秀组织奖 1 项。

## 8 月

4 日　市教委印发《上海市各区教育局政务公开评议工作实施方案的通知》《2021—2022 年度上海高校信息公开评议工作实施方案的通知》。

9 日　第八届中国国际"互联网+"大学生创新创业大赛上海市"青年红色筑梦之旅"活动以线上线下相结合方式在金山区枫泾九丰农博园举行。

15 日　市教卫工作党委、市教委公布第七届"汇创青春"——上海大学生文化创意作品展示活动获奖名单，评选出"优秀学生作品"1924 件、"优秀组织奖（集体）"30 个、"优秀组织奖（个人）"58 人。

20 日　由工信部、人社部、教育部、中华全国总工会、团中央共同主办的全国行业职业技能竞赛——全国工业和信息化技术技能大赛在广东省深圳市举办。上海代表队派出 9 支队伍 22 人参加决赛，获一等奖 1 项、二等奖 2 项、三等奖 1 项。

21 日　由市教委和市科委联合主办的 2022（第九届）上海国际青少年科技博览会（云端展会）暨"明日科技之星"国际邀请赛开幕仪式在浦东新区青少年活动中心举行。

26 日　市教委、金山区政府和上海健康医学院在金山区会议中心举行"共建上海健康护理职业学院（暂名）合作协议"签约仪式。

30日　秋季上海高校党政负责干部会议举行。

31日　市教委、市发改委等七部门印发《关于进一步促进本市义务教育学校建设的实施意见》。

## 9月

1日　《上海市教育督导问责实施细则(试行)》正式实施。

2日　市教卫工作党委、市教委、市司法局、市法治宣传教育联席会议办公室印发《关于举办上海市"新沪杯"中学生宪法法律知识竞赛的通知》。

7日　"铸信念　育新人"——"致敬好老师"上海市庆祝教师节主题活动举行。

8日　国家网络安全宣传周上海地区"校园日"活动举行。

12日　上海市第二十五届全国推广普通话宣传周开幕式在上海教育电视台举行。

16日　市教委、市民族宗教局召开上海市中小学(中等职业学校)开展铸牢中华民族共同体意识教育工作推进会。

18日　"诗教中国"诗词讲解大赛上海赛区工作推进会暨上海市第二十五届全国推广普通话宣传周闭幕式举行。

同日　秋季上海市民办高校党政负责干部会议暨民办高校书记校长政治能力提升专题研修班举行。教育部高校思想政治工作创新发展中心(上海建桥学院)揭牌。

同日　上海市"全国义务教育优质均衡发展区"创建工作推进会召开。

24日　由市教卫工作党委、市教委指导，上海教育报刊总社主办的2022第十九届上海教育博览会在上海科学会堂开幕。

同日　上海市首个学生综合性劳动实践基地(光明花博邨)启用。

26日　市教委、市财政局、市民政局、市残疾人联合会印发《上海市中小学幼儿园学生资助资金管理实施办法》。

同日　市政府办公厅转发市教委、市委编办、市发改委、市民政局、市财政局、市人社局、市卫健委、市残联等八部门联合制定的《上海市特殊教育三年行动计划(2022—2024年)》。

27日　由市教委主办、市学习型社会建设服务指导中心办公室承办的"2022年上海社区教育管理干部培训班"举行。

28日　市教委、上海大学、中国宝武钢铁集团有限公司和宝山区政府签署《上海大学上海美术学院主校区项目建设框架协议》。

同日　第三届全国中小学青年教师教学竞赛总结大会在上海师范大学举行。上海代表队获一等奖4项、二等奖1项。

29日　市教委印发《上海市教育委员会关于做好2023年上海市普通高校考试招生报名工作的通知》。

同日　市教委、市经信委等八部门发布《职业学校学生实习管理规定》。

同日　2022"海聚英才"全球创新创业大赛(创新赛道—成果转化组—高校分赛区)初赛在联合国教科文组织教师教育中心举行。

## 10月

9日　市教卫工作党委、市教委印发《关于公布"2021上海大学生年度人物"评选结果的通知》。

13日　市教委发布《关于举办上海市第七届大学生安全知识竞赛的通知》。

同日　中共一大纪念馆与上海大学共建革命文物协同研究中心揭牌仪式在中共一大纪念馆举行。

15日　在瑞士巴塞尔举行的2022世界技能大赛特别赛中，代表中国参赛的上海市城市科技学校(上海科创职业技术学院)教师获2022世界技能大赛特别赛精细木工项目金牌。

16日　中国共产党第二十次全国代表大会在北京人民大会堂开幕，市教卫工作党委组织系统广大党员干部、师生员工和群众等，通过网络直播、广播电视、新闻客户端等方式收听收看。

18日　市教委、市人社局印发《关于表彰上海市教学成果奖获奖项目的决定》。

同日　市教委、市发改委、市人社局、市经信委、团市委公布《第八届中国国际"互联网+"大学生创新创业大赛上海赛区获奖名单》。

25—28日，由市总工会、市教卫工作党委、市教委主办，市教育工会承办的第五届上海高校青年教师教学竞赛（暨第六届全国高校青年教师教学竞赛选拔赛）在上海师范大学徐汇校区举行。

26日　市级机关系统、教卫系统传达学习党的二十大精神。

31日　市教委等十部门印发《加强本市社区托育服务工作的指导意见》。

## 11月

1日　上海市老年数字教育进社区行动启动推进会召开。

4日　全国体育学学科发展论坛暨上海体育学院成立70周年大会举行。

6日　“智学新体验　慧享新生活”上海市民终身学习体验基地嘉年华开幕式举行。

8日　市教委等五部门印发《关于进一步推进本市学习型组织建设工作的通知》。

同日　市委副书记、市长龚正到上海交通大学宣讲党的二十大精神。

13日　第二届长三角青少年人工智能奥林匹克挑战赛总决赛暨颁奖会在上海举行。

15日　第七届“汇创青春”——上海大学生文化创意作品展示季“优秀作品汇展”线下展示活动在张江当代艺术馆开幕。

16日　市教卫工作党委召开学习宣传党的二十大精神工作部署会暨专家宣讲团成立仪式举行。

18日　“数字新时代　教育大未来”2022第十九届上海教育博览会总结颁奖会在上海商学院举行。

同日　上海电力大学老年大学成立。

23日　市教委、市体育局、市足协在大同中学召开足球训练课程进校启动会暨足球“一条龙”布局建设推进会。

同日　市委书记陈吉宁在复旦大学出席师生代表座谈会，围绕学习贯彻党的二十大精神与师生深入交流。

26日　由市教委指导，上海师范大学体育学院承办的“踔厉十载强体魄，以体育人向未来”上海学校体育课程改革十年回顾与发展论坛在上海师范大学召开。

同日　全国翻译专业学位研究生教育年会在上海外国语大学举行。中国外文局与上海外国语大学签署战略合作协议。

29日　全国首个省级教师教育学院——上海市教师教育学院成立。

## 12月

4日　“上海市第十八届全民终身学习活动周”开幕式举行。

7日　教育部公布国家级职业教育“双师型”教师培训基地名单（2023—2025年），上海7个基地入选。

同日　上海市职业教育德育工作联盟成立大会举行。

12日　市教卫工作党委、市教委公布“2021年度上海高校辅导员队伍建设月”系列活动获奖名单。

15日　上海教育卫生系统人才工作会议召开。

16日　2022届上海高校毕业生就业创业工作总结会议暨2023届上海高校毕业生就业创业工作推进会议召开。

27日　团中央、教育部、全国少工委公布年度全国优秀少先队员、全国优秀少先队辅导员、全国优秀少先队集体表彰名单。上海32人、19个集体受表彰。

同日　教育部办公厅、工业和信息化部办公厅、国务院国资委办公厅公布第二批全国职业教育教师企业实践基地名单，上海申通地铁集团有限公司、上海商汤智能科技有限公司、上海飞机制造有限公司等企业入选。

同日　中央文明办、教育部、团中央、全国妇联、中国关工委联合举办“新时代好少年”先进事迹发布活动，上海“美德少年”丁梓轩入选。

29日　教育部公布年度教育部哲学社会科学研究重大课题攻关项目评审结果，上海3个项目入选。

# 法律　法规<br>规章　文件

Laws，Regulations and Documents

# 教育部等五部门关于印发《职业学校办学条件达标工程实施方案》的通知

（教职成〔2022〕5号）

各省、自治区、直辖市教育厅（教委）、发展改革委、财政厅（局）、人力资源和社会保障厅（局）、住房和城乡建设厅（委、管委、局），新疆生产建设兵团教育局、发展改革委、财政局、人力资源和社会保障局、住房和城乡建设局：

现将《职业学校办学条件达标工程实施方案》印发给你们，请结合实际认真贯彻执行。

教育部 国家发展改革委 财政部
人力资源社会保障部 住房和城乡建设部
2022年11月2日

## 职业学校办学条件达标工程实施方案

为贯彻落实全国职业教育大会精神和2022年《政府工作报告》，进一步优化职业教育布局结构，全面改善职业学校（含技工学校，下同）办学条件，提高办学质量、提升办学形象，制定本方案。

**一、总体要求**

（一）指导思想

坚持以习近平新时代中国特色社会主义思想为指导，全面贯彻落实党的二十大精神，全面贯彻党的教育方针，落实立德树人根本任务，科学规划职业学校布局，夯实各级各类办学主体责任，不断加大制度创新、政策供给，持续加强学校基础能力建设、提升学校办学水平、激发学校办学活力，不断优化职业教育类型定位，切实增强职业教育适应性，办好人民满意的职业教育。

（二）基本原则

中央支持，地方为主。中央、地方、学校三级联动，加强指导督导和过程监测，压实省级统筹和学校举办者主体责任，强化协调配合，提升工作效率，保质保量落实目标任务。

规划先行，分类推进。统筹考虑教育发展趋势和人口规模，实事求是制定工作方案，健全标准体系，坚持高质量发展，分类实施、分步推进，强化激励考核机制。

优化存量，做优增量。推进区域职业教育资源整合、优化布局、共建共享，盘活资源，落实新增教育资源向职业教育倾斜政策，整体提高办学实力和水平。

固基提质，重点突破。以服务教学为中心，硬件建设与内涵建设并重，聚焦土地、校舍、教师、设备等关键要素，优先补齐短板，提高资源投入产出效益。

（三）总体目标

通过科学规划、合理调整，持续加大政策供给，使职业学校布局结构进一步优化，办学条件显著提升，师资队伍水平整体提高，职业教育办学质量和吸引力显著增强。各省、自治区、直辖市和新疆生产建设兵团职业学校办学条件重点监测指标全部达标的学校比例，到2023年底达到80%以上，到2025年底达到90%以上。

## 二、重点任务

（一）整合资源优化布局

各地要统筹区域职业教育资源，结合区域经济社会发展需求，采取合并、集团化办学、终止办学等形式，优化职业学校布局，合理确定招生规模。在教育资源投入中，优先保障职业学校基本办学条件达标工作。对办学质量差、社会不认可、各项指标严重不达标的学校要依法进行合并或终止办学。对拟集团化办学学校，须在校园、校舍、师资、仪器设备等方面开展实质性共建共享，并整体考核办学条件。对拟合并学校，须根据相关规定及时变更备案信息。对拟终止办学的学校，应关闭学籍系统账号，适时撤销组织机构，并做好师生安置。边远脱贫地区要稳定规模，城市中心区要提质扩容，建设好一批符合当地经济社会发展需要的中等职业学校。

（二）加强职业学校基础设施建设

各地要全面核查职业学校基础设施，针对拟保留学校，要分类制定办学条件补齐方案。地方有关部门在制定教育用地规划时向职业教育倾斜，在用地指标达标的前提下大力加强职业学校基础设施建设，简化职业学校新建或改扩建增容建设项目审批程序，支持职业学校快速补齐土地、校舍缺口和解决历史遗留问题。对于中等职业学校的校园占地和校舍建筑，学校独立产权部分应占一定比例，确需租赁的，租赁期限应与学校办学规划相匹配，并以协议或补充协议等方式加以保障，具体要求由各地自行确定。学校举办者要加大投入，加强职业学校基础设施建设，全面消除危房，落实学校校舍、教室和实验（实训）室标准化建设。学校要按照国家、地方相关标准，科学制定和落实学校事业发展规划，确保学校基础设施与办学规模相适应。

（三）优化职业学校师资队伍建设

各地要按照职业学校师资配备标准，用好盘活事业编制资源，优先支持职业教育。在选人用人上进一步扩大职业学校自主权，在教师招聘、教师待遇、职称评聘等方面，允许学校自主设置岗位，自主确定用人计划，自主确定招考标准、内容和程序。通过“编制周转池”“固定岗＋流动岗”“设置特聘岗位”等方式，吸引优秀人才从事职业教育工作，推动企业工程技术人员、高技能人才与职业学校教师双向流动。

（四）改善职业学校教学条件

各地要加强教育相关公共基础设施建设，汇聚各方资源建设一批集实习实训、社会培训、技术服务于一体的高水平实训基地。鼓励企业以设备捐赠、场所共享等方式支持和参与举办职业教育，并在企业落实社会责任报告中反映有关投入情况，受赠设备应按要求纳入学校资产管理、计入事业统计数据。产教融合型企业享受组合式激励政策可适当与企业相关投入挂钩。职业学校要按照达标要求，配齐配足图书、计算机、实训设施等，加快设备更新和管理，及时将新工艺、新技术、新设备引入教学，提高校内校企实训基地利用率。在满足学校基本办学条件的基础上，要对照有关标准和教学条件的基本要求，逐步改善专业教学条件。

（五）多渠道筹措办学经费

各地补齐办学条件缺口要优化整合存量资源，共享共用公共教育资源，确需财政增加投入的，坚持量力而行、尽力而为。地方发展改革部门要做好项目立项、审批等工作。职业学校要用足用好地方专项债券、预算内投资、外国政府贷款、国际金融组织贷款等政策资金，调整优化校内支出结构，在保障学校正常运转经费基础上，把支持学校发展的资金更多用于办学条件达标工作。鼓励各地探索社会力量多元投入机制，建立健全职业学校股份制、混合所有制办学的相关制度。在不新增地方政府隐性债务的前提下，支持职业学校利用经营收入与金融机构开展信贷业务合作，吸引更多社会资金流向职业教育，用于改善办学条件。

**三、组织实施**

（一）加强组织领导

各地要发挥地方党委教育工作领导小组作用，统筹规划辖区内职业学校建设发展，建立职业学校办学条件达标协调机制，成立达标工作专班，按照学校隶属关系，落实举办者主体责任，确保各项政策措施全面落实到位。

（二）制定工作方案

各地教育部门和人力资源社会保障部门按职责分别牵头，会商发展改革、财政、住房和城乡建设等部门，对照职业学校办学条件重点监测指标（附件1），在全面调研摸底的基础上，根据区域人口结构、经济发展基础和学校办学条件现状，制定达标工作实施方案（参考模板见附件2），明确工作目标、落实举措、进度安排、资金来源等，报请地方党委教育工作领导小组审议后，于2022年12月30日前报送教育部（各地技工学校达标工作实施方案报人力资源社会保障部）。

（三）强化政策保障

财政部、教育部在安排现代职业教育质量提升计划资金时，将各地达标工作作为重要考虑因素。国家发展改革委教育强国推进工程资金支持改善职业学校办学条件。各地要加快出台职业学校办学条件达标配套政策，有效配置土地、资金、编制等公共资源，为实现办学条件达标提供保障。各职业学校要用足用好相关政策，统筹资源，加大投入，确保按时完成办学条件达标工作。

（四）加强考核激励

教育部和人力资源社会保障部按职责分别牵头建立职业学校办学条件达标调度机制，通过中等职业学校管理信息系统、全国技工院校信息管理系统、高职院校人才培养状态数据采集与管理平台和实地抽检定期调度。国家将各地职业学校办学条件达标情况纳入省级人民政府履行教育职责评价和职业教育改革成效明显激励省份考核。地方将达标情况作为对市、县级党委和政府及其主要负责人进行考核、奖惩的重要依据。2023年起，每年对各地各校达标情况进行通报，各地工作成效作为国家新一轮职业教育改革项目遴选的重要依据。到2025年底仍不能达标的学校，要采取调减招生计划等措施。

附件：1. 职业学校办学条件重点监测指标（略）

2. 职业学校办学条件达标工作实施方案（模板）（略）

## 教育部等七部门关于印发《农村义务教育学生营养改善计划实施办法》的通知

（教财〔2022〕2号）

各省、自治区、直辖市教育厅（教委）、发展改革委、财政厅（局）、农业农村（农牧）厅（局、委）、卫生健康委、市场监管局（厅、委）、疾控主管部门，新疆生产建设兵团教育局、发展改革委、财政局、农业农村局、卫生健康委、市场监管局、疾控主管部门：

党中央、国务院高度重视青少年的健康成长。自农村义务教育学生营养改善计划（以下简称营养改善计划）启动实施以来，特别是党的十八大以来，在以习近平同志为核心的党中央坚强领导下，各地扎实推进营养改善计划各项工作，农村学生营养状况明显改善、身体素质明显提升。同时也要看到，一些地方还存在食品安全管理不严格、资金使用管理不规范、供餐质量和水平不高等问题。

为持续巩固营养改善计划试点工作成果，从2022年秋季学期起，将国家试点地区更名为国家计划地区，地方试点地区更名为地方计划地区。为进一步加强和改进营养改善计划工作，持续提升农村学生营养状况和身体素质，不断促进农村教育事业发展和教育公平，现将《农村义务教育学生营养改善计划实施办法》印发给你们，请遵照执行。

教育部　国家发展改革委

财政部　农业农村部

国家卫生健康委　市场监管总局　国家疾控局

2022年10月31日

# 农村义务教育学生营养改善计划实施办法

## 第一章　总　　则

第一条　为进一步推进实施农村义务教育学生营养改善计划（以下简称营养改善计划），不断改善农村学生营养状况，提高农村学生健康水平，依照国家有关法律法规和标准规范，制定本办法。

第二条　本办法适用于实施营养改善计划的地区和学校。国家计划地区为原集中连片特困地区县（不含县城）；地方计划地区为原其他国家扶贫开发工作重点县、原省级扶贫开发工作重点县、民族县、边境县、革命老区县，具体实施步骤由各地结合实际确定。

## 第二章　管理体制

第三条　营养改善计划在国务院统一领导下，实行地方为主，分级负责，各部门、各方面协同推进的管理体制，政府起主导作用。

第四条　全国农村义务教育学生营养改善计划工作领导小组统一领导和部署营养改善计划的各项工作。成员单位由教育部、中央宣传部、国家发展改革委、财政部、农业农村部、国家卫生健康委、市场监管总局、国家疾控局等部门组成。领导小组办公室设在教育部，简称全国农村学生营养办，负责营养改善计划实施的日常工作。

第五条　营养改善计划实施主体为地方各级政府。地方各级政府要加强组织领导，建立健全营养改善计划议事协调工作机制，明确相关部门职责；要明确各级营养改善计划工作管理部门，安排专人从事日常管理工作，加强条件保障，确保工作落实到位。

（一）省级人民政府负责统筹组织。统筹制订和调整完善本地区实施工作方案和推进计划，合理确定实施步骤和地区；统筹制定相关管理制度和规范；统筹安排资金，改善就餐条件；统筹监督检查。指导各地做好学校食堂建设规划，大力推进食堂供餐。督促有关部门加强食品安全工作，统一发布食品安全信息，组织制订食品安全事故应急预案，加大营养健康监测和膳食指导力度，加强营养健康教育。

（二）市级人民政府负责协调落实。督促指导本地区营养改善计划管理工作，制定审核本地区相关政策。督促县级人民政府落实主体责任,保障运转经费,抓好食品安全,加强资金监管。

（三）县级人民政府是营养改善计划工作的行动主体和责任主体。负责确定具体实施学校,制订实施方案和膳食指导方案,确定供餐模式和供餐内容,建设、改造学校食堂(伙房),制定工作管理制度,加强监督检查,对食品安全和资金安全负总责,主要负责人负直接责任。按照省级及以下财政事权和支出责任划分要求,落实支出责任,加强资金使用管理。指导县级相关部门开展营养改善计划采购工作,规范开展信息公开工作;责成有关食品安全监管部门加强日常食品安全检查,组织开展食品安全事故应急演练和学校食品安全事故调查等。将实施学校调整情况逐级上报,并由省级营养改善计划工作管理部门审核报送至全国农村学生营养办备案。

第六条 各有关部门共同参与营养改善计划的组织实施,各司其职,各负其责。

（一）教育部门牵头负责营养改善计划的组织实施。会同有关部门完善实施方案,建立健全管理机制和监督机制。会同财政、发展改革等部门加强学校食堂(伙房)建设,持续改善学校供餐条件。配合有关食品安全监管部门做好食品安全监管,开展食品安全检查,督促相关行为主体落实责任;配合卫生健康部门、疾控部门开展营养健康教育、膳食指导和学生营养健康监测评估。落实部门职责,指导和督促学校建立健全食品安全管理制度,加强食品安全日常管理和食品安全教育;统筹指导学校建立健全以全过程实时视频监控为基础的日常监管系统,逐步完善电子验货、公开公示、自动报账等功能。落实立德树人根本任务,指导学校将健康教育、劳动教育、感恩教育等融入营养改善计划实施的全过程。

（二）财政部门要充分发挥公共财政职能,制定和完善相关投入政策,会同教育部门加强资金监管,提高资金使用效益。

（三）发展改革部门要加大力度支持农村学校改善供餐条件。加强农副产品价格监测和预警,推进降低农副产品流通环节费用工作。会同教育部门指导实施营养膳食费用分担机制的地区和学校,合理确定伙食费收费标准,并纳入中小学服务性收费和代收费管理。

（四）农业农村部门负责对学校定点采购生产基地的食用农产品生产环节质量安全进行监管。指导农产品生产企业、农民专业合作经济组织向农村学校供应附带承诺达标合格证的安全优质食用农产品,鼓励实现可追溯。

（五）市场监管部门负责食品安全监督管理以及供餐单位主体资格的登记管理。依职责加强学校集中用餐食品安全监督管理,依法查处涉及学校的食品安全违法行为;建立学校食堂食品安全信用档案,及时向教育部门通报学校食品安全相关信息;对学校食堂食品安全管理人员进行抽查考核,指导学校做好食品安全管理和宣传教育;依法会同有关部门开展学校食品安全事故调查处理。

（六）卫生健康部门和疾控部门负责食品安全风险监测与评估,指导食品安全事故的病人救治、流行病学调查和卫生学处置;对学生营养改善提出膳食指导意见,制定营养知识宣传教育和营养健康监测评估方案;在教育部门配合下,开展营养知识宣传教育、膳食指导和营养健康监测评估。

（七）宣传部门要引导各级各类新闻媒体,全面客观反映营养改善计划实施情况,积极推广典型经验,努力营造全社会共同支持、共同监督、共同推进的良好氛围。

第七条 学校负责落实营养改善计划各项具体工作,实行校长负责制。按照县级实施方案研究制定校级具体操作方案,建立健全并落实食品安全、食材采购、资金管理等制度和工作要求。加强食堂管理,不断提高供餐质量。

## 第三章 供 餐 管 理

第八条 营养改善计划实施地区和学校应大力推进学校食堂供餐。学校食堂由学校自主经营、统一管理,不得对外承包或委托经营。未建设食堂或暂时不具备食堂供餐条件的地区,应加快学校食堂建设与改造，明确实行食堂供餐的时间节点，在过渡期内可采取企业（单位）供餐。学校规模较小、交通便利的地区可根据实际情况，在满足必需的送餐条件和确保食品安全的前提下，以中心校或邻近学校食堂为依托，实行食堂配餐。偏远地区小规模学校（教学点）不具备食堂供餐和配餐条件的，在确保食品卫生和安全的前提下，可实行学校伙房供餐或家庭（个人）托餐。

第九条　营养改善计划实施地区和学校根据地方特点，按照安全、营养、卫生的标准，因地制宜确定供餐内容。

（一）供餐形式。原则上应提供完整的午餐（热食），暂时无法提供午餐的学校可选择加餐或课间餐。尚未提供完整午餐的地区和学校，应不断改善供餐条件，逐步实现供应完整午餐。

（二）供餐食品。必须符合食品安全和营养健康的标准要求，尊重少数民族饮食习惯。供餐食品应提供营养价值较高的畜禽肉蛋奶类食品、新鲜蔬菜水果和谷薯类食品等，不得提供保健食品、含乳饮料和火腿肠等深加工食品，避免提供高盐、高油及高糖的食品，确保食品新鲜卫生、品种多样、营养均衡。倡导学校食堂按需供餐，通过采取小份菜、半份菜、套餐、自助餐等方式，制止餐饮浪费。鼓励各地积极推进“农校对接”，建立学校蔬菜、水果等直供优质农产品基地，在保障产品质量安全和营养的前提下，减少食材采购和流通环节，降低原材料成本。有条件的学校可采取“一日一供”，确保食材新鲜、安全、营养。

（三）供餐食谱。县级卫生健康部门牵头，参照《学生餐营养指南》（WS/T 554—2017）等标准，结合当地学生营养健康状况，制定学生餐所需食物种类及日均数量指标，由学校根据当地市场食材供应等情况，运用学生电子营养师等膳食分析平台或软件，制定带量食谱并予以公示，确保膳食搭配合理、营养均衡。

第十条　营养改善计划供餐基本条件要求。

（一）学校食堂供餐的基本要求。

学校食堂必须在取得食品经营许可证后方可为学生供餐，应在食堂显著位置悬挂或摆放许可证。学校食堂应全面推行明厨亮灶，食堂建设与设施设备配备应当符合《食品经营许可管理办法》《食品安全国家标准　餐饮服务通用卫生规范》（GB31654—2021）和《学校食品安全与营养健康管理规定》等相关要求。学校食堂供餐的基本条件如下：

1. 具有与所经营、制作供应的食品品种、数量、供餐人数相适应的食品原料处理和食品烹饪、贮存等场所，实行明厨亮灶，保持该场所环境整洁，并与有毒、有害场所以及其他污染源保持规定的距离；

2. 具有与所经营、制作供应的食品品种、数量、供餐人数相适应的设施设备，有相应的消毒、更衣、盥洗、采光、照明、通风、防腐、防尘、防蝇、防鼠、防虫、清洁以及处理废水、存放垃圾和废弃物的设施设备；

3. 具有合理的设备布局和工艺流程，防止待加工食品与直接入口食品、原料与成品或者半成品交叉污染，避免食品接触有毒物、不洁物；

4. 具有经食品安全培训、符合相关条件的食品安全管理人员，以及与本单位实际相适应的食品安全规章制度。

（二）供餐企业（单位）的基本条件。

1. 具备国家有关法律法规规定的相关条件；

2. 取得食品经营许可和集体用餐配送资质；实行“互联网+明厨亮灶”，具备独立的餐食加工场地、符合条件的食品处理区域及设施设备。配备封闭式食品专用运输车辆，一般应安装车辆行驶轨迹监控、装卸视频监控等设备；

3. 配备食品安全管理人员和至少1名具备资质的营养师。建立食品卫生、安全管理制度，投保食品安全责任险；

4. 建立食品加工全过程实时视频监控系统，并将相关视频信号接入属地教育部门和服务学校，配备的监控系统视频要保存30天以上；

5. 参与学校供餐项目政府采购活动前3年内未发生过食品安全事故，在经营活动中没有重大违法情况。

（三）学校伙房和托餐家庭（个人）的基本条件。

学校伙房和托餐家庭（个人）应具备必要的供餐设施和卫生条件，服务人员应于每学期开学前提供有效的健康证明，确保环境卫生和食品安全。具体要求由各地结合实际确定。

第十一条　改善学校食堂就餐条件。

各地要优先支持营养改善计划实施学校食堂建设及饮水、电力设施改造，严禁超标准建设。规模较小学校可结合实际，利用闲置校舍改造食堂。不断改善厨具餐具、餐桌餐椅以及清洗消毒、视频监控设备等基本条件。实行集中就餐的学校，应确保餐桌和餐位数量满足学生就座用餐实际需要。

学校食堂加工操作间应当符合下列要求：最小使用面积不得少于8平方米；墙壁应有1.5米以上的瓷砖或其他防水、防潮、可清洗的材料制成的墙裙；地面应由防水、防滑、无毒、易清洗的材料建造，具有一定坡度，易于清洗与排水；配备有足够的照明、通风、排烟装置和有效的防尘、防鼠、防虫措施，污水排放和存放废弃物的设施设备符合卫生要求；食品加工区天花板保持干净整洁，无霉斑、无尘土；配备食品经营许可证所要求的其他设施设备。

第十二条　加强食品安全管理。

各地各学校应严格落实《中华人民共和国食品安全法》《中华人民共和国农产品质量安全法》《学校食品安全与营养健康管理规定》等有关要求，切实保障食品安全。

（一）加强食品安全制度建设。各地各校应建立健全食品安全管理制度，包括：食材采购验收、食品贮存加工、供餐管理制度，从业人员健康管理和培训制度、每日晨检制度，加工经营场所及设施设备清洁、消毒和维修保养制度，食品安全事故应急预案以及市场监管部门规定的其他制度。

（二）实施全过程监管。建立健全食品、食用农产品安全追溯体系，加大“互联网+监管”力度。督促学校食堂和供餐企业优先采购可溯源的食材，建立稳定的食材采购渠道。建立健全原材料采购配送、食材验收、入库出库、贮存保管、加工烹饪、餐食分发、学生就餐等全过程实时视频监控系统，视频要保存30天以上。严格实行食堂操作间、储存间封闭管理，非食堂管理人员、操作人员未经允许和登记严禁进入。

（三）落实学校负责人陪餐制度。每餐均应有学校相关负责人与学生共同用餐（餐费自理），做好陪餐记录，及时发现和解决集中用餐过程中存在的问题。建立健全以学生、家长、教师代表为主，营养专家、学校领导和具体管理人员等共同参与的膳食委员会，参与对学校食品安全、供餐质量的日常监管，开展供餐满意度调查等。

第十三条　加强食品贮存管理。

（一）合理设置食品贮存场所。食品贮存场所应根据贮存条件分别设置，加强温湿度监测，做到通风换气、分区分架分类、离墙离地10厘米以上存放，防尘防鼠防虫设施完好，不同区域应有明显标识。散装食品应盛装于容器内，在贮存位置标明食品的名称、生产日期、保质期、供货商及联系方式等内容。盛装食品的容器应符合安全要求。食品贮存场所内不得存放有毒、有害物品及其他任何私人用品。

（二）建立健全出入库管理制度。食堂物品的入库、出库必须由专人负责，签字确认。规模较大的学校，应由两个以上人员签字验收。入库、出库要严格核对数量、检验质量，出库食品先进先出，杜绝质次、变质、过期食品的入库与出库。

（三）建立健全库存盘点制度。食堂物品入库、验收、保管、出库应手续齐全，物、据、账、表相符，日清月结。盘点后相关人员均须在盘存单上签字。食堂应根据日常消耗确定合理库存。变质和过期的食品应按规定及时清理销毁，并办理监销手续。

第十四条　加强食品加工管理。

食品加工过程应严格执行《食品安全国家标准　餐饮服务通用卫生规范》（GB31654—2021）《餐饮服务

食品安全操作规范》等规定。

（一）必须采用新鲜安全的原料制作食品，不得加工或使用腐败变质和感官性状异常的食品及原料。不得制售冷荤类食品、生食类食品、裱花蛋糕，不得加工制作四季豆、鲜黄花菜、野生蘑菇、发芽土豆等高风险食品。

（二）需要熟制烹饪的食品应烧熟煮透，其烹饪时食品中心温度应达到 70 ℃以上。烹饪后的熟制品、半成品与食品原料应分开存放，防止交叉污染。食品不得接触有毒物、不洁物。

（三）建立食品留样制度。每餐次的食品成品必须留样，并按品种分别盛放于清洗消毒后的专用密闭容器内，在专用冷藏设备中冷藏存放 48 小时以上，并落实双人双锁管理。每个品种留样量应满足检验需要，不得少于 125 g，并记录留样食品名称、留样时间（月、日、时）、留样人员等信息。

（四）严格按照规定使用食品添加剂。严禁超范围、超剂量使用食品添加剂，不得采购、贮存、使用亚硝酸盐。严禁使用非食用物质加工制作食品。食品添加剂应专人专柜（位）保管，按照有关规定做到标识清晰、计量使用、专册记录。

（五）严格规范餐用具清洗与消毒。加工结束后应及时清理加工场所，做到地面无污物、残渣；按照要求对食品容器、餐用具进行清洗消毒，并存放在专用保洁设施内备用。提倡采用热力方法进行消毒。采用化学方法消毒的必须冲洗干净。不得使用未经清洗和消毒的餐用具。餐用具清洗与消毒应由专人做好记录。

第十五条　严格供餐配送管理。

（一）送餐车辆及工用具必须保持清洁卫生。每次运输食品前应进行清洗消毒并做好记录，在运输装卸过程中也应注意保持清洁，运输后进行清洗，防止食品在运输过程中受到污染。

（二）运送集体用餐的容器和车辆应安装食品保温和冷藏设备，确保食品不得在 8 ℃—60 ℃的温度条件下贮存和运输，从烧熟至食用的间隔时间（食用时限）应符合以下要求：

1. 烧熟后 2 小时，食品的中心温度保持在 60 ℃以上（热藏）的，其食用时限为烧熟后 4 小时；

2. 需要冷藏的熟制半成品或成品，应按有关食品安全操作规范在熟制后立即冷却，将食品的中心温度降至 8 ℃并冷藏保存，其食用时限为烧熟后 24 小时。供餐前应对食品进行再加热，且加热时食品中心温度应达到 70 ℃以上。

（三）盛装、分送集体用餐的容器应有封装标识，并在表面注明加工单位、加工制作时间和食用时限，必要时标注保存条件、食用方法和营养标识等信息。

（四）学校应安排专门人员负责供餐企业配送食品的查验接收工作。应重点检查配送食品包装是否完整，感官性状是否异常，食品的温度和配送时间是否符合食品安全要求等，并做好食品留样。

第十六条　加强食堂从业人员管理。

各地应按照与就餐学生人数之比不低于 1∶100 的比例足额配齐学校食堂从业人员。可采取设置公益性岗位、劳务派遣等方式，配备符合条件的学校食堂从业人员。

（一）从业人员（包括临聘人员）每学期开学前必须进行健康检查，取得健康证明后方可上岗，必要时应进行临时健康检查。从业人员健康证明应在食堂显著位置进行统一公示。患有国家卫生健康委规定的有碍食品安全疾病的人员，不得从事接触直接入口食品的工作。不得聘用有不良思想倾向及行为、精神异常或偏激等现象的人员。

（二）从业人员应落实有关培训学时要求，定期参加有关部门和单位组织的食品安全知识、营养配餐、消防知识、职业道德和法制教育培训，增强食品安全意识，提高食品安全操作技能。鼓励从业人员通过自主培训学习提高营养配餐能力。



（三）实行每日晨检制度。食堂管理人员应在每天早晨各项饭菜烹饪活动开始前，对每名从业人员的健康状况进行检查，并将检查情况记录在案。发现有发热、腹泻、皮肤伤口或感染、咽部炎症等有碍食品安全病症的，应立即离开工作岗位，待查明原因并将有碍食品安全的病症治愈后，方可重新上岗。

（四）从业人员应养成良好的个人卫生习惯。工作前、处理食品原料后、便后用肥皂（或洗手液）及流动清水洗手消毒；接触直接入口食品前，应洗手消毒并佩戴一次性食品手套；穿戴清洁的工作衣帽，并把头发置于帽内；不得留长指甲、涂指甲油、戴戒指加工食品；不得在食品加工和销售场所内吸烟。

## 第四章　资金使用与管理

第十七条　资金安排。

（一）国家计划地区营养膳食补助按照国家规定的基础标准，根据受益学生人数和实际在校天数核定，所需资金由中央财政全额承担。地方计划地区营养膳食补助资金由地方财政承担，中央财政在地方落实国家基础标准后，给予生均定额奖补。

（二）各地要强化省级统筹，结合经济发展水平、财力状况、支出成本等实际，建立健全省、市、县级财政分担机制，合理安排营养改善计划实施中所需的其他应由财政负担的资金。学校自主经营食堂（伙房）发生的水电煤气等日常运行经费纳入学校公用经费开支，对营养改善计划实施学校可适当提高学校公用经费补助水平。学校自主经营食堂（伙房）供餐增加的聘用人员待遇等开支，由地方财政统筹解决。

（三）各地可结合当地经济社会发展实际及物价水平，在落实国家基础标准上，进一步完善政府、家庭、社会力量共同承担膳食费用机制，科学确定伙食费收费标准。鼓励企业、基金会、慈善机构等捐资捐助，在地方政府统筹下，积极开展营养改善计划工作，并按规定享受税费减免优惠政策。

第十八条　资金使用。

（一）中央财政安排的营养膳食补助资金要设立专门台账，明细核算，确保全额用于为学生提供营养膳食，补助学生用餐。不得直接发放给学生个人和家长，严禁克扣、截留、挤占和挪用。

（二）加强学校食堂财务管理。各实施学校应严格执行《中小学校财务制度》有关规定，学校食堂应坚持公益性和非营利性原则，财务活动应纳入学校财务部门统一管理，实行分账核算，真实反映收支状况。食堂收入包括财政补助收入、收取的伙食费和陪餐费收入等。食堂支出包括食材采购成本、人工成本等，不得将应在学校事业经费列支的费用等计入食堂支出。采购配送、食堂从业人员工资等支出不得挤占营养膳食补助资金。

（三）收取伙食费的学校应严格执行中小学收费管理有关规定，所收取的伙食费应全部用于营养改善计划供餐成本开支。供应两餐及以上的学校，应加强食材采购成本核算管理，不得因提供早、晚餐挤占营养膳食补助资金。

第十九条　资金监管。

（一）各地应加强营养膳食补助资金使用管理情况的监管，开展定期审计。指导各实施学校建立健全内部控制制度，强化内部监管。学校应定期（每学期至少一次）公开食堂收支情况，自觉接受师生、家长和社会的监督。

（二）各地要高度重视全国农村义务教育学生营养改善计划管理信息系统的日常使用管理工作，指导各实施学校及时、准确填报受益学生、补助标准、就餐天数、供餐情况等信息，加强受益学生实名制管理，严防套取、冒领膳食补助资金。各级教育部门应加强数据信息审核，对数据的真实性、完整性、准确性负责。

## 第五章　采 购 管 理

第二十条　营养改善计划采购工作必须严格执行《中华人民共和国政府采购法》等法律法规和财政部有关规定。各地应根据营养改善计划供餐实际情况，科学确定属于政府采购范围的具体项目内容；对于不属于政府采购范围的项目，应合理确定采购方式，并制定完善采购管理相关制度要求。

第二十一条　加强采购需求管理。

营养改善计划实施地区和学校应严格落实《政府采购需求管理办法》等有关要求。县级教育部门会同财政部门负责指导学校采购需求管理工作。采购人对采购需求管理负有主体责任，应以学生营养改善为目标，合理确定采购需求，科学编制采购实施计划。在确定采购需求前，可通过咨询、论证、问卷调查等方式开展需求调查。应建立健全采购需求管理制度，加强对采购需求的形成和实现过程的内部控制和风险管理。

第二十二条　及时公开采购意向。

采购意向公开由县级有关部门负责，至少在采购活动开始前30日，按采购项目在中国政府采购网地方分网公开，也可在省级以上财政部门指定的其他媒体同步公开。内容应当包括采购项目名称、采购需求概况、预算金额、预计采购时间等。

第二十三条　合理确定采购人和采购方式。

各地可结合实际，因地制宜合理确定采购人和采购方式。对于采购项目金额达到本地区政府采购限额标准的，原则上应依法采用公开招标、邀请招标、竞争性谈判、竞争性磋商、询价等竞争性采购方式进行采购。

（一）完善大宗食材统一采购制度。各实施学校食堂的大米、食用油、面粉、肉、蛋、奶等，均应纳入政府采购范围，由县级有关部门统一组织实施。鼓励探索采用框架协议采购方式实施。

（二）规范原辅材料采购。对于不属于政府采购范围的新鲜蔬菜、水果、干货、调味品等原辅材料，比照政府采购的相关采购方式，可由县级有关部门或学校作为采购人集中带量采购。鼓励各地对多频次、小额零星的原辅材料比照框架协议采购方式采购。偏远地区小规模学校（教学点）经县级教育部门批准，可采取适当的采购方式，并完善相应的采购管理制度，根据符合采购需求、质量和服务相等且报价最低的原则确定成交供应商。

（三）供餐企业（单位）由县级有关部门通过竞争性采购方式确定。纳入营养改善计划的供餐企业（单位）名单，应向社会公告。

第二十四条　严格规范采购程序。

（一）采取竞争性采购方式采购的，采购人应合理设置供应商资格条件，不得阻挠和限制供应商参与政府采购活动，不得差别对待供应商。应科学制定评审规则，细化编制评分指标，全面覆盖营养改善计划采购的核心内容。提供劳务服务方与食品原辅材料供货方不得为同一主体或相关利益人。

（二）鼓励各地通过竞争性采购方式采购食材。通过竞争性采购方式确定的采购标的单价，不得高于学校所在地同期市场公允价格。加强对营养改善计划采购项目的价格监测。对于采购价格明显偏高的，要深入查找原因，并责令整改。

（三）对于非竞争性采购方式的采购项目，各地要结合实际加强管理。大力推行原材料面向生产环节的统一采购，降低采购成本，确保采购质量，努力实现为学生提供"等值优质"食品的目标。

第二十五条　规范合同管理。

（一）对于属于政府采购范围的采购项目，采购人应按规定与中标、成交供应商签订政府采购合同，并严格执行合同约定事项。如供应商违反合同相关规定，采购人有权终止合同。财政部门应当履行政府采购监督管理职责，依法对供应商违法违规行为进行处理，并将相关违法违规供应商列入不良行为记录名单。

（二）对于不属于政府采购范围，由学校自行采购的项目，学校应及时与供应商签订合同，并报县级教育部门备案。合同内容应至少包括采购品目、数量质量、价格机制、服务时间、风险条款和其他保证食品安全事项等。学校应规范结算制度，及时与供应商结算货款。采购员与供应商之间原则上不得发生现金交易。

第二十六条　加强履约验收。

（一）依法组织履约验收。各地应结合实际，指导采购人细化编制验收方案。学校应成立由 2 人以上组成的验收小组，按照合同约定开展验收工作。验收时，应建立采购验收台账，列明到货品目、数量质量、生产日期等情况，由验收双方共同签署并留存验收证明。对于大宗食材等应严格落实复秤工作机制并如实记录。验收不合格的项目，采购人应当依法及时处理。供应商在履约过程中有违反政府采购法律法规情形的，采购人应当及时报告县级财政部门。

（二）完善食品采购索证索票制度。食品采购应严格执行《餐饮服务食品采购索证索票管理规定》有关要求，查验、索取并留存相关许可证、营业执照、食用农产品承诺达标合格证等产品合格证明文件、动物产品检疫合格证明等材料和由供货方盖章（或签字）的购物凭证。

（三）加强采购档案管理。采购人应严格执行采购档案管理相关规定，完整保存各项采购文件资料，自采购结束之日起至少保存 15 年。

## 第六章　营养健康监测与教育

第二十七条　卫生健康部门、疾控部门牵头负责营养改善计划实施地区和学校的营养健康监测，开展有针对性的膳食指导和营养宣传教育。营养改善计划实施地区原则上均应纳入常规监测范围。中国疾病预防控制中心根据需要，选择部分市县和学校，定期开展重点监测。常规监测县和重点监测县应按要求准确及时收集监测信息，按期开展监测评估现场调查。各级监测单位应通过营养改善计划营养健康状况监测评估系统按时报送并核查监测数据。各地应充分利用信息化手段加强对学校供餐质量、学生营养状况等日常监测、评估和指导。

第二十八条　各级疾病预防控制中心应定期综合分析当地监测数据，形成学生营养健康监测评估报告，及时报送同级卫生健康部门、教育部门、疾控主管部门和上级疾病预防控制中心。县级疾病预防控制中心要将主要监测结果反馈监测学校；学校应向学生家长反馈主要监测结果，督促存在健康风险的学生到专业医疗机构进行医学检查和评估。

第二十九条　各级疾病预防控制中心应注重学生营养健康监测结果的运用，加强膳食指导。针对监测发现的问题，指导学校通过食物强化、营养优化等方式，科学合理供餐。

第三十条　加强营养健康教育。各级疾病预防控制中心应会同教育部门，指导学校健全并落实健康教育制度，将食品安全与营养健康知识纳入健康教育教学内容。配备专（兼）职健康教育教师，明确课时安排并落实有关学时要求。学校应依托全民营养周、中国学生营养日、食品安全宣传周等重要时间节点，开展营养健康主题教育活动。鼓励各地各校充分利用信息化手段，面向学生和家长、师生员工开展营养健康知识宣传教育。

第三十一条　推动开展劳动教育。各地各校要以实施营养改善计划为载体，指导学生有序参与集体分餐、餐具回收、垃圾分类、清洁打扫和用餐秩序维护等劳动实践活动。有条件的学校还可以开设烹饪小课堂，开展种植养殖等活动，教育引导学生热爱劳动、珍惜劳动成果。

第三十二条　强化感恩教育。各地各校要结合实际，大力宣传营养改善计划有关政策和实施效果，让受益学生和家长充分感受到党和国家对农村学生健康成长的重视和关心；要利用多种渠道、采取多种方式有效开展感恩教育，引导学生懂得珍惜、学会感恩，不断厚植爱国情怀、培养奉献精神。

## 第七章　应急事件处置

第三十三条　各实施地区和学校应严格执行《中华人民共和国食品安全法》《学校食品安全与营养健康管理规定》中关于食品安全事故处置的有关规定。地方各级人民政府应建立应急事件处置协调机制，明确相关部门职责，逐级逐校制订应急预案，定期组织应急事件处置演练。

第三十四条　应急事件发生后，学校应及时向当地教育、卫生健康、市场监管部门报告，不得擅自发布事故信息。同时，学校应采取下列措施：立即停止供餐活动，封存餐品留样或可能导致食品安全事故的食品及原料、工用具、设施设备和现场；积极配合相关部门开展病人救治、事故调查等工作；在有关部门指导下，制定学生供餐安排预案，做好学生、家长思想工作。

第三十五条　教育部门接到学校食品安全事故报告后，应当立即赶往现场协助相关部门进行调查处理，督促学校采取有效措施，防止事故扩大，并向上级人民政府教育部门报告。学校发生食品安全事故需要启动应急预案的，教育部门应当立即向同级人民政府以及上一级教育部门报告，按照规定进行处置。市场监管部门会同卫生健康、教育等部门依法对食品安全事故进行调查处理。县级以上疾病预防控制中心接到报告后应当对事故现场进行卫生处理，并对与事故有关的因素开展流行病学调查，及时向同级卫生健康、疾控部门和有关食品安全监管部门提交流行病学调查报告。学校食品安全事故的性质、后果及其调查处理情况由市场监管部门会同卫生健康、教育等部门依法发布和解释。

## 第八章　绩效管理与监督检查

第三十六条　全面实施绩效管理。各地要结合营养改善计划实际特点，合理设定绩效目标，做好绩效运行监控，建立科学的绩效评价体系，强化绩效结果运用，提高营养膳食补助资金配置效率和使用效益。绩效评价内容应以营养膳食补助资金的管理和使用、学生营养状况改善情况、相关管理制度执行情况等为重点。

第三十七条　建立健全公开公示制度。各地应落实有关要求，将营养改善计划有关实施情况纳入政府信息公开工作范围。学校应定期将受益学生名单、人数（次），食堂财务收支情况、食品及原辅材料采购情况、带量带价食谱等予以公示，公示信息应注意保护个人隐私。各地各校应结合实际，借助信息化手段，多渠道接受师生、家长和社会的监督。

第三十八条　有关部门要建立健全监督检查机制，强化日常监管。教育督导部门要把营养改善计划实施情况作为责任督学日常督导的重要内容；财政部门要对资金管理使用情况进行监管；市场监管部门应定期对学校食堂和供餐单位等开展食品安全检查，会同教育部门督促指导学校落实食品安全责任；卫生健康部门要把食品安全风险监测评估、食源性疾病报告和学生营养膳食指导、宣传教育、监测评估作为重点。

第三十九条　各地应结合实际，定期或不定期开展专项监督检查。专项监督检查的重点是食品安全、供餐质量、资金安全、职责履行和餐饮浪费。

（一）食品安全。主要内容包括：供餐单位是否办理食品经营许可证；供餐单位餐饮服务从业人员是否具有健康证明，是否按要求接受相关培训；食材采购、贮存、加工、供应等环节是否符合食品安全有关标准；是否制定食品安全事故应急预案，是否发生食品安全事故，事故发生后是否及时有效处理，相关单位和人员责任是否追究到位。

（二）供餐质量。主要内容包括：学校选定的供餐模式是否科学，供餐内容是否合理；学校制定的带量食谱是否符合有关营养要求；是否按照有关要求开展膳食指导。

（三）资金安全。主要内容包括：营养膳食补助资金是否及时足额下达，是否明细核算，是否存在截留滞留、挤占挪用、违规套取、虚报冒领等问题；是否出现虚列支出、白条抵账、虚假会计凭证和大额现金支付等情况；大宗食材及原辅材料的供应商是否符合有关规定，程序是否合法合规，供应商是否依照国家法律制度和合同约定履约；食堂收支核算是否符合有关财务管理要求，收支状况是否真实，是否按学期公示。

（四）职责履行。主要内容包括：政府主导作用是否得到落实；相关职能部门是否严格履行工作职责，监督管理是否规范；是否建立营养改善计划议事协调工作机制，是否有专门人员负责日常工作，是否有必要的办公条件和工作经费；各项规章制度是否健全，是否有效执行；营养改善计划实施过程中出现的问题是否及时、有效整改，相关人员的责任是否追究到位。

（五）餐饮浪费。主要内容包括：是否开展反对餐饮浪费宣传教育，建立长效机制；是否采取有效措施，在食材采购、加工烹饪、分餐就餐等环节杜绝餐饮浪费。

第四十条 有关部门依法开展对学校食堂、供餐企业（单位）的监管和检查。有权采取下列措施：进入学生餐经营场所实施现场检查，调取有关监控视频；对学生餐进行抽样检验；查阅、复制有关合同、票据、账簿以及其他有关资料；查封、扣押不符合食品安全标准的食品、违法使用的食品和原料、食品添加剂、食品相关产品以及用于违法生产经营或者被污染的工具、设备；查封违法从事食品经营活动的场所。

第四十一条 教育部门应会同有关食品安全监管部门加强供餐监管，建立学校食堂、供餐企业（单位）信用档案。学校食堂、供餐企业（单位）出现下列情况之一者，应立即停止供餐：

（一）违反相关法律法规，被市场监管部门吊销食品经营许可证、营业执照；

（二）发生食品安全事故或在合同期内被行政处罚的；

（三）未持续保持食品经营许可条件，经整改仍不符合食品经营许可条件的；

（四）存在采购加工法律法规禁止生产经营的食品、使用非食用物质、滥用食品添加剂、降低食品安全保障条件等食品安全问题的；

（五）出现降低供餐质量和餐量标准，随意变更供餐食谱等情况，或在供餐质量评议中学生满意度较低，经约谈警告后，仍不改正的；

（六）擅自转包、分包供餐业务或存在擅自变更配餐生产地址、擅自更换履约人等违约行为；

（七）出现其他违反法律法规及有关规定的行为。

具体管理办法由省级教育部门会同有关食品安全监管部门制订。

第四十二条 建立健全食品安全责任追究制度。

对违反法律法规、玩忽职守、疏于管理，导致发生食品安全事故，或发生食品安全事故后迟报、漏报、瞒报造成严重不良后果的，追究相应责任人责任；构成犯罪的，依法依规追究其刑事责任。

（一）县级及以上地方政府在食品安全工作中未履行职责，本行政区域出现重大食品安全事故、造成严重社会影响的，依法对直接负责的主管人员和其他直接责任人员追究相应责任。

（二）县级及以上教育、卫生健康、农业农村、市场监管部门不履行食品安全监督管理法定职责、日常监督检查不到位或者滥用职权、玩忽职守、徇私舞弊的，依法对直接负责的主管人员和其他直接责任人员追究相应责任。

（三）学校、供餐企业（单位）和托餐家庭（个人）不履行或不正确履行食品安全职责，造成食品安全事故的，依法对学校负责人、供餐企业负责人、直接负责的主管人员和其他直接责任人员追究相应责任。

第四十三条 有下列情形之一的，一经查实，依法依规严肃处理：

（一）通过虚报、冒领、套取等手段，挤占、挪用、贪污营养膳食补助资金和学生伙食费的；

（二）设立“小金库”，在食堂经费中列支学校公共开支或教职工奖金福利、津补贴、招待费及其他非食堂经营服务支出等费用的；

（三）在食堂管理中为他人谋利、搞利益输送或以权谋私的；

（四）采购伪劣食材、损害学生身体健康的；

（五）食堂违规承包，大宗食品、食材采购程序不合规合法的；

（六）存在严重浪费现象，造成不良影响的。

## 第九章 附 则

第四十四条 本办法由教育部、国家发展改革委、财政部、农业农村部、国家卫生健康委、市场监管总局、国家疾控局负责解释。各地可依据本办法制订具体实施细则。不属于国家计划地区和地方计划地区的其他地区和学校可参照实施。

第四十五条　本办法自印发之日起施行。教育部等十五部门2012年5月23日颁布的《农村义务教育学生营养改善计划实施细则》等五个配套文件同时废止。

## 教育部关于印发《绿色低碳发展国民教育体系建设实施方案》的通知

（教发〔2022〕2号）

各省、自治区、直辖市教育厅（教委），新疆生产建设兵团教育局，部属各高等学校、部省合建各高等学校：

为深入贯彻落实习近平总书记关于碳达峰碳中和工作的重要讲话和指示批示精神，认真落实党中央、国务院决策部署，落实《中共中央　国务院关于完整准确全面贯彻新发展理念做好碳达峰碳中和工作的意见》和《国务院关于印发2030年前碳达峰行动方案的通知》要求，把绿色低碳发展纳入国民教育体系，现将《绿色低碳发展国民教育体系建设实施方案》印发给你们，请结合实际，认真抓好贯彻落实。

教育部

2022年10月26日

### 绿色低碳发展国民教育体系建设实施方案

为深入贯彻落实习近平总书记关于碳达峰碳中和工作的重要讲话和指示批示精神，认真落实党中央、国务院决策部署，落实《中共中央　国务院关于完整准确全面贯彻新发展理念做好碳达峰碳中和工作的意见》、国务院《2030年前碳达峰行动方案》要求，把绿色低碳发展理念全面融入国民教育体系各个层次和各个领域，培养践行绿色低碳理念、适应绿色低碳社会、引领绿色低碳发展的新一代青少年，发挥好教育系统人才培养、科学研究、社会服务、文化传承的功能，为实现碳达峰碳中和目标作出教育行业的特有贡献，制定本实施方案。

**一、总体要求**

（一）指导思想。

以习近平新时代中国特色社会主义思想为指导，全面贯彻党的二十大精神，深入贯彻习近平生态文明思想，立足新发展阶段，完整、准确、全面贯彻新发展理念，构建新发展格局，聚焦绿色低碳发展融入国民教育体系各个层次的切入点和关键环节，采取有针对性的举措，构建特色鲜明、上下衔接、内容丰富的绿色低碳发展国民教育体系，引导青少年牢固树立绿色低碳发展理念，为实现碳达峰碳中和目标奠定坚实思想和行动基础。

（二）工作原则。

——坚持全国统筹。强化总体设计和工作指导，发挥制度优势，压实各方责任。根据各地实际分类施策,鼓励主动作为,示范引领。以理念建构和习惯养成为重点,将绿色低碳导向融入国民教育体系各领域各环节,加快构建绿色低碳国民教育体系。

——坚持节约优先。把节约能源资源放在首位,积极建设绿色学校,持续降低大中小学能源资源消耗和碳排放,重视校园节能降耗技术改造和校园绿化工作,倡导简约适度、绿色低碳生活方式,从源头上减少碳排放。

——坚持全程育人。在注重绿色低碳纳入大中小学教育教学活动的同时,在教师培养培训环节增加生态文明建设的最新成果、碳达峰碳中和的目标任务要求等内容。既要注重学校节能技术改造、能源管理,也要注重校园软环境的创设,达到润物细无声的效果。

——坚持开放融合。绿色低碳理念和技术进步成果优先在学校传播,行业领军企业要免费向大中小学开设社会实践课堂。高等院校要加大对绿色低碳科学研究和技术的投入,为碳达峰碳中和贡献教育力量。

**二、主要目标**

到2025年,绿色低碳生活理念与绿色低碳发展规范在大中小学普及传播,绿色低碳理念进入大中小学教育体系;有关高校初步构建起碳达峰碳中和相关学科专业体系,科技创新能力和创新人才培养水平明显提升。

到2030年,实现学生绿色低碳生活方式及行为习惯的系统养成与发展,形成较为完善的多层次绿色低碳理念育人体系并贯通青少年成长全过程,形成一批具有国际影响力和权威性的碳达峰碳中和一流学科专业和研究机构。

**三、将绿色低碳发展融入教育教学**

(一)把绿色低碳要求融入国民教育各学段课程教材。将习近平生态文明思想、习近平总书记关于碳达峰碳中和重要论述精神充分融入国民教育中,开展形式多样的资源环境国情教育和碳达峰碳中和知识普及工作。针对不同年龄阶段青少年心理特点和接受能力,系统规划、科学设计教学内容,改进教育方式,鼓励开发地方和校本课程教材。学前教育阶段着重通过绘本、动画启蒙幼儿的生态保护意识和绿色低碳生活的习惯养成。基础教育阶段在政治、生物、地理、物理、化学等学科课程教材教学中普及碳达峰碳中和的基本理念和知识。高等教育阶段加强理学、工学、农学、经济学、管理学、法学等学科融合贯通,建立覆盖气候系统、能源转型、产业升级、城乡建设、国际政治经济、外交等领域的碳达峰碳中和核心知识体系,加快编制跨领域综合性知识图谱,编写一批碳达峰碳中和领域精品教材,形成优质资源库。职业教育阶段逐步设立碳排放统计核算、碳排放与碳汇计量监测等新兴专业或课程。

(二)加强教师绿色低碳发展教育培训。各级教育行政部门和师范院校、教师继续教育学院要结合实际在师范生课程体系、校长培训和教师培训课程体系中加入碳达峰碳中和最新知识、绿色低碳发展最新要求、教育领域职责与使命等内容,推动教师队伍率先树立绿色低碳理念,提升传播绿色低碳知识能力。

(三)把党中央关于碳达峰碳中和的决策部署纳入高等学校思政工作体系。发挥课堂主渠道作用,将绿色低碳发展有关内容有机融入高校思想政治理论课。通过高校形势与政策教育宣讲、专家报告会、专题座谈会等,引导大学生围绕绿色低碳发展进行学习研讨,提升大学生对实现碳达峰碳中和战略目标重要性的认识,推动绿色低碳发展理念进思政、进课堂、进头脑。统筹线上线下教育资源,充分发挥高校思政类公众号的示范引领作用,广泛开展碳达峰碳中和宣传教育。

(四)加强绿色低碳相关专业学科建设。根据国家碳达峰碳中和工作需要,鼓励有条件、有基础的高等学校、职业院校加强相关领域的学科、专业建设,创新人才培养模式,支持具备条件和实力的高等学校加快储能、氢能、碳捕集利用与封存、碳排放权交易、碳汇、绿色金融等学科专业建设。鼓励高校开设碳达峰碳中和导论课程。建设一批绿色低碳领域未来技术学院、现代产业学院和示范性能源学院,开展国际合作与交流,加大绿色低碳发展领域的高层次专业化人才培养力度。深化产教融合,鼓励校企联合开展产学合作协同育人项目，组建碳达峰碳中和产教融合发展联盟。引导职业院校增设相关专业，到2025年，全国绿色低碳领域相关专业布点数不少于600个，发布专业教学标准，支持职业院校根据需要在低碳建筑、光伏、水电、风电、环保、碳排放统计核算、计量监测等相关专业领域加大投入，充实师资力量，推动生态文明与职业规范相结合，职业资格与职业认证绿色标准相结合，完善课程体系和实践实训条件，规划建设100种左右有关课程教材，适度扩大技术技能人才培养规模。

（五）将践行绿色低碳作为教育活动重要内容。创新绿色低碳教育形式，充分利用智慧教育平台开发优质教育资源、普及有关知识、开展线上活动。以全国节能宣传周、全国城市节水宣传周、全国低碳日、世界环境日、世界地球日等主题宣传节点为契机，组织主题班会、专题讲座、知识竞赛、征文比赛等多种形式教育活动，持续开展节水、节电、节粮、垃圾分类、校园绿化等生活实践活动，引导中小学生从小树立人与自然和谐共生观念，自觉践行节约能源资源、保护生态环境各项要求。强化社会实践，组织大学生通过实地参观、社会调研、志愿服务、撰写调研报告等形式，走进厂矿企业、乡村社区了解碳达峰碳中和工作进展。

**四、以绿色低碳发展引领提升教育服务贡献力**

（六）支持高等学校开展碳达峰碳中和科研攻关。加强碳达峰碳中和相关领域全国重点实验室、国家技术创新中心、国家工程研究中心等国家级创新平台的培育，组建一批攻关团队，加快绿色低碳相关领域基础理论研究和关键共性技术新突破。优化高校相关领域创新平台布局，推进前沿科学中心、关键核心技术集成攻关大平台建设，构建从基础研究、技术创新到产业化的全链条攻关体系。支持高校联合科技企业建立技术研发中心、产业研究院、中试基地、协同创新中心等，构建碳达峰碳中和相关技术发展产学研全链条创新网络，围绕绿色低碳领域共性需求和难点问题，开展绿色低碳技术联合攻关，并促进科技成果转移转化，服务经济社会高质量发展。

（七）支持高等学校开展碳达峰碳中和领域政策研究和社会服务。引导高校发挥人才优势，组织专业力量，围绕碳达峰碳中和开展前沿理论和政策研究，为碳达峰碳中和工作提供政策咨询服务。协助有关行政管理部门做好重要政策调研、决策评估、政策解读相关工作，积极参与碳达峰碳中和有关各类规划和标准研制、项目评审论证等，支持和保障重点工作、重点项目推进实施。

**五、将绿色低碳发展融入校园建设**

（八）完善校园能源管理工作体系。鼓励各地各校开展校园能耗调研，建立校园能耗监测体系，对校园能耗数据进行实时跟踪和精准分析，针对校园能源消耗和师生学习工作需求，建立涵盖节约用电、用水、用气，以及倡导绿色出行等全方位的校园能源管理工作体系。加快推进移动互联网、云计算、物联网、大数据等现代信息技术在校园教学、科研、基建、后勤、社会服务等方面的应用，实现高校后勤领域能源管理的智能化与动态化，助推学校绿色发展提质增效、转型升级。

（九）在新校区建设和既有校区改造中优先采用节能减排新技术产品和服务。在校园建设与管理领域广泛运用先进的节能新能源技术产品和服务。有序逐步降低传统化石能源应用比例，提高绿色清洁能源的应用比例，从源头上减少碳排放。加快推进超低能耗、近零能耗、低碳建筑规模化发展，提升学校新建建筑节能水平。大力推进学校既有建筑、老旧供热管网等节能改造，全面推广节能门窗、绿色建材等节能产品，降低建筑本体用能需求。鼓励采用自然通风、自然采光等被动式技术；因地制宜采用高效制冷机房技术，智慧供热技术，智慧能源管控平台等新技术手段降低能源消耗。优化学校建筑用能结构。加快推动学校建筑用能电气化和低碳化，深入推进可再生能源在学校建设领域的规模化应用。在有条件的地区开展学校建筑屋顶光伏行动，推动光伏与建筑一体化发展。大力提高学校生活热水、炊事等电气化普及率。重视校园绿化工作，鼓励采用屋顶绿化、垂直绿化、增加自然景观水体等绿化手段，增加校园自然碳汇面积。

六、保障措施

（十）加强组织领导。各级教育行政部门要高度重视绿色低碳发展国民教育体系建设，以服务碳达峰碳中和重大战略决策为目标，统筹各类资源、加大探索力度，结合本地实际和绿色学校创建工作，制定工作方案。充分发挥教育系统人才智力优势，加快绿色低碳发展国民教育体系建设工作。

（十一）推动协同保障。加大绿色低碳发展国民教育体系建设工作领导，加大各部门协作力度，形成协同推进绿色低碳发展国民教育体系建设工作机制。对绿色低碳发展国民教育体系建设工作重大科技任务、重大课题、重点学科、重点实验室予以资金和政策保障，稳步推进绿色低碳进校园工作。

（十二）强化宣传引导。各地要多措并举、积极倡导绿色低碳发展理念，及时宣传绿色低碳发展国民教育体系建设工作进展，总结推广各级各类学校的经验做法，加强先进典型的正面宣传，发挥榜样示范作用，达到良好宣传实效，引导教育系统师生形成简约适度生活方式，营造绿色低碳良好社会氛围。

# 教育部关于印发《2023年全国硕士研究生招生工作管理规定》的通知

（教学〔2022〕3号）

各省、自治区、直辖市高等学校招生委员会、教育厅（教委）、教育招生考试机构，新疆生产建设兵团教育局，有关部门（单位）教育司（局），各硕士研究生招生单位：

为做好2023年全国硕士研究生招生工作，现将《2023年全国硕士研究生招生工作管理规定》印发给你们，请遵照执行。

教育部

2022年9月5日

## 2023年全国硕士研究生招生工作管理规定

### 第一章 总 则

第一条 为加强对全国硕士研究生招生工作的管理，保证硕士研究生的入学质量和招生工作的顺利进行，根据《中华人民共和国教育法》《中华人民共和国高等教育法》等法律法规，制定本规定。

第二条 高等学校和科学研究机构（以下简称招生单位）招收硕士研究生，旨在培养热爱祖国，拥护中国共产党的领导，拥护社会主义制度，遵纪守法，品德良好，具有服务国家服务人民的社会责任感，掌握本学科坚实的基础理论和系统的专业知识，具有创新精神、创新能力和从事科学研究、教学、管理等工作能力的高层次学术型专门人才以及具有较强解决实际问题的能力、能够承担专业技术或管理工作、具有良好职业素养的高层次应用型专门人才。

第三条　硕士研究生招生应坚持按需招生、全面衡量、择优录取和宁缺毋滥的原则。

第四条　招生学科(类别)、专业(领域)必须经国务院学位委员会或其授权单位批准。

第五条　招生对象主要为国家承认学历的应届本科毕业、本科毕业以及具有与本科毕业同等学力的中国公民。

第六条　全国硕士研究生招生考试分初试和复试两个阶段进行。初试和复试都是硕士研究生招生考试的重要组成部分。初试由国家统一组织,复试由招生单位自行组织。

初试方式分为全国统一考试(含联合考试)、单独考试以及推荐免试。

全国统一考试的部分或全部考试科目由教育部教育考试院(原教育部考试中心,下同)负责统一命题,其他考试科目由招生单位自行命题。

单独考试由具有单独考试资格的招生单位进行,考生须符合特定报名条件,考试科目由招生单位单独命题、委托其他招生单位命题或选用全国统一命制试题。

推荐免试是指依据国家有关政策,对部分高等学校按规定推荐的本校优秀应届本科毕业生,及其他符合相关规定的考生,经确认其免初试资格,由招生单位直接进行复试考核的选拔方式。

第七条　全国统一命题科目及招生单位自命题科目试题(包括副题)、参考答案、评分参考(指南)等应当按照教育工作国家秘密范围的有关规定严格管理。

第八条　硕士研究生学习方式分为全日制和非全日制两种。全日制和非全日制研究生考试招生依据国家统一要求,执行相同的政策和标准。

硕士研究生就业方式分为定向就业和非定向就业两种类型。定向就业的硕士研究生按定向合同就业;非定向就业的硕士研究生按本人与用人单位双向选择的办法就业。

## 第二章　管理机构及其职责

第九条　教育部负责宏观管理全国硕士研究生招生工作。其职责是:

(一) 研究制定招生工作的方针、政策、规定和办法,发布年度招生考试公告,部署全国招生工作,并监督检查执行情况。

(二) 会同国家有关部门制订并下达年度招生计划。

(三) 确定硕士研究生招生全国统一命题科目并审定考试大纲。

(四) 监督、指导全国统一命题科目的命题工作和全国硕士研究生招生考试的组织实施工作。

(五) 公布组织单独考试招收硕士研究生的招生单位名单及其年度招生限额。

(六) 制定推免工作政策,下达开展推荐优秀应届本科毕业生免试攻读研究生工作的高校年度推免名额,并指导有关地方和高校对推免工作进行管理。

(七) 组织招生管理人员的培训工作,开展招生宣传和研究工作。

(八) 推进招生信息公开,并对各省级教育行政部门、教育招生考试机构和研究生招生单位招生信息公开工作进行监督。

(九) 指导督促有关部门和单位调查处理招生工作中发生的重大问题。

第十条　省(区、市)高等学校招生委员会负责本地区硕士研究生招生管理工作,统一领导协调本省(区、市)教育行政部门、教育招生考试机构等部门按照职责开展相关考试招生工作。其主要职责是:

(一) 执行教育部关于招生工作的方针、政策、规定和办法,结合本地区的实际情况制订必要的补充规定,报教育部备案并组织实施。

(二) 明确本省(区、市)教育行政部门、教育招生考试机构具体职责分工。根据快速增加的工作任务要求,健全承担研究生招生考试和管理服务工作的机构,加强队伍建设,确保有能力完成本地区研究生招生各项工作任务；做好本地区招生工作人员培训工作。

（三）组织本省（区、市）招生单位制定发布招生章程和招生专业目录。

（四）组织并做好全国统一命题科目试卷印制及保密、保管工作，确保试卷绝对安全。指导招生单位做好自命题试题的命制、保密、保管工作，并开展监督检查。

（五）做好考生信息的安全保密工作。

（六）设置报考点和评卷点，组织报名、考试、评卷等工作，根据教育部要求按时、准确、规范上报有关信息数据。

（七）结合本地实际需要，统筹建设和使用标准化考点。

（八）全面负责本地区考试安全工作，及时处置与本地区有关的考试安全突发事件。省（区、市）高等学校招生委员会主要负责人对考试安全工作负领导责任，省级教育行政部门主要负责人是第一责任人，省级教育招生考试机构主要负责人是直接责任人。省（区、市）高等学校招生委员会相关部门的分管领导对本部门硕士研究生招生考试职责范围内的工作负全责。

（九）按有关规定开展招生信息公开相关工作，并对本地区所有研究生招生单位招生信息公开工作进行监督与管理。

（十）协调并监督检查招生单位和报考点的考试招生工作，对招生单位录取结果进行政策审核。调查处理本地区考试招生工作中发生的问题。发现重大问题应立即向所在地省级人民政府和教育部报告。

（十一）根据考生申请，对招生单位信访答复情况进行复查。

（十二）依法维护考生和招生工作人员的合法权益，保障招生考试工作人员的合理正当待遇。

（十三）组织开展招生宣传、咨询和研究工作。

（十四）因地制宜做好新冠肺炎疫情防控工作，保障考生和考试工作人员的生命安全和身体健康。

第十一条　招生单位主管部门的主要职责：

根据国家的有关规定和国家下达的招生规模，拟定本部门所属各招生单位的招生计划，对所属招生单位的考试招生工作进行监督管理，根据有关规定调查处理本部门所属招生单位招生工作中发生的问题，并依法依规追究相关部门和人员的责任。

第十二条　招生单位负责组织实施本单位的招生工作。其主要职责是：

（一）成立由校领导牵头、校内纪检监察等有关部门负责人参加的研究生招生工作领导小组，负责按照教育部有关招生政策、规定、办法，上级主管部门、所在省（区、市）高等学校招生委员会的补充规定，以及本单位的实际情况，制定实施细则，并开展招生工作。

（二）设置研究生招生机构，合理确定必要的人员编制，配备一定数量的专职人员负责招生工作，并组织培训招生工作人员。

（三）根据社会需求、办学条件和国家核定的招生规模制定本单位的分学科（类别）、专业（领域）的招生方案。

（四）遴选指导教师，制定指导教师管理办法，定期开展导师培训。

（五）编制公布招生章程和招生专业目录。

（六）参照教育、卫生健康等行政主管部门的体检工作相关规定，结合本单位情况，制定体检要求。

（七）按规定开展本单位招生信息公开和相关解释工作。

（八）开展招生宣传、咨询和研究工作。

（九）审核考生的报考资格。

（十）组织命题、评卷、复试、体检、思想政治素质与道德品质考核和录取等工作，并做好相应的安全保密工作。

（十一）做好考生信息的安全保密工作。

（十二）按照省级教育招生考试机构要求设立报考点和评卷点并开展相关工作，根据省级教育招生考试机构要求按时、准确、规范上报有关信息数据。

（十三）依法维护考生和招生工作人员的合法权益，保障招生考试工作人员的合理正当待遇。

（十四）根据考生申请，对本单位有关考试招生行为进行调查、处理并给予答复。

（十五）按照所在地省（区、市）高等学校招生委员会要求做好新冠肺炎疫情防控工作，保障考生和考试工作人员的生命安全和身体健康。

## 第三章　招生计划和奖助政策

第十三条　国家根据经济、社会发展需要确定年度招生计划。招生单位根据国家下达的招生计划、社会需求和办学条件，确定各学科（类别）、各专业（领域）的招生人数。

第十四条　国家对所有纳入招生计划的全日制硕士研究生均安排生均拨款，所有纳入招生计划的硕士研究生都要缴纳学费。国家和招生单位通过设立奖学金、助学金、助学贷款、三助岗位、绿色通道等制度，建立多元奖助体系，支持硕士研究生完成学业，提高硕士研究生待遇水平。

## 第四章　报　　名

第十五条　报名参加全国硕士研究生招生考试的人员，须符合下列条件：

（一）中华人民共和国公民。

（二）拥护中国共产党的领导，品德良好，遵纪守法。

（三）身体健康状况符合国家和招生单位规定的体检要求。

（四）考生学业水平必须符合下列条件之一：

1. 国家承认学历的应届本科毕业生（含普通高校、成人高校、普通高校举办的成人高等学历教育等应届本科毕业生）及自学考试和网络教育届时可毕业本科生。考生录取当年入学前（具体期限由招生单位规定）必须取得国家承认的本科毕业证书或教育部留学服务中心出具的《国（境）外学历学位认证书》，否则录取资格无效。

2. 具有国家承认的大学本科毕业学历的人员。

3. 获得国家承认的高职高专毕业学历后满 2 年（从毕业后到录取当年入学之日，下同）或 2 年以上的人员，以及国家承认学历的本科结业生，符合招生单位根据本单位的培养目标对考生提出的具体学业要求的，按本科毕业同等学力身份报考。

4. 已获硕士、博士学位的人员。

在校研究生报考须在报名前征得所在培养单位同意。

第十六条　报名参加以下专业学位全国硕士研究生招生考试的，按下列规定执行。

（一）报名参加法律（非法学）专业学位硕士研究生招生考试的人员，须符合下列条件：

1. 符合第十五条中的各项要求。

2. 报考前所学专业为非法学专业（普通高等学校本科专业目录法学门类中的法学类专业[代码为0301]毕业生、专科层次法学类毕业生和自学考试形式的法学类毕业生等不得报考）。

（二）报名参加法律（法学）专业学位硕士研究生招生考试的人员，须符合下列条件：

1. 符合第十五条中的各项要求。

2. 报考前所学专业为法学专业（仅普通高等学校本科专业目录法学门类中的法学类专业[代码为0301]毕业生、专科层次法学类毕业生、自学考试形式的法学类毕业生，以及获得法学第二学士学位的人员可以报考)。

(三)报名参加工商管理、公共管理、工程管理硕士中的工程管理[代码为125601]和项目管理[代码为125602]、旅游管理、教育硕士中的教育管理、体育硕士中的竞赛组织专业学位硕士研究生招生考试的人员,须符合下列条件:

1. 符合第十五条中第(一)、(二)、(三)各项的要求。

2. 大学本科毕业后有3年以上工作经验的人员;或获得国家承认的高职高专毕业学历或大学本科结业后,符合招生单位相关学业要求,达到大学本科毕业同等学力并有5年以上工作经验的人员;或获得硕士学位或博士学位后有2年以上工作经验的人员。

工商管理硕士专业学位研究生相关考试招生政策同时按照《教育部关于进一步规范工商管理硕士专业学位研究生教育的意见》(教研〔2016〕2号)有关规定执行。

第十七条 报名参加单独考试的人员,须符合下列条件:

(一)符合第十五条中第(一)、(二)、(三)各项的要求。

(二)取得国家承认的大学本科学历后连续工作4年以上,业务优秀,已经发表过研究论文(技术报告)或者已经成为业务骨干,经考生所在单位同意和两名具有高级专业技术职称的专家推荐,回原单位定向就业的在职人员;或获硕士学位或博士学位后工作2年以上,业务优秀,经考生所在单位同意和两名具有高级专业技术职称的专家推荐,回原单位定向就业的在职人员。

招生单位不得按单位、行业、地域等限定单独考试生源范围,也不得设置其他歧视性报考条件。

第十八条 具有推荐免试资格的考生,须在国家规定时间内登录"全国推荐免试攻读研究生信息公开暨管理服务系统"(网址:https://yz.chsi.com.cn/tm)填报志愿并参加复试。截止规定日期仍未落实接收单位的推免生不再保留推免资格。已被招生单位接收的推免生,不得再报名参加当年硕士研究生考试招生,否则取消其推免录取资格。

推免生推荐和接收办法由推荐学校和接收单位根据教育部有关规定制定并公布。所有推免生均享有依据招生政策自主选择报考招生单位和专业的权利,推荐学校所有推免名额(除有特殊政策要求的专项计划外),均可向其他招生单位推荐。凡按规定可接受应届本科毕业生报考的学科(类别)、专业(领域)均可接收推免生,但不得只接收推免生。

其他符合免初试攻读硕士研究生资格条件(如在部队荣立二等功等)的人员,应在国家规定的全国统考报名时间内登录"全国推荐免试攻读研究生信息公开暨管理服务系统"报名。

第十九条 报名包括网上报名和网上确认两个阶段。所有参加硕士研究生招生考试的考生均须进行网上报名,并在网上确认网报信息和采集本人图像等相关电子信息,同时按规定缴纳报考费。

省级高等学校招生委员会应统筹考虑考生规模、优质服务、严格管理、疫情防控等因素,安排充足的考试服务资源,合理设置报考点。应届本科毕业生原则上应选择就读学校所在地省级教育招生考试机构指定的报考点;单独考试考生应选择招生单位所在地省级教育招生考试机构指定的报考点;其他考生(含工商管理、公共管理、旅游管理、工程管理等专业学位考生)应选择工作所在地或户口所在地省级教育招生考试机构指定的报考点(相关具体要求由所在地省级教育招生考试机构因地制宜、合理确定)。

网上报名技术服务工作由教育部学生服务与素质发展中心(原全国高等学校学生信息咨询与就业指导中心)负责。网上确认由省级教育招生考试机构负责组织相关报考点进行。

报考点工作人员发现有考生伪造证件时,应立即向公安机关报案。

(一)网上报名要求

1. 网上报名时间为2022年10月5日至10月25日,每天9:00—22:00。网上预报名时间为2022年9月24日至9月27日,每天9:00—22:00。

2. 考生应在规定时间登录“中国研究生招生信息网”(公网网址:https://yz.chsi.com.cn,教育网址:https://yz.chsi.cn,以下简称“研招网”)浏览报考须知,并按教育部、省级教育招生考试机构、报考点以及报考招生单位的网上公告要求报名。报名期间,考生可自行修改网上报名信息或重新填报报名信息,但每位考生只能保留一条有效报名信息。逾期不再补报,也不得修改报名信息。

3. 考生报名时只能填报一个招生单位的一个专业。待初试结束,教育部公布考生进入复试的初试成绩基本要求后,考生可通过“研招网”调剂服务系统了解招生单位的调剂办法、计划余额等信息,并按相关规定自主多次平行填报多个调剂志愿。

4. 考生应按招生单位要求如实填写学习情况和提供真实材料。

5. 考生要准确填写本人所受奖惩情况,特别是要如实填写在参加普通和成人高等学校招生考试、全国硕士研究生招生考试、高等教育自学考试等国家教育考试过程中因违纪、作弊所受处罚情况。对弄虚作假者,将按照《国家教育考试违规处理办法》《普通高等学校招生违规行为处理暂行办法》严肃处理。

6. 报名期间将对考生学历(学籍)信息进行网上校验,考生可上网查看学历(学籍)校验结果。考生可在报名前或报名期间自行登录“中国高等教育学生信息网”(网址:https://www.chsi.com.cn)查询本人学历(学籍)信息。

未能通过学历(学籍)网上校验的考生应在招生单位规定时间内完成学历(学籍)核验。

7. 符合第五十条规定条件并申请享受照顾政策的考生,须在网上报名时按要求填报相关信息,并如实填写少数民族身份及定向就业少数民族地区。报考点对相关考生资格进行初审,招生单位在复试(含调剂)前进行复审。

符合第五十九条规定条件并申请享受初试加分政策的考生,须在网上报名时按要求填报相关信息。有关部门按职责分工进行审核。

8. “少数民族高层次骨干人才计划”招生以考生报名时填报确认的信息为准。

9. 报考“退役大学生士兵”专项硕士研究生招生计划的考生,应为高校学生应征入伍退出现役,且符合硕士研究生报考条件者〔高校学生指全日制普通本专科(含高职)、研究生、第二学士学位的应(往)届毕业生、在校生和入学新生,以及成人高校招收的普通本专科(高职)应(往)届毕业生、在校生和入学新生,下同〕。考生报名时应当选择填报退役大学生士兵专项计划,并按要求填报本人入伍前的入学信息以及入伍、退役等相关信息。

10. 现役军人报考地方或军队招生单位,以及地方考生报考军队招生单位,应当事先认真阅读了解解放军及招生单位有关报考要求,遵守保密规定,按照规定填报报考信息。不明之处应当事先与招生单位联系。

11. 各省级招生考试机构和招生单位应遵循《残疾人教育条例》和全国硕士研究生招生考试组织规则,参照《教育部　中国残联关于印发〈残疾人参加普通高等学校招生全国统一考试管理规定〉的通知》(教学〔2017〕4号)有关要求,积极为残疾人参加考试提供必要支持条件和合理便利。残疾考生如需组考单位在考试期间提供合理考试便利服务的,应于报名阶段与考点所在地省级招生考试机构和招生单位沟通申请,以便提前做好安排。

12. 考生应当认真了解并严格按照报考条件及相关政策要求填报志愿并选择报考点。因不符合报考条件及相关政策要求,造成后续不能网上确认、考试(含初试和复试)或录取的,后果由考生本人承担。

13. 考生应当按要求准确填写个人网上报名信息并提供真实材料。考生因网报信息填写错误、填报虚假信息而造成不能考试(含初试和复试)或录取的,后果由考生本人承担。

14. 考生网上报名成功后,应通过定期查阅省级教育招生考试机构、报考点、招生单位官方网站等方式,主动了解考试安排、防疫要求等事项,积极配合完成相关工作。

（二）网上确认要求

1. 所有考生（不含推免生）均应当在规定时间内在网上核对并确认其网上报名信息，逾期不再补办。网上确认时间由各省级教育招生考试机构根据国家招生工作安排和本地区报考组织情况自行确定和公布。

2. 考生网上确认时应当积极配合报考点工作人员，根据核验工作需要，按要求提交本人居民身份证、学历学位证书（应届本科毕业生持学生证）和网上报名编号等，由报考点工作人员进行核对。

3. 所有考生均应当对本人网上报名信息进行认真核对并确认。报名信息经考生确认后一律不作修改，因考生填写错误引起的一切后果由其自行承担。

4. 考生应当按规定缴纳报考费。

5. 考生应当按报考点规定配合采集本人图像等相关电子信息。

第二十条　招生单位和报考点应当根据相关规定，对考生报考信息和网上确认材料进行全面审查，确定考生的考试资格。

考生填报的报名信息与报考条件不符的，不得准予考试。

第二十一条　报考点由各省级教育招生考试机构确定并公布。报考点接受考生咨询，办理报名手续，安排考场，组织考试。

第二十二条　考生应当在考前十天左右，凭网报用户名和密码登录"研招网"自行下载打印《准考证》。《准考证》使用A4幅面白纸打印，正、反两面在使用期间不得涂改或书写。考生凭下载打印的《准考证》及有效居民身份证参加初试和复试。

第二十三条　考生报名时须签署《考生诚信考试承诺书》并遵守相关约定及要求。

## 第五章　命　　题

第二十四条　全国统一命题科目的命题工作由教育部教育考试院统一组织，考试大纲由教育部教育考试院统一编制或教育部指定相关机构组织编制；自命题科目的命题工作由招生单位自行组织。

第二十五条　招生单位自命题要按科目组成命题小组，至少应当由两名政治素质好、责任心强、教学经验丰富、学术水平较高并且近期承担教学工作的人员组成，其中一人为组长。命题人员原则上应当具有副教授以上职称或相当职称，其中命题小组组长应当具有教授或相当职称并具有硕士研究生招生考试命题经验。命题小组人员名单须报招生单位研究生招生管理部门严格审核，命题小组组长要对试卷内容严格审查把关，确保命题不出差错。每位命题人员只能参加一门考试科目的命题工作。命题人员要遵纪守法，信守承诺，保守秘密，不得参与任何形式的考研辅导活动，不得参与任何与考研内容有关的咨询活动，不得参与任何与考研有关的复习资料编写、出版等活动。命题人员要签订《保密责任书》，过失泄密和故意泄密行为均须承担刑事责任。

第二十六条　招生单位要切实加强对自命题工作的组织领导，在学校层面对自命题工作进行统筹和推进，坚决杜绝简单下放、层层转交。要对标国家教育考试有关规定，制定本单位自命题工作规范，加强对命题相关人员以及命题、审题、制卷，试题答案保密保管、运送交接等各工作环节的规范管理和监督，确保试题、答案、试卷绝对安全。要加大投入和研究力度，建立健全相关制度机制，大力推进按一级学科命题和题库命题。鼓励招生单位选用全国统一命题科目试卷，或招生单位间联合命题。自命题试题不得委托非硕士研究生招生单位或个人命题；委托其他招生单位命题的，要签订《保密责任书》。

第二十七条　硕士研究生招生考试是选拔性考试，试题应能考查考生是否具备硕士研究生入学的基本能力和专业素质。试题要有一定的区分度，难易程度要适当。

第二十八条　试题不得出现政治性的错误，并应当避免出现学术界尚有争议的问题。

第二十九条　单独考试初试科目设置与相应学科专业全国统一考试初试科目设置相同，单独考试的各考试科目可由招生单位命题、委托其他招生单位命题，也可以选用全国统一命制试题。

第三十条　各考试科目均应当根据考试大纲（考试内容范围说明）和对硕士研究生入学的基本要求，参考大学本科的教学大纲进行命题。

## 第六章　初　　试

第三十一条　初试时间为2022年12月24日至25日（每天上午8:30—11:30，下午14:00—17:00）。考试时间超过3小时或有使用画板等特殊要求的考试科目在12月26日进行（起始时间8:30，截止时间由招生单位确定，不超过14:30）。

考试时间以北京时间为准。不在规定日期举行的硕士研究生招生考试，国家一律不予承认。

第三十二条　硕士研究生招生初试一般设置四个单元考试科目，即思想政治理论、外国语、业务课一和业务课二，满分分别为100分、100分、150分、150分。

第三十三条　教育学、历史学、医学门类初试设置三个单元考试科目，即思想政治理论、外国语、专业基础综合，满分分别为100分、100分、300分。

体育、应用心理、文物与博物馆、药学、中药学、临床医学、口腔医学、中医、公共卫生、护理等专业学位硕士初试设置三个单元考试科目，即思想政治理论、外国语、专业基础综合，满分分别为100分、100分、300分。

会计、图书情报、工商管理、公共管理、旅游管理、工程管理和审计等专业学位硕士初试设置两个单元考试科目，即外国语、管理类综合能力，满分分别为100分、200分。

金融、应用统计、税务、国际商务、保险、资产评估等专业学位硕士初试第三单元业务课一设置经济类综合能力考试科目，满分为150分。

第三十四条　硕士研究生招生考试的全国统一命题科目为思想政治理论、英语（一）、英语（二）、俄语、日语、数学（一）、数学（二）、数学（三）、教育学专业基础、心理学专业基础、历史学专业基础、临床医学综合能力（中医）、临床医学综合能力（西医），数学（农）、化学（农）、植物生理学与生物化学、动物生理学与生物化学、计算机学科专业基础、管理类综合能力、法律硕士专业基础（非法学）、法律硕士综合（非法学）、法律硕士专业基础（法学）、法律硕士综合（法学）、经济类综合能力。其中，教育学专业基础、心理学专业基础、历史学专业基础、数学（农）、化学（农）、植物生理学与生物化学、动物生理学与生物化学、计算机学科专业基础、经济类综合能力试题由招生单位统筹考虑本单位实际情况自主选择使用；口腔医学专业学位既可选用统一命题的临床医学综合能力，也可由招生单位自主命题。

医学学术学位硕士研究生初试业务课科目由招生单位按一级学科自主命题。

从2024年全国硕士研究生招生考试起，教育专业学位硕士业务课考试科目将增设全国统一命题科目，供相关招生单位自主选择使用。

第三十五条　招生单位必须按教育部的有关规定确定考试科目并使用相关试题。

第三十六条　初试方式均为笔试。

12月24日上午　思想政治理论、管理类综合能力

12月24日下午　外国语

12月25日上午　业务课一

12月25日下午　业务课二

12月26日　考试时间超过3小时或有使用画板等特殊要求的考试科目



每科考试时间一般为3小时；建筑设计等安排在12月26日考试的特殊科目考试时间最长不超过6小

时。详细考试时间、考试科目及有关要求等由考点和招生单位予以公布。

第三十七条 初试的组织工作和考务工作由教育部教育考试院及各级教育招生考试机构按照相关文件规定执行。

第三十八条 单独考试须在省级教育招生考试机构指定的考点组织进行。

第三十九条 因试卷错寄、漏寄、邮递故障等非考生本人原因而无法正常考试的考生可参加补考。

补考程序为:招生单位将初步审查同意补考的考生姓名、报考单位、补考科目及补考原因一一写明,报所在省级教育招生考试机构审核批准后,自行安排或协商有关考点在规定时间内组织补考。

各补考科目均由招生单位命题。补考试题的形式和难易程度应与原试题相一致。

补考一般安排在考试结束后1个月内进行,具体时间由相关招生单位确定。

## 第七章 评 卷

第四十条 全国统一命题科目的评卷工作由省(区、市)高等学校招生委员会在教育部教育考试院指导下统一组织,具体的评卷细则、工作程序、要求和纪律,由省级教育招生考试机构根据教育部的要求制订。

第四十一条 全国统一命题科目评卷工作实行省(区、市)高等学校招生委员会统一领导、省级教育招生考试机构统一组织、评卷工作承办单位具体实施的管理体制。招生单位有承担当地全国统一命题科目评卷的责任和义务。

第四十二条 省级教育招生考试机构要加强评卷点建设。各评卷点要成立由各省级教育招生考试机构负责人和承办单位负责人共同组成的领导小组,加强对评卷工作的领导和管理;建立健全评卷工作系列规章制度,特别是评卷工作责任制度、责任追究制度和评卷工作质量监督保证制度;要逐步完善评卷教师的聘任机制,保证评卷工作的需要。

第四十三条 省级教育招生考试机构成立由相关招生单位各学科权威专家组成的全国统一命题科目评卷工作专家组,根据教育部教育考试院提供的评分参考,负责本地区全国统一命题科目评卷工作细则的拟定、试卷的试评、评卷教师的培训、评卷工作的业务指导与组织实施、试卷评阅过程中争议问题的仲裁等工作。

第四十四条 省级教育招生考试机构根据专家组的提名,聘请有关教师承担各学科评卷工作,招生单位有责任和义务按省级教育招生考试机构的要求选派所需评卷教师,无正当理由不得推辞拒绝。评卷工作由评卷教师所在学校以适当方式计入本人工作量。

第四十五条 招生单位自命题科目的评卷工作原则上由招生单位负责,组织管理工作参照全国统一命题科目评卷管理体制、办法和有关要求实施。鼓励招生单位积极采用网上评卷等方式,加强评卷工作规范管理,各省级教育招生考试机构应予以积极指导和大力支持。各招生单位在评卷结束后,应将自命题科目的成绩上报省级教育招生考试机构。省级教育招生考试机构在评卷结束后,应将全国统一命题科目成绩和自命题科目成绩合成后,在规定时间上报教育部,同时将全国统一命题科目成绩返回招生单位。

第四十六条 招生单位应当在规定时间内向考生公布成绩。考生对评卷结果有异议,可以依程序申请成绩复查,具体的复查办法按照教育部相关考务文件执行。

第四十七条 进行电子扫描的纸介质答卷保留1年,其电子扫描版答卷保留3年;不进行电子扫描的纸介质答卷保留3年。

## 第八章 复 试

第四十八条 复试是硕士研究生招生考试的重要组成部分,用于考查考生的创新能力、专业素养和综合素质等，是硕士研究生录取的必要环节，复试不合格者不予录取。

第四十九条　复试时间、地点、内容、方式、成绩使用办法、组织管理等由招生单位按教育部有关规定自主确定。复试办法和程序由招生单位公布。招生单位原则上应采用命制多套试题、安排考生随机抽取试题等方式加强复试过程管理。全部复试工作一般应在录取当年 4 月底前完成。

第五十条　教育部按照一区、二区制定并公布参加全国统一考试考生进入复试的初试成绩基本要求。一区包括北京、天津、河北、山西、辽宁、吉林、黑龙江、上海、江苏、浙江、安徽、福建、江西、山东、河南、湖北、湖南、广东、重庆、四川、陕西等 21 省(市)；二区包括内蒙古、广西、海南、贵州、云南、西藏、甘肃、青海、宁夏、新疆等 10 省(区)。原则上学术学位类按学科门类分别划线，专业学位类按专业学位类别分别划线(工商管理等管理类专业学位将根据情况分别划线)。

报考地处二区招生单位且毕业后在国务院公布的民族区域自治地方定向就业的少数民族普通高校应届本科毕业生；或者工作单位和户籍在国务院公布的民族区域自治地方，且定向就业单位为原单位的少数民族在职人员考生，可按规定享受少数民族照顾政策。

第五十一条　招生单位在国家确定的初试成绩基本要求基础上，结合生源和招生计划等情况，自主确定本单位考生进入复试的初试成绩要求及其他学术要求，但不得出台歧视性或其他有违公平的规定。

经教育部批准的部分招生单位可直接自主确定考生进入复试的初试成绩要求及其他学术要求，相关要求须报省级教育招生考试机构备案，未经备案的不得公布执行。参加单独考试的考生进入复试的初试成绩要求由招生单位依据教育部有关政策自行确定。

相关招生单位依据教育部有关政策分学科门类或专业自主确定并公布“退役大学生士兵”专项计划考生进入复试的初试成绩要求和接受其他招生单位该计划考生调剂的初试成绩要求。

相关招生单位自主确定并公布报考本单位临床医学、口腔医学和中医(以下简称临床医学类)专业学位硕士研究生进入复试的初试成绩要求。教育部划定临床医学类专业学位硕士研究生初试成绩基本要求供招生单位参考。

招生单位自主划定的总分要求低于教育部划定的初试成绩基本要求的，下一年度不得扩大该专业招生规模(不含“退役大学生士兵”专项计划)。

第五十二条　对初试公共科目成绩略低于全国初试成绩基本要求，但专业科目成绩特别优异或在科研创新方面具有突出表现的考生，可允许其破格参加第一志愿报考单位第一志愿专业复试(以下简称破格复试)。

破格复试应优先考虑基础学科、艰苦专业以及国家急需但生源相对不足的学科、专业。对一志愿合格生源不足的专业，招生单位要积极做好调剂工作，不得单纯为完成招生计划或保护一志愿生源而降低标准进行破格复试。合格生源(含调剂生源)充足的招生专业一般不再进行破格复试。破格复试考生不得调剂。

第五十三条　复试应采取差额形式，招生单位自主确定复试差额比例并提前公布，差额比例一般不低于 120%。

招生单位要按照教育部有关规定制定本单位的复试录取办法和各院系实施细则，提前在本单位网站向社会公布并严格执行。复试录取办法中应当明确考生进入复试的初试成绩和其他学术要求，以及复试、调剂、录取等各环节具体规定，特别要明确破格复试条件和程序。未按要求提前公布的复试录取规定一律无效。

第五十四条　招生单位在复试前应当对考生的居民身份证、学历学位证书、学历(学籍)核验结果、学生证等报名材料原件及考生资格进行严格审查，对不符合规定者，不予复试。

考生学历(学籍)信息核验有问题的，招生单位应当要求考生在规定时间内完成学历(学籍)核验。

少数民族考生身份以报考时查验的身份证为准，复试时不得更改。少数民族地区以国务院有关部门公布的《全国民族区域自治地方简表》为准。

第五十五条　以同等学力参加复试的考生，在复试中须加试至少两门与报考专业相关的本科主干课程。加试科目不得与初试科目相同。加试方式为笔试。报考法律硕士(非法学)、工商管理硕士、公共管理硕士、工程管理硕士或旅游管理硕士的同等学力考生可以不加试。对成人教育应届本科毕业生及复试时尚未取得本科毕业证书的自考和网络教育考生，招生单位可自主确定是否加试，相关办法应在招生章程中提前公布。

第五十六条　会计硕士、图书情报硕士、工商管理硕士、公共管理硕士、旅游管理硕士、工程管理硕士和审计硕士的思想政治理论考试由招生单位在复试中进行，成绩计入复试总成绩。

第五十七条　外国语听力及口语测试均在复试中进行，由招生单位自行组织，成绩计入复试总成绩。

第五十八条　招生单位认为有必要时，可对考生再次复试。

第五十九条　参加“大学生志愿服务西部计划”“三支一扶计划”“农村义务教育阶段学校教师特设岗位计划”“赴外汉语教师志愿者”等项目服务期满、考核合格的考生，3 年内参加全国硕士研究生招生考试的，初试总分加 10 分，同等条件下优先录取。

高校学生应征入伍服现役退役，达到报考条件后，3 年内参加全国硕士研究生招生考试的考生，初试总分加 10 分，同等条件下优先录取。纳入“退役大学生士兵”专项计划招录的，不再享受退役大学生士兵初试加分政策。在部队荣立二等功以上，符合全国硕士研究生招生考试报考条件的，可申请免初试攻读硕士研究生。

参加“选聘高校毕业生到村任职”项目服务期满、考核称职以上的考生，3 年内参加全国硕士研究生招生考试的，初试总分加 10 分，同等条件下优先录取，其中报考人文社科类专业研究生的，初试总分加 15 分。

加分项目不累计，同时满足两项以上加分条件的考生按最高项加分。各省级教育招生考试机构、各招生单位应严格规范执行硕士研究生招生考试的初试总分加分政策，除教育部统一规定的范围和标准外，不得擅自扩大范围、另设标准。

第六十条　考生体检工作由招生单位在考生拟录取后组织进行。招生单位参照教育部、原卫生部、中国残联印发的《普通高等学校招生体检工作指导意见》(教学〔2003〕3 号)要求，按照《教育部办公厅　卫生部办公厅关于普通高等学校招生学生入学身体检查取消乙肝项目检测有关问题的通知》(教学厅〔2010〕2 号)规定，结合招生专业实际情况，提出本单位体检要求。

## 第九章　调　　剂

第六十一条　招生单位应当按教育部有关政策制定本单位(含所属院、系、所)调剂工作办法，详细说明接收考生调剂的时间、基本要求、工作程序、调剂复试办法、联系咨询电话等信息，并提前在“全国硕士生招生调剂服务系统”和本单位网站公布。

招生单位(含所属院、系、所)相关调剂工作办法及调剂录取名单须报招生单位招生工作领导小组审定，并报省级教育招生考试机构审核。

第六十二条　考生调剂基本条件：

(一) 符合调入专业的报考条件。

(二) 初试成绩(含加分，下同)符合第一志愿报考专业在调入地区的全国初试成绩基本要求。

(三) 调入专业与第一志愿报考专业相同或相近，应在同一学科门类范围内。

(四) 初试科目与调入专业初试科目相同或相近，其中初试全国统一命题科目应与调入专业全国统一命题科目相同。

（五）第一志愿报考照顾专业（指体育学及体育硕士，中医学、中西医结合及中医硕士，工学照顾专业，下同）的考生若调剂出本类照顾专业，其初试成绩必须达到调入地区该照顾专业所在学科门类（类别）的全国初试成绩基本要求。第一志愿报考非照顾专业的考生若调入照顾专业，其初试成绩必须符合调入地区对应的非照顾专业学科门类（类别）的全国初试成绩基本要求。体育学与体育硕士，中医学、中西医结合与中医硕士，工学照顾专业之间调剂按照顾专业内部调剂政策执行。

（六）第一志愿报考工商管理、公共管理、旅游管理、工程管理、会计、图书情报、审计专业学位硕士的考生，在满足调入专业报考条件，且初试成绩同时符合调出专业和调入专业在调入地区的全国初试成绩基本要求的基础上，可申请相互调剂，但不得调入其他专业；其他专业考生也不得调入以上专业。

第一志愿报考法律（非法学）专业学位硕士的考生不得调入其他专业，其他专业的考生也不得调入该专业。

（七）报考"少数民族高层次骨干人才计划"的考生不得调剂到该计划以外录取；未报考的不得调剂入该计划录取。

（八）报考"退役大学生士兵"专项计划的考生，申请调剂到普通计划录取，其初试成绩须达到调入地区相关专业所在学科门类（专业学位类别）的全国初试成绩基本要求。符合条件的，可按规定享受退役大学生士兵初试加分政策。

报考普通计划的考生，符合"退役大学生士兵"专项计划报考条件的，可申请调剂到该专项计划录取，其初试成绩须符合相关招生单位确定的接受"退役大学生士兵"专项计划考生调剂的初试成绩要求。调入"退役大学生士兵"专项计划招录的考生，不再享受退役大学生士兵初试加分政策。

（九）相关招生单位自主确定并公布本单位接受报考其他单位临床医学类专业学位硕士研究生调剂的成绩要求。教育部划定临床医学类专业学位硕士研究生初试成绩基本要求作为报考临床医学类专业学位硕士研究生的考生调剂到其他专业的基本成绩要求。

报考临床医学类专业学位硕士研究生的考生可按相关政策调剂到其他专业，报考其他专业（含医学学术学位）的考生不可调剂到临床医学类专业学位。

（十）参加单独考试（含强军计划、援藏计划）的考生不得调剂。

考生申请调剂前，应充分了解招生单位（含各院、系、所）的调剂工作办法，以及相关专业不同学习方式（全日制和非全日制）招生、培养、奖助、就业等相关政策。招生单位也要积极做好政策宣传解读工作。

第六十三条　招生单位接收所有调剂考生（既包括接收外单位调剂考生，也包括接收本单位内部调剂考生，以及报考"退役大学生士兵"专项计划与普通计划之间调剂的考生）均须通过教育部指定的"全国硕士生招生调剂服务系统"进行。

招生单位每次开放调剂系统持续时间不得低于 12 个小时。对申请同一招生单位同一专业、初试科目完全相同的调剂考生，招生单位应当按考生初试成绩择优遴选进入复试的考生。不得简单以考生提交调剂志愿的时间先后顺序等非学业水平标准作为遴选依据。

考生调剂志愿锁定时间由招生单位自主设定，最长不超过 36 小时。锁定时间到达后，如招生单位未明确受理意见，锁定解除，考生可继续填报其他志愿。

招生单位应根据本单位实际复试录取情况，通过"全国硕士生招生调剂服务系统"及时、准确发布计划余额信息及接收考生调剂申请的初试成绩等基本要求，并积极利用调剂系统在线留言功能、咨询电话等渠道为考生调剂提供良好服务。

第六十四条　调剂工作由各招生单位研究生招生管理部门归口管理并统一办理相关手续。

## 第十章　思想政治素质和品德考核

第六十五条　思想政治素质和品德考核是保证入学新生质量的重要工作环节，招生单位必须严格遵循实事求是的原则认真做好考核工作，对于思想品德考核不合格者不予录取。

第六十六条　思想政治素质和品德考核主要是考核考生本人的现实表现，内容应当包括考生的政治态度、思想表现、道德品质、遵纪守法、诚实守信等方面。

招生单位要强化对考生诚信的要求，充分利用《国家教育考试考生诚信档案》记录，对考生在报考时填写的考试作弊受处罚情况进行认真核查，将考生诚信状况作为思想品德考核的重要内容和录取的重要依据。凡有违反国家教育考试规定、情节严重受到停考处罚，在处罚结束后继续报名参加研究生招生考试的，由招生单位决定是否予以录取。

第六十七条　招生单位在复试的同时应当组织思想政治工作部门、招生工作部门、导师与考生面谈，直接了解考生思想政治情况。招生单位还可采取“函调”或“派人外调”的方式开展对考生的思想政治素质和品德考核。

拟录取名单确定后，招生单位应向考生所在单位函调人事档案（或档案审查意见）和本人现实表现等材料，全面考查其思想政治和品德情况。函调的考生现实表现材料，需由考生本人档案或工作所在单位的人事、政工部门加盖印章。

## 第十一章　录　　取

第六十八条　招生单位要在研究生招生工作领导小组的统一领导下，按照教育部有关招生录取政策规定及各省级高等学校招生委员会的补充规定，根据本单位招生计划、复试录取办法以及考生初试和复试成绩、思想政治表现、身心健康状况等择优确定拟录取名单。录取工作要依法保护残疾考生的合法权益。

第六十九条　招生单位要严格按照教育部下达的招生计划（含各专项计划）及相关要求开展招生录取工作，录取人数不得超过本单位招生计划。招生单位承担的各类专项计划均包含在本单位的招生总规模以内，专项计划专项使用，不得挪用。

各招生单位破格复试录取人数原则上不超过本单位全日制硕士生招生计划的3%。

单独考试录取人数不得超过教育部下达的单独考试招生限额，且录取要符合有关要求。

在本招生单位内，学术学位招生计划可调整到专业学位使用，但专业学位招生计划不得调整到学术学位专业使用。全日制招生计划与非全日制招生计划不得相互调整使用。

第七十条　定向就业的硕士研究生应当在被录取前与招生单位、用人单位分别签订定向就业合同。参加单独考试的考生，只能被录取为回原单位定向就业的硕士研究生。报考非定向就业研究生录取为定向就业的，招生单位须严格审核定向就业合同，从严掌握。

考生因报考硕士研究生与所在单位产生的问题由考生自行处理。若因此造成考生不能复试或无法录取，招生单位不承担责任。

第七十一条　经考生确认的报考信息在录取阶段一律不作修改，对报考资格不符合规定者不予录取。各招生单位不得将未通过或未完成学历（学籍）审核的考生列入拟录取名单公示或上报。

第七十二条　各省级教育行政部门、教育招生考试机构应当按国家规定对招生单位的录取工作进行检查，实施监督。各招生单位为录取考生打印《录取登记表》，盖章后存入考生的人事档案。

第七十三条　被录取的新生，经考生本人申请和招生单位同意后可以保留入资格，工作1至2年，再入学学习。录取为保留入学资格的考生纳入招生单位当年的招生计划。

第七十四条　应届本科毕业生及自学考试和网络教育届时可毕业本科生考生，入学时未取得国家承认的本科毕业证书者，录取资格无效。

## 第十二章　信息公开公示

第七十五条　各省级教育行政部门、教育招生考试机构和招生单位应当按教育部有关政策要求和"谁公开、谁把关""谁公开、谁解释"的原则，积极推进本地区、本单位研究生招生信息公开。

第七十六条　教育部建立"全国硕士研究生招生信息公开平台"（网址 https://yz.chsi.com.cn/zsgs），作为招生单位研究生招生信息公开平台。

招生单位是研究生招生信息公开工作的责任主体，招生单位在"全国硕士研究生招生信息公开平台"公开的所有招生信息，均须符合招生政策并按教育部有关规定事先在本单位网站进行公开公示。各省级教育行政部门、教育招生考试机构对本地区所有研究生招生单位的招生信息公开工作负有监管责任，对招生单位上报公开的信息要认真审核。

第七十七条　省级教育行政部门、教育招生考试机构应公布本省份有关硕士研究生招生的相关规定、考试组织的相关情况及违规事件处理结果等。

第七十八条　招生单位要提前在本单位网站上公布硕士研究生招生章程、招生政策和规定、招生专业目录和分专业（临床医学、口腔医学、中医专业学位按领域或方向）招生计划。招生章程中应按相关规定公布本单位各专业硕士研究生报考条件、学习方式、学制、学费标准、奖助办法、毕业就业、住宿情况以及培养所在校区等内容。原则上招生单位非全日制硕士研究生招收在职定向就业人员。招生章程应报当地省级教育招生考试机构备案。

第七十九条　在复试、录取阶段，招生单位要提前在本单位网站向社会公布本单位复试录取办法和各院系实施细则，各院（系、所）或学科、专业招生人数，参加复试考生名单（包括考生姓名、考生编号、初试各科成绩等信息）和拟录取考生名单（包括考生姓名、考生编号、初试成绩、复试成绩、总成绩等信息）。对破格复试、参加专项计划、享受初试加分或照顾政策的考生相关情况，在公布考生名单时应当进行说明。相关信息及材料需存档备查，并明确责任人。

第八十条　招生单位的研究生招生管理部门应当统一公示拟录取名单，公示时间不少于 10 个工作日，公示期间名单不得修改；名单如有变动，须对变动部分作出说明，并对变动内容另行公示 10 个工作日。未经招生单位公示的考生，一律不得录取，不予学籍注册。

公示期间，招生单位应将拟录取名单报省级教育行政部门、教育招生考试机构进行政策审核，省级教育行政部门、教育招生考试机构应将审核意见及时反馈招生单位。

公示结束后，招生单位应按要求将录取名单报"全国硕士研究生招生信息公开平台"。最终录取名单及新生学籍注册均以招生单位上报平台的信息为准。

第八十一条　各级教育行政主管部门、省级教育招生考试机构、招生单位在公示有关信息的同时，应提供考生咨询及申诉渠道，包括联系部门、电子信箱、电话号码和通讯地址等，保证相关渠道畅通，并按照有关规定对相关申诉和举报及时调查处理。

## 第十三章　违 规 处 理

第八十二条　考生应自觉树立遵章守纪、诚实考试的意识。初试期间，考生应自觉遵守《全国硕士研究生招生考试考场规则》及各考点考场纪律；复试期间，考生应自觉遵守招生单位考场规则及考生所签署的《诚信复试承诺书》等内容，在招生单位复试工作结束前不得对外透露或传播复试试题内容等有关情况。对在研究生考试招生中违反考试管理规定和考场纪律，影响考试公平、公正的考生、考试工作人员及其他相关人员，一律按《中华人民共和国教育法》及《国家教育考试违规处理办法》（教育部令第33号）严肃处理。对在校生，由其所在学校按有关规定给予处分，直至开除学籍；对在职考生，应通知考生所在单位，由考生所在单位视情节给予党纪或政纪处分；对考试工作人员，由教育招生考试机构或其所在单位视情节给予相应的行政处分；构成违法的，依法追究法律责任，其中构成犯罪的，依法追究刑事责任。

第八十三条　相关单位应当将考生在硕士研究生招生考试中的违规或作弊事实记入《国家教育考试考生诚信档案》，并将考生的有关情况通报其所在学校或单位，记入考生人事档案，作为其今后升学和就业的重要参考依据。

第八十四条　对在招生工作中有违反国家有关法律法规和招生管理规定行为的招生单位、招生考试机构、主管教育行政部门及其招生工作人员，一律按《普通高等学校招生违规行为处理暂行办法》（教育部令第36号）严肃处理，并追究直接责任人员的责任，造成严重后果和恶劣影响的，还将按规定对有关责任人实行问责。

第八十五条　各级教育行政部门、教育招生考试机构和研究生招生单位要认真落实《教育部关于进一步加强考研辅导活动管理的通知》（教学〔2008〕1号）等要求，加强考研辅导活动监管和依法整治。

对社会培训机构违规开展辅导培训或发布虚假招生宣传（广告）骗取钱财的，当地教育行政部门或其他有关部门应依据《中华人民共和国民办教育促进法》《中华人民共和国广告法》等责令其限期改正，并予以警告；有违法所得的，没收非法所得；情节严重的责令停止招生，吊销办学许可证和营业执照；构成犯罪的依法追究法律责任。

严禁招生单位内部任何部门和工作人员举办或参与举办考研辅导活动，严禁招生单位向社会培训机构提供举办考研辅导活动的场所和设施，严禁社会培训机构进入校园以张贴简章、广告等各种方式进行考研辅导培训宣传和组织活动。在校生不得举办或参与助考作弊、虚假宣传等涉考违规违法活动。违反规定的要坚决予以清理取缔并追究有关部门和相关人员责任。

第八十六条　招生单位要严格执行国家收费政策，禁止在研究生招生过程中乱收费，违反规定的要追究有关部门和相关人员责任。

第八十七条　考生认为所报考招生单位的招生录取行为有违反本规定或其他相关规定的，可向报考招生单位提出异议、申诉或举报。招生单位应当进行调查、处理，属于对政策执行存在异议的，应当及时书面或口头答复申诉人；属于对违规违纪行为举报的，应当组织纪检监察等机构进行调查，并按《信访工作条例》等有关规定作出书面答复。

考生对招生单位作出的书面答复不服的，可向招生单位所在地省级教育行政部门或省级教育招生考试机构申请复查。对复查结论不服的，可按相关规定向省级教育行政部门或省级教育招生考试机构的上一级机关提出复核。

## 第十四章　附　　则

第八十八条　现役军人报考硕士研究生及军队系统的招生单位招收硕士研究生的办法由军队相关部门参照本规定另行制订；推荐免试工作相关管理办法由教育部另文规定。

第八十九条　其他招生政策和程序与此不符的以此文件为准。

第九十条　本规定自发布之日起施行。

# 教育部等十部门关于印发《全面推进“大思政课”建设的工作方案》的通知

（教社科〔2022〕3号）

现将《全面推进“大思政课”建设的工作方案》印发给你们，请认真贯彻执行。

教育部　中共中央宣传部　中共中央网络安全和信息化委员会办公室
科学技术部　工业和信息化部　生态环境部
国家卫生健康委　国家文物局
国家乡村振兴局　中国关心下一代工作委员会
2022年7月25日

## 全面推进“大思政课”建设的工作方案

为深入贯彻落实习近平总书记关于“大思政课”的重要指示批示和在中国人民大学考察时的重要讲话精神，贯彻落实中共中央、国务院《关于新时代加强和改进思想政治工作的意见》，中共中央办公厅、国务院办公厅印发的《关于深化新时代学校思想政治理论课改革创新的若干意见》和中共中央办公厅《关于加强新时代马克思主义学院建设的意见》精神，坚持不懈用习近平新时代中国特色社会主义思想铸魂育人，制定本工作方案。

**一、总体要求**

党的十八大以来，特别是习近平总书记亲自主持召开学校思想政治理论课教师座谈会以来，思政课在党中央治国理政战略全局中的地位日益凸显，发展环境和整体生态发生根本性转变，习近平新时代中国特色社会主义思想铸魂育人成效明显，思政课建设、日常思想政治工作、课程思政全面推进。同时，一些地方和学校对“大思政课”建设的重视程度不够，开门办思政课、调动各种社会资源的意识和能力还不够强，课程教材体系还需要进一步完善，有的学校教师数量不足、质量不高，对实践教学重视不够，有的课堂教学与现实结合不紧密，大中小学思政课一体化建设亟须深化，有的学校第二课堂重活动轻引领，课程思政存在“硬融入”“表面化”等现象。

全面推进“大思政课”建设，要坚持以习近平新时代中国特色社会主义思想为指导，聚焦立德树人根本任务，推动用党的创新理论铸魂育人，不断增强针对性、提高有效性，实现入脑入心。坚持开门办思政课，强化问题意识、突出实践导向，充分调动全社会力量和资源，建设“大课堂”、搭建“大平台”、建好“大师资”，建设全国高校思政课教研系统，设立一批实践教学基地，推出一批优质教学资源，做优一批品牌示范活动，支持建设综合改革试验区，推动思政小课堂与社会大课堂相结合，推动各类课程与思政课同向同行，教育引导学生坚定“四个自信”，成为堪当民族复兴重任的时代新人。

二、改革创新主渠道教学

1. 建构党的创新理论研究阐释和教育教学的自主知识体系。各高校全面开设"习近平新时代中国特色社会主义思想概论"课。中央宣传部、教育部编写习近平新时代中国特色社会主义思想概论课教材。教育部实施习近平新时代中国特色社会主义思想研究重大专项,加强习近平新时代中国特色社会主义思想系统化学理化和分领域分专题研究,将习近平新时代中国特色社会主义思想有机融入全面贯穿哲学社会科学各学科知识体系。

2. 建强思政课课程群。各地各校加强以习近平新时代中国特色社会主义思想为核心内容的课程群建设,形成必修课加选修课的课程体系。高校要统筹全校力量,结合自身实际,重点围绕习近平经济思想、习近平法治思想、习近平生态文明思想、习近平强军思想、习近平外交思想以及"四史"、宪法法律、中华优秀传统文化等设定课程模块,开设选择性必修课程。

3. 优化思政课教材体系。落实系列重大主题教育指南和纲要,深入推进习近平总书记在地方工作期间的重大实践、视察地方和学校重要论述进课程教材。及时修订思政课统编教材,将党的创新理论最新成果有机融入各门思政课。编写马克思、恩格斯、列宁关于哲学社会科学及各学科重要论述摘编。持续推进新时代马克思主义理论研究和建设工程重点教材建设。

4. 拓展课堂教学内容。教育部组织制作"思政课导学"课件、讲义、专题片等,帮助教师讲深讲透讲活学好思政课的重要意义。各地各校围绕新时代的伟大实践,充分挖掘地方红色文化、校史资源,将伟大建党精神和抗疫精神、科学家精神、载人航天精神等伟大精神,生动鲜活的实践成就,以及英雄模范的先进事迹等引入课堂,推动党的创新理论和历史融入各学段各门思政课。

5. 创新课堂教学方法。各校加强对学生思想、心理及关心的热点难点问题研究,制定针对性的教学方案。善于采用多样化的教学方法,注重发挥学生主体性作用,积极运用小组研学、情景展示、课题研讨、课堂辩论等方式组织课堂实践。有条件的高校要为思政课配备助教,协助开展教学组织、课后答疑等工作。

6. 优化教学评价体系。高校要建立校领导、教学督导、马克思主义学院班子成员、思政课教师和学生参加的多维度综合教学评价工作体系,重视教学过程评价,增加教学研究和教学成果在评价体系中的权重。用好思政课教学评价结果,作为马克思主义学院和班子成员考核的重要指标,作为思政课教师绩效考核、职称晋升、评奖评优等的基本依据。充分发挥教学指导委员会等专家组织作用,开展教学调研指导。鼓励有条件的高校聘请思政课退休教师担任教学督导员、青年教师的成长导师。

三、善用社会大课堂

7. 构建实践教学工作体系。高校要普遍建立党委统一领导,马克思主义学院积极协调,教务处、宣传部、学工部、团委等职能部门密切配合的思政课实践教学工作体系,在马克思主义学院指定专人负责,建立健全安全保障机制,积极整合思政课教师和辅导员队伍,共同参与组织指导思政课实践教学。将思政课教师、辅导员指导学生开展实践活动、指导学生理论社团等纳入教学工作量。参照学生专业实训(实习)标准设立思政课实践教学专项经费。

8. 落实思政课实践教学学时学分。高校要严格落实本科 2 个学分、专科 1 个学分用于思政课实践教学的要求,中小学校要安排一定比例的课时用于学生社会实践体验活动。精心设计实践教学大纲,坚决避免实践教学娱乐化、形式化、表面化。鼓励有条件的高校开设专门的实践教学课。

9. 组织开展多样化的实践教学。教育部持续组织开展中国国际"互联网+"大学生创新创业大赛青年红色筑梦之旅、习近平新时代中国特色社会主义思想大学习领航计划、"小我融入大我,青春献给祖国"主题社会实践、"技能成才,强国有我"主题教育等活动。高校要紧扣思政课实践教学目标和要求,利用志愿服务、理论宣讲、社会调研等实践活动,开展实践教学。注重总结实践教学成果,把优秀成果作为课堂教学的有效补充，支持出版高校思政课实践教学成果，推动实践教学规范化。

10. 建好用好实践教学基地。教育部会同有关部门，利用现有基地（场馆），分专题设立一批“大思政课”实践教学基地。发挥好教育部高校思政课教师研学基地的实践教学功能。各地教育部门要结合实际，积极建设“大思政课”实践教学基地。大中小学要主动对接各级各类实践教学基地，开发现场教学专题，开展实践教学。有条件的学校可与有关基地建立长效合作机制，加强研究和资源开发。各基地要积极创造条件，与各地教育部门、学校建立有效工作机制，协同完成好实践教学任务。

**专栏　建好用好“大思政课”实践教学基地**

1. 教育部、科技部联合设立科学精神专题实践教学基地。
2. 教育部、工业和信息化部联合设立工业文化专题实践教学基地。
3. 教育部、生态环境部联合设立美丽中国专题实践教学基地。
4. 教育部、国家卫生健康委联合设立抗击疫情专题实践教学基地。
5. 教育部、国家文物局联合设立中华优秀传统文化、革命文化、社会主义先进文化专题实践教学基地。
6. 教育部、国家乡村振兴局联合设立脱贫攻坚、乡村振兴专题实践教学基地。
7. 教育部、中国关心下一代工作委员会联合设立党史新中国史教育专题实践教学基地。

**四、搭建大资源平台**

11. 建设全国高校思政课教研系统。教育部建设“全国高校思政课教师网络集体备课平台”网络支持系统、“青梨派”大学生自主学习系统、高校思政课教学创新中心资源开发系统、高校思政课教学指导委员会指导审核评估系统、高校思政课教师基础数据系统、高校思政课教师研修培训系统等为一体，共建共享、系统集成、全面覆盖的全国高校思政课教研系统。

12. 推进国家智慧教育平台建设使用。教育部把“大思政课”摆在教育信息化的突出位置，加强国家智慧教育平台思政教育资源建设。通过项目支持的方式，推动教学资源建设常态化机制化。组织开发和推荐一批科学权威实用的课件、讲义，推动一线教师统一使用。加强思政课教学资源库建设，实施中小学思政课精品课程建设计划，推出一批思政“金课”。加大优质资源推广使用力度，指导各地各校用好国家智慧教育平台。

**专栏　思政课教学资源库**

1. 建设教学案例库。组织征集和开发高质量、多形式的教学案例，特别是聚焦习近平新时代中国特色社会主义思想在中华大地的生动实践，开发一批党的创新理论主题案例。

2. 打造教学重难点问题库。建立思政课教学重难点问题征集机制，动态收集学生关注的问题和思想理论困惑，统一组织研究回答，形成教学问题库。

3. 建设教学素材库。建立完善采集、审核、共享机制，充分调动一线思政课教师积极性创造性，持续推出一大批优秀思政课课件、讲义、重难点解析、重要参考文献、教学配图、微视频、融媒体公开课等优质教学素材。

4. 开发在线示范课程库。以国家统编教材为基本遵循，整合全国优秀思政课教师和哲学社会科学专家力量，组织开发高水平在线示范课程。

13. 打造网络教育宣传云平台。教育部会同中央网信办等，组织开展“大思政课”网络主题宣传活动，鼓励师生围绕思政课教学内容创作微电影、动漫、音乐、短视频等，建设资源共享、在线互动、网络宣传等为一体的“云上大思政课”平台。加强高校思想政治工作网、大学生在线、易班等网络平台建设。积极研发成本适宜的虚拟仿真教学资源。组织开展“同上一堂思政大课”活动。各地各校用好“学习强国”等平台，鼓励思政课教师积极参加中央和地方主流媒体的政论、时政节目，广泛传播党的创新理论。

**五、构建大师资体系**

14. 建设专兼结合的师资队伍。各地各校严格按照要求配备建强高校专职思政课教师、辅导员队伍，提高中小学专职思政课教师比例，实行思政课特聘教授、兼职教师制度，积极聘请党政领导、科学家、老同志、先进模范等担任思政课兼职教师。深入实施马克思主义学院院长（书记）培养工程，通过集中培养培训、委托重大项目、加强实践锻炼、开展国际国内访学等方式，培养一批青年马克思主义理论家。

**专栏　建立思政课特聘教授、兼职教师制度**

高校要通过建立健全思政课特聘教授制度，选聘优秀地方党政领导干部、企事业单位管理专家、社科理论界专家、各行业先进模范以及高校党委书记校长、院（系）党政负责人、名师大家和专业课骨干教师、日常思想政治教育骨干等加入思政课教师队伍，讲授思政课；通过建立健全兼职教师制度，形成英雄人物、劳动模范、大国工匠等先进代表，以及革命博物馆、纪念馆、党史馆、烈士陵园等红色基地讲解员、志愿者经常性进高校参与思政课教学的长效机制。

15. 搭建队伍研究平台。充分发挥国家社科基金规划项目、教育部人文社科研究项目思政课教师研究专项作用，设立马克思主义理论研究和建设工程后期资助项目，组织教师加强马克思主义理论和思政课教学研究。重点支持开展“大思政课”建设规律、思政课教学难点及对策、大中小学思政课一体化、课程思政等研究。举办习近平新时代中国特色社会主义思想进教材进课堂进头脑系列研讨会。建设辅导员工作室、资助开展课题研究、推广优秀工作案例。

16. 提升队伍综合能力。完善国家、地方、学校三级培训体系，实现思政课教师培训全覆盖。教育部完善“手拉手”集体备课机制，定期组织开展教学研讨活动。开展中小学思政课教师示范培训、教学基本功展示交流活动。建设辅导员网上资源库、开发虚拟仿真实训平台，组织支持开展国情考察。各地教育部门要建立中小学思政课教师轮训制度，依托各级党校和高校马克思主义学院每 3 年对中小学思政课教师至少进行一次不少于 5 日的集中脱产培训。中小学校新进专职思政课教师须取得思政课教师资格。小学兼职思政课教师在上岗前应完成一定学时的专业培训，并考核合格。各地各高校建立专门制度，常态化支持思政课骨干教师到各级宣传、教育等党政机关或基层挂职锻炼、蹲点调研，相关经历纳入评奖评优、干部选聘体系，相关成果作为职称评聘参考。严格落实生均经费用于思政课教师的学术交流、实践研修等，并逐步加大支持力度。

**专栏　加强思政课教师培养培训**

1. 加强“高校思政课教师信息库”建设。
2. 打造“全国高校思政课教师网络集体备课平台”升级版。
3. 实施“高校思政课教师队伍后备人才培养专项支持计划”。

4. 实施“高校思政课教师在职攻读马克思主义理论博士学位专项支持计划”。

5. 举办“高校思政课骨干教师研修班”和“高校哲学社会科学骨干研修班”。

6. 举办“周末理论大讲堂”。

7. 依托全国高校思政课教师研修(学)基地,组织思政课教师开展分课程、分专题研修活动。

8. “高校思想政治理论课‘手拉手’集体备课中心”和“高校思想政治理论课名师工作室”,举办跨地区、跨学段、跨学校等多形式的集体备课、教学研讨活动。

9. 举办“全国高校思政课教学展示活动”。

10. 开展“高校优秀思政课教师和马克思主义理论学科学生奖励基金”遴选。

11. 开展中小学思政课教师示范培训。

12. 开展中小学思政课教师基本功展示交流活动。

**六、拓展工作格局**

17. 分层分类开展“大思政课”综合改革试点。教育部围绕实践教学、教师队伍建设、大中小学思政课一体化、问题式专题化团队教学和均衡发展等思政课改革创新重大问题,在北京、天津、上海、江西、陕西等地设立综合改革试验区。地方党政负责同志坚持联系高校并讲思政课。坚持教材编写、师资培养、理论阐释、教学研究相结合,统筹推进习近平新时代中国特色社会主义思想研究中心(院)、国家教材建设重点研究基地、人文社科重点研究基地、师资培训中心、马克思主义学院等建设,开展“联学联讲联研”综合改革试点。深入推进“三全育人”综合改革,持续扩大高校“一站式”学生社区综合管理模式建设试点。

18. 深入推进大中小学思政课一体化建设。教育部加强大中小学思政课一体化建设指导委员会建设,支持各地建设一批一体化基地,鼓励高校积极开展与中小学思政课共建。各地教育部门加强引导和协调,建立大中小学师资培育、听课评课、教研交流、集体备课等常态化工作机制。

19. 全面推进课程思政高质量建设。教育部组建高等学校课程思政教学指导委员会,研制普通本科专业类课程思政教学指南,组织开展高校教师课程思政教学能力培训,建设一批课程思政系列共享资源库。建成一批课程思政示范高校,推出一批课程思政示范课程,选树一批课程思政教学名师和团队,建设一批高校课程思政教学研究示范中心。加强中小学学科德育建设。

20. 扎实开展日常思政教育活动。学校党委书记、校长要在开学、毕业典礼等重要场合,讲授“思政大课”。学校要以重大纪念日、重大历史事件为契机,通过“学习新思想,做好接班人”主题教育、职教学生读党报、新时代先进人物进校园、论坛讲坛、讲座报告会等,组织专题“思政大课”。教育部打造并集中展示一批校园文化原创精品,建设一批文化传承基地。办好“全国大学生网络文化节”和“全国高校网络教育优秀作品推选展示活动”。

**七、加强组织领导**

21. 强化统筹协调。教育部、中央宣传部做好“大思政课”建设的总体谋划。中央网信办指导做好“大思政课”全媒体宣传。科技部、工业和信息化部、生态环境部、国家卫生健康委、国家文物局、国家乡村振兴局、中国关心下一代工作委员会等部门,加强对基地的指导和建设,切实发挥好基地的育人功能。

22. 积极推进落实。各地要把“大思政课”建设作为“十四五”时期推动思政课高质量发展的重要抓手,在基地资源、经费投入、队伍建设、条件保障等方面采取有效措施。将中外合作办学院校纳入“大思政课”建设整体布局。各地各校要及时总结宣传“大思政课”建设的好经验好做法,营造良好舆论氛围。

# 教育部办公厅关于印发《国家智慧教育公共服务平台接入管理规范（试行）》的通知

（教科信厅函〔2022〕33号）

各省、自治区、直辖市教育厅（教委），新疆生产建设兵团教育局，部属各高等学校、部省合建各高等学校，部内各司局、各直属单位：

《国家智慧教育公共服务平台接入管理规范（试行）》已经部领导审定同意，现印发给你们，请遵照执行。

教育部办公厅

2022年7月25日

## 国家智慧教育公共服务平台接入管理规范（试行）

### 第一章 总 则

第一条 按照国家教育数字化战略行动的统一部署，为加快推进教育数字化转型，促进教育高质量发展，加强对接入国家智慧教育公共服务平台（以下简称国家智慧教育门户）的各级平台的管理，形成以国家智慧教育门户为核心的国家智慧教育平台体系，制定本规范。

第二条 国家智慧教育平台体系包括国家、省、市、县、学校五级的智慧教育平台。本规范适用于各级教育行政部门及所属单位、各级各类学校组织建设的，接入国家智慧教育门户的平台。

第三条 教育部网络安全和信息化领导小组办公室（以下简称教育部网信办）统筹国家智慧教育门户接入工作，负责教育部直属机关和部属高校的平台接入。省级教育行政部门负责统筹本地区智慧教育平台接入工作。教育部相关业务司局根据国家智慧教育门户版块分工，制定业务审核办法，具体承担对接入平台的业务审核工作。教育部教育技术与资源发展中心（中央电化教育馆）（以下简称教育部资源中心）和教育部教育管理信息中心（以下简称教育部信息中心）分别为平台接入和运行监测工作提供技术支撑。

### 第二章 接入要求

第四条 接入国家智慧教育门户的平台应落实“统一命名域名、统一用户认证、统一运行监测”的要求，切实保障好网络安全。

第五条 接入国家智慧教育门户的平台应按照《智慧教育平台命名和域名管理规范（试行）》的要求，使用规范名称和smartedu.cn域名。

第六条 接入国家智慧教育门户的平台应统一平台要素，以面向师生的资源服务和政务服务作为主要内容，在设计风格上与国家智慧教育门户相协调，在平台的显著位置发布国家智慧教育门户的链接，实现双向互通访问。

第七条　接入国家智慧教育门户的平台如具有用户登录功能的，应接入国家智慧教育门户的统一身份认证体系，实现注册用户“单点登录、全网漫游”。

第八条　接入国家智慧教育门户的平台应纳入教育部统一运行监测的范围，统一部署运行监测手段，通过对接方式自动获取用户访问、资源目录、使用评价、网络安全等方面的数据，建立基于大数据的平台评价机制。

第九条　接入国家智慧教育门户的平台应建立完善的信息审核发布机制，确保发布信息真实合规。资源类平台应落实《国家智慧教育平台数字教育资源内容审核规范（试行）》的要求，建立数字教育资源内容审核责任体系，保障内容安全。

第十条　接入国家智慧教育门户的平台应严格按照国家网络安全法律法规要求，落实网络安全等级保护制度、网络安全监测预警通报制度和个人信息保护制度，提升防病毒、防攻击、防篡改、防瘫痪能力，保障网络安全。

## 第三章　接入流程

第十一条　各级平台接入遵循“试点先行、质量规范、分批推进”原则，由教育部网信办分批确定接入范围，并组织相关单位做好平台接入工作。

第十二条　各单位可填写《国家智慧教育公共服务平台接入申请表》（见附件），提交接入申请和信息系统安全等级测评报告，明确平台服务对象和内容等情况，提出命名和域名考虑。教育部直属机关、部属高校直接向教育部网信办提交接入申请。各省级教育行政部门统筹好本地区平台接入工作，分批向教育部网信办提交接入申请。

第十三条　教育部网信办收到接入申请后，开展形式审查，明确是否属于接入范围、是否符合命名和域名规范，会同有关业务司局研究提出审核意见，报教育部网信领导小组审定后，反馈申请单位。

第十四条　审核通过的单位，教育部资源中心和教育部信息中心根据接入内容特点和接入工作需求分别与平台主管单位联系，开展技术核验，确保可接入统一身份认证和统一运行监测。平台主管单位根据要求对平台进行适应性改造，完成平台对接。经测试通过后，由教育部资源中心和教育部信息中心反馈教育部网信办。

第十五条　完成对接后，由平台主管单位组织安全评估，通过渗透测试和源代码审计相结合的方式，系统排查安全隐患，并将安全评估报告报教育部网信办备案。

第十六条　教育部网信办确认平台对接和安全评估完成后，组织做好平台域名管理和解析工作。平台主管单位负责做好域名注册工作。如平台已有域名的，须将以 smartedu.cn 为后缀的域名作为主域名使用。

第十七条　域名注册完成后，教育部资源中心将根据统一安排在国家智慧教育门户发布相关平台的链接。

## 第四章　运行管理

第十八条　教育部网信办建立平台运行监测机制，获取平台运行的动态数据，对接入平台的访问情况、使用情况、用户情况等进行分析，定期通报各平台的应用情况，并向平台主管单位开放运行监测的数据，为平台完善功能、优化体验提供参考。

第十九条　教育部网信办建立平台网络安全监测预警通报机制，及时发现平台的网络安全隐患，并指导平台主管单位进行修复。定期组织智慧教育平台开展攻防演习，提升网络安全保障水平。平台主管单位应密切关注平台安全状况，发现平台运行故障、页面篡改等网络安全事件应及时按照《教育系统网络安全事件应急预案》进行报告，并采取有力措施及时处置，将影响降到最低。

第二十条　已接入国家智慧教育门户的各级平台如因业务和技术原因下线的，应报教育部网信办审核同意。教育部网信办将按照《智慧教育平台命名和域名管理规范（试行）》规定，中止或注销其以smartedu.cn为后缀的域名，并相应调整国家智慧教育门户。

## 第五章　附　　则

第二十一条　省级教育行政部门可根据本规范制定本地区平台接入的实施细则。

第二十二条　本规范自印发之日起施行。

附件：国家智慧教育公共服务平台接入申请表（略）

# 教育部办公厅　财政部办公厅关于做好2022年“三区”人才支持计划教师专项计划有关实施工作的通知

（教师厅函〔2022〕12号）

各省、自治区、直辖市教育厅（教委）、财政厅（局），新疆生产建设兵团教育局、财政局：

为深入贯彻落实全国教育大会和中共中央、国务院关于全面深化新时代教师队伍建设改革的有关精神，进一步提高农村教育质量，持续巩固拓展脱贫攻坚成果，有效衔接乡村振兴战略，按照《中共中央　国务院关于实现巩固拓展脱贫攻坚成果同乡村振兴有效衔接的意见》和中共中央办公厅、国务院办公厅《关于加快推进乡村人才振兴的意见》以及《教育部等五部门关于印发〈边远贫困地区、边疆民族地区和革命老区人才支持计划教师专项计划实施方案〉的通知》（教民〔2012〕6号）要求，现将做好2022年“三区”人才支持计划教师专项计划有关实施工作通知如下。

**一、准确把握政策要点**

（一）*受援范围*。主要是脱贫地区（原国家确定的连片特困地区、国家扶贫开发工作重点县、省级扶贫开发工作重点县及各地确定的其他深度贫困地区、新疆生产建设兵团困难团场），重点向国家乡村振兴重点帮扶县、原“三区三州”等深度贫困地区倾斜。

（二）*选派数量*。2022—2023学年全国计划选派18292名教师，其中初中计划选派6801名，小学计划选派11080名，幼儿园计划选派411名。各项目省要优化省内名额分配，加大跨县跨地市选派力度，充分调动省会城市、中心城市的优质资源，加强对所辖国家乡村振兴重点帮扶县支持。各项目省（区、市）和新疆生产建设兵团选派名额详见附件。

（三）*选派要求*。原则上选派中级以上专业技术职务的骨干教师，幼儿园教师可适当放宽条件，学校管理人员应具有较强的组织领导能力和丰富的学校管理经验。选派教师普通话水平需达到国家规定标准，使用国家通用语言文字进行教学。支教以全日制工作形式为受援地提供服务，时间为1年，鼓励延长支教时间或留任工作。按照学年开展选派工作。

大学生实习支教、农村义务教育阶段学校教师特设岗位计划不列入选派范围。短期的基层巡讲和支教、试用期教师也不列入选派范围。

（四）选派形式。鼓励以“组团式”形式选派教师及教育管理人员。专任教师主要承担学科教学和班级管理任务，组织教研活动，开展业务培训和教学指导；同时，充分发挥骨干示范作用，与当地教师形成教学团队，带动受援学校整体提升学校教学水平和育人管理能力。教育管理人员主要从事学校管理工作，推动受援学校全面提高教育教学和管理水平。受援学校要组织教师、管理人员与支教教师结对跟学。

（五）选派范围。选派教师主要由各省（区、市）和新疆生产建设兵团在本行政区域范围内调配，调动省会城市、中心城市、非受援县的优质教师资源支持省内受援县。“三区”县数量较多的省份，在派出教师范围上可适当放宽条件，采取市支持县、县支持乡的方式予以解决。

人才资源相对薄弱的省份，可以通过援疆、援藏、援青机制以及依托扶贫协作、对口支援、结对帮扶等渠道，商支援省（区、市）解决。

**二、做好待遇保障工作**

（一）政策保障。选派到“三区”的支教教师，支教期间人事关系保留在原单位，支教期满后仍回原单位工作。原工资福利待遇不变，按月发放工作补助、交通差旅费用以及购买意外保险等补助。其支教经历视同城镇教师到农村教育工作经历，符合规定条件的，应在工资、职务（职称）晋升、计算基层工作经历等方面，按现有倾斜政策执行。对于选派工作期间业绩突出、基层欢迎的特别优秀人员，按照国家有关教师奖励的规定予以表彰奖励。受援县负责支教教师的住宿生活、工作岗位及日常管理，要充分发挥他们的引领示范作用，并如实对教师支教期间的工作情况进行考核评价。

选派方、受援方及支教教师本人三方应签订工作协议以明确权责。

（二）经费保障。受援县义务教育阶段教师选派工作经费由中央财政和地方财政按照年人均 2 万元标准共同分担，其中：西部省份由中央财政负担；中部省份由省级财政和中央财政按 1∶1 比例分担；东部省份由省级财政自行负担。选派工作经费主要用于向选派教师发放工作补助、交通差旅费用及购买意外保险费等补助。中央财政应分担的选派工作经费采取据实结算的方式。其他教育阶段教师选派工作经费由派出地负责。

**三、加强组织实施**

（一）认真落实选派任务。本计划是鼓励引导更多优秀教师到艰苦边远地区和基层一线贡献才智、建功立业，实现巩固拓展脱贫攻坚成果同乡村振兴有效衔接的重要措施。各地要充分认识做好此项工作的重要性，切实按照政策实施范围，严把选派条件，提高选派质量，完成选派计划，保障支教教师安全上岗。

（二）精准选派支教教师。各地要摸清受援县需求，充分听取基层学校意见，统筹兼顾不同学段情况，精准选派受援县急需的、符合规定条件的支教教师。通过内部调剂、接收实习生、安排受援地教师跟岗培训等多种方式，解决派出学校的教师缺口问题。

（三）加大宣传选树力度。各地要加强政策宣传，及时总结实施经验，深入挖掘选派教师中的优秀典型，宣传支教教师的奉献精神和感人事迹，突出项目对加强受援地教师队伍建设、优化教师资源结构、巩固脱贫攻坚成果，有效衔接乡村振兴战略的实施成效，进一步营造良好的工作氛围。

（四）完善管理服务工作。相关省级教育行政部门会同当地有关部门统筹规划和管理本地区项目实施工作，落实各项优惠政策和支持措施。受援县教育行政部门和学校要保障好支教教师的生活和工作条件，要充分发挥支教教师的引领示范作用，要如实对教师支教期间的工作情况进行考核评价。

（五）加大工作查处力度。对于实施管理不到位，特别是选派计划完成率不高，待遇保障政策落实不到位，考核评价弄虚作假的，要严肃查处，并要求立即整改。对整改不力的，将予以通报批评。

（六）做好总结评估工作。按照《边远贫困地区、边疆民族地区和革命老区人才支持计划教师专项计划实施方案》要求，各地教育行政部门要对计划实施情况进行全面总结和综合评估，对后续工作进行研究部署。

**四、按时准确报送信息**

2022年项目继续采用系统收集选派教师信息，各项目省要认真做好选派教师跟踪管理服务等工作，加强动态管理。2022年10月31日前，各项目省需在“全国教师管理信息系统”“业务管理”的“边远贫困地区、边疆民族地区和革命老区人才支持计划教师专项计划”功能菜单中，填报选派教师花名册、工作总结和2023—2024学年选派支教教师需求表。根据实施情况和需求报送情况研究确定下一年度工作计划，各项目省要加强审核管理，确保信息按时准确报送，具体操作流程如下。

（一）填报选派教师花名册。支教教师派出学校或者派出区县应在“边远贫困地区、边疆民族地区和革命老区人才支持计划教师专项计划”功能菜单中按时填报选派教师花名册。支教结束后，派出学校应及时核对并更新支教教师的支教结束时间。

（二）审核选派教师信息。派出区县、地市、省级教育行政部门应逐级审核行政区域内学校提交的选派教师花名册，按时在线提交给教育部。

（三）汇总选派教师信息。系统将根据选派教师花名册自动生成选派教师汇总信息，派出省各级教育行政部门可在系统中查看选派教师信息汇总表。

（四）预测支教教师需求。受援区县级教育行政部门应按时提交2023—2024学年支教教师需求，地市级、省级教育行政部门逐级审核后按时在线提交给教育部。

（五）上报工作总结。省级教育行政部门根据项目实施情况，在系统中填报提交工作总结。

全国统一咨询电话：（略）

通信地址：（略）

附件：“三区”人才支持计划教师专项计划2022—2023学年选派教师计划表（略）

教育部办公厅　财政部办公厅

2022年6月13日

## 教育部办公厅关于实施全国健康学校建设计划的通知

（教体艺厅函〔2022〕15号）

各省、自治区、直辖市教育厅（教委），新疆生产建设兵团教育局，部属各高等学校、部省合建各高等学校：

为贯彻落实《中国教育现代化2035》、《国务院关于实施健康中国行动的意见》（国发〔2019〕13号）精神，根据《教育部等五部门关于全面加强和改进新时代学校卫生与健康教育工作的意见》（教体艺〔2021〕7号）和健康中国行动中小学健康促进专项行动要求，我部决定实施全国健康学校建设计划。现就有关事项通知如下。

## 一、总体要求

### （一）指导思想

以习近平新时代中国特色社会主义思想为指导，全面贯彻党的教育方针，落实立德树人根本任务，践行健康第一的教育理念，聚焦教育强国和健康中国建设，将健康素养融入德智体美劳各方面，将健康促进贯穿学校教育教学、管理服务全过程，将健康教育渗透学生学习实践生活诸环节，把新冠肺炎疫情防控成果转化为健康治理政策、学校健康管理制度和师生健康行为规范。以儿童青少年健康成长为目标，主动适应健康中国建设关于以人民健康为中心、把健康融入所有政策的基本要求，推进健康教育更加注重面向人人、服务全面发展、奠基终身健康、做到知行合一、实现共建共享，以健康促进为主线改进学校治理体系，深化学校教育改革，加快学校健康促进能力建设，逐步形成中国特色健康学校建设模式和青少年健康促进机制，系统提升学生综合素质、健康素养和健康水平。

### （二）工作目标

“十四五”期间，重点支持一批有条件的学校建成全国健康学校，大幅提高学校立德树人质量和健康促进水平，德智体美劳全面培养的教育体系更加完善，学校健康教育体系和卫生健康服务体系更加高效，学生身心健康水平和健康素养明显提高，学校卫生健康工作规范化、制度化、信息化和现代化水平明显提升。

## 二、组织实施

经各地遴选推荐，教育部确认、公布一批全国健康学校建设名单，经两年建设验收合格后认定为全国健康学校。具体实施步骤如下：

### （一）遴选申报阶段（2022 年 4 月）

各省级教育行政部门统筹规划本地健康学校建设，按照《全国健康学校建设基本条件》（见附件 2）组织区域内各级各类学校申报全国健康学校建设单位。各地将全国健康学校建设申报表和汇总表（见附件 3、附件 4），于 2022 年 4 月 30 日前报送我部。报送方式：（略）。

### （二）条件审核阶段（2022 年 5—6 月）

教育部根据全国健康学校建设基本条件，审核各地遴选推荐的全国健康学校建设单位，在教育部政府门户网站公示无异议后公布。

### （三）自主创建阶段（2022 年 7 月—2024 年 7 月）

各省级教育行政部门要加强质量管理，统筹多种资源支持健康学校建设。教育部组建全国健康学校建设专家委员会，组织专家动态监测健康学校建设过程，确保建设秩序、进度和质量。

### （四）验收认定阶段（2024 年 8—12 月）

各省级教育行政部门开展本地区健康学校建设成果验收，将验收情况提交全国健康学校建设专家委员会复核，教育部将符合条件的全国健康学校建设单位认定为全国健康学校并予以公布。

## 三、工作要求

### （一）加强组织领导

健康学校建设实行“政府主导、部门协作、学校实施、专业指导、社会参与”的运行机制。各地教育行政部门要高度重视，把实施健康学校建设计划作为推进本地区教育现代化，深化教育领域改革，支持学校创新发展，促进青少年健康成长、全面发展的一项长期任务，精心组织实施，务求实效。各地教育行政部门要会同本地区有关部门建立沟通协调机制，研究解决实际问题，确保实现健康学校建设计划目标。

### （二）统筹经费支持

各地教育行政部门要加大对健康学校建设的支持力度，为健康学校建设创造有利条件。鼓励社会资金、公益机构支持健康学校建设。

（三）提供资源服务

建设期间，各地教育行政部门组建健康学校建设专家指导组，统筹建设优质健康教育资源，组织学校间协作交流和共建共享，加强管理人员、校医和教师培训，开展相关课题研究。

（四）鼓励探索创新

鼓励各地教育行政部门结合实际推进健康学校建设，开展教师教学能力、学生健康素养、学校健康管理能力和健康学校建设成果展示，带动各级各类学校参照全国健康学校建设要求，自主开展健康学校建设，发挥辐射带动作用。

联系人及电话：（略）。

附件：1. 全国健康学校建设目标任务（略）

2. 全国健康学校建设基本条件（略）

3. 全国健康学校建设申报表（略）

4. 全国健康学校建设申报汇总表（略）

教育部办公厅

2022年4月13日

# 教育部等八部门关于印发《新时代基础教育强师计划》的通知

（教师〔2022〕6号）

各省、自治区、直辖市教育厅（教委）、党委宣传部、党委编办、发展改革委、财政厅（局）、人力资源社会保障厅（局）、住房和城乡建设厅（委）、乡村振兴局，新疆生产建设兵团教育局、党委宣传部、党委编办、发展改革委、财政局、人力资源社会保障局、住房和城乡建设局、乡村振兴局，部属师范大学：

为贯彻落实习近平总书记关于教育的重要论述特别是关于教师队伍建设的重要讲话精神，落实《中华人民共和国国民经济和社会发展第十四个五年规划和2035年远景目标纲要》有关要求，全面深化新时代教师队伍建设改革，加强高水平教师教育体系建设，培养造就高素质专业化创新型中小学教师队伍，着力构建优质均衡的基本公共教育服务体系，推动教育高质量发展，现将《新时代基础教育强师计划》印发给你们，请认真落实。

教育部　中央宣传部　中央编办

国家发展改革委　财政部　人力资源社会保障部

住房和城乡建设部　国家乡村振兴局

2022年4月2日

# 新时代基础教育强师计划

高质量教师是高质量教育发展的中坚力量。为贯彻落实《中共中央　国务院关于全面深化新时代教师队伍建设改革的意见》，按照《中华人民共和国国民经济和社会发展第十四个五年规划和2035年远景目标纲要》要求，着力推动教师教育振兴发展，努力造就新时代高素质专业化创新型中小学（含幼儿园、特殊教育，下同）教师队伍，为加快实现基础教育现代化提供强有力的师资保障，制定本计划。

**一、总体要求**

（一）指导思想。以习近平新时代中国特色社会主义思想为指导，贯彻党的十九大和十九届历次全会精神，全面贯彻党的教育方针，坚持社会主义办学方向，落实立德树人根本任务，坚持培育和践行社会主义核心价值观，坚持把教师队伍建设作为基础工作来抓，加快构建教师思想政治建设、师德师风建设、业务能力建设相互促进的教师队伍建设新格局。遵循教师成长发展规律，以高素质教师人才培养为引领，以高水平教师教育体系建设为支撑，以提升教师思想政治素质、师德师风水平和教育教学能力为重点，筑基提质、补短扶弱、做优建强、全面提高教师培养培训质量，整体提升中小学教师队伍教书育人能力素质，促进教师数量、素质、结构协调发展，为构建高质量教育体系奠定坚实的师资基础。

（二）基本原则

——坚持师德为先。把教师思想政治和师德师风建设放在首要位置，围绕落实立德树人根本任务，全面加强中小学教师思想政治建设，提高教师的政治意识、政治能力，严格落实师德师风第一标准，突出全方位全过程师德养成，推动教师以德施教、以德立身。

——坚持质量为重。服务教育高质量发展要求，加强高质量教师队伍建设，推动地方政府、学校、社会各方深度参与教师教育，强化师范院校在教师教育体系中的主体地位，推进职前培养和职后培训一体化，创新师范生教育实践和教师专业发展机制模式，提升教师培养培训质量。

——坚持突出重点。按照乡村振兴重大战略部署和振兴教师教育有关要求，立足重点区域和人才紧缺需求，适应区域、学段、学科等发展需要，加强东西部协作、对口支援等，加大中西部欠发达地区师范院校、教师发展机构建设和高素质教师培养培训力度，增加紧缺薄弱领域师资培养供给。

——坚持强化保障。中央带动、分级实施，鼓励支持各地创新教师编制、职称、考核评价、待遇保障等方面举措，深化中小学教师队伍建设综合改革，提高教师教育基础能力建设水平，统筹规划、以点带面、辐射引领、整体发展，形成综合保障体系。

（三）目标任务。到2025年，建成一批国家师范教育基地，形成一批可复制可推广的教师队伍建设改革经验，培养一批硕士层次中小学教师和教育领军人才。完善部属师范大学示范、地方师范院校为主体的农村教师培养支持服务体系，为中西部欠发达地区定向培养一批优秀中小学教师。师范生生源质量稳步提高，欠发达地区中小学教师紧缺情况逐渐缓解，教师培训实现专业化、标准化，教师发展保障有力，教师队伍管理服务水平显著提升。

到2035年，适应教育现代化和建成教育强国要求，构建开放、协同、联动的高水平教师教育体系，建立完善的教师专业发展机制，形成招生、培养、就业、发展一体化的教师人才造就模式，教师数量和质量基本满足基础教育发展需求，教师队伍区域分布、学段分布、学历水平、学缘结构、年龄结构趋于合理，教师思想政治素质、师德修养、教育教学能力和信息技术应用能力建设显著加强，教师队伍整体素质和教育教学水平明显提升，尊师重教蔚然成风。

**二、具体措施**

（一）提升教师思想政治素质。全面加强中小学教师思想政治建设，落实意识形态工作责任制。坚持教育者先受教育，将习近平新时代中国特色社会主义思想融入教师培养培训课程，将习近平总书记关于教育的重要论述作为首要必修课程，开展常态化的学习教育，引导广大教师深刻领会“两个确立”的决定性意义，增强“四个意识”、坚定“四个自信”、做到“两个维护”，坚持“四个相统一”，争做“四有”好老师，当好“四个引路人”。深入贯彻落实《新时代公民道德建设实施纲要》《新时代爱国主义教育实施纲要》，大力开展“四史”特别是党史学习教育，精选体现正确价值导向的优秀文学艺术、影视作品，组织和引导师范生、教师阅读观看，加强价值引领，加强铸牢中华民族共同体意识教育，引导广大师范生、教师树立和坚持正确的国家观、历史观、民族观、文化观、宗教观。强化师范毕业生思想政治考察，健全标准、程序，把好第一道关口。加强教师教育院校、中小学党组织、团组织建设，做好在优秀师范生、中小学教师中发展党员、团员工作。

（二）加强和改进师德师风建设。常态化推进师德培育涵养，将各类师德规范纳入新教师岗前培训和在职教师全员培训必修内容。创新师德教育方式，通过榜样引领、情景体验、实践教育、师生互动等形式，激发教师涵养师德的内生动力。将师德师风建设贯穿教师管理全过程，在资格认定、教师招聘、职称评审、岗位聘用、年度考核、推优评先、表彰奖励等工作中严格落实师德师风第一标准。完善教师荣誉表彰制度，加大优秀教师典型表彰宣传力度。深入落实新时代幼儿园、中小学教师职业行为十项准则和幼儿园、中小学教师违反职业道德行为处理办法，严肃查处师德失范行为，加大师德失范行为通报警示力度，持续开展违反教师职业行为十项准则典型案例通报。指导各地各校开展师德警示教育，德法并举，提高警示教育实效性。提升全体教师法治素养。推进实施教职员工准入查询制度。推进师德师风基地建设，推动师德师风建设模式探索、方法创新，发挥引领示范作用。

（三）建设国家师范教育基地。重点支持建设一批国家师范教育基地，构建师范院校为主体、高水平综合大学参与、教师发展机构为纽带、优质中小学为实践基地的开放、协同、联动的现代教师教育体系。基地建设重在加强师范生专业能力发展中心建设和师范专业建设，深化教师教育改革，推进教师教育信息化建设与应用。加大在教育硕士、教育博士授予单位及授权点方面对师范院校的引导支持力度，支持高水平综合大学开展教师教育，推动师范人才培养质量提升。

（四）开展国家教师队伍建设改革试点。鼓励支持地方政府统筹，相关部门密切配合，高校、教师发展机构、中小学等协同，开展区域教师队伍建设改革试点，内容包括师范生培养、教师专业发展、教师人事管理制度改革、教育教学研究与改革等。总结推广试点经验，加快构建现代教师队伍治理体系，提升教育教学水平。

（五）建立教师教育协同创新平台。鼓励支持高水平师范院校建立教师教育协同创新平台，推动优质课程资源共享、学科建设经验分享、教育科研课题共同研究，整体提升我国教师教育的办学水平。充分发挥部属师范大学的引领示范作用，建立部属师范大学和地方师范院校师范人才培养协同机制，支持区域内相关院校在教育科学研究、教师教育师资队伍建设、师范人才培养和基础教育服务等领域开展合作。依托部属师范大学等高水平师范院校，为地方师范院校定向培养博士层次教师教育师资。支持部分办学历史悠久、质量优质、效益明显、地方发展急需的师范高等专科学校升格为普通本科高校。

（六）实施高素质教师人才培育计划。持续实施卓越教师培养计划。推动本科和教育硕士研究生阶段整体设计、分段考核、连续培养的一体化卓越中学教师培养模式改革，推进高素质复合型硕士层次高中教师培养试点。推进部属师范大学公费师范生攻读教育硕士工作，加强履约管理。继续实施农村学校教育硕士师资培养计划。扩大教育硕士、教育博士招生计划。适应基础教育改革发展，遵循教师成长规律，改革师范院校课程教学内容，改进教学方法手段，强化教育实践环节，提高师范生培养质量。实施新周期名师名校长领航计划，培养造就一批引领教育改革发展、辐射带动区域教师素质能力提升的教育家。搭建教师培训与学历教育衔接的“立交桥”。支持在职教师学习深造，提升学历。

（七）实施中西部欠发达地区优秀教师定向培养计划。支持部属师范大学和高水平地方师范院校，根据各地需求，每年为中西部欠发达地区定向培养一批高素质教师，发挥示范带动作用，推进各地进一步加大县域普通高中和乡村学校教师补充力度。中西部欠发达地区优秀教师定向培养计划（以下简称优师计划）提前批次录取，学生在校学习期间免除学费，免缴住宿费，并补助生活费，毕业后到定向就业县中小学履约任教不少于 6 年，由定向就业县人民政府按定向培养计划统筹落实就业工作，确保岗位和待遇保障。鼓励支持履约任教的优师计划师范生职后专业发展，建立跟踪指导机制，持续提升教书育人本领。

（八）深化精准培训改革。聚焦基础教育课程改革的理念、要求和教育教学方法变革，以中西部欠发达地区农村教师校长培训为重点，充分发挥名师名校长辐射带动作用，实施五年一周期的“国培计划”，示范引领各地教师全员培训开展。发挥国家教师发展协同创新实验基地建设的示范作用，通过建立标准、项目拉动、转型改制等举措，推动各地构建完善省域内教师发展机构体系，建强县级教师发展机构及培训者、教研员队伍。优化培训内容、打造高水平课程资源，建立完善自主选学机制和精准帮扶机制，创新线上线下混合式研修模式，提升中小学教师的信息技术应用能力和科学素养。

（九）改进师范院校评价。推进师范类专业认证工作，明确师范院校教育教学评估和相关学科评估基本要求，探索建立符合教师教育规律的师范类“双一流”建设评价机制，切实推动师范院校把办好师范教育作为第一职责，将培养合格教师作为主要考核指标，推动师范专业特色发展、追求卓越。

（十）进一步完善教师资格制度。严把教师入口关，全面推开中小学教师资格考试和定期注册制度改革。教师必须取得相应教师资格，持教师资格证上岗任教。推进师范生免国家中小学教师资格考试认定取得中小学教师资格改革（以下简称免试认定改革），开展教师教育院校师范类专业办学质量审核。继续做好教育类研究生、公费师范生和优师计划师范生免试认定改革工作，教师教育院校对师范生教育教学能力进行考核。严格教师资格申请人普通话水平要求，提高新任教师国家通用语言文字教育教学水平。

（十一）优化义务教育教师资源配置。深入推进县域内义务教育学校教师“县管校聘”管理改革，加大音体美、劳动教育、信息技术、心理健康教育等紧缺学科教师补充力度，重点加强城镇优秀教师、校长向乡村学校、薄弱学校流动，发挥优秀教师、校长的辐射带动作用，扩大优质资源覆盖面，整体提升学校育人能力。完善交流轮岗激励机制，将到农村学校或薄弱学校任教 1 年以上作为申报高级职称的必要条件，3 年以上作为选任中小学校长的优先条件。城镇教师校长在乡村交流轮岗期间，按规定享受乡村教师相关补助政策。实施银龄讲学计划，鼓励支持乐于奉献、身体健康的退休优秀校长教师到乡村和基层学校支教讲学。加强乡村教师周转宿舍建设，支持地方完善住房保障体系，加大保障性住房供应力度，解决教师队伍住房困难问题。

（十二）优化教职工编制配置。切实落实关于进一步挖潜创新加强中小学教职工管理有关政策精神，在总量内盘活用好现有事业编制资源，按照标准及时核定教职工编制，优先满足中小学教育发展需要。各地要坚持创新管理，综合需求变化情况，加强人员和编制的动态调整，不断提高使用效益。结合实际合理核定公办幼儿园教职工编制，配足配齐幼儿园教职工。

（十三）深化教师职称改革，完善岗位管理制度。充分考虑不同地域、不同学段、不同学科的特点和要求，进一步完善教师职称评价标准，实行分类评价。对长期在乡村学校工作的中小学教师，职称评聘可按规定“定向评价、定向使用”，中高级岗位实行总量控制、比例单列，不受各地岗位结构比例限制。出台完善中小学岗位设置管理的指导意见，适当提高中、高级岗位结构比例。进一步落实学校办学自主权，具备条件的学校在岗位结构比例范围内依据标准自主评聘中、初级职称和岗位，按照管理权限推荐或聘用高级职称和岗位，鼓励地方进一步探索具备条件的学校在岗位结构比例范围内自主评聘高级职称和岗位。

（十四）加强教师工资待遇保障。加大经费保障力度，切实解决拖欠义务教育教师工资和欠缴社会保险费、职业年金、住房公积金等问题，全面落实义务教育教师平均工资收入水平不低于当地公务员平均工资收入水平要求，落实好公办幼儿园教师工资待遇政策，确保及时足额发放，民办幼儿园参照公办幼儿园合理确定教师工资收入水平。提高教龄津贴标准。各地绩效工资核定要向乡村小规模学校、艰苦边远地区学校等倾斜，要完善中小学教师绩效考核办法，绩效工资分配向班主任、教育教学效果突出的一线教师、从事特殊教育随班就读工作的教师倾斜。各地要继续落实好乡村教师生活补助政策，着力提高乡村教师地位待遇，形成“学校越边远、条件越艰苦、从教时间越长、教师待遇越高”的格局。

（十五）推进教师队伍建设信息化。建设师范生管理信息系统，加快完善教师管理信息系统和教师资格管理信息系统，提升管理服务支撑功能。完善国家教师管理服务信息化平台，精准到人，为教师队伍建设提供信息化决策和便捷化服务支撑。加强信息系统安全防护，确保教师信息安全。深入实施人工智能助推教师队伍建设试点行动，探索人工智能助推教师管理优化、教师教育改革、教育教学方法创新、教育精准帮扶的新路径和新模式，总结试点经验，提炼创新模式，逐步在全国推广使用，进一步挖掘和发挥教师在人工智能与教育融合中的作用。

**三、实施保障**

（一）组织保障。建立新时代基础教育强师计划工作协调制度，推动发挥地方党委教育工作领导小组作用，各地及有关高校要建立强师工作专班，制定具体实施方案，切实加强协调。要加强宣传引导，深入细致地做好政策宣传解读工作，及时回应社会关切。各级教育督导部门要将实施情况纳入政府履行教育职责评价内容，加强督导检查并强化督导结果运用。

（二）政策保障。各地要满腔热情关心教师，完善教师评价制度和标准，制订出台当地教师激励支持政策，推进中小学教师减负，在全社会营造尊师重教的良好风尚。要将依法依规落实教师待遇保障作为底线要求，支持服务教师专业发展和终身成长，确保各项政策措施全面落实到位，真正取得实效。

（三）经费保障。中央和地方共同支持新时代基础教育强师计划实施。各地要优化支出结构，将教师队伍建设作为教育投入重点予以优先保障，加大对师范院校支持力度，适时提高师范专业生均拨款标准，重点提升教师专业素质能力、提高教师待遇保障。严格落实经费监管制度，规范经费使用，确保资金使用效益。

## 教育部关于印发《新时代马克思主义理论研究和建设工程教育部重点教材建设推进方案》的通知

（教材〔2022〕1号）

各省、自治区、直辖市教育厅（教委），新疆生产建设兵团教育局，部属各高等学校、部省合建各高等学校：

现将《新时代马克思主义理论研究和建设工程教育部重点教材建设推进方案》印发给你们，请认真贯彻执行。有关落实情况请及时报我部。

教育部

2022年2月19日

## 新时代马克思主义理论研究和建设工程教育部重点教材建设推进方案

为深入贯彻落实习近平新时代中国特色社会主义思想，巩固马克思主义在高校意识形态领域的指导地位，推动马克思主义理论研究和建设工程（以下简称马工程）教育部重点教材建设在已有成就基础上取得更大进展，打造培根铸魂、启智增慧的精品教材，整体提升高校哲学社会科学教材质量，培养担当民族复兴大任的时代新人，根据《全国大中小学教材建设规划（2019—2022年）》，制定本方案。

**一、重大意义**

马工程重点教材是党的思想理论建设的基础工程，是为党育人、为国育才的铸魂工程，是高校哲学社会科学教材建设的示范工程。大力加强马工程重点教材建设，编写充分反映马克思主义中国化最新理论成果的哲学社会科学系列教材，对于坚持党对教材工作的全面领导、落实教材建设国家事权，对于坚持以马克思主义为指导、加快构建中国特色哲学社会科学教材体系，对于坚持立德树人、培养德智体美劳全面发展的社会主义建设者和接班人，具有重要的战略意义和深远的历史意义。

党中央高度重视马工程重点教材建设。自实施以来，教育部马工程重点教材建设始终高扬中国特色社会主义伟大旗帜，贯穿马克思主义立场观点方法，坚持和发展中国特色社会主义理论自信；已规划教材编写工作基本完成，出版近八十种质量上乘的教材在高校广泛使用，引领和带动高校哲学社会科学教材建设，推动哲学社会科学学科体系、话语体系、评价体系建设不断创新；团结和凝聚广大哲学社会科学专家学者，培养了一大批领军人物和中青年优秀人才，进一步壮大了高校马克思主义理论教学研究队伍，有力地推动了党的理论创新最新成果进教材进课堂进头脑，开创了高校马克思主义理论教育新局面。

新时代对教育部马工程重点教材建设提出了新使命新要求。当前，中国已站在新的历史起点、进入新发展阶段，处于开启全面建设社会主义现代化国家新征程、向第二个百年奋斗目标进军的历史阶段。同时，我国经济社会形势正在发生新的重大变化，教育迈向新的高质量发展阶段，世界大变局加速演变的特征更趋明显，意识形态领域的斗争更加激烈。如何加快构建以马克思主义为指导的中国特色高校哲学社会科学教材体系，更好地坚持和发展马克思主义在意识形态领域指导地位的根本制度，更好地坚持和发展中国特色社会主义；如何推动教材与课程同向同行，充分发挥教材的铸魂育人功能，是必须认真研究解决的重大而紧迫的课题。

面对前所未有的大好机遇和前所未有的严峻挑战，教育部马工程重点教材建设还存在一些薄弱环节。一些地方和高校对教材工作重视不够，教材建设管理要求有待进一步落地落实；整体推进不够，教材体系建设滞后，教材覆盖的学科专业课程面较窄，辐射带动作用有待进一步释放；教材的针对性适宜性不强，还不能充分满足不同学段、不同类型人才培养要求；工作方式单一，体制机制创新不够，还没有充分调动学者、学校和出版机构的积极性主动性。当前，迫切需要结合新的时代特征，适应新时代人才培养要求，总结经验，进一步加强和改进教育部马工程重点教材建设工作。

**二、基本要求**

（一）建设原则。坚持正确方向，坚持以习近平新时代中国特色社会主义思想为指导，坚定中国特色社会主义道路自信、理论自信、制度自信、文化自信，充分体现中国共产党为什么能、中国特色社会主义为什么好、马克思主义为什么行。体现中国特色，扎根中国大地，推进党的理论创新最新成果进教材，吸收借鉴人类优秀文明成果，反映学科研究最新进展，充分体现中国立场、中国智慧、中国价值。增强针对性，遵循教育教学规律、人才培养规律和教材建设规律，注重理论联系实际，编写适应不同学段、不同类型学生的教材，丰富呈现形式，增强教材适宜性实效性。注重创新性，在坚持国家统编统审基础上，推进工作理念和方式方法变革，创新教材编写审核出版机制，推动学者、学校、出版机构等联合行动，形成教材建设合力。强化统筹性，注重整体设计，明确责任主体，强化国家层面统筹指导、审核把关，把好领导权和主导权，落实地方、高校管理职责，对不同学段、不同类型、不同学科专业课程教材实施分类管理。

（二）建设目标。在原有基础上，补充、拓展建设现有教育部马工程重点教材课程覆盖面不足、亟须加强的学科专业课程教材，整体推进不同学段、不同类型高校哲学社会科学相关学科专业课程教材建设。用5年时间，重点建设200种左右意识形态属性强、价值引领作用明显、文化传承意义大的精品教材，形成以马克思主义为指导、体现中国学科发展要求的高校哲学社会科学教材系列。

——体系结构合理。建立健全覆盖专科本科研究生各学段、普通高等教育和高等职业教育协同推进的高校哲学社会科学教材体系，进一步涵盖相关学科专业基础课程和核心课程，兼顾公共课程教材，品种齐全、结构合理。

——质量全面提升。编写导向正确、质量一流、适宜性强的精品教材，彰显中国特色，体现原创性示范性。马工程重点教材的引领辐射带动作用进一步凸显，高校哲学社会科学教材整体水平大幅提升，教材育人效果更加显著。

——机制健全完备。国家、地方、高校分级管理体制基本定型，高校内部工作机制完备，学者、学校和科研出版机构等有序参与，教材建设、研究、使用、监测等专业化支撑体系基本健全，各方职责分明形成合力，工作体系运转高效。

——队伍齐整精良。教材编写、审核、使用、管理、研究和编辑出版等工作队伍人员精干、结构合理、配合有力。一支由教材编审专家、中青年骨干和一线教师构成的高素质、专业化教材建设队伍基本形成。高校教材建设和管理人才培养培训体系健全，后备力量不断充实，队伍不断壮大。

**三、重点任务**

（一）深入推进习近平新时代中国特色社会主义思想进教材。配合推进高校思政课教材建设，及时修订已出版教育部马工程重点教材，充分体现习近平新时代中国特色社会主义思想。深入实施《习近平新时代中国特色社会主义思想进课程教材指南》，有机融入哲学社会科学各学科专业课程教材，进一步推进理论体系向教材体系转化。编写马克思主义经典作家关于哲学社会科学的重要论述摘编，研制哲学社会科学相关教材编写指南，指导教材建设。

（二）系统推进马克思主义理论学科专业课程教材建设。适应新时代马克思主义理论学科建设需要，完善优化马克思主义理论学科专业课程教材结构，健全教材体系。本科阶段围绕马克思主义理论、科学社会主义、中国共产党历史、思想政治教育等专业，系统建设各专业基础课程、核心课程教材。研究生阶段围绕马克思主义基本原理、马克思主义发展史、马克思主义中国化、思想政治教育、中国近现代史、党的建设等学科，推进系列专题研究教材建设。

（三）着力建设适应新时代新要求、体现中国特色的高水平原创性教材。立足新时代，适应人才培养新要求和高等教育发展新趋势，围绕经济、法治、政治等领域，开展重大理论和实践问题集中攻关，修订、新编中国经济学、中国法学、中国新闻学等系列教材，更好地用中国理论解读中国实践，用中国实践丰富中国理论，用中国话语阐述中国发展。

（四）启动建设一批意识形态属性强的高等职业学校专科教材。依据《高等职业学校专业教学标准》，立足于加快构建中国特色高等职业学校专科教材体系，着力推进语文、职业素养等公共基础课程教材建设，重点推进财经商贸、文化艺术、新闻传播、教育、公安与司法等专业大类的基础史论教材建设，体现职业教育特色，增强教材的针对性、适宜性。

（五）加快完善对哲学社会科学具有支撑作用的本科相关学科专业课程教材。依据《普通高等学校本科专业类教学质量国家标准》，适应课程建设需要，重点围绕哲学、历史学、经济学、政治学、法学、新闻学、社会学、文学、艺术学、教育学等学科，及时修订已出版教材，补充完善一批意识形态属性较强的学科专业课程教材。充分发挥马工程重点教材引领作用，整体提升高校哲学社会科学教材质量。

（六）探索建设一批指导性、示范性强的研究生核心课程教材。依据《研究生核心课程指南》，结合研究生教育特点，立足国际学术前沿，编写、遴选一批哲学社会科学学科专业基础理论类、专题研究类、研究方法类、经典研读类、学科发展史类课程教材，突出思想性、学术性、探究性，示范带动研究生哲学社会科学教材建设。

（七）重点建设一批体现价值引领作用的公共课程教材。适应通识教育需要，重点推进国情教育、历史文化教育、国家安全教育等公共课程教材建设，加强党史、新中国史、改革开放史、社会主义发展史教材建设，加强中华优秀传统文化、革命文化、社会主义先进文化教材建设，加强心理健康教育、职业素养教育类教材建设。

**四、建设方式**

（一）教材编写审核。坚持国家统编统审，具体采取直接编写、申报编写与组织修订相结合的方式。直接编写，由国务院教育行政部门直接组建团队编写。申报编写，由高校等有关单位组建团队申报编写。组织修订，对已有多个版本的教材组织遴选、修订。严把审核政治关、学术关，凡纳入教育部马工程重点教材建设的，须经国家教材委员会审核认定。

（二）教材出版。直接编写的教材，由国务院教育行政部门选定出版机构。申报编写的教材，原则上由编写单位遴选确定出版机构。组织修订的教材，原则上由原出版机构承担。出版机构主要负责教材编辑出版发行等工作。制定教育部马工程重点教材出版准入标准，实行出版机构备案制，凡是出版教育部马工程重点教材的出版机构须在国务院教育行政部门备案。国务院教育行政部门定期组织评估，对不符合出版条件和要求的出版机构将责成相关高校或单位，按有关规定作出处理，及时中止出版资格。

（三）教材使用。坚持统一使用，马工程重点教材对应课程必须使用马工程重点教材。健全马工程重点教材使用目录，对不同编写组编写的同一种教育部马工程重点教材，各高校可结合本校特色和人才培养目标从中选用。切实推进教材内容进人才培养方案、进教学大纲和教案、进考试内容。健全任课教师三级培训体系，定期举办国家级示范培训，做实省级全员培训和高校集体备课。完善教材使用情况年报制度，开展教材使用情况调研，加强跟踪分析。

**五、实施安排**

整体规划、分类推进、分批实施，统筹专科、本科、研究生不同学段、不同专业类教材，兼顾直接编写、申报编写、组织修订三种编写方式，总体按照学科类别纵向分两批实施，共200种左右，用5年时间完成。分批发布教材建设目录。

第一批重点建设现有教育部马工程重点教材课程覆盖面不足、亟须加强的学科专业课程教材，共110种左右。计划于2022年启动。

第二批重点建设现有教育部马工程重点教材已有一定数量、根据课程调整需要进一步加强的学科专业课程教材，共90种左右。计划于2023年启动。

**六、保障措施**

（一）加强队伍建设。全面加强教材队伍政治建设，不断提高马克思主义理论素养，把师德师风作为教材编审人员基本要求。健全教育部马工程重点教材专家库，在国家教材委员会高校哲学社会科学（马工程）专家委员会下，设立学科专家组，加强对各学科专业课程教材建设的具体指导，强化对高校哲学社会科学（马工程）专家委员会的工作支撑。建立通报表扬制度，对作出突出贡献的编审专家予以表扬。建立健全教材建设和管理工作队伍培训制度，重点对省级教育部门和高校分管负责同志及相关职能部门负责人，对编审人员、任课教师、相关出版机构负责人和编辑分类定期开展培训。



（二）推进教材研究。加强国家教材建设重点研究基地建设，设立教育部马工程重点教材研究项目，开展教材内容和建设规律基础研究、重大理论和实践问题研究，服务教材建设重大战略、重要任务、重点工作。推进教材研究专业性期刊建设，鼓励支持现有期刊开设专栏，刊发高水平教材研究成果。组织教材建设情况调研和国情调研。分学科召开教材建设研讨会，适时开展教育部马工程重点教材“精彩一课”展示交流活动，推进教材体系向教学体系转化。

（三）促进资源建设。研究梳理马克思主义经典作家相关重要论述，建立文献数据库。鼓励支持高校组织研制优秀教案、课件、案例、慕课等教学资源，促进优质资源共享共用。创新教材呈现形式，充分运用数字化技术，增强互动性可读性，逐步建设教育部马工程重点教材试题库、资源库、案例库，构建新形态教材体系。

（四）完善投入机制。中央财政继续通过现有资金渠道支持教育部马工程重点教材建设。各地按规定将教材建设相关经费纳入预算。高校等有关单位应加大经费投入，保障教材管理、编写、审核、研究和队伍建设等工作，开展教材使用培训、研讨、交流等活动。出版机构要加大对教材编写研究、使用培训等方面的经费投入。

**七、组织领导**

（一）加强组织领导。在国家教材委员会领导下，国务院教育行政部门组织实施，负责统筹协调和指导，组织开展相关工作。省级教育部门和高校要进一步夯实领导责任和主体责任，具体落实相关工作。

（二）强化政策落实。省级教育部门和高校要把教育部马工程重点教材建设纳入事业发展整体规划重点推进，切实落实高校教材管理有关规定，健全领导体制和工作机制，完善工作体系。要落实相关激励保障措施，把编写教材计入工作量考核，享受相应政策待遇。牵头建设的高校等有关单位要签署任务书，夯实主体责任，严格落实各项要求，确保教材建设和管理各项工作有效开展。

（三）严格督导考核。强化综合考评，国务院教育行政部门把马工程重点教材建设情况作为高校“双一流”建设、学位授权点合格评估、本科教学评估、高职学校“双高”建设的重要内容。省级教育部门和高校，要把参与马工程重点教材建设、教材使用情况作为衡量和评价高校加强党的思想理论建设、落实意识形态工作责任制的重要内容，定期督促检查，对主体责任不落实、未能按期高质量完成教材编写任务、未做好教材统一使用等有关单位，及时问责追责，切实把马工程重点教材建优用好。

## 教育部　财政部　国家发展改革委<br>关于深入推进世界一流大学和一流学科建设的若干意见

（教研〔2022〕1号）

各省、自治区、直辖市人民政府，国务院各部委、各直属机构，中央军委办公厅：

建设世界一流大学和一流学科（以下简称“双一流”建设）是党中央、国务院作出的重大战略部署。“双一流”建设实施以来，各项工作有力推进，改革发展成效明显，推动高等教育强国建设迈上新的历史起点。为着力解决“双一流”建设中仍然存在的高层次创新人才供给能力不足、服务国家战略需求不够精准、资源配置亟待优化等问题，经中央深改委会议审议通过，现就“十四五”时期深入推进“双一流”建设提出如下意见。

**一、准确把握新发展阶段战略定位，全力推进“双一流”高质量建设**

1. 指导思想

以习近平新时代中国特色社会主义思想为指导，深入贯彻党的十九大和十九届历次全会精神，深入落实习近平总书记关于教育的重要论述和全国教育大会、中央人才工作会议、全国研究生教育会议精神，立足中华民族伟大复兴战略全局和世界百年未有之大变局，立足新发展阶段、贯彻新发展理念、服务构建新发展格局，全面贯彻党的教育方针，落实立德树人根本任务，对标2030年更多的大学和学科进入世界一流行列以及2035年建成教育强国、人才强国的目标，更加突出“双一流”建设培养一流人才、服务国家战略需求、争创世界一流的导向，深化体制机制改革，统筹推进、分类建设一流大学和一流学科，在关键核心领域加快培养战略科技人才、一流科技领军人才和创新团队，为全面建成社会主义现代化强国提供有力支撑。

2. 基本原则

——坚定正确方向，践行以人民为中心的发展思想，心怀“国之大者”，坚持社会主义办学方向，坚持中国特色社会主义教育发展道路，加强党对“双一流”建设的全面领导，贯彻“四为”方针，把发展科技第一生产力、培养人才第一资源、增强创新第一动力更好结合起来，更好为改革开放和社会主义现代化建设服务。

——坚持立德树人，突出人才培养中心地位，牢记为党育人、为国育才初心使命，以全面提升培养能力为重点，更加注重三全育人模式创新，不断提高培养质量，着力培养堪当民族复兴大任的时代新人，打造一流人才方阵。

——坚持特色一流，扎根中国大地，深化内涵发展，彰显优势特色，积极探索中国特色社会主义大学建设之路。瞄准世界一流，培养一流人才、产出一流成果，引导建设高校在不同领域和方向争创一流，构建一流大学体系，为国家经济社会发展提供坚实的人才支撑和智力支持。

——服务国家急需，强化建设高校在国家创新体系中的地位和作用，想国家之所想、急国家之所急、应国家之所需，面向世界科技前沿、面向经济主战场、面向国家重大需求、面向人民生命健康，率先发挥“双一流”建设高校培养急需高层次人才和基础研究人才主力军作用，以及优化学科专业布局和支撑创新策源地的基础作用。

——保持战略定力，充分认识建设的长期性、艰巨性和复杂性，遵循人才培养、学科发展、科研创新内在规律，把握高质量内涵式发展要求，不唯排名、不唯数量指标，不急功近利，突出重点、聚焦难点、守正创新、久久为功。

**二、强化立德树人，造就一流自立自强人才方阵**

3. 坚持用习近平新时代中国特色社会主义思想铸魂育人。加强党的创新理论武装，突出思想引领和政治导向，深化落实习近平新时代中国特色社会主义思想进教材、进课堂、进头脑，不断增强师生政治认同、思想认同和情感认同。完善全员全过程全方位育人体制机制，不断加强思政课程与课程思政协同育人机制建设，着力培育具有时代精神的中国特色大学文化，引导广大青年学生爱国爱民、锤炼品德、勇于创新、实学实干，努力培养堪当民族复兴大任的时代新人。

4. 牢固确立人才培养中心地位。坚持把立德树人成效作为检验学校一切工作的根本标准，构建德智体美劳全面培养的教育体系。以促进学生身心健康全面发展为中心，以“兴趣＋能力＋使命”为培养路径，全面推进思想政治工作体系、学科体系、教学体系、教材体系、管理体系建设，率先建成高质量本科教育和卓越研究生教育体系。健全师德师风建设长效机制，加强学术规范教育，以教风建设促进和带动优良学风建设。强化高校、科研院所和行业企业协同育人，支持和鼓励联合开展研究生培养，深化产教融合，建设国家产教融合人才培养基地，示范构建育人模式，全面提升创新型、应用型、复合型优秀人才培养能力。

5. 完善强化教师教书育人职责的机制。加大力度推进教育教学改革，积极探索新时代教育教学方法，不断提升教书育人本领。构建全面提升教育教学能力的教师发展体系，引导教师当好学生成长成才的引路人，培育一批教育理念先进、热爱教学的教学名师和教学带头人。不断完善教学评价体系，多维度考察教师在思政建设、教学投入等方面的实绩，促进教学质量持续提升。完善体制机制，支撑和保障教师潜心育人、做大先生、研究真问题，成为学生为学、为事、为人的示范。

6. 加快培养急需高层次人才。大力培养引进一大批具有国际水平的战略科学家、一流科技领军人才、青年科技人才和创新团队。实施“国家急需高层次人才培养专项”，加大力度培养理工农医类人才。持续实施强基计划，深入实施基础学科拔尖学生培养计划 2.0，推进基础学科本硕博贯通培养，加强基础学科人才培养能力，为实现“0 到 1”突破的原始创新储备人才。充分利用中华优秀传统文化及国内外哲学社会科学积极成果，加强马克思主义理论高层次人才和哲学社会科学拔尖人才培养。面向集成电路、人工智能、储能技术、数字经济等关键领域加强交叉学科人才培养。强化科教融合，完善人才培育引进与团队、平台、项目耦合机制，把科研优势转化为育人优势。

**三、服务新发展格局，优化学科专业布局**

7. 率先推进学科专业调整。健全国家急需学科专业引导机制，按年度发布重点领域学科专业清单，鼓励建设高校着力发展国家急需学科，以及关系国计民生、影响长远发展的战略性学科。支持建设高校瞄准世界科学前沿和关键技术领域优化学科布局，整合传统学科资源，强化人才培养和科技创新的学科基础。对现有学科体系进行调整升级，打破学科专业壁垒，推进新工科、新医科、新农科、新文科建设，积极回应社会对高层次人才需求。布局交叉学科专业，培育学科增长点。

8. 夯实基础学科建设。实施“基础学科深化建设行动”，稳定支持一批立足前沿、自由探索的基础学科，重点布局一批基础学科研究中心。加强数理化生等基础理论研究，扶持一批“绝学”、冷门学科，改善学科发展生态。根据基础学科特点和创新发展规律，实行建设学科长周期评价，为基础性、前瞻性研究创造宽松包容环境。建设一批基础学科培养基地，以批判思维和创新能力培养为重点，强化学术训练和科研实践，强化大团队、大平台、大项目的科研优势转化为育人资源和育人优势，为高水平科研创新培养高水平复合型人才。

9. 加强应用学科建设。加强应用学科与行业产业、区域发展的对接联动，推动建设高校更新学科知识，丰富学科内涵。重点布局建设先进制造、能源交通、现代农业、公共卫生与医药、新一代信息技术、现代服务业等社会需求强、就业前景广阔、人才缺口大的应用学科。

10. 推进中国特色哲学社会科学体系建设。坚持马克思主义指导地位，提出新观点，构建新理论，加快构建中国特色、中国风格、中国气派的哲学社会科学学科体系、学术体系、话语体系。巩固马克思主义理论一级学科基础地位，强化习近平新时代中国特色社会主义思想学理化学科化研究阐释。围绕基础科学前沿面临的重大哲学问题以及科技发展对人类社会的影响，加强科学哲学研究，进一步拓展科学创新的思想空间，推动科学文化建设。深入实施高校哲学社会科学繁荣计划，加快完善对哲学社会科学具有支撑作用的学科，推动马克思主义理论与马克思主义哲学、政治经济学、科学社会主义、中共党史党建等学科联动发展，建好教育部哲学社会科学实验室、高校人文社会科学重点研究基地，强化中国特色新型高校智库育人功能。

11. 推动学科交叉融合。以问题为中心，建立交叉学科发展引导机制，搭建交叉学科的国家级平台。以跨学科高水平团队为依托，以国家科技创新基地、重大科技基础设施为支撑，加强资源供给和政策支持，建设交叉学科发展第一方阵。创新交叉融合机制，打破学科专业壁垒，促进自然科学之间、自然科学与人文社会科学之间交叉融合，围绕人工智能、国家安全、国家治理等领域培育新兴交叉学科。完善管理与评价机制，防止简单拼凑，形成规范有序、更具活力的学科发展环境。

**四、坚持引育并举，打造高水平师资队伍**

12. 建设高水平人才队伍。引导全体教师按照有理想信念、有道德情操、有扎实学识、有仁爱之心的“四有”好老师标准严格要求自己，坚定理想信念，践行教书育人初心使命，提高教师思想政治和育人水平。统筹国内外人才资源，创设具有国际竞争力和吸引力的高端平台、资源配置和环境氛围，集聚享誉全球的学术大师和服务国家需求的领军人才，为加快建设世界重要人才中心和创新高地提供有力支撑。发挥大学在科技合作中的重要作用，加强制度建设，规范人才引进，引导国内人才有序流动。

13. 完善创新团队建设机制。优化团队遴选机制，健全基于贡献的科研团队评价机制，大力推进科研组织模式创新。优化高等院校、科研院所、行业企业高端人才资源在教育教学方面的交流共享机制，促进高水平科研反哺教学。加强创新团队文化建设，探索建立创新容错机制，营造鼓励创新、宽容失败的环境氛围。

14. 加强青年人才培育工作。鼓励建设高校扩大博士后招收培养数量，将博士后作为师资的重要来源。加大长期稳定支持的力度，为青年人才深入“无人区”潜心耕作提供条件和制度保障。关心关爱青年人才，加强青年骨干力量培养，破除论资排辈、求全责备等观念和做法，支持青年人才挑大梁、当主角。完善青年人才脱颖而出、大量涌现的体制机制，挖掘培育一批具有学术潜力和创新活力的青年人才。

**五、完善大学创新体系，深化科教融合育人**

15. 支撑高水平科技自立自强。围绕打造国家战略科技力量，服务国家创新体系建设，完善以健康学术生态为基础、以有效学术治理为保障、以立足国内自主培养一流人才和产生一流学术成果为目标的大学创新体系。做厚做实基础研究，深入推进“高等学校基础研究珠峰计划”，重点支持基础性、前瞻性、非共识、高风险、颠覆性科研工作。加强关键领域核心技术攻关，加快推进人工智能、区块链等专项行动计划，努力攻克新一代信息技术、现代交通、先进制造、新能源、航空航天、深空深地深海、生命健康、生物育种等“卡脖子”技术。建设高水平科研设施，推进重大创新基地实体化建设，推动高校内部科研组织模式和结构优化，汇聚高层次人才团队，强化有组织创新，抢占科技创新战略制高点。鼓励跨校跨机构跨学科开展高质量合作，充分发挥建设高校整体优势，集中力量开展高层次创新人才培养和联合科研攻关。加强与国家实验室以及国家发展改革委、科技部、工业和信息化部等建设管理的重大科研平台的协同对接，整合资源、形成合力。

16. 实施“一流学科培优行动”。瞄准国家高精尖缺领域，针对战略新兴产业、传承弘扬中华优秀传统文化以及治国理政新领域新方向，由具备条件的建设高校“揭榜挂帅”，完善人才培养体系，优化面向需求的育人机制，促进高校、产业、平台等融合育人，力争在国际可比学科和方向上更快突破，取得创新性先导性成果，打造国际学术标杆，成为前沿科技领域战略科学家、哲学社会科学领军人才和卓越工程师成长的主要基地。加大急需人才培养力度，扩大相关学科领域高层次人才培养规模。

17. 提升区域创新发展水平。加强高校、科研院所、企业等主体协同创新，建立协同组织、系统集成的高端研发平台，推动产学研用深度融合，促进科技成果转化，推进教育链、人才链、创新链与产业链有机衔接。立足服务国家区域发展战略，推动高校融入区域创新体系。充分发挥建设高校示范带动作用，通过对口支援、学科合建、课程互选、学分互认、学生访学、教师互聘、科研互助等实质性合作，强化辐射引领，带动推进地方高水平大学和优势特色学科建设，加快形成区域高等教育发展新格局，推动构建服务全民终身学习的教育体系，引领区域经济社会创新发展。

**六、推进高水平对外开放合作，提升人才培养国际竞争力**

18. 全面提升国际交流合作水平。建立健全与高水平教育开放相适应的高校外事管理体系，探索与世界高水平大学双向交流的留学支持新机制，开展学分互认、学位互授联授，搭建中外教育文化友好交往的合作平台，促进和深化人文交流。规范来华留学生管理，扩大优秀学历学位生规模，推进来华留学生英语授课示范课程建设，全面提升来华学历学位留学教育质量。

19. 深度融入全球创新网络。鼓励建设高校发起国际学术组织和大学合作联盟，举办高水平学术会议和论坛，创办高水平学术期刊，加大面向国际组织的人才培养，提升参与教育规则标准制定的话语权。深入推进共建"一带一路"教育行动，参与国际重大议题研究，主动设计和牵头发起国际大科学计划和大科学工程，主动承担涉及人类生存发展共性问题的教育发展和科研攻关任务，为人才提供国际一流的创新平台，参与应对全球性挑战，促进人类共同福祉。

**七、优化管理评价机制，引导建设高校特色发展**

20. 完善成效评价体系。推进深化新时代教育评价改革总体方案落实落地，把人才质量作为评价的重中之重，坚决克服"五唯"顽瘴痼疾，探索分类评价与国际同行评议，构建以创新价值、能力、贡献为导向，反映内涵发展和特色发展的多元多维成效评价体系。完善毕业生跟踪调查及结果运用，建立健全需求与就业动态反馈机制。将建设高校引领带动区域发展作用情况作为建设成效评价的重要内容，对成效显著的给予倾斜支持。基于大数据常态化监测，着力建设"监测—改进—评价"机制，强化诊断功能，落实高校的建设主体责任。

21. 优化动态调整机制。以需求为导向、以学科为基础、以质量为条件、以竞争为机制，立足长期重点建设，对建设高校和学科总量控制、动态调整，减少遴选和评价工作对高校建设的影响，引导高校着眼长远发展、聚焦内涵建设。对建设基础好、办学质量高、服务需求优势突出的高校和学科，列入建设范围。对发展水平不高、建设成效不佳的高校和学科，减少支持力度直至调出建设范围。对建设成效显著的高校探索实行后奖补政策。

22. 探索自主特色发展新模式。强化一流大学作为人才培养主阵地、基础研究主力军和重大科技突破策源地定位，依据国家需求分类支持一流大学和一流学科建设高校，淡化身份色彩，强特色、创一流。优化以学科为基础的建设模式，坚持问题导向和目标导向，不拘泥于一级学科，允许部分高校按领域和方向开展学科建设。选择若干高水平大学，全面赋予自主设置建设学科、评价周期等权限，鼓励探索办学新模式。选择具有鲜明特色和综合优势的建设高校，赋予一定的自主设置、调整建设学科的权限，设置相对宽松的评价周期。健全自主建设高校权责匹配的管理机制，确保自主权落地、用好。对于区域特征突出的建设高校，支持面向区域重大需求强化学科建设。

**八、完善稳定支持机制，加大建设高校条件保障力度**

23. 引导多元投入。建立健全中央、地方、企业、社会协同投入长效机制。中央财政专项持续稳定支持。巩固扩大地方政府多渠道支持力度，鼓励地方政府为"双一流"建设创造优良政策环境。强化精准支持，突出绩效导向，形成激励约束机制，在公平竞争中体现扶优扶强扶特。引导建设高校立足优势，扩大社会合作，积极争取社会资源。

24. 创新经费管理。依据服务需求、建设成效和学科特色等因素，对建设高校和学科实行差异化财政资金支持。扩大建设高校经费使用自主权，允许部分高校在财政专项资金支持范围内自主安排项目经费，按五年建设周期进行执行情况考核和绩效考评。落实完善科研经费使用等自主权。

25. 强化基础保障。加大中央预算内基础设施建设投资力度，重点加强主干基础学科、优势特色学科、新兴交叉学科。新增研究生招生计划、推免指标等，向服务重点领域的高校和学科倾斜，向培养急需人才成效显著的高校和学科倾斜，向中西部和东北地区的高校和学科倾斜。针对关键核心领域，加大对建设高校国家产教融合创新平台建设的支持力度。

**九、加强组织领导，提升建设高校治理能力**

26. 加强党的全面领导。坚定政治立场，提高政治站位，把党的领导贯穿建设全过程和各方面，强化高校党委管党治党、正风反腐、办学治校主体责任，把握学校发展及学科建设定位，坚持和完善党委领导下的校长负责制，把好办学方向关、人才政治关、发展质量关。认真贯彻落实新时代党的组织路线，加强领导班子自身建设，统筹推进干部队伍建设，健全党委统一领导、党政齐抓共管、部门各负其责的体制机制，使“双一流”建设与党的建设同步谋划、同步推进，激发师生员工参与建设的积极性、主动性和创造性。

27. 强化建设高校责任落实。对标教育现代化目标和要求，健全学校政策制定和落实机制，统筹编制好学校整体规划和学科建设、人才培养等专项规划，形成定位准确、有序衔接的政策体系。健全工作协同机制，完善上下贯通、执行有力的组织体系，提高资源配置效益和管理服务效能。落实和扩大高校办学自主权，注重权责匹配、放管相济，积极营造专心育人、潜心治学的环境。完善学校内部治理结构，深化人事制度、人才评价改革，充分激发建设高校内生动力和办学活力，加快推进治理体系和治理能力现代化。

教育部　财政部　国家发展改革委

2022 年 1 月 26 日

# 上海市学前教育与托育服务条例

（2022 年 11 月 23 日上海市第十五届人民代表大会常务委员会第四十六次会议通过）

## 第一章　总　　则

第一条　为了保障适龄儿童接受学前教育与托育服务的权利，规范学前教育与托育服务实施，促进学前教育事业与托育服务健康发展，根据有关法律、行政法规，结合本市实际，制定本条例。

第二条　本条例适用于在本市行政区域内实施的学前教育与托育服务，以及相关支持保障、监督管理等活动。

本条例所称学前教育，是指由幼儿园等学前教育机构对三周岁至入小学前的儿童（以下简称学前儿童）实施的保育和教育。

本条例所称托育服务，是指由幼儿园托班、托育机构以及社区托育点等对三周岁以下婴幼儿实施的照护和保育。

第三条　本市学前教育与托育服务坚持以人民为中心的发展思想，按照“人民城市”建设要求，坚持政府主导、社会参与、普惠多元、安全优质、方便可及的原则，遵循儿童身心发展规律，促进儿童健康成长，实现幼有善育。

第四条　本市实行学前教育与托育服务一体规划、一体实施、一体保障，建立健全家庭科学育儿指导服务网络。

本市普及学前教育，以政府举办的公办幼儿园为主，支持和规范社会力量举办民办幼儿园，大力发展普惠性学前教育，构建布局合理、公益普惠的学前教育公共服务体系。

本市发展托育服务，以家庭照护为基础，通过开设幼儿园托班，鼓励和引导社会力量举办托育机构，设置社区托育点，支持机关、企事业单位、园区、商务楼宇等提供福利性托育服务，构建普惠多元的托育公共服务体系。

本市为适龄儿童家庭提供科学育儿指导服务，加强对家庭照护的支持与指导，增强家庭科学育儿能力。

第五条　各级人民政府应当将学前教育与托育服务纳入本级国民经济和社会发展规划，并将相关重点工作纳入为民办实事项目予以推进。

市人民政府统筹规划和协调推进全市学前教育与托育服务发展。区人民政府应当履行推进学前教育与托育服务发展的主体责任，合理配置本行政区域内学前教育与托育服务资源，促进学前教育与托育服务协调发展。

市、区人民政府应当建立综合协调机制，统筹协调解决学前教育与托育服务发展中的重大问题。

乡镇人民政府和街道办事处应当组织推进辖区内学前教育与托育服务发展，落实相关政策措施和监督管理工作。

第六条　市教育部门主管本市行政区域内的学前教育与托育服务工作，牵头推进学前教育与托育公共服务体系建设，制定发展规划和相关标准、规范，负责监督管理和指导服务工作。区教育部门具体负责本行政区域内学前教育与托育服务的监督管理和指导服务工作。

卫生健康部门负责对幼儿园、托育机构和社区托育点的卫生保健、疾病预防控制等工作进行业务指导和日常监管，制定相关标准、规范，依法开展传染病防治、饮用水卫生等监督检查。

发展改革、财政、规划资源、住房城乡建设管理、房屋管理、市场监管、人力资源社会保障、民政、公安、应急管理等部门和消防救援机构按照各自职责，共同做好学前教育与托育服务的相关管理和保障工作。

第七条　父母或者其他监护人应当依法履行抚养与教育儿童的责任，学习家庭养育知识，接受科学育儿指导，创造良好家庭环境，科学开展家庭照护和教育。

第八条　工会、共产主义青年团、妇女联合会、残疾人联合会、关心下一代工作委员会以及有关社会组织应当结合自身工作，支持学前教育与托育服务发展。

居民委员会、村民委员会应当协助政府及有关部门宣传学前教育与托育服务的法律法规，指导、帮助和监督儿童的父母或者其他监护人依法履行抚养与教育责任。

鼓励自然人、法人和非法人组织通过捐赠资助、志愿服务等方式，支持普惠性学前教育与托育服务发展。

第九条　鼓励相关行业协会通过制定学前教育与托育服务行业标准和规范、参与服务质量评估、开展从业人员培训等方式，规范行业行为，加强行业自律，推动学前教育与托育服务规范健康发展。

第十条　广播、电视、报刊、网络等媒体应当广泛开展公益宣传，倡导科学育儿理念，营造尊重、关心、爱护儿童的社会氛围，为儿童健康成长创造良好环境。

第十一条　本市支持开展学前教育与托育服务相关基础理论、实务应用、行业管理等方向和领域的科学研究活动。

本市加强学前教育与托育服务相关标准规范、人才培养、支持保障、发展经验等方面的国内、国际合作交流。

第十二条　对在学前教育与托育服务工作中做出突出贡献的个人和组织，按照国家和本市规定予以表彰和奖励。

## 第二章　规划与建设

第十三条　市教育部门会同市规划资源部门根据本市人口、公共服务资源、学前教育与托育服务需求状况等因素，明确本市幼儿园及其托班建设用地标准、要求以及布局。本市幼儿园及其托班的布局经市规划资源部门进行综合平衡后，纳入相应的国土空间规划。区和乡镇人民政府负责相关规划在本行政区域的推进落实。

第十四条　新建居住区配套建设的幼儿园及其托班设施，符合国家有关划拨用地规定的，可以以划拨方式提供国有土地使用权。

农村地区符合规划要求建设的学前教育与托育服务设施，可以依法使用农民集体所有土地。

第十五条　本市按照区域内常住人口和需求配置学前教育与托育服务设施，学前教育万人学位数和托育服务千人托位数按照国家和本市有关规定确定。

新建居住区应当按照国家和本市规划要求与建设标准，配套建设幼儿园及其托班设施，与住宅同步规划、同步设计、同步建设、同步验收、同步交付使用，并由教育部门按照相关规定参与评审验收。配套建设的幼儿园及其托班应当举办成公办幼儿园或者委托办成普惠性民办幼儿园，提供普惠性学前教育与托育服务。

已建成居住区的幼儿园及其托班未达到规划要求或者建设标准的，所在地的区人民政府应当通过新建、扩建、改建以及支持社会力量参与等方式，予以补充和完善。

区人民政府应当加强学前特殊教育资源建设，根据本行政区域内有特殊需要的学前儿童数量、类型和分布情况，设置专门的特殊教育学前班或者学前特殊教育机构，确保学前特殊教育服务覆盖所有街镇。

第十六条　区人民政府应当统筹协调社区托育点的建设和管理工作。乡镇人民政府、街道办事处应当根据辖区内人口结构、托育服务需求以及社区公共服务设施等资源配置情况，建设社区托育点提供临时照护服务。

区人民政府应当将社区托育服务和家庭科学育儿指导服务纳入十五分钟社区生活圈、乡村社区生活圈和社区综合服务体系建设内容。

第十七条　幼儿园和托育机构应当按照国家和本市有关选址要求，设置在空气流通、日照充足、交通方便、基础设施完善，符合卫生、环保、抗震、消防、疏散等要求的安全区域内。

幼儿园和托育机构的建设应当符合国家和本市有关建设标准、规范和要求。

社区托育点可以单独设置，也可以依托社区公共服务设施等设置，有相对独立区隔的空间，符合卫生、环保、消防等标准和规范，有条件的可以设置户外活动场地。

第十八条　本市将学前教育与托育服务设施建设作为城市更新的重要内容，在保障公共利益、符合更新目标和安全要求的前提下，可以按照规定对用地性质、容积率、建筑高度等指标予以优化。

第十九条　未经法定程序，任何组织和个人不得擅自改变学前教育与托育服务设施建设用地用途或者设施使用性质，不得侵占、损坏或者擅自拆除学前教育与托育服务设施。

## 第三章　设立与管理

第二十条　设立幼儿园、托育机构，应当具备下列基本条件：

（一）有组织机构、章程和规范的名称；

（二）有符合要求的从业人员；

（三）有符合标准和规范的园舍场地、功能室和设施设备；

（四）有必备的举办资金和稳定的经费来源；

（五）法律、法规规定的其他条件。

第二十一条　设立公办幼儿园，应当按照国家和本市事业单位登记管理的规定，进行事业单位法人登记。

设立民办幼儿园，应当依法向所在地的区教育部门申请取得办学许可，并依法向民政或者市场监管部门办理登记。

设立托育机构，应当依法向民政或者市场监管部门办理登记；申请登记为社会服务机构的，应当依法经业务主管部门审查同意。托育机构应当在完成有关登记手续后十五个工作日内，向所在地的区教育部门进行备案，并提交能够证明符合本条例第二十条规定条件的材料。区教育部门应当向社会公布已备案的托育机构名单等信息，并及时更新。

幼儿园和托育机构变更与终止，应当按照国家和本市有关规定办理变更或者注销手续。

第二十二条　公办幼儿园和普惠性民办幼儿园应当按照规定提供普惠性学前教育服务。政府可以向民办幼儿园购买普惠性学前教育服务。

本市幼儿园应当按照规划要求开设托班。公办幼儿园开设的托班、民办幼儿园开设的普惠性托班以及普惠性托育机构应当按照规定，提供普惠性托育服务。政府可以向托育机构购买普惠性托育服务。

市教育部门会同相关部门制定普惠性民办幼儿园、普惠性托育机构的认定管理办法，区教育部门会同相关部门负责具体认定。

第二十三条　任何组织或者个人不得利用财政经费、国有资产、集体资产举办或者支持举办营利性民办幼儿园。

公办幼儿园不得转制为民办幼儿园。公办幼儿园不得举办或者参与举办营利性民办幼儿园和其他教育机构。

社会资本举办或者参与举办幼儿园，应当遵守国家有关投资、融资等方面的限制性规定。

第二十四条　幼儿园和托育机构实行园长(负责人)负责制。

幼儿园和托育机构应当建立健全信息公示制度，将条件配置、人员配备、招收要求、收费标准等信息向社会公示，接受社会监督。

第二十五条　幼儿园和托育机构应当依法建立健全财务、会计及资产管理制度，严格经费管理，提高经费使用效益。

幼儿园应当按照规定实行财务公开，接受社会监督。民办幼儿园应当每年向所在地的区教育部门提交经社会中介机构审计的财务会计报告，并公布审计结果。

第二十六条　公办幼儿园及其托班的收费标准实行政府指导价，相关收费标准统筹考虑政府投入、经济社会发展水平、运行成本和群众承受能力等因素合理确定，并建立动态调整机制。

普惠性民办幼儿园及其托班、普惠性托育机构的收费标准，参照本市学前教育生均经费基本标准确定。

幼儿园和托育机构应当将收费项目和标准、收费方式、服务内容、退费规则等内容告知家长。

第二十七条　社区托育点应当有符合条件的场地和设施设备，配备符合要求的从业人员，并按照标准和规范开展照护服务。

乡镇人民政府、街道办事处可以自行运营管理社区托育点，也可以通过购买服务、委托运营等方式委托具备相应资质、条件的学前教育机构或者托育机构运营管理。

## 第四章　保育与教育

第二十八条　学前教育与托育服务应当将保障儿童身心健康和安全放在首位。

学前教育应当坚持保育与教育相结合的原则，科学实施保育与教育活动，关注个体差异，注重良好习惯养成，促进学前儿童身心健康发展。

托育服务应当坚持保育为主、教养融合的原则，根据三周岁以下婴幼儿的身心发展特点，创设安全健康适宜的照护环境，促进婴幼儿健康成长。

第二十九条　幼儿园和托育机构应当建立健全安全保卫、消防、设施设备、食品药品等安全管理制度和安全责任制度，完善物防、技防设施设备，定期开展安全教育培训、安全检查和应急演练，及时消除安全隐患，保障儿童在园在托期间的人身安全。出入口、儿童活动场所、休息场所等区域应当安装视频监控设施，监控记录至少保存九十天。

发现儿童身心健康受到侵害、疑似受到侵害或者面临其他危险情形的，幼儿园和托育机构应当立即向教育、公安等部门报告；发生突发事件或者紧急情况，应当优先保护儿童人身安全，立即采取紧急救助和防护措施，并及时通知父母或者其他监护人，同时向有关部门报告。

幼儿园应当按照规定投保相应的责任保险。鼓励托育机构、社区托育点投保责任保险。

第三十条　幼儿园和托育机构应当合理安排在园在托儿童一日生活，科学合理安排营养膳食、体格锻炼，保证户外活动时间、效果与质量；做好健康检查和清洁消毒、传染病预防控制、常见病预防等卫生保健工作，促进儿童身体正常发育和心理健康。

发现传染病或者疑似传染病的，幼儿园和托育机构应当立即向卫生健康、教育部门或者疾病预防控制机构报告，并按照规定落实相关防控措施。

第三十一条　幼儿园应当以游戏为基本活动，帮助学前儿童通过亲近自然、实际操作、亲身体验等方式，获得有益于身心发展的经验，养成良好品行、生活和学习习惯。

托育机构应当在生活和游戏中，促进婴幼儿身体发育、动作、语言、认知、情感与社会性等方面的健康发展。

第三十二条　幼儿园应当接收能够适应集体生活的有特殊需要的学前儿童入园，通过随班就读、设置特殊教育班等方式，实施融合教育。

专门设置的特殊教育学前班或者学前特殊教育机构应当接收不具备接受普通学前教育能力的有特殊需要的儿童就读，提供有针对性的教育与康复、保健服务。

各区特殊教育指导机构应当为幼儿园、特殊教育学前班、学前特殊教育机构提供指导。

第三十三条　幼儿园和托育机构应当配备并使用符合国家和本市有关要求的设施设备、玩教具，以及儿童图画书、教师指导用书等教育教学、保育活动资料。

鼓励幼儿园和托育机构利用家庭、社区等各类活动资源和教育资源，拓展儿童生活与学习空间。

第三十四条　托育机构与幼儿园、幼儿园与小学应当相互配合，建立科学衔接机制，共同帮助儿童适应集体生活，做好入园入学准备。

第三十五条　幼儿园和托育机构应当经常与父母或者其他监护人交流儿童身心发展状况，指导家庭开展科学育儿。

幼儿园和托育机构应当建立健全家长委员会，有条件的可以开办家长学校。

父母或者其他监护人应当积极配合、支持幼儿园和托育机构开展保育教育。

第三十六条　幼儿园和托育机构不得使用小学化的教育方式，不得教授小学阶段的课程内容，不得组织任何形式的考试或者测试，不得开展违背儿童身心发展规律和年龄特点的活动。

幼儿园和托育机构不得向儿童及家长组织征订教材和教辅材料，不得推销或者变相推销商品、服务等。

第三十七条　社区托育点应当按照规定建立健全安全管理制度，完善安全管理措施，合理安排在托幼儿生活和活动，落实场所清洁消毒、传染病预防控制等要求，做好幼儿临时照护工作。

## 第五章　从 业 人 员

第三十八条　学前教育与托育服务保育教育从业人员应当热爱学前教育事业与托育服务工作，尊重、爱护和平等对待儿童，遵循儿童发展规律，潜心培幼育人，不断提高专业素养和职业技能。

幼儿园和托育机构应当建立完善保育教育从业人员的培训和考核制度，不断提升其职业素质，提高保育教育、照护和服务能力。

第三十九条　幼儿园应当按照国家幼儿园教职工配备标准，配备教师、保育人员等工作人员。公办幼儿园教职工配备应当符合有关机构编制标准。

托育机构应当按照本市托育机构设置标准的规定，配备从事保育、卫生保健、营养等工作的从业人员。

社区托育点应当按照本市有关标准的规定，配备从事临时照护、保育、卫生保健等工作的人员。

幼儿园园长、教师、保育人员等工作人员和托育机构的负责人、从业人员应当符合国家规定的有关资质、从业经历等条件。

第四十条　幼儿园和托育机构应当按照国家有关规定，保障教师、保育人员及其他从业人员的工资福利和待遇，依法为其缴纳社会保险和住房公积金，改善工作和生活条件。

公办幼儿园教师的工资收入水平，根据国家和本市有关规定确定。民办幼儿园可以参照公办幼儿园教师工资收入水平，合理确定教师的工资收入。

区人民政府应当将公办幼儿园教师、保育人员工资纳入财政保障范畴，确保按时足额发放。

相关行业协会可以定期发布从事保育工作人员工资收入行业指导价，引导合理确定相关从业人员薪酬水平。

第四十一条　幼儿园教师在职称评定、岗位聘任(用)等方面享有与中小学教师同等的待遇。

符合条件的幼儿园卫生保健人员，纳入相关专业技术职称系列。相关部门应当优化职称评价标准，畅通幼儿园卫生保健人员职业发展路径。

符合条件的郊区幼儿园教师可以按照规定享受相应津贴、补贴。承担特殊教育任务的幼儿园教师按照规定享受特殊教育津贴。

托育机构相关从业人员的技术技能评价，按照国家和本市有关规定执行。

第四十二条　教育、卫生健康、人力资源社会保障等部门应当制定并实施学前教育与托育服务人才培养和职业培训规划，通过支持高等院校、职业学校开设相关专业、课程以及引进人才等方式，加强学前教育与托育服务从业人员队伍建设。

第四十三条　幼儿园和托育机构、社区托育点聘任(用)从业人员前，应当进行背景调查和健康检查，有以下情形之一的，不得聘任(用)：

(一) 有犯罪记录的；

(二) 因实施虐待、性侵害、性骚扰、暴力伤害等行为被处以治安管理处罚或者处分的；

(三) 有吸毒、酗酒、赌博等违法或者不良行为的；

(四) 患有不适合从事学前教育与托育服务工作的慢性传染病、精神病等疾病的；

(五) 有严重违反师德师风行为的；

(六) 有其他可能危害儿童身心安全，不宜从事学前教育与托育服务工作情形的。

幼儿园和托育机构、社区托育点的从业人员在岗期间患有前款第四项疾病的，应当立即离岗治疗。

第四十四条　幼儿园和托育机构、社区托育点的从业人员不得体罚或者变相体罚儿童，不得实施歧视、侮辱、虐待、性侵害以及其他违反职业道德规范或者损害儿童身心健康的行为。

## 第六章　家庭科学育儿指导

第四十五条　本市依托市、区家庭科学育儿指导机构和社区家庭科学育儿指导站(点)，建立覆盖城乡社区的家庭科学育儿指导服务网络，通过线上、线下结合的模式，为适龄儿童家庭提供科学育儿指导服务。

教育、卫生健康等部门和妇女联合会应当健全家庭科学育儿指导机制，加强对家庭照护的支持和指导，提供多种形式的家庭科学育儿指导服务，增强家庭的科学育儿能力。

第四十六条　家庭科学育儿指导机构和指导站（点）应当通过入户指导、组织公益活动和亲子活动、家长课堂及联合幼儿园和托育机构开展线下指导服务等方式，推进科学育儿指导服务便利可及，丰富家庭科学育儿指导服务内容和形式。

本市开发建设移动客户端、网站等家庭科学育儿指导信息化平台，通过在线咨询、宣传培训等方式开展线上指导服务，提升获取服务的便利度。

第四十七条　开展家庭科学育儿指导应当针对不同年龄段儿童的身心特点和发展规律，注重个体差异，采取灵活多样的指导措施、途径和方式，帮助家庭树立科学育儿理念，掌握科学育儿方法。

父母或者其他监护人应当与家庭科学育儿指导机构和指导站（点）密切配合，积极参加其提供的公益性育儿指导和实践活动，共同促进儿童健康成长。

第四十八条　教育、卫生健康等部门和乡镇人民政府、街道办事处应当通过购买服务、聘用专兼职人员、配置社会工作者岗位、引入志愿者等方式，加强家庭科学育儿指导服务队伍建设。

本市依托高等院校、社区学校等建立家庭科学育儿指导培训的专兼职师资队伍，开展对家庭科学育儿指导工作研究，编制指导课程和方案，加强对家庭科学育儿指导人员的培训指导。

鼓励具有学前教育、保育、卫生保健等专业背景的人员参与家庭科学育儿指导服务工作。

## 第七章　支持与保障

第四十九条　学前教育实行政府投入为主、多渠道筹措的经费投入机制；托育服务实行政府支持、鼓励社会参与的经费投入机制。学前教育与托育服务财政补助经费按照事权和支出责任相适应的原则，分别列入市和区财政预算。

市人民政府制定公办幼儿园生均经费基本标准和生均公用经费基本标准，以及普惠性民办幼儿园补助标准，根据经济和社会发展状况适时调整。区人民政府应当按照不低于基本标准落实日常经费投入保障。

学前特殊教育生均经费基本标准和生均公用经费基本标准，应当考虑保育教育和康复需要适当提高。

各级人民政府应当完善普惠性托育服务经费支持机制。

第五十条　各级人民政府通过综合奖补、购买服务、减免租金等多种方式，支持普惠性民办幼儿园发展。

市、区人民政府应当综合采取规划、土地、住房、财政、金融、人才等措施，支持社会力量举办托育机构，支持普惠性托育机构和社区托育点的发展。

第五十一条　幼儿园和托育机构使用水、电、燃气、电话，按照居民生活类价格标准收费；使用有线电视，按照本市有关规定，享受付费优惠。

第五十二条　本市建立学前教育资助制度，为家庭经济困难儿童、孤儿、残疾儿童等接受普惠性学前教育提供资助。

鼓励和支持托育机构为家庭经济困难儿童减免托育费用。

第五十三条　市教育部门应当建立健全学前教育与托育服务信息服务平台，与政务服务“一网通办”平台对接，提供信息查询、政策咨询、网上办事等服务，接受投诉举报。

教育、市场监管、民政等部门应当加强信息共享，公开办事指南，简化和规范办事流程，为幼儿园和托育机构设立、登记、备案等提供指导和便利服务。

第五十四条　本市推动人工智能、物联网、云计算、大数据等新一代信息技术在学前教育与托育服务领域的应用，支持相关行业组织发布智慧学前教育与托育服务应用场景需求，引导社会力量开发支撑学前教育与托育服务的技术与应用。

鼓励和支持幼儿园和托育机构利用信息技术进行管理和保育教育，提升信息化应用水平。

## 第八章　监 督 管 理

第五十五条　本市健全学前教育与托育服务综合监管机制，制定监管责任清单，明确相关职能部门以及区和乡镇人民政府、街道办事处的职责分工。各级人民政府应当统筹协调相关职能部门，加强对学前教育与托育服务的综合监督管理。

教育、规划资源、卫生健康、房屋管理、市场监管、公安、应急管理等部门和消防救援机构应当按照各自职责，依法加强对幼儿园和托育机构设立、规划、服务质量、建筑安全、收费管理、公共卫生、食品安全、消防安全等行为的监督检查，并依托"一网统管"平台，加强监管信息共享和执法协作。

第五十六条　教育部门应当加强幼儿园和托育机构安全风险防控体系建设，会同公安、应急管理等部门指导监督幼儿园和托育机构落实安全管理责任，及时排查和消除安全隐患。

第五十七条　财政、审计等部门应当按照各自职责，加强对幼儿园和托育机构财政经费投入和使用的监督管理。

任何单位或者个人不得侵占、挪用学前教育与托育服务经费，不得向幼儿园和托育机构违规收取或者摊派费用。

第五十八条　教育、卫生健康部门应当健全学前教育与托育服务质量评估监测体系，完善质量评估标准，定期对幼儿园、托育机构、社区托育点的保育教育和服务质量进行评估，并将评估结果向社会公布。

第五十九条　市、区人民政府教育督导机构应当依法对学前教育进行督导，督导报告应当定期向社会公开，并作为对被督导单位及其主要负责人进行考核、奖惩的重要依据。

第六十条　市、区人民代表大会常务委员会通过听取和审议专项工作报告、询问和质询、开展执法检查等方式，加强对本行政区域内学前教育与托育服务的监督。

市、区人民代表大会常务委员会充分发挥人大代表和基层立法联系点的作用，组织人大代表围绕学前教育与托育服务开展专题调研和视察等活动，汇集、反映人民群众的意见和建议，督促落实学前教育与托育服务相关工作。

## 第九章　法 律 责 任

第六十一条　违反本条例规定的行为，法律、行政法规已有处理规定的，从其规定。

违反本条例规定，侵害幼儿园和托育机构、社区托育点及其在园在托儿童、从业人员合法权益，造成财产损失、人身损害的，依法承担民事责任；构成违反治安管理行为的，依法给予治安管理处罚；构成犯罪的，依法追究刑事责任。

第六十二条　幼儿园有下列情形之一的，由教育部门或者有关主管部门责令限期改正，并予以警告；有违法所得的，退还所收费用后没收违法所得；情节严重的，责令停止招生，吊销幼儿园的办学许可证：

（一）违反国家和本市规定收取费用，或者克扣、挪用相关费用的；

（二）未依法加强安全防范建设、履行安全保障责任，或者未依法履行卫生保健责任的；

（三）使用不符合国家和本市有关要求的教育教学、保育活动资料的；

（四）教授小学阶段的课程内容，或者开展违背儿童身心发展规律和年龄特点的活动的；

（五）组织考试或者测试的；

（六）发生体罚或者变相体罚、歧视、侮辱、虐待、性侵害等损害儿童身心健康的行为的。

第六十三条　托育机构违反本条例第二十一条第三款规定，未按要求进行备案或者在办理备案时隐瞒情况、提供虚假材料的，由所在地的区教育部门责令限期改正，可以处一千元以上一万元以下的罚款。

托育机构有本条例第六十二条规定的违法情形的，由教育部门或者有关主管部门责令限期改正，并予以警告；有违法所得的，退还所收费用后没收违法所得；情节严重的，责令停止托育服务。

第六十四条　幼儿园和托育机构、社区托育点的从业人员有本条例第四十四条规定的禁止行为的，由所在机构或者教育部门视情节给予当事人、机构负责人处分；情节严重的，由相关主管部门撤销其资格证书，限制其举办幼儿园、托育机构或者从事学前教育与托育服务工作。

第六十五条　违反本条例规定，未经法定程序擅自改变学前教育与托育服务设施建设用地用途，或者建设单位未按照核准的规划要求配套建设幼儿园及其托班的，由规划资源部门依法处理。

第六十六条　对违反本条例规定的行为，除依法追究相应法律责任外，有关部门还应当按照规定，将有关单位及个人失信信息向本市公共信用信息平台归集，并依法采取惩戒措施。

第六十七条　相关部门及其工作人员在学前教育与托育服务工作中不依法履行职责的，由其所在单位或者上级主管部门责令改正；玩忽职守、滥用职权、徇私舞弊的，依法给予处分；构成犯罪的，依法追究刑事责任。

## 第十章　附　　则

第六十八条　高校、普通中小学、特殊教育学校、儿童福利机构、康复机构等附设的幼儿园（班）、托儿所等学前教育机构与托育机构实施学前教育与托育服务，适用本条例。

机关、企事业单位、园区、商务楼宇等设立托育点提供福利性临时照护服务的，应当按照规定向所在地的区教育部门备案，其选址建设、人员配备、日常管理等参照社区托育点的有关规定执行。

第六十九条　本条例自2023年1月1日起施行。

# 上海市人民政府办公厅关于印发《上海市促进养老托育服务高质量发展实施方案》的通知

（沪府办发〔2022〕3号）

各区人民政府，市政府各委、办、局：

经市政府同意，现将《上海市促进养老托育服务高质量发展实施方案》印发给你们，请认真按照执行。

上海市人民政府办公厅

2022年1月29日

# 上海市促进养老托育服务高质量发展实施方案

为深入贯彻《国务院办公厅关于促进养老托育服务健康发展的意见》，结合实际，制定本实施方案。

**一、工作目标**

——养老托育服务体系更加完善。到2025年，深化形成居家社区机构相协调、医养康养相结合的养老服务体系；构建政府主导、家庭为主、多方参与，教养医相结合的托育服务体系；“一老一小”整体推进机制更加健全。

——养老托育服务供给更加有效。到2025年，全市养老床位从15.9万张增加到17.8万张，其中护理型床位不低于60%；各区社区养老服务设施均不低于常住人口每千人40平方米，有条件的区力争达到常住人口每千人50平方米。全市常住人口每千人拥有3岁以下婴幼儿托位数达到4.5个，普惠性托位占比不低于60%，开设托班的幼儿园占幼儿园总数比重不低于50%，科学育儿指导服务对常住人口适龄婴幼儿家庭全覆盖。

——养老托育服务质量明显提升。行业管理制度和服务标准体系更加健全，从业人员整体素质显著提升，政府投入和行业筹资水平稳定增长，数字化转型成效明显，覆盖全行业、全流程的监管体系全面建立，养老托育服务更加专业、科学、均衡、智慧和可持续。

——群众满意度不断提高。积极回应人民群众新期待，加快推动养老托育服务各项政策落地见效。建立健全养老托育服务动态评价和需求反馈机制，持续提升服务精准性和便利度，人民群众获得感和满意度不断提高。

**二、重点任务**

（一）促进养老服务结构优化功能提升

1. 保障基本养老服务。制定上海市基本养老服务清单。完善保基本养老机构（床位）建设与管理办法，明确建设、服务标准和管理要求，适当优化房型设置。建立保基本养老床位统筹利用机制，依托养老服务信息平台，建立轮候规则，研究激励政策，为老年人跨区域养老提供便利。鼓励各区建立本区域养老床位统筹利用机制，提高床位整体利用率。

2. 优化养老服务设施区域布局。制定“十四五”养老服务设施布局专项规划，稳步增加养老床位和各类社区养老服务设施。重点在新城和老年人口密集地区新增养老床位，鼓励中心城区进一步挖掘潜力，就近增加养老床位。研究实施存量养老服务设施改造提升工程，改善软硬件条件，提升专业服务能力。

3. 增强养老机构专业照护功能。聚焦失能、失智老年人照护需求，增加护理型床位和认知障碍照护床位。修订养老机构护理型床位设置指引，通过新建、改造等方式，增加护理型床位。制定认知障碍照护床位设置地方标准，鼓励发展老年认知障碍照护机构，支持在养老机构建设认知障碍照护单元。到2025年，认知障碍照护床位达到1.5万张。

4. 分类提升社区嵌入式养老服务。推动日间照护服务机构分类发展，引入专业机构管理，为部分失能、失智老人提供照料护理、康复辅助等服务，将符合条件的机构和服务纳入长护险覆盖范围。完善长者照护之家入住标准和退出机制，强化短期照护功能。优化老年助餐服务，鼓励多元主体参与。探索发展家庭照护床位。开展认知障碍友好社区建设，实现街镇全覆盖。大力发展农村互助式养老，支持利用农村宅基地或闲置集体建设用地建设养老服务设施。

5. 深化医养康养结合。推动社区卫生服务机构与养老服务机构同址或邻近设置。深化养老机构和医疗机构签约合作服务机制，探索以项目方式，为在养老机构开展医养结合服务的医护人员支付劳务费。探索组建区域医养联合体，推动在医疗、养老、护理、康复等机构之间有序转诊、双向转介。推广“养老院+互联网医院”模式，为老年人常态化提供开药、问诊、慢病管理、健康教育等服务。促进体养结合，建设长者运动健康之家。推动符合条件的培训疗养机构转型发展养老服务。

6. 完善老年健康服务体系。坚持预防为主，普及健康生活方式，推广健康养老理念。建设以市老年医学中心为引领，综合医院老年医学科为骨干，社区医疗卫生机构为基础的老年医疗服务网络。鼓励符合条件的医疗机构转型为康复医院或护理院，支持民营护理、康复医疗机构发展。健全安宁疗护服务体系，提升临终患者生命尊严。全面开展老年友善医疗机构建设，优化就医流程，为老年人就医提供便利。做实家庭医生签约服务，完善老年人健康档案，整合老年人体检、智慧健康驿站自检、医疗机构诊疗记录等信息，加强老年人健康管理服务。

7. 深化长期护理保险试点。修订《上海市长期护理保险试点办法》，完善评估认定、服务内容、过程监管、质量评价、支付标准等政策。研究提高养老机构照护服务长护险支付标准。完善长护险定点服务机构第三方综合评价标准体系，促进健康规范发展。推进长三角长护险养老机构延伸结算试点，支持老年人异地养老。鼓励商业保险机构开发商业长护险产品，探索引入商业保险机构等参与长护险经办服务。

（二）扩大托育服务有效供给

1. 提升科学育儿指导服务。将科学育儿指导纳入“出生一件事”，免费发放《上海市母子健康手册》，实现常住人口婴幼儿家庭全覆盖，提供从怀孕初始到儿童期的孕育和健康指导。每个街镇配备1个家庭科学育儿指导站，每年为有需求的适龄婴幼儿家庭就近提供不少于10次的指导服务。依托“随申办”移动端推广“育之有道”APP等应用，探索与互联网平台合作，扩大免费育儿资源知晓度和覆盖面。开展“育儿加油站”“亲子嘉年华”等活动，提供膳食营养指导、生长发育检测、心理健康等教养医结合服务。制定实施科学育儿指导工作规范与评估办法，加强质量监督。

2. 推动幼儿园开设托班。在有条件的公办幼儿园新开、增开托班，新建和改扩建的公办幼儿园原则上均要开设托班。完善公办幼儿园办托班管理制度，明确托班硬件、师资、招生和经费保障等标准和规范。鼓励有条件的民办幼儿园开设普惠性托班。

3. 鼓励各类主体举办普惠性托育机构。完善托育服务设施设置标准和机构管理办法，保障安全和服务质量，鼓励更多符合条件的社会主体参与。支持有条件的企事业单位、园区、商务楼宇等，利用各类资源新建或改扩建托育服务设施，为职工提供托育服务。

4. 探索发展社区托育服务。制定社区托育设置标准和管理制度，鼓励利用各类社区综合服务设施，建设标准化、嵌入式的“宝宝屋”等托育场所，提供临时托、计时托等普惠托育服务。支持通过公建民营、购买服务等方式，引入专业托育机构，对社区托育场所进行规范化管理。

5. 促进“一老一小”融合发展。将养老托育服务纳入“15分钟社区生活圈”和家门口综合服务体系，加强资源统筹和共建共享。在社区为活力老人带养婴幼儿提供场地、设施等便利，开发针对性育儿指导课程，助力隔代照料。发挥工会、共青团、妇联等群团组织和公益性社会组织作用，为居民提供养老托育服务。

（三）增加多层次多样化养老托育服务

1. 发展多样化养老托育服务。鼓励各类资本投资养老服务业，组建上海健康养老领域国有企业集团。鼓励为有需求的家庭定制个性化科学育儿指导和上门托育服务。培育老年教育多元举办主体，扩大老年教育资源供给。鼓励旅游企业创新开发更多适合老年人的旅游产品。支持更多市场主体参与老年人居家适老化改造，提供多样化产品和服务。积极推进多层住宅加装电梯。支持物业企业参与社区居家养老服务，探索“社区＋物业＋养老服务”模式。

2. 促进养老托育产品提质升级。积极发展老年人生活用品、护理产品、康复辅具等老年用品产业，培育一批“专精特新”小巨人企业、制造业单项冠军企业。支持举办中国国际养老、辅具及康复医疗博览会，发挥产业对接平台功能。探索将康复辅具纳入医疗器械创新审批特别通道，加快审批流程，拓宽应用场景，大力发展康复辅具特色产业园区。积极培育儿童玩教具、动画设计、旅游等行业领军品牌。

3. 推动家政服务提质扩容。深化家政服务提质扩容“领跑者”行动，发挥试点区示范带动作用。大力发展员工制家政企业，推动家政服务规范化、标准化。鼓励家政企业针对“一老一小”照护需求，开发针对性、个性化产品。支持符合条件的家政服务企业参与提供养老托育服务。

4. 加快数字化转型。实施“数字伙伴计划”，开展互联网应用适老化和信息无障碍改造专项行动，探索利用市场机制推广“为老服务一键通”，加强老年人数字技能教育和培训，助力老年人跨越数字鸿沟。围绕老年人防跌倒、紧急救援、独居老年人居家“安全监测”、认知障碍老人防走失等场景，发布智慧养老应用场景需求清单和产品名录。推动托育服务场所智慧化改造，建设幼儿来离园智能管理、体质体能健康状况、户外活动监测等应用场景。完善上海市养老服务平台和3岁以下幼儿托育服务管理平台功能，并纳入全市“一网通办”，提供“一站式”服务。

（四）加强养老托育人才队伍建设

1. 加大专业人才培养力度。在有条件的高等院校和职业院校开设老年服务与管理、婴幼儿托育服务与管理等专业或课程。支持上海开放大学在养老、托育、家政等领域，开展学历教育、非学历培训和社区教育。培育产教融合型养老托育企业，支持建设一批产教融合实训基地。积极培育养老托育领域专业社会工作者。

2. 强化从业人员技能培训。实施养老托育从业人员技能提升工程，加强职业道德建设，开展养老托育从业人员岗前培训和岗位技能提升培训。支持行业协会等组织面向从业人员开展养老护理员、育婴员、保育员等职业技能等级认定。对参加养老托育相关职业工种培训且技能等级认定合格的从业人员，按照规定给予培训费补贴或技能提升补贴。

3. 完善人才激励保障政策。全面实施养老护理员薪酬等级体系，开展养老护理员市场工资价位监测。研究发布保育员等岗位市场工资指导价。加大政策支持力度，对符合条件的养老护理员等养老服务从业人员给予适当补贴。将养老产业纳入上海市人才引进重点支持范围。组织举办上海市养老护理职业技能竞赛、保育队伍技能大赛，按照规定开展评比表彰。

（五）提升养老托育监管服务效能

1. 优化政务服务环境。试点推进养老托育服务机构设立“一件事”。定期发布养老托育服务支持政策清单，推动实现在线申请和办理。支持品牌化、连锁化养老机构发展，为其控股子公司（分支机构）在沪跨区域享受优惠政策提供便利。建立养老托育政务服务评价机制，提升政务服务质量。

2. 完善行业综合监管体系。落实《上海市养老服务机构综合监管办法》。完善托育机构监管机制，开展托育服务市场排摸和分类治理。建立养老托育服务机构信用档案，实行分级分类监管，为守信主体提供容缺审理、政策资金扶持等激励，对失信主体依法依规惩戒。健全养老托育多部门联合监管和执法机制，减少多头重复监管。发挥行业协会积极作用，加强标准制定，强化行业自律。

3. 防范化解各类风险。建立养老托育风险预警和应急处置机制，制定落实重大传染病疫情防控方案和应急预案，加强对养老托育机构建筑、消防、食品、医疗卫生等重点环节安全监督检查。加强对养老机构收取的质押金、预收款等大额资金的监管，规范托育机构收费行为。制定完善针对养老社区等新业态的监管措施。严防不法分子在“一老一小”领域以虚假投资、欺诈销售、高额返利等方式进行非法集资活动，保护消费者合法权益。

**三、保障措施**

（一）建立统筹推进工作机制

建立上海市“一老一小”工作统筹推进机制，研究制定养老托育重大政策，推动重点任务、重大项目落地实施。各区成立区“一老一小”工作统筹推进机制。市有关部门按照职责分工,制定配套政策措施,推动各项任务落地。市发展改革委会同相关部门做好跟踪评估工作。

(二)加大财政投入力度

推进落实上海市“十四五”养老服务设施建设实施意见,提高保基本养老床位建设支持标准,对存量养老机构改造、认知障碍和护理型养老床位、各类社区养老服务设施建设给予补贴。研究制定“十四五”普惠性托育服务设施建设支持政策,优化普惠性托育服务机构奖补政策。鼓励各区通过提供场地、减免租金、运营补贴、以奖代补等方式,支持社会主体提供养老托育服务。研究补需方与价格改革联动机制,对困难对象入住保基本养老机构,给予一定的财政补贴。对在公办幼儿园和普惠性民办幼儿园入托的困难家庭幼儿,减免托费。对符合条件的养老托育设施项目,积极争取中央资金支持。

(三)完善收费机制

落实养老机构服务收费管理办法,坚持分类管理,优化保基本养老机构调价流程。完善长者照护之家、日间照料中心、老年人助餐点等社区养老服务收费政策,促进专业化、可持续发展。优化公办幼儿园办托班收费政策,研究合理的成本分摊规则。

(四)强化用地用房保障

将养老托育服务设施建设纳入各层次国土空间规划和年度计划,合理保障用地需求,并安排在合理区位。严格落实养老服务机构、幼儿园和托班等公建配套设施与新建住宅“同步规划、同步设计、同步建设、同步验收、同步交付使用”的建设要求。对新建养老托育服务设施项目符合《划拨用地目录》的,采用划拨方式供地。降低养老用地成本,实现整体地价水平与标准厂房类工业基准地价相当。在保障安全前提下,鼓励利用存量厂房、商办建筑等提供养老托育服务。各区建立工作机制,细化操作流程,定期发布存量设施用于养老托育服务的资源目录。非独立场所按照相关安全标准改造建设托育点并通过验收的,不需变更土地和房屋性质。

(五)加强金融支持

鼓励金融机构开发养老托育特色信贷,提供优惠利率支持。发挥开发性金融支持养老服务体系建设专项贷款作用,向符合条件的项目提供大额长期优惠贷款支持。创新信贷支持方式,探索推进应收账款质押贷款、收费权质押贷款等方式,落实信贷人员尽职免责政策。发挥担保增信机构作用,为养老托育机构融资提供增信支持。支持符合条件的养老机构通过上市、债券市场融资。支持保险机构开发养老托育相关责任险和运营险。

(六)落实税费优惠

对在社区依托固定场所设施提供养老托育服务的企业、事业单位和社会组织,其提供养老托育服务取得的收入,免征增值税,在计算企业所得税应纳税所得额时,减按90%计入收入总额。对用于提供养老托育的房产、土地,按照规定享受契税、房产税、城镇土地使用税优惠政策。养老托育机构用水、用电、用气实行居民价格。企业设立的员工子女托育点所发生的符合条件的费用,可作为职工福利费支出在税前扣除。对吸纳符合条件劳动者的养老托育机构,按照规定给予社保补贴。

(七)营造良好环境

落实《上海市养老服务条例》,研究推进上海市学前教育和托育服务立法。坚持积极老龄化理念,创造条件让老年人积极参与经济、社会和文化生活。推动儿童优先原则融入社会政策,为儿童健康成长创造良好环境。积极推进“国家积极应对人口老龄化重点联系城市”“国家儿童友好城市”“全国婴幼儿照护服务示范城市”建设。

(八)建立考核机制



建立养老托育支持政策与工作成效联动机制,对工作成效明显的地区,在资金、项目等方面给予倾斜支持。将养老托育服务工作纳入相关考核内容。





## 上海市人民政府办公厅关于转发市教委等八部门制订的《上海市特殊教育三年行动计划（2022—2024年）》的通知

（沪府办〔2022〕35号）

各区人民政府，市政府各委、办、局：

市教委、市委编办、市发展改革委、市民政局、市财政局、市人力资源社会保障局、市卫生健康委、市残联制订的《上海市特殊教育三年行动计划（2022—2024年）》已经市政府同意，现转发给你们，请认真按照执行。

上海市人民政府办公厅

2022年9月26日

### 上海市特殊教育三年行动计划（2022—2024年）

为进一步加强与上海经济社会发展相适应的特殊教育工作，深化特殊教育内涵建设，根据《国务院办公厅关于转发教育部等部门"十四五"特殊教育发展提升行动计划的通知》和《上海市教育发展"十四五"规划》《上海市残疾人事业发展"十四五"规划》等，制订本行动计划。

**一、目标任务**

到2024年，特殊教育体系进一步完善，学前教育阶段残疾儿童入园率持续增长，义务教育阶段残疾儿童入学率保持高水平，高中教育阶段残疾青少年入学率达到75%，积极探索拔尖创新人才的早期识别和培养机制；融合教育管理保障机制进一步健全，实施普特联动，为在普通学校就读的残疾儿童提供适切的教育教学和相关专业服务；医教结合长效机制进一步优化，落实各学段残疾儿童青少年"一人一案"，提升医教结合专业服务的针对性和有效性；教育教学改革进一步深化，遵循特殊教育规律，完善学前教育、义务教育、高中教育阶段特殊教育课程体系，建立健全多元化、全流程的残疾学生综合评价体系；特殊教育保障进一步加强，开展随班就读工作的义务教育阶段普通学校专职特教教师和资源教室配备率均达到100%，中小学（幼儿园）主要教学用房100%配置无障碍厕所（厕位），开展特殊教育的基础教育阶段学校主要教学楼均设置无障碍电梯。全面推进本市特殊教育优质融合发展，让每一个特殊儿童都有人生出彩的机会。

**二、主要措施**

（一）完善特殊教育体系

1. 加强学前特殊教育点建设。进一步提高残疾儿童入园率，将发育迟缓儿童纳入学前特殊教育服务范围。积极推进学前融合教育，支持普通幼儿园接收残疾儿童随班就读。整合学前教育专业力量，对特殊幼儿提供科学育儿指导服务。

2. 优化义务教育办学结构。全面推进融合教育，优先采取普通学校随班就读或特教班就读的方式，保障适龄残疾儿童接受义务教育。按需增设、合理布局特殊教育学校（班），优先选择办学条件较好的普通学校开设特教班，根据残疾学生人数，按照年龄段合理设班，确保残疾学生就近就便优先入学。

3. 完善高中阶段特殊教育办学体系。继续办好盲、聋高中阶段特殊教育学校和特殊中职学校（班），优化特殊中职学校专业设置，提高残疾学生接受高中阶段教育的机会。支持普通高中、普通中职学校接纳残疾学生随班就读，并提供必要的支持服务。

4. 促进高等特殊教育发展。进一步扩展招收残疾学生的普通高校及专业，推动普通高校通过单考单招方式招收符合录取标准的残疾学生，优化残疾人高等融合教育服务。

5. 健全残疾人终身学习体系。支持普通高校和成人高校采取融合教育与独立编班相结合的方式，通过线上线下等途径，开展残疾人继续教育。加强上海开放大学残疾人教育学院建设。依托各社区学校，开展残疾人文化教育。

（二）深化特殊教育课程改革

1. 推进特殊教育学校国家课程校本化实施。开足开齐特殊教育学校义务教育国家课程，从本校学生实际出发，精准制定并实施课程与教学计划。加大力度，推广使用国家通用手语和国家通用盲文。

2. 提高随班就读课程适宜性和教学有效性。制定实施普通中小学随班就读课程实施指导意见。将随班就读课程纳入学校课程计划，采取适宜融合的教学组织形式和方法。整合校内外教育资源，提供合适的教具、学具、辅具和助教等专业支持服务。

3. 规范送教上门课程与教学。明确送教上门课程实施要求，充分利用残联、卫生健康部门和街镇等各方资源，合理安排教育、康复、保健等内容，实施定人、定点、定时、定内容的个性化送教服务。加强家庭教育指导，增进家校合作，提高送教上门质量。

4. 推进学前特殊教育课程实施。进一步落实《上海市学前特殊教育课程指南》，形成园本化课程实施方案，积极推进以普特融合为导向、个别化教育为核心的课程实施方式。

5. 完善高中阶段特殊教育课程建设。制定实施盲、聋校高中各学科教学基本要求，修订特殊中职学校（班）课程方案，充分利用学校和企业资源，协同实施课堂教学与实习实训。加强学生生涯规划，注重职业技能和生活能力培养，促进特殊学生从学校到社会的衔接融合。

6. 加强高等特殊教育课程建设。各有关高校要根据不同类别残疾学生的身心发展特点和学习需求，制定个性化的培养方案，不断提高残疾学生的社会适应能力和专业适应性。

7. 优化特殊教育评价机制。制定义务教育阶段辅读学校学生综合能力评价指标，完善随班就读学生综合素质评价方案，优化特殊教育高中阶段入学评估。持续推动各类特殊教育评价工具运用。

8. 健全融合教研机制。充分发挥市、区教研部门作用，统筹协调特殊教育和普通教育各学科力量，建立融合教研工作制度，形成区域联动、普特融合的常态化机制。各类开展特殊教育的学校（园）强化校（园）本教研，积极探索适合残疾学生的教育教学。

（三）深化医教结合

1. 落实长效工作机制。强化政府主导作用，夯实教育、卫生健康、民政、残联等部门共同参与的医教结合管理机制，深化教育机构与医疗机构、未成年人保护机构、康复机构的合作，提升早期预防和发现、入学评估、教育康复保健服务、社区关爱、转衔安置等全过程管理水平。

2. 完善“一人一案”建设。为学前教育、义务教育、高中教育阶段的每一个残疾儿童青少年建立数字化的“一人一案”，将康复、保健服务方案纳入残疾儿童青少年个别化教育计划，各类评估结果作为制定和调整个别化教育计划的重要依据。



3. 推进个别化保健服务。明确残疾儿童个别化保健服务要求，健全工作制度，落实学校工作职责。加强对相关疾病的观察与护理、饮食与运动、辅助器具的使用与维护、突发事件应急处理等工作的管理，提升保健服务质量。

（四）健全支持网络

1. 强化特殊教育指导中心功能。进一步发挥视障、听障、自闭症儿童教育指导中心以及各区特殊教育指导中心的作用，将学前、高中阶段融合教育纳入特殊教育指导中心工作范围，持续提升管理、指导、培训、研究与服务的能力。鼓励各区依托学区化集团化办学，建立片区融合教育资源中心。

2. 深化特殊学生教育评估中心建设。进一步完善评估内容、方法与技术，优化残疾儿童评估过程性管理。依托专家团队，加强对各区评估工作的专业指导。继续开展前瞻性与重难点问题研究，提升特殊教育评估整体水平。

3. 提升特殊教育资源中心服务能级。依托高水平师范院校，推动建设国家级特殊教育资源中心。发挥高校专业资源优势，提供决策咨询服务，加大对各级各类特殊教育指导中心的专业指导力度。

4. 优化信息平台效能。升级特殊教育信息通报系统，完善系统应用功能。通过教育、卫生健康、残联系统的数据对接，实现残疾儿童基础数据的自动采集整合。推进特殊儿童发展性评估工具、学业评估工具数字化建设，建立残疾学生电子化成长记录册。

5. 加强专业资源建设。充分运用备课软件、网络教研、在线教学等数字化方式，建设与新课程新教材配套的教学资源，拓展融合教育课程实施资源，开发学前特殊教育和特殊中职教育课程资源。

（五）配齐配足师资

1. 强化培养培训。适当扩大普通高校特殊教育专业招生规模，推动高校师范类专业将特殊教育课程内容列为必修课，并提高课程比例。扩大特教教师岗位培训规模，加大融合教育通识培训力度，将特殊教育内容纳入见习教师规范化培训、教师继续教育课程和中小学幼儿园校（园）长培训内容，并计入学分。通过分级分类专题培训、骨干培养项目和名师名校长工程，加快特殊教育骨干教师培养，重点提升普通学校专职特教教师、巡回指导教师、特教班教师和相关教辅人员专业水平与实践能力。

2. 落实师资配备。严格按照本市特殊教育师资配备标准，配足配齐各类特教教师。特殊教育学校应配备校医，并根据需要，配备专职康复教师，有随班就读学生的义务教育阶段普通学校应配备专职特教教师，随班就读学生数量较多的学校应适当增加专职特教教师配备人数。各级各类特教班应根据班额合理配备专任教师，幼儿园应同时配备保育员，普通中小学和中职学校特教班可参照执行。各级各类特殊教育指导中心应按照规定，配备专职巡回指导教师。鼓励有条件的区根据开展融合教育的普通幼儿园、中小学和中职学校的数量，增配专兼职巡回指导教师。各区可通过政府购买服务等方式，引入社工、康复师、助教等教辅人员。

3. 提高教师待遇。全面落实特殊教育教师待遇，对承担特殊学生教育教学与管理工作的教师，在绩效工资分配时予以适当倾斜，在教师职务评聘、评优评先、表彰奖励中予以倾斜。优化特殊教育教师、保育员和其他相关教辅人员职业晋升通道，积极改善特殊教育教师工作环境。

（六）健全管理机制

1. 健全学前特殊教育管理。强化各区对学前特殊教育的管理，落实区教育部门以及教科研部门、特殊教育指导中心的职责。加强对幼儿入园、评估鉴定、综合干预等各环节的管理，规范学前特教班（点）的专业建设和运行管理。

2. 完善融合教育管理。制定加强融合教育管理文件，压实普通学校（幼儿园）主体责任，建立健全长效工作机制，加强随班就读、特教班日常管理，为残疾儿童提供分层支持服务。推动特殊教育学校纳入学区化集团化办学，加强校际资源共享整合。开展融合教育实践创新区、实践创新校建设。

3. 规范送教上门管理。制定送教上门管理制度，科学认定服务对象，规范服务形式和内容。有效利用社会资源，积极推动送教与送医相结合、上门送教与远程教育相结合、学校资源与社区力量相结合。

4. 加强特殊中职学校（班）管理。进一步理顺特殊中职学校（班）管理机制，合理设置适合市场需求和残疾学生特点的专业。支持特殊中职学校（班）建设实习实训基地，充分利用普通职业教育和相关社会资源，为残疾学生提供实习实训服务。积极发挥各级残联、人力资源社会保障等部门作用，鼓励采用校企合作、订单式培养等方式，增加就业机会，促进学生学以致用，拓展学生融入社会的渠道。

5. 加强残疾人高等特殊教育管理。各高校要将特殊教育纳入学校整体管理，完善管理机制，明晰管理部门和职能。鼓励高校建立残疾学生支持中心，提供一站式服务，进一步加强高校残疾毕业生就业服务。

## 三、组织保障

### （一）加强组织领导

各级政府要将特殊教育事业发展纳入区域教育事业发展整体规划，切实解决区域特殊教育事业发展重点难点问题，不断提升特殊教育发展水平。健全多方协调联动的特殊教育推进机制，市教委负责统筹管理和指导特殊教育工作；市委编办负责做好特殊教育人员力量相关保障工作；市发展改革委负责将特殊教育纳入经济社会发展相关规划；市民政局负责协助做好福利机构内孤残儿童特殊教育工作；市财政局负责为特殊教育事业发展提供经费保障；市人力资源社会保障局负责完善和落实工资待遇、职称评定等方面对特殊教育教师的支持政策；市卫生健康委负责指导有关医疗卫生机构加强与学校合作，提高残疾学生评估鉴定、医疗康复训练的针对性和有效性；市残联负责协助做好残疾儿童青少年的入学安置、康复、毕业就业安置等服务。各级教育督导机构要将特殊教育发展情况纳入教育综合督政范围和对各级各类学校督导内容。教育部门要将特殊教育工作情况纳入对各级各类学校的年度绩效考核内容。

### （二）增加经费投入

要将特殊教育事业发展纳入各级财政教育经费预算，继续对残疾儿童实施从学前到高中阶段免费教育，落实各级各类特殊教育指导中心日常工作经费，确保特殊教育经费投入。提高特殊教育生均公用经费基本标准，达到每生每年不低于 1 万元。全面落实从学前到高等教育阶段残疾学生资助政策，确保家庭经济困难残疾学生优先获得资助。

### （三）强化资源保障

修订普通学校特殊教育资源教室装备配备指南，优化资源教室空间布局，针对性地配备教具、学具、辅具和信息技术等资源。加快无障碍环境建设，重点推进无障碍厕所（厕位）改造、无障碍电梯加装及建设，积极创设无障碍信息沟通环境和人文关怀环境。编制特殊教育学校公共安全教育读本，试点建设学校公共安全教育体验场所，制定特殊教育学校学生逃生演练规程。推进特殊教育数字化转型，加强各类特殊教育应用场景建设，积极推动智慧校园、智慧课堂建设。建立健全学校、家庭、社会协同育人机制，广泛宣传特殊教育政策和典型经验，在全社会营造关心支持特殊教育改革发展的良好氛围。

上海市教育委员会
中共上海市委机构编制委员会办公室
上海市发展和改革委员会
上海市民政局
上海市财政局
上海市人力资源和社会保障局
上海市卫生健康委员会
上海市残疾人联合会
2022 年 9 月 1 日

# 上海市教育委员会等10部门关于印发《关于加强本市社区托育服务工作的指导意见》的通知

（沪教委规〔2022〕10号）

各区教育局、发展改革委、卫生健康委、财政局、公安局、规划资源局、民政局、市场监管局、消防救援支队、妇联：

为进一步贯彻落实国务院办公厅《关于促进3岁以下婴幼儿照护服务发展的指导意见》等精神，落实市委、市政府“学龄前儿童善育”民心工程，满足幼儿家长对托育服务的多元需求，上海市教育委员会等10部门联合制定了《关于加强本市社区托育服务工作的指导意见》，现印发给你们，请认真贯彻执行。

附件：关于加强本市社区托育服务工作的指导意见

上海市教育委员会　上海市发展和改革委员会　上海市卫生健康委员会
上海市财政局　上海市公安局　上海市规划和自然资源局
上海市民政局　上海市市场监督管理局　上海市消防救援总队
上海市妇女联合会
2022年10月31日

附件

## 关于加强本市社区托育服务工作的指导意见

为贯彻落实中共中央、国务院《关于优化生育政策促进人口长期均衡发展的决定》和国务院《关于养老托育服务健康发展的意见》等要求，践行“人民城市人民建，人民城市为人民”的理念，完善本市托育服务体系，满足3岁以下幼儿家庭的多元需求，现就加强本市社区托育服务工作提出如下意见：

**一、指导思想**

本市社区托育服务工作坚持“政府主导、安全普惠、属地管理、多方参与、就近就便”的原则，为幼儿家庭提供多样化的照护和育儿指导服务，满足人民群众对托育服务的多元需求，在社区内设置嵌入式、标准化的托育服务设施，提供临时托、计时托等普惠托育服务。通过试点探索、逐年推进，逐步完善社区托育服务政策和标准。

**二、目标要求**

“十四五”期间，本市社区托育服务工作目标是：

1. 以街镇为规划单元，开设社区“宝宝屋”（以下简称“宝宝屋”），按照街镇1—3岁常住幼儿数的15%配置“宝宝屋”托额，其中五个新城地区按不少于20%的比例配置。

2. 全市街镇“宝宝屋”覆盖率达到85%,中心城区街镇“宝宝屋”覆盖率达到100%。

3. “宝宝屋”每年为每个有需求的1—3岁幼儿提供不少于12次的免费照护服务。

4. 每年为每个新生儿家庭提供1次上门指导服务。

5. 市、区有关部门依托“宝宝屋”和其他科学育儿指导机构,每年为每个有需求的幼儿家庭提供不少于10次的教养医结合、线上线下结合的免费科学育儿指导服务。

**三、设置规范**

“宝宝屋”的建设应综合发挥城乡社区公共服务设施的功能,既可单独设置,也可嵌入于社区综合设施、大型小区物业管理设施、居委活动中心等综合设置。社区托育服务设施统一命名为“* *街道(镇)/社区‘宝宝屋’”,使用统一的标牌与标识。

“宝宝屋”的场地应有相对独立的区隔空间,并符合卫生保健、公安、消防等安全标准和要求。开展照护服务时,人均使用面积应不低于3 $m^2$,每班不应超过20人。有条件的“宝宝屋”可设置户外活动场地。

“宝宝屋”的房屋装修、设施设备、装饰材料、运动器械等应符合国家相关安全质量标准和环保标准,定期检查维护;提供符合相关卫生标准的饮用水;配备符合幼儿发展特点、支持托育服务需要的家具、用具、玩具、图书和游戏材料等;设有幼儿盥洗设备和母婴室。

“宝宝屋”安全防范应参照托育机构设置标准,确保安保人员配备及主出入口、幼儿生活和活动等区域安装视频安防监控系统,录像资料保存30日以上,并与区托育服务指导中心联网;接待处应安装紧急报警装置,且与区域报警中心联网。

“宝宝屋”的从业人员需身体素质良好,健康状况符合托育服务从业人员岗位要求,持有育婴员、保育师等专业资格证书,并经过相关专业培训。“宝宝屋”负责人还应具有一定的托育服务相关工作经验。每一个“宝宝屋”至少配置一名专兼职卫生保健人员。进行照护的从业人员与幼儿人数比例原则上不低于1∶5。从业人员每年应参加市教委委托的专业机构组织的职业道德和专业技能培训并取得合格证书。“宝宝屋”在招聘从业人员时,应当向公安机关、检察院查询应聘者是否具有性侵害、虐待、拐卖、暴力伤害等违法犯罪记录;发现其具有前述行为记录的,不得录用。“宝宝屋”应每年定期对其从业人员是否具有上述违法犯罪记录进行查询。通过查询或者其他方式发现其从业人员具有上述行为的,应及时解聘。

“宝宝屋”应按照《上海市托育机构一日活动方案》的相关要求开展托育服务。

“宝宝屋”的照护服务性质为临时制,形式为计时制,原则上不提供全日照护,不提供幼儿餐食点心服务。

**四、主要举措**

1. 合理布局,多方参与

各区应根据所辖街镇的人口结构、托育服务需求及综合服务设施资源配置情况,合理布局、统筹规划,建设方便可及、功能多元的“宝宝屋”。鼓励幼儿园、托儿所、取得《依法开展托育服务告知书》的托育机构等积极参与社区托育服务,对符合条件的从业人员开展指导,培育托育服务品牌。

2. 试点先行,整体推进

新建大型居住社区、人口密集社区和综合服务设施比较健全的社区应率先开展社区托育服务工作试点,建成一批具有示范效应的“宝宝屋”,探索先行先试的工作机制和经验。“十四五”期间,各区在试点的基础上全面开展社区托育服务工作。

3. 规范运行,确保质量

“宝宝屋”实行预约登记制度,由社区统一受理服务需求。“宝宝屋”运营主体应充分考虑其涉及重大民生的特点,坚持公益属性,按照非营利原则,统筹政府投入、运营成本、家庭承受能力等因素,科学合理确定收费标准。通过服务协议予以明确,并按照规定将有关信息向社会公示。

“宝宝屋”应接受教育、卫生健康、公安、消防、市场监管等部门的检查监督,保障幼儿安全健康。“宝宝屋”提供的服务应符合幼儿身心发展规律和家庭托育服务需要，助力家庭科学养育。

4. 创新机制，协同共育

建立分工分级、协同管理的工作机制。市、区、街镇分级管理，以属地管理为主。各职能部门按照职责为“宝宝屋”提供服务、规范管理。充分调动社区和家庭的积极性，参与社区托育服务和监督。

**五、工作机制**

通过市托幼与学前教育工作联席会议统筹、协调各职能部门共同推进社区托育服务工作，定期商议解决社区托育服务工作中的重大问题。

市教委牵头管理社区托育服务工作，会同各相关职能部门落实市政府的相关决策，制定社区托育服务政策和工作实施计划，指导各区开展社区托育服务体系建设，推进社区托育服务工作者和志愿者队伍建设，推进“宝宝屋”标准化建设。

市发展改革委牵头将社区托育等工作纳入儿童友好城市（城区）建设评估指标体系，支持普惠托育服务发展。

市卫生健康委负责对“宝宝屋”卫生保健、疾病防控等工作进行技术指导与支持，依法对“宝宝屋”的饮用水卫生、传染病防控等进行监督检查。

市规划资源局负责将社区托育服务纳入“15 分钟社区生活圈”，指导各区开展相关规划管理工作。

市市场监管局负责指导各区市场监管局对“宝宝屋”服务收费行为依法进行监督检查。

市民政局牵头统筹各类社区服务设施，在有条件的老年服务设施中增设“宝宝屋”功能，促进“一老一小”资源共享。

各区人民政府负责推进落实本区社区托育服务发展，合理配置本行政区域内社区托育服务资源。各区教育部门负责开展“宝宝屋”日常保教工作指导与检查，制定保教活动方案，组建由幼儿园、托育机构的保教人员组成的社区托育点资源从业人员队伍，对从业人员和志愿者进行保教业务培训等；定期向区卫生健康、消防、公安、市场监管等部门反馈辖区“宝宝屋”基本情况。

各区卫生健康部门负责开展“宝宝屋”日常卫生保健检查与指导，对从业人员和志愿者进行卫生保健业务培训等。

各区消防、公安、市场监管等部门按照各自职能负责“宝宝屋”日常检查和指导。

各街镇负责“宝宝屋”日常具体运营和管理，提供场地、落实资金、更新维护设备设施、建设志愿者队伍、开展监督管理等。

**六、保障措施**

1. 经费保障

各区、各街镇要利用现有资金渠道和政策渠道统筹资源加大投入支持“宝宝屋”建设，探索通过购买服务、委托经营等方式，引入社会力量运营管理“宝宝屋”。向幼儿家庭收取的费用应专门用于“宝宝屋”运营开支。

2. 人员保障

各区、各街镇应按设置规范为“宝宝屋”配备专业照护的从业人员。鼓励社区发挥志愿者专业队伍的作用。探索引进有资质的托育机构、社会组织等参与承接“宝宝屋”运营管理，相关从业人员应符合“宝宝屋”设置规范要求，接受相关责任单位的评估和监督指导。

3. 管理保障

为确保社区托育服务工作顺利开展，各区应因地制宜，建立联合检查、督导考核等制度，加强过程管理。各区社区托育服务工作开展的情况纳入对区政府和街镇的绩效考核和综合督政范围。

4. 安全保障

各街镇应为“宝宝屋”购买责任险。接受服务的幼儿应经区级及以上卫生健康行政部门认可的医疗卫生机构进行健康检查，凭健康检查合格证明入"宝宝屋"。幼儿家庭需如实提供幼儿健康情况、既往病史等信息。

"宝宝屋"应与幼儿监护人签订协议，明确双方的权利义务、收费标准、退费办法及纠纷处理方式等相关内容。"宝宝屋"及其从业人员对婴幼儿的个人信息与隐私应予以保护。

5. 评比激励

将"宝宝屋"的建设工作作为创建全国婴幼儿照护服务示范城市和本市婴幼儿照护服务示范区的重要指标。鼓励行业协会等开展示范性"宝宝屋"评比工作，以评促建、评建结合，搭建展示交流平台，及时总结推广经验，对在社区托育服务工作中作出突出贡献的集体和个人，给予表彰和奖励。

**七、其他事项**

本意见自 2022 年 11 月 30 日起正式施行。

# 上海市教育委员会关于印发《上海市民办高等学校年度检查工作管理办法》的通知

（沪教委规〔2022〕7 号）

各民办高等学校：

根据《中华人民共和国民办教育促进法》《中华人民共和国民办教育促进法实施条例》《民办高等学校管理若干规定》《上海市人民政府关于促进民办教育健康发展的实施意见》《教育部办公厅关于印发〈民办高等学校年度检查指标体系（试行）〉的通知》等规定，市教委制定了《上海市民办高等学校年度检查工作管理办法》，现印发给你们，请遵照执行。

附件：上海市民办高等学校年度检查工作管理办法

上海市教育委员会

2022 年 9 月 20 日

附件

## 上海市民办高等学校年度检查工作管理办法

### 第一章　总　　则

第一条（制定依据）

为提升民办教育治理水平，规范上海市民办高等学校年度检查工作（以下简称"民办高校年检"），依据《中华人民共和国民办教育促进法》《中华人民共和国民办教育促进法实施条例》《民办高等学校管理若干规定》《上海市人民政府关于促进民办教育健康发展的实施意见》《教育部办公厅关于印发〈民办高等学校年度检查指标体系（试行）〉的通知》等规定，结合实际，制定本办法。

第二条(基本原则)

市级教育行政部门应当遵循实事求是、公平公正、依法依规、科学有序的基本原则,制定完善相关制度机制,组织实施民办高校年检相关工作,规范民办学校办学行为。

民办高校应当主动配合,保证提供材料信息全面、真实、准确,积极整改年检中发现的问题。

第三条(适用范围)

民办高校年检是教育部门依法按年度对民办高校依法办学和规范管理等情况进行综合检查的专项行政管理制度。

在本市行政区域内,实施学历教育的民办高校均应当接受年检。新批准设立的民办高校,可以不参加当年度检查。

第四条(联合年检)

市级教育行政部门统筹全市民办高校年检制度建设、监督管理等工作,可以会同民政、市场监管、财政、税务、物价等部门开展联合检查,推进信息共享、结论互认。

## 第二章　年检内容与程序

第五条(年检内容)

年检内容原则上为民办高校上年度的办学情况,根据具体情况可延伸至检查实施时。

依法依规检查民办高校党建与思想政治工作、基本办学条件、依法治校、资产与财务管理、师资队伍建设、招生管理与教育教学等内容。具体按照《上海市民办高等学校年度检查指标体系》执行。

第六条(时间安排)

市级教育行政部门应当在每年12月前发布年检工作通知。

参加年检的民办高校应当在次年1月上旬前完成数据填报和材料提交工作。

次年1月中下旬至2月,市级教育行政部门应当组织专家组对民办高校提交的数据和材料开展核查工作;3月底前完成年检工作。

第七条(年检方式)

年检工作采取学校自查和专家组核查相结合的方式进行。除财务专家每年到校核对财务管理数据外,原则上,专家组隔年赴民办高校进行实地检查。如果学校存在违规行为并被约谈情形的,当年度应当进行实地检查。市级教育行政部门可以根据工作需要,调整实地检查时间和实地检查学校。

第八条(学校自查)

民办高校应当依据年检指标体系等内容开展自查,总结上一年度办学情况和问题整改情况。学校自查信息主要来源于"上海民办教育管理平台"等相关系统,由学校予以核实确认。若系统无相关数据,由学校予以补充填报。

民办高校党组织书记兼任政府督导专员,应当监督学校依法参加年检、落实上一年度问题整改,并作为年度专项述职的主要内容之一。学校自查情况及报送材料应当由校长审定签字,并征得学校决策机构和党组织同意后,通过"上海民办教育管理平台"提交。民办高校应当对提交材料的真实性、准确性作出承诺。

第九条(组织核查)

专家组开展核查工作,可以通过材料审查、听取汇报、座谈访谈、走访师生、查阅档案资料、现场检查、投诉信访核实等多种方式进行核查。

专家组应当专门听取举办者关于办学情况的报告,与民办高校党政负责人召开沟通会交流情况,开展学校师生访谈,结合上年度检查、日常检查、督导督查、信访投诉、检举控告等线索形成问题清单予以核对。

专家组应当对民办高校报送材料的完整性进行核查,逐一核实所有收集的信息,决定是否退回和要求补充材料。因学校提交错误信息或未提交信息,导致相关检查指标结果与事实不符或者无法评判的,相关检查指标结论为“不达标”。

第十条(确定结论)

专家组应当如实反映各民办高校检查情况,形成检查报告和学校年检结论建议。市级教育行政部门根据学校自查和专家组核查情况,结合日常监管信息,确定各校年检结论。

民办高校年检结论一般分为“合格”“基本合格”和“不合格”三类。根据汇总各指标的达标情况确定:“关键指标”即一票否决性指标,年检结论不优于其中的最差结论;“重点指标”以不达标总数与检查结论关联,即超过4项未达标的学校,年检结论不优于“基本合格”;超过8项未达标的学校,年检结论为“不合格”。

第十一条(异议提出)

市级教育行政部门将年检结论及相关情况告知各民办高校。民办高校对年检结论有异议的,可以在年检结论送达之日起5个工作日内,以书面形式向市级教育行政部门提出申诉意见。

市级教育行政部门受理申诉后,认为理由成立的,可以组织复查并调整年检结论;认为申诉理由不成立的,书面予以回复。

## 第三章　年检结论应用

第十二条(信息公开)

市级教育行政部门应当根据各民办高校年检结论,在办学许可证副本上加盖年检结论戳记,并在上海市教育委员会网站上向社会公开民办高校年检结论。

第十三条(问题整改)

市级教育行政部门应当及时向民办高校反馈其年检结论和需要整改的问题,按照年检结论的完整信息或专题信息在不同范围内予以通报,加强专项培训指导和督导检查。针对年检中发现的重大问题,对相关民办高校负责人进行约谈。

对于提出的问题,民办高校应当在当年整改完毕(学校名下占地面积、学校名下建筑面积、生均教学行政用房、生均宿舍面积等问题除外);当年未完成整改的,应当提交情况说明和整改方案。下一年度检查中发现整改不到位的,原则上招生计划不增长,民办教育发展专项资金的要素得分减少20%;未整改的,原则上招生计划扣减不低于5%,民办教育发展专项资金的要素得分减少100%。

第十四条(结论应用)

市级教育行政部门可以根据年检结论,落实奖励惩戒举措,引导民办高校加强自律,规范办学行为。

(一) 年检结论为“合格”的,全额拨付按要素分配的民办教育发展专项资金。

(二) 年检结论为“基本合格”的,原则上当年度招生计划不增长;民办教育发展专项资金的要素得分减少20%;从严控制申报市级教育行政部门相关竞争性项目的通过率。

(三) 年检结论为“不合格”的,原则上当年度招生计划在上一年度基础上扣减不低于5%;民办教育发展专项资金的要素得分减少100%;不得申报市级教育行政部门相关竞争性项目。年检结论连续两年为“不合格”的,当年度暂停招生。

(四) 加强相关指标结论应用。其中,学校法人财产权(学校名下占地面积、学校名下建筑面积)落实情况影响学校招生计划、民办教育发展专项资金拨付等。教职工(非学校在册人员除外)收入水平及工资年增幅不达标的,加大扣减学校招生计划、民办教育发展专项资金的额度,原则上不得申报市级教育行政部门相关竞争性项目。

(五) 现有学校继续作为非营利性学校办学的,终止时出资者可以取得相应的补偿与奖励。年检结论作为重要系数影响奖励资质与金额。

(六) 民办高校连续两年年检结论为“不合格”的,其举办者不得再举办或者参与举办营利性民办学校。

(七) 法律法规另有规定的,从其规定。

## 第四章　监督与保障

第十五条(法律责任)

民办高校应当积极配合开展年检工作,在年检工作中存在隐瞒真实情况,弄虚作假;无正当理由未在规定期间内报送年检材料;拒不配合年检工作,导致无法核实有关情况;对于年检中发现问题拒不整改或连续多年整改不到位等行为,市级教育行政部门或者其他有关部门应当责令限期改正,按照相关法律法规,予以查处追责。

在年检工作过程中,参与年检工作的相关人员有滥用职权、徇私舞弊、泄露工作秘密等行为的,责令其改正;情节严重的,对直接负责的主管人员和其他直接责任人员,依法予以处分。

第十六条(指标制定)

市级教育行政部门根据国家和上海市有关要求,结合民办高校办学实际,适时调整年检内容,修订完善《上海市民办高等学校年度检查指标体系》,确保年检工作的合法性、科学性和公正性。

第十七条(信息系统)

市级教育行政部门可以依托上海"一网通办"在线政务服务平台,汇聚共享相关部门数据,完善民办高校年检工作系统平台功能。汇总民办教育管理系统、民办高校财务监管平台、教师信息平台、基础数据统计等信息,加强日常数据积累,实现数据互联互通,为学校自查、专家审核提供精准数据信息。

结合民办高校基本情况、年度检查、日常管理、整改情况等,建立民办高校规范办学电子档案,为实施评奖评优、项目审核、监督管理、信用管理等工作提供佐证,提升"互联网+政务服务"水平和效能。

第十八条(组织保障)

市级教育行政部门应当完善民办高校年检专家资质要求和工作纪律。遴选党建、法律、财税、审计、教学、管理等领域专家,建立民办高校年检专家库,根据工作需要,组成专家组开展工作。

开展年检工作不得向民办高校收取费用。

## 第五章　附　　则

第十九条(参照执行)

本市辖区内其他民办学校年检工作,参照本办法执行。

第二十条(实施日期)

本办法自2022年10月20日起实施,有效期5年。

# 上海市教育委员会　上海市财政局　上海市退役军人事务局　上海市人民政府征兵办公室关于印发《上海市普通高等学校学生资助资金管理实施办法》的通知

(沪教委规〔2022〕9号)

各高等学校:

为规范和加强本市普通高等学校学生资助资金管理,提高资金使用效益,坚持育人导向,确保资助工作顺利开展，根据《财政部　教育部　人力资源社会保障部　退役军人部　中央军委国防动员部关于印发〈学生资助资金管理办法〉的通知》（财教〔2021〕310 号）要求，上海市教育委员会、上海市财政局、上海市退役军人事务局、上海市人民政府征兵办公室联合修订了《上海市普通高等学校学生资助资金管理实施办法》，现印发给你们，请遵照执行。

附件：上海市普通高等学校学生资助资金管理实施办法

上海市教育委员会　上海市财政局

上海市退役军人事务局　上海市人民政府征兵办公室

2022 年 9 月 29 日

附件

# 上海市普通高等学校学生资助资金管理实施办法

## 第一章　总　　则

第一条　为规范和加强本市普通高等学校学生资助资金管理，提高资金使用效益，坚持育人导向，确保资助工作顺利开展，按照《中华人民共和国预算法》《国务院关于建立健全普通本科高校高等职业学校和中等职业学校家庭经济困难学生资助政策体系的意见》（国发〔2007〕13 号）、《财政部　教育部　人力资源社会保障部　退役军人部　中央军委国防动员部关于印发〈学生资助资金管理办法〉的通知》（财教〔2021〕310 号）、《财政部　教育部关于调整职业院校奖助学金政策的通知》（财教〔2019〕25 号）、《上海市人民政府关于建立健全普通本科高校高等职业学校和中等职业学校家庭经济困难学生资助政策体系的意见》（沪府发〔2007〕35 号）等文件，以及预算管理有关规定，制定本办法。

第二条　本办法所称学生资助资金是指中央和地方财政安排的用于支持落实普通高等教育（含本专科生和研究生教育）国家资助政策的资金，包括本专科生国家奖学金、本专科生上海市奖学金、本专科生国家励志奖学金、本专科生国家助学金、研究生国家奖学金、研究生学业奖学金、研究生国家助学金、服兵役国家教育资助资金、基层就业学费补偿国家助学贷款代偿资金、国家助学贷款奖补资金等。

第三条　本办法所称普通高等学校（以下简称“高校”）是指根据国家有关规定批准设立、实施全日制高等学历教育的本市普通本科高校、高等职业学校、高等专科学校。以上所称普通高校包括民办普通高校（含独立学院）。

第四条　学生资助资金由上海市教育委员会（以下简称“市教委”）、上海市财政局（以下简称“市财政局”）按职责共同管理。市教委负责完善学生信息管理系统，加强学生学籍和资助信息管理，组织各校审核上报基础数据，提出学生资助资金的预算分配建议方案，会同市财政局等部门对资金使用和政策执行情况进行监督管理。市财政局负责学生资助资金的分配和预算下达，组织市教委编制学生资助资金中期财政规划和年度预算草案。上海市学生事务中心（上海市学生资助管理中心）受市教委、市财政局委托，负责学生资助工作的日常管理。学校是学生资助资金使用的责任主体，应当切实履行法人责任，健全内部管理机制，具体组织预算执行。

上海市退役军人事务局（以下简称“市退役军人局”）负责组织各校做好自主就业退役士兵的身份认证工作。上海市人民政府征兵办公室（以下简称“市征兵办”）负责组织各兵役机关做好申请学费资助学生的入伍和退役的相关认证工作。

## 第二章 本专科生国家奖学金

第五条 本专科生国家奖学金，用于奖励纳入全国招生计划内的地方普通高校全日制本专科(含高职、第二学士学位)学生中特别优秀的学生，激励学生勤奋学习、努力进取，德、智、体、美、劳全面发展。

第六条 本专科生国家奖学金的奖励标准为每生每年8000元。

第七条 本专科生国家奖学金的基本申请条件：

(一) 具有中华人民共和国国籍。

(二) 热爱祖国，拥护中国共产党的领导。

(三) 遵守宪法和法律，遵守学校规章制度。

(四) 诚实守信，道德品质优良。

(五) 在校期间学习成绩优异，社会实践、创新能力、综合素质等方面表现特别突出。

第八条 获得本专科生国家奖学金的学生为高校在校生中二年级以上(含二年级)的学生。同一学年内，获得本专科生国家奖学金的家庭经济困难学生可以同时申请并获得本专科生国家助学金，但不能同时获得本专科生国家励志奖学金或本专科生上海市奖学金。

第九条 根据财政部、教育部下达的本专科生国家奖学金名额，上海市学生事务中心(上海市学生资助管理中心)按高校数量、类别、办学层次、办学质量、在校本专科生人数等因素，提出本专科生国家奖学金名额分配建议方案，报市教委、市财政局审批。在分配名额时，适当向办学水平较高以及以农林水地矿油核等学科专业为主的高校倾斜。

第十条 市教委、市财政局将审定的本专科生国家奖学金分配名额按程序下达相关高校。

第十一条 本专科生国家奖学金每学年评审一次，实行等额评审，坚持公开、公平、公正、择优的原则。

第十二条 各相关高校学生资助管理机构具体负责组织评审工作，提出本校当年本专科生国家奖学金获奖学生建议名单，报学校评审领导小组研究审定后，在校内进行不少于5个工作日的公示。

公示无异议后，每年10月31日前，各高校将评审结果报市教委。市教委审核、汇总后，于11月10日前统一报教育部审批。

第十三条 上海市学生事务中心(上海市学生资助管理中心)于每年12月31日前将当年本专科生国家奖学金一次性发放给获奖学生，各高校将获奖情况记入学生学籍档案。

## 第三章 本专科生上海市奖学金

第十四条 本专科生上海市奖学金用于奖励纳入全国招生计划内的本市普通高校全日制本专科(含高职、第二学士学位)学生中特别优秀的学生，激励学生勤奋学习、努力进取，德、智、体、美、劳全面发展。

第十五条 本专科生上海市奖学金的奖励标准为每生每年8000元。

第十六条 本专科生上海市奖学金的基本申请条件：

(一) 具有中华人民共和国国籍。

(二) 热爱祖国，拥护中国共产党的领导。

(三) 遵守宪法和法律，遵守学校规章制度。

(四) 诚实守信，道德品质优良。

(五) 在校期间学习成绩优异，社会实践、创新能力、综合素质等方面表现特别突出。

第十七条 获得本专科生上海市奖学金的学生为高校在校生中二年级以上(含二年级)的学生。同一学年内，获得本专科生上海市奖学金的家庭经济困难学生可以同时申请并获得本专科生国家助学金，但不能同时获得本专科生国家奖学金或本专科生国家励志奖学金。

第十八条　本专科生上海市奖学金的名额为每年1000名。上海市学生事务中心(上海市学生资助管理中心),按高校数量、类别、办学层次、办学质量、在校本专科生人数等因素,提出本专科生上海市奖学金名额分配建议方案,报市教委、市财政局审批。在名额分配时,适当向办学水平较高以及以农林水地矿油核等学科专业为主的高校倾斜。

第十九条　市教委、市财政局将审定的本专科生上海市奖学金分配名额按程序下达相关高校。

第二十条　本专科生上海市奖学金每学年评审一次,实行等额评审,坚持公开、公平、公正、择优的原则。

第二十一条　各相关高校学生资助管理机构具体负责组织评审工作,提出本校当年本专科生上海市奖学金获奖学生建议名单,报学校评审领导小组研究审定后,在校内进行不少于5个工作日的公示。公示无异议后,每年10月31日前,各高校将评审结果报市教委,市教委于11月30日前批复并公告。

第二十二条　上海市学生事务中心(上海市学生资助管理中心)于每年12月31日前将当年本专科生上海市奖学金一次性发放给获奖学生,各高校将获奖情况记入学生学籍档案。

## 第四章　本专科生国家励志奖学金

第二十三条　本专科生国家励志奖学金用于奖励资助纳入全国招生计划内的地方普通高校全日制本专科(含高职、第二学士学位)学生中品学兼优的家庭经济困难学生,激励高校家庭经济困难学生勤奋学习、努力进取,德、智、体、美、劳全面发展。

第二十四条　本专科生国家励志奖学金的资助标准为每生每年5000元。

第二十五条　本专科生国家励志奖学金的基本申请条件:

(一) 具有中华人民共和国国籍。

(二) 热爱祖国,拥护中国共产党的领导。

(三) 遵守宪法和法律,遵守学校规章制度。

(四) 诚实守信,道德品质优良。

(五) 在校期间学习成绩优秀。

(六) 家庭经济困难,生活俭朴。

第二十六条　申请本专科生国家励志奖学金的学生为高校在校生中二年级以上(含二年级)的学生。同一学年内,申请本专科生国家励志奖学金的学生可以同时申请并获得本专科生国家助学金,但不能同时获得本专科生国家奖学金或本专科生上海市奖学金。

第二十七条　在财政部、教育部下达的本专科生国家励志奖学金名额的基础上,本市每年再增加2000个名额。上海市学生事务中心(上海市学生资助管理中心)按高校数量、类别、办学层次、办学质量、在校本专科生人数、生源结构和家庭经济困难生人数等因素,提出本专科生国家励志奖学金名额分配建议方案,报市教委、市财政局审批。在名额分配时,适当向办学水平较高以及以农林水地矿油核等学科专业为主的高校倾斜。

第二十八条　市教委、市财政局将审定的本专科生国家励志奖学金分配名额,按程序下达相关高校。

第二十九条　本专科生国家励志奖学金按学年申请和评审,实行等额评审,坚持公开、公平、公正、择优的原则。

第三十条　每年9月30日前,学生根据本办法规定的本专科生国家励志奖学金的基本申请条件及其他有关规定,向学校提出申请,并递交《本专科生国家励志奖学金申请表》。

第三十一条　本专科生国家励志奖学金申请与评审工作由各相关高校组织实施。各相关高校要根据本办法的规定,制定具体评审细则,并抄送市教委。各相关高校在开展本专科生国家励志奖学金评审工作中，适当向农林水地矿油核等学科专业学生倾斜。

第三十二条　各相关高校学生资助管理机构负责组织评审，提出本校当年本专科生国家励志奖学金获奖学生建议名单，报学校评审领导小组研究通过后，在校内进行不少于5个工作日的公示。公示无异议后，每年11月10日前，各相关高校将评审结果报市教委，市教委于11月30日前批复。

第三十三条　上海市学生事务中心(上海市学生资助管理中心)于每年12月31日前将本专科生国家励志奖学金一次性发放给获奖学生，各高校将获奖情况记入学生学籍档案。

第三十四条　各相关高校要切实加强管理，认真做好本专科生国家励志奖学金的评审和发放工作，确保本专科生国家励志奖学金真正用于资助品学兼优的家庭经济困难学生。

## 第五章　本专科生国家助学金

第三十五条　本专科生国家助学金用于资助纳入全国招生计划内的地方普通高校全日制本专科(含预科、高职、第二学士学位，退役士兵学生从下文规定)学生中的家庭经济困难学生，帮助其顺利完成学业。全日制在校退役士兵学生全部享受本专科生国家助学金。

第三十六条　本专科生国家助学金平均资助标准为每生每年3300元，具体标准由高校在每生每年2000—4500元范围内自主确定，可以分为2—3档。全日制在校退役士兵国家助学金，资助标准为每生每年3300元。

第三十七条　本专科生国家助学金的基本申请条件：

(一)具有中华人民共和国国籍。

(二)热爱祖国，拥护中国共产党的领导。

(三)遵守宪法和法律，遵守学校规章制度。

(四)诚实守信，道德品质优良。

(五)勤奋学习，积极上进。

(六)家庭经济困难，生活俭朴。

第三十八条　根据财政部、教育部下达的本专科生国家助学金名额(退役士兵学生从下文规定)，上海市学生事务中心(上海市学生资助管理中心)按高校数量、类别、办学层次、办学质量、在校本专科生人数和生源结构等因素，提出本专科生国家助学金名额分配建议方案，报市教委、市财政局审批。在名额分配时，适当向以农林水地矿油核等学科专业为主的高校倾斜。退役士兵学生按实分配。

第三十九条　市教委、市财政局将审定的本专科生国家助学金分配名额，按程序下达相关高校。

第四十条　本专科生国家助学金按学年申请和评审，评定工作坚持公开、公平、公正的原则。

第四十一条　每年9月30日前，学生(退役士兵学生从下文规定)根据本办法规定的本专科生国家助学金的基本申请条件及其他有关规定，向学校提出申请，并递交《本专科生国家助学金申请表》。在同一学年内，申请并获得本专科生国家助学金的学生，可同时申请并获得本专科生国家奖学金或本专科生国家励志奖学金或本专科生上海市奖学金。退役士兵学生无需提交申请表。

第四十二条　本专科生国家助学金申请与评审工作由各相关高校组织实施。各相关高校要根据本办法的规定，制定具体评审细则，并抄送市教委。各相关高校在开展国家助学金评审工作中，适当向农林水地矿油核等学科专业学生倾斜。

第四十三条　各相关高校学生资助管理机构结合本校家庭经济困难学生等级认定情况组织评审，提出享受本专科生国家助学金资助初步名单及资助档次，报学校评审领导小组研究通过后，于每年11月10日前，将本校当年本专科生国家助学金政策的落实情况报送市教委。

第四十四条　各相关高校应足额按月将本专科生国家助学金发放到受助学生手中。

第四十五条　各相关高校应切实加强管理，认真做好本专科生国家助学金的评审和发放工作，确保本专科生国家助学金用于资助家庭经济困难的学生。

本专科生在学制期限内，由于出国、疾病等原因办理保留学籍或休学等手续的，暂停对其发放国家助学金，待其恢复学籍后再行发放。超过基本修业年限的在校生不再享受本专科生国家助学金。

## 第六章　研究生国家奖学金

第四十六条　研究生国家奖学金用于奖励纳入全国招生计划内的地方普通高校中表现优异的全日制研究生，旨在发展中国特色研究生教育，促进研究生培养机制改革，提高研究生培养质量。

第四十七条　研究生国家奖学金的奖励标准为硕士研究生每生每年 20000 元，博士研究生每生每年 30000 元。

第四十八条　研究生国家奖学金基本申请条件：

（一）具有中华人民共和国国籍。

（二）热爱祖国，拥护中国共产党的领导。

（三）遵守宪法和法律，遵守高等学校规章制度。

（四）诚实守信，道德品质优良。

（五）学习成绩优异，科研能力显著，发展潜力突出。

第四十九条　根据财政部、教育部下达的研究生国家奖学金名额，上海市学生事务中心（上海市学生资助管理中心）结合高校在校全日制研究生规模、培养质量以及上一年度研究生国家奖学金执行情况，提出研究生国家奖学金名额分配建议方案，报市教委、市财政局审批。在名额分配时，适当向基础学科和国家亟需的学科（专业）倾斜。

第五十条　市教委、市财政局将审定的研究生国家奖学金分配名额，按程序下达相关高校。

第五十一条　各相关高校要统筹研究生国家奖学金和其他研究生奖学金的名额分配、评审和发放工作，充分发挥各类奖学金的激励作用。

第五十二条　研究生国家奖学金每学年评审一次，评审工作坚持公开、公平、公正、择优的原则。

第五十三条　各相关高校应建立健全与研究生规模和现有管理机构设置相适应的研究生国家奖学金评审组织机制，加强研究生国家奖学金管理工作。

第五十四条　各相关高校与科研院所等其他研究生培养机构之间联合培养的研究生，原则上由各相关高校对联合培养的研究生进行国家奖学金评审。

第五十五条　各相关高校应成立研究生国家奖学金评审领导小组，由校主管领导、相关职能部门负责人、研究生导师代表等组成。评审领导小组负责制定本校研究生国家奖学金评审实施细则；制定名额分配方案；统筹领导、协调、监督本校评审工作；裁决学生对评审结果的申诉；指定有关部门统一保存本校的研究生国家奖学金评审资料。

第五十六条　各相关高校下设的基层单位（院、系、所、中心等，下同）应成立研究生国家奖学金评审委员会，由基层单位主要领导任主任委员，研究生导师、行政管理人员、学生代表任委员，负责本单位研究生国家奖学金的申请组织、初步评审等工作。

第五十七条　基层单位评审委员会主任委员负责组织评审委员会委员对申请研究生国家奖学金的学生进行初步评审，评审过程中应充分尊重本基层单位学术组织、研究生导师的推荐意见。基层单位评审委员会确定本单位获奖学生名单后，应在本基层单位内进行不少于 5 个工作日的公示。公示无异议后，提交各相关高校研究生国家奖学金评审领导小组进行审定，审定结果在全校范围内进行不少于 5 个工作日的公示。

第五十八条　对研究生国家奖学金评审结果有异议的学生，可在基层单位公示阶段向所在基层单位评审委员会提出申诉，评审委员会应及时研究并予以答复。如学生对基层单位作出的答复仍有异议，可在各相关高校公示阶段向所在学校研究生国家奖学金评审领导小组提请裁决。

第五十九条　各相关高校将评审工作情况和评审结果于每年 10 月 25 日前报送上海市学生事务中心（上海市学生资助管理中心）。评审材料包括反映本校评审依据、评审程序、名额分配及评审结果等情况的评审报告及获奖研究生汇总表。上海市学生事务中心（上海市学生资助管理中心）对各相关高校评审情况和结果进行汇总后，报送市教委、市财政局。市教委、市财政局于每年 11 月 10 日前报送教育部。

第六十条　上海市学生事务中心（上海市学生资助管理中心）于每年 12 月 31 日前将当年研究生国家奖学金一次性发放给获奖学生，各高校将研究生获得国家奖学金情况记入学生学籍档案。

## 第七章　研究生学业奖学金

第六十一条　研究生学业奖学金主要用于激励纳入全国招生计划内的勤奋学习、潜心科研、勇于创新、积极进取的地方普通高校全日制研究生，在全面实行研究生教育收费制度的情况下更好地支持研究生顺利完成学业。

第六十二条　市教委、市财政局按照硕士研究生每生每年 8000 元、博士研究生每生每年 10000 元的标准以及在校学生数的一定比例给予支持。

第六十三条　研究生学业奖学金由地方普通高校负责组织实施。地方普通高校应按规定统筹利用财政拨款、学费收入、社会捐助等，奖励支持表现良好的研究生更好地完成学业。

第六十四条　地方普通高校根据研究生收费标准、学业成绩、科研成果、社会服务以及家庭经济状况等因素，确定研究生学业奖学金的覆盖面、等级、奖励标准和评定办法（可分档设定奖励标准），并制定相应的实施细则。在名额分配时，适当向基础学科和国家亟须的学科（专业）倾斜。地方普通高校应根据实际情况，对研究生学业奖学金覆盖面、等级和奖励标准进行动态调整。

第六十五条　研究生学业奖学金基本申请条件：

（一）具有中华人民共和国国籍。

（二）热爱祖国，拥护中国共产党的领导。

（三）遵守宪法和法律，遵守高等学校规章制度。

（四）诚实守信，品学兼优。

（五）积极参与科学研究和社会实践。

第六十六条　直博生和招生简章中注明不授予中间学位的本硕博、硕博连读学生，根据当年所修课程的层次阶段确定身份参与研究室学业奖学金的评定。在选修硕士课程阶段按照硕士研究生身份参与评定，进入选修博士研究生课程阶段按照博士研究生身份参与评定。

第六十七条　获得研究生学业奖学金奖励的研究生，符合相应条件的可以同时获得研究生国家奖学金、研究生国家助学金等其他研究生国家奖助政策以及校内其他研究生奖助政策资助。

第六十八条　地方普通高校应建立健全与本校研究生规模和管理机构相适应的研究生学业奖学金管理机制。

第六十九条　地方普通高校应成立研究生学业奖学金评审领导小组，由校主管领导、相关职能部门负责人、研究生导师代表等组成。评审领导小组按照本办法有关规定，负责制定本校研究生学业奖学金评审实施细则，制定名额分配方案，统筹领导、协调和监督本校评审工作，并裁决有关申诉事项。

第七十条　地方普通高校下设的基层单位（院、系、所、中心等，下同）应成立研究生学业奖学金评审委员会，由基层单位主要领导任主任委员，研究生导师、行政管理人员、学生代表任委员，负责本单位研究生学业奖学金的申请组织、初步评审等工作。

第七十一条　基层单位研究生学业奖学金评审委员会确定本单位获奖学生名单后，应在本基层单位内进行不少于5个工作日的公示。公示无异议后，提交学校研究生学业奖学金评审领导小组审定，审定结果在全校范围内进行不少于5个工作日的公示。

第七十二条　对研究生学业奖学金评审结果有异议的，可在基层单位公示阶段向所在基层单位评审委员会提出申诉，评审委员会应及时研究并予以答复。如申诉人对基层单位作出的答复仍有异议，可在学校公示阶段向所在学校研究生学业奖学金评审领导小组提请裁决。

第七十三条　研究生学业奖学金的评审工作应坚持公正、公平、公开、择优的原则，严格执行国家有关教育法规，杜绝弄虚作假。

第七十四条　各高校于每年12月31日前将当年研究生学业奖学金一次性发放给获奖学生，并将研究生获得学业奖学金情况记入学生学籍档案。

## 第八章　研究生国家助学金

第七十五条　研究生国家助学金主要用于资助纳入全国研究生招生计划的地方普通高校所有全日制研究生(有固定工资收入的除外)，补助研究生基本生活支出。获得资助的研究生须具有中华人民共和国国籍。

第七十六条　研究生国家助学金的资助标准为硕士研究生每生每年6000元，博士研究生每生每年15000元。

第七十七条　根据财政部、教育部下达的研究生国家助学金名额，上海市学生事务中心(上海市学生资助管理中心)按地方普通高校符合研究生国家助学金资助条件的在校学生人数等因素，提出研究生国家助学金名额分配建议方案，报市教委、市财政局审批。

第七十八条　市教委、市财政局将审定的国家助学金分配名额，按程序下达相关高校。

第七十九条　各相关高校应足额按月将研究生国家助学金发放到符合条件的学生手中。

第八十条　直博生和招生简章中注明不授予中间学位的本硕博、硕博连读学生，根据当年所修课程的层次阶段确定身份参与研究生国家助学金的发放。在选修硕士课程阶段按照硕士研究生身份发放研究生国家助学金；进入选修博士研究生课程阶段按照博士研究生身份发放研究生国家助学金。

第八十一条　研究生在学制期限内，由于出国、疾病等原因办理保留学籍或休学等手续的，暂停对其发放研究生国家助学金，待其恢复学籍后再行发放。超过基本修业年限的在校生不再享受研究生国家助学金。实行一年多次论文答辩并申请毕业的，或符合高校研究生培养计划可以申请提前毕业的，自学生办理毕业离校手续次月起，停发其研究生国家助学金。

## 第九章　服兵役高等学校学生国家教育资助

第八十二条　应征入伍服兵役高等学校学生(以下简称“高校学生”)国家教育资助是指国家对应征入伍服义务兵役、招收为军士的高校学生，在入伍时对其在校期间缴纳的学费实行一次性补偿或用于学费的国家助学贷款实行代偿；对应征入伍服义务兵役前正在高等学校就读的学生(含按国家招生规定录取的高校新生)，服役期间按国家有关规定保留学籍或入学资格、退役后自愿复学或入学的，实行学费减免；对退役后，自主就业，通过全国统一高考或高职分类招考方式考入高等学校并到校报到的入学新生，实行学费减免。



第八十三条　高校学生是指地方普通高校全日制普通专科(含高职)、本科、研究生、第二学士学位的毕业生、在校生和入学新生，以及地方成人高校招收的全日制普通专科(含高职)、本科的毕业生、在校生和入学新生。

第八十四条 学费补偿或国家助学贷款代偿金额，按学生实际缴纳的学费或用于学费的国家助学贷款(包括本金及其全部偿还之前产生的利息，下同)两者金额较高者执行；复学或新生入学后学费减免金额，按高等学校实际收取学费金额执行。

学费补偿、国家助学贷款代偿以及学费减免的标准，本专科生每生每年最高不超过 12000 元，研究生每生每年最高不超过 16000 元。超出标准部分不予补偿、代偿或减免。

第八十五条 下列高校学生不享受以上国家资助：

(一) 在校期间已通过其他方式免除全部学费的学生。

(二) 定向生(定向培养军士除外)、委培生和国防生。

(三) 其他不属于服义务兵役或招收军士到部队入伍的学生。

第八十六条 获学费补偿学生在校期间获得国家助学贷款的，补偿资金应当首先用于偿还国家助学贷款。

第八十七条 获得国家助学贷款的高校在校生应征入伍后，国家助学贷款停止发放。

第八十八条 学费补偿、贷款代偿或学费减免资助期限为全日制普通高等学历教育一个学制期。对复学或入学后攻读更高层次学历的不在学费减免范围之内；攻读更高层次学历后二次入伍，可以类比第一次入伍享受更高层次学历教育阶段的资助。

学费补偿、贷款代偿或学费减免资助年限按照国家对专科(含高职)、本科、研究生、第二学士学位规定的基本修业年限据实计算。以入伍时间为准，入伍前已完成规定的修业年限，即为学费补偿或国家助学贷款代偿的年限；退役复学后接续完成规定的剩余修业年限，即为学费减免的年限；退役后考入高校的新生，规定的基本修业年限，即为学费减免的年限。

对专升本、本硕连读学制学生，在专科或本科学习阶段应征入伍的，以专科或本科规定的学习时间实行入伍资助，在本科或硕士学习阶段应征入伍的，以本科或硕士规定的学习时间实行入伍资助。中职高职连读学生入伍资助，以高职阶段学习时间计算。专升本、本硕连读、中职高职连读、第二学士学位毕业生学费补偿或国家助学贷款代偿的年限，分别按照完成本科、硕士、高职和第二学士学位阶段学习任务规定的学习时间计算。

第八十九条 学费补偿或国家助学贷款代偿应遵循以下程序：

(一) 应征报名的高校学生登录全国征兵网，按要求在线填写、打印《应征入伍服兵役高等学校学生国家教育资助申请表Ⅰ》(以下简称《申请表Ⅰ》，一式两份)并提交高校学生资助管理部门。在校期间获得国家助学贷款的学生，需同时提供《国家助学贷款借款合同》复印件和本人签字的偿还贷款计划书。

(二) 高校相关部门对《申请表Ⅰ》中学生的资助资格、标准、金额等相关信息审核无误后，在《申请表Ⅰ》上加盖公章，一份留存，一份返还学生。

(三) 学生在征兵报名时将《申请表Ⅰ》交至入伍所在地县级人民政府征兵办公室(以下简称"县级征兵办")。学生通过征兵体检被批准入伍后，县级征兵办对《申请表Ⅰ》加盖公章并返还学生。

(四) 学生将《申请表Ⅰ》原件和《入伍通知书》复印件，寄送至原就读高校学生资助管理部门。

(五) 高校学生资助管理部门在收到学生寄送的《申请表Ⅰ》原件和《入伍通知书》复印件后，对各项内容进行复核，符合条件的，及时向学生进行学费补偿或国家助学贷款代偿。

对于办理高校国家助学贷款的学生，由高校按照还款计划，一次性向银行偿还学生高校国家助学贷款本息(学费部分)，并将银行开具的偿还贷款票据交寄学生本人或其家长。偿还全部贷款后如有剩余资金，汇至学生指定的地址或账户。

对于在户籍所在县(市、区)办理了生源地信用助学贷款的学生,由高校根据学生签字的还款计划,将代偿资金一次性汇至学生指定的地址或账户。

第九十条　退役后自愿回校复学或入学的学生和退役后考入高校的入学新生,到高校报到后向高校一次性提出学费减免申请,填报《应征入伍服兵役高等学校学生国家教育资助申请表Ⅱ》并提交退役证书复印件。高校学生资助管理部门在收到申请材料后,及时对学生申请资格进行审核。符合条件的,及时办理学费减免手续,逐年减免学费。

第九十一条　入伍资助资金不足以偿还国家助学贷款的,学生应与经办银行重新签订还款计划,偿还剩余部分国家助学贷款。

第九十二条　应征入伍服兵役的往届毕业生,申请国家助学贷款代偿的,应由学生本人继续按原还款协议自行偿还贷款,学生本人凭贷款合同和已偿还的贷款本息银行凭证向学校申请代偿资金。

第九十三条　每年10月25日前,高校应将本年度入伍资助经费使用等情况,报上海市学生事务中心(上海市学生资助管理中心)。上海市学生事务中心(上海市学生资助管理中心)审核无误后,于每年11月10日前,报全国学生资助管理中心。

第九十四条　因故意隐瞒病史或弄虚作假、违法犯罪等行为造成退兵的学生,以及因拒服兵役被部队除名的学生,高校应取消其受助资格。市征兵办应在接收退兵后及时将被退回学生的姓名、就读高校、退兵原因等情况逐级上报国防部征兵办公室,并通报市教委。

第九十五条　被部队退回或除名并被取消资助资格的学生,如学生返回其原户籍所在地,已补偿的学费或代偿的国家助学贷款资金由学生户籍所在地县级教育行政部门会同同级人民政府征兵办公室收回;如学生返回其原就读高校,已补偿的学费或代偿的国家助学贷款资金由学生原就读高校会同退役安置地区级人民政府征兵办公室收回。各高校应在收回资金后,及时上缴上海市学生事务中心(上海市学生资助管理中心),上海市学生事务中心(上海市学生资助管理中心)应及时汇总上缴全国学生资助管理中心。

第九十六条　因部队编制员额缩减、国家建设需要、因战因公负伤致残、因病不适宜在部队继续服役、家庭发生重大变故需要退役等原因,经组织批准提前退役的学生,仍具备受助资格。其他非正常退役学生的资助资格认定,由市征兵办会同市教委确定。

第九十七条　高校要严格按照规定要求,对入伍资助学生的申请进行认真审核,及时办理补偿代偿和学费减免;各级兵役机关要做好申请学费资助学生入伍和退役的相关认证工作,第一时间发放《入伍通知书》;各级退役军人事务部门要做好自主就业退役士兵的身份认证等工作。

## 第十章　基层就业学费补偿国家助学贷款代偿

第九十八条　基层就业学费补偿国家助学贷款代偿是指高校毕业生到中西部地区和艰苦边远地区的基层单位就业、服务期在3年以上(含3年)的,其学费由国家实行补偿或用于学费的国家助学贷款实行代偿。在校学习期间获得用于学费的国家助学贷款(含高校国家助学贷款和生源地信用助学贷款,下同)的,代偿的学费优先用于偿还国家助学贷款本金及其全部偿还之前产生的利息。

第九十九条　高校毕业生是指地方普通高校全日制本专科生(含高职、第二学士学位)、研究生应届毕业生。定向、委培以及在校期间已享受免除学费政策的学生除外。

第一百条　学费补偿或国家助学贷款代偿标准为本专科生每生每年最高不超过12000元,研究生每生每年最高不超过16000元。毕业生在校学习期间每年实际缴纳的学费或用于学费的国家助学贷款低于补偿代偿标准的，按照实际缴纳的学费或用于学费的国家助学贷款金额实行补偿代偿。毕业生在校学习期间每年实际缴纳的学费或用于学费的国家助学贷款高于补偿代偿标准的，按照标准实行补偿代偿。

第一百零一条　西部地区是指西藏、内蒙古、广西、重庆、四川、贵州、云南、陕西、甘肃、青海、宁夏、新疆12个省(自治区、直辖市)。中部地区是指河北、山西、吉林、黑龙江、安徽、江西、河南、湖北、湖南、海南10个省。艰苦边远地区是指除上述地区外，国务院规定的艰苦边远地区。

第一百零二条　基层单位是指：

(一) 中西部地区和艰苦边远地区县以下机关、企事业单位，包括乡(镇)政府机关、农村中小学、国有农(牧、林)场、农业技术推广站、畜牧兽医站、乡镇卫生院、计划生育服务站、乡镇文化站、乡镇企业等。县城中学、县城医院以及县政府派出街道(社区)等可以纳入申请范围。

(二) 工作现场地处中西部地区和艰苦边远地区县以下的气象、地震、地质、水电施工、煤炭、石油、航海、核工业等中央单位艰苦行业生产第一线。因上述行业分布广、地区跨度大和流动作业性强，工作现场可以包含中西部地区和艰苦边远地区县政府所在地。

(三) 对于化工、电力、航天、邮政、交通、机械制造、冶炼加工、土建施工、高新科技等艰苦行业生产第一线，申请人应出具工作现场地处中西部地区乡镇以下的相关就业证明，即上述行业工作现场不含县政府所在地。

(四) 县级以上(含县级)各局(委员会、办公室)、高等学校、公安机关支队级以上(含支队级)、通讯、金融、烟酒、飞机及列车乘务、房地产及其相关产业等特殊行业等不属于基层单位。工作单位或现场在县政府所属委办局等机关单位、地级市市辖区及以上城市所辖街道(社区)的，不在申请范围。

(五) 西藏自治区除拉萨市市辖区外的地区的相关单位。

第一百零三条　凡符合以下全部条件的高校毕业生，可申请学费补偿或国家助学贷款代偿：

(一) 拥护中国共产党的领导，热爱祖国，遵守宪法和法律。

(二) 在校期间遵守学校各项规章制度，诚实守信，道德品质良好，学习成绩合格。

(三) 毕业时自愿到中西部地区和艰苦边远地区基层单位工作、服务期在3年以上(含3年)。

第一百零四条　专科(含高职)、本科、研究生和第二学士学位毕业生学费补偿或国家助学贷款代偿的年限，分别按照国家规定的相应学制计算。

第一百零五条　国家对到中西部地区和艰苦边远地区基层单位就业的获得学费补偿和国家助学贷款代偿资格的高校毕业生采取分年度学费补偿或国家助学贷款代偿的办法，学生毕业后每年补偿学费或代偿国家助学贷款总额的1/3，3年学费补偿或国家助学贷款代偿完毕。

第一百零六条　符合条件的高校毕业生，按以下程序申请学费补偿和国家助学贷款代偿：

(一) 高校毕业生本人在办理离校手续前须向学校递交《上海市高等学校毕业生学费补偿和国家助学贷款代偿申请表》、由毕业生本人、就业单位、毕业学校三方签署的到中西部地区和艰苦边远地区基层单位服务3年以上(含3年)的就业协议或劳动合同(任命书或选派文件)。申请国家助学贷款代偿的学生还需提供国家助学贷款合同和还款委托书。

(二) 高校按规定审查申请资格，在当年12月31日前，将符合条件的高校毕业生相关申请材料集中报送上海市学生事务中心(上海市学生资助管理中心)，逾期不予受理。

(三) 因正常调动、提拔、工作需要而换岗，新岗位仍是中西部地区和艰苦边远地区基层单位，申请学生应及时向办理学费补偿或国家助学贷款代偿的原高校申请就业单位信息变更，无需重新进行资格认定。

(四) 上海市学生事务中心(上海市学生资助管理中心)每年将获得学费补偿或国家助学贷款代偿的学生名单等材料报送市教委。

第一百零七条　高校应在每年6月底前将获得学费补偿和国家助学贷款代偿资格的高校毕业生当年在职在岗情况和学费补偿或国家助学贷款代偿所需经费情况报送上海市学生事务中心(上海市学生资助管理中心)。

第一百零八条　除因正常调动、提拔、工作需要换岗而离开中西部地区和艰苦边远地区基层单位外，对于未满3年服务年限，提前离开中西部地区和艰苦边远地区基层单位的高校毕业生，取消学费补偿和国家助学贷款代偿资格。

对于取消学费补偿资格的毕业生，高校应及时将有关情况报送上海市学生事务中心(上海市学生资助管理中心)。上海市学生事务中心(上海市学生资助管理中心)从当年开始停止对其学费的补偿。

对于取消国家助学贷款代偿资格的毕业生，改由其本人负责偿还余下的国家助学贷款本息。

对于不及时向高校提出取消学费补偿和国家助学贷款代偿资格申请、不与银行重新签订还款计划书、提前离岗的高校毕业生，一律视为严重违约，国家有关部门要将其不良信用记录及时录入国家金融业统一征信平台相关数据库。

第一百零九条　高校在收到上海市学生事务中心(上海市学生资助管理中心)拨付的学费补偿或国家助学贷款代偿资金后，应于15个工作日返还给高校毕业生本人或代为偿还给高校毕业生国家助学贷款经办银行。

第一百一十条　对于弄虚作假的高校和高校毕业生，一经查实，除收回国家学费补偿或国家助学贷款代偿资金外，将按有关规定追究相关责任。

第一百一十一条　除第一百零二条、第一百零三条规定的地区和基层单位外，本市经批准实行学费补偿或国家助学贷款代偿的其他面向基层就业的项目，也适用本办法。

## 第十一章　国家助学贷款奖补资金

第一百一十二条　国家助学贷款奖补资金是指中央为鼓励和支持地方普通高校积极贯彻落实国家助学贷款政策，加大对高校学生的资助力度，促进高等教育事业持续健康发展，对国家助学贷款专款实行奖补结合而设立的专项资金。

第一百一十三条　国家助学贷款奖补资金坚持客观、公正、规范的分配原则。根据财政部、教育部下达的国家助学贷款奖补资金，上海市学生事务中心(上海市学生资助管理中心)按地方高校国家助学贷款规模、获贷情况、奖补资金使用情况、学生资助工作管理情况等因素，提出国家助学贷款奖补资金分配建议方案，报市教委、市财政局审批。

第一百一十四条　市教委、市财政局将审定的国家助学贷款奖补资金预算按程序通知下达相关高校，全部用于地方普通高校学生的资助。

## 第十二章　资金分担和预算安排

第一百一十五条　按照教育领域事权和支出责任划分的有关规定，地方普通高校学生资助资金由中央和地方财政共同承担。

本专科生国家奖学金、本专科生国家励志奖学金(本市增补2000个名额所需资金除外)、研究生国家奖学金、服兵役高等学校国家教育资助资金、国家助学贷款奖补资金，由中央财政承担。



本专科生国家助学金(含全日制在校退役士兵国家助学金)、研究生国家助学金由中央和地方市级财政共同承担。

本专科生上海市奖学金、本专科生国家励志奖学金(本市的增补2000个名额所需资金)、研究生学业奖学金、基层就业学费补偿国家助学贷款代偿资金由地方市级财政承担。

第一百一十六条　学生资助资金纳入本市政府预算管理,市教委、市财政局等有关部门和单位要按照预算管理有关规定,加强学生资助资金预算编制、执行、决算等管理。

本专科生国家奖学金、本专科生国家励志奖学金、研究生国家奖学金、本专科生上海市奖学金相关资金预算下达上海市学生事务中心(上海市学生资助管理中心),上海市学生事务中心(上海市学生资助管理中心)按照财政国库管理有关制度规定直接发放到学生账户。其他学生资助资金由相关高校和单位按照财政国库管理有关制度规定拨付使用。

## 第十三章　资金管理和监督

第一百一十七条　市教委、市财政局等部门和单位要按照全面实施预算绩效管理的要求,建立健全全过程预算绩效管理机制,按规定科学合理设定绩效目标,对照绩效目标做好绩效监控、绩效评价,强化绩效结果运用,做好信息公开,提高资金使用效益。

第一百一十八条　各高校要加强资金发放、执行管理,做好基础数据的审核工作,对上报的可能影响资金分配结果的有关数据和信息的真实性、准确性负责;健全学生资助机构,组织做好家庭经济困难学生认定工作,确保应助尽助。各高校要加强学生学籍、学生资助信息系统应用,规范档案管理,严格落实责任制,强化财务管理,制定学生资助资金管理办法。各高校应将学生申请表、认定结果、资金发放等有关凭证和工作情况分年度建档备查。各高校必须严格执行国家相关财经法规和本办法的规定,对学生资助资金实行分账核算,专款专用,不得截留、挤占、挪用,并自觉接受财政、审计、纪检监察、主管部门等部门的检查和监督。

第一百一十九条　市教委、市财政局等部门和单位及其工作人员在学生资助资金分配和使用过程中滥用职权、玩忽职守、徇私舞弊以及违反规定分配或挤占、挪用、虚列、套取学生资助资金的,依法追究相应责任。

申报使用学生资助资金的部门、单位及个人在资金申报、使用过程中存在违法违规行为的,依照《中华人民共和国预算法》及其实施条例、《财政违法行为处罚处分条例》等国家有关规定追究相应责任。

## 第十四章　附　　则

第一百二十条　地方普通高校要结合实际,通过勤工助学、"三助"岗位、"绿色通道"、校内资助、社会资助等方式完善学生资助体系。公办高校要从事业收入中足额提取4%—6%的经费用于资助学生。民办高校应从学费收入中提取不少于5%的资金,用于奖励和资助学生。

第一百二十一条　本市鼓励企业、社会团体、个人在各高校设立奖学金、助学金。

第一百二十二条　本市科研院所、党校(行政学院)、会计学院等研究生培养单位学生资助资金管理按照本办法执行,所需资金按照现行渠道解决。

第一百二十三条　本办法由市教委、市财政局、市退役军人局、市征兵办等部门按职责负责解释。

第一百二十四条　本办法自2022年10月13日起施行,有效期10年。《上海市教育委员会　上海市财政局　上海市退役军人事务局　上海市人民政府征兵办公室关于印发〈上海市普通高等学校学生资助资金管理实施办法〉的通知》(沪教委规〔2020〕2号)同时废止。

# 上海市教育委员会　上海市财政局　上海市民政局<br>上海市残疾人联合会关于印发《上海市中小学<br>幼儿园学生资助资金管理实施办法》的通知

（沪教委规〔2022〕8号）

各区教育局、财政局、民政局、残联，各有关委、局、控股（集团）公司，各有关单位：

为规范和加强本市中小学幼儿园学生资助资金管理，提高资金使用效益，坚持资助育人导向，确保资助工作顺利开展，根据《财政部　教育部　人力资源社会保障部　退役军人部　中央军委国防动员部关于印发〈学生资助资金管理办法〉的通知》（财教〔2021〕310号）、《教育部等六部门关于做好家庭经济困难学生认定工作的指导意见》（教财〔2018〕16号）等有关规定，上海市教育委员会、上海市财政局、上海市民政局、上海市残疾人联合会制定了《上海市中小学幼儿园学生资助资金管理实施办法》，现印发给你们，请按照执行。

附件：上海市中小学幼儿园学生资助资金管理实施办法

上海市教育委员会　上海市财政局
上海市民政局　上海市残疾人联合会
2022年9月26日

附件

## 上海市中小学幼儿园学生资助资金管理实施办法

### 第一章　总　　则

第一条　为规范和加强本市中小学幼儿园学生资助资金管理，提高资金使用效益，坚持资助育人导向，确保资助工作顺利开展，按照《财政部　教育部　人力资源社会保障部　退役军人部　中央军委国防动员部关于印发〈学生资助资金管理办法〉的通知》（财教〔2021〕310号）、《教育部等六部门关于做好家庭经济困难学生认定工作的指导意见》（教财〔2018〕16号）、《上海市社会救助条例》《上海市教育委员会等四部门关于印发〈上海市家庭经济困难学生认定工作实施意见〉的通知》（沪教委规〔2019〕7号）等文件以及预算管理有关规定，制定本办法。

第二条　本办法所称学生资助资金是指中央和地方财政安排的用于落实本市学前教育、义务教育、普通高中教育、中等职业教育等资助政策的资金。

第三条　学生资助资金由本市各级教育部门、财政部门按职责共同管理。教育部门负责完善学生信息管理系统，加强学生学籍和资助信息管理，组织各中小学校、幼儿园上报并审核基础数据，提出预算分配建议方案，会同财政等部门对资金使用和政策执行情况进行监督管理。财政部门负责学生资助资金的分配和预算下达，组织教育部门编制学生资助资金中期财政规划和年度预算草案。民政部门负责本市家庭经济困难学生的相关认证工作。残联部门负责本市残疾学生的相关认证工作。中小学校、幼儿园是学生资助资金使用的责任主体，应当切实履行法人责任，健全内部管理机制，具体组织预算执行。

## 第二章　资助范围和标准

第四条　学前教育资助

（一）资助对象

1. 在本市公办幼儿园、政府购买学位的民办幼儿园以及根据相关规定经过认定后的普惠性民办幼儿园就读的城乡低保家庭适龄幼儿、特困供养人员、烈士家庭适龄幼儿、适龄孤儿、本市户籍低收入困难家庭适龄幼儿、原建档立卡家庭经济困难适龄幼儿。

2. 在本市公办特教幼儿园、特教学校学前班、普通幼儿园特教班就读的适龄残疾儿童；以及在本市公办幼儿园、政府购买学位的民办幼儿园、根据相关规定经过认定后的普惠性民办幼儿园就读，并持有《中华人民共和国残疾人证》（以下简称《残疾人证》）或《阳光宝宝卡》的适龄残疾儿童。

（二）资助内容

1. 对城乡低保家庭适龄幼儿、特困供养人员、烈士家庭适龄幼儿、适龄孤儿、适龄残疾儿童和原建档立卡家庭经济困难适龄幼儿，免除保育教育费及幼儿园代办服务性收费。

2. 对低收入困难家庭适龄幼儿，免除保育教育费及幼儿园代办服务性收费项目中的餐费和点心费。

（三）资助标准

1. 保育教育费：公办幼儿园按各级幼儿园相应的收费标准予以免除；民办幼儿园每人每月最高免除保育教育费700元，民办幼儿园保育教育费收费低于该标准的，据实予以免除。

2. 代办服务性收费：按照幼儿园代办服务性收费标准据实予以免除。

第五条　义务教育资助

（一）资助对象

1. 在本市义务教育阶段学校在籍在读的城乡低保家庭学生、特困供养人员、烈士子女、孤儿、本市户籍低收入困难家庭学生、原建档立卡家庭经济困难学生。

2. 在本市公办义务教育特教学校、特教班在籍在读的适龄残疾学生，以及在本市义务教育阶段学校在籍在读的，并持有《残疾人证》的适龄残疾学生。

（二）资助内容

1. 对城乡低保家庭学生、特困供养人员、烈士子女、孤儿和原建档立卡家庭经济困难学生，免除义务教育阶段学校代办服务性收费。

2. 对低收入困难家庭学生，免除义务教育阶段学校代办服务性收费项目中的餐费和课外教育活动费。

3. 对残疾学生，免除义务教育阶段学校代办服务性收费；残疾寄宿生同时免除住宿费以及早餐、午餐和晚餐费。

（三）资助标准

1. 代办服务性收费：按照义务教育阶段学校代办服务性收费标准据实予以免除。

2. 住宿费：免费标准按照物价部门批准的标准执行，学校收费低于物价部门标准的，按所在学校住宿费收费标准执行。

第六条　普通高中教育资助

（一）免费教育

1. 资助对象

（1）本市公办、民办等各类普通高中学校中在籍在读的城乡低保家庭学生、特困供养人员、烈士子女、孤儿、本市户籍低收入困难家庭学生、原建档立卡家庭经济困难学生等。

（2）本市普通高中学校中在籍在读，持有《残疾人证》的适龄残疾学生。

2. 免费内容

（1）对城乡低保家庭学生、特困供养人员、烈士子女、孤儿、低收入困难家庭学生、原建档立卡家庭经济困难学生，免除学费、课本和作业本费。

（2）对残疾学生，免除学费、课本和作业本费；残疾寄宿生同时免除住宿费。

3. 免费标准

（1）学费：公办高中按照物价部门批准的学费收费标准予以免除；民办高中按每生每年4000元的标准予以免除。

（2）课本和作业本费：按每生每年最高600元的标准予以免除，学校收费低于该标准的，按所在学校课本和作业本费标准据实予以免除。

（3）住宿费：免费标准按照物价部门批准的标准执行，学校收费低于物价部门标准的，按所在学校住宿费标准执行。

（二）国家助学金

1. 资助对象

（1）本市公办、民办等各类普通高中学校中在籍在读的城乡低保家庭学生、特困供养人员、烈士子女、孤儿、本市户籍低收入困难家庭学生、原建档立卡家庭经济困难学生以及其他家庭经济困难学生等。

（2）本市普通高中学校中在籍在读，持有《残疾人证》的适龄残疾学生。

2. 资助标准

（1）城乡低保家庭学生、特困供养人员、烈士子女、孤儿和残疾学生、原建档立卡家庭经济困难学生：资助标准为每生每年4000元。

（2）低收入困难家庭学生：资助标准为每生每年2000元。

（3）其他家庭经济困难学生：平均资助标准为每生每年1500元，具体标准由市、区财政和教育部门结合学生家庭经济困难程度，在1000—3000元范围内确定，可以分2—3档。

3. 资助面

普通高中国家助学金资助面为不超过普通高中在校生总数的10%，由市和区分别计算完成。

第七条　中等职业教育资助

（一）免费教育

1. 资助对象

本市全日制中等职业学校（含成人中专，以下简称“中职校”）在籍在沪就读的城镇低保家庭学生、特困供养人员、烈士子女、孤儿、残疾学生、农村家庭学生、海岛（崇明岛、长兴岛、横沙岛）家庭学生、就读涉农专业学生、就读奖励专业学生、戏曲表演专业学生（其他艺术类相关表演专业学生除外）、原建档立卡家庭经济困难学生，以及本市户籍低收入困难家庭学生。具体对象为：

（1）具有本市中职校全日制学历教育学籍并在沪就读的城镇低保家庭学生、特困供养人员、烈士子女、孤儿、原建档立卡家庭经济困难学生。

（2）具有本市中职校全日制学历教育学籍并在沪就读的本市及外省市农村家庭学生，即学生本人为农村户籍或父母双方(监护人)中任意一方为农村户籍。

(3) 具有本市中职校全日制学历教育学籍并在沪就读的本市海岛(崇明岛、长兴岛、横沙岛)家庭学生，即学生本人或父母双方(监护人)中任意一方为本市海岛(崇明岛、长兴岛、横沙岛)户籍居民。

(4) 具有本市中职校全日制学历教育学籍并在沪就读，且就读专业为纳入教育部规定的涉农专业的学生。

(5) 具有本市中职校全日制学历教育学籍并在沪就读奖励专业、戏曲表演专业(其他艺术类相关表演专业学生除外)的学生，即报考本市教育行政部门当年列入"奖励专业""戏曲表演专业(其他艺术类相关表演专业学生除外)"目录的专业，并被相关学校录取的本市户籍学生，以及在沪报考并符合有关报考条件的来沪人员随迁子女。

(6) 具有本市中职校全日制学历教育学籍并在沪就读的本市户籍低收入困难家庭学生。

(7) 具有特殊职业教育学校、普通中职校附设特教班学籍并在沪就读的适龄残疾学生，以及具有本市中职校全日制学历教育学籍并在沪就读，持有《残疾人证》的适龄残疾学生。

2. 免费内容

(1) 对城镇低保家庭学生、特困供养人员、烈士子女、孤儿、农村家庭学生、海岛(崇明岛、长兴岛、横沙岛)家庭学生、就读涉农专业学生、就读奖励专业学生、戏曲表演专业学生(其他艺术类相关表演专业学生除外)、原建档立卡家庭经济困难学生以及低收入困难家庭学生，免除学费、书簿费。

(2) 对残疾学生，免除学费、书簿费；残疾寄宿生同时免除住宿费。

3. 免费标准

在学制规定年限内，根据中职校收费标准，免除相应学费、书簿费。学生在休学期间和留级当年不享受。

(1) 学费：凡在本市国家级重点中职校就读的学生，每人每学年最高免除学费 4000 元；凡在本市非国家级重点中职校就读的学生，每人每学年最高免除学费 2600 元。凡在本市中职校就读戏曲表演专业的学生(其他艺术类相关表演专业学生除外)，免除学费标准按照物价部门批准的公办学校学费标准执行，学校收费低于物价部门标准的，按所在学校收费标准执行。

(2) 书簿费：每人每学年最高免除书簿费 800 元，学校收费低于该标准的，按所在学校书簿费标准执行。

(3) 住宿费：免费标准按照物价部门批准的标准执行，学校收费低于物价部门标准的，按所在学校住宿费标准执行。

(二) 国家助学金

1. 资助对象

(1) 本市中职校在籍在沪就读的符合免费教育政策的非毕业年级在校学生。学生休学期间和留级当年不享受。

(2) 本市中职校在籍在沪就读的不享受免费教育政策的非毕业年级学生(不含成人中专、成人中专班和成人中职班学生)。学生休学期间和留级当年不享受。

2. 资助标准

凡符合免费教育政策对象的学生，每人每学年享受 2000 元国家助学金；不享受免费教育政策的学生(不含成人中专、成人中专班和成人中职班学生)，每人每学年享受 1000 元国家助学金。

(三) 国家奖学金

中等职业教育国家奖学金用于奖励本市中职校全日制在校生中特别优秀的学生，激励学生勤奋学习、努力进取，德智体美劳全面发展。

1. 申请条件

申请中等职业教育国家奖学金的基本条件：(1)具有中华人民共和国国籍；(2)热爱祖国，拥护中国共产党的领导；(3)遵守法律法规，遵守《中等职业学校学生公约》，遵守学校规章制度；(4)诚实守信，道德品质优良；(5)在校期间学习成绩、道德风尚、专业技能、社会实践、创新能力、综合素质等方面表现特别优秀。

在符合基本条件前提下，申请人还应满足以下具体条件：(1)全日制二年级及以上学生可以申请中职国家奖学金；(2)学习成绩排名位于年级同一专业前5%(含5%)的学生可以申请中职国家奖学金；或学习成绩排名未达年级同一专业排名前5%，但达到前30%(含30%)且在道德风尚、专业技能、社会实践、创新能力、综合素质等方面表现特别突出的，可以申请中职国家奖学金，同时需要提交详细的证明材料。证明材料须由学校审核后加盖学校公章。

"表现特别突出"主要是指：

(1) 在社会主义精神文明建设中表现突出，具有见义勇为、助人为乐、奉献爱心、服务社会、自立自强等实际行动，在本校、本地区产生重大影响，在全国产生较大影响，有助于树立良好的社会风尚。

(2) 在职业技能竞赛或专业技能竞赛方面取得显著成绩。在世界技能大赛取得优胜奖以上和入围世界技能大赛中国集训队及国际性职业技能竞赛获前8名，在中国技能大赛等全国性或省级职业技能竞赛获得优秀名次(一类职业技能大赛前20名、二类职业技能竞赛前15名)。在全国职业院校技能大赛等专业技能竞赛获得三等奖及以上奖励，省级选拔赛获得二等奖及以上奖励。

(3) 在创新发明方面取得显著成绩，科研成果获得省、部级以上奖励或获得通过专家鉴定的国家专利(不包括实用新型专利、外观设计专利)。

(4) 在体育竞赛中取得显著成绩，为国家争得荣誉。非体育专业学生参加省级及以上体育比赛获得个人项目前三名，集体项目前二名。体育专业学生参加国际和全国性体育比赛获得个人项目前三名、集体项目前二名。集体项目应为上场的主力队员。

(5) 在重要艺术展演文艺比赛中取得显著成绩。非艺术类专业学生参加全国中小学生艺术展演或同等水平比赛，获得三等奖及以上或前三名奖励；艺术类专业学生参加全国中小学生艺术展演或同等水平全国性及国际性比赛，获得三等奖及以上或前三名奖励，以上展演(比赛)省级遴选获得二等奖及以上或前二名奖励。集体项目应为主要演员。

(6) 获省级及以上三好学生、优秀学生干部、社会实践先进个人、杰出青年、五四奖章等个人表彰或荣誉称号。

(7) 参加全国中职校文明风采优秀作品展示展演的个人或集体项目主要创作人员。

(8) 在创业等其他方面有优异表现的。

2. 奖励标准

中等职业教育国家奖学金奖励标准为每人每年6000元。同一学年内，获得中等职业教育国家奖学金的家庭经济困难学生可以同时申请享受免费教育政策和国家助学金政策，但不能同时获得中等职业教育上海市奖学金。

3. 名额分配

根据中央下达的中等职业教育国家奖学金名额，总体上以本市各中职校全日制二年级及以上在校学生数量为依据，同时综合考虑上海市奖学金历年分配范围、各中职校在校生规模、学校专业类型以及不同专业学生群体代表性(主要指艺体类学校及其学生)等方面因素，由市教委按程序将名额分配至本市各相关中职校。

**(四) 上海市奖学金**



中等职业教育上海市奖学金用于奖励本市中职校全日制在校生中特别优秀的学生，激励学生勤奋学习、努力进取，德智体美劳全面发展。

1. 申请条件

申请中等职业教育上海市奖学金的基本条件：(1)具有中华人民共和国国籍；(2)热爱祖国，拥护中国共产党的领导；(3)遵守法律法规，遵守《中等职业学校学生公约》，遵守学校规章制度；(4)诚实守信，道德品质优良；(5)在校期间学习成绩、道德风尚、专业技能、社会实践、创新能力、综合素质等方面表现特别优秀。

在符合基本条件前提下，申请人还应满足以下具体条件：(1)全日制二年级及以上学生可以申请中等职业教育上海市奖学金。(2)学习成绩排名位于年级同一专业前10%(含10%)的学生可以申请中等职业教育上海市奖学金；或学习成绩排名未达年级同一专业排名前10%，但达到学习成绩全部合格(即没有不及格学科)且在道德风尚、专业技能、社会实践、创新能力、综合素质等方面表现特别突出的，可以申请中等职业教育上海市奖学金，同时需要提交详细的证明材料。证明材料须由学校审核后加盖学校公章。

"表现特别突出"主要是指：

(1) 在社会主义精神文明建设中表现突出，具有见义勇为、助人为乐、奉献爱心、服务社会、自立自强等实际行动，在本校、本地区产生重大影响，在全国产生较大影响，有助于树立良好的社会风尚。

(2) 在职业技能竞赛或专业技能竞赛方面取得显著成绩。在世界技能大赛取得优胜奖以上和入围世界技能大赛中国集训队及国际性职业技能竞赛获前10名，在中国技能大赛等全国性或省级职业技能竞赛获得优秀名次(一类职业技能大赛前25名、二类职业技能竞赛前20名)。在全国职业院校技能大赛等专业技能竞赛获得三等奖及以上奖励，市级选拔赛获得二等奖及以上奖励。

(3) 在创新发明方面取得显著成绩，科研成果获得市级以上奖励或获得通过专家鉴定的国家专利(不包括实用新型专利、外观设计专利)。在市级创新创业比赛获银奖及以上奖励。

(4) 在体育竞赛中取得显著成绩，为国家争得荣誉。非体育专业学生参加市级及以上体育比赛获得个人项目前六名，集体项目前三名。体育专业学生参加国际和全国性体育比赛获得个人项目前六名、集体项目前三名。集体项目应为上场的主力队员。

(5) 在重要艺术展演文艺比赛中取得显著成绩。非艺术类专业学生参加全国中小学生艺术展演或同等水平比赛，获得三等奖及以上或前三名奖励；艺术类专业学生参加全国中小学生艺术展演或同等水平全国性及国际性比赛，获得三等奖及以上或前三名奖励，以上展演(比赛)市级遴选获得二等奖及以上或前二名奖励。集体项目应为主要演员。

(6) 获市、区级及以上三好学生、优秀学生干部、社会实践先进个人、杰出青年、五四奖章等个人表彰或荣誉称号。

(7) 参加市级中等职业学校文明风采优秀作品展示展演的个人或集体项目主要创作人员。

(8) 在创业等其他方面有优异表现的。

2. 奖励标准

中等职业教育上海市奖学金奖励标准为每人每年6000元。同一学年内，获得中等职业教育上海市奖学金的家庭经济困难学生可以同时申请享受免费教育政策和国家助学金政策，但不能同时获得中等职业教育国家奖学金。

3. 名额分配

中等职业教育上海市奖学金的名额为每年800名。总体上以本市各中职校全日制二年级及以上在校学生数量为依据，同时综合考虑各中职校在校生规模、学校专业类型以及不同专业学生群体代表性(主要指艺体类学校及其学生)等方面因素，适当向办学水平较高以及以农林水地矿油核等学科专业为主的学校倾斜，由市教委按程序将名额分配至本市各相关中职校。

第八条　学前教育幼儿资助、义务教育阶段学生资助、普通高中学生免费教育补助、普通高中国家助学金、中等职业学校学生免费教育补助、国家助学金和奖学金等标准，根据经济发展水平、财力状况、物价水平、相关学校收费标准等因素，实行动态调整。

## 第三章　资助申请、审核和发放

第九条　基础教育

（一）资助申请

1. 在普通幼儿园、义务教育阶段学校、普通高中，符合资助条件的在校（园）学生（适龄幼儿）或其家长（监护人），应在每学期开学初向学校（幼儿园）提出资助申请，申请 1 次 1 学期有效。学校（幼儿园）依据申请发放《上海市基础教育学生（幼儿）资助申请表》（以下简称《资助申请表》，见附件 1）。

2. 申请资助的城乡低保家庭、特困供养人员和低收入困难家庭学生（适龄幼儿）或其家长（监护人）应如实填写《资助申请表》，并到户籍所在地街道（镇）社区事务受理服务中心核定（低收入困难家庭需先核查经济状况后认定）。

3. 申请资助的孤儿、烈士子女、残疾学生（适龄残疾幼儿）、原建档立卡家庭经济困难学生（适龄幼儿）或其家长（监护人）应如实填写《资助申请表》，并应提供孤儿证明、烈士证明、残疾人证或阳光宝宝卡、原建档立卡家庭经济困难证明原件及复印件。

4. 在普通高中申请资助的其他家庭经济困难学生，应如实填写《资助申请表》，并根据本区、所在学校规定提供相关证明材料。

凡是可以通过电子证照库等信息共享交换获取的证明材料，不得要求申请人提供。

（二）资助审核

1. 学校（幼儿园）要成立学生（幼儿）资助评审工作小组，按照公开、公平、公正的原则，听取班主任的意见，对提交的《资助申请表》及相关证明材料进行审核汇总，填写《上海市基础教育学生（幼儿）资助申请汇总表》（以下简称《汇总表》，见附件 2）。

2. 学校（幼儿园）上级学生资助管理部门应对所属学校（幼儿园）上报的《资助申请表》、相关证明材料和《汇总表》进行复审，复审后，留存复审通过的《汇总表》一份，并将其余相关材料退交学校（幼儿园）留存。区学生资助管理部门要与区残联做好残疾学生（幼儿）信息比对，确保精准资助。

3. 在特殊教育学校、特教幼儿园、特教班就读的残疾学生（适龄残疾幼儿）由学校（幼儿园）统一填写《汇总表》，同时将《汇总表》报上级学生资助管理部门审核批准，此表每学期开学初填报。上级学生资助管理部门应将审核批准后的《汇总表》退回一份交学校（幼儿园）留存。

4. 资助受理截止时间由各区根据本地区实际制定。

（三）资助发放

经审核通过后，学校（幼儿园）对符合资助条件的学生按照相应资助政策免除相关费用、发放助学金。普通高中学校要根据相关规定，为每位受助学生办理普通高中学生资助卡，原则上每年 4 月底前和 10 月底前将春季学期、秋季学期国家助学金发放到受助学生的资助卡或社会保障卡中，一律不得以实物或服务等形式，抵顶或扣减国家助学金。为学生办理普通高中学生资助卡，不得向学生收取卡费或押金等费用，也不得从学生享受的国家助学金中抵扣。

第十条　中等职业教育

（一）免费教育

1. 资助申请。中职校申请享受免费教育的学生应在每学期开学初向学校提出资助申请，学校依据申请发放《上海市中等职业教育学生免费教育申请表》(以下简称《申请表》见附件3)。申请享受免费教育的学生应如实填报《申请表》,并提供相关证明材料(具体材料要求见附件4)。

2. 资助审核。中职校要成立学生资助评审小组,按照公开、公平、公正的原则,听取班主任的意见,对学生提交的《申请表》及相关证明材料进行审核汇总。

3. 资助发放。经审核通过后,中职校对符合资助条件的学生按照相应资助政策免除相关费用、发放助学金。中职校要根据相关规定,统一为每位受助学生办理中职校学生资助卡,并原则上按10个月将助学金平均发放到受助学生的资助卡或社会保障卡中,一律不得以实物或服务等形式,抵顶或扣减国家助学金。为学生办理中职校学生资助卡,不得向学生收取卡费或押金等费用,也不得从学生享受的国家助学金中抵扣。确因特殊情况无法办理中职学生资助卡、社会保障卡的,须经上海市学生资助管理部门批准后方可通过现金发放。

(二) 国家奖学金

1. 资助申请。符合申请中等职业教育国家奖学金条件的学生,可向学校提出申请,并填写《中等职业教育国家奖学金申请审批表》(附件5)。

2. 资助审核。中等职业教育国家奖学金每学年评审一次,实行等额评审,坚持公开、公平、公正、择优的原则。学校具体负责组织国家奖学金申请受理、评审等工作,提出本校当年国家奖学金获奖学生建议名单,报学校领导集体研究审定后,在校内进行不少于5个工作日的公示。公示无异议后,每年10月31日前,中职校将评审结果按照程序报送市教委。市教委审核、汇总后,于11月10日前统一报教育部审批。

3. 资助发放。中职校应将获得国家奖学金情况记入学生学籍档案,颁发国家统一印制的荣誉证书,并于每年12月31日前将中等职业教育国家奖学金一次性发放给获奖学生。

(三) 上海市奖学金

1. 资助申请。符合申请中等职业教育上海市奖学金条件的学生,可向学校提出申请,并填写《中等职业教育上海市奖学金申请审批表》(附件6)。

2. 资助审核。中等职业教育上海市奖学金每学年评审一次,实行等额评审,坚持公开、公平、公正、择优的原则。学校具体负责组织中等职业教育上海市奖学金申请受理、评审等工作,提出本校当年中等职业教育上海市奖学金获奖学生建议名单,报学校领导集体研究审定后,在校内进行不少于5个工作日的公示。公示无异议后,每年10月31日前,中职校将评审结果按照程序报送市教委,市教委于11月30日前审批并公告。

3. 资助发放。中职校应将获得上海市奖学金情况记入学生学籍档案,颁发市教委统一印制的荣誉证书,并于每年12月31日前将中等职业教育上海市奖学金一次性发放给获奖学生。

## 第四章　资金分担和预算安排

第十一条　学前教育幼儿资助、义务教育阶段学生资助、普通高中学生免费教育补助、普通高中国家助学金、中等职业学校学生免费教育补助、国家助学金和奖学金等学生资助资金由中央和地方共同承担,其中地方部分,按照学校隶属关系,由市、区分别承担。中等职业教育上海市奖学金制度所需经费由市级财政承担。

第十二条　市级财政部门会同市级教育部门按照转移支付预算管理规定的时限等有关要求下达转移支付预算。各区财政部门会同区级教育部门在收到转移支付后,应当按规定合理分配、及时下达;各区财政部门应当加强预算管理,按有关规定及时足额拨付应负担的资金。市级中小学幼儿园学生资助资金按照部门预算管理等有关要求下达。

## 第五章　资助管理和监督

第十三条　学生资助资金纳入各级政府预算管理，各级财政、教育等部门、有关单位要按照预算管理有关规定加强学生资助资金预算编制、执行、决算等管理。

第十四条　各级教育部门要加强资金发放、执行管理，做好基础数据的审核工作，健全学生资助机构；组织中小学校、幼儿园做好家庭经济困难学生(幼儿)认定工作，确保应助尽助。中小学校、幼儿园学生资助工作实行法人代表负责制，校(园)长是第一责任人，对学校(幼儿园)资助工作负主要责任。中小学校、幼儿园应当指定专人具体负责资助工作。

第十五条　中小学校、幼儿园要加强学生(幼儿)学籍(幼儿信息)、学生资助信息系统应用，规范档案管理，严格落实责任制，强化财务管理，制定学生资助资金管理使用细则。中小学校、幼儿园要建立专门档案，将学生(幼儿)申请表、受理结果、资助资金使用情况等有关凭证和工作情况分学期建档备查。

第十六条　中小学校、幼儿园应根据受助学生(幼儿)变动情况，及时更新全国学生资助管理信息系统和上海学生资助管理信息系统相关数据，上级学生资助管理部门应对学校(幼儿园)上报系统的相关数据进行审核，确保学生(幼儿)资助信息真实准确。各中职校要每月按要求将资助信息通过"全国学生资助管理信息系统""上海市中等职业学校基本情况数据库"上报市、区学生资助管理部门。

第十七条　各级财政、教育等部门要按照全面实施预算绩效管理的要求，建立健全全过程预算绩效管理机制，按规定科学合理设定绩效目标，对照绩效目标做好绩效监控、绩效评价，强化绩效结果运用，做好信息公开，提高资金使用效益。

第十八条　各级财政、教育等部门(单位)及其工作人员在学生资助资金分配和使用过程中滥用职权、玩忽职守、徇私舞弊以及违反规定分配或挤占、挪用、虚列、套取学生资助资金的，按照《中华人民共和国预算法》《中华人民共和国公务员法》《中华人民共和国监察法》《财政违法行为处罚处分条例》等国家有关法律规定追究责任，涉嫌犯罪的，依法移送司法机关处理。

## 第六章　附　　则

第十九条　各区、各校(幼儿园)要结合实际，通过"绿色通道"、校内资助、社会资助等方式完善学生资助体系。公办普通高中要从事业收入中足额提取3%—5%的资金用于奖助学生，公办中职校应从事业收入中提取一定比例的资金用于奖助学生。民办普通高中和民办中职校应从学费收入中提取不少于5%的资金用于奖助学生。

第二十条　对未列入资助政策范围的其他特殊困难学生(适龄幼儿)，中小学校、幼儿园可依据实际情况给予资助。资助经费由学校(幼儿园)、社会筹集。资助申请和审核可参照上述资助的程序实施。本市鼓励企业、社会团体、个人在各类学校设立奖学金、助学金。

第二十一条　各区可结合实际根据本办法制定实施细则，抄送市教委、市财政局、市民政局、市残联。

第二十二条　本办法由市教委、市财政局、市民政局、市残联按职责负责解释。

第二十三条　本办法自2022年9月30日起施行，有效期10年。《上海市教育委员会　上海市财政局　上海市民政局　上海市残疾人联合会关于印发〈上海市中小学幼儿园学生资助资金管理实施办法〉的通知》(沪教委规〔2020〕4号)同时废止。

附件：1. 上海市基础教育学生(幼儿)资助申请表(略)

2. 上海市基础教育学生(幼儿)资助申请汇总表(略)

3. 上海市中等职业教育学生免费教育申请表(略)

4. 申请中职免费教育学生所需提供的证明材料(略)

5. 中等职业教育国家奖学金申请审批表(略)

6. 中等职业教育上海市奖学金申请审批表(略)

## 上海市教育委员会等七部门印发《关于进一步促进本市义务教育学校建设的实施意见》的通知

(沪教委基〔2022〕28号)

各区教育局、发展改革委、科(经)委、财政局、建设管理委、规划资源局:

为贯彻落实国家和本市关于深化教育教学改革、全面提高义务教育质量、促进义务教育优质均衡发展的有关要求,研究制定本市新一轮义务教育学校校舍建设、教育装备配置、信息化环境建设、教师队伍配置、生均经费标准,进一步提升基本公共教育服务均等化水平,制定本实施意见。

**一、指导思想**

以习近平新时代中国特色社会主义思想为指导,贯彻落实党的十九大和十九届历次全会精神,切实围绕国家和上海市教育发展"十四五"规划和全面深化教育领域综合改革的总体部署,以全面实现本市义务教育优质均衡发展为目标,调整优化财政支出结构,完善配套措施,促进本市义务教育发展水平持续提高。

**二、基本原则**

(一)服务内涵

全面对接国家新课程新教材要求,以培养学生素养为导向,优化学生学习空间和资源环境配置。适应"五育"融合新要求,注重软环境建设与优质师资均衡配置,保障教育教学以及学生各类活动有效开展。

(二)补齐短板

适应义务教育学校优质均衡发展的新要求,参照上海市民家庭生活条件的平均水平,改善学生在校生活所必需的环境,注重人文关怀,补齐基础设施短板,打造温馨校园。

(三)注重效益

坚持使用和配置并重,发挥设施设备的育人功能,提高使用效益,增强学生、教师的感受度。促进学校数字化转型,实现学校管理效能提升。坚持绿色低碳发展理念,将绿色校园建设与生态文明建设有机融合。

**三、主要目标**

到2025年基本实现本市义务教育学校校舍建设、教育装备配置、信息化环境建设、教师队伍配置、生均经费标准要求的统一和更高水平均等化,城乡义务教育学校办学条件进一步改善,力争各区全部通过国家县域义务教育优质均衡发展督导评估认定。

**四、推进举措**

(一)完善校舍建设

1. 持续推进体育运动场馆、学生剧场和音美专用教室建设。继续推进学生剧场和室内体育馆(用房)、室外运动场地建设，为学生综合性活动创造条件，确保各义务教育学校均配有学生剧场和室内体育馆(用房)。对办学空间现状和需求存在较大矛盾的区域，积极探索校舍综合利用模式，探索"学校—社区"场地设施和应急避难场所双向共用共享机制。力争生均教学及辅助用房面积、生均体育运动场馆面积，以及音乐、美术专用教室配备等达到国家县域义务教育优质均衡发展督导评估标准。

2. 推进无障碍环境建设全覆盖。根据学生残疾类型和学龄特点，加强无障碍电梯和厕所(厕位)建设，完善无障碍设备配置，优化学校无障碍人文环境建设。2025年底，各义务教育学校主要教学楼均配有无障碍厕所(厕位)。产权明晰且具备建设条件的义务教育学校主要教学楼须设置无障碍电梯，暂不具备条件的应在规定时间内完成建设。

3. 推进学生食堂(餐厅)和厕所升级改造。新建学校食堂应按照餐位设座率不低于50%，至少满足学生分2批次就餐要求的标准进行规划设计。既有学校通过多种途径扩充食堂(餐厅)空间配置，改善就餐环境，力争满足学生分批次就餐要求。推进标准化食堂(餐厅)建设，探索促进学生健康餐饮的新方式，推进智能化订餐、个性化选餐、多样化配餐。厕所应设置高低洗手台和单独蹲位，在保证面积和数量的前提下，女厕位与男厕位比例原则上应不低于3∶2。

4. 推进绿色校园建设。深入践行绿色发展理念，持续开展以低碳、节能、环保为主题的绿色学校创建行动。按照《基础教育学校绿化技术标准》，因地制宜，开展屋顶绿化、沿口绿地等形式的立体绿化布置。新建学校绿地率应达到规定要求。

5. 推进校舍安全管理和建设标准修订。持续落实本市中小学校舍安全保障长效机制，全力推进校舍不动产权证确权补证工作，定期开展校舍安全隐患排查和整改，确保校园安全。修订《普通中小学校建设标准》，完善校舍建设指标。

(二) 完善教育装备配置

1. 优化普通教室环境。提高普通教室设施设备配置水平，安装空调和消杀设备，有条件的学校应配置储物设备。按数字化教学需求配备移动终端。优化空间布局，拓展教学功能，强化学习成果、班级文化、学校特色展示功能，为学生创设安全、舒适、健康的学习环境。

2. 加强学科实验室建设。按新课程新教材要求，配齐、配足、更新学科实验仪器、数字化实验系统，保障实验教学。建立健全化学药品(危化品)全流程管理机制，探索应用实验室信息化管理系统，提升实验室管理水平。

3. 推进跨学科综合学习空间建设。因校制宜推进学校创设布局灵活、高效互动、资源丰富的数字化学习环境，配备相关学科教学仪器和器材，满足学生跨学科学习和综合实践活动需求。

4. 加强体育艺术学习空间与图书馆建设。科学布局、综合利用学校体育艺术学习活动空间，配备相应的体育器材与设备，满足体育、艺术课程教学需要，支持学生开展各种艺术实践活动。优化图书馆环境，营造温馨、便捷和蕴含文化氛围的阅读环境，充分利用图书馆资源开展形式多样的阅读活动。

(三) 完善信息化环境建设

1. 提升学校网络基础条件。推进校园网络升级改造，推进校园网与5G网络融合，实现校园无线网络全覆盖。优化学校到区教育信息中心网络链路，学校核心层主干带宽和出口链路达到万兆标准，校内接入信息点达到千兆标准，师生用户可使用互联网出口带宽最低不少于1Mbps。

2. 加强教育教学数字化应用场景建设。推进学校按照统一标准规范使用学校数字基座，按需选用基于基座的教育应用。利用5G、物联网等技术实现学校教育数据伴随式采集。以教育教学为核心，运用数字化工具，构建学生可视化、可体验、可操作的应用场景，促进教与学方式的变革。

3. 完善学校信息化管理机制与网络安全保障。学校设置信息化建设服务部门，每校至少配备1名专职人员，从事信息化建设和网络安全管理日常工作。落实网络与信息安全责任制要求，保障数据、网络与信息安全。

（四）健全教师队伍配置

1. 加强专业师资配备。加强思政课教师配备，逐步提升专职思政课教师比例。小学一至三年级要配备专兼职思政课教师，小学四、五年级和初中各年级要配齐专职思政课教师。加强心理健康教育教师配备，中小学每校至少配备 1 名专职心理健康教育教师。加强特殊教育教师配备，有随班就读学生的普通学校要配备 1 名专职特教教师。

2. 扩大优质师资覆盖面。推动义务教育学校研究生层次专业教师比例逐年提升。加大推进教师流动力度，在同一所学校连续任教超过 10 年、距离退休超过 10 年的教师应列入符合流动条件范围，每年流动教师的比例不低于符合交流轮岗条件教师总数的 10%，其中骨干教师不低于交流轮岗教师总数的 20%。每所义务教育学校学生接受优质师资的课时覆盖面不低于总课时数的 10%。

（五）健全义务教育生均拨款机制

1. 完善义务教育生均拨款制度。以促进义务教育优质均衡发展为主要目标，推进义务教育生均拨款体系建设，完善生均拨款动态调整机制，适时调整义务教育生均公用经费基本标准和生均经费基本标准，发挥支出标准在预算编制和管理中的基础支撑作用。

2. 完善义务教育投入保障机制。落实教育领域市与区财政事权和支出责任划分实施方案，逐步形成财政事权和支出责任相匹配的财政体制。各区要落实保障义务教育学校建设标准的主体责任，将义务教育经费纳入财政预算。优化教育经费支出结构，加大对义务教育重点领域、薄弱环节的支持力度，确保义务教育经费落实到位。

**五、保障措施**

（一）组织保障

加强党的领导，完善政府主体责任制度，建立市级统筹、区为主管理、各级政府职能部门协同落实的责任制度。完善教育、发改、财政、经信、住建、规资、通信管理等跨部门协作推进的工作机制。

（二）经费保障

市、区政府要按照本市教育领域财政事权和支出责任划分的要求，统筹财政教育经费安排，确保本实施意见确定的学校建设推进项目按要求落实到位。

（三）制度保障

加强动态监管，对学校建设、教育装备配置、信息化环境建设、教师配置、生均经费开展过程性监督监测。建立本市义务教育优质均衡发展公示公报机制，向社会公示区政府依法履职情况。把义务教育优质均衡发展作为地方各级政府年度重点工作考核范围，形成分工协作、责任明确、绩效考核的长效激励约束工作机制。

本意见自印发之日起实施。

附件：1. 完善义务教育学校校舍建设技术要求

2. 完善义务教育学校教育装备配备要求

3. 完善义务教育学校信息化环境建设相关要求

上海市教育委员会　上海市发展和改革委员会　上海市经济和信息化委员会

上海市财政局　上海市住房和城乡建设管理委员会　上海市规划和自然资源局

上海市通信管理局

2022 年 8 月 31 日

附件 1

# 完善义务教育学校校舍建设技术要求

## 一、学生剧场和室内体育馆(用房)

义务教育学校学生剧场和室内体育馆(用房)建设应满足《中小学校设计规范》(GB50099)、《上海市普通中小学校建设标准》(DG/TJ08—12)等国家、地方相关法律法规、标准规范及文件要求。

1. 新建学校学生剧场建设方案应与多功能教室统筹考虑。具备建设条件的学校,可独立建设学生剧场。

2. 学生剧场主要用于视听教学、多班上课、开学毕业典礼和开展文娱活动,主要包括座位区域、舞台区域和附属用房区域。

2.1 座位区域按照至少容纳一个年级学生设座,当一个年级学生数低于教职工总数时,按照不少于教职工总数设座,每座参考使用面积 0.7㎡/人。

2.2 舞台区域面积一般按照座位区域面积的 1/3—1/4 设置。

2.3 附属用房面积一般按照为舞台区域面积的 1/2 设置。

3. 室内体育馆(用房)主要用于学生上体育课、锻炼健身和开展室内文体活动使用,是保障学生在雾霾、阴雨等天气下仍能开展体育活动的主要场所。

4. 室内体育馆(用房)宜布置标准篮球场 1 片,根据需要可设置乒乓房、健身房等功能用房,并附设办公管理、更衣、淋浴、厕所等用房,其他功能区域按照建设规模适当配置。

5. 室内体育馆(用房)宜贴近室外体育场地设置,位置宜相对独立,便于对社会开放。向社会开放的体育馆和室外运动场地应相对独立,与其他区域有安全的物理隔离措施。

6. 以球类项目为主的体育活动室的平面尺寸宜为 20m×36m、24m×36m、36m×36m、36m×52m 等。

7. 兼作集会场所使用时,应进行声学设计,预留灯光、声学等设备条件。

## 二、无障碍环境

义务教育学校无障碍环境建设应满足《无障碍环境建设条例》《中小学校设计规范》(GB50099)、《无障碍设计规范》(GB50763)、《上海市无障碍环境建设与管理办法》《上海市普通中小学校建设标准》(DG/TJ08—12)、《上海市基础教育学校无障碍环境建设实施指南(试行)》等国家、地方相关法律法规、标准规范及文件要求。

1. 无障碍设施工程应与主体工程同步设计、同步施工、同步验收投入使用。新建的无障碍设施应与周边的无障碍设施相衔接。

2. 新建学校主要教学楼超过 2 层(含 2 层)时,应至少设置 1 部无障碍电梯。新建学校无障碍电梯轿厢门净宽度、轿厢净宽度与深度应在条件允许下尽量增加尺寸,便于特殊需要人员(担架)乘用。产权明晰且具备建设条件的义务教育学校主要教学楼须设置无障碍电梯,暂不具备条件的应在规定时间内完成建设,可通过采用辅助设施、设备以满足有关人员立体空间无障碍通行需求。

2.1 无障碍电梯轿厢门开启的净宽度不应小于 800mm。

2.2 无障碍电梯轿厢的三面壁上应设高 850mm—900mm 扶手。

2.3 无障碍电梯轿厢最小规格为深度不应小于 1.40m,宽度不应小于 1.10m;中型规格为深度不应小于 1.60m,宽度不应小于 1.40m。

2.4 无障碍电梯位置应设无障碍标志。

3. 新建普通学校主要教学楼每层应至少有1处无障碍厕所(厕位)。未安装无障碍电梯的既有义务教育学校主要教学楼每层应至少有1处无障碍厕所(厕位)。已安装无障碍电梯的既有义务教育学校主要教学楼应至少设置1处无障碍厕所(厕位),且无障碍厕所(厕位)宜设置在一层。

3.1 义务教育学校主要教学楼应设置1个无障碍厕所或在男、女厕所中设置1个无障碍厕位,男厕所内另设低位小便器。

3.2 女厕所的无障碍设施包括至少1个无障碍厕位和1个无障碍洗手盆;男厕所的无障碍设施包括至少1个无障碍厕位、1个无障碍小便器和1个无障碍洗手盆。

3.3 厕所的入口和通道应方便乘轮椅者进入和进行回转,回转直径不小于1.50m。

3.4 门应方便开启,通行净宽度不应小于800mm。

3.5 无障碍厕位应设置无障碍标志。

**三、食堂**

义务教育学校食堂建设应满足《饮食建筑设计标准》(JGJ64)、《中小学校设计规范》(GB50099)、《上海市普通中小学校建设标准》(DG/TJ08—12)、《上海市学校食堂卫生管理办法》等国家、地方相关法律法规、标准规范及文件要求。

1. 学校食堂应按照餐位设座率不低于50%,至少满足学生分2批次就餐要求的标准进行规划设计。既有学校通过多种途径扩充食堂(餐厅)空间配置,改善就餐环境,力争满足学生分批次就餐要求。

2. 厨房必须满足生熟食品分开,副食品与调味品贮藏分开,烹饪间与烧火间分开(使用然气可不分开)的要求。

3. 厨房按使用要求宜分为主副食品加工间、烹饪间、备餐间、主食库、副食库、调料库、消毒间、更衣室、办公室、杂物间、二次更衣室、卫生间等用房。

**四、厕所**

义务教育学校厕所建设应满足《中小学校无害化卫生厕所建设技术方案》《国家学校体育卫生条件试行基本标准》《中小学校设计规范》(GB50099)、《上海市普通中小学校建设标准》(DG/TJ08—12)等国家、地方相关法律法规、标准规范及文件要求。

1. 教学楼应每层设置男、女厕所。

2. 学校厕所应适当增加女生的厕位数量,女厕位与男厕位(含小便槽)比例原则上应不低于3∶2。

3. 厕所内宜设置单排蹲位,小学厕所蹲位宽度(两脚踏位之间距离)不超过18cm。

本技术要求中未包含的其他内容,仍按原标准规范执行。

**五、绿化**

义务教育学校绿化应满足国务院《城市绿化条例》《上海市绿化条例》《基础教育学校绿化技术标准》等国家、地方相关法律法规、标准规范及文件要求。新建学校附属绿地面积不得低于单位用地总面积的35%。

附件2

## 完善义务教育学校教育装备配备要求

**一、普通教室**

普通教室是学校开展日常教学和班级活动的主要场所,是学生在校学习和活动的主要空间。普通教室宜通过整体规划和合理布置,为学生创设融合学习内容、学习方式和设施设备为一体的学习环境,满足多样化的课堂教学需求。

1. 普通教室的布局、环境、基础设施和设备应达到《上海市普通中小学校教育装备配备指南》相关要求。所有教室配备空调。按需配备空气消杀设备，并加强空气流通，为学生创设健康安全的学习环境。

2. 有条件的学校，为学生配置充足的储物设备。按数字化教学需求，配备移动终端。

3. 普通教室应提升展示功能，强化学习成果、班级文化、学校特色展示，发挥环境育人功能。

**二、学科实验室**

学科实验室是开展科学学科演示实验、学生实验、探究活动的场所。学科实验室应基于相关学科课程标准和学习特点，创设安全、实用、富有科技和文化内涵的实验环境，激发学生的学习兴趣和探究意识。

1. 学科实验室的布局、环境、基础设施和设备应达到《上海市普通中小学校教育装备配备指南》相关要求。

2. 学科实验室应按新课程新教材和《上海市普通中小学校教育装备配备指南》要求，配齐、配足、更新学科实验仪器、数字化实验系统，保障实验教学。

3. 加强实验安全管理，配备必要的设施设备，并且制定、完善化学药品（危化品）的采购、储存、保管、使用、回收全流程管理机制。

4. 探索应用实验室信息化管理系统，提升实验管理的规范性和精准性。

**三、跨学科综合学习空间**

跨学科综合学习空间是开展跨学科学习和综合实践活动的场所。跨学科学习空间需满足相关学科、专（主）题、综合实验和实践活动的要求，运用现代信息技术手段，为学生创设高效互动、资源丰富的数字化学习环境，支持学生项目式学习、合作学习和探究性学习的需求。

1. 跨学科综合学习空间可在学科实验室、创新实验室等基础上创建，应充分挖掘现有场地和设施设备的育人价值。

2. 跨学科综合学习空间的布局、环境、基础设施和设备等参照《上海市普通中小学校教育装备配备指南》相关要求。

3. 跨学科综合学习空间应体现多学科融合的创新理念，布局灵活、功能多元，能支持不同学科使用和多样化学习方式的需求。

4. 跨学科综合学习空间应根据课程内容配置符合规范要求的学习终端、相关仪器器材和交互式多媒体等设备。

5. 原则上每所学校应至少设立一个跨学科综合学习空间。

**四、体育艺术学习空间和图书馆**

体育艺术学习空间是开展体育类、艺术类课程和实践活动的场所。体育艺术学习空间应基于体育艺术类课程标准和实践活动特点，通过科学合理布局、运用现代信息技术手段，满足学生体育艺术兴趣化、多样化学习活动需求。图书馆（图文中心）是中小学校的文献信息中心，也是学校教育教学和教育科学研究的重要场所。

1. 学校在按标准配足体育、艺术学科专用教室的基础上，充分利用现有空间、场地资源，统筹规划、科学布局，拓展体育艺术学习活动的空间。

2. 体育艺术学习空间的布局、环境、基础设施和设备参照《上海市普通中小学校教育装备配备指南》相关要求。重点配置可移动、可调节、可组合的设备器材，实现空间的可复用、多功能。

3. 体育艺术学习空间应充分运用现代信息技术手段，配备相应的体育器材与设备，支持兴趣化、多样化体育活动和各种艺术实践活动。

4. 图书馆(图文中心)的环境布局应采用全开架、"藏、借、阅、研、休"一体化的模式,为学生创设温馨、舒适、便捷和蕴含文化氛围的阅读环境。小学图书馆还应为低年级学生创设富有童趣的阅读活动空间。

5. 图书馆(图文中心)应设立文献储藏、采编、阅览、宣传展示等功能区域。有条件的学校可设置研修交流、影音欣赏等拓展功能区域。

6. 鼓励学校利用图书馆空间、文献资源等开展各学科课程教学、阅读等活动,推动图书馆有效使用。

鼓励有条件的学校根据课程实施要求,探索公共学习空间建设,开发利用走廊、门厅、餐厅、宿舍、体育场、草地等打造个性化学习空间。

附件 3

## 完善义务教育学校信息化环境建设相关要求

### 一、校园网络环境

对义务教育学校校园网开展新一轮更新改造,通过升级校园网核心层主干、扩容校园网出口带宽、提升学校的互联网访问速率,不断完善校园无线网络覆盖建设,为学校师生开展各类教育教学活动提供更为优质、稳定的校园网络基础环境。

1. 升级改造校园有线网络,核心层主干带宽达到万兆标准

各区教育局指导学校积极开展校园网络的整体升级改造工作。校园网有线网络的核心主干带宽应达到万兆标准(10Gbps),确保校园网核心层至汇聚层之间实现万兆互联,为校内计算机终端设备千兆(1Gbps)连入校园有线网络提供足够的网络性能保障。

2. 扩容学校到区教育信息中心网络链路,达到万兆标准

各区教育局应积极扩容提升本区教育信息中心到学校(或称区"校校通"网络)的网络通信性能,使区内各所学校能以万兆链路(10Gbps)接入区教育信息中心。各区教育局要积极做好本区教育网络的升级改造工作,整体扩容本区核心主干网络带宽;学校要积极做好校园网出口互联设备的升级改造工作。

3. 提高学校互联网访问速率,每人最低可用带宽不少于 1Mbps

有效提高区教育信息中心的互联网出口速率,科学管控、合理分配到校的互联网带宽资源。动态调整师生的互联网访问带宽,最大程度提高师生的互联网访问速率,确保访问互联网时每人可分配得到的最低带宽不少于 1Mbps。互联网出口带宽支持多家运营商接入,按照学校满意度择优提供服务。

4. 完善校园无线网络建设,更好地支持师生开展移动教学应用

推进义务教育学校校园网与 5G 网络融合,继续推进并完善全覆盖、高可靠的校园无线网络建设。新建及升级改造无线接入点(AP)不低于 802.11ac 标准;教室无线接入点(AP)支持 50 人以上同时使用,且互联网上、下行速率不低于 200Mbps,满足课堂教学集中使用时高并发、高流量、低时延的要求。完善校园无线网络设备统一集中管理,积极探索、逐步推进 5G 虚拟专网建设,将校园内更多的教育场所建设成为可以支持师生开展移动教学的学习空间。实现校园无线接入认证与统一身份认证系统的整合对接,确保为师生接入校园无线网络开展教学应用提供安全可靠的接入认证服务。

### 二、信息化应用环境

义务教育学校应基于学校数字基座提升应用能力,深化学校数据综合服务能力,形成标准互通、数据互联、应用集成和资源协同的发展格局,构建有序、健康的教育信息化应用生态。

1. 基于学校数字基座提升应用能力

以购买服务形式推进义务教育学校按照统一标准规范使用学校数字基座，按需选用基于基座的教育应用，改善学校信息化建设、管理及应用水平。

按统一标准规范使用学校数字基座服务。各义务教育学校应根据市、区两级要求和统一标准规范使用学校数字基座服务。

学校现有信息系统整合成一个大系统，接入学校数字基座。遵循“六个统一”原则，按照学校数字基座标准规范要求，各义务教育学校应改造整合现有信息系统，接入学校数字基座，消除“数据孤岛”。

按需选用基于学校数字基座的应用服务。义务教育学校通过统一应用市场，以按需购买服务形式，个性化选用安全可信的云化应用服务。学校应大量减少校本应用建设，重在教育教学信息化应用创新和教育资源开发。

2. 深化学校数据综合应用

义务教育学校应利用5G、物联网等技术实现教育数据伴随式采集，深化数据综合应用，开展基于数据驱动的教与学。

利用5G、物联网等技术实现教育教学数据伴随式采集。义务教育学校应利用物联网等技术，实现伴随式的学校教学、管理、生活、环境等数据采集，为学校推进精准管理、精细服务和因材施教等夯实数据基础。同时，学校应根据市、区两级数据采集规范要求，通过数字基座将上级需要的数据归集到市级和区级基础数据库，为教育管理决策提供数据支撑。

深化学校数据应用，开展基于数据驱动的教与学。基于学校多维度、全过程等数据采集、归集和治理，结合教育教学应用，为教师教学、教研、管理、评价等提供智能工具，为学生学习提供精准指导，为师生减负增效。

**三、保障机制**

1. 健全学校数字化机构设置

建立以校长为第一负责人的学校数字化管理体系，成立分管校领导领衔的学校数字化专门管理机构，并设立专职岗位保障学校网络环境、应用环境、信息安全的建设与保障。学生人数在1000名以上的学校专职信息化业务管理岗位(不含信息技术教师)数量按1岗/500名学生的标准配备；学生人数在1000名以下的学校专职信息化业务管理岗位(不含信息技术教师)数量至少为1个。人员不足的情况下，可根据需求依托区统一购买外包服务。

2. 建立健全学校数字化建设运维与管理制度

建立学校数字化环境建设与运维的管理责任制度，层层落实责任，做到管理到位、责任到位、措施到位。建立健全与信息化建设、运行和使用相关人员的安全管理制度。建立健全校园网络、普通教室、专用教室、数字学习中心、学校数字基座、个人终端等的建设、运行和使用的管理制度。

3. 做好信息安全技术防范工作

从物理安全、网络安全、主机(系统)安全、应用安全和数据安全等方面做好各类设备和信息系统的安全防范工作。对于重要的信息系统，要依据相关政策法规，做好风险评估、等保定级、测评整改和教育培训工作。定期开展信息系统和设备的安全检查、评估和加固工作，保障信息化环境的正常运行。

4. 加强运行维护和安全应急保障

加强校园网络和信息系统的运行维护管理，完善运维规范和流程，组织实施日常运维，并形成运维报告。技术力量不足的，可根据需求依托区统一购买外包服务。完善针对重大事件的应急处置机制，制定应急预案和操作指南，定期开展应急演练，提升应急响应与处置能力。依托区统筹组织应急救援专家、服务团队、区域性运行监测服务以及相关应急资源。

# 上海市教育委员会关于印发《上海市推进高水平高职学校和专业群建设方案（2022—2024年）》的通知

（沪教委职〔2022〕15号）

各有关区教育局，各有关委、局、控股（集团）公司，各高等职业学校：

现将《上海市推进高水平高职学校和专业群建设方案（2022—2024年》印发给你们，请认真贯彻执行。

附件：上海市推进高水平高职学校和专业群建设方案（2022—2024年）

上海市教育委员会

2022年4月1日

## 上海市推进高水平高职学校和专业群建设方案（2022—2024年）

为深入贯彻习近平新时代中国特色社会主义思想，贯彻党的十九大和十九届历次全会精神，全面落实全国职业教育大会精神，根据《国家职业教育改革实施方案》《推动现代职业教育高质量发展的意见》总体部署，结合《上海市教育发展"十四五"规划》，更好服务上海建设具有世界影响力的社会主义现代化国际大都市要求，推进上海市高等职业教育发展，打造上海市高水平高职学校和高职专业群（以下简称"双高"），特制订本方案。

**一、总体要求**

（一）指导思想

以习近平新时代中国特色社会主义思想为指导，全面贯彻落实党的教育方针，落实全国职业教育大会"稳步发展职业本科教育，建设一批高水平职业院校和专业""增强职业教育适应性，加快构建现代职业教育体系"的要求，对接国家和上海"十四五"改革发展新需求、新任务，启动上海市"双高"建设，以职业本科为引领、专科高职为主体、专业群建设为基础，优化职业教育类型定位，增强职业教育适应性，引领上海高职瞄准建设具有国际一流水平的职业教育方向，创新人才培养模式，深化教育教学改革，为建设具有世界影响力的社会主义现代化国际大都市提供坚实的技术技能人才支撑。

（二）基本原则

1. 坚持分类施策。聚焦各高职学校特色化的办学方向与发展重心（升格建设本科层次职业技术大学、入围新一轮国家"双高"计划、建设五年一贯制新型高职学校等），分层分类打造一批高水平高职学校和高职专业群，完善高水平、高层次的技术技能人才培养体系。

2. 坚持目标导向。引导高职学校聚焦国家和上海职业教育改革重点任务，围绕提质培优重点举措，主动服务"五个中心""四大品牌"、五个新城建设，对标三大先导产业、六大产业集群、紧缺民生行业的人才需求，推动中心工作。

3. 坚持增量发展。对标上一轮建设指标体系，在工匠人才培养、品牌专业创建、"双师"队伍建设、协同基地打造、培养机制完善、院校治理创新、社会服务提升等方面，实现明显增量。

4. 坚持绩效评价。加强对项目的跟踪、指导、评价机制建设，强化事前绩效设定、事中绩效监控、事后绩效评价，形成动态调整、滚动支持的建设机制。

（三）建设目标

立足新一轮部市共同全面深化上海市教育领域综合改革，按照分类施策原则，重点支持和建设国内领先、国际一流的1—3所本科职业技术大学、4—8所专科高职学校、5—10所新型高职学校，建成50个左右具有国内标杆性和国际影响力的高水平高职专业群，努力形成与上海高质量新产业体系发展相适应的高等职业教育，夯实上海技术技能人才战略基础。

**二、重点任务**

（一）持续推进七项高质量任务

持续深入开展上海高职“双高”建设，继续推进《上海深化产教融合推进一流专科高等职业教育建设试点方案》（沪教委高〔2019〕11号）明确的七项任务，重点围绕工匠人才培养、品牌专业创建、“双师”队伍建设、协同基地打造、培养机制完善、院校治理创新、社会服务提升等方面夯实基础、培育优势，持续推动一批高职学校、专业群进入国内领先、国际一流行列，带动上海高职整体建设和发展，实现产教深度融合、服务上海所需、国内树立标杆、国际具有影响的发展目标。

（二）全力打造一批品牌学校

优化职业教育类型定位，围绕完善上海现代职业教育体系，引导一批高职学校瞄准国内领先、国际一流，培养一流的技术技能人才，产出一流的教学实践成果，打造具有竞争力的技术技能人才培养高地和技术技能创新服务平台，形成一批品牌高职学校。推动本科职业技术大学强化示范牵引作用、专科高职学校夯实技能人才主阵地作用、新型高职学校高速成长实现跨越，实现上海职业教育高质量发展。

（三）积极建设一批高水平专业群

主动服务“五个中心”“四大品牌”、五个新城等上海重大战略发展需求，对接上海高质量产业体系，瞄准技术变革和产业优化升级方向，推进产教融合、校企合作，优化专业布局，引导学校加强区域有需求、行业有地位、国内国际有影响的专业群建设，加紧布局集成电路、生物医药、人工智能、电子信息、生命健康、汽车、高端装备、新材料、现代消费品以及家政、养老、护理、酒店管理等民生事业领域和现代服务业领域相关专业，促进教育链、人才链与产业链、创新链有效衔接，形成一批高水平专业群。

（四）健全完善现代学校制度

健全现代职业学校制度，深化职业教育评价改革，完善政府、行业企业、学校、社会等多方参与的质量监管评价机制，完善职业教育和职业学校评价制度。推进高职教育治理体系和治理能力现代化，深化简政放权、放管结合，充分发挥政府部门、职业学校、教科研机构各自职能，注重发挥科研的支撑作用，提升高职教育治理能力，高水平推进“双高”建设，打响上海高职教育品牌，重塑上海技术技能人才培养优势。

（五）重点培育一批特色成果

落实职业教育高质量发展新要求，推动学校提质培优、增值赋能。推动课程思政建设，建设一批市级思政课教师研修基地、思政课教学创新团队、思政课示范课堂、课堂思政教育案例等。强化教育教学改革，加强高水平专业、专业资源库、规划教材和在线开放课程建设。深化校企合作，建设一批现代产业学院、产教融合实训基地、虚拟仿真实训基地。打造典型辐射的市级教学成果，在全国职业教育技能大赛、教师教学能力大赛、世界技能大赛上取得显著突破。

**三、保障措施**

（一）加强党建引领



把加强党的全面领导落实到“双高”建设的各方面、全过程。全面贯彻党的教育方针，强化党组织在高职学校的领导核心和政治核心作用，履行好管党治党主体责任，牢牢把握学校意识形态工作领导权，引导广大师生增强“四个意识”、坚定“四个自信”、做到“两个维护”。

（二）强化统筹协调

加强市、区相关部门之间、政府部门和学校之间、学校不同部门之间的统筹和协调，加大统筹规划、政策指导、协调落实力度，形成合力。学校要进一步建立健全推进“双高”建设的组织领导和工作推进机制。

（三）完善经费保障

建立与办学规模和培养要求相匹配的财政投入制度。对于入选项目，市教委将安排专项经费给予支持。入选学校要积极争取多方支持，加大投入力度，改善学校教育教学、实习实训等条件，夯实基础办学能力，为项目实施提供有力的经费和资源支撑。

（四）注重监测执行

入选学校、专业群要制定时间表、路线图、任务书，将目标、任务、政策、举措落到实处，并及时总结和宣传推广好经验、好做法，探索可供借鉴的制度性成果。市教委将对建设情况进行年度绩效评估，对实施过程中的各项建设任务加强过程监控和业务指导，实施分年度绩效考核，并根据建设绩效考核结果调整项目后续经费支持。

# 中共上海市教育卫生工作委员会　上海市教育委员会<br>中共上海市委宣传部　上海市文化和旅游局<br>上海市财政局　上海市人力资源和社会保障局<br>上海市文教结合工作协调小组办公室关于印发<br>《上海市文教结合工作三年行动计划（2022—2024年）》<br>和《上海市文教结合2022年工作要点》的通知

（沪教委文教〔2022〕1号）

各高等学校，各区委宣传部，各区教育局、文化旅游局、财政局、人力资源社会保障局：

为深入学习贯彻习近平总书记关于教育的重要论述和考察上海重要讲话精神，落实中共中央办公厅、国务院办公厅《关于全面加强和改进新时代学校美育工作的意见》，坚持立德树人根本任务，牢记为党育人、为国育才的使命担当，培养德智体美劳全面发展的社会主义建设者和接班人，根据市委、市政府《关于推进本市文教结合工作的若干意见》《上海市教育发展“十四五”规划》《全力打响“上海文化”品牌　深化建设社会主义国际文化大都市三年行动计划（2021—2023年）》等部署，推动本市新时代学校美育工作，落实人才工作建设要求，持续推动本市文教结合工作走向多领域、多渠道、跨部门协同发展，结合新形势、新任务、新要求，市教卫工作党委、市教委、市委宣传部、市文化旅游局、市财政局、市人力资源社会保障局在充分总结借鉴第三轮文教结合工作三年行动计划（2019—2021年）经验成效的基础上，联合制定了《上海市文教结合工作三年行动计划（2022—2024年）》（见附件1），在此基础上形成了《上海市文教结合2022年工作要点》（见附件2）。现印发给你们，请按照执行。

各区在推进落实过程中，要注重结合本区域实际，探索构建区级层面的文教结合工作推进机制，夯实本市文教结合工作基础，促进文化和教育事业深度融合，共同发展。

联系人及联系电话：（略）

附件：1. 上海市文教结合工作三年行动计划（2022—2024年）

2. 上海市文教结合2022年工作要点（略）

中共上海市教育卫生工作委员会

上海市教育委员会

中共上海市委宣传部

上海市文化和旅游局

上海市财政局

上海市人力资源和社会保障局

上海市文教结合工作协调小组办公室

2022年1月24日

附件1

## 上海市文教结合工作三年行动计划（2022—2024年）

为深入学习贯彻习近平总书记关于教育的重要论述和考察上海重要讲话精神，落实中共中央办公厅、国务院办公厅《关于全面加强和改进新时代学校美育工作的意见》，坚持立德树人根本任务，牢记为党育人、为国育才的使命担当，培养德智体美劳全面发展的社会主义建设者和接班人，根据市委、市政府《关于推进本市文教结合工作的若干意见》《上海市教育发展"十四五"规划》《全力打响"上海文化"品牌 深化建设社会主义国际文化大都市三年行动计划（2021—2023年）》等部署，推动本市新时代学校美育工作，落实人才工作建设要求，持续推动本市文教结合工作走向多领域、多渠道、跨部门协同发展，结合新形势、新任务、新要求，制定本行动计划。

**一、总体要求**

深入贯彻习近平新时代中国特色社会主义思想，贯彻党的教育方针。坚持以社会主义核心价值观为引领，落实立德树人根本任务。弘扬中华美育精神，引领学生树立正确的审美观念、陶冶高尚的道德情操、塑造美好心灵。遵循美育特点，以美育人、以美化人、以美培元，培养德智体美劳全面发展的社会主义建设者和接班人。

**二、工作原则**

第四轮文教结合三年行动计划要体现"聚焦重点，打造品牌"的导向原则，围绕"聚焦服务师生、聚焦创新发展、聚焦品牌提升"的工作要求，从培养"有趣、健康"的人出发，满足师生对美好生活的向往，实现以美培元的美育目标。坚持创新发展，强化资源整合，在贯彻落实教育"双减"工作的要求下，进一步完善学校美育体系，营造氛围、形成合力，构建学校、家庭和社会"三位一体"的推进机制。不断提升文教结合品牌影响力，助推城市文化建设。

**三、重点任务**

第四轮文教结合三年行动计划围绕"核心价值引领、卓越人才培养、美育实践育人和城市品牌建设"四个方面开展建设工作。

（一）创新育人和文化传承模式，强化核心价值引领

加强社会主义核心价值观和中华优秀传统文化教育，围绕用足用好红色文化、海派文化和江南文化资源优势，丰富“四史”教育，推进实践育人。引导青少年学生坚定信念，砥砺品格，开拓进取。

一是创新思政育人新途径。开展马克思主义理论学科发展支持计划，抓好评选、跟踪培养、评价考核等环节，评选马克思主义理论“教学研究名师”，培养一批马克思主义理论研究拔尖人才，评选一批上海学校思政课建设特聘专家；用好用活红色资源，开展“文化根、民族魂、走红途”铸魂提质行动，通过“红色讲师”“青少年学生红色文化传播志愿者培育”“红途课程进校园”“光影育人‘五个一百’”等项目落地，引导青少年学生坚定信念，弘扬光荣传统，赓续红色血脉。

二是加强中华优秀传统文化创新传承。推进校园数字媒体育人联盟建设，用好校园数字媒体渠道，围绕中华优秀传统文化、革命文化和社会主义先进文化等主题制作播出电视节目，征集展示优秀短视频作品，组织开展传统文化（非遗）进校园等，扎实开展党史学习教育和“四史”宣传教育，培育和践行社会主义核心价值观，引导广大青年学生坚定理想信念，自觉树立远大理想，坚定永远跟党走的信念信心；在高校继续推动校园大师剧的创排和巡演，支持高校以学校大师为原型，创作演出“大师系列”校园剧，支持已创编完成的校园剧开展巡演和成果转化工作，不断弘扬“大师”精神、涵育校园文化、深化课程思政改革；开展优秀传统文化创新传承行动，持续推广音乐、舞蹈、戏曲、书法、篆刻、手工艺等非物质文化遗产，开展优秀传统文化线上线下课程及相关展览展示，推动中华优秀传统文化创造性转化、创新性发展。

（二）围绕艺术“双高”，推动美育卓越人才培养

以打造“高水平学生艺术团”和“高层次艺术人才”为核心，发挥“五大”学生艺术团及联盟的影响力和覆盖面，提升高校文化艺术专业水平，进一步发挥校园艺术“码头”和“源头”作用，形成人才培育高地。

一是打造高水平学生艺术团和艺术实践基地。开展“五大”学生艺术团及联盟“一团一品”建设，推进原有“五大”学生艺术团及联盟改革，形成一年四季常态化展演机制，打造一批优秀的学生艺术团演出曲目和作品，对接五个新城培育演出基地，辐射全市大中小学艺术团；建立青年京昆剧团等艺术实践基地，推进麒派艺术等高层次紧缺文化艺术人才培养的可持续发展，提高艺术人才的实践能力和水平，着力为上海建设社会主义国际文化大都市培养高水平、高素质演艺人才。

二是聚焦校园高层次艺术人才培养。依托高校引进国内外顶尖文艺名家，设立高校文化艺术人才工作室，通过教学、研究、交流等形式，推进文化艺术领域师资队伍建设和人才培养；依托优质文化资源，开展校长艺术素养研修活动，通过艺术欣赏、艺术体验与艺术实践等形式，推进艺术教育领域师资队伍建设和人才培养；依托职业乐团开展上海乐队学院人才培养建设，提供以“准职业化”排练演出为主的实践课程，为我国交响乐事业培养骨干人才。

（三）“面向人人”搭建平台，发挥美育实践育人功能

更好地发挥美育实践育人作用，结合城市新发展格局，从阅读素养培育、高雅艺术欣赏、名师直播课堂、美育浸润行动、校园文艺创作、艺术家“派驻”学生艺术团和艺术场馆现场教学等方式，搭建更广阔的学生艺术实践平台。

一是促进“普及＋提高”，开展面向人人的美育实践活动计划。开展青少年阅读素养培育活动，通过丰富阅读活动的形式和内容，聚力打造精品，建设品牌，引领学生深度阅读文化经典，涵养人文精神，提升阅读素养；开展“高雅艺术进校园”及“相约经典”学生公益票活动，通过高雅艺术进学校和邀请学生进剧场观看演出相结合的形式，向广大师生普及高雅艺术，不断培育和践行社会主义核心价值观，传承和发扬中华优秀传统文化，促进校园文化建设提质增效；集聚优质资源，开展“周周播”素质教育校外名师直播课堂，打造数字化素质教育优质课程品牌，努力扩大服务于“双减”背景下学生综合素养提升的优质素质教育资源供给。

二是深度推动“艺术+”融合发展计划。推进公共文化场馆“双百”建设，择优挑选100个文化艺术场馆

成立艺术场馆现场教学实践基地，开发100项艺术场馆特色课程，实施艺术场馆青少年教育提升工程，落实教育“双减”工作，拓展课后服务渠道；开展艺术家“派驻”校园艺术团行动，依托知名艺术家进驻市级学生艺术团，以人才培养、项目孵化、专业指导为核心，提升市级学生艺术团水平及在全国展演活动中的水准；推动原创作品孵化与校园文艺创作，以创作和孵化优秀艺术作品为载体，提升学生的审美能力和人文素养，让原创成为校园美育和艺术发展的源动力；开展师生“同美”美育行动浸润计划，通过整合社会优质资源、搭建平台，提升艺术骨干教师的教育教学能力；开展青少年创意设计院活动，培养青少年艺术素养、创新思维；定期举办形式多样的艺术主题展和艺术教育活动，提升师生发现美、感受美、创造美的能力。

（四）助力城市品牌建设，提升文化软实力

加强城市品牌建设，围绕文教结合品牌项目打造，促进师生文化创意成果转化，丰富传播内容，形成品牌效益。

一是发挥“旋转门”机制，推动高校文化创意产教融合高质量发展。开展文化创意产教融合引领计划，加快推进高校和文化创意企业、协会、园区、基地联合培养文化创意产业亟须的高水平文化创意人才；举办“汇创青春”学生文创作品展示活动，通过展示当代大学生在文化艺术领域的精彩创意，打通校园创意、创新与文创产业的对接通道，形成文化创意产教融合机制，推进大学生创新创业教育；举办大学生创意节，搭建创意舞台、连接就业机会、孵化创新项目、提供创意扶持，同时转化高校学生的优秀文化创新成果，借助优质企业资源，在文创领域共同培养创新型、应用型人才，提升大学生创新创业能力；建设大学生文创联合实践基地，聚焦“红色文化创意、传统文化发展、科技文创融合”三个主题，集中力量建设高质量、系统化、相互关联、融会贯通、资源共享的上海大学生文创人才培养实践生态。

二是助力打造最美城市文化空间，提升师生审美和人文素养。依托“上海之春”国际音乐节、中国上海国际艺术节、夏季音乐节、上海国际电影电视节、草坪音乐节等开展“青春放歌”——学生艺术实践对接重大文艺节展活动，打造大学生合唱节等品牌项目，引入世界最前沿最顶端的艺术家和作品，打造集高水平展演、集训提升于一体的运行机制，全面辐射和深入影响学生及教师群体，同时提供平台让学生全方位参与盛会，拥有与国际同步的资源以及与世界级艺术家互动、学习、交流的机会，提升学生舞台实践能力；开展主题公园建设实践育人活动，支持若干所高校依托本市公园主题拓展工作，搭建文化艺术体育类人才培养实践展示平台，提升学校学科建设、人才培养水平和社会服务能力；依托高校内涵建设等专项继续支持高校学术期刊建设，进一步提升高校学术期刊的专业化、国际化水平，扩大学术期刊的影响力。

**四、组织保障与工作推进**

为推动第四轮文教结合三年行动计划实施，将在总结以往三轮经验的基础上，提升统筹力、执行力和影响力，继续完善项目长效规范管理。建立“三种机制”，确保四个方面工作的统筹推进和落实到位。

（一）加速双向赋能，建立沟通指导机制

坚持在市委、市政府的领导下，促进宣传文化和教育双方资源的统筹协调与共建共享，在持续原有项目能级的基础上，加强双向赋能，进一步增强文教结合工作的供需对接、制度建设、平台搭建等功能，为加速“破圈”提供强有力的组织保障。

加强与相关处室和项目组的进一步沟通，激发项目主管处室和项目实施单位对项目管理工作的责任心和重视度；同时加强对项目实施情况的指导与监督，落实项目“月度、季度”汇报措施，完善动态管理跟踪机制。

（二）强化分类指导，优化过程反馈机制

根据第四轮文教结合三年行动计划拟定的总体目标，对不同领域、不同类型、不同需求的文教结合项目，给予有针对性的指导意见，进一步完善绩效目标等长效、规范管理机制，在“补短板”“强弱项”的同时，瞄准靶向、精准施策，为建设社会主义国际文化大都市和实现教育现代化添砖加瓦。



加强对项目过程的监督，实现全部子项目日常跟踪全覆盖，同步做好跟踪结果督促整改工作，联动各牵头处室加快项目进度或优化调整实施方案，并及时上报市文教办存档备案，保证项目实施管理规范。

（三）重视宣传激励，完善宣传推广机制

加强对本市文教结合工作的宣传引导，及时回应社会关切，营造浓厚氛围，积极宣传典型案例和代表性品牌项目，提升文教结合品牌影响力。强化绩效管理的导向和抓手功能，以绩效促实效，持续巩固、扩大文教结合，打破围墙，打造共赢格局的制度优势。

完善宣传推广机制，定期更新公众号内容，添加评论互动功能，增加优秀项目宣传推广频次；与主流媒体平台开展合作，推介上海教育、文化单位促进文教结合融合的典型经验和工作成效，促进资讯分享、资源共享；增加文教结合标识曝光度，提高文教结合品牌知晓度和关注度。

# 教育统计

# Educational Statistics

## 上海市各级普通学校基本情况

单位：万人

| 指 标 | 学校数（所） | 毕业生数 | 招生数 | 在校学生数 | 教职工数 | #专任教师 |
|---|---|---|---|---|---|---|
| **总 计** | **3468** | **74.15** | **84.31** | **306.62** | **33.92** | **23.92** |
| **研究生** | **49** | **6.28** | **7.97** | **24.49** | | |
| 高等学校 | （28） | 6.21 | 7.90 | 24.27 | | |
| 科研机构 | 21 | 0.07 | 0.07 | 0.22 | | |
| **普通高等学校** | **64** | **14.73** | **15.71** | **55.48** | **8.57** | **5.04** |
| 本科院校 | 40 | 10.88 | 11.84 | 44.20 | 7.76 | 4.50 |
| 高职（专科）学校 | 24 | 3.85 | 3.87 | 11.28 | 0.80 | 0.55 |
| **普通中等学校** | **973** | **19.00** | **25.31** | **81.01** | **9.49** | **7.57** |
| 普通中学 | 888 | 16.23 | 22.28 | 71.73 | 8.36 | 6.74 |
| 高 中 | | 5.35 | 7.28 | 19.29 | | 2.01 |
| 初 中 | | 10.89 | 15.00 | 52.44 | | 4.73 |
| 职业中学 | 23 | 0.84 | 0.92 | 2.71 | 0.36 | 0.28 |
| 高 中 | 23 | 0.84 | 0.92 | 2.71 | 0.36 | 0.28 |
| 初 中 | | | | | | |
| 中等专业学校 | 46 | 1.47 | 1.66 | 5.14 | 0.65 | 0.44 |
| 附设中职班 | （5） | 0.15 | 0.16 | 0.57 | | 0.02 |
| 技工学校 | 6 | 0.29 | 0.26 | 0.80 | 0.08 | 0.05 |
| 专门学校 | 10 | 0.03 | 0.02 | 0.06 | 0.03 | 0.03 |
| **小 学** | **671** | **15.47** | **18.53** | **91.70** | **7.18** | **6.54** |
| **特殊教育** | **31** | **0.08** | **0.08** | **0.54** | **0.18** | **0.16** |
| **幼儿园** | **1708** | **18.60** | **16.70** | **53.40** | **8.50** | **4.61** |

注：1. 表中幼儿园招生数指当年入园幼儿数。
2. 2014学年起，中科院、煤炭院所属科研机构不纳入上海市研究生培养机构统计。
3. 表中研究生包含非全日制学生。
4. 普通高中包括完全中学、高级中学、十二年一贯制学校，普通初中包含初级中学、九年一贯制学校。
5. 普通高校开展研究生教育的学校数，已包含在普通高校校数中。
6. 本科院校在校生数包含本科和专科在校生数。
7. 2021年起，职业中学、中等专业学校、技工学校各项学生数按学校类型统计。
8. 特殊教育不包含小学、初中内随班就读、送教上门的学生数。

## 上海市各级成人学校基本情况

单位：万人

| 指 标 | 学校数（所） | 毕业生数 | 招生数 | 在校学生数 | 教职工数 | #专任教师 |
|---|---|---|---|---|---|---|
| **总计** | **444** | **73.13** | **11.34** | **88.29** | **0.71** | **0.43** |
| **成人高等学校** | **12** | **4.69** | **5.00** | **13.52** | **0.12** | **0.06** |
| 独立设置成人高校 | 12 | 0.19 | 0.25 | 0.74 | 0.12 | 0.06 |
| 广播电视大学 | 1 | | | | 0.04 | 0.01 |
| 职工高等学校 | 10 | 0.19 | 0.25 | 0.74 | 0.08 | 0.04 |
| 管理干部学院 | 1 | | | | | |
| 普通高校举办 | （54） | 4.51 | 4.75 | 12.78 | | |
| 函授部 | 7 | 0.09 | 0.16 | 0.38 | | |
| 业 余 | 47 | 4.42 | 4.59 | 12.40 | | |
| 成人脱产班 | | | | | | |
| **成人网络（开放）教育** | | **4.98** | **5.42** | **14.47** | | |
| **成人中、初等学校** | **6** | **0.91** | **0.92** | **2.05** | **0.01** | **0.01** |
| 成人中等专业学校 | 6 | 0.91 | 0.92 | 2.05 | 0.01 | 0.01 |
| 成人中学 | | | | | | |
| 成人小学 | | | | | | |
| **职业技术培训机构** | **426** | **62.54** | | **58.26** | **0.57** | **0.37** |

注：1. 表中成人中学、职业技术培训机构在校学生指累计注册数，毕业生数指累计结业数。
2. 普通高校举办的函授、业余、脱产班学校数是指举办这类教育的学校点数，括号内是点数之和。

## 研究生教育基本情况

单位：人

| 指　标 | 合　计 | 中央部委所属 | 教育部所　属 | 其他部委所属 | 地方所属 | 教育部门 | 其他部门 |
|---|---|---|---|---|---|---|---|
| **毕业生数** | **62750** | **38329** | **37871** | **458** | **24421** | **24102** | **319** |
| 攻读硕士学位 | 55214 | 32101 | 31659 | 442 | 23113 | 22818 | 295 |
| 攻读博士学位 | 7536 | 6228 | 6212 | 16 | 1308 | 1284 | 24 |
| **招生数** | **79720** | **48694** | **48217** | **477** | **31026** | **30668** | **358** |
| 攻读硕士学位 | 67006 | 38279 | 37820 | 459 | 28727 | 28415 | 312 |
| 攻读博士学位 | 12714 | 10415 | 10397 | 18 | 2299 | 2253 | 46 |
| **在校学生数** | **244924** | **155591** | **154309** | **1282** | **89333** | **88176** | **1157** |
| 攻读硕士学位 | 193588 | 112965 | 111764 | 1201 | 80623 | 79697 | 926 |
| 攻读博士学位 | 51336 | 42626 | 42545 | 81 | 8710 | 8479 | 231 |
| **预计毕业生数** | **89855** | **57739** | **57239** | **500** | **32116** | **31650** | **466** |
| 攻读硕士学位 | 73626 | 45590 | 45132 | 458 | 28036 | 27707 | 329 |
| 攻读博士学位 | 16229 | 12149 | 12107 | 42 | 4080 | 3943 | 137 |

注：表中研究生包括非全日制学生。

## 研究生分学科学生数

单位：人

| 指　标 | 毕业生数 | 招生数 | 在校学生数 | 预计毕业生数 |
|---|---|---|---|---|
| **总　计** | **62750** | **79720** | **244924** | **89855** |
| 女　生 | 33846 | 40973 | 122626 | 44774 |
| 学术型学位 | 30426 | 37889 | 125051 | 41131 |
| 专业学位 | 32324 | 41831 | 119873 | 48724 |
| | | | | |
| 哲　学 | 341 | 392 | 1310 | 472 |
| 经济学 | 4771 | 5246 | 13044 | 5758 |
| 法　学 | 5237 | 5646 | 17493 | 6596 |
| 教育学 | 3258 | 3730 | 11540 | 5224 |
| 文　学 | 3556 | 4054 | 11912 | 4475 |
| 历史学 | 451 | 528 | 1735 | 657 |
| 理　学 | 4581 | 7071 | 22594 | 6406 |
| 工　学 | 20044 | 28670 | 87270 | 28543 |
| 农　学 | 762 | 972 | 2767 | 896 |
| 医　学 | 5032 | 6404 | 20736 | 6716 |
| 管理学 | 12793 | 14531 | 47272 | 21678 |
| 艺术学 | 1924 | 2443 | 7186 | 2434 |
| 交叉学科 | | 33 | 65 | |



注：2021年开始增加了交叉学科分类；表中研究生包含非全日制学生。

## 普通本专科教育基本情况

单位：人

| 指　　标 | 学校数（所） | 本专科学生数 | | | | | | | | 教职工数 | #专任教师 |
|---|---|---|---|---|---|---|---|---|---|---|---|
| | | 毕业生数 | #本科 | 招生数 | #本科 | 在校生 | #本科 | 预计毕业生 | #本科 | | |
| **总　计** | **64** | **147299** | **98354** | **157117** | **110592** | **554807** | **416314** | **158095** | **105813** | **85665** | **50426** |
| 部　属 | 10 | 29762 | 26658 | 31214 | 28056 | 123004 | 114170 | 30980 | 27836 | 37294 | 17600 |
| 市　属 | 54 | 117537 | 71696 | 125903 | 82536 | 431803 | 302144 | 127115 | 77977 | 48371 | 32826 |
| 民　办 | 19 | 38931 | 15907 | 44626 | 23268 | 134768 | 69558 | 42407 | 17555 | 9346 | 6816 |
| 中外合作办 | 1 | 204 | 204 | 245 | 245 | 977 | 977 | 213 | 213 | 665 | 262 |
| | | | | | | | | | | | |
| 综合大学 | 4 | 16381 | 16381 | 17234 | 17234 | 71120 | 71120 | 17643 | 17643 | 29735 | 12953 |
| 理工院校 | 25 | 57169 | 34677 | 58979 | 36601 | 208530 | 143016 | 61970 | 37590 | 23943 | 16249 |
| 农业院校 | 2 | 4258 | 2923 | 4656 | 3042 | 16760 | 12188 | 4629 | 2998 | 1605 | 1142 |
| 医药院校 | 2 | 4377 | 3005 | 4073 | 3293 | 15202 | 12670 | 4318 | 3129 | 2296 | 1417 |
| 师范院校 | 2 | 8636 | 8636 | 8741 | 8741 | 35269 | 35269 | 8937 | 8937 | 7449 | 4466 |
| 语文院校 | 3 | 4800 | 1430 | 3752 | 1435 | 13496 | 5932 | 4550 | 1527 | 2111 | 1339 |
| 财经院校 | 17 | 40007 | 22818 | 47074 | 30492 | 149815 | 99437 | 43820 | 24877 | 12613 | 8947 |
| 政法院校 | 3 | 6507 | 5577 | 6691 | 6187 | 24952 | 23595 | 6802 | 5949 | 2667 | 1945 |
| 体育院校 | 1 | 1097 | 1013 | 1425 | 1335 | 4732 | 4493 | 1149 | 1072 | 844 | 584 |
| 艺术院校 | 5 | 4067 | 1894 | 4492 | 2232 | 14931 | 8594 | 4277 | 2091 | 2402 | 1384 |

注：2018年开始，增加举办者类型为中外合作办的统计数据。

## 普通本科、职业本科分学科学生数

单位：人

| 指　　标 | 毕业生数 | 招生数 | 在校学生数 | 预计毕业生数 |
|---|---|---|---|---|
| **总　计** | **98354** | **110592** | **416314** | **105813** |
| 哲　学 | 143 | 382 | 894 | 162 |
| 经济学 | 9958 | 9551 | 38657 | 10200 |
| 法　学 | 5941 | 6301 | 25004 | 6349 |
| 教育学 | 2617 | 3471 | 12071 | 2902 |
| 文　学 | 9888 | 11040 | 39984 | 10388 |
| 历史学 | 264 | 592 | 1865 | 335 |
| 理　学 | 5615 | 6407 | 25446 | 6128 |
| 工　学 | 33280 | 36383 | 141322 | 36729 |
| 农　学 | 530 | 645 | 2432 | 588 |
| 医　学 | 4650 | 5562 | 21679 | 4668 |
| 管理学 | 17538 | 17547 | 67634 | 17794 |
| 艺术学 | 7893 | 10902 | 36582 | 9463 |
| 职业本科 | 37 | 1809 | 2744 | 107 |

注：2020年开始，增加了职业本科的分类。

## 普通高等职业教育专科分专业学生数

单位:人

| 指　　标 | 毕业生数 | 招生数 | 在校学生数 | 预计毕业生数 |
|---|---|---|---|---|
| **总　计** | **48945** | **46525** | **138493** | **52282** |
| 农林牧渔大类 | 1037 | 935 | 2763 | 1092 |
| 资源环境与安全大类 | 321 | 419 | 980 | 342 |
| 能源动力与材料大类 | | | | |
| 土木建筑大类 | 2952 | 2821 | 7947 | 3063 |
| 水利大类 | | | | |
| 装备制造大类 | 4048 | 4598 | 13082 | 5013 |
| 生物与化工大类 | 143 | 256 | 600 | 180 |
| 轻工纺织大类 | 442 | 356 | 1100 | 443 |
| 食品药品与粮食大类 | 663 | 704 | 1902 | 653 |
| 交通运输大类 | 4871 | 4696 | 13304 | 4911 |
| 电子信息大类 | 5705 | 5960 | 18345 | 6700 |
| 医药卫生大类 | 4262 | 4207 | 12226 | 4506 |
| 财经商贸大类 | 7729 | 6680 | 20745 | 8171 |
| 旅游大类 | 2416 | 2176 | 6432 | 2391 |
| 文化艺术大类 | 5042 | 4573 | 13712 | 5042 |
| 新闻传播大类 | 1700 | 2018 | 5451 | 1810 |
| 教育与体育大类 | 5923 | 4888 | 16302 | 6310 |
| 公安与司法大类 | 1160 | 746 | 2118 | 1126 |
| 公共管理与服务大类 | 531 | 492 | 1484 | 529 |

## 普通高等学校、高等职业教育学校专任教师基本情况

单位:人

| 指　　标 | 专任教师数 | 正高级 | 副高级 | 中　级 | 初　级 | 未定职称 |
|---|---|---|---|---|---|---|
| **总　计** | **50426** | **10281** | **16531** | **18825** | **3146** | **1643** |
| **学　历** | | | | | | |
| 研究生 | 44818 | 9827 | 14785 | 16367 | 2470 | 1369 |
| 博　士 | 30576 | 9340 | 11816 | 8921 | 80 | 419 |
| 硕　士 | 14242 | 487 | 2969 | 7446 | 2390 | 950 |
| 本　科 | 5483 | 437 | 1723 | 2410 | 650 | 263 |
| 专科及以下 | 125 | 17 | 23 | 48 | 26 | 11 |
| **年　龄** | | | | | | |
| 29 岁及以下 | 2888 | 12 | 15 | 776 | 1324 | 761 |
| 30—34 岁 | 7887 | 216 | 1112 | 4932 | 1121 | 506 |
| 35—39 岁 | 8666 | 759 | 3057 | 4250 | 391 | 209 |
| 40—44 岁 | 10487 | 1716 | 4221 | 4299 | 169 | 82 |
| 45—49 岁 | 7982 | 1963 | 3421 | 2482 | 77 | 39 |
| 50—54 岁 | 5920 | 1990 | 2508 | 1369 | 41 | 12 |
| 55—59 岁 | 4967 | 2434 | 1873 | 620 | 19 | 21 |
| 60—64 岁 | 1026 | 794 | 169 | 52 | 1 | 10 |
| 65 岁及以上 | 603 | 397 | 155 | 45 | 3 | 3 |

## 普通高等学校分学科专任教师数

单位：人

| 指　标 | 专任教师数 | 正高级 | 副高级 | 中　级 | 初　级 | 未定职称 |
|---|---|---|---|---|---|---|
| **总　计** | **44411** | **9983** | **15227** | **16218** | **1966** | **1017** |
| 哲　学 | 1415 | 248 | 388 | 585 | 126 | 68 |
| 经济学 | 2508 | 505 | 883 | 995 | 67 | 58 |
| 法　学 | 3792 | 657 | 1041 | 1577 | 348 | 169 |
| 教育学 | 3223 | 375 | 1039 | 1333 | 375 | 101 |
| 文　学 | 5695 | 781 | 1688 | 2882 | 228 | 116 |
| 历史学 | 602 | 206 | 193 | 181 | 5 | 17 |
| 理　学 | 5164 | 1925 | 1970 | 1161 | 45 | 63 |
| 工　学 | 12653 | 3511 | 4874 | 3938 | 201 | 129 |
| 农　学 | 242 | 73 | 95 | 64 | 3 | 7 |
| 医　学 | 2668 | 691 | 940 | 863 | 120 | 54 |
| 管理学 | 3633 | 675 | 1306 | 1401 | 148 | 103 |
| 艺术学 | 2816 | 336 | 810 | 1238 | 300 | 132 |

注：2021年开始，本表统计数据不包含职业高校专任教师。

## 高等职业教育学校分领域专任教师数

单位：人

| 指　标 | 专任教师数 | 正高级 | 副高级 | 中　级 | 初　级 | 未定职称 |
|---|---|---|---|---|---|---|
| **总　计** | **6015** | **298** | **1304** | **2607** | **1180** | **626** |
| 农林牧渔大类 | 87 | 4 | 17 | 48 | 18 | |
| 资源环境与安全大类 | 75 | 2 | 17 | 34 | 12 | 10 |
| 能源动力与材料大类 | 23 | 1 | 4 | 8 | 3 | 7 |
| 土木建筑大类 | 250 | 23 | 89 | 104 | 26 | 8 |
| 水利大类 | | | | | | |
| 装备制造大类 | 363 | 32 | 93 | 123 | 70 | 45 |
| 生物与化工大类 | 44 | 1 | 13 | 15 | 15 | |
| 轻工纺织大类 | 34 | 2 | 11 | 20 | 1 | |
| 食品药品与粮食大类 | 50 | 9 | 14 | 16 | 10 | 1 |
| 交通运输大类 | 410 | 17 | 88 | 185 | 103 | 17 |
| 电子信息大类 | 554 | 22 | 137 | 228 | 89 | 78 |
| 医药卫生大类 | 237 | 15 | 57 | 98 | 55 | 12 |
| 财经商贸大类 | 587 | 27 | 132 | 264 | 114 | 50 |
| 旅游大类 | 212 | 14 | 54 | 91 | 32 | 21 |
| 文化艺术大类 | 738 | 44 | 184 | 309 | 138 | 63 |
| 新闻传播大类 | 139 | 6 | 31 | 50 | 34 | 18 |
| 教育与体育大类 | 503 | 17 | 65 | 215 | 123 | 83 |
| 公安与司法大类 | 16 | 1 | 3 | 3 | 7 | 2 |
| 公共管理与服务大类 | 84 | 3 | 11 | 36 | 29 | 5 |
| 公共基础课 | 1609 | 58 | 284 | 760 | 301 | 206 |

注：2021年开始，本表统计数据为职业本专科学校；2022年开始，增加公共基础课的统计项。

## 中等职业学校基本情况

| 指　标 | 总　计 | 普通中专 | 职业高中 | 技工学校 | 成人中专 | 附设中职班 |
|---|---|---|---|---|---|---|
| **机构数合计(所)** | **81** | **46** | **23** | **6** | **6** | |
| 中央部委属 | 2 | 1 | | 1 | | |
| 地方所属 | 75 | 44 | 22 | 4 | 5 | |
| 教育部门 | 45 | 22 | 22 | 1 | | |
| 非教育部门 | 30 | 22 | | 3 | 5 | |
| 民办 | 3 | 1 | | 1 | 1 | |
| 中外合作办 | 1 | | 1 | | | |
| **教职工数(人)** | **11105** | **6526** | **3638** | **798** | **143** | |
| 中央部委属 | 214 | 93 | | 121 | | |
| 市　属 | 10691 | 6389 | 3573 | 595 | 134 | |
| 民　办 | 135 | 44 | | 82 | 9 | |
| 中外合作办 | 65 | | 65 | | | |
| **专任教师数(人)** | **8021** | **4431** | **2792** | **500** | **64** | **234** |
| 中央部委属 | 104 | 30 | | 74 | | |
| 市　属 | 7753 | 4376 | 2732 | 348 | 63 | 234 |
| 民　办 | 104 | 25 | | 78 | 1 | |
| 中外合作办 | 60 | | 60 | | | |

注:2018 年开始,增加举办者类型为中外合作办的统计数据。
2021 年开始,增加办学类型为附设中职班的统计数据。

## 中等职业学校分专业学生数

单位:人

| 指　标 | 毕业生数 | 招生数 | 在校学生数 | 预计毕业生 |
|---|---|---|---|---|
| **总　计** | **36441** | **39282** | **112571** | **40442** |
| 全日制 | 29613 | 31912 | 98255 | 33550 |
| 中央部委属 | 385 | 546 | 1394 | 462 |
| 市　属 | 35255 | 37891 | 108301 | 39119 |
| 民　办 | 488 | 471 | 1947 | 574 |
| 中外合作办 | 313 | 374 | 929 | 287 |
| | | | | |
| 农林牧渔大类 | 539 | 638 | 1952 | 597 |
| 资源环境与安全大类 | 524 | 397 | 1472 | 509 |
| 能源动力与材料大类 | 269 | 101 | 660 | 431 |
| 土木建筑大类 | 1635 | 818 | 4411 | 1872 |
| 水利大类 | | | | |
| 装备制造大类 | 5916 | 6398 | 19086 | 6173 |
| 生物与化工大类 | 267 | 154 | 1039 | 320 |
| 轻工纺织大类 | 339 | 340 | 1091 | 401 |
| 食品药品与粮食大类 | 885 | 1172 | 3101 | 965 |
| 交通运输大类 | 3247 | 3055 | 9433 | 3430 |
| 电子与信息大类 | 3647 | 4873 | 13755 | 4630 |
| 医药卫生大类 | 1744 | 1561 | 4601 | 1801 |
| 财经商贸大类 | 4974 | 5716 | 16349 | 6603 |
| 旅游大类 | 2191 | 2431 | 6957 | 2284 |
| 文化艺术大类 | 1902 | 2461 | 7772 | 2315 |
| 新闻传播大类 | 645 | 1011 | 2522 | 693 |
| 教育与体育大类 | 2335 | 2337 | 7854 | 2935 |
| 公安与司法大类 | | | | |
| 公共管理与服务大类 | 5382 | 5819 | 10516 | 4483 |

注:2018 年开始,增加举办者类型为中外合作办的统计数据。
本表按学校类型统计,数据包含成人中等职业教育学生数。

## 中等专业学校分学科专任教师数

单位：人

| 指　　标 | 合　计 | 正高级 | 副高级 | 中　级 | 初　级 | 未定职级 |
|---|---|---|---|---|---|---|
| **总　计** | **8021** | **60** | **1732** | **4018** | **1966** | **245** |
| 专业课 | 5828 | 51 | 1283 | 2855 | 1452 | 187 |
| 农林牧渔大类 | 80 | 1 | 33 | 34 | 11 | 1 |
| 资源环境与安全大类 | 66 | | 13 | 34 | 19 | |
| 能源动力与材料大类 | 51 | 1 | 9 | 23 | 8 | 10 |
| 土木建筑大类 | 153 | 3 | 48 | 63 | 39 | |
| 水利大类 | 8 | | 4 | 4 | | |
| 装备制造大类 | 852 | 7 | 195 | 375 | 226 | 49 |
| 生物与化工大类 | 90 | 1 | 31 | 48 | 8 | 2 |
| 轻工纺织大类 | 86 | | 23 | 35 | 23 | 5 |
| 食品药品与粮食大类 | 45 | 1 | 9 | 21 | 12 | 2 |
| 交通运输大类 | 347 | | 51 | 184 | 100 | 12 |
| 电子与信息大类 | 686 | 3 | 145 | 354 | 167 | 17 |
| 医药卫生大类 | 199 | | 57 | 96 | 38 | 8 |
| 财经商贸大类 | 739 | 3 | 157 | 398 | 154 | 27 |
| 旅游大类 | 277 | 2 | 60 | 131 | 67 | 17 |
| 文化艺术大类 | 937 | 16 | 211 | 438 | 259 | 13 |
| 新闻传播大类 | 24 | | 4 | 10 | 8 | 2 |
| 教育与体育大类 | 1167 | 13 | 225 | 599 | 308 | 22 |
| 公安与司法大类 | 1 | | 1 | | | |
| 公共管理与服务大类 | 20 | | 7 | 8 | 5 | |
| 公共基础课 | 2193 | 9 | 449 | 1163 | 514 | 58 |
| 实习指导课 | 378 | | 56 | 155 | 117 | 50 |

注：2022 学年开始，增加公共基础课的统计类型。

## 中学校数、班数、学生数、教职工数

| 指　　标 | 全　市 | 教育部门 | 其他部门 | 民　办 | 中外合作办 |
|---|---|---|---|---|---|
| **学校数（所）** | **888** | **756** | | **131** | **1** |
| 完全中学 | 90 | 65 | | 25 | |
| 高级中学 | 154 | 137 | | 16 | 1 |
| 初级中学 | 372 | 348 | | 24 | |
| 九年一贯制学校 | 236 | 200 | | 36 | |
| 十二年一贯制学校 | 36 | 6 | | 30 | |
| **班数（个）** | **19799** | **16896** | **28** | **2857** | **18** |
| 初　中 | 14659 | 12322 | 14 | 2323 | |
| 高　中 | 5140 | 4574 | 14 | 534 | 18 |
| **在校学生数（人）** | **717319** | **621368** | **580** | **94850** | **521** |
| 初　中 | 524383 | 444917 | 235 | 79231 | |
| 高　中 | 192936 | 176451 | 345 | 15619 | 521 |
| **招生数（人）** | **222825** | **197432** | **132** | **25073** | **188** |
| 初　中 | 150012 | 130266 | | 19746 | |
| 高　中 | 72813 | 67166 | 132 | 5327 | 188 |
| **毕业生数（人）** | **162346** | **140091** | **188** | **21901** | **166** |
| 初　中 | 108885 | 91332 | 97 | 17456 | |
| 高　中 | 53461 | 48759 | 91 | 4445 | 166 |
| **教职工数（人）** | **83615** | **69953** | | **13551** | **111** |
| 专任教师数 | 67422 | 58262 | | 9077 | 83 |

注：2018 年开始，增加举办者类型为中外合作办的统计数据。

## 中学专任教师学历情况

| 指　　标 | 总　计 | 研究生 | 本　科 | 专　科 | 高　中 | 高中以下 |
|---|---|---|---|---|---|---|
| **初中（人）** | **47295** | **10318** | **36776** | **201** | | |
| 所占比重(%) | 100 | 21.82 | 77.76 | 0.42 | | |
| **高中（人）** | **20127** | **7029** | **13096** | **2** | | |
| 所占比重(%) | 100 | 34.92 | 65.07 | 0.01 | | |

## 中学专任教师职称情况

| 指　　标 | 总　计 | 正高级 | 副高级 | 中　级 | 助理级 | 员　级 | 未定职级 |
|---|---|---|---|---|---|---|---|
| **初中（人）** | **47295** | **60** | **5626** | **22344** | **15694** | **404** | **3167** |
| 所占比重(%) | 100 | 0.13 | 11.90 | 47.24 | 33.18 | 0.85 | 6.70 |
| **高中（人）** | **20127** | **212** | **5416** | **8165** | **4529** | **132** | **1673** |
| 所占比重(%) | 100 | 1.05 | 26.91 | 40.57 | 22.50 | 0.66 | 8.31 |

## 中学专任教师年龄情况

| 指　　标 | 专任教师数 | 29 岁及以下 | 30—39 岁 | 40—49 岁 | 50—59 岁 | 60 岁及以上 |
|---|---|---|---|---|---|---|
| **初中(人)** | **47295** | **10302** | **14163** | **14247** | **8478** | **105** |
| 所占比重(%) | 100 | 21.78 | 29.95 | 30.12 | 17.93 | 0.22 |
| **高中(人)** | **20127** | **3830** | **5389** | **6815** | **4025** | **68** |
| 所占比重(%) | 100 | 19.03 | 26.77 | 33.86 | 20.00 | 0.34 |

## 中学占地和校舍建筑面积数

单位:万平方米

| 指　　标 | 全　市 | 城　区 | 镇　区 | 乡　村 |
|---|---|---|---|---|
| 学校占地面积 | 2794.08 | 2209.00 | 449.01 | 136.08 |
| #运动场地面积 | 828.13 | 672.77 | 122.20 | 33.16 |
| 校舍建筑面积 | 1800.85 | 1521.81 | 209.24 | 69.80 |

## 分区高中分年级在校生情况

单位:人

| 指　　标 | 毕业生数 | 招生数 | 高中在校生 | 一年级 | 二年级 | 三年级 |
|---|---|---|---|---|---|---|
| **全市合计** | **53461** | **72813** | **192936** | **73155** | **60519** | **59262** |
| 黄浦区 | 3067 | 3830 | 10422 | 3843 | 3282 | 3297 |
| 徐汇区 | 3806 | 5202 | 13767 | 5227 | 4245 | 4295 |
| 长宁区 | 1403 | 2096 | 5302 | 2110 | 1614 | 1578 |
| 静安区 | 3274 | 4571 | 12457 | 4604 | 3945 | 3908 |
| 普陀区 | 2419 | 3505 | 9236 | 3531 | 2919 | 2786 |
| 虹口区 | 1969 | 2551 | 7019 | 2564 | 2243 | 2212 |
| 杨浦区 | 3563 | 4687 | 12478 | 4707 | 3924 | 3847 |
| 闵行区 | 4553 | 7011 | 18048 | 7030 | 5594 | 5424 |
| 宝山区 | 3434 | 4983 | 12710 | 5005 | 3914 | 3791 |
| 嘉定区 | 2666 | 3516 | 9428 | 3532 | 3032 | 2864 |
| 浦东新区 | 12317 | 17516 | 45826 | 17606 | 14384 | 13836 |
| 金山区 | 2218 | 2457 | 7013 | 2476 | 2204 | 2333 |
| 松江区 | 3018 | 4169 | 11076 | 4181 | 3447 | 3448 |
| 青浦区 | 2028 | 2405 | 6602 | 2412 | 2082 | 2108 |
| 奉贤区 | 2162 | 2494 | 6724 | 2501 | 2111 | 2112 |
| 崇明区 | 1564 | 1820 | 4828 | 1826 | 1579 | 1423 |

## 分区初中分年级在校生情况

单位：人

| 指　　标 | 毕业生数 | 招生数 | 初中在校生 | 一年级 | 二年级 | 三年级 | 四年级 |
|---|---|---|---|---|---|---|---|
| **全市合计** | **108885** | **150012** | **524383** | **150157** | **135685** | **122665** | **115876** |
| 黄浦区 | 3571 | 4292 | 16092 | 4294 | 4042 | 3871 | 3885 |
| 徐汇区 | 7012 | 9070 | 33132 | 9083 | 8552 | 7968 | 7529 |
| 长宁区 | 3187 | 3998 | 14536 | 4004 | 3632 | 3562 | 3338 |
| 静安区 | 6172 | 7404 | 27915 | 7408 | 7200 | 6659 | 6648 |
| 普陀区 | 5244 | 7432 | 26561 | 7469 | 6753 | 6316 | 6023 |
| 虹口区 | 3682 | 4289 | 16442 | 4290 | 4257 | 3825 | 4070 |
| 杨浦区 | 5343 | 7456 | 26966 | 7468 | 7032 | 6363 | 6103 |
| 闵行区 | 11964 | 18120 | 62544 | 18140 | 16573 | 14714 | 13117 |
| 宝山区 | 8384 | 12207 | 41484 | 12218 | 10603 | 9544 | 9119 |
| 嘉定区 | 6044 | 9223 | 30532 | 9231 | 7795 | 7086 | 6420 |
| 浦东新区 | 26592 | 35814 | 123978 | 35825 | 32489 | 28525 | 27139 |
| 金山区 | 4051 | 4672 | 16783 | 4672 | 4165 | 4023 | 3923 |
| 松江区 | 6804 | 10940 | 36261 | 10952 | 9542 | 8391 | 7376 |
| 青浦区 | 4097 | 5972 | 19943 | 5976 | 5124 | 4552 | 4291 |
| 奉贤区 | 4059 | 6191 | 20299 | 6195 | 5162 | 4697 | 4245 |
| 崇明区 | 2679 | 2932 | 10915 | 2932 | 2764 | 2569 | 2650 |

## 分区中学基本情况

单位：人

| 指　标 | 学校数（所） | 完全中学 | 高级中学 | 初级中学 | 九年一贯制学校 | 十二年一贯制学校 | 初高中学生数 | 教职工数 | #专任教师 | 初　中 | 高　中 |
|---|---|---|---|---|---|---|---|---|---|---|---|
| **全市合计** | **888** | **90** | **154** | **372** | **236** | **36** | **717319** | **83615** | **67422** | **47295** | **20127** |
| 黄浦区 | 33 | 6 | 9 | 14 | 3 | 1 | 26514 | 3492 | 2813 | 1633 | 1180 |
| 徐汇区 | 42 | 11 | 8 | 18 | 4 | 1 | 46899 | 5050 | 4278 | 2586 | 1692 |
| 长宁区 | 26 | 3 | 5 | 14 | 2 | 2 | 19838 | 2816 | 2007 | 1369 | 638 |
| 静安区 | 51 | 12 | 9 | 23 | 7 | 0 | 40372 | 5225 | 4002 | 2587 | 1415 |
| 普陀区 | 51 | 9 | 5 | 11 | 24 | 2 | 35797 | 4541 | 3724 | 2645 | 1079 |
| 虹口区 | 35 | 5 | 8 | 17 | 5 | 0 | 23461 | 3242 | 2878 | 1838 | 1040 |
| 杨浦区 | 51 | 3 | 12 | 23 | 9 | 4 | 39444 | 4350 | 3829 | 2465 | 1364 |
| 闵行区 | 86 | 7 | 17 | 32 | 27 | 3 | 80592 | 8866 | 6867 | 5130 | 1737 |
| 宝山区 | 80 | 5 | 11 | 26 | 36 | 2 | 54194 | 5223 | 4646 | 3512 | 1134 |
| 嘉定区 | 51 | 0 | 9 | 23 | 17 | 2 | 39960 | 4076 | 3483 | 2590 | 893 |
| 浦东新区 | 174 | 20 | 28 | 86 | 29 | 11 | 169804 | 16938 | 14528 | 10537 | 3991 |
| 金山区 | 37 | 3 | 7 | 19 | 6 | 2 | 23796 | 3380 | 2609 | 1795 | 814 |
| 松江区 | 53 | 3 | 8 | 11 | 29 | 2 | 47337 | 6510 | 4376 | 3236 | 1140 |
| 青浦区 | 38 | 1 | 5 | 19 | 10 | 3 | 26545 | 3381 | 2684 | 1963 | 721 |
| 奉贤区 | 49 | 0 | 7 | 19 | 22 | 1 | 27023 | 3220 | 2795 | 2090 | 705 |
| 崇明区 | 31 | 2 | 6 | 17 | 6 | 0 | 15743 | 3305 | 1903 | 1319 | 584 |

## 实验性示范性中学

| 指　　标 | 总　计 | 市实验性示范性 | 区实验性示范性 |
|---|---|---|---|
| **学校数(所)** | **154** | **66** | **88** |
| **班数(个)** | **4809** | **2053** | **2756** |
| 初　中 | 932 | 129 | 803 |
| 高　中 | 3877 | 1924 | 1953 |
| **毕业生数** | **50002** | **22982** | **27020** |
| 初　中 | 7680 | 1050 | 6630 |
| 高　中 | 42322 | 21932 | 20390 |
| **招生数** | **65386** | **29191** | **36195** |
| 初　中 | 9201 | 1297 | 7904 |
| 高　中 | 56185 | 27894 | 28291 |
| **在校学生数** | **183668** | **78671** | **104997** |
| 初　中 | 34199 | 4783 | 29416 |
| 高　中 | 149469 | 73888 | 75581 |
| **预计毕业生数** | **54286** | **23898** | **30388** |
| 初　中 | 8287 | 1248 | 7039 |
| 高　中 | 45999 | 22650 | 23349 |
| **教职工数** | **22148** | **10374** | **11774** |
| 其中:专任教师 | 18502 | 8540 | 9962 |
| 初　中 | 3027 | 481 | 2546 |
| 高　中 | 15475 | 8059 | 7416 |
| **学校占地面积(万平方米)** | **781.06** | **481.30** | **299.76** |
| **校舍建筑面积(万平方米)** | **536.90** | **330.04** | **206.86** |

## 小学校数、班数、学生数、教职工数

| 指　　标 | 全　市 | 教育部门 | 其他部门 | 民　办 | 中外合作办 |
|---|---|---|---|---|---|
| **学校数(所)** | **671** | **614** | | **57** | |
| **班数(个)** | **24454** | **21490** | | **2964** | |
| **学生数(人)** | **917002** | **819263** | | **97739** | |
| 一年级 | 185375 | 166679 | | 18696 | |
| 二年级 | 187890 | 167510 | | 20380 | |
| 三年级 | 186757 | 166564 | | 20193 | |
| 四年级 | 181318 | 161442 | | 19876 | |
| 五年级 | 175662 | 157068 | | 18594 | |
| **教职工数(人)** | **71810** | **64163** | | **7647** | |
| #专任教师数 | 65407 | 58435 | | 6972 | |

注:2018年开始,增加举办者类型为中外合作办的统计数据。

## 小学专任教师年龄职称情况

单位:人

| 指　标 | 专任教师 | 29岁及以下 | 30—39岁 | 40—49岁 | 50—59岁 | 60岁及以上 |
|---|---|---|---|---|---|---|
| **总　计** | **65407** | **16940** | **19667** | **16369** | **12394** | **37** |
| 正高级 | 47 | | | 24 | 23 | |
| 副高级 | 2412 | | 191 | 1340 | 874 | 7 |
| 中　级 | 29339 | 457 | 7632 | 11054 | 10174 | 22 |
| 助理级 | 27323 | 12420 | 10181 | 3525 | 1193 | 4 |
| 员　级 | 1133 | 478 | 470 | 132 | 52 | 1 |
| 未定职级 | 5153 | 3585 | 1193 | 294 | 78 | 3 |

## 小学专任教师学历情况

| 指　标 | 合　计 | 本科及以上 | 专　科 | 高　中 | 高中以下 |
|---|---|---|---|---|---|
| **专任教师(人)** | **65407** | **59136** | **6135** | **136** | |
| 所占比重(%) | 100 | 90.41 | 9.38 | 0.21 | |

## 小学占地和校舍建筑面积数

单位:万平方米

| 指　标 | 学校占地面积 | 运动场地面积 | 校舍建筑面积 |
|---|---|---|---|
| **全　市** | **1137.36** | **443.38** | **700.96** |
| 城　区 | 914.96 | 367.63 | 590.80 |
| 镇　区 | 175.37 | 60.34 | 89.25 |
| 乡　村 | 47.03 | 15.40 | 20.91 |

## 分区小学基本情况

单位:人

| 指　标 | 学校数(所) | 毕业生数 | 招生数 | 在校学生数 | 一年级 | 二年级 | 三年级 | 四年级 | 五年级 | 教职工数 | #专任教师 |
|---|---|---|---|---|---|---|---|---|---|---|---|
| **全市合计** | **671** | **154667** | **185284** | **917002** | **185375** | **187890** | **186757** | **181318** | **175662** | **71810** | **65407** |
| 黄浦区 | 27 | 3994 | 4416 | 22822 | 4419 | 4502 | 4828 | 4469 | 4604 | 2255 | 1976 |
| 徐汇区 | 44 | 8866 | 10268 | 51320 | 10268 | 10564 | 10402 | 10026 | 10060 | 3713 | 3295 |
| 长宁区 | 23 | 4233 | 4129 | 22561 | 4134 | 4489 | 4558 | 4651 | 4729 | 1984 | 1681 |
| 静安区 | 45 | 6841 | 7120 | 37878 | 7122 | 7454 | 7909 | 7591 | 7802 | 3604 | 3010 |
| 普陀区 | 24 | 7861 | 8503 | 44000 | 8508 | 8846 | 9053 | 8740 | 8853 | 3559 | 3366 |
| 虹口区 | 34 | 4402 | 4589 | 24016 | 4590 | 4874 | 4918 | 4811 | 4823 | 2251 | 2111 |
| 杨浦区 | 43 | 7535 | 8770 | 44347 | 8774 | 9118 | 9152 | 8758 | 8545 | 3536 | 3407 |
| 闵行区 | 61 | 18679 | 21612 | 109602 | 21617 | 22532 | 22451 | 21715 | 21287 | 7865 | 7101 |
| 宝山区 | 60 | 13147 | 15570 | 77707 | 15585 | 15830 | 15827 | 15661 | 14804 | 5727 | 5585 |
| 嘉定区 | 44 | 9176 | 13598 | 62379 | 13604 | 13208 | 12949 | 11802 | 10816 | 4303 | 3992 |
| 浦东新区 | 133 | 38045 | 45102 | 222725 | 45113 | 45449 | 45195 | 44190 | 42778 | 16153 | 15513 |
| 金山区 | 22 | 4770 | 5887 | 28439 | 5895 | 5844 | 5550 | 5644 | 5506 | 2454 | 2142 |
| 松江区 | 38 | 11804 | 15722 | 75238 | 15739 | 15604 | 15119 | 14821 | 13955 | 6018 | 5166 |
| 青浦区 | 28 | 5953 | 9161 | 40591 | 9175 | 8790 | 8201 | 7666 | 6759 | 3213 | 2910 |
| 奉贤区 | 23 | 6352 | 8184 | 38569 | 8188 | 8017 | 7643 | 7550 | 7171 | 2793 | 2673 |
| 崇明区 | 22 | 3009 | 2653 | 14808 | 2644 | 2769 | 3002 | 3223 | 3170 | 2382 | 1479 |

## 幼儿园基本情况

| 指　　标 | 全　市 | 教育部门 | 集体办 | 其他部门 | 民　办 | 中外合作办 |
|---|---|---|---|---|---|---|
| 独立幼儿园(所) | 1708 | 1029 | 2 | 21 | 654 | 2 |
| 班数(个) | 20769 | 15008 | 41 | 208 | 5491 | 21 |
| 幼儿数(人) | 534034 | 402187 | 942 | 4217 | 126287 | 401 |
| 教职工数(人) | 84999 | 59709 | 135 | 1119 | 23934 | 102 |
| 专任教师数 | 46112 | 34831 | 84 | 504 | 10645 | 48 |

注:2018 年开始,增加举办者类型为中外合作办的统计数据。

## 幼儿园园长、专任教师学历情况

| 指　　标 | 合　计 | 本科及以上 | 专　科 | 高　中 | 高中以下 | 合计中:接受过专业教育 |
|---|---|---|---|---|---|---|
| 园　长(人) | 1984 | 1795 | 181 | 8 | | 1873 |
| 所占比重(%) | 100 | 90.48 | 9.12 | 0.40 | | 94.40 |
| 专任教师(人) | 46112 | 38973 | 6829 | 307 | 3 | 44917 |
| 所占比重(%) | 100 | 84.52 | 14.81 | 0.66 | 0.01 | 97.40 |

## 幼儿园专任教师职称情况

| 指　　标 | 正高级 | 副高级 | 中　级 | 助理级 | 员　级 | 未定职级 |
|---|---|---|---|---|---|---|
| 专任教师(人) | 14 | 528 | 13825 | 17752 | 1633 | 12360 |
| 所占比重(%) | 0.03 | 1.15 | 29.98 | 38.50 | 3.54 | 26.80 |

## 分区托儿所基本情况

| 指　　标 | 独立设置托儿所(所) | 班数(个) | 托儿数(人) | 教职工数(人) | #教养员 |
|---|---|---|---|---|---|
| **全市合计** | **30** | **84** | **1414** | **669** | **478** |
| 黄浦区 | 4 | 4 | 55 | 46 | 29 |
| 徐汇区 | 2 | 8 | 184 | 33 | 25 |
| 长宁区 | | | | | |
| 静安区 | 7 | 15 | 273 | 226 | 174 |
| 普陀区 | | | | | |
| 虹口区 | 4 | 22 | 391 | 88 | 69 |
| 杨浦区 | 11 | 19 | 213 | 232 | 149 |
| 闵行区 | | | | | |
| 宝山区 | | | | | |
| 嘉定区 | | | | | |
| 浦东新区 | | | | | |
| 金山区 | 2 | 16 | 298 | 44 | 32 |
| 松江区 | | | | | |
| 青浦区 | | | | | |
| 奉贤区 | | | | | |
| 崇明区 | | | | | |

注:2022 年本表数据由市教委托幼处提供。

## 分区幼儿园基本情况

单位:人

| 指 标 | 园数(所) | 入 园幼儿数 | 离 园幼儿数 | 在 园幼儿数 | 教职工数 | #专任教师 | 占地面积(万平方米) | 校舍面积(万平方米) |
|---|---|---|---|---|---|---|---|---|
| **全市合计** | **1708** | **167041** | **185998** | **534034** | **84999** | **46112** | **1066.55** | **782.14** |
| 黄浦区 | 43 | 2679 | 3577 | 9237 | 1510 | 895 | 9.07 | 11.64 |
| 徐汇区 | 97 | 6607 | 7999 | 22577 | 4616 | 2013 | 40.08 | 27.73 |
| 长宁区 | 40 | 3371 | 4098 | 11338 | 2225 | 1189 | 25.74 | 17.40 |
| 静安区 | 86 | 5925 | 6724 | 19635 | 3293 | 1982 | 31.26 | 26.90 |
| 普陀区 | 83 | 7124 | 8290 | 23112 | 4273 | 2070 | 37.20 | 30.21 |
| 虹口区 | 52 | 3121 | 4272 | 10838 | 1941 | 1097 | 18.86 | 14.69 |
| 杨浦区 | 85 | 6619 | 8271 | 22422 | 2878 | 1930 | 33.79 | 26.35 |
| 闵行区 | 195 | 19527 | 21922 | 61903 | 11014 | 5356 | 130.10 | 93.89 |
| 宝山区 | 174 | 15003 | 18131 | 50074 | 7086 | 3903 | 100.87 | 75.55 |
| 嘉定区 | 112 | 13725 | 13766 | 42875 | 6313 | 3396 | 85.68 | 62.95 |
| 浦东新区 | 329 | 41425 | 45261 | 130552 | 18993 | 11289 | 274.08 | 198.97 |
| 金山区 | 49 | 5500 | 6119 | 17089 | 2847 | 1527 | 46.63 | 28.06 |
| 松江区 | 154 | 15160 | 16697 | 49596 | 7920 | 4262 | 88.93 | 67.06 |
| 青浦区 | 97 | 9952 | 9635 | 28786 | 4272 | 2336 | 59.63 | 41.78 |
| 奉贤区 | 75 | 8731 | 8557 | 25526 | 3970 | 2015 | 51.33 | 36.80 |
| 崇明区 | 37 | 2572 | 2679 | 8474 | 1848 | 852 | 33.31 | 22.14 |

## 特殊教育学校基本情况

单位:人

| 指 标 | 学校数(所) | 班数(个) | 学生数 | 教职工数 | #专任教师 |
|---|---|---|---|---|---|
| **总 计** | **31** | **606** | **9117** | **1825** | **1630** |
| 视力残疾 |  | 21 | 192 |  |  |
| 听力残疾 |  | 41 | 376 |  |  |
| 言语残疾 |  | 1 | 27 |  |  |
| 肢体残疾 |  | 1 | 174 |  |  |
| 智力残疾 |  | 473 | 7585 |  |  |
| 精神残疾 |  | 6 | 223 |  |  |
| 多重残疾 |  | 63 | 540 |  |  |
| 盲人学校 | 1 | 21 | 291 | 95 | 60 |
| 聋人学校 | 4 | 40 | 122 | 204 | 158 |
| 培智学校 | 22 | 322 | 2997 | 1293 | 1052 |
| 其他学校 | 4 | 76 | 798 | 233 | 215 |
| 小学附设特教班 |  | 9 | 71 |  | 12 |
| 中学附设特教班 |  | 15 | 37 |  | 5 |
| 其他附设特教班 |  | 123 | 1105 |  | 128 |
| 小学随班就读 |  |  | 1225 |  |  |
| 中学随班就读 |  |  | 2437 |  |  |
| 小学送教上门 |  |  | 25 |  |  |
| 中学送教上门 |  |  | 9 |  |  |

注:1. 其他学校指对两类以上残疾人进行教育的学校。
2. 随班就读和送教上门学生是普通中、小学学生的其中数,不计入独立的特教校班数据中。

## 专门学校基本情况

单位:人

| 指　　标 | 学校数(所) | 班数(个) | 学生数 | 教职工数 | #专任教师 |
|---|---|---|---|---|---|
| **全市合计** | **12** | **58** | **632** | **339** | **282** |
| 黄浦区 | 1 | | | | |
| 徐汇区 | 1 | 2 | 6 | 26 | 18 |
| 长宁区 | 1 | | | 6 | 4 |
| 静安区 | 1 | | | | |
| 普陀区 | 1 | 2 | 4 | 20 | 17 |
| 虹口区 | 1 | 4 | 29 | 27 | 26 |
| 杨浦区 | 1 | 4 | 4 | 22 | 19 |
| 闵行区 | 1 | 5 | 18 | 32 | 28 |
| 宝山区 | 1 | 6 | 48 | 26 | 24 |
| 嘉定区 | 1 | 2 | 50 | 27 | 21 |
| 浦东新区 | 1 | 22 | 473 | 93 | 88 |
| 金山区 | | | | | |
| 松江区 | | | | | |
| 青浦区 | | | | | |
| 奉贤区 | | | | | |
| 崇明区 | 1 | 11 | | 60 | 37 |

## 职业技术培训机构基本情况

单位:万人次

| 指　　标 | 学校数(所) | 教学班(点)(个) | 结业生数 | 注册学生数 | 教职工数(人) | #专任教师 | 聘请校外教师(人) |
|---|---|---|---|---|---|---|---|
| **总　计** | **426** | **9002** | **62.54** | **58.26** | **5738** | **3723** | **3091** |
| **职工技术培训学校** | **13** | **743** | **11.23** | **9.36** | **969** | **799** | **346** |
| 教育部门办和集体办 | 9 | 699 | 11.03 | 9.26 | 932 | 776 | 325 |
| 其他部门办 | 1 | 33 | 0.04 | 0.04 | 11 | 11 | 12 |
| 民　办 | 3 | 11 | 0.17 | 0.07 | 26 | 12 | 9 |
| 中外合作办 | | | | | | | |
| **农村技术培训学校** | **72** | **2950** | **17.49** | **14.66** | **663** | **547** | **1207** |
| 教育部门办和集体办 | 68 | 2944 | 17.32 | 14.49 | 628 | 522 | 1204 |
| 县　办 | 54 | 2165 | 11.64 | 9.45 | 537 | 457 | 981 |
| 乡　办 | 14 | 779 | 5.68 | 5.04 | 91 | 65 | 223 |
| 村　办 | | | | | | | |
| 其他部门办 | | | | | | | |
| 民　办 | 4 | 6 | 0.17 | 0.17 | 35 | 25 | 3 |
| 中外合作办 | | | | | | | |
| **其他培训机构** | **341** | **5309** | **33.82** | **34.24** | **4106** | **2377** | **1538** |
| 教育部门办和集体办 | 17 | 1112 | 11.90 | 12.56 | 1407 | 1207 | 477 |
| 其他部门办 | 18 | 948 | 6.50 | 6.87 | 220 | 61 | 344 |
| 民　办 | 306 | 3249 | 15.42 | 14.80 | 2479 | 1109 | 717 |
| 中外合作办 | | | | | | | |

注:1. 表中结业生数、注册学生数均指一学年内的累计数。
2. 2018 年开始,增加举办者类型为中外合作办的统计数据。

## 成人本、专科分形式学生数

单位：人

| 指　标 | 毕业生数 | #本科 | 招生数 | #本科 | 在校生数 | #本科 | 预计毕业生数 | #本科 |
|---|---|---|---|---|---|---|---|---|
| **总　计** | **46938** | **32680** | **49962** | **33607** | **135150** | **95638** | **48045** | **32813** |
| 函　授 | 875 | 704 | 1585 | 1415 | 3792 | 3327 | 1217 | 1052 |
| 业　余 | 45974 | 31976 | 48308 | 32192 | 131063 | 92311 | 46600 | 31761 |
| 脱　产 | 89 | | 69 | | 295 | | 228 | |

注：含普通高校举办的成人本专科及独立设置的成人高校学生。

## 网络本、专科学生数

单位：人

| 指　标 | 毕业生数 | #本科 | 招生数 | #本科 | 在校生数 | #本科 |
|---|---|---|---|---|---|---|
| **总　计** | **49841** | **24990** | **54225** | **25132** | **144715** | **73497** |
| 成人生 | 49841 | 24990 | 54225 | 25132 | 144715 | 73497 |

## 独立设置的成人高等学校专任教师学历情况

单位：人

| 指　标 | 总　计 | 正高级 | 副高级 | 中　级 | 初　级 | 未定职称 |
|---|---|---|---|---|---|---|
| **专任教师数** | **557** | **17** | **136** | **315** | **72** | **17** |
| 博　士 | 59 | 13 | 25 | 18 | | 3 |
| 硕　士 | 244 | 2 | 41 | 149 | 39 | 13 |
| 本　科 | 254 | 2 | 70 | 148 | 33 | 1 |
| 专科及以下 | | | | | | |

## 成人本科分学科学生数

单位：人

| 指　标 | 毕业生数 | 招生数 | 在校生数 | 预计毕业生数 |
|---|---|---|---|---|
| **总　计** | **32680** | **33607** | **95638** | **32813** |
| 哲　学 | | | | |
| 经济学 | 1892 | 2007 | 5390 | 1881 |
| 法　学 | 461 | 513 | 1073 | 375 |
| 教育学 | 665 | 1170 | 2550 | 743 |
| 文　学 | 1151 | 1427 | 4534 | 1733 |
| 历史学 | | | | |
| 理　学 | 296 | 285 | 760 | 320 |
| 工　学 | 4653 | 5845 | 14526 | 4572 |
| 农　学 | 78 | 45 | 152 | 85 |
| 医　学 | 3794 | 2914 | 10833 | 4612 |
| 管理学 | 18816 | 18705 | 52801 | 17279 |
| 艺术学 | 874 | 696 | 3019 | 1213 |

## 成人专科分学科学生数

单位：人

| 指　　标 | 毕业生数 | 招生数 | 在校生数 | 预计毕业生数 |
|---|---|---|---|---|
| **总　计** | **14258** | **16355** | **39512** | **15232** |
| 农林牧渔大类 | 73 | 5 | 68 | 51 |
| 资源环境与安全大类 | 8 | | | |
| 能源动力与材料大类 | 16 | 103 | 148 | 21 |
| 土木建筑大类 | 133 | 778 | 1481 | 298 |
| 水利大类 | | | | |
| 装备制造大类 | 341 | 600 | 1335 | 409 |
| 生物与化工大类 | | | | |
| 轻工纺织大类 | | 8 | 16 | 8 |
| 食品药品与粮食大类 | 6 | 45 | 83 | 29 |
| 交通运输大类 | 378 | 183 | 733 | 415 |
| 电子信息大类 | 201 | 665 | 1288 | 378 |
| 医药卫生大类 | 219 | 245 | 465 | 115 |
| 财经商贸大类 | 10527 | 11489 | 27745 | 10590 |
| 旅游大类 | 162 | 138 | 678 | 520 |
| 文化艺术大类 | 698 | 563 | 1741 | 797 |
| 新闻传播大类 | 1 | 1 | 76 | 75 |
| 教育与体育大类 | 796 | 501 | 1437 | 751 |
| 公安与司法大类 | | | | |
| 公共管理与服务大类 | 699 | 1031 | 2218 | 775 |

## 历年研究生基本情况

单位：人

| 年　份 | 合　　计 | | | 普通高等学校 | | | 科 研 单 位 | | |
|---|---|---|---|---|---|---|---|---|---|
| | 招生数 | 在读生数 | 毕业生数 | 招生数 | 在读生数 | 毕业生数 | 招生数 | 在读生数 | 毕业生数 |
| 2003 | 22524 | 59090 | 10079 | 20767 | 55092 | 9501 | 1757 | 3998 | 578 |
| 2004 | 25334 | 69437 | 13469 | 23545 | 64747 | 12788 | 1789 | 4690 | 681 |
| 2005 | 27692 | 78728 | 16741 | 25845 | 73557 | 15857 | 1847 | 5171 | 884 |
| 2006 | 30099 | 86906 | 19931 | 28250 | 81487 | 18833 | 1849 | 5419 | 1098 |
| 2007 | 30610 | 91763 | 23926 | 28748 | 86177 | 22691 | 1862 | 5586 | 1235 |
| 2008 | 32142 | 95498 | 25753 | 30195 | 89778 | 24431 | 1947 | 5720 | 1322 |
| 2009 | 37425 | 103492 | 28291 | 35418 | 97639 | 26949 | 2007 | 5853 | 1342 |
| 2010 | 38643 | 111717 | 28207 | 36619 | 105711 | 26843 | 2024 | 6006 | 1364 |
| 2011 | 40080 | 119017 | 30816 | 37971 | 112902 | 29431 | 2109 | 6115 | 1385 |
| 2012 | 44229 | 127014 | 34606 | 41899 | 120503 | 33189 | 2330 | 6511 | 1417 |
| 2013 | 46223 | 134799 | 35669 | 43659 | 127803 | 34148 | 2564 | 6996 | 1521 |
| 2014 | 43930 | 133554 | 36572 | 43353 | 131806 | 36013 | 577 | 1748 | 559 |
| 2015 | 46005 | 138287 | 37868 | 45400 | 136539 | 37289 | 605 | 1748 | 579 |
| 2016 | 49079 | 144987 | 39733 | 48488 | 143248 | 39212 | 591 | 1739 | 521 |
| 2017 | 59519 | 161046 | 40982 | 58906 | 159261 | 40425 | 613 | 1785 | 557 |
| 2018 | 63628 | 178790 | 43084 | 63010 | 176984 | 42499 | 618 | 1806 | 585 |
| 2019 | 67488 | 196266 | 46040 | 66751 | 194242 | 45467 | 737 | 2024 | 573 |
| 2020 | 74989 | 215936 | 52202 | 74235 | 213794 | 51587 | 754 | 2142 | 615 |
| 2021 | 77879 | 233268 | 56088 | 77141 | 231074 | 55427 | 738 | 2194 | 661 |
| 2022 | 79720 | 244924 | 62750 | 78994 | 242732 | 62052 | 726 | 2192 | 698 |

## 历年普通高等学校基本情况

单位:万人

| 年 份 | 学校(所) | 毕业生数 | 招生数 | 在校学生 | 教职工数 | #专任教师 |
|---|---|---|---|---|---|---|
| 2003 | 57 | 7.12 | 12.03 | 37.85 | 6.31 | 2.44 |
| 2004 | 59 | 8.86 | 13.06 | 41.57 | 6.83 | 2.87 |
| 2005 | 60 | 10.34 | 13.18 | 44.26 | 7.09 | 3.18 |
| 2006 | 60 | 11.05 | 14.04 | 46.63 | 7.17 | 3.39 |
| 2007 | 60 | 11.85 | 14.46 | 48.49 | 7.18 | 3.55 |
| 2008 | 61 | 12.21 | 14.58 | 50.29 | 7.31 | 3.69 |
| 2009 | 66 | 12.69 | 14.35 | 51.28 | 7.45 | 3.81 |
| 2010 | 66 | 13.37 | 14.46 | 51.57 | 7.42 | 3.92 |
| 2011 | 66 | 13.90 | 14.11 | 51.13 | 7.41 | 3.96 |
| 2012 | 67 | 13.98 | 13.67 | 50.66 | 7.33 | 4.01 |
| 2013 | 68 | 13.38 | 14.09 | 50.48 | 7.34 | 4.03 |
| 2014 | 68 | 13.24 | 14.19 | 50.66 | 7.34 | 4.06 |
| 2015 | 67 | 12.87 | 14.07 | 51.16 | 7.36 | 4.16 |
| 2016 | 64 | 13.26 | 14.27 | 51.47 | 7.34 | 4.23 |
| 2017 | 64 | 13.42 | 14.28 | 51.49 | 7.39 | 4.35 |
| 2018 | 64 | 13.25 | 14.34 | 51.78 | 7.51 | 4.46 |
| 2019 | 64 | 13.17 | 14.83 | 52.66 | 7.72 | 4.63 |
| 2020 | 63 | 13.56 | 15.32 | 54.07 | 7.90 | 4.77 |
| 2021 | 64 | 13.57 | 15.25 | 54.87 | 8.39 | 4.87 |
| 2022 | 64 | 14.73 | 15.71 | 55.48 | 8.57 | 5.04 |

## 历年普通中学基本情况

单位:万人

| 年 份 | 学校(所) | 毕业生数 | 招生数 | 在校学生 | 教职工数 | #专任教师 |
|---|---|---|---|---|---|---|
| 2003 | 844 | 25.77 | 23.04 | 75.47 | 7.60 | 5.08 |
| 2004 | 822 | 25.68 | 21.81 | 82.78 | 7.54 | 5.13 |
| 2005 | 807 | 25.39 | 20.90 | 77.02 | 7.46 | 5.12 |
| 2006 | 794 | 22.24 | 17.84 | 71.17 | 7.33 | 5.14 |
| 2007 | 786 | 21.23 | 16.72 | 65.60 | 7.11 | 5.13 |
| 2008 | 774 | 20.09 | 16.63 | 61.77 | 6.89 | 5.03 |
| 2009 | 762 | 17.03 | 16.50 | 60.37 | 6.76 | 5.05 |
| 2010 | 755 | 16.13 | 16.33 | 59.44 | 6.73 | 5.07 |
| 2011 | 754 | 15.48 | 16.84 | 59.17 | 7.53 | 5.11 |
| 2012 | 760 | 14.91 | 17.00 | 59.04 | 7.58 | 5.18 |
| 2013 | 762 | 14.68 | 17.34 | 59.35 | 6.82 | 5.26 |
| 2014 | 768 | 14.32 | 16.51 | 58.42 | 6.95 | 5.41 |
| 2015 | 790 | 14.55 | 16.87 | 57.05 | 7.96 | 6.43 |
| 2016 | 801 | 14.37 | 17.83 | 57.11 | 8.11 | 6.57 |
| 2017 | 818 | 14.12 | 17.38 | 57.06 | 7.36 | 5.72 |
| 2018 | 833 | 13.62 | 18.51 | 59.07 | 7.54 | 5.94 |
| 2019 | 842 | 13.82 | 18.71 | 61.04 | 7.72 | 6.17 |
| 2020 | 850 | 14.83 | 19.45 | 63.45 | 7.97 | 6.37 |
| 2021 | 867 | 14.53 | 20.24 | 67.20 | 8.20 | 6.54 |
| 2022 | 888 | 16.23 | 22.28 | 71.73 | 8.36 | 6.74 |

## 历年小学基本情况

单位:万人

| 年　份 | 学校(所) | 毕业生数 | 招生数 | 在校学生 | 教职工数 | #专任教师 |
|---|---|---|---|---|---|---|
| 2003 | 686 | 12.87 | 10.05 | 64.83 | 5.34 | 3.88 |
| 2004 | 648 | 10.97 | 10.55 | 53.74 | 5.07 | 3.75 |
| 2005 | 640 | 10.93 | 10.36 | 53.50 | 4.94 | 3.74 |
| 2006 | 626 | 10.85 | 10.87 | 53.37 | 4.86 | 3.75 |
| 2007 | 615 | 10.55 | 11.00 | 53.33 | 4.84 | 3.85 |
| 2008 | 672 | 10.44 | 12.39 | 59.06 | 5.10 | 4.10 |
| 2009 | 751 | 11.36 | 13.86 | 67.12 | 5.48 | 4.43 |
| 2010 | 766 | 12.44 | 15.05 | 70.16 | 5.58 | 4.52 |
| 2011 | 764 | 13.09 | 16.94 | 73.11 | 4.82 | 4.63 |
| 2012 | 761 | 12.95 | 17.23 | 76.04 | 4.89 | 4.81 |
| 2013 | 759 | 13.45 | 18.10 | 79.25 | 5.81 | 4.98 |
| 2014 | 757 | 13.12 | 16.34 | 80.30 | 5.96 | 5.15 |
| 2015 | 764 | 13.79 | 15.58 | 79.87 | 6.03 | 5.23 |
| 2016 | 753 | 14.69 | 16.08 | 78.97 | 5.11 | 4.34 |
| 2017 | 741 | 14.31 | 16.37 | 78.49 | 6.29 | 5.47 |
| 2018 | 721 | 15.03 | 18.25 | 80.02 | 6.44 | 5.68 |
| 2019 | 698 | 14.54 | 18.44 | 82.63 | 6.62 | 5.95 |
| 2020 | 684 | 14.23 | 18.77 | 86.10 | 6.81 | 6.15 |
| 2021 | 680 | 14.89 | 18.77 | 89.28 | 7.01 | 6.33 |
| 2022 | 671 | 15.47 | 18.53 | 91.70 | 7.18 | 6.54 |

## 历年幼儿园基本情况

单位:万人

| 年　份 | 独立幼儿园(所) | 幼儿数 | 教职工数 | #专任教师 |
|---|---|---|---|---|
| 2003 | 1014 | 25.22 | 2.47 | 1.49 |
| 2004 | 1017 | 26.58 | 2.56 | 1.55 |
| 2005 | 1035 | 28.70 | 2.79 | 1.70 |
| 2006 | 1057 | 29.98 | 3.04 | 1.88 |
| 2007 | 1058 | 31.32 | 3.19 | 2.02 |
| 2008 | 1058 | 32.88 | 3.36 | 2.17 |
| 2009 | 1111 | 35.38 | 3.60 | 2.36 |
| 2010 | 1252 | 40.03 | 4.09 | 2.67 |
| 2011 | 1337 | 44.42 | 4.58 | 2.92 |
| 2012 | 1401 | 48.06 | 4.90 | 3.13 |
| 2013 | 1446 | 50.10 | 5.10 | 3.29 |
| 2014 | 1462 | 50.29 | 5.34 | 3.49 |
| 2015 | 1510 | 53.59 | 5.62 | 3.66 |
| 2016 | 1553 | 55.65 | 5.89 | 3.83 |
| 2017 | 1591 | 57.27 | 6.66 | 4.01 |
| 2018 | 1627 | 57.14 | 7.06 | 4.14 |
| 2019 | 1670 | 57.13 | 7.87 | 4.32 |
| 2020 | 1678 | 57.15 | 8.08 | 4.40 |
| 2021 | 1699 | 56.01 | 8.46 | 4.55 |
| 2022 | 1708 | 53.40 | 8.50 | 4.61 |

## 历年中等技术学校基本情况

单位：万人

| 年　份 | 学校(所) | 毕业生数 | 招生数 | 在校学生 | 教职工数 | #专任教师 |
|---|---|---|---|---|---|---|
| 2003 | 83 | 3.39 | 4.34 | 13.69 | 1.19 | 0.53 |
| 2004 | 82 | 3.08 | 3.87 | 14.05 | 1.12 | 0.53 |
| 2005 | 81 | 3.39 | 3.33 | 13.67 | 1.09 | 0.53 |
| 2006 | 81 | 3.52 | 3.47 | 13.70 | 1.06 | 0.52 |
| 2007 | 76 | 3.86 | 3.23 | 12.81 | 1.00 | 0.51 |
| 2008 | 73 | 3.71 | 3.24 | 12.08 | 0.97 | 0.51 |
| 2009 | 70 | 3.39 | 2.98 | 11.50 | 0.94 | 0.49 |
| 2010 | 65 | 3.34 | 2.99 | 10.91 | 0.91 | 0.50 |
| 2011 | 64 | 3.14 | 2.78 | 10.22 | 0.89 | 0.50 |
| 2012 | 61 | 2.77 | 2.76 | 9.88 | 0.85 | 0.48 |
| 2013 | 55 | 2.76 | 2.51 | 9.23 | 0.82 | 0.48 |
| 2014 | 54 | 3.55 | 2.25 | 7.74 | 0.80 | 0.48 |
| 2015 | 51 | 2.49 | 2.22 | 7.24 | 0.78 | 0.48 |
| 2016 | 50 | 2.27 | 2.02 | 6.77 | 0.76 | 0.48 |
| 2017 | 50 | 2.14 | 1.90 | 6.31 | 0.74 | 0.47 |
| 2018 | 50 | 2.07 | 1.80 | 5.98 | 0.72 | 0.47 |
| 2019 | 50 | 1.95 | 1.83 | 5.70 | 0.70 | 0.47 |
| 2020 | 50 | 1.87 | 2.23 | 6.03 | 0.69 | 0.46 |
| 2021 | 50 | 1.49 | 1.61 | 5.03 | 0.70 | 0.47 |
| 2022 | 46 | 1.47 | 1.66 | 5.14 | 0.65 | 0.44 |

## 历年特殊教育学校基本情况

单位：人

| 年　份 | 学校(所) | 毕业生数 | 招生数 | 在校学生 | 教职工数 | #专任教师 |
|---|---|---|---|---|---|---|
| 2003 | 31 | 767 | 692 | 5463 | 1629 | 985 |
| 2004 | 29 | 809 | 650 | 5358 | 1597 | 978 |
| 2005 | 28 | 853 | 692 | 5238 | 1598 | 1002 |
| 2006 | 28 | 869 | 675 | 5043 | 1614 | 1047 |
| 2007 | 28 | 886 | 741 | 5043 | 1603 | 1092 |
| 2008 | 29 | 828 | 752 | 5131 | 1612 | 1115 |
| 2009 | 29 | 901 | 758 | 5044 | 1594 | 1121 |
| 2010 | 29 | 918 | 776 | 5036 | 1596 | 1143 |
| 2011 | 29 | 907 | 732 | 4927 | 1577 | 1158 |
| 2012 | 29 | 876 | 783 | 4885 | 1580 | 1177 |
| 2013 | 29 | 813 | 602 | 4724 | 1588 | 1207 |
| 2014 | 29 | 844 | 621 | 4603 | 1587 | 1228 |
| 2015 | 29 | 754 | 529 | 4334 | 1590 | 1239 |
| 2016 | 29 | 755 | 521 | 4226 | 1588 | 1248 |
| 2017 | 30 | 840 | 734 | 4330 | 1623 | 1268 |
| 2018 | 30 | 717 | 640 | 4378 | 1641 | 1286 |
| 2019 | 31 | 721 | 848 | 4817 | 1752 | 1385 |
| 2020 | 31 | 717 | 862 | 5020 | 1768 | 1415 |
| 2021 | 31 | 626 | 626 | 5317 | 1845 | 1584 |
| 2022 | 31 | 594 | 491 | 4208 | 1825 | 1630 |

## 历年成人高等学校基本情况

单位:万人

| 年 份 | 学校(所) | 毕业生数 | 招生数 | 在校学生 | 教职工数 | #专任教师 |
|---|---|---|---|---|---|---|
| 2003 | 27 | 4.24 | 7.22 | 19.80 | 0.45 | 0.21 |
| 2004 | 22 | 6.08 | 11.64 | 26.67 | 0.36 | 0.18 |
| 2005 | 21 | 7.68 | 9.32 | 22.45 | 0.32 | 0.15 |
| 2006 | 21 | 1.50 | 6.78 | 19.46 | 0.31 | 0.16 |
| 2007 | 21 | 5.20 | 7.26 | 20.68 | 0.30 | 0.15 |
| 2008 | 18 | 5.69 | 7.25 | 21.38 | 0.24 | 0.13 |
| 2009 | 18 | 5.97 | 6.94 | 21.33 | 0.23 | 0.13 |
| 2010 | 17 | 6.88 | 6.54 | 19.86 | 0.20 | 0.11 |
| 2011 | 17 | 6.06 | 5.79 | 18.86 | 0.19 | 0.10 |
| 2012 | 16 | 5.66 | 5.85 | 18.37 | 0.17 | 0.09 |
| 2013 | 15 | 5.40 | 5.44 | 17.46 | 0.16 | 0.09 |
| 2014 | 14 | 5.16 | 5.24 | 16.84 | 0.15 | 0.08 |
| 2015 | 14 | 4.97 | 4.79 | 15.80 | 0.15 | 0.08 |
| 2016 | 14 | 4.90 | 4.16 | 14.39 | 0.15 | 0.08 |
| 2017 | 14 | 4.72 | 4.55 | 13.46 | 0.14 | 0.07 |
| 2018 | 14 | 4.62 | 4.56 | 12.86 | 0.14 | 0.07 |
| 2019 | 14 | 4.01 | 4.57 | 12.81 | 0.13 | 0.07 |
| 2020 | 14 | 3.97 | 5.14 | 13.67 | 0.12 | 0.06 |
| 2021 | 12 | 4.28 | 4.64 | 13.63 | 0.12 | 0.06 |
| 2022 | 12 | 4.69 | 5.00 | 13.52 | 0.12 | 0.06 |

## 普通高等学校基本情况一览表(一)

单位:人

| 指　　标 | 研究生在校生数 | | | 普　通　本　专　科 | | | | | | | |
|---|---|---|---|---|---|---|---|---|---|---|---|
| | 全日制 | 专业学位 | 非全日制 | 毕业生 | #本科 | 招　生 | #本科 | 在校生 | #本科 | 预　计毕业生 | #本科 |
| **总　计** | **200011** | **77065** | **42721** | **147299** | **98354** | **157117** | **110592** | **554807** | **416314** | **158095** | **105813** |
| **部委属高校** | **118161** | **45326** | **36395** | **29762** | **26658** | **31214** | **28056** | **123004** | **114170** | **30980** | **27836** |
| 复旦大学 | 27387 | 10968 | 7231 | 3304 | 3304 | 3604 | 3604 | 15164 | 15164 | 3581 | 3581 |
| 上海交通大学 | 26944 | 10034 | 8113 | 4027 | 4027 | 4517 | 4517 | 17606 | 17606 | 3897 | 3897 |
| 同济大学 | 18956 | 6492 | 7798 | 4263 | 4263 | 4406 | 4406 | 18536 | 18536 | 4473 | 4473 |
| 华东理工大学 | 12278 | 4968 | 2228 | 4022 | 4022 | 4153 | 4153 | 16675 | 16675 | 4143 | 4143 |
| 东华大学 | 8437 | 3416 | 844 | 3504 | 3504 | 3624 | 3624 | 14495 | 14495 | 3776 | 3776 |
| 华东师范大学 | 14378 | 4641 | 6614 | 3506 | 3506 | 3612 | 3612 | 14996 | 14996 | 3720 | 3720 |
| 上海外国语大学 | 4294 | 1775 | 418 | 1430 | 1430 | 1435 | 1435 | 5932 | 5932 | 1527 | 1527 |
| 上海财经大学 | 5389 | 2934 | 3000 | 1987 | 1987 | 2015 | 2015 | 8054 | 8054 | 2052 | 2052 |
| 上海海关学院 | 98 | 98 | 149 | 615 | 615 | 690 | 690 | 2712 | 2712 | 667 | 667 |
| 上海民航职业技术学院 | | | | 3104 | | 3158 | | 8834 | | 3144 | |
| **市属院校** | **81850** | **31739** | **6326** | **117537** | **71696** | **125903** | **82536** | **431803** | **302144** | **127115** | **77977** |

**续表**

| 指标 | 研究生在校生数 | | | 普通本专科 | | | | | | | |
|---|---|---|---|---|---|---|---|---|---|---|---|
| | 全日制 | 专业学位 | 非全日制 | 毕业生 | # 本科 | 招生 | # 本科 | 在校生 | # 本科 | 预计毕业生 | # 本科 |
| **本科院校** | **81850** | **31739** | **6326** | **82190** | **71696** | **90383** | **82536** | **327873** | **302144** | **88811** | **77977** |
| 上海大学 | 16806 | 5287 | 2180 | 4787 | 4787 | 4707 | 4707 | 19814 | 19814 | 5692 | 5692 |
| 上海理工大学 | 10236 | 4559 | 483 | 3824 | 3824 | 4074 | 4074 | 16423 | 16423 | 4357 | 4357 |
| 上海海事大学 | 6809 | 2806 | 1086 | 4002 | 4002 | 3981 | 3981 | 15989 | 15989 | 4107 | 4107 |
| 上海海洋大学 | 5037 | 1604 | 244 | 2923 | 2923 | 3042 | 3042 | 12188 | 12188 | 2998 | 2998 |
| 上海中医药大学 | 3689 | 1734 | | 986 | 915 | 880 | 880 | 3829 | 3702 | 977 | 911 |
| 上海师范大学 | 8988 | 3569 | 440 | 5130 | 5130 | 5129 | 5129 | 20273 | 20273 | 5217 | 5217 |
| 上海对外经贸大学 | 3730 | 2242 | 210 | 2192 | 2192 | 2375 | 2375 | 9189 | 9189 | 2305 | 2305 |
| 华东政法大学 | 4781 | 1529 | 843 | 2878 | 2878 | 3158 | 3158 | 11863 | 11863 | 3042 | 3042 |
| 上海工程技术大学 | 4341 | 1007 | | 4423 | 4129 | 4698 | 4403 | 19420 | 18058 | 5752 | 5135 |
| 上海电力大学 | 3610 | 1989 | 315 | 2621 | 2621 | 2631 | 2631 | 10574 | 10574 | 2796 | 2796 |
| 上海应用技术大学 | 3271 | 1437 | 54 | 4082 | 3931 | 4102 | 4020 | 16279 | 15947 | 4286 | 4154 |
| 上海科技大学 | 3664 | | | 410 | 410 | 473 | 473 | 1758 | 1758 | 441 | 441 |
| 上海纽约大学 | | | | 204 | 204 | 245 | 245 | 977 | 977 | 213 | 213 |
| 上海第二工业大学 | 658 | 658 | 18 | 3474 | 2649 | 3536 | 2990 | 12804 | 10961 | 3668 | 2833 |
| 上海健康医学院 | | | | 3391 | 2090 | 3193 | 2413 | 11373 | 8968 | 3341 | 2218 |
| 上海体育学院 | 2148 | 560 | 311 | 1097 | 1013 | 1425 | 1335 | 4732 | 4493 | 1149 | 1072 |
| 上海音乐学院 | 953 | 566 | 105 | 420 | 420 | 474 | 474 | 1948 | 1948 | 476 | 476 |
| 上海戏剧学院 | 900 | 562 | 27 | 466 | 466 | 590 | 590 | 2111 | 2111 | 496 | 496 |
| 上海立信会计金融学院 | 325 | 325 | 10 | 4278 | 4240 | 4631 | 4592 | 17621 | 17500 | 4477 | 4434 |
| 上海电机学院 | 991 | 991 | | 3148 | 2465 | 3122 | 2723 | 11886 | 10486 | 3502 | 2756 |
| 上海政法学院 | 913 | 314 | | 2402 | 2402 | 2430 | 2430 | 9735 | 9735 | 2506 | 2506 |
| 上海商学院 | | | | 2066 | 1801 | 2272 | 2004 | 8215 | 7632 | 2116 | 1862 |
| 上海公安学院 | | | | 1227 | 297 | 1103 | 599 | 3354 | 1997 | 1254 | 401 |
| 上海杉达学院 | | | | 4637 | 4249 | 3987 | 3653 | 14981 | 13909 | 4423 | 3928 |
| 上海建桥学院有限责任公司 | | | | 5979 | 5133 | 7961 | 7210 | 24448 | 22121 | 6889 | 6007 |
| 上海兴伟学院 | | | | 34 | 34 | 19 | 19 | 159 | 159 | 43 | 43 |
| 上海视觉艺术学院 | | | | 1008 | 1008 | 1168 | 1168 | 4535 | 4535 | 1119 | 1119 |
| 上海立达学院有限公司 | | | | 2719 | 289 | 4401 | 2908 | 11514 | 6088 | 3181 | 996 |
| 上海外国语大学贤达经济人文学院 | | | | 2275 | 2275 | 3236 | 3236 | 9488 | 9488 | 2519 | 2519 |
| 上海师范大学天华学院 | | | | 2882 | 2882 | 3265 | 3265 | 10514 | 10514 | 2836 | 2836 |
| 上海中侨职业技术大学 | | | | 2225 | 37 | 4075 | 1809 | 9879 | 2744 | 2633 | 107 |
| **专科院校** | | | | **2909** | | **3247** | | **9464** | | **3325** | |
| 上海旅游高等专科学校 | | | | 1066 | | 1280 | | 3738 | | 1304 | |
| 上海出版印刷高等专科学校 | | | | 1843 | | 1967 | | 5726 | | 2021 | |
| **高职学院** | | | | **32438** | | **32273** | | **94466** | | **34979** | |
| 上海行健职业学院 | | | | 1396 | | 1719 | | 4400 | | 1398 | |
| 上海城建职业学院 | | | | 3799 | | 3636 | | 10418 | | 3834 | |
| 上海交通职业技术学院 | | | | 1662 | | 2073 | | 5089 | | 1761 | |
| 上海海事职业技术学院 | | | | 222 | | 187 | | 425 | | 138 | |

续表

| 指标 | 研究生在校生数 | | | 普通本专科 | | | | | | | |
|---|---|---|---|---|---|---|---|---|---|---|---|
| | 全日制 | 专业学位 | 非全日制 | 毕业生 | #本科 | 招生 | #本科 | 在校生 | #本科 | 预计毕业生 | #本科 |
| 上海电子信息职业技术学院 | | | | 3728 | | 2403 | | 9740 | | 4236 | |
| 上海工艺美术职业学院 | | | | 1487 | | 1420 | | 4107 | | 1419 | |
| 上海科学技术职业学院 | | | | 1635 | | 2217 | | 5814 | | 1796 | |
| 上海农林职业技术学院 | | | | 1335 | | 1614 | | 4572 | | 1631 | |
| 上海南湖职业技术学院 | | | | | | 490 | | 649 | | | |
| 上海工会管理职业学院 | | | | 2 | | | | 2 | | 2 | |
| 上海东海职业技术学院 | | | | 2376 | | 2660 | | 7361 | | 2669 | |
| 上海工商职业技术学院 | | | | 2289 | | 2431 | | 6934 | | 2663 | |
| 上海震旦职业学院有限公司 | | | | 1979 | | 1764 | | 5903 | | 2529 | |
| 上海民远职业技术学院有限公司 | | | | 404 | | 281 | | 1106 | | 398 | |
| 上海思博职业技术学院有限公司 | | | | 2548 | | 2289 | | 6888 | | 2686 | |
| 上海济光职业技术学院 | | | | 2257 | | 2494 | | 6948 | | 2457 | |
| 上海工商外国语职业学院有限公司 | | | | 3368 | | 2317 | | 7562 | | 3021 | |
| 上海邦德职业技术学院 | | | | 1265 | | 1438 | | 4318 | | 1574 | |
| 上海电影艺术职业学院 | | | | 686 | | 840 | | 2230 | | 767 | |
| 上海欧华职业技术学院 | | | | | | | | | | | |
| 上海中华职业技术学院 | | | | | | | | | | | |

## 普通高等学校基本情况一览表(二)

单位:人

| 指标 | 成人本专科在校生 | #本科 | 教职工数 | 专任教师数 | 正副高 | 研究生学历 | 占地面积(万平方米) | | 校舍面积(万平方米) | |
|---|---|---|---|---|---|---|---|---|---|---|
| | | | | | | | 学校产权 | 非产权独用 | 学校产权 | 非产权独用 |
| **总计** | **127759** | **95638** | **85665** | **50426** | **26812** | **44818** | **3805.24** | **261.41** | **2514.07** | **234.29** |
| **部委属高校** | **29969** | **29568** | **37294** | **17600** | **12682** | **16889** | **1516.37** | **16.72** | **1146.93** | **28.39** |
| 复旦大学 | 5238 | 5238 | 7605 | 2967 | 2413 | 2865 | 243.72 | | 239.41 | 7.72 |
| 上海交通大学 | 2616 | 2616 | 10587 | 3700 | 2823 | 3606 | 345.35 | | 234.48 | |
| 同济大学 | 6123 | 6028 | 5628 | 2815 | 2144 | 2667 | 255.87 | | 187.12 | 16.30 |
| 华东理工大学 | 9360 | 9360 | 3042 | 1874 | 1203 | 1818 | 168.79 | | 98.49 | |
| 东华大学 | 856 | 842 | 2274 | 1466 | 1006 | 1393 | 125.46 | | 84.85 | |
| 华东师范大学 | 19 | 19 | 4315 | 2336 | 1890 | 2249 | 169.59 | 16.72 | 146.98 | 4.37 |
| 上海外国语大学 | 2103 | 1922 | 1538 | 855 | 419 | 849 | 73.37 | | 45.16 | |
| 上海财经大学 | 3543 | 3543 | 1546 | 992 | 630 | 980 | 54.19 | | 62.35 | |
| 上海海关学院 | | | 289 | 166 | 67 | 148 | 31.22 | | 12.60 | |
| 上海民航职业技术学院 | 111 | | 470 | 429 | 87 | 314 | 48.79 | | 35.50 | |
| **市属院校** | **97790** | **66070** | **48371** | **32826** | **14130** | **27929** | **2288.87** | **244.69** | **1367.14** | **205.89** |

**续表**

| 指　　标 | 成人本专科在校生 | # 本科 | 教职工数 | 专任教师数 | 正副高 | 研究生学历 | 占地面积（万平方米） | | 校舍面积（万平方米） | |
|---|---|---|---|---|---|---|---|---|---|---|
| | | | | | | | 学校产权 | 非产权独用 | 学校产权 | 非产权独用 |
| **本科院校** | **87802** | **66070** | **40799** | **27782** | **12784** | **24763** | **1890.45** | **103.15** | **1164.54** | **108.47** |
| 上海大学 | 19432 | 14423 | 5915 | 3471 | 1883 | 3275 | 180.40 | | 138.92 | 0.85 |
| 上海理工大学 | 6138 | 6102 | 2687 | 2077 | 898 | 1958 | 66.70 | | 68.13 | 0.61 |
| 上海海事大学 | 2639 | 2490 | 1955 | 1293 | 565 | 1238 | 137.92 | 0.19 | 67.85 | 2.18 |
| 上海海洋大学 | 3301 | 3269 | 1340 | 935 | 513 | 860 | 135.74 | | 48.64 | |
| 上海中医药大学 | 2270 | 2266 | 1428 | 784 | 440 | 727 | 36.44 | | 33.39 | 2.13 |
| 上海师范大学 | 9056 | 8707 | 3134 | 2130 | 1153 | 2024 | 134.77 | | 84.09 | |
| 上海对外经贸大学 | 217 | 217 | 1101 | 796 | 415 | 767 | 66.88 | 1.34 | 32.37 | 2.30 |
| 华东政法大学 | 1072 | 1072 | 1351 | 1019 | 500 | 957 | 75.45 | | 35.80 | 0.66 |
| 上海工程技术大学 | 3612 | 2785 | 1976 | 1555 | 674 | 1426 | 79.13 | | 58.46 | |
| 上海电力大学 | 2069 | 1921 | 1206 | 807 | 422 | 731 | 65.90 | | 43.10 | |
| 上海应用技术大学 | 8291 | 5323 | 1750 | 1254 | 588 | 1121 | 92.95 | | 60.91 | 0.92 |
| 上海科技大学 | | | 1037 | 437 | 388 | 432 | 69.40 | 2.63 | 70.50 | 1.66 |
| 上海纽约大学 | | | 665 | 262 | 152 | 261 | | 0.86 | | 8.07 |
| 上海第二工业大学 | 5257 | 2174 | 1141 | 856 | 347 | 718 | 41.03 | 5.80 | 25.87 | 7.06 |
| 上海健康医学院 | 1068 | 1068 | 868 | 633 | 184 | 524 | 46.38 | 14.79 | 30.31 | 11.62 |
| 上海体育学院 | 624 | 433 | 844 | 584 | 405 | 484 | 77.71 | | 25.12 | 12.58 |
| 上海音乐学院 | 220 | 220 | 602 | 345 | 206 | 261 | 6.67 | 1.73 | 18.79 | 3.40 |
| 上海戏剧学院 | 802 | 802 | 746 | 332 | 159 | 216 | 21.82 | | 23.80 | 0.59 |
| 上海立信会计金融学院 | 4932 | 4251 | 1653 | 1252 | 463 | 1063 | 70.55 | 46.27 | 46.84 | 9.07 |
| 上海电机学院 | 6563 | 3258 | 1045 | 878 | 332 | 843 | 78.56 | | 37.30 | |
| 上海政法学院 | 328 | 328 | 866 | 722 | 253 | 683 | 52.28 | | 22.35 | |
| 上海商学院 | 3092 | 1136 | 889 | 608 | 225 | 475 | 20.73 | 9.03 | 17.84 | 9.93 |
| 上海公安学院 | | | 450 | 204 | 38 | 108 | 33.83 | 1.87 | 7.53 | 4.78 |
| 上海杉达学院 | 907 | 696 | 1246 | 887 | 384 | 754 | 53.81 | | 33.41 | 2.93 |
| 上海建桥学院有限责任公司 | 4584 | 3129 | 1607 | 1237 | 449 | 1009 | 53.26 | | 48.48 | |
| 上海兴伟学院 | | | 40 | 13 | 2 | 11 | 14.53 | 8.57 | 4.65 | 5.46 |
| 上海视觉艺术学院 | | | 408 | 314 | 53 | 253 | 49.21 | 2.28 | 14.67 | 4.13 |
| 上海立达学院有限公司 | 603 | | 709 | 594 | 189 | 415 | 33.78 | | 25.42 | |
| 上海外国语大学贤达经济人文学院 | | | 766 | 440 | 150 | 408 | 33.29 | 1.93 | 7.50 | 7.27 |
| 上海师范大学天华学院 | | | 709 | 521 | 185 | 451 | 25.16 | 5.87 | 16.51 | 10.26 |
| 上海中侨职业技术大学 | 725 | | 665 | 542 | 169 | 310 | 36.16 | | 16.01 | |
| **专科院校** | **145** | | **765** | **456** | **134** | **370** | **19.26** | **27.60** | **15.93** | **14.84** |
| 上海旅游高等专科学校 | 26 | | 295 | 192 | 53 | 171 | 0.92 | 20.61 | 1.57 | 7.91 |
| 上海出版印刷高等专科学校 | 119 | | 470 | 264 | 81 | 199 | 18.34 | 6.98 | 14.36 | 6.94 |
| **高职学院** | **9843** | | **6807** | **4588** | **1212** | **2796** | **379.16** | **113.94** | **186.67** | **82.58** |
| 上海行健职业学院 | 339 | | 223 | 173 | 40 | 127 | 5.61 | 4.24 | 8.67 | 2.14 |
| 上海城建职业学院 | 1798 | | 802 | 597 | 201 | 365 | 22.06 | 30.13 | 5.73 | 17.50 |
| 上海交通职业技术学院 | 89 | | 504 | 165 | 30 | 75 | 11.62 | 15.88 | 8.01 | 5.62 |
| 上海海事职业技术学院 | | | 93 | 58 | 18 | 19 | 5.50 | | 8.05 | |
| 上海电子信息职业技术学院 | 610 | | 819 | 578 | 174 | 429 | 48.53 | 2.74 | 38.62 | 1.77 |

续表

| 指　　标 | 成　人<br>本专科<br>在校生 | #本科 | 教职<br>工数 | 专　任<br>教师数 | 正副高 | 研究生<br>学历 | 占地面积<br>（万平方米）<br>学校<br>产权 | 占地面积<br>（万平方米）<br>非产权<br>独用 | 校舍面积<br>（万平方米）<br>学校<br>产权 | 校舍面积<br>（万平方米）<br>非产权<br>独用 |
|---|---|---|---|---|---|---|---|---|---|---|
| 上海工艺美术职业学院 | 170 | | 452 | 251 | 95 | 118 | 15.49 | 0.45 | 11.30 | 1.33 |
| 上海科学技术职业学院 | | | 310 | 215 | 74 | 121 | 26.20 | | 19.12 | |
| 上海农林职业技术学院 | | | 265 | 199 | 46 | 136 | 26.74 | 11.90 | 2.51 | 9.17 |
| 上海南湖职业技术学院 | 22 | | 143 | 84 | 34 | 34 | 76.62 | 0.65 | 5.23 | 5.84 |
| 上海工会管理职业学院 | | | | | | | 27.21 | | 10.64 | |
| 上海东海职业技术学院 | 941 | | 520 | 315 | 103 | 151 | 12.66 | | 13.22 | |
| 上海工商职业技术学院 | 1118 | | 486 | 360 | 73 | 212 | 13.87 | 8.57 | 11.77 | 5.41 |
| 上海震旦职业学院有限公司 | 1720 | | 347 | 273 | 43 | 186 | 10.41 | 2.04 | 9.56 | 3.51 |
| 上海民远职业技术学院有限公司 | | | 92 | 45 | 3 | 38 | | 10.67 | | 6.24 |
| 上海思博职业技术学院有限公司 | 991 | | 423 | 301 | 92 | 178 | 33.19 | | 3.62 | 11.43 |
| 上海济光职业技术学院 | | | 319 | 214 | 25 | 121 | 11.25 | | 10.14 | |
| 上海工商外国语职业学院有限公司 | 1525 | | 573 | 484 | 106 | 323 | 19.88 | | 15.64 | 4.18 |
| 上海邦德职业技术学院 | 520 | | 242 | 134 | 26 | 72 | 5.13 | | 4.84 | 0.57 |
| 上海电影艺术职业学院 | | | 194 | 142 | 29 | 91 | 7.18 | 26.68 | | 7.88 |
| 上海欧华职业技术学院 | | | | | | | | | | |
| 上海中华职业技术学院 | | | | | | | | | | |

## 成人高校基本情况一览表

单位：人

| 指　　标 | 学生情况 | | | | 教职<br>工数 | #专任<br>教师数 | | | 占地面积(平方米) | | 校舍面积(平方米) | |
|---|---|---|---|---|---|---|---|---|---|---|---|---|
| | 毕业生 | 招　生 | 在校生 | 预　计<br>毕业生 | | | 正<br>高 | 副<br>高 | 学校产权 | 非产权<br>独用 | 学校产权 | 非产权<br>独用 |
| **总　计** | **1852** | **2493** | **7391** | **4144** | **1201** | **557** | **17** | **136** | **228943** | **17448** | **293868** | **30055** |
| 上海科技管理干部学院 | 50 | 119 | 181 | 29 | 149 | 16 | 3 | 4 | 16606 | | 18552 | |
| 上海市黄浦区业余大学 | 138 | 173 | 739 | 566 | 89 | 63 | | 15 | 15125 | | 30272 | |
| 上海市徐汇区业余大学 | 201 | 263 | 745 | 285 | 93 | 57 | | 18 | 10327 | | 9912 | |
| 上海市长宁区业余大学 | 474 | 235 | 2052 | 1817 | 84 | 64 | 1 | 14 | 23581 | | 35732 | |
| 上海市静安区业余大学 | 216 | 387 | 606 | 219 | 100 | 83 | | 9 | 38613.8 | 2306 | 47630 | 2992 |
| 上海市普陀区业余大学 | 202 | 107 | 595 | 488 | 92 | 63 | 1 | 15 | 13137 | | 14724 | |
| 上海市杨浦区业余大学 | 185 | 263 | 866 | 603 | 55 | 33 | | 8 | 24629.2 | | 21133 | |
| 上海市宝山区业余大学 | 63 | 20 | 59 | 39 | 78 | 39 | 1 | 9 | 25529 | | 28912 | |
| 上海纺织工业职工大学 | 198 | 386 | 691 | 15 | 74 | 12 | | 2 | | 15142 | | 27062.82 |
| 上海医药职工大学 | 125 | 540 | 857 | 83 | 34 | 13 | | 1 | 5491 | | 15973 | |
| 上海开放大学 | | | | | 353 | 114 | 11 | 41 | 55904 | | 71029 | |
| 上海青年管理干部学院 | | | | | | | | | | | | |

## 实验性示范性高中名单

单位:所

| 地　　区 | 市实验性示范性高中 | | 区实验性示范性高中 | |
|---|---|---|---|---|
| | 校数 | 校　　名 | 校数 | 校　　名 |
| **全市合计** | **66** | | **88** | |
| 黄浦区 | 7 | 光明中学 | 4 | 五爱高级中学 |
| | | 卢湾高级中学 | | 第八中学 |
| | | 向明中学 | | 第十中学 |
| | | 上外附属大境中学 | | 上理工附属储能中学 |
| | | 大同中学 | | |
| | | 敬业中学 | | |
| | | 格致中学 | | |
| 徐汇区 | 5 | 市二中学 | 5 | 徐汇中学 |
| | | 南洋中学 | | 第四中学 |
| | | 南洋模范中学 | | 中国中学 |
| | | 上海中学 | | 五十四中学 |
| | | 位育中学 | | 西南位育中学 |
| 长宁区 | 3 | 市三女中 | 4 | 华师大附属天山学校 |
| | | 延安中学 | | 建青实验学校 |
| | | 复旦中学 | | 华东政法附中 |
| | | | | 仙霞高级中学 |
| 静安区 | 7 | 华东模范中学 | 9 | 市一中学 |
| | | 市西中学 | | 同济附属七一中学 |
| | | 育才中学 | | 民立中学 |
| | | 市北中学 | | 上戏附属高级中学 |
| | | 市六十中学 | | 风华中学 |
| | | 新中高级中学 | | 彭浦中学 |
| | | 回民中学 | | 久隆模范中学 |
| | | | | 闸北第八中学 |
| | | | | 田家炳中学 |
| 普陀区 | 4 | 宜川中学 | 5 | 同济二附中 |
| | | 曹杨二中 | | 甘泉外国语中学 |
| | | 晋元高级中学 | | 曹杨中学 |
| | | 华师大二附中普陀分校 | | 长征中学 |
| | | | | 桐柏高级中学 |
| 虹口区 | 4 | 财大附属北郊高级中学 | 5 | 北虹高级中学 |
| | | 上外附中 | | 澄衷高级中学 |
| | | 华师大一附中 | | 继光高级中学 |
| | | 复兴高级中学 | | 虹口高级中学 |
| | | | | 鲁迅中学 |
| 杨浦区 | 5 | 杨浦高级中学 | 9 | 市东中学 |
| | | 控江中学 | | 上理工附中 |
| | | 复旦附中 | | 中原中学 |

续表

| 地　区 | 市实验性示范性高中 | | 区实验性示范性高中 | |
|---|---|---|---|---|
| | 校数 | 校　　名 | 校数 | 校　　名 |
| | | 同济一附中 | | 财大附中 |
| | | 交大附中 | | 上理工附属少云中学 |
| | | | | 同济中学 |
| | | | | 复旦实验中学 |
| | | | | 民星中学 |
| | | | | 体院附属中学 |
| 闵行区 | 4 | 闵行中学 | 5 | 莘庄中学 |
| | | 七宝中学 | | 文来中学 |
| | | 上师大附中闵行分校 | | 北外附属田园高级中学 |
| | | 交大附中闵行分校 | | 上外闵行外国语中学 |
| | | | | 华理附属闵行科技中学 |
| 宝山区 | 5 | 吴淞中学 | 5 | 罗店中学 |
| | | 行知中学 | | 宝山中学 |
| | | 上大附中 | | 通河中学 |
| | | 华师大二附中宝山分校 | | 顾村中学 |
| | | 上师大附中宝山分校 | | 行知实验中学 |
| 嘉定区 | 2 | 嘉定一中 | 5 | 上师大附属嘉定高中 |
| | | 交大附中嘉定分校 | | 嘉定二中 |
| | | | | 安亭中学 |
| | | | | 嘉一实验高级中学 |
| | | | | 上大附属嘉定高级中学 |
| 浦东新区 | 11 | 洋泾中学 | 18 | 华师大附属东昌中学 |
| | | 实验学校 | | 上南中学 |
| | | 进才中学 | | 高桥中学 |
| | | 建平中学 | | 杨思高级中学 |
| | | 华师大二附中 | | 三林中学 |
| | | 南汇中学 | | 华师大附属周浦中学 |
| | | 川沙中学 | | 新场中学 |
| | | 浦东复旦附中分校 | | 海洋大学附属大团中学 |
| | | 上海中学东校 | | 浦东中学 |
| | | 上外附属浦东外国语学校 | | 陆行中学 |
| | | | | 香山中学 |
| | | 上师大附中 | | 建平世纪中学 |
| | | | | 新川中学 |
| | | | | 海事大学附属北蔡中学 |
| | | | | 高行中学 |
| | | | | 南汇一中 |
| | | | | 交大附属浦东实验高中 |
| | | | | 文建中学 |

续表

| 地区 | 市实验性示范性高中 | | 区实验性示范性高中 | |
|---|---|---|---|---|
| | 校数 | 校名 | 校数 | 校名 |
| 金山区 | 2 | 华师大三附中 | 4 | 上师大二附中 |
| | | 金山中学 | | 张堰中学 |
| | | | | 华师大附属枫泾中学 |
| | | | | 体院附属亭林中学 |
| 松江区 | 2 | 松江一中 | 3 | 上师大附属外国语中学 |
| | | 松江二中 | | 华师大松江实验中学 |
| | | | | 华东政法附属松江高中 |
| 青浦区 | 3 | 青浦高级中学 | 1 | 青浦一中 |
| | | 朱家角中学 | | |
| | | 复旦附中青浦分校 | | |
| 奉贤区 | 1 | 奉贤中学 | 2 | 致远高级中学 |
| | | | | 曙光中学 |
| 崇明区 | 1 | 崇明中学 | 4 | 扬子中学 |
| | | | | 民本中学 |
| | | | | 城桥中学 |
| | | | | 堡镇中学 |

## 民办小学名单

单位:所

| 地区 | 校数 | 校名 | |
|---|---|---|---|
| **全市合计** | **57** | | |
| 黄浦区 | | | |
| 徐汇区 | 4 | 爱菊小学 | 世外小学 |
| | | 逸夫小学 | 盛大花园小学 |
| 长宁区 | 2 | 新世纪小学 | 东展小学 |
| 静安区 | 4 | 上外静安外国语小学 | 童园(实验)小学 |
| | | 扬波外国语小学 | 彭浦实验小学 |
| 普陀区 | 1 | 金洲小学 | |
| 虹口区 | 4 | 四中心实验小学 | 宏星小学 |
| | | 丽英小学 | 尚外外国语小学 |
| 杨浦区 | 2 | 打一外国语小学 | 阳浦小学 |
| 闵行区 | 16 | 双江小学 | 七宝外国语小学 |
| | | 振兴小学 | 华星小学 |
| | | 银星学校 | 华博利星行小学 |
| | | 华虹小学 | 弘梅小学 |
| | | 育苗小学 | 马桥小学 |
| | | 浦江文汇学校 | 文博小学 |
| | | 浦江文馨学校 | 塘湾小学 |
| | | 弘梅第二小学 | 文河小学 |

续表

| 地　区 | 校数 | 校　　名 | |
|---|---|---|---|
| 宝山区 | | | |
| 嘉定区 | 3 | 桃苑小学 | 杨林小学 |
| | | 天宇小学 | |
| 浦东新区 | 5 | 浦东外国语小学 | 正达外国语小学 |
| | | 新金童小学 | 筑桥实验小学 |
| | | 常青藤小学 | |
| 金山区 | | | |
| 松江区 | 16 | 九干路小学 | 薛家小学 |
| | | 辰塔路小学 | 北干山小学 |
| | | 打铁桥村小学 | 联庄小学 |
| | | 陈春小学 | 南门村小学 |
| | | 马汤村小学 | 众兴小学 |
| | | 花桥村小学 | 永悦小学 |
| | | 世泽小学 | 向阳小学 |
| | | 新叶小学 | 昆港小学 |
| 青浦区 | | | |
| 奉贤区 | | | |
| 崇明区 | | | |

## 民办中学名单

单位:所

| 地　区 | 校数 | 校　　名 | |
|---|---|---|---|
| **全市合计** | **131** | | |
| 黄浦区 | 5 | 永昌学校(九) | 震旦外国语中学 |
| | | 明珠中学 | 立达中学 |
| | | 康德双语实验学校(十二) | |
| 徐汇区 | 7 | 华育中学 | 世外中学 |
| | | 西南模范中学 | 西南位育中学 |
| | | 西南高级中学 | 南模中学 |
| | | 位育中学 | |
| 长宁区 | 3 | 新世纪中学 | 包玉刚实验学校(九) |
| | | 新虹桥中学 | |
| 静安区 | 5 | 上外静安外国语中学 | 新和中学 |
| | | 风范中学 | 扬波中学 |
| | | 田家炳中学 | |
| 普陀区 | 6 | 兰田中学 | 新黄浦实验学校(九) |
| | | 桐柏中学 | 华师大附属进华中学 |
| | | 培佳双语学校(十二) | 安生学校(十二) |
| 虹口区 | 5 | 新北郊初级中学 | 新复兴初级中学 |
| | | 新华初级中学 | 克勒外国语学校 |
| | | 迅行中学 | |

续表

| 地　区 | 校数 | 校　　名 | |
|---|---|---|---|
| 杨浦区 | 9 | 存志学校 | 沪东外国语学校(九) |
| | | 杨浦凯慧初级中学 | 兰生中学 |
| | | 同大实验学校(九) | 杨浦实验学校(十二) |
| | | 杨浦双语学校(十二) | 长阳实验学校(十二) |
| | | 上实剑桥外国语中学 | |
| 闵行区 | 20 | 燎原双语学校(九) | 协和双语尚音学校（九) |
| | | 德英乐实验学校(九) | 协和双语学校(九) |
| | | 尚师初级中学 | 万源城协和双语学校(九) |
| | | 上宝中学 | 骏博外国语学校 |
| | | 博世凯外国语学校(九) | 美高双语学校(九) |
| | | 万科双语学校(九) | 圣华紫竹双语学校(九) |
| | | 文绮中学 | 燎原双语高级中学 |
| | | 协和双语教科学校 | 文来中学 |
| | | 协和双语高级中学 | 星河湾双语学校(十二) |
| | | 诺达双语学校(十二) | 德闳学校(十二) |
| 宝山区 | 11 | 宝莲中学 | 至德实验学校(九) |
| | | 金瑞学校(九) | 锦秋学校(九) |
| | | 交华中学 | 华曜宝山实验学校(九) |
| | | 宝山世外学校(十二) | 建峰职业技术学院附属高中 |
| | | 行中中学 | 存志高级中学 |
| | | 同洲模范学校(十二) | |
| 嘉定区 | 8 | 嘉宜初级中学 | 桃李园实验学校(九) |
| | | 怀少学校(九) | 华曜嘉定初级中学 |
| | | 斌心学校(九) | 华旭双语学校(十二) |
| | | 嘉定世外学校(九) | 远东学校(十二) |
| 浦东新区 | 27 | 浦东交中初级中学 | 欣竹中学 |
| | | 洋泾外国语学校 | 协和双语学校(九) |
| | | 进德外国语中学 | 东方阶梯双语学校(九) |
| | | 更新学校(九) | 华曜浦东实验学校 |
| | | 远翔学校 | 沪港学校(九) |
| | | 万科学校(十二) | 惠立学校(十二) |
| | | 宏文学校(十二) | 上科大附属民办学校(九) |
| | | 未来科技学校(九) | 丰华高级中学 |
| | | 平和学校(十二) | 工商外国语职业学院附属中学 |
| | | 东鼎外国语学校(十二) | 中芯学校(十二) |
| | | 民远高级中学 | 启能东方外国语学校（十二) |
| | | 尚德实验学校(十二) | 育辛高级中学 |

| 地　区 | 校数 | 校　　名 | |
|---|---|---|---|
| | | 正达外国语学校(九) | 光华中学 |
| | | 金苹果学校(十二) | |
| 金山区 | 7 | 金山健桥实验中学 | 金盟学校(九) |
| | | 枫叶学校 | 交大南洋中学 |
| | | 永昌中学 | 金山区世外学校(十二) |
| | | 杭州湾双语学校(十二) | |
| 松江区 | 7 | 茸一中学 | 领科双语学校 |
| | | 赫贤学校(十二) | 尚文武术专业学校(九) |
| | | 包玉刚实验高中 | 西外外国语学校(十二) |
| | | 九峰实验学校 | |
| 青浦区 | 6 | 宋庆龄学校(十二) | 复旦五浦汇实验学校(九) |
| | | 青浦世外学校(九) | 平和双语学校(九) |
| | | 协和双语学校(十二) | 青浦兰生学校(十二) |
| 奉贤区 | 3 | 临港外国语学校(九) | 美达菲双语高中 |
| | | 博华双语学校(十二) | |
| 崇明区 | 2 | 新纪元双语学校(九) | 民一中学 |

## 上海市国际学校名单

| 学　校　名　称 | 地　　址 |
|---|---|
| 上海美国外籍人员子女学校 | 闵行区金丰路 258 号 |
| 上海日本人外籍人员子女学校 | 闵行区虹梅路 3185 号 |
| 上海耀中外籍人员子女学校 | 长宁区水城路 11—15 号 |
| 上海虹桥德国外籍人员子女学校 | 青浦区高光路 350 号 |
| 上海英国外籍人员子女学校 | 浦东新区军民公路 2888 号 |
| 上海协和国际外籍人员子女学校 | 浦东新区金桥明月路 999 号 |
| 上海新加坡外籍人员子女学校 | 闵行区朱建路 301 号 |
| 上海长宁国际学校 | 长宁区虹桥路 1161 弄 18 号、20 号、21 号 |
| 上海德威外籍人员子女学校 | 浦东新区蓝桉路 266 号 |
| 上海李文斯顿美国外籍人员子女学校 | 长宁区甘溪路 580 号 |
| 上海韩国外籍人员子女学校 | 闵行区华漕镇联友路 355 号 |
| 上海西华外籍人员子女学校 | 青浦区徐泾镇联民路 555 号 |
| 上海法国外籍人员子女学校(青浦) | 青浦区高光路 350 号 |
| 上海虹桥国际外籍人员子女学校 | 长宁区虹桥路 2381 号 |
| 上海不列颠英国学校 | 长宁区古北路 1988 号 |
| 上海惠灵顿外籍人员子女学校 | 浦东新区耀龙路 1500 号 |
| 上海泰宁外籍人员子女幼儿园 | 徐汇区复兴西路 43 号 |
| 上海美丘外籍人员子女幼儿园 | 闵行区虹许路 788 号名都城 22 号 |
| 上海奥伊斯嘉外籍人员子女幼儿园 | 长宁区天山西路 445 弄 16 号 |
| 上海恩吉尔外籍人员子女幼儿园 | 长宁区虹中路 375 号 |
| 上海东进外籍人员子女幼儿园 | 长宁区天山路 820 弄 32 号 |
| 上海中学国际部 | 徐汇区上中路 400 号 |

续表

| 学校名称 | 地址 |
| --- | --- |
| 上海市进才中学国际部 | 浦东新区峨山路26号 |
| 上海外国语大学附属外国语学校国际部 | 虹口区中山北一路295号 |
| 华东师范大学第二附属中学国际部 | 浦东新区晨晖路555号 |
| 宋庆龄幼儿园国际部 | 长宁区虹梅路3908号 |
| 复旦大学附属中学国际部 | 杨浦区国权路325号 |
| 上海市实验学校国际部 | 浦东新区东明路300号 |
| 上海宋庆龄学校国际部 | 青浦区赵巷业辉路2号 |
| 东进上海日本人补习中心 | 浦东新区花木路1883弄御翠园230号 |
| 上海骏台日本人补习中心 | 长宁区延安西路2633号B308室 |
| 上海日本人教育补习中心 | 长宁区荣华东道118号5层503室 |
| 上海飞翔日本人补习中心 | 长宁区荣华东道96号维多利亚商务楼504—505室 |
| 上海青海韩国人补习中心 | 长宁区水城南路37号万科广场北楼705室 |
| 上海哈罗外籍人员子女学校 | 浦东新区高西路588号(近张扬北路洲海路) |
| 上海杨浦法国外籍人员子女学校 | 杨浦区巨峰路1555号 |
| 上海杨浦德国外籍人员子女学校 | 杨浦区巨峰路1100号 |
| 上海市民办中芯学校 | 浦东新区青桐路169号 |
| 中国福利会幼儿园 | 杨浦区国晓路300号 |

## 上海市老年教育机构情况

| 指标名称 | 合计 | 市 | 区、县 | 街道、乡、镇 | 居、村委 |
| --- | --- | --- | --- | --- | --- |
| **老年学校教育** | — | — | — | — | — |
| 老年大学 | — | — | — | — | — |
| 数量(个) | 71 | 5 | 66 | — | — |
| 学员人数(人) | 220273 | 54769 | 165504 | — | — |
| 老年学校 | — | — | — | — | — |
| 数量(个) | 218 | — | — | 218 | — |
| 学员人数(人) | 283810 | — | — | 283810 | — |
| 老年教学点 | — | — | — | — | — |
| 数量(个) | 6340 | 5 | 212 | 213 | 5910 |
| 学员人数(人) | 473201 | 3446 | 198874 | 8538 | 262343 |
| **老年远程教育** | — | — | — | — | — |
| 集体收视点(个) | 283 | 5 | 60 | 218 | — |
| 集体收视人数(人) | 354722 | 10363 | 107049 | 237310 | — |
| **老年社会教育** | — | — | — | — | — |
| 学习团队数 | — | — | — | — | — |
| 数量(个) | 20391 | 424 | 1004 | 18963 | — |
| 参加人数(人) | 486756 | 10854 | 27778 | 448124 | — |
| 群众性教育活动 | — | — | — | — | — |
| 次数(次) | 70860 | 258 | 5562 | 15198 | 49842 |
| 参加人次(人次) | 2748525 | 7783 | 365201 | 837311 | 1538230 |

# 索　引

Index

# 索　引

**说明:**①本索引的主题词索引及人名索引采用主题分析索引方法,按主题词及人名首字的汉语拼音字母顺序排列。串文图片索引按页码先后顺序排列。②索引名称后的数字表示内容所在的页码,数字后面的a、b表示内容所在版面的左、右区域。③在上海的单位和在上海发生的事件名称前的"上海"两字一般均予省略。高校名称一般用全称。

## 主题词索引

## D

## E



## F

## G

## H



## J

## K

## L



## M

## N



## P



## Q

## R



## S

## W



## X

## Y

## Z

# 人名索引

K



L



M



P



R



S



T



W



X



Y



Z

# 串文图片索引

# 《2023 上海教育年鉴》编纂人员

**编　审**:沙　军　郑秀敏

**《上海教育年鉴》编辑部**:刘　捷　孙金磊

**供稿单位组稿人**:(以姓氏笔画为序)

丁勇尧　于谞洋　万萱亭　万翰杰　马宏亮　王　怡　王　盼　王明慧　王嘉璇　邓　宇　邓美玲
平　婧　史志明　白前永　权俊驰　朱玉飞　庄黎丽　刘　扬　刘　览　刘　楠　刘会娟　刘红菊
刘季青　许　凌　许　诺　孙金懿　纪　晨　杜　宇　李　杨　李　娜　李　莉　李月华　吴怀莉
吴魏青　余　晨　宋莉莉　张　林　张　林　张　菲　张晓霞　张瑞娟　张楠楠　张毅婷　陆英浩
陆欣琰　陆祎琳　陈少东　陈东滨　陈佳集　陈浩森　苗海云　范春燕　林雨平　罗茜雅　季慧琴
岳　强　金舒莺　赵小瑾　赵庆新　胡萌萌　胡崇仪　俞晓菁　施佳庆　姜传松　聂韶晶　徐波清
徐春霞　高　瑄　郭　莉　黄　宁　曹佳凤　曹婷婷　章　闻　章玲苓　董松其　董菁琳　蒋一聪
童子益　靳　玉　赖黎明　臧海伊　廖文文　戴　泓

**供稿单位审稿人**:(以姓氏笔画为序)

于　劲　马　俊　马　强　马荣超　王小明　王智平　牛培源　方乐莺　史成宇　史佳华　白前永
吕永亮　朱海燕　朱燕玲　仲立新　刘　丽　刘若薇　刘海琳　许晓茵　许瑛瑛　严　瑱　杜　峥
李　旺　李媛媛　杨　东　连　军　吴秋耘　钊　旭　邱　翔　余　娟　沈　斌　张　凯　张　嵘
张　搏　张宇华　张欣建　张哲民　张锦华　陈　龙　陈　军　陈　雷　陈宇卿　邵　荣　茅卉弦
昃文涛　金　谣　周　麟　周源源　郑　楷　房　莹　孟旭初　赵　洋　郝秀芳　胡恺真　段仁启
施加仓　费　明　秦立卿　秦晓沂　聂爱玲　夏春花　夏雅敏　顾文业　徐　畅　徐　咏　徐汝明
徐沫扬　徐皓刚　凌长臣　高　琳　高兰兰　郭伟钧　唐伟东　黄　华　黄业钧　曹锡康　章甘群
董　昊　董美意　程立春　谢苗苗　蔡樱华　戴　彬　戴国立

**特邀审稿人**:(以姓氏笔画为序)

王正华　江　岚　杨　琼　郑秀敏　钟　智　宣念蜀　顾剑华　郭天和　盛　懿　蒋侯玲

**主要摄影作者**:(以姓氏笔画为序)

叶辰亮　朱水苗　李立基　顾　超

**英文翻译**:江　岚

**责任编辑**:岁　俊　宫兴林

**特邀编辑**:余鸿源

**图书在版编目(CIP)数据**

2023上海教育年鉴/上海市教育委员会编.—上海：
上海人民出版社，2023
ISBN 978-7-208-18610-1

Ⅰ.①2… Ⅱ.①上… Ⅲ.①教育工作-上海-
2023-年鉴 Ⅳ.①G527.51-54

中国国家版本馆CIP数据核字(2023)第196844号

**责任编辑** 宫兴林
**特邀编辑** 余鸿源
**封面设计** 张志全工作室
**彩页设计** 陈　哲

**2023上海教育年鉴**
上海市教育委员会 编

**出　版** 上海人民出版社
(201101 上海市闵行区号景路159弄C座)
**发　行** 上海人民出版社发行中心
**印　刷** 浙江新华数码印务有限公司
**开　本** 890×1240 1/16
**印　张** 34.5
**插　页** 12
**字　数** 845,000
**版　次** 2023年12月第1版
**印　次** 2023年12月第1次印刷
ISBN 978-7-208-18610-1/G·2173
**定　价** 200.00元